注賦的 觀想祈禱 이렇게 한다

박노열

고려수도원

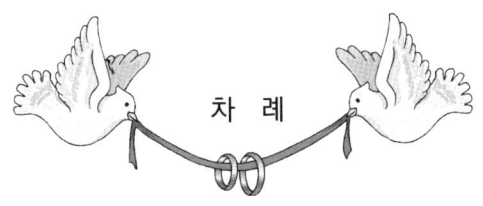

차 례

머리글 ▶⋯⋯ 5

제1부 기도의 준비 ▶⋯⋯ 9

제1장 일치의 길 ▶⋯⋯ 11
    전부와 전무, 일치의 길

제2장 기도와 관상 ▶⋯⋯ 29
    기도, 관상기도, 역사적 전통, 관상의 길

제3장 잠심과 분심 ▶⋯⋯ 89
    사고, 인식과 작용, 잠심과 분심,
    분심과 이탈, 집중기도, 낱말기도,
    내심기도, 핵심은 응시. 쉼과 집중수련,

제4장 주의사항 ▶⋯⋯ 195
    장점, 잠재 위험, 교훈, 가슴으로, 마음으로

제5장 기도의 준비 ▶⋯⋯ 217
    직·간접적 준비, 실천, 전제, 조언, 마음자세,
    몸자세, 방해하는 문제, 기도의 준비

제6장 기도의 시작 ▶⋯⋯ 247
    시작, 방법, 실천, 장애물, 두 길, 이르는 길

제2부 기도의 진행 ▶⋯⋯ 277

제7장 기도의 진행 ▶⋯⋯ 279
    기도의 시작, 극기(포기), 관상 생활, 진행

제8장 묵상기도 ▶‥‥‥ 315
  기도와 상상력, 묵상의 시간, 묵상기도,
  주님의 고난, 관상적 묵상, 묵상기도의 단계
제9장 묵상에서 관상으로 ▶‥‥‥ 383
  옮겨가는 증표 (가르멜의 산길, 어둔 밤에서)
제10장 관상기도 ▶‥‥‥ 411
  기억할 일, 중요한 일, 관상기도, 진행
제11장 기도 중 일어나는 문제 ▶‥‥‥ 439
  느낌과 상상, 체험, 잡념

제3부 기도의 마침 ▶‥‥‥ 459

제12장 기도의 마침 ▶‥‥‥ 461
제13장 반추와 식별 ▶‥‥‥ 463
  필요성, 원칙, 하나님의 음성, 영적지도, 선택
제14장 중보, 간구, 일상의 기도 ▶‥‥‥ 491

제4부 성화의 삶 ▶‥‥‥ 493

제15장 관상적 삶(성화)으로 ▶‥‥‥ 495
제16장 기도와 활동의 일치 ▶‥‥‥ 497
제17장 하나님과 일치(一致)의 삶 ▶‥‥‥ 509
제18장 관상기도의 열매 ▶‥‥‥ 515
제19장 예수님은 누구신가? ▶‥‥‥ 519
  안내자, 스승, 모범, 신랑, 관상의 대상
제20장 관상과 활동 ▶‥‥‥ 539

✻ 부 록 / 서양의 정신분석학 : 무의식의 분석 ▶‥‥‥ 583

머리글

　나는 목사가 되기 전부터 나 자신에게 일어나는 여러 가지 영적인 일로 인하여 스스로 고민하며, 참으로 내가 이상한 것이 아닌가 하고 오랫동안 고민하였다. 차마 밖으로 내어놓고 말할 수도 없고, 나 자신도 이해할 수 없고, 그래서 혼자 '**내가 이상한 것 같다**'는 생각에 그분께 고쳐주시기를 기도해 왔다.
　그러던 중 목회자가 되어 교회부흥과 내 자신을 위하여 영성훈련과 기도와 책을 통하여 '관상기도'라는 기도가 있다는 것을 알게 되었다. 관상기도가 최고 좋은 기도요 수준 높은 기도라는데 도대체 어떻게 하는 것인지 궁금해 견딜 수가 없었다. 그래서 이 사람, 저 사람에게 물어보았으나 아는 사람이 없었다. 오히려 무슨 말인가 하고 의아해하며 내게 반문하기가 일쑤였다. 그럴수록 알고 싶어 견딜 수가 없었다. 마침내 관상기도에 대한 궁금증으로 서점과 고서점 등을 찾다가 인터넷에서 관상기도 책을 발견하고 출판사를 보니 모두 가톨릭출판사였다. 당시 내 생각에 가톨릭은 이단성이 많다는 편견으로 가득하였기 때문(미안합니다)에 조심스러워 기도하며 관상기도 책을 5권씩 선택 구매하여 읽기 시작하여 100여 권 읽고 자료를 모아 정리해보니 지금까지 내가 이상하다고만 스스로 생각하던 모든 것이 해결되었다. 그것은 '**모두 관상상태에서 일어난 일들**'이었다. **할렐루야!**
　나는 내 자신에 대해 확신을 얻고 관상기도에 대한 이해를 하게 되었고, 드디어 그 자료들을 모두 모아 정리하고 정리하여 자료집을 만들게 되었다. 물론 내 것은 하나도 없었다. 모두 가져온 것이었다. 그리고 개신교에 맞도록 용어와 신학적인 부분을 고려하여 수정하였다. 여러 가지 어려운 과정을 거쳐 함께 기도하던 사람들, 그리고 관상기도를 가르치는 과정 중에서 터득한 부분 등을 모아 『관상기도』(한울사, 2006)를 처음으로 출판하여 보급하기 시작하였다.

이어서 누구라도 관상기도를 쉽게 따라할 수 있었으면 하고 고심하며 기도하던 중, 그동안의 자료와 가르치던 교재를 증보하여 누구라도 자기의 장소에서 편하게 관상기도를 통하여 하나님과 하나 된 관상적인 삶을 살기를 바라는 간절한 마음에서 『누구라도 할 수 있는 관상기도』(나됨, 2007; 개정 3판, 2009)를 출판하여 보급하고 본 고려수도원에서 교재로 사용하여 왔다. 시간이 지남에 따라 이제 나아간 이들에 대하여 완전관상의 길로 나아가도록 인도할 필요가 있다고 판단하여 본 수도원 심화과정에서 사용하던 교재를 개정 증보하여 『나아간 이들을 위한 관상기도』(나됨, 2013년)를 출판하여 보급해 왔다. 관상기도 초급과정과 심화과정, 그리고 아카데미 과정을 통하여 관상기도의 모든 것을 제공할 수는 없지만 기본 원리들을 읽고 연구할 수 있도록 할 필요가 있다고 판단하여 『관상기도』 자료를 다시 정리하여 『관상기도 개론』(나됨, 2013)를 발행하여 보급해 왔다.

2002년 고려수도원을 세워 지금까지 관상기도를 보급해 오는 과정에서 개인 한 사람, 한 사람이 실제 관상기도 생활과 관상적 삶을 누리는 데 도움을 주고자 노력해 오던 중, 내가 가진 약 450권의 관상기도와 관련 책들과 경험과 자료로서 '장님을 안내하는 아이'가 된 마음으로 새롭게 책을 만들고자 한다.

이 책에는 모든 관상기도를 다 말하지 않으면서도 신학에 문제없고 내 경험으로 인정할 수 있는 글들과 내 경험을 합해 **주부적(注賦的) 관상기도(觀想祈禱)**'를 하는 나의 방법과 지침서를 담았다. 물론 모든 관상기도를 인정하지만 나는 완전 관상기도인 주부적 관상기도를 실천하기 때문에 이에 대하여 대부분 **아빌라의 테레사, 십자가의 요한**의 글을 인용 혹은 사용하였다. 그렇다고 습득적 관상기도를 배격하는 것은 아니다. 초보자들에게는 많은 도움이 될 수 있으나 불완전 관상기도이며 그중에는 인본주의 경향이 있다고 생각되어 자제하고 있다. 신비신학 부분은 **유해룡 교수**의 글을, 그 외 관상기도와 관련된 다수의 책에서 인용 혹은 사용하였다. 나는 모든 관상기도를 인정한다. 다만 내가 실행하는 것은 주부적 관상기도를 실천할 뿐이라는 것을 말하고

자 한다. 혹시라도 이 글로 인하여 다른 관상가들에게 해가 되지 않길 바라는 마음 간절하다.

나의 목적은 이 책들과 가르치는 과정에서 결단코 이익을 남겨 잘 먹고 잘살겠다는 생각은 없다. 다만, 하나님의 은혜로 할 수만 있다면 고려수도원을 **정주**(定住) **수도원**으로 세우고 그곳에서 관상기도를 바로 가르치고 바로 알아서 온전한 영적 삶을 누리면서 더 크게 하나님께 영광 돌리기를 바랄 뿐이다. 그렇지 못하다 할지라도 최선을 다하여 이 땅에 관상기도를 더 많이 전하여 하나님께 영광 돌려드리길 소망하며, 이를 내 소명으로 알고 노력한다.

관상기도를 배우려면 비록 짧은 기간이라도 관상기도 하는 방법을 배우는 훈련이 필요하다. 물론 시작하기는 어렵고 그 결과를 보기에는 어느 정도 시간이 걸린다. 그러나 구체적인 결과를 맺는다고 확신한다.

관상기도 수련은 산속의 조용한 수도원을 찾아가서 좋은 지도자에게 배우는 것이 좋을 것이다. 그러나 몸이 산속에 들어가 있어도 마음이 시장바닥이면 그곳도 시장바닥이요, 비록 몸이 이 세상에 있어도 마음이 조용하면 그곳이 수도원 아니겠는가!

저자와 고려수도원은 지금 이 마음의 수도원에서 수도하는 이들을 위하여 『주부적(注賦的) 관상기도(觀想祈禱) 이렇게 한다』를 드리고자 합니다.

마지막으로 이순옥 자매님과 한용택 교수님께서 지금까지 후원해주시고 격려해주신 은덕으로 이 책이 출판되었기에 깊이 감사드립니다.

주 예수님께 영광!

☞ 사람이 **지혜**를 터득하려면
　　첫째, 침묵해야 하며,
　　둘째, 듣고자 해야 하며,
　　셋째, 가슴에 새겨야 하며,
　　넷째, 실천하고 행해야 하며,
　　다섯째, 그것을 이웃에게 가르쳐야 한다.

이 교훈을 오래오래 기억하길 바랍니다.

　　　　　2020. 4.　　고려수도원 박노열

☞ 이 책을 읽고 실제로 관상기도를 실천하기 위해서는 다음 **제1장 일치의 길**을 반드시 읽고 다음 장(章)으로 넘어가길 바랍니다.

초보자가 더 잘 이해하고 싶으면, 부록을 먼저 보고 이곳으로 돌아오세요.

제 1 부
기도의 준비

제1장 일치의 길

1. 전부(全部)와 전무(全無) [1]

　모든 것(全部: Todo: 긍정)과 아무것도 아님(全無: Nada: 부정) [2] 은 사랑을 통하여 하나님과 일치를 이루기 위해 반드시 요구되는 자기 부정, 즉 겸손(낮춤)은 물론 하나님과 하나님의 일이 아닌 것들에 대한 애착과 욕구에서 벗어남을 말하기 위해 필요한 핵심적인 개념 가운데 하나다.
　그래서 십자가의 요한의 모든 작품들에서 하나님과 인간, 하나님의 일(기도)과 인간의 일(욕구), 낮과 밤, 빛과 어둠을 대비시키기 위해 끊임없이 나타나는 상징들이 있다. 이런 상징들 가운데 가장 뚜렷하게 드러나는 것이 바로 전부-전무라는 작용어다. 전부-전무는 십자가의 요한의 고유한 역설적이며 변증법적이고, 역동적인 동일성을 말해주는 짝용어다. 전부와 전무의 개념은 인간학적이고 형이상학적이며, 심리적이며 영성적이고, 신비신학적인 입장에서 모두 들여다볼 수 있는 개념이다. 그 기본 원리는 '**하나님의 소유가 되려면 모두 버리고, 모든 것에서 떠나라.**'라는 간단한 말이다(『산길』, I,13,11). 그런데 십자가의 요한의 고민 가운데 대단한 비중을 차지했던 것은 그의 영적 자녀들(수도자들)이 자신의 이러한 신비체험을 알아들을 수 있도록 설명하기가 그리 쉽지 않았다는 것이다(『산길』, 서론, 8). 그래서 신비체험가인 십자가의 요한이 당대의 철학적이며 고도의 논증을 요구하는 신학적 설명 방식을 피해가면서도 실존적이며 체험적인 방법으로 하나님과 인간

---

1) 박노열, 『나아간 이들을 위한 관상기도』 (나됨, 2013) pp.117~133. 이 글 제목 '전부와 전무'의 본문 및 주석을 동일하게 인용하였다.
2) 십자가의 요한은 자신의 작품들에서 전무(nada)는 374번, 전부(todo)는 274번을 사용하고 있다. 참조: Diccionaho de San Juan de la Cmz 1164~1171.

의 관계를 쉽게 설명할 수 있는 역설적인 용어를 찾아낸 것이 바로 전부-전무이다. 놓치지 말아야 할 것은 십자가의 요한이 전부를 말하기 위해 전무를 끌어들였다는 것이다.

전무(nada)는 '없는 것', '아무것도 아닌 것'을 말하면서 절대적인 부정을 표현한다. 당시 스콜라 철학의 영향을 받은 십자가의 요한은 두 가지 차원에서 '전무'를 강조하고 있다. 하나는 능동적인 의미인데, 하나님의 현존을 체험하지 못하게 방해하는 모든 것을 없애버리라는 인간의 수덕적 노력을 지칭한다. 다른 하나는 수동적인 의미인데, 영혼이 하나님께로 향하는 사랑을 방해하는 것이라면 하나님께서 직접 영혼에게서 그것을 모두 없애버리신다는 것을 뜻한다. 이것은 바로 감각의 밤으로 들어가려는 영혼이 하나님의 사랑 앞에는 아무것도 남겨놓을 수 없고, 또 있어서도 안 된다는 절대적인 의미를 내포하고 있는 동시적 역동성을 말하는 상호 관계적 표현이다. 이것은 마이스터 에크하르트가 '하나님 자신이 전무이며, 광야이고, 영향을 줄 수 있는 모든 범주에 대한 부정이다.'라는 부정신학적 표현과 무관하지 않다. 이런 의미에서 에크하르트의 영향을 조심스럽게 말할 수도 있을 것이라고 한다. 아무튼 십자가의 요한이 말하는 전무는 베네딕트 성인이 수도규칙에서 말하듯이 '그리스도보다 아무것도 더 소중히 여기지 아니하는 사람'(5장)의 영적 태도를 말하는 것이며, '아무것도 하나님의 일(기도)보다 낫게(우선으로) 여기지 말아야 한다.'(43장)고 했던 수도생활의 기본적인 자세이며 전통적인 수덕적 가르침을 말하는 것이다.

이러한 의미를 십자가의 요한은 '완덕의 산'에 적어놓은 대로 "모든 것에서 만족하려면 아무것도 만족하려고 하지 말라. 모든 것을 가지려면 아무것도 가지려고 하지 말라. 모든 것이 되려면 아무것도 되려고 하지 말라. 모든 것을 알려면 아무것도 알려고 하지 말라. 맛보지 못한 기쁨을 맛보려면 기쁨이 없는 곳으로 가라. 알지 못한 것을 알려면 아는 것이 없는 곳으로 가라. 가지지 못한 것을 가지려면 가진 것이 없는 곳으로 가라. 네가 아닌 것이 되려면 네가 없는 곳으로 가라."(『산길』, I,13,11)고 서술한다. "하늘과 땅의 모든 사물들은 하나님과 비교할 때 아무것도 아니다."(『산길』, I,4,3)라는 전제가 있었기 때문에 이런 근본주의적인 표현이 가능했던 것이다.

십자가의 요한이 말하는 '전부-전무'를 몇 가지로 분류해서 이해할 필요가 있다.

첫째, 세 가지 성경말씀에 바탕을 두고 있기 때문에 매우 복음적인 개념이다. "한 사람이 두 주인을 섬기지 못할 것이니, 혹 이를 미워하고 저를 사랑하거나, 혹 이를 중히 여기고 저를 경히 여김이라 너희가 하나님과 재물을 겸하여 섬기지 못하느니라."(마 6:24; 『산길』, III, 2,4)와 "나와 함께 아니하는 자는 나를 반대하는 자요 나와 함께 모으지 아니하는 자는 헤치는 자니라."(마 12:30; 『산길』, I,11,5)라는 말씀과 "누구든지 자기 목숨을 구원하고자 하면 잃을 것이요 누구든지 나와 복음을 위하여 자기 목숨을 잃으면 구원하리라."(막 8:35; 『산길』, I, 7,6)라는 말씀이다. 또한 하나님께서는 인간에 대한 뜨거운 사랑 때문에 한눈을 파는 인간을 향해 질투하시는 분이시라는[3] 구약성경의 가르침에 바탕을 두고 설명하는 것이다(『산길』, I,4,2; '밤', I,4,7). 결국 하나님과 인간을 완전하게 하나로 묶어주는 사랑(골 3:14) 때문에 끌어들인 용어. 기도하는 영혼은 "자기 삶을 그리스도께 맞추면서 매사에 있어서 그리스도를 본받을 일상적인 욕구를 지니고"(『산길』, I,13,3) 있기 때문에 십자가의 요한은 영혼에게 전부(모든 것)인 그리스도(전부)께만 눈을 돌리도록 가르치려는 것이다(『산길』, II,22,4~5; '노래', 14 ~15,5). 이렇게 그리스도는 영혼에게 전부이기 때문에(『산길』, I,13, 11) "감각들이 가져다주는 어떤 기쁨일지라도 그것이 순수하게 하나님께 영광을 드리고 공경하게 되는 것이 아니라면 예수 그리스도께 대한 사랑 때문에 거절해야 하고 비운 상태에 머물러야 한다"(『산길』, I,13,4). 그래서 십자가의 요한은 "하나님을 전적으로 차지하기 위해서는 모든 분야에서 아무것도 지니지 말아야 하는데 어느 하나에게 마음을 빼앗긴 사람이 어떻게 다른 것에 전부가 될 수 있는가?"(『편지』, 17)라고 반문한다. 다시 말해서 신앙인에게 있어서 하나님을

---

3) 참조 : 출 20:5; 34:14; 신 4:24)

소유하지 못한다는 것은 영혼의 죽음을 말하는 것이며(『노래』, 2,7) 4) 기도하는 이들에게 "그리스도의 모범을 따라서 어떻게 죽게 되는 것인지 가르쳐주고 싶다."(『산길』, I,7,9)는 것이다. 그러나 이렇게 근본주의적이며 절대적인 전무(아무것도 아님)를 말한다고 해서 인간 존재 자체를 무조건 부정하는 패쇄적이며, 비관적이고, 극단적으로 금욕적인 표현이 아니라 하나님과 마주하는 인간 존재의 양태(樣態), 즉 어떤 목적으로 존재해야 하는가를 말하는 희망적인 표현이다. 하나님과 그분의 사랑이 영혼에게 모든 것이 되어야 한다는 전제 아래 전무를 말하는 것으로 알아들어야 한다. 전무는 반드시 전부를 지향하고, 또 그렇게 바뀌어야 하는 것이다.

둘째, 바울 사도의 가르침에서 '의로움과 불법', '빛과 어둠', '신자와 불신자'(고후 6:14~15; 요 1:5), '하나님의 법과 죄의 법'(롬 7:25), '죽음과 부활'(고전 15:22; 롬 5,10), '문자는 사람을 죽이고 성령은 사람을 살린다.'(고후 3:6), '현세적 인간과 영적인 사람'(고전 2:14~15), '옛 인간과 새 인간'(골 3:9~10; 엡 4:22~23), 그리고 '약함과 강함'(고후 12:10)과 같은 이율배반적인 많은 표현들을 자신의 영성생활에서 확인할 수 있었기 때문에 이 개념을 끌어들인 것이다. 현세적인 사람(동물적인 사람)은 오직 감각만을 이용하면서 신앙생활을 하려는 사람들이고, 영적인 사람이란 감각에 의존하거나 따라가지 않는 것은 물론 감각에 주어진 초자연적인 지각들을 통하여 하나님과 사귀려고 무모하게 대드는 사람이 아니다(『산길』, II,19,11). 이렇게 십자가의 요한의

---

4) "영혼이 여기에서 죽음이라고 부르는 것은 세속의 모든 것들에 있어서 감관의 능력을 사용하고 피조물에 대한 기쁨과 욕구를 지니고 있는 모든 낡은 인간을 말하는 것이다. 이 모든 것은 낡은 삶의 움직임이며 새로운 영적인 삶의 죽음이다. 그러므로 영혼이 낡은 인간에서 완벽하게 죽지 않는다면 영적이며 새로운 삶을 완전하게 살 수 없을 것이다. 사도는 이에 대하여 "지난날의 생활 방식에 젖어 사람을 속이는 욕망으로 멸망해 가는 옛 인간을 벗어버리고, 여러분의 영과 마음이 새로워져, 진리의 의로움과 거룩함 속에서 하나님의 모습에 따라 창조된 새 인간을 입어야 한다."(엡 4:22~24)고 훈계한다. 여기에서 새로운 삶이라는 것은 하나님과 이루는 일치의 완전함에 이르렀을 때를 말한다. 그리고 여기에서 우리가 다루는 것처럼 영혼의 모든 욕구들과 자신의 움직임과 경향에 따르는 감관의 움직임이 그 자체로는 죽음의 움직임이었으며, 영적인 삶의 빼앗음이었으나 모두 거룩한 것으로 바뀐다는 것이다"(『불꽃』, 2,33).

작품들에서 바울 사도의 영향을 받는 표현이 뚜렷하게 드러나는 곳을 일일이 열거할 수 없을 정도이다. 십자가의 요한은 그리스도를 위해서라면 자신이 약할 때에 오히려 더 강하다는 것(고후 12:10)을 절실하게 체험했기 때문에 이런 표현이 가능했던 것이다. 더 나아가서 "육체의 소욕은 성령을 거스르고 성령은 육체를 거스르나니 이 둘이 서로 대적함으로 너희가 원하는 것을 하지 못하게 하려 함이니라."(갈 5:17)고 한 바울 사도처럼 영혼이 하나님께서 주시는 성령의 열매가 주는 맛과 기쁨을 체험했기 때문에 육체, 즉 감각으로 느끼는 기쁨은 아무것도 아니라는 것을 깊이 깨달은 것이다(『산길』, II,17,5). 이것은 마치 그리스도 안에서 영적인 충만함을 체험했기 때문에(엡 4:13) 주님 안에서 크게 기뻐할 수 있게 된 뒤에는 비천하게 살 줄도 알고, 배고프거나 넉넉하거나 모자라거나 어떠한 경우에도 잘 지내는 비결을 터득한(빌 4:12) 바울 사도의 체험과 같은 것이다. 하나님의 사랑에 이끌려 "온갖 사물에 대한 욕구의 기쁨을 없애버리는"(『산길』, I,3,1) 과정인 어두운 밤으로 들어간 영혼은 전에는 결코 하지 못했던 새로움을 체험하면서 무엇을 얻거나 확인하면서가 아니라 잃어버리면서 가는 것이다(『밤』, II,16,8). 만일 우리가 무엇인가 선명하게 보려고 한다면 어둠 속에서 시작해야 하기 때문이다. 이것은 바로 "그 바라는 것은 피조물도 썩어짐의 종 노릇 한 데서 해방되어 하나님의 자녀들의 영광의 자유에 이르는 것이니라."(롬 8:21), 영혼 안에서 '의로움과 불법', '빛과 어둠'이 짝을 이룰 수 없다(고후 6:14)는 바울 사도의 가르침을 깊이 깨달았기 때문에 가능한 표현이다. 더욱 결정적인 표현은 조금 열심히 기도를 했기 때문에 연속적인 환청을 체험하는 사람들, 혹은 환청이나 환시에 집착하는 이들에게[5] "이들이 하는 짓은 아무것도 아닐 것이며, 아무것

---

[5] "이렇게 문자나 환청, 혹은 감각으로 알아볼 수 있는 현시의 형상이나 초상에 매달리는 사람은 엄청난 실수를 저지를 것이며, 현시들 안에서 감각에 따라 이끌렸기 때문에, 그리고 감각을 벗어난 영(정신)에 자리를 마련해주지 못했기 때문에 매우 혼란스럽고 단편적인 것만 찾아내게 될 것이다. 그래서 성 바울은 문자는 사람을 죽이며 영(정신)은 사람을 살린다고 한다(고후 3:6). 이런 경우에는 감각의 문자를 떠나서 영(정신)이라고 하는 신앙의 어둠에 머물러야 한다. 영(정신)은 감각이 이해할 수 없는 곳이기 때문이다"(『산길』, II,19,5).

도 아닌 것보다 더 아무것도 아닐 것이다."(『산길』, II,29,5) 6)라고 한다. 바울 사도에게는 "삶이 곧 그리스도이기"(빌 1:21) 때문에 무엇에 마음이 머물게 될 때는 하나님 안에 있는 순수한 보물을 차지하지 못한다는 것이다(『산길』, I,13,12). 결국 하나님과 일치를 위해서라면 어두운 밤으로 들어가야 한다는 것도 역시 전부를 위한 전무를 실천하기 위해 오로지 신앙에 의지해서 하나님만 사랑하라는 것이다.

셋째, 십자가의 요한이 말하는 전무는 하나님의 초월성에서 비롯되는 것이다. 디오니시우스 아레오파기타가 말하듯이 관상기도란 기도하는 영혼이 거룩하게 변화되지만 가장 어두운 암흑 속에 들어가는 것이기 때문에 아무것도 보이지 않는 가운데 하나님을 뵙게 되는 것이며, 눈부시게 빛나는 가운데 무지를 통해서만 가능한 하나님께 관한 참된 깨달음을 얻게 되는 것이다. 하나님의 초월성은 인간의 지성에게 암흑일 뿐이며, 동시에 하나님을 말하기 위해서는 하나님이 아닌 것을 부정하면서 말할 수밖에 없기 때문이다(『노래』, 7,9). 7) 아무런 연관이 없다고 주장하는 학자들이 있다 할지라도 8) 이러한 십자가의 요한의 부정, 혹은 아무것도 아님(전무)은 니사의 그레고리우스(335-394)의 어둠9)과 디오니시우스 아레오파기타에서 비롯되는 부정신학(어둠의 신비신학)10)에 바탕을 두고 있다. 그래서 십자가의 요한은 신랑이신 그

---

6) "겸손과 애덕, 극기와 거룩한 단순함, 그리고 침묵과 같은 것들을 만들어주지 않는 것이 무슨 의미가 있을 것인가? 내가 말하지만, 이 환청은 영혼이 거룩한 일치로 가는 길에 엄청난 지장을 초래할 수 있다. 만일 영혼이 자꾸 이런 환청에 관여하게 된다면 영혼을 신앙의 심연으로부터 대단히 벗어나게 한다. 지성은 신앙 안에서 어두운 상태로 있어야 하며, 많은 논리를 통해서가 아니라 어둠 속에서 신앙 안에서 사랑을 통하여 가야 한다"(『산길』, I,29,5).
7) 참조: 방효익, 『관상과 사적 계시』, 86~97.
8) 참조: 앤드루 라우스, 앞의 책, 262~263.
9) 참조: 니사의 그레고리우스, 최익철(역), 모세의 한평생, 가톨릭다이제스트, 1993, III-112(제2부,162~164); 앤드루 라우스, 앞의 책, 127~150.
10) "디오니시우스에게 있어서 황홀경에 이른 영혼은 지성을 초월하고, 또한 초월함으로써 지성을 부정한다. 그러나 지성은 더 이상 쓰일 필요가 없기 때문에 거부되는 것이지 지성이 전혀 소용없는 것이라는 뜻은 아니다. 오히려 정신의 정화가 이루어지는 단계는 오직 지성에 의해서만 성취될 수 있는 것이다. 그러나 중세기 동안, 영혼의 신비적 기관은 결코 지적인 것이 아니라 정적인 것이라는 관념이 싹트고 발전하게 되었다. 영혼이 하나님과 접촉하게 됨은 지성(정신)의 첨단인 제1의 정감에 의하여 가능한 것

리스도를 사랑하기 위해, 아니 하나님께서 주시는 초자연적 은총을 받기 위해서 신부인 영혼이 자신의 감각들에 의한 모든 기쁨을 즉시 비우고 없애야 하며(『산길』, I,13,4), "겸손한 사랑으로 포기하고 모든 것을 부정하는 의지"(『산길』, I,16,10)를 갖추라는 것이다. 십자가의 요한이 말하는 전무는 "그리스도를 위하여 고통을 감수하면서 내외적으로 진정한 자기부정을 할 줄 아는 것, 그리고 모든 것을 없애버리는 것뿐이며"(『산길』, II,7,8), "영혼의 의지에 즐거운 것들과 육체에 감미로운 것들, 그리고 세상의 외적인 것들에 대해 지니고 있는 모든 감각적 욕구들을 끊어버림과 정화이다"(『산길』, I,1,4). 또한 전무는 "그리스도를 위하여 세상에 있는 모든 것들로부터 철저하게 벗어버림과 비움, 가난함"(『산길』, I,13,6; '밤', II.9,4)과 자유(『산길』, III,20,3), 그리고 경멸과 벗어남이라는 신비적 회개[11])를 표현하는 용어와 함께 이해하거나 동의어로 알아들어야 한다. 하나님을 따라 나서기 위해, 그리고 자기 안으로 들어가기 위해(CA : 『영가』의 초판본 1,11). "이러한 벗어버림에서 열심 있는 사람은 (하나님께서 주시는) 고요함과 쉼을 (빨리) 찾는다."(『산길』, I,13,13) 세속적인 것들에 대한 경멸과 그것들로부터 벗어남이란 그리스도를 따르기 위해, 그리고 하나님의 사랑 안에 뛰어들기 위해 가장 기본적인 조건이기 때문이다(눅 9:23, 16:13). 이것은 "기쁨·희망·두려움·아픔이라는 네 가지 자연적 감정을 다스리고 가라앉히기 위한 완전한 처방이다. 감정들이 가라앉고 다스려지면 조화와 차분함이 생기고 거기에서 다른 많은 보화들이 흘러나온다."(『산길』, I,13,5)는 것, 즉 신비적 회개를 말하는 표현이다. 그래서 십자가의 요한이 말하는 전부-전무의 도식은 사랑을 통하여 이루어지는 하나님과 일치를 이루기 위해 필요한 수덕적 행위에 대한 변증법적이며

이다."(앤드루 라우스, 앞의 책, 254) 참조: AA. W. Expehencia y pensamiento en San Juan de la Cruz,97~99.

11) 그리스도인의 삶에서 삶의 방법을 완전히 바꾸어 놓는 개인적인 특별한 변화의 체험이 있는데 이것을 영성가들은 신비적 회개 혹은 두 번째 회개라는 말로 표현한다. 두 번째 회개라고 하는 이 표현은 사랑을 통한 그리스도와 충만한 일치를 말하는 것으로서 교부 알렉산드리아의 클레멘스에 의해 처음 사용되었고, 예수회의 Rossignoli, Le Gaudier, Lallemant에 의해 본격적으로 신비신학의 한 용어로 정착된다.

역설적인 표현이다. 12) 전무는 전부를 차지하기 위한 수단이며 동시에 목적이다. 전무의 끝에는 전부이신 아들 그리스도께서 계시기 때문이다 (『산길』, II,22,4).

넷째, 전무는 전부를 진실하게 사랑하기 위한 선택이며, 오로지 전부를 소유하려는 의미에서 바꾸어야 할 자신의 모습이다. 이것은 인간학적 특성으로서 십자가의 요한은 영혼이 피조물에 대한 애착이 크면 클수록, 그리고 사랑이 강하면 강할수록 그 대상과 같게 되거나 얽매이게 되어 있기 때문에 아무것도 아닌 피조물에 대한 애착과 사랑을 정화시킬 수 있을 때 자신의 초월적 변화는 물론 '전부'이신 하나님과 순수한 일치에 이를 수 있다는 것이다(『산길』, I,4,3). 그래서 '나'를 비운다는 것은 반드시 '너'로써 '나'를 채우기 위한 것이듯이 '전무-전부'는 구원의 행복을 체험하기 위해 요구되는 복음적 희생(자기포기)을 말하는 것이며, 복음적 행복을 가늠하는 척도, 즉 복음적 가치를 확인할 수 있는 잣대 역할을 하는 용어다. 결국 하나님의 거룩한 본성에 참여하기 위해 나를 변화시키는 동력을 말하는 짝용어이다. 이렇게 십자가의 요한이 말하는 전무는 전부인 하나님의 아드님이신 그리스도를

---

12) "우리가 말했듯이 영혼이 영적인 은총들과 함께 주어지는 저 형상들과 영상들과 초상들의 얼룩에 의한 지각들의 효과를 의지적으로 떨쳐버리면 버릴수록 이 은총들과 그것이 만들어내는 영적 보화들이 없어지지 않는다. 뿐만 아니라 오히려 이것들을 더욱 풍요롭게 받아들일 수 있도록 모든 지각들을 멀리 던져버리고 순수함과 영(정신)의 자유와 밝음을 갖추게 된다. 여기에서 형상들과 영상들과 초상들의 얼룩들에 의한 지각들은 영적인 것들을 덮어버리는 너울들과 가리개들이며, 만일 영혼이 이것들에 의해 성숙되기를 원한다면 즉시 영(정신)과 감각이 이들의 포로가 될 것이고, 그때에는 영(정신)이 단순하고 자유롭게 은총을 받아들일 수 없다. 지성이 껍질일 뿐인 이것들에게 점령되어 있다면 알맹이라고 하는 영적인 은총들을 받아들일 수 있는 자유가 없어진다는 것은 분명하다. 이때에 영혼이 형상과 영상과 부분적인 지식이라는 지각들을 받아들이기를 원하고 그것들을 통해서 무엇을 하기를 원한다면 영혼이 알 수 있고 감지할 수 있는 것들 가운데 아주 하찮은 것에 의해서도 방해를 받고 거기에 만족하게 될 것이다. 영혼에게 주어지는 이 지각들 가운데 가장 중요한 것은 순수하고 영적인 것인데 영혼은 어떻게 감지하고, 알아들어야 할지 모른다. 또한 그것이 어떻게 생겼는지도 모르며, 그것에 대하여 뭐라고 말할 줄도 모른다. 이 지각들이 가지고 있는 것들에 대해 영혼이 알 수 있는 것은 단지 감각을 통해서 형상들 안에 있는 최소한의 것뿐이며, 그것도 자신의 알아들을 수 있는 방법을 통해서만 알아들을 뿐이다. 그래서 말하지만, 영혼이 무엇을 알아차리려고 애쓰지 않으면서 그리고 애쓸 줄도 모르면서 영혼이 알 수도 없고 상상할 수도 없는 저 현시들이 수동적으로 주어질 뿐이다"(『산길』, II, 16,11). 참조, 방효익, 『가르멜의 산길』: 인간의 능동적 정화, 359~361.

전제하는 부정이지 절대로 부정하기 위한 단순한 부정을 말하는 것이 아니다. 특히 전무라는 표현은 어떤 가치를 평가절하하려는 단순한 용어가 아니라 복음적 근본주의를 말하기 위해 사랑이라는 척도로 인간을 하나님과 비교하는 가운데 세상과 인간의 상대적인 가치를 표현하는 용어이다. 즉 전무는 무한하시고 절대적인 분 앞에서 유한한 피조물이 지니고 있는(『산길』, I,4,3~4) 상대적인 가치를 표현하기 위한 신비신학적 용어이며, 두 용어가 함께 하나처럼 작용하면서 인간을 하나님께 이르게 하는 좁은 길로 이끌어주고 자신을 비우게 하는 향주덕의 역할과 그 결과를 표현하는 영성신학적 용어이다(『산길』, II,24,8). 이 말(전부-전무)은 하나님이신 '너'로 나를 채우려면, 즉 "하나님의 본성을 나누어 받게 되려면"(벧후 1:4) 우선 나를 비워야 하고, 부정해야 한다는 단순한 원리에서 출발한다. 그래서 전무는 '하나님의 자기 낮추심'이라는 개념과 일치한다. '하나님의 자기 낮추심'이란 하나님께서 '자신을 비우심'인데 이것은 하나님께서 인간을 구원하시고 사랑하시는 방법인 동시에 그리스도의 강생과 십자가의 죽음에서 그 정점이 드러나는 그리스도론적 개념으로서(빌 2:6~11) '그분께서는 부유하시면서도 (하나님이시면서도) 여러분을 위하여 가난하게 되시어(십자가에 못 박혀 죽으시어), 여러분이 그 가난(죽음)으로 부유하게 되도록 하셨다.' (고후 8:9)는 구원의 핵심적 표현이다. 하나님의 형상이 고통의 형상 (십자가에서의 모습)으로 바뀌신 것은 '죄가 주는 값'(롬 6:23)을 갚아 주시기 위함이었다. 이토록 넘치는 하나님의 사랑과 자비를 드러내시기 위한 '하나님의 인정 넘치는 자기 낮추심'이라는 표현은 모든 신비체험가들이 자신들이 체험한 하나님의 자비와 사랑을 말할 때 항상 끌어들일 수밖에 없는 개념이다.[13]

　다섯째, '전무-전부'는 당대의 신학과 철학에서 말하듯이 서로 반대되는 것이 하나의 주체 안에 있을 수 없다는 아리스토텔레스와 보나벤투라의 가르침에 바탕을 두고 있으며, 형이상학적인 특성으로서 유한한 인간과 무한하신 하나님 사이에 어우러질 수 있는 것이라고는 아무

---

13) 방효익, 『예수의 테레사 입문』, 248~249.

것도 없기 때문에 '전무-전부'라는 용어로 비교하고자 했던 것이다(『산길』, I,4,4). 이렇게 하나님과 인간(피조물)이 지니고 있는 차이 때문에 이러한 비교를 설명하기 위해 끌어들인 '전무-전부'라는 용어는 형이상학적이고 사변적인 표현이지만 십자가의 요한에게는 오히려 지극히 인간학적이며 영성적인 용어가 되었다. 다시 말해서 본질적이며 실체적 특성으로서 하나님의 무한하심과 비교할 때, 피조물의 모든 존재는 아무것도 아니거나 그보다 더 못하기 때문에 거기에 집착하는 영혼은 아무것도 아닌 것보다 더 못하게 된다는 것을 말하기 위한 용어이다(『산길』, I,4,4).

  십자가의 요한이 전무를 강조하는 것은 "하나님의 현존을 뵙기를 간절히 원했을 때 나는 당신을 만나지 못했습니다. 이것으로부터 벗어나지도 못했고, 저것에 기대지도 못하면서 마치 공중에 떠 있는 것처럼 당신께는 물론 내게도 의지하지 못한 채 고통을 겪고 있습니다."(『영가』, 1,21)라고 고백했듯이 이 고통으로부터 벗어나기 위함이었다. 하나님 때문에 영혼의 감각적이고 영적인 부분에서 파멸을 혹독하게 겪을수록 하나님과 더욱 일치하게 되고 더욱 커다란 일을 하게 된다는 것을 영적으로 잘 이해할 수 있도록 가르치는 것이다. (감각적이고 영적인 부분에) "아무것도 남게 되지 않을 때, 이때가 바로 최고의 겸손이라고 할 수 있는데, 하나님과 영혼 사이에 영적인 일치가 이루어지게 될 것이다."(『산길』, I,7,11)라는 사실을 거듭 확인시켜주기 위함이다. 하나님과 사랑에 빠진 영혼에게는 모든 사물들이 아무것도 아니며, 영혼 스스로도 자신의 비천함을 알게 될 때 하나님의 위대하심에 비해 역시 자기 눈에는 아무것도 아니며, 영혼에게는 오직 하나님만이 자신의 전부라는 사실을 뼈저리게 체험했기 때문이다(『불꽃』, 1,32). 그래서 십자가의 요한은 "하나님께서 자신에게 모든 것을 넘겨주시기를 원하는 영혼은 자신을 위해서는 아무것도 남기지 말고 모두 넘겨드려야 한다."고 하며, "영혼이 사랑과 의지를 통하여 완전하게 하나님과 일치를 이루기 위해서는 아무리 작은 것이라 할지라도 우선 모든 욕구를 없애야 한다."(『산길』, I,11,3)고 강조한다. 이런 이유에서 십자가의 요한은 여러 번 반복해서 지성과 기억과 의지에 아무것도 아닌 것은 남기지 말고 모두 비워 버려야 하며, 감관의 능력을 모두 묶어놓아야 한다(전무)고 수덕적 노력을 강조하는 것이다.

"완덕의 산"(『산길』, I,13,10)에 오르는 여정이기도 한 전무란 '아무것도 가지고 있지 않은 방식'이며, 동시에 '모든 것을 가지고 있는 방식'(『산길』, II,4,5)인 전부이기 때문에, 그리고 시작과 끝이며, 동시성을 가지고 있기 때문에 마치 전무가 신비신학의 총체적인 개념인 듯 이해해서는 안 된다. 신비신학에서 끌어들이는 부정(전무)은 하나님께서 우리와 나누시는 친교, 즉 하나님의 무한성과 우리가 가야 하는 길인 십자가의 길의 죽음과 삶의 역동성에서 비롯되는 초월적 친교를 말하기 위한 어쩔 수 없는 선택일 뿐이다. 그러므로 십자가의 요한은 비관적 의미에서의 무주의자가 아니며, 불교에서 말하는 해탈을 위한 전무(nada)가 아니다. 십자가의 요한은 묵상기도에서 관상기도로 이어지는 상태에서 자기 스스로 혹은 다른 이들이 객관화시킨 하나님을 부정하고, 그런 개념을 비우라는 것이지 하나님께 대한 집중까지 포기하라는 것이 아니다(『산길』, II,13,4). 또한 현대의 성격심리학에서 말하는 부정적인 인간 유형이기 때문에 전무를 말하는 것도 아니다. 그래서 십자가의 요한은 전무의 성인이 아니라 오히려 전부의 성인이다.

결국 아무것도 아니다(전무)라는 말은 항상 모두(전부)이신 "하나님의 아들 그리스도"(마 16:16)를 전제하면서 동시에 지향하고 있는 신앙적 용어이다. 또한 영혼의 사랑의 짝, 즉 신랑이신 그리스도께 대한 사랑의 절정의 순간에 신부가 표현할 수 있는 마지막 말일 것이다. "'예'로 향하는 길은 '아니오'를 통과한다. 우리는 다시 일치하기 위해 분리되어야 하며, 본래의 장소로 돌아가기 위해 그곳을 떠나야 한다. 그곳에서 부정적 요소가 생명의 작동 안으로 들어가며, 새로운 도로 위에서 모든 처절한 이별은 수고와 갈등, 의심과 고통을 통과한다. 그러므로 신비체험가들이 정화의 길에 포함시킨 많은 것, 즉 악과의 힘겨운 투쟁, 스트레스와 소란, 비참과 절망에서 그들의 의식이 새 생명을 위해 다시 태어난다." 결국 십자가의 요한이 말하는 전무는 하나님에 대해서 아무리 많은 말로 이야기해도 미치지 못하기 때문에 그렇게 부르고 마는 것이며, 동시에 "그분은 나의 전부이시다.", 즉 "하나님만으로 충분하다!"14)라고 고백하는 것이다. 그리스도 예수님께 속한 이들이 그분의 사랑을 맛본 뒤에 자기 육을 그 욕정과 욕망과 함께 십자가에 못 박아 놓는다면(갈 5:24) "내 쪽에서 보면 세상이 십자가에 못 박혔고 세상 쪽에서 보면 내가 십자가에 못 박혔다."(갈 6:14)고 할 것이다. 우리에게 불리한 조항들을 십자가에 못 박아 없애버린다면(골 2:14) "모든 면에서 모자람 없이 완전하고 온전한 사람이 될 것이다"(약 1:4). 나에게는 그리스도가 생의 전부이기 때문에(빌 1:21) 아무것도 모자라지 않을 것이라는 뜻이다. 다시 말해서 '전무-전부'는 바울 사도처럼 하나님의 은혜로 그분의 뜨거운 사랑에 젖어 있을 때, 자신이 "아무것도 가지지 않은 자같이 보이지만 실은 모든 것을 소유하고 있다."(고후 6:10)고 자랑스럽게 표현할 수 있는 말이다.

2. 일치의 길 15)

십자가의 성 요한은 칼바리오 수도원의 원장으로 있었던 때에 '완덕의 산'을 상징하는 그림을 그렸는데, 이 그림은 여러 가지 모양으로 다시 그려졌고, 하나님과의 일치에로 영혼들을 이끄는 여정의 전체 모습

---

14) Obras Completas, Monte Carmelo, Burgos 1984, 1688~1689 (Poesía, IX). 테레사 성녀가 죽은 뒤에 성녀의 성무일도에서 발견되었다는 이 시 (Nada te espante 아무도 너를 놀라게 하지 않으리라 / Todo se pasa 모든 것은 지나가는 것 / Dios no se muda 하나님은 변치 않으시니 / la paciencia 인내가 / todo lo alcanza 모든 것을 알게 하리니 / quien a Dios tiene 하나님을 소유하는 이는 / nada le falta 아무런 부족함 없고 / sólo Dios basta 하나님만으로 충분하다)는 성녀의 자작시로 보기가 어렵다는 것이 지배적인 의견이다.
15) 원 저자의 책을 역 가르멜회의 이종욱(안셀모) 신부께서 1997년『십자가의 성 요한과 함께』라는 책으로 번역한 곳에서 옮긴다. 이 책 자체가 십자가의 요한의 저서를 가장 잘 정리하였으며 본 저서도 이를 바탕으로 하여 개신교 성도에게 읽기 편하도록, 그리고 작가의 판단에 따라 약간 수정하고 있다.

을 영혼들이 가질 수 있도록, 성인의 지도를 받던 영혼들에게 이 그림을 나누어주었다.

이 귀중한 도움이 독자들에게 더 분명해질 수 있도록, 성인의 그림을 그 내용은 충실히 보존하면서 단순화시킨 것이다.

이 산의 정상은 하나님의 거처를 상징한다. 이는 영혼이 갈망하는 목표이고, 영혼이 결코 잊을 수 없는 목표인데, 특히 등반이 더 엄한 희생을 요구하는 때에 그러하다.

산의 기슭에서 세 갈래의 길이 시작된다.

① 오른쪽의 길은 지상의 보화를 사랑하는 자들의 길이다. 이 길은 산의 정상에 도달하지 못하고, 산을 벗어나 길을 잃게 된다. 여기에 두 가지 말씀이 적혀 있다. 그 첫째는 '네가 그것들을 찾으면 찾을수록 그것들을 더 얻지 못하리라'는 말씀이고, 둘째는 '네가 이 길을 통해서는 그 산에 도달할 수 없으리라'는 말씀이다.

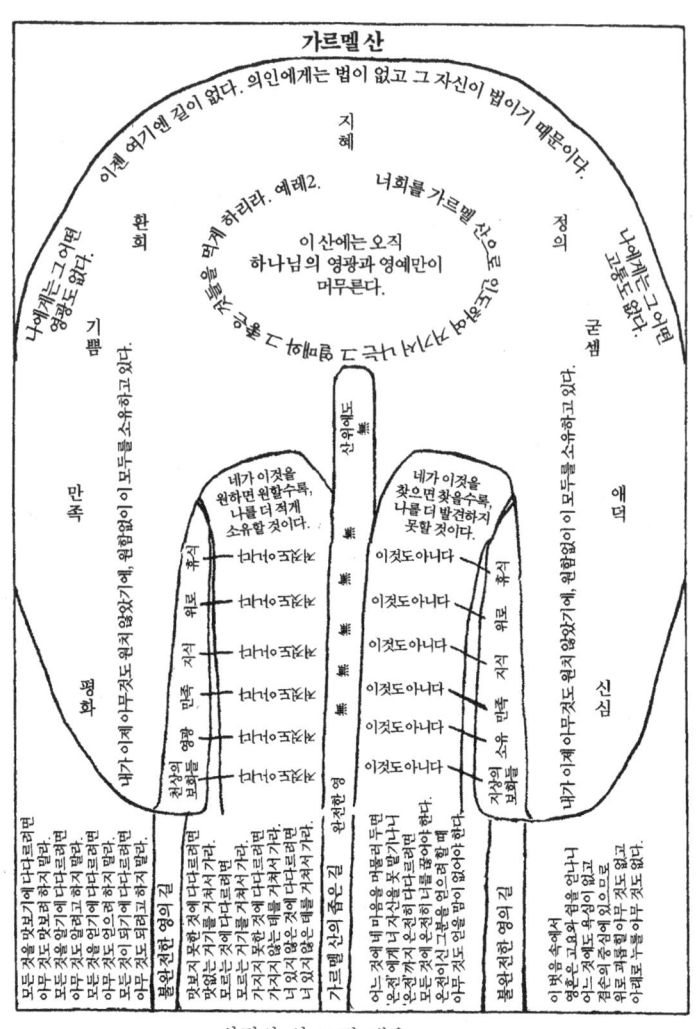

완덕의 산 그림 내용

② 왼쪽의 길은 천상의 보화를 사랑하는 자들의 길인데, 그들은 산 정상에 도달하지 못하고, 넘을 수 없는 어떤 바위로 인해 멈춰버린다. 여기도 역시 두 개의 표지판이 있는데, 이 표지판들은 영혼의 즐거움들을 찾거나 그런 것들로 만족해하는 자는 누구나 순수한 하나님의 사랑, 즉 하나님과의 일치의 정상에 도달할 수 없음을 경고한다.

③ 가운데의 길은 하나님 외에 아무것도 사랑하지 않는 자들의 길인데, 이는 예수께서 우리에게 말씀하시는 완덕의 좁은 길이다(마 7:13). 이 길은 순수한 하나님 사랑이 아닌 모든 것들에 대해 '무(無)'로 표시되어 있다. 영예도, 휴식도, 맛도, 자유도, 재능도, 영광도, 안전도, 기쁨도, 위로도, 지식도… 아니고, 이 길은 산의 정상으로 영혼을 직접 인도하는데, 거기서 영혼은 자신이 걸어온 전체 여정 안에서 체험한 무보다도 더한 무의 심연에 삼켜져 버린다.

그럼에도 불구하고, 영혼이 하나님으로 부유해지는 것은 분명히 이 '무' 안에서이다. "내가 아무것도 원하지 않았기에, 원함 없이 이 모든 것이 내게 주어졌다."

이 '모든 것'이 바로 하나님이시다.

여기서는 무의 길은 자신의 한계를 잃고 그 산과 혼합된다. "여기에는 더 이상 길이 없다. 왜냐하면 하나님을 사랑하는 사람에게는 아무 법이 없고, 그 자신이 자신의 법이기 때문이다." 여기서부터 영혼은 하나님의 힘에 내맡겨지고, 오로지 하나님께 대한 자신의 사랑으로만 이끌리게 된다.

이후에는 모든 것을 행하고, 영혼을 마지막 찌꺼기들로부터 정화시키고, 하나님의 고요한 기운들과 하나님의 선물들 덕택으로 영혼의 마지막 한 올까지를 거룩하게 하시는 분은, 바로 하나님이시다.

그러면 하나님께서는 대단히 아름다운 영혼을 바라보시고 그 영혼을 마치 당신의 정배처럼 사랑하시면서, 당신 자신 안에서 그를 변모시키심으로써 그 영혼을 영원한 잔치에로, 거룩한 침묵과 거룩한 지혜가 다스리는 영원한 잔치에로 들어가게 하신다.

성인은, 용기를 가지고 무의 길을 택할 수 있도록 영혼들을 자극하기 위해서, 산의 밑 부분에 다음과 같은 몇 구절들을 놓고 있다:

"모든 것을 맛보기에 다다르려면, 아무것도 맛보려 하지 말라. 모든 것을 얻기에 다다르려면, 아무것도 얻으려 하지 말라. 모든 것이 되기에 다다르려면, 아무것도 되려 하지 말라…."[16]

---

16) 『산길』, 1,13,11. 참조: 방효익 역 p.95를 보면 더 자세히 나와 있다.

하나님과의 일치의 정상을 향하는 영혼 안에서, 영혼이 높이 오르면 오를수록 그 영혼은 하나님 안에서 더욱 변모된다.

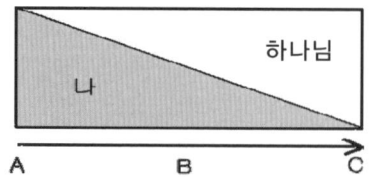

이 길의 출발점(A)에서는, 영혼 안에 '나'는 최고도에 달해 있고, (세례로 인한) 하나님의 실체적 현존이 있다. 그러나 여기서 하나님의 실체적 현존은 영혼의 활동 밖으로 밀려나 있다. 하나님에 대한 믿음·소망·사랑을 훈련함으로써 영혼이 피조물들에 대한 모든 애착들로부터 비워진 자리를 확장시킬수록, 하나님께서는 이 빈 자리를 채워주시고(B), 결국 영혼이 자신에 대해서 완전한 무에 이르게 되면, 영혼은 하나님으로 완전히 채워지고, 하나님 안에서 변화된다(C).

이제 우리는 왜 십자가의 요한 성인이 '무(無)와 전(全)', 'Nada와 Todo'의 박사인지를 이해할 수 있다.

하나님이신 '전'을 소유하는 데에 다다르기를 원하는 영혼에게 있어서, 해야 할 과제는 한 가지뿐이다: 피조물들에 대한 사랑, 특히 자기 자신에 대한 사랑을 '무'에 이르게 하는 것이다. 그 나머지는 하나님께서 해주신다.

"마치 태양처럼 하나님께서는 영혼들에게 은총을 주시기 위해 계신다." 그리고 영혼이 비어 있고 정화되어 있음을 발견하시면, "하나님은 그 영혼이 모르는 방식으로 영혼의 발걸음을 초자연적인 선물로 이끄신다."17)

따라서 일치의 길은, 우리 자신에 대한 점진적인 포기를 통해서 더욱 나아갈 수 있는 것이고, 이것은 하나님 편에서 본다면, 영혼에 대한 점진적인 지배이고 장악이다. 이것은 결국, "영혼이 아무것도 남지 않을 때(무), 이때가 바로 최고의 겸손이라고 할 수 있는데, 하나님과

---

17) 『불꽃』, 3,46~47. pp.136~137.

영혼 사이에 영적인 일치가 이루어지게 된다. 이 일치는 이 세상에서 도달할 수 있는 가장 크고 높은 상태이다."[18]

다음 안내를 따르시오.

안 내
　: 관상기도에 대한 충분한 이해를 하신 분은 **제3장 주의사항**으로 가고, 관상기도를 다시 한 번 정리하기를 원하는 겸손하신 분은 **제2장 기도와 관상**으로 가도록 안내드립니다.

---

18) 『산길』, 2,7,11. p.145.

제2장 기도와 관상[19]

기도는 일차적으로 하나님의 일이지만 동시에 우리의 일이기도 하다. 왜냐하면 하나님은 우리에게 갈망을 일으켜 주고, 그 갈망에 대한 응답은 우리의 몫이기 때문이다. 그 갈망을 실현해 가는 동기로 기도가 일어난다. 그러한 갈망을 어떻게 이해하느냐에 따라서 기도의 성향도 달라진다. 만일 그 갈망이 외적인 어떤 성취를 통해서 만족될 수 있다고 믿는다면, 그 사람의 기도는 틀림없이 외향적인 성취를 지향할 것이다. 반면에 그 갈망이 하나님과 깊은 사귐을 요구하는 것이라고 이해한다면 그 기도의 지향도 내향적이 될 것이다.

1. 기도란 무엇인가?[20]

유해룡 교수가 조사한 설문 조사[21]에 의하면 한국 교회 교인들 중 60% 이상이 기도를 생활화하고 있다. 기도를 신앙생활에서 가장 중요한 요소로 생각할 뿐만 아니라, 기도 생활을 실천하고 있다. 그러나 그들 중 절반도 자신의 기도생활에 대해서 만족을 느끼지 못하고 있다. 그 불만족의 요소 중 가장 중요한 이유는 기도를 통해서 내적인 성장이나 하나님과 관계 형성에 있어서 진보를 확인할 수 없다는 것이다. 그저 동일한 내용이 습관적으로 반복되는 듯한 느낌이 그들의 기

---

19) 유해룡, 『영성의 발자취』 (장로회신학대학출판부, 2011), pp.130~180.
   * 이하 "기도와 관상"의 모든 관주는 저자의 책에서 재인용한 것이다.
20) 위의 책, pp.130~148.
21) 이후 모든 통계와 분석은 유해룡, '교회의 양적인 성장과 영성의 상관 관계', '長神論壇,' 제14집 (1998), 369~402를 참고하라.

도 생활의 효용성을 의심케 하였다. 교회에서 가르치고 있는 기도의 목적은 매우 단순하다. 무엇을 이루고자 하는 청원적인 성격이 지배적이다. 그런데 성숙한 그리스도인일수록 청원의 내용이 변화되고 있다. 물질적인 풍요나 건강 등의 개인적인 안녕이나 욕구보다는 하나님과 깊은 내적 교제나 평화로운 관계에 대한 욕구가 커지고 있다. 한국 교회 교인들은 통성 기도에 익숙하고 그것을 선호한다고 일반적으로 이해하고 있는 것과는 달리, 개인적인 기도 형태를 물었을 때 침묵 기도를 압도적으로 선호한다고 말하고 있다(설문자의 76.3%). 예상과 다른 결과에 대해서 추론해 보건대 통성 기도는 공동 기도 모임에서 인도자와 함께 기도할 때 주로 선호하는 기도 형태이며, 개인 기도에서는 거의 침묵 기도 형태를 띠고 있다는 사실이다. 그 이유에 대해서는 환경적인 요인도 있고 개인적인 취향도 포함되어 있다.

통성 기도의 습성은 성령 운동과 밀접한 관계를 맺으면서 익숙해졌다. 한국의 성령 운동은 갑작스럽게 변화되어 가는 사회와 경제 구조에 대처하지 못한 채, 고통받고 억압받았던 사람들을 지탱해 주고 치유하는 과정에서 자라났다.[22] 이때 기도 내용은 주로 물리적이고 물질적인 것과 밀접한 관계를 맺고 있으며, 기도 형태도 통성 기도에 의존했다. 그러나 그러한 성향은 점점 달라지고 있다. 기도 내용 자체도 보다 정신적이고 영적인 욕구와 관련되어 있고, 기도의 형태도 보다 내면적이고 침묵적인 분위기를 선호하고 있다. 오늘날 한국 교회 그리스도인들이 표면적으로는 열심이 줄어들고 영적인 욕구가 줄어드는 것처럼 보이나, 실상은 그 기도의 성향이나 양태가 변화되고 있음도 간과해서는 안 된다. 그러므로 우리 교회 안에서 기도에 대한 보다 다양한 이해와 다양한 방법에 대한 가르침이 없다면 보다 성숙한 기도 생활과 신앙생활로 발돋움을 기약할 수 없다.

일반적으로 기도가 가져다주는 영향을 다음과 같이 정리해 볼 수 있다.

---

22) Harvery Cox, *Fire from Heaven*, 유지황 역, 『영성·음악·여성: 21세기 종교와 성령운동』(서울: 동연, 1996), 303~339 참고.

(1) 기도는 하나님과의 교제의 통로다.
(2) 기도는 하나님의 도움을 받는 통로다.
(3) 기도는 자기 자신을 변화시키는 통로다.
(4) 기도는 관점을 변화시키는 통로다.

일반적으로 첫 번째의 요소를 가장 무난한 것으로 받아들일 수 있다. 이 정의는 예수님께서 구하기 전에 우리의 필요를 다 아신다고 가르쳐 주셨음("그들이 부르기 전에 내가 대답하고 그들이 아직 말하고 있을 때 내가 응답하리라", 사 65:24; 마 6:8)에도 불구하고 기도할 근거를 제시해 주는 정의가 된다. 하나님께서는 문제를 해결해 주시기 위해서 우리의 기도를 들으실 필요가 없지만 그분은 기도를 원하신다고 성경은 말한다. 창조주 되신 하나님이 그의 부름을 받은 사람들의 아버지가 되신다는 성경의 하나님 이해에 뿌리를 두고 있다. 곧 창조주 하나님은 당신의 자녀들이 끊임없는 기도를 통해서 아버지 되신 하나님을 철저히 신뢰하기를 원하신다. 기도를 하게 하면서 하나님은 당신 자신을 우리에게 알리시고, 우리를 향하신 하나님의 사랑을 드러내신다. 미리 아신다는 하나님의 전능성과 자기 자신을 우리에게 알리고자 하는 하나님의 사랑이, 모순처럼 보이는 기도를 자연스럽게 만들어 준다. 사실 우리가 기도하는 것은 이미 그분이 모든 필요를 알고 계시기 때문이다. 하나님이 미리 아신다는 것은 우리로 하여금 더욱 큰 신뢰를 가지게 하며, 동시에 더욱 기도하고자 하는 열망으로 자극을 받는다. 그러한 과정에서 하나님은 당신 자신을 우리에게 더욱 강력하게 드러내신다.

두 번째 요소는 첫 번째와 중첩되는 의미를 지니기도 하지만, 보다 세분하여 기도를 이렇게 이해할 수도 있다. 보편적으로 잘 받아들이는 요소임에도 불구하고 많은 문제가 제기되기도 한다. 왜 우리의 많은 기도가 천재지변이나 비참한 전쟁을 막을 수 없는가? 그것은 거시적으로 볼 때 하나님의 뜻 안에 포함시킬 수밖에 없다. 그러면 하나님의 뜻은 기도로 변화시킬 수는 없는 것인가? 그렇다. 그러나 막을 수 없는 천재지변이나 비참한 전쟁 안에 숨겨진 하나님의 뜻을 이해할 수 있다면, 우리는 기도를 통해서 하나님의 뜻에 참여하게 된다. 즉 하나님의 궁극적인 뜻은 변개할 수는 없으나 그 뜻을 이루는 방법은 매우 다양할 수 있기에 기도가 결코 무기력하게 되지 않는다.23) 기도해도 이루어지지 않는 것은 무엇인가? 죽음과 질병, 그리고 예수님의 겟세마네 기도 등이 바로 그러한 예이다. 그것은 하나님이 당신의 뜻을 실행하시는 동안에도 인간에게 저항의 자유를 허락하신다는 것을 의미한다. 그러므로 그 저항도 하나님의 뜻 안에 포함되어 있다. 하나님은 자유로운 인간의 투쟁 가운데서 자유로운 결단에 의해서 하나님의 뜻에 순종하기를 원하신다. 어떤 사건을 진행시키는 데 있어서, 인간의 저항과 투쟁, 그리고 복종 등이 모두 하나님의 뜻 안에 포함되어 있다.24) 그러므로 이루어지지 않는 기도는 기도 가운데서 하나님의 뜻에 복종하는 것을 포함하여 마침내 "당신의 뜻이 이루어지게 하옵소서."라는 결말에 이를 때, 하나님께서 받으신 기도로 완성된다.25)

회의론자는 끊임없이 '왜'라고 묻는다. 일관성 없는 인간의 역사를 바라보면서 하나님은 인간사에 과연 개입하시는가? 개입하신다면 그분은 신뢰할 수 없는 분, 아니면 이해할 수 없는 분이다. 시편, 전도서, 예레미야애가, 특히 욥기 등에는 회의론자가 갖가지 물음을 제기한다. 뒤죽박죽 얽히고설킨 세상사에 대한 깊은 고민과 의문을 표출하고 있다. 상처와 배신, 짙은 안개 속에서 한 치의 앞을 볼 수 없는 인생사의 문제와 불의한 힘 앞에서 과연 하나님은 어디에 계시는가 묻는다. 아예 존재하지도 않는 것같이 느껴지는 상황 앞에서 절규하는 모습을 보게 된다. 그런데 회의론자는 그러한 상황에서 그저 고민과 불만과 원망 외에 할 일이 없다. 그러나 성경의 믿음의 사람들은 그러한 고통스러운 갈등과 의문을 기도로 드러내고 있다. '언제까지입니까? 왜입니

---

23) P. T. Forsyth, *The Soul of Prayer*, 이길상 역, 『영혼의 기도』 (서울, 복 있는 사람, 2005), 163.
24) P. Forsyth, 『영혼의 기도』, 172~173.
25) Oscar Cullmann, Das Gebet im Neuen Testament, 김상기 역, 『기도』 (서울: 대한기독교서회, 2007), 79~83.

까?' 그때 주어진 하나님의 음성은 "두려워하지 말라. 나는 너와 함께 한다. 너는 내 것이다." 끝까지 신뢰를 저버리지 않을 것을 권고하고 있다. 이러한 음성을 받아들일 때 사실 그들의 물음과 불평과 답답함 그 자체가 하나님을 신뢰하는 부르짖음이라고 할 수 있다. 그 신뢰로부터 이미 답을 얻고 있다. 그래서 성경은 "아무것도 염려하지 말고 오직 모든 일에 기도와 간구로 너희 구할 것을 감사함으로 하나님께 아뢰라"(빌 4:6)고 한다. 여기에 인내와 믿음을 요구한다.

세 번째 정의에 있어서도 이론의 여지가 없지만, '기도 안에서 변화하도록 하나님이 어떻게 개입하시는가?'라는 물음이 있다. 무슨 내용의 기도를 했을지라도 우리 자신을 변화시키기 위해서 하나님이 직접적으로 개입하시는가? 아니면 인간 자신이 스스로에게 말하는 심리적인 효과인가? 기도가 하나님의 현존을 전제한다면 그것은 결코 자의적인 결단이나 심리적인 효과로 치부할 수는 없다. 기도하는 사람은 정직해진다. 기도는 외부로 새어나가지 못하도록 단단히 붙들어 매어 둔 수치심과 후회스러운 일들을 열어 가는 통로이다. 그래서 자기 자신에게 솔직해지고 자기 자신을 하나님의 시선으로 볼 수 있는 지혜를 얻게 된다. 여기서부터 자기 자신을 변화시켜 갈 용기를 얻게 된다. "내가 보는 것은 사람과 같지 아니하니 사람은 외모를 보거니와 나 여호와는 중심을 보느니라"(삼상 16:7). 자기 자신을 변화시키는 기도의 역할이란 바로 중심을 보시는 하나님의 개입을 전제하는 말이다.

네 번째, 기도가 가져다주는 효과는 사물을 보는 관점을 변화시킨다. 기도는 흐트러진 인간의 관점과 질서를 재조정해 가는 과정을 제공한다. 우주적 관점의 시야를 열어 가게 하고 하나님의 시각으로 세상과 자신을 볼 수 있는 시각을 얻게 해 준다. 주변 환경에 의해서 왜곡된 진리를 회복시켜 주는 역할을 하기도 한다(욥 42:1~4). 성경에서 보여 주고 있는 기도와 응답 사이에는 하나님을 향한 철저한 신뢰를 전제로 한다. 기도 자체가 신뢰의 표현이며, 그리고 믿음과 희망 가운데서 응답을 이미 받고 있다. 사망의 음침한 골짜기에서 벗어나게 하실 하나님을 신뢰하면서 이미 그곳에서 해를 두려워하지 않는다(시 23

편). 그것이 곧 응답의 결과라고 할 수 있다. 이 응답에는 언제나 '이미, 그러나 아직도(already but not yet)'가 적용된다. 이것이 기도를 통해서 하나님이 하시는 방법이다.

1) 기도와 욕구

기도의 가장 기본적인 동기는 인간의 욕구이다. 이 욕구는 가장 기본적이고 원초적이다. 그러한 내면적인 욕구가 기도 속에서 자연스럽게 표출된다. 그런 의미에서 종교 심리학자 울라노브(Ulanov)는 기도는 제일의 언어(Primary speech)라고 했다.[26] 이 말은 기도가 인간 실존의 가장 밑바닥을 드러내는 정직한 언어라는 의미이다. 제일의 언어는 명료화된 언어로 출발되지 않는다. 그것은 어린아이들이 겪는 본능과 감정과 표상(images)의 언어와 같다. 때로 그것은 후천적으로 습득된 언어와 표상과 감정의 언어로 섞여 나타난다. 기도는 마치 어린아이들이 경험하는 세련되지 못한 감정에 대한 일련의 반응과 같은 것이다.[27] 사람들이 보통 기도를 시작할 때 자신의 어두운 부분, 거짓된 모습, 가장된 모습으로부터 비롯되는 자아를 경험한다. 제일의 언어를 향하여 흘러가는 기도 속에서 자기 자신이 흘러가도록 그대로 두면서 조용히 자기 자신에게 귀를 기울인다면 기도는 우리 존재로부터 들어주기를 바라는 솟구치는 욕구라는 것을 경험한다. 이 과정을 통해 제일의 언어에 도달하게 된다. 이 제일의 언어는 세련된 언어가 아니기에 외적인 언어가 제일 언어에다가 옷을 입힌다. 그러므로 기도가 우리의 욕구로부터 출발한다는 것은 매우 합리적이다.

우리는 그러한 욕구로부터 출발된 기도를 자주 환상으로 물들여 버린다. 즉 자기 만족과 자기도취를 하나님과의 영적인 교통으로 잘못 생각하는 버릇이 있다. 우리 자신의 거짓된 욕망이나 어리석음 · 게으름 등으로부터 비롯된 우리의 왜곡된 모습을 배우기 전에, 어떤 마술

---

[26] Ann Ulanov and Barry Ulanov, *Primary Speech: A Psychology of Prayer* (Atlanta: John Knox Press, 1982), 1~12
[27] 위의 책, 2~4.

같은 인물이 무슨 방법으로 뜻하지 않은 선물을 안겨 주리라는 엉뚱한 기대로 우리의 욕구를 분출함으로써 기도의 진실성을 상실케 한다. 기도 속에서 쉽사리, 그리고 속히 그 욕구에 대한 만족감과 안위함을 추구한다면 그것은 맹목적인 욕구가 될 것이다. 맹목적인 욕구란 비인격적인 간구에 불과하다.[28] 그 맹목적인 욕구를 충족시키기 위한 기도는 어떤 인격적인 관계도 추구하지 않는다. 다른 사람과의 관계나 하나님과의 관계 형성을 개의하지 않는 자기 욕구에 대한 성취에 집착하기에 그것을 비인격적이라고 한다. 기도 속에서 일어나는 자기 집착은 자기의 한계성을 인정하지 않으려는 몸부림이다. 오히려 그 약한 부분을 보완하여 자신의 능력을 과시해 보려는 또 다른 교만이 그 안에 도사리고 있을 수 있다.

기도는 자기 연약함을 인정하면서 동시에 그 연약함 속에서 절대적인 신뢰와 순종을 나타냄으로써 역설적인 강함을 체험하게 된다. 신뢰와 순종이 없는 자기 욕구에 집착한 기도는 자기 암시적인 효과를 주기 때문에 때로 부정적인 방향으로 인격 형성에 영향을 미치기도 한다. 따라서 자신이 인식하든지 못 하든지 스스로에 대해서 정직하지 못하게 되며, 하나님 앞에서 성실하지 못한 자세를 취하게 된다. 뿐만 아니라 자아의 욕구를 만족시켜 주는 하나님의 이미지를 구상하여 그것을 하나님으로 인격화시킨다. 이 이미지는 우리의 욕구로부터 우리를 보호해 주고 보장해 주는 모습으로 나타난다. 이러한 욕구의 분출로부터 비롯된 하나님의 이미지는 자신도 모르게 자기를 속이고 하나님을 속이는 행위이다. 이러한 자기 투사(Projection)적인 기도는 영성 형성에 전혀 도움이 되지 못한다. 기도는 표면적으로는 내가 어떤 사람이 되어야 한다거나 어떤 사람이 되었으면 좋겠다는 표현처럼 보이나, 실상은 원초적인 언어를 발설함으로써 자신이 누구인가를 말하는 것이다. 그러므로 기도한다는 것은 하나님에게 말하는 것이기도 하지만, 동시에 자신이 귀를 기울여 듣는 것이기도 하다. 이렇게 주의를

---

[28] Ann Ulanov and Barry Ulanov, *Primary Speech: A Psychology of Prayer* (Atlanta: John Knox Press, 1982), 14.

기울여 듣는 동안 우리 내면에 있는 소리나 심지어 잠재의식 속에 있는 모든 소리를 들을 수 있다. 그 욕구가 선한 것이든 악한 것이든 자신의 충동적인 욕구를 드러냄으로써 자신이 누구인가를 고백하게 된다. 그리고 우리는 우리 안에서 넘쳐나는 욕구에 직면하면서 하나님 앞에 진심으로 무릎을 꿇게 된다.

그러므로 기도할 때 떠오르는 환상이[29] 아무리 우리를 고통스럽고 혼란스럽게 할지라도 그것을 무시하지 말고 용기 있게 직면하면 우리는 정직한 자기 자신 앞에 서게 된다. 동시에 그 환상을 직시하면서 그 환상과 자신을 동일시하지 않으려는 노력이 필요하며, 그 속에 깊이 빠져들어가지 말고 그 환상을 그대로 허락한다. 그리고 그 환상이 우리를 소유하지 못하게 한다면 우리 영혼은 고통을 당하지 않을 수 있다. 그것을 처리하는 가장 현명한 길은 기도 속에서 그 환상을 하나님께로 가져가 하나님께서 그것을 처리하시도록 한다. 그리고 하나님께서 우리를 인도하시도록 한다. 그러므로 기도에서 추구해야 할 중요한 과정은 환상을 어떻게 소유하고(기도의 동기를 부여하는 역할을 함), 또 그것들로부터 어떻게 초연할 수 있는지를 배우는 것(환상과 자아와의 탈동일시를 통해서 하나님께 나아감)이다.

그렇게 자신과 동일시하지 않는 욕구를 따라 기도하노라면 그곳에서 하나님이 활동하고 계시는 것을 경험하게 된다. 사실은 하나님이 이미 그 욕구를 우리 안에서 드러내고 충동하고 계시다는 것을 경험한다. 그러므로 기도는 하나님의 요청에 대한 인간의 반응이고, 하나님이 인간에게 던진 질문에 대한 인간의 응답이다. 우리가 기도 속에서 구하고 있는 것은 하나님께서 이미 만들어 놓으신 것을 더듬어 찾는 행위이다. 그러므로 그 기도를 따라가노라면 하나님이 깊고 강한 힘으로 우리를 이끌어 가시는 것을 느낀다(빌 2:13).

하나님은 우리가 무엇이 필요하고 무엇을 원하는지에 대해 들을 필요가 없다. 이미 모든 것을 알고 계시기 때문이다. 하나님은 우리가 기도를 통해서 우리 내면의 욕구를 주의해 보고, 그것을 하나님께로 가져

---

[29] 정화되지 못한 왜곡된 욕구로부터 비롯된 내면의 이미지.

가서, 하나님이 그것을 어떻게 이끌어 가는지를 주목해 보도록 하신다. 그러는 동안 우리는 기도 속에서 드러난 우리의 욕구가 어떻게 진전되고, 개방되고, 설명되고, 채워져 가는가를 바라보게 된다. 그러다 보면 우리가 원하는 것보다 더 놀라운 일이 이루어지기도 하고, 때로 원하는 것이 폐기되기도 한다. 우리의 욕구는 또 다른 욕구로 확장되고 승화되어 간다.[30] 거기서 우리는 또 다른 자아와 하나님을 발견하고, 그것을 용납하고, 사랑하며, 새로운 모습으로 변화되어 간다. 기도는 우리를 위한 하나님의 욕구를 받아들일 때까지 우리의 욕구를 넓혀가는 능력이다. 우리의 욕구가 하나님 자신에게 도달될 때까지 우리의 욕구는 계속해서 우리를 불안하게 하고, 그것이 하나님께로 나아가는 동기를 부여한다.[31] 그러므로 기도는 우리 자신의 것으로 경험하는 욕구와 함께 시작되지만, 그 욕구 자체도 우리 안에서 일하시는 하나님의 활동으로 받아들일 때 비로소 기도가 발전된다. 이런 차원에서 우리의 욕구를 만난다면 그 순간 살아 계신 성령 하나님을 경험한다. 그러나 우리 안에서 일어나는 욕구를 다른 대체적인 요소로 만족시키고 그 욕구를 감소시킨다면(예를 들면 물질적인 만족이나 쾌락적인 만족), 우리의 기도는 죽어 가고 인격적인 하나님과의 만남은 가능하지 않게 된다.

　기도의 역할을 크게 두 종류로 나누어 생각한다면 하나는 **청원과 응답**의 효과요, 다른 하나는 **하나님과 관계 형성**의 효과이다. 미국의 종교 심리학자 제임스 프랫(James Pratt)은 전자를 가리켜서 '주관적 기도', 후자를 가리켜서 '객관적 기도'라고 불렀다.[32] 객관적인 기도는 기도의 초점이 기도드리는 그분에게 맞추어져 있다. 기도하는 사람은 자기 욕구를 만족시키기 위해서가 아니라 그분을 궁극적인 존재로 믿고, 그분의 뜻을 찾아 그분의 뜻에 자기 자신을 적응시키기 위해서 기도를

---

30) Aim and Bairy U1anov, 위의 책, 20.
31) 11)Augustine, *Confessions*, 선한용 역, 『성 어거스틴의 고백록』 (서울: 대한기독교서회, 1990), 제1권, 1장 (1).
32) James Pratt, *The Religions Consciousness*(New York: The Macmillan Co., 1920), 김성민, 『기도를 잃어버린 시대의 기도』, 『기독교 사상』, 1996년 7월, 68에서 재인용.

드리게 된다. 다른 한편으로 주관적인 기도란 그 초점이 자기 자신에게 맞추어져 있다. 기도하는 사람은 자신의 이기적인 욕구를 만족시키기 위해서 그분을 수단으로 생각하는 경향을 지닌다. 그러므로 여기서 자신의 뜻과 하나님의 뜻이 충돌을 빚으면서 일어나는 모순과 갈등을 극복하지 못하고 자주 자기 암시적인 결론에 이르게 된다. 즉 자기 환상으로 그 기도를 물들여 놓는다. 그러나 객관적인 기도는 내적으로 혼란과 모순과 충돌이 일어날 때 그분을 향한 하나의 핵심적인 목적을 향하고 있기 때문에, 결과적으로는 건강하게 통합되고, 하나님과 단절되었던 관계를 다시 회복할 수 있고 역동적인 힘을 얻게 된다. 그래서 성숙한 사람일수록 주관적인 기도에서 객관적인 기도로 옮겨 가기 마련이다. 일반적으로 자신의 욕구에 따라 시작된 기도가 점차 그 욕구를 하나님이 취하시도록 함으로써 그 욕구는 보다 건강하게 승화되어 간다. 그래서 그 기도는 욕구충족의 결과보다는 하나님과 깊은 사귐의 결과로 발전되어 간다.

2) 기도는 누구의 일인가?

파스칼(Blaise Pascal)은 인간이 이미 경험하고 맛보지 못한 하나님을 결코 갈망하지 않는다고 말한다. 기독교 기도가 단순히 종교적인 본능에 충실한 반응이 아니고, 하나님과의 교제로의 초청이라고 한다면, 이미 알려진 분을 부르는 것이 기도이다. 그러므로 기도의 출발은 우리 자신이 아니고 하나님이시다. 즉 하나님은 기도를 주시는 분이고, 우리는 기도하는 사람이다. 우리가 하나님을 간절히 원하도록 하나님이 먼저 우리를 간절히 원하신다. 그렇기에 우리는 하나님에게 무엇을 구하기 전에 이미 갖가지 은혜를 경험한다. 그중에서 기도의 결정적인 동기는 성육신 사건이다. 우리 죄를 대속하시기 위해서 하나님께서 우리 가운데 오셨고, 당신 자신을 내주셨다. 그 희생으로 하나님의 양자 된 우리를 하나님은 다시 기도에로 초대하신다.

시나이의 그레고리(St. Gregory of Sinai)는 "기도는 하나님이다."33)라고 했다. 하나님이 이미 기도의 주도권을 가지고 우리 가운데 오셨다는 것을 말함이다. 고백자 맥시무스(St. Maximus the Confessor)는 "인간의 본질이 신성화될 수 있다는 희망에 대한 확실하고 분명한 근거는 하나님 자신이 인간이 된 것이다. 그 성육신 사건(Incarnation)은 인간도 하나님이 될 수 있도록 만들어 준 위대한 하나님의 사건이다."34)라고 했다. 기도를 통해서 신의 성품에 참여한다는 근거는 그리스도의 성육신에 두고 있다. 그것은 하나님께서 인간이 하나님의 삶에 참여할 수 있도록 보여 주신 가장 효과적인 모델이다. 토마스 아퀴나스(Thomas Aquinas)도 이 말에 동의하고 있다. "그의 신성을 함께 나누기를 원하시는 하나님의 독생자께서 우리를 하나님처럼 만들기 위해서 인간의 몸을 입고 인간이 되셨다."35) 이상과 같은 성육신에 대한 통찰력으로부터 기도는 성육신을 내면화하는 내적인 운동이라고 말할 수 있다. 기도는 하나님이 인간에게로, 인간이 하나님께로 나아가는 운동, 즉 만남의 행위이다. 이렇게 기도는 위로부터 아래로의 운동인 성육신의 원리에 대한 역으로 반응하는 운동이다. 즉 우리의 기도는 그리스도께서 우리를 위하여 십자가 위에서 성부 하나님께 드린 기도에 대한 응답이다.

    포사이스는 "우리의 기도는 하나님께서 우리의 심금을 울리실 때 기뻐 진동하는 영혼의 선율이다."36)라고 했다. 만일 우리 기도가 하나님께 도달되어 그를 움직이면, 그것은 먼저 하나님께서 손을 뻗치시어 우리 마음을 움직이셨기 때문이다. 즉 그리스도 안에서 우리를 권면하실 때, 기도는 이미 시작된 것이다. 따라서 기도에 있어서, 우리가 하나님을 생각해 내는 것이 아니고 이미 오신 하나님이 우리를 기도로 이끌어 가시는 것이다. 그러므로 일차적으로 **기도는 우리의 일이 아니고 하나님의 일이다. 그러나 동시에 기도는 우리의 일이기도 하다.** 왜

---

33) Kenneth Leech, *True Prayer*, 노친준 역, 『마음으로 드리는 기도』 (서울: 도서출판 은성, 1992), 17.
34) 위의 책, 27.
35) 위의 책.
36) P. Forsyth, 『영혼의 기도』, 133.

냐하면 하나님은 우리에게 갈망을 일으켜 주셨고, 그 갈망에 대한 응답은 우리의 몫이기 때문이다. 그 갈망을 실현해 가는 동기로 기도가 일어난다. 그러한 갈망을 어떻게 이해하느냐에 따라서 기도의 성향이 달라진다. 만일 내적인 갈망이 외적인 어떤 성취를 통해서 만족케 할 수 있다고 믿는다면 그 사람의 기도는 틀림없이 외향적인 성취를 지향할 것이다. 반면에 그 갈망이 하나님과 깊은 사귐을 요구하는 것이라고 한다면 그 기도의 지향도 내향적이 될 것이다. 그러나 이 둘 사이의 관계는 대립적인 것이라기보다는 상호 보완적이다. 그럼에도 불구하고 영성적인 갈망의 근본적인 지향점은 하나님과의 관계적 차원이요, 우리의 삶을 하나님의 삶에 포함시키려는 몸부림이다. 이러한 과정 속에서 기도가 나타난다. 그러므로 기도는 무엇보다도 어떤 일을 이루기 위한 능동적인 수단이기에 앞서, 자발적이고 수동적인 본능 중의 하나이며 하나님이 허락하신 은총이다.

3) 기도와 응답

외적인 결핍으로 인하여 시작된 기도는 우리의 내적 의식을 타오르게 하며 기도에 대한 완전한 응답은 하나님 자신이심을 알게 한다. 기도를 통해 우리는 하나님과 협력하고 또한 하나님을 수용한다. 여기서 '수용'이란 영원한 하나님의 신성한 능력과 연결되어 있지 않으면 우리의 힘은 고갈되기에 끈질기게 적극적으로 매달리는 수용을 말한다. 여기서부터 우리는 하나님으로부터 흘러나오는 신성한 능력의 에너지를 공급받게 된다. 영혼 깊은 곳에 하나님을 수용하는 기도는 결코 자기 자신을 속이는 것을 허락하지 않는다. 기도는 자기 과장이라는 긴장을 완화시키고, 분명한 영적 비전(vision)을 보게 한다. 기도를 통해 어리석음이 깨우침을 받고 마음의 눈이 열리게 되며, 이전에 보지 못했던 문제를 보기 시작한다. 그리고 더 이상 우리 자신은 홀로가 아님을 알게 되고 하나님의 부르심을 듣게 된다. 이 부르심에 정직하게 반응할 때 하나님과 참된 교제는 이루어진다. 기도는 자기 자신으로부터 시작한다 할지라도, 그 기도는 자신을 초월하여 기도하는 사람을 하나님과 타인에게로 인도한다. 이처럼 사적인 기도가 점점 공동의 기도로 변하게 되는데, 이것이 기도의 본질이다. 마침내 나를 포함한 모든 인간이 하나님 안에 있는 존재요, 그분의 사랑을 받는 존재임을 기도하는 사람은 깨닫게 된다. 기도 중에 하나님이 오시고 있다는 증거로 우리는 우리 자신 안에 도사려 있는 이기주의를 극복하게 되고, 그 결과 타인으로부터 우리를 고립시키지 않고 타인을 외인이 아니라 형제와 자매로 인식하게 된다. 그리하여 그 형제를 위한 선행과 희생을 가능케 하므로 기도는 사랑의 교제 행위가 된다.

인간 편에서 기도를 볼 때 기도는 강렬한 욕구 혹은 체념과 탄원으로써 우리의 뜻을 하나님께 향하게 하는 것이다. 그러한 과정에서 우리가 하나님의 뜻에 굴복하든지, 아니면 하나님의 뜻을 우리의 뜻에 굴복하게 하든지 하는 선택의 기로에 서게 된다. 그것이 기도하는 사람들이 자주 직면하는 문제이다. 그런데 만일 우리의 기도가 어찌할수 없는 수동성과 의존성으로부터 비롯되었다면, 인간은 기도하면서 언제나 패배감을 맛볼 수밖에 없다. 하나님이 우리의 의지를 꺾으려 하시는 듯한 경험을 하기 때문이다. 그러나 우리가 기도할 수 있다는 것은 하나님이 허락하신 자유로운 의지에 기초한 행동이다. 하나님은 인간의 자유로운 의지 안에서 인간의 불순한 탄원도 허락하신다. 그러한 탄원 안에서 인간은 하나님의 뜻에 대한 올바른 대처를 하도록 인도받게 되고, 처음 이기적인 동기로부터 비롯된 기도는 자유로운 결단에 의해서 하나님의 뜻에 순응하게 된다.

그럼에도 불구하고 기도의 역할이 우리의 자유로운 의지 안에서 하나님의 뜻에 순응하는 것으로 끝난다면, 기도의 응답에 대한 회의는 여전히 남아 있다. 그러나 주목해야 할 것은 하나님은 '질서 잡힌 규칙성'을 중지하거나 방해함이 없이, 어떤 방향으로도 사물을 움직이도록 영향을 미치실 수 있다는 사실이다. 하나님은 세상의 일정한 질서 안에서도 얼마든지 우리의 기도에 응답하실 수 있다. 하나님은 당신의 뜻을 변개시키지 않으시면서도 인간의 의향에 맞추어 하나님의 질서 안에서 기도에 응답하실 수 있다. 즉 인간의 탄원은 하나님의 위대한 은혜와 구원의 의지를 바꿀 수는 없을지라도 우리를 향한 하나님의 섬세한 의향을 바꿀 수 있다.[37]

　기도에 대한 또 다른 응답은 또 다른 기도이다. 더 많은 기도, 더 많은 대화, 더 많은 들음의 기회, 듣기 위한 더 많은 노력 등이 수동적으로 일어난다. 그래서 우리는 이끌려 기도하게 되고, 갖가지 훈련의 요청을 느끼고 받아들인다. 전통적인 신비주의자는 기도 응답의 유형을 정화, 조명, 연합이라는 과정으로 받아들였다. 이것은 기도에 헌신된 이들에게 주어지는 은총이다. 정화의 단계에서는 기도를 하는 동안 악의 실체를 만나고, 그것과 투쟁을 겪으면서 자기를 부인하는 훈련을 하게 된다. 조명의 단계에서는 정체성을 확인하는 작업을 하게 된다. 영혼의 정체성의 항구에 다다르는 내적인 평화를 알게 된다. 그리고 고양된 정신으로 더 깊은 기도로 나아가게 되고, 내적인 소동이나 격정으로부터 해방을 얻는다. 이 과정적인 응답의 결과로 더 많은 기도를 얻게 된다.

　그리고 **연합**의 단계로 나아가면서 현저하게 자아가 고양되고 확장되는 것을 느끼며, 사랑의 의식이 충만하게 된다. 여기서 기도자는 언어를 초월하여 영이라는 언어에 도달하게 되고, 복잡다단한 논리와의 싸움을 멈추게 된다. 탄원 기도 중에서 가장 모범이 되는 기도는 '아버지의 뜻이 이루어지이다.'라는 기도이다. 이 기도는 고통의 제거보다는 고통이 하나님의 은혜가 임할 장소임을 받아들인다. 하나님의 나라와 의를 위하여 자신의 고통을 포착하고 그것을 사용하시는 하나님 아버지의 뜻을 자신의 것으로 받아들인다. 즉 이러한 의미의 기도를 말한다. "저의 기도는 당신의 뜻이옵니다. 당신께서는 내 안에 기도를 창조하셨나이다. 기도는 내 것이라기보다는 당신의 것이옵나이다. 당신의 뜻이 완전히 이루어지기를. 기도하려고 하는 의지도 당신의 뜻으로부터 오는 것입니다. 나의 간구를 당신께서 성취해 주셔서 하나님의 뜻에 합하게 하옵소서."

　신약과 구약을 막론하고 도움을 구하는 기도자들이 가장 자주 듣게

---

37) 위의 책, 163.

되는 하나님의 구원과 응답의 소리는 "두려워하지 말라."와 "내가 너의 구원자이다."라는 말씀이다. 밀러(Patrick D. Miller)는 이 하나님의 응답의 언어를 '구원의 신탁'이라고 부른다. 38) 이 구원의 신탁이 가장 잘 드러나는 곳은, 절망과 불평 속에 포로기를 보내고 있는 이들에게 하나님의 응답으로 주어졌던 이사야의 예언(40~55장)이다. 직접적인 기도에 대한 응답으로 제시되는 것은 아니지만, 이것은 구원의 신탁으로서 하나님의 응답이 갖는 성격을 잘 보여 준 내용이다. 구약 전반에 드러난 구원의 신탁이 일관된 틀을 갖추고 있다고 할 수는 없다. 그러나 밀러는 구원의 신탁의 일반적인 특성을 이사야 41편39)에서 찾고 있다. 이러한 전형적인 신탁의 내용은 구약의 전반에 걸쳐 나타난다. 모세오경, 예언서, 시편 등에 걸쳐서 그 내용이 조금씩 다르지만 지속적으로 나타나고 있다. 40)

응답으로서 구원의 신탁은 창세기로부터 출발한다. "두려워하지 말라. 내가 너의 방패요, 너의 지극히 큰 상급이니라"(창 15:1~6). 앞으로 전개되는 어떠한 일에서도 '두려워해서는 안 된다.'는 구원의 신탁은 개인적이고 직접적인 방식으로 아브라함에게 전달되었고, 아브라함과 하나님의 관계와 미래에 대한 약속을 견고하게 한다. 출애굽 시 추격해 오는 애굽 군대로 인해 두려워하고 불평하며 여호와 하나님께 부르짖을 때도 모세를 통해, 하나님의 구원의 신탁을 통해서 하나님의

---

38) Pathck D. Miller, *They Cried to The Lord: The Form and Theology of Biblical Proyer*(Minneapolis: Fortress Press, 1994), 141.
39) 그러나 나의 종 너 이스라엘아 내가 택한 야곱아 나의 벗 아브라함 자손아, 내가 땅 끝에서부터 너를 붙들며 땅 모퉁이에서부터 너를 부르고 네게 이르기를 너는 나의 종 인이라 내가 너를 택하고 싫어하여 버리지 아니하였다 하였노라, 두려워하지 말라 내가 너와 함께함이라 놀라지 말라 나는 네 하나님이 됨이라 내가 너를 굳세게 하리라 참으로 너를 도와주리라 참으로 나의 의로운 오른손으로 너를 붙들리라, 보라 네게 노하던 자들이 수치와 욕을 당할 것이요 너와 다투는 자들이 아무것도 아닌 것같이 될 것이며 멸망할 것이라, 네가 찾아도 너와 싸우던 자들을 만나지 못할 것이요 너를 치는 자들은 아무것도 아닌 것 같고 허무한 것같이 되리니, 이는 나 여호와 너의 하나님이 네 오른손을 붙들고 네게 이르기를 두려워하지 말라 내가 너를 도우리라 할 것임이니라(사 41:8~13).
40) P. Miller, *They Cried to the Lord: The Form and Theotogy of Biblical Prayer*, 142~147.

현존을 경험하게 한다.

"두려워하지 말고 가만히 서서 여호와께서 오늘 너희를 위하여 행하시는 구원을 보라 너희가 오늘 본 애굽 사람을 영원히 다시 보지 아니하리라"(출 14:13).

이 신탁의 말씀 안에는 이미 부르짖는 이들의 비탄과 불평에 대한 어떤 내용을 암시하고 있으며, 동시에 그들이 과거 어느 때 하나님으로부터 거절을 당하였다는 것을 상기하고 있다(애 5:22 참고). 또한 그들이 다시 하나님에 의해서 치유되고 받아들여질 것이라는 암시를 하고 있다. "두려워하지 말라."는 구원의 신탁의 말씀이 그들에게 주어진다는 것은 하나님과 자기 백성의 관계가 계속된다는 것(내가 너와 함께한다)과 하나님께서 그들을 돕고 구원할 의도가 있다(내가 너를 도울 것이다)는 것을 전제로 한다. 그러나 그 구원의 신탁이 그들에게 응답으로 작용하기 위해서 부르짖는 자들의 절대적인 신뢰를 요청한다.

미래적 약속으로 주어진 이러한 구원의 신탁이 도움을 구하는 이들에게 실제적으로 어떤 영향력을 미치고 있었는가? 성경은 그들의 실제적인 삶의 자리에 직접적으로 개입하고 있다는 것을 여러 모양으로 기록하고 있다. 임신이 불가능했던 부모는 아이를 갖게 되었으며(아브라함, 사라, 한나), 심한 갈증으로 죽어 가던 이들이 구원하는 생수를 얻었다(하갈, 삼손, 광야의 백성들). 돌림병이 창궐할 때 히스기야와 유대인들은 구원을 얻었으며, 적들을 격파하는 하나님의 권능을 경험했다(아사, 여호사밧, 이스라엘 백성들). 병든 자는 고침을 받았고(미리암, 히스기야, 엘리야를 돌본 과부의 아들, 시편의 탄원자), 죽은 자는 살아났으며(수넴 여인의 아들, 다비다), 죽음의 두려움을 경험했던 이들은 생명을 보존했다(기드온, 바룩, 시편 기자). 이렇게 기도하는 이들에게 하나님의 권능이 드러났다. 하나님께서 구원하시는 행동은 인간을 통해 중재되기도 한다. 삼손이 힘을 되찾자 다곤 신전을 단숨에 무너뜨렸고, 솔로몬은 지혜를 받아 오랫동안 이스라엘을 슬기롭게 다스렸다. 하나님은 나라와 백성들에게 신적인 섭리를 보이셨으며, 기도에 대한 응답으로 용서를 위하며 심판을 보류하기도 하셨다.

그런데 밀러가 이 구원 신탁을 통해서 말하고자 하는 것은, 이 구원 신탁에 대한 실제적인 증언을 보여 주고자 하는 것만은 아니다. 도움을 요청하는 기도와 신적인 응답 사이의 긴밀한 연관성을 어떻게 이해해야 하는가에 대한 관심이다. 성경에 나타난 구원 신탁은 특정한 사건과 개인의 사정과 연결된 것이기는 하지만, 그것이 영원한 하나님의 말씀이요 행동이라는 입장에서 보편성을 지닌다. 하나님은 초자연적인 방법으로 인간의 부르짖음에 대하여 응답하기도 하시지만, 많은 경우 상식적으로 설명하기 어려운 방법으로 우리의 기도적 상황에 개입하신다. 인간적인 상식과 지식으로 설명하기 어려운 방법을 동원하기도 하신다. 그런데 하나님이 우리에게 응답으로 제시하신 이 보편적인 구원 신탁이 사유화되고, 그 안에서 하나님의 행동하심에 대해 철저한 신뢰가 일어난다면, 이미 그 신탁은 미래적 사건이 아니고 현재적으로 누릴 수 있는 응답이 된다. 41) 그리고 부르짖음의 환경에서 이미 그분이 어떻게 활동하시는지를 보게 된다. 그러므로 기도 응답의 가장 확실한 근거는 하나님이 자기 백성들에게 제시하신 구원의 신탁의 말씀이며 그것에 대한 절대적 신뢰이다. 그 절대적 신뢰는 기도 안에서 그 구원 신탁을 계속적으로 듣고, 그것에 대해서 귀를 기울이는 것이다. 그러므로 기도에 대한 또 다른 응답으로서 기도란 기도의 응답에서 매우 중요한 과정이다.

4) 기도와 성령

바울 서신에서는 기도와 성령은 불가분리의 관계로 묘사하고 있다. 서신서 몇 군데에서 그 관계를 명확히 하고 있는데, 에베소서는 "성령 안에서 기도하라"고 말한다(엡 6:18). 기도한다는 것은 곧 성령의 현존을 전제한다. 만일 성령과 상관없는 단순한 종교적 욕구로부터 비롯된 기도를 하고 있다면 그것은 결코 기독교 안에서의 기도라고 할 수는

---

41) P. Miller, *They Cried to The Lord: The Form and Theology of Biblical Prayer*, 174~175.

없다. 성령 안에서 하는 기도의 두 가지 유형에 대해서 바울은 이렇게 말하고 있다. 하나는 고린도전서 14장에서 보여 주는 대로 성령 안에서의 기도는 감사와 찬송과 관련되어 있다.

> "그러면 어떻게 할까 내가 영으로 기도하고 또 마음으로 기도하며 내가 영으로 찬송하고 또 마음으로 찬송하리라 그렇지 아니하면 네가 영으로 축복할 때에 알지 못하는 처지에 있는 자가 네가 무슨 말을 하는지 알지 못하고 네 감사에 어찌 아멘 하리요"(고전 14:15~16).

다른 하나는 로마서 8장에서 보여 주는 대로 성령이 우리의 기도를 도우신다는 사실이다.

> "이와 같이 성령도 우리의 연약함을 도우시나니 우리는 마땅히 기도할 바를 알지 못하나 오직 성령이 말할 수 없는 탄식으로 우리를 위하여 친히 간구하시느니라 마음을 살피시는 이가 성령의 생각을 아시나니 이는 성령이 하나님의 뜻대로 성도를 위하여 간구하심이니라"(롬 8:26~27).

즉 성령은 "우리 연약함"이 무엇인지 확실하지 않으나, 일반적으로 이해하건대, 우리는 사실 하나님께 드려야 할 것이 무엇인지를 확실히 알지 못하는 무능력한 사람이든지, 외부의 유혹에 쉽게 영향을 받는 존재이든지 성령께서는 탄식하시면서 하나님의 뜻대로 성도들을 위하여 간구하신다.

아직 완전히 구속받지 못한 인간은 무엇을 기도해야 할지 어떻게 해야 마땅한 간구가 되는지 모른다. 기도는 하나님에게 말하는 것이지만 우리의 언어는 하나님에게 알려야 하는 모든 것을 말할 능력이 없다. 따라서 기도가 가능하려면 성령께서 우리 안에서 말씀하셔야 한다. 그래서 로마서 8장 26절은 "성령이 우리를 돕고 말할 수 없는 탄식으로 우리를 대변하신다."고 말한다. 이렇게 성령은 인간의 불완전함에 매여 있다.[42] 그리고 성령 안에서 기도한다는 것은 하나님의 뜻대로 구하는

---

42) O. Cullmann, 『기도』, 162, 각주 240.

기도와 밀접한 관계가 있다. 개인적인 욕구나 종교적 동기가 결코 하나님의 뜻에 합하는 기도를 가능하게 하지 않는다. 인간의 어리석음을 성령께서 탄식하시면서 우리를 도우심으로 우리의 부르짖음이 하나님의 뜻에 합한 기도가 되도록 한다는 말이다. 그러므로 단순히 종교적인 욕구나 개인적인 욕구가 동기가 되어 열심을 내는 기도라면 그것을 반드시 기독교적 기도라고 할 수는 없다.

성령 안에서의 기도는 기도한다는 행위 이전에 기도하는 사람의 존재 방식이 무엇이냐가 더 중요한 일이다. 바울은 이 점에 대해서도 매우 상세하게 서술하고 있다. 로마서 8장은 기도자의 존재 방식에 대해서 이렇게 말하고 있다. "무릇 하나님의 영으로 인도함을 받은 사람은 곧 하나님의 아들이라 너희는 다시 무서워하는 종의 영을 받지 아니하고 양자의 영을 받았으므로 우리가 아빠 아버지라고 부르짖느니라 성령이 친히 우리의 영과 더불어 우리가 하나님의 자녀인 것을 증언하신다"(롬 8:14~15). 즉 기도할 때, "우리가 아바 아버지라고 부르짖을 때" 우리 안에서 역사하시는 것은 성령인데, 그 성령이 우리가 하나님의 자녀라는 것을 증거하신다. 그러므로 기도는 기도자가 성령과 깊은 관계적 존재일 때 가능한 것이며, 동시에 어떤 의미에서 기도할 때 "아바 아버지"라고 부름으로써 그것은 기도자 자신이 이미 하나님의 자녀라는 사실을 스스로 증명하는 것과 같은 것이라고 말할 수 있다(갈 4:6).[43] 성령은 우리의 기도 안에서 그분 스스로가 말함으로써 그의 현존을 증명하기 때문이다. 기도 가운데 성령이 현존한다는 말은 한편으로는 성령이 우리에게 자신의 현존을 알린다는 것이며, 다른 한편으로는 우리는 이러한 성령의 현존에서 기도에 대한 응답을 찾아야 하고 또 찾아도 된다는 것을 의미한다.[44] 그러므로 완전히 구속받지 못한 우리에게 있어서 기도는 우리의 일이기 전에 성령의 일이며, 아바 아버지라고 부르짖는 기도 가운데서 우리가 성령의 지배를 받는 실존임을 고백하는 순간이다.

---

43) 너희가 아들이므로 하나님이 그 아들의 영을 우리 마음 가운데 보내사 아빠 아버지라 부르게 하셨느니라(갈 4:6)
44) O. Cullmann, 『기도』, 153~155.

5) 성경과 기도[45]

성경에 나타난 기도에 대해 살펴봄으로 기도와 성경의 관계를 알아보자.

먼저 신약 성경을 처음부터 순서대로 읽어 보라. 특히 4복음서(마태·마가·누가·요한복음)를 천천히 읽으면 말씀에 담긴 깊은 의미를 깨닫게 된다. 그리고 성경에서 기도에 대한 가르침의 순서와 기도 사이의 연결 고리를 설명했다는 것을 알게 될 것이다.

우선 성경을 펴서 마태복음 6장을 보도록 한다. 그리고 5~8절을 정독하고, 연필로 이 구절을 적어 보자.

"너희가 기도할 때에 외식하는 자와 같이 되지 말라 저희는 사람에게 보이려고 회당과 큰 거리 어귀에 서서 기도하기를 좋아하느니라 내가 진실로 너희에게 이르노니 저희는 자기 상을 이미 받았느니라, 너는 기도할 때에 네 골방에 들어가 문을 닫고 은밀한 중에 계신 네 아버지께 기도하라 은밀한 중에 보시는 네 아버지께서 갚으시리라, 또 기도할 때에 이방인과 같이 중언부언하지 말라 저희는 말을 많이 하여야 들으실 줄 생각하느니라, 그러므로 저희를 본받지 말라 구하기 전에 너희에게 있어야 할 것을 하나님 너희 아버지께서 아시느니라"(마 6:5~8).

여기서 우리는 요란하게 기도할 것이 아니라 혼자만의 장소에서 고요하게 기도를 시작해야 하며, 하나님과의 더 좋은 관계를 위해서, 또 자신의 죄를 용서받기 위해 기도해야 한다는 것, 그리고 이방인들처럼 세상의 일에 대해서 불필요하고 많은 청원을 하지 말아야 한다는 가르침을 얻게 되었다.

그리고 같은 장 9~13절을 읽어 보자. 여기서 기도의 형식을 배울 수 있다. 바로 이 부분에서 우리가 생활을 위해서 필요한 모든 위대한

---

[45] 최익철, 강태영 역, 『이름 없는 순례자』 (서울: 가톨릭출판사, 1915), pp.291~300.

지혜들을 배울 수 있게 된다.

"너희는 이렇게 기도하라 하늘에 계신 우리 아버지여 이름이 거룩히 여김을 받으시오며, 나라이 임하옵시며 뜻이 하늘에서 이룬 것같이 땅에서도 이루어지이다, 오늘날 우리에게 일용할 양식을 주옵시고, 우리가 우리에게 죄 지은 자를 사하여 준 것같이 우리 죄를 사하여 주옵시고, 우리를 시험에 들게 하지 마옵시고 다만 악에서 구하옵소서 (나라와 권세와 영광이 아버지께 영원히 있사옵나이다 아멘)" (마 6:9~13).

그다음에 14~15절을 보자. 그러면 기도의 효과가 나타나도록 하기 위해 반드시 지켜야 하는 필수적인 조건이 있다는 것을 알게 될 것이다. 그것은 바로 우리에게 상처 입힌 사람들을 우리가 용서하지 않는다면, 하나님도 우리의 죄를 용서하지 않으신다는 것이다.

"너희가 사람의 과실을 용서하면 너희 천부께서도 너희 과실을 용서하시려니와, 너희가 사람의 과실을 용서하지 아니하면 너희 아버지께서도 너희 과실을 용서하지 아니하시리라"(마 6:14~15).

자, 이번에는 마태복음 7장으로 넘어가 보자. 7절에서 12절을 읽어 보면 기도의 방법과 희망 속에서 담대해지는 법을 알 수 있다. '구하라, 찾아라, 두드리라'와 같은 강력한 표현들은, 기도할 때 절박함을 가지고 행해야 함을 나타내는 것이다. 이로써 기도는 행동과 함께 이루어져야 할 뿐만 아니라 심지어는 행동보다 기도가 먼저 이루어져야 한다는 것을 가르쳐 준다. 이는 기도의 주된 특성이다.

"구하라 그러면 너희에게 주실 것이요 찾으라 그러면 찾을 것이요 문을 두드리라 그러면 너희에게 열릴 것이니, 구하는 이마다 얻을 것이요 찾는 이가 찾을 것이요 두드리는 이에게 열릴 것이니라, 너희 중에 누가 아들이 떡을 달라 하면 돌을 주며, 생선을 달라 하면 뱀을 줄 사람이 있겠느냐, 너희가 악한 자라도 좋은 것으로 자식에게 줄 줄 알거든 하물며 하늘에 계신 너희 아버지께서 구하는 자에게 좋은 것으로 주시지 않겠느냐, 그러므로 무엇이든지 남에게 대접을 받고자 하는 대로 너희도 남을 대접하라 이것이 율법이요 선지자니라"(마 7:7~12).

마가복음 14장 32~42절은 기도의 실행에 대한 사례를 볼 수 있다. 거기서 예수 그리스도께서는 같은 기도를 되풀이하신다.

"저희가 겟세마네라 하는 곳에 이르매 예수께서 제자들에게 이르시되 나의 기도할 동안에 너희는 여기 앉았으라 하시고, 베드로와 야고보와 요한을 데리고 가실새 심히 놀라시며 슬퍼하사, 말씀하시되 내 마음이 심히 고민하여 죽게 되었으니 너희는 여기 머물러 깨어 있으라 하시고, 조금 나아가사 땅에 엎드리어 될 수 있는 대로 이때가 자기에게서 지나가기를 구하여, 가라사대 아바 아버지여 아버지께는 모든 것이 가능하오니 이 잔을 내게서 옮기시옵소서 그러나 나의 원대로 마옵시고 아버지의 원대로 하옵소서 하시고, 돌아오사 제자들의 자는 것을 보시고 베드로에게 말씀하시되 시몬아 자느냐 네가 한 시 동안도 깨어 있을 수 없더냐, 시험에 들지 않게 깨어 있어 기도하라 마음에는 원이로되 육신이 약하도다 하시고, 다시 나아가 동일한 말씀으로 기도하시고, 다시 오사 보신즉 저희가 자니 이는 저희 눈이 심히 피곤함이라 저희가 예수께 무엇으로 대답할 줄을 알지 못하더라, 세 번째 오사 저희에게 이르시되 이제는 자고 쉬라 그만이다 때가 왔도다 보라 인자가 죄인의 손에 팔리우느니라, 일어나라 함께 가자 보라 나를 파는 자가 가까이 왔느니라"(막 14:32~42).

그리고 누가복음 11장 5~8절에 나오는 한밤중에 친구에게 찾아가 빵을 얻으려는 사람의 비유와 누가복음 18장 1~8절에 나오는 끈질긴 과부의 청을 들어주는 재판관의 비유는 끊임없이 간청하여 원하는 바를 얻는 사례라고 볼 수 있다.

"너희 중에 누가 벗이 있는데 밤중에 그에게 가서 말하기를 벗이여 떡 세 덩이를 내게 빌리라, 내 벗이 여행 중에 내게 왔으나 내가 먹일 것이 없노라 하면, 저가 안에서 대답하여 이르되 나를 괴롭게 하지 말라 문이 이미 닫혔고 아이들이 나와 함께 침소에 누웠으니 일어나 네게 줄 수가 없노라 하겠느냐, 내가 너희에게 말하노니 비록 벗됨을 인하여서는 일어나 주지 아니할지라도 그 강청함을 인하여 일어나 그 소용대로 주리라"(눅 11:5~8).

"항상 기도하고 낙망치 말아야 될 것을 저희에게 비유로 하여, 가라사대 어떤 도시에 하나님을 두려워 아니하고 사람을 무시하는 한 재판관이 있는데, 그 도시에 한 과부가 있어 자주 그에게 가서 내 원수에 대한 나의 원한을 풀어 주소서 하되, 그가 얼마 동안 듣지 아니하다가 후에 속으로 생각하되 내가 하나님을 두려워 아니하고 사람을 무시하나, 이 과부가 나를 번거롭게 하니 내가 그 원한을 풀어 주리라 그렇지 않으면 늘 와서 나를 괴롭게 하리라 하였느니라, 주께서 또 가라사대 불의한 재판관의 말한 것을 들으라, 하물며 하나님께서 그 밤낮 부르짖는 택하신 자들의 원한을 풀어 주지 아니하시겠느냐 저희에게 오래 참으시겠느냐, 내가 너희에게 이르노니 속히 그 원한을 풀어 주시리라 그러나 인자가 올 때에 세상에서 믿음을 보겠느냐 하시니라"(눅 18:1~8).

이 구절들은 우리가 언제나, 어떠한 장소에서도 늘 기도해야 한다는 교훈을 준다. 다시 말해서, 기도하는 데 게으름을 피우지 말아야 한다는 것을 예수 그리스도의 명령으로 설명하는 것이다.

요한복음서에서는 주님 안에 머무는 기도인, 내적인 기도에 대한 핵심적인 가르침을 준다. 먼저 예수님이 사마리아 여인과 나누신 심오한 대화에는 하나님이 원하시는 참되고 영적인 내적 예배가 계시되어 있다. 이처럼 예배는 마치 영원한 생명으로 흐르는 물과 같기에, 진실한 기도는 끊임이 없는 것이다(요 4:1~42 참조).

"예수의 제자를 삼고 세례를 주는 것이 요한보다 많다 하는 말을 바리새인들이 들은 줄을 주께서 아신지라, (예수께서 친히 세례를 주신 것이 아니요 제자들이 준 것이라), 유대를 떠나사 다시 갈릴리로 가실새, 사마리아로 통행하여야 하겠는지라, 사마리아에 있는 수가라 하는 동네에 이르시니 야곱이 그 아들 요셉에게 준 땅이 가깝고, 거기 또 야곱의 우물이 있더라 예수께서 행로에 곤하여 우물 곁에 그대로 앉으시니 때가 제 육시쯤 되었더라, 사마리아 여자 하나가 물을 길러 왔으매 예수께서 물을 좀 달라 하시니, 이는 제자들이 먹을 것을 사러 동네에 들어갔음이러라, 사마리아 여자가 가로되 당신은 유대인으로서 어찌하여 사마리아 여자 나에게 물을 달라 하나이까 하니 이는 유대인이 사마리아인과 상종치 아니함이러라, 예수께서 대답하여 가라사대 네가 만일 하나님의 선물과 또 네게 물 좀 달라 하는 이가 누구인 줄 알았더면 네가 그에게 구하였을 것이요 그가 생수를 네게 주었으리라, 여자가 가로되 주여 물 길을 그릇도 없고 이 우물은 깊은데 어디서 이 생수를 얻겠삽나이까, 우리 조상 야곱이 이 우물을 우리에게 주었고 또 여기서 자기와 자기 아들들과 짐승이 다 먹었으니 당신이 야곱보다 더 크니이까, 예수께서 대답하여 가라사대 이 물을 먹는 자마다 다시 목마르려니와, 내가 주는 물을 먹는 자는 영원히 목마르지 아니하리니 나의 주는 물은 그 속에서 영생하도록 솟아나는 샘물이 되리라, 여자가 가로되 주여 이런 물을 내게 주사 목마르지도 않고 또 여기 물 길러 오지도 않게 하옵소서, 가라사대 가서 네 남편을 불러 오라, 여자가 대답하여 가로되 나는 남편이 없나이다 예수께서 가라사대 네가 남편이 없다 하는 말이 옳도다, 네가 남편 다섯이 있었으나 지금 있는 자는 네 남편이 아니니 네 말이 참되도다, 여자가 가로되 주여 내가 보니 선지자로소이다, 우리 조상들은 이 산에서 예배하였는데 당신들의 말은 예배할 곳이 예루살렘에 있다 하더이다, 예수께서 가라사대 여자여 내 말을 믿으라 이 산에서도 말고 예루살렘에서도 말고 너희가 아버지께 예배할 때가 이르리라, 너희는 알지 못하는 것을 예배하고 우리는 아는 것을 예배하노니 이는 구원이 유대인에게서 남이니라, 아버지께 참으로 예배하는 자들은 신령과 진정으로 예배할 때가 오나니 곧 이때라 아버지께서는 이렇게 자기에게 예배하는 자들을 찾으시느니라, 하나님은 영이시니 예배하는 자가 신령과 진정으로 예배할지니라, 여자가 가로되 메시야 곧 그리스도라 하는 이가 오실 줄을 내가 아노니 그가 오시면 모든 것을 우리에게 고하시리이다, 예수께서 이르시되 네게 말하는 내가 그로라 하시니라, 이때에 제자들이 돌아와서 예수께서 여자와 말씀하시는 것을 이상히 여겼으나 무엇을 구하시나이까 어찌하여 저와 말씀하시나이까 묻는 이가 없더라, 여자가 물동이를 버려두고 동네에 들어가서 사람들에게 이르되, 나의 행한 모든 일을 내게 말한 사람을 와 보라 이는 그리스도가 아니냐 하니, 저희가 동네에서 나와 예수께로 오더라, 그 사이에 제자들이 청하여 가로되 랍비여 잡수소서, 가라사대 내게는 너희가 알지 못하는 먹을 양식이 있느니라, 제자들이 서로 말하되 누가 잡수실 것을 갖다 드렸는가 한대, 예수께서 이르시되 나의 양식은 나를 보내신 이의 뜻을 행하며 그의 일을 온전히 이루는 이것이니라, 너희가 넉 달이 지나야 추수할 때가 이르겠다 하지 아니하느냐 내가 너희에게 이르노니 눈을 들어 밭을 보라 희어져 추수하게 되었도다, 거두는 자가 이미 삯도 받고 영생에 이르는 열매를 모으나니 이는 뿌리는 자와 거두는 자가 함께 즐거워하게 하려 함이니라, 그런즉 한 사람이 심고 다른 사람이 거둔다 하는 말이 옳도다, 내가 너희로 노력지 아니한 것을 거두러 보내었노니 다른 사람들은 노력하였고 너희는 그들의 노력한 것에 참예하였느니라, 여자의 말이 그가 나의 행한 모든 것을 내게 말하였다 증거하므로 그 동네 중에 많은 사마리아인이 예수를 믿는지라, 사마리아인들이 예수께 와서 자기들과 함께 유하기를 청하니 거기서 이틀을 유하시매, 예수의 말씀을 인하여 믿는 자가 더욱 많아, 그 여자에게 말하되 이제 우리가 믿는 것은 네 말을 인함이 아니니 이는 우리가 친히 듣고 그가 참으로 세상의 구주신 줄 앎이니라 하였더라"(요 4:1~42).

더 나아가서, 요한복음 15장 4~8절은 우리가 훨씬 더 분명하게 내적인 기도의 필요성과 그러한 기도의 힘과 능력을 깨닫도록 이끌어 준다. 즉 내적인 기도를 통해 하나님 아버지를 계속 기억하고, 그리스도 안에서 영혼이 현존할 수 있게 되는 것이다.

"내 안에 거하라 나도 너희 안에 거하리라 가지가 포도나무에 붙어 있지 아니하면 절로 과실을 맺을 수 없음같이 너희도 내 안에 있지 아니하면 그러하리라, 나는 포도나무요 너희는 가지니 저가 내 안에, 내가 저 안에 있으면 이 사람은 과실을 많이 맺나니 나를 떠나서는 너희가 아무것도 할 수 없음이라, 사람이 내 안에 거하지 아니하면 가지처럼 밖에 버리워 말라지나니 사람들이 이것을 모아다가 불에 던져 사르느니라, 너희가 내 안에 거하고 내 말이 너희 안에 거하면 무엇이든지 원하는 대로 구하라 그리하면 이루리라, 너희가 과실을 많이 맺으면 내 아버지께서 영광을 받으실 것이요 너희가 내 제자가 되리라"(요 15:4~8).

끝으로 요한복음 16장 23~24절을 읽어 보자. 여기에는 또 하나의 신비가 계시되어 있다. 이 말씀을 통해 예수 그리스도의 이름으로 바치는 기도 또는 '예수기도'로 알려진, '주 예수 그리스도님, 저에게 자비를 베푸소서.'라는 기도의 문구를 이해하게 될 것이다. 이 부분에서는 이 기도를 자주 되풀이할 때 기도의 위대한 힘을 알게 되고, 아주 쉽게 마음이 열려 하나님의 축복을 받게 된다는 사실을 잘 보여 준다.

"그날에는 너희가 아무것도 내게 묻지 아니하리라 내가 진실로 진실로 너희에게 이르노니 너희가 무엇이든지 아버지께 구하는 것을 내 이름으로 주시리라, 지금까지는 너희가 내 이름으로 아무것도 구하지 아니하였으나 구하라 그리하면 받으리니 너희 기쁨이 충만하리라"(요 16:23~24).

이 기도의 힘은 사도들의 행적에서 아주 분명하게 드러난다. 사도들은 예수님의 제자가 되었다. 그들은 예수님께 '하늘에 계신 우리 아버지'라는 고백으로 시작하는 '주님의 기도'를 배웠습니다. 또한 예수 그리스도는 고난을 받으시기 전에 제자들이 잘 이해하지 못했던 기도의 신비를 자세히 가르쳐 주셨다. 제자들의 기도가 성공적인 단계로 나아가도록 결정적인 가르침을 주신 것이다.

"…내가 진실로 진실로 너희에게 이르노니 너희가 무엇이든지 아버지께 구하는 것을 내 이름으로 주시리라, 지금까지는 너희가 내 이름으로 아무것도 구하지 아니하였으나 구하라 그리하면 받으리니 너희 기쁨이 충만하리라"(요 16:23~24).

사도들이 예수 그리스도의 이름으로 기도하는 법을 배운 이후, 그들은 예수님의 이름으로 기도함으로써 놀라운 일들을 행하게 되었다. 이제 여러분은 성경에 나온 기도에 대한 가르침들이 이토록 넘치는 지혜로 완전하게 연결되어 있다는 것을 알겠는가? 앞으로 계속해서 사도행전을 잘 읽는다면, 서로 연결된 기도에 대한 가르침을 다시금 발견하게 되실 것이다.

이미 말씀드렸던 것들을 더 자세히 알기 위해서 기도의 특성들을 설명해 주는 구절 몇 가지를 말씀드리려고 한다. 사도행전에는 기도의 실행에 대해서 잘 기록되어 있다. 즉, 쉬지 않고 부지런히 기도를 드린 초기의 그리스도인들은 예수 그리스도 안에서 그들의 믿음으로 기도를 통달하게 된 것이다(행 4:23~31 참조).

끊임없이 기도하며 성령이 넘치도록 충만해지면, 기도의 열매로 성령의 선물을 받게 된다. 이는 사도행전 16장을 읽어 보시면 잘 이해될 것이다. 특히 25~26절을 읽어 보자.

> "밤중쯤 되어 바울과 실라가 기도하고 하나님을 찬미하매 죄수들이 듣더라, 이에 홀연히 큰 지진이 나서 옥터가 움직이고 문이 곧 다 열리며 모든 사람의 매인 것이 다 벗어진지라"(행 16:25~26).

그런 후에 사도들의 서간 순서에 따라서 기도를 하시면 다음과 같은 사실들을 알게 될 것이다.

- 기도는 어떠한 처지에서도 꼭 필요한 것이다. (마 5:13~16 참조)
- 성령께서는 우리가 기도하는 것을 도와주신다. (유 1:20~21 ; 롬 8:26 참조)
- 성령 안에서의 기도는 아주 절실하다. (엡 6:18 참조)
- 기도는 고요함과 내적 평화를 준다. (빌 4:6~7 참조)
- 끊임없이 기도해야 한다. (살 5:17 참조)
- 우리 자신을 위해서 기도해야 할 뿐만 아니라 모든 이들을 위해서 기도해야 한다. (딤전 2:1~5 참조)

그리고 우리가 성경에서 기도의 깊은 의미를 알아내고 주의 깊게 오랫동안 묵상함으로써 하나님의 말씀에 숨은 신비한 계시들을 더 많이 발견할 수 있게 된다. 그런데 어떤 사람이 하나님 말씀의 의미를 생각하지 않고 그저 급하게 대충 읽어 버린다면 그것은 하나님의 계시를 무시하는 꼴이 된다.

지금까지 일러 준 바와 같이 성경이 어떠한 지혜와 체계를 갖고 예수 그리스도의 가르침과 기도를 드러내는지, 그리고 그것을 우리가 어떻게 밝혀 왔는지 이해하게 되었는가?

4복음서에는 주님의 가르침이 잘 나타나 있다. 마태복음에는 기도에 대한 소개, 기도의 실제적인 형식, 기도의 조건, 마가복음에는 기도의 사례들, 누가복음에는 비유 이야기들이 있다. 요한 복음서에는 내적인 기도에 관해 이야기하고, 사도행전에는 기도의 실행과 그 결과들을 볼 수 있다. 또한 사도들의 서간과 요한계시록에는 기도의 실행과 밀접하게 관련된 많은 특성들이 나타나 있다. 이렇게 성경을 묵상하다 보면 형제님도 오직 성경만이 구원을 위한 유일한 스승이라는 것을 깨닫게 될 것이다.

2. 관상기도란 무엇인가?[46]

1) 관상이란 무엇을 의미하는가?

관상기도를 말하기 전에 관상이란 말이 담고 있는 의미가 무엇인지를 먼저 살펴보자. 관상이란 말은 어떤 방법을 지칭하는 말이기보다는 어떤 상태나 태도를 지칭하는 용어이다. 그래서 '관상'이라는 명사적 형태보다는 '관상적(contemplative)'이라는 형용사적 형태를 먼저 이해할 때 관상기도, 관상수도회, 관상적 태도라는 말을 쉽게 이해할 수 있다. 여기서 '관상적'이라는 말은 관계적인 용어이다. 즉 주체와 객체 사이에서 이루어지는 관계의 정도가 자기 몰입적인가, 혹은 자기 초월적인가에 따라서 관상적이냐 그렇지 않느냐를 가늠한다.

구체적으로 말하면 관계에는 나와 너(그것)의 관계를 말한다. 즉 나와 사물의 관계, 나와 다른 사람의 관계, 나와 하나님의 관계 등으로 확대해 갈 수 있다. 내가 자연을 감상하거나 음악을 감상한다고 할 때 관상적 태도로 접근할 수도 있고, 이 태도와 정반대로 자기 몰입적 태도로 접근할 수도 있다. 예를 들어 자기 몰입적 태도로 자연을 감상한다고 하자. 이때 자연을 감상하는 자신은 감상하는 주체가 되고, 자연은 감상을 당하는 객체가 된다. 여기에서 인식의 주체와 인식의 대상 사이에는 일정한 거리를 유지할 수밖에 없다. 그리고 인식의 주체는 인식의 대상을 분석하고 판단함으로써 이해한다. 음악을 감상할 때도 음악을 감상하는 나라는 주체가 있고, 감상의 대상인 음악이 있다. 여

---

[46] 유해룡, 『영성의 발자취』 (장로회신학대학출판부, 2011), pp.148~153.

기서도 음악 감상자는 음악을 대상으로 접근하며, 자신이 이미 가지고 있는 선지식을 통해서 그 음악을 분석적으로 이해하게 된다. 이러한 인식론에서는 주체와 객체 사이의 간격을 결코 극복할 수 없기에 그러한 과정을 통해 얻은 지식은 자주 회의론에 빠지게 된다.

반면에 관상적 태도로 자연과 음악에 접근한다면 나와 자연, 나와 음악이라는 이원론적 태도로부터 자기를 대상에게 넘겨주어 주체와 대상이 하나 되는 자기 초월적 태도를 지니게 된다. 내가 자연이나 음악을 분석하고 판단하는 주체자가 아니고, 자연이나 음악이 스스로 말을 걸어오고 나는 그것에 대해서 자연스럽게 반응하는 태도를 가지게 된다. 그래서 마침내 어느 시점에서는 나와 자연, 나와 음악이 하나 되는 단계에 이른다. 내가 대상을 통제하는 주체자로 머물러 있는 동안 그 대상을 이해할 수 있을 뿐 결코 하나 됨을 경험하지 못한다. 그러나 자신을 넘겨주는 초월적 태도를 취한다면 대상을 이성적으로 명료하게 이해할 수는 없지만, 즐기고 사랑할 수 있게 된다. 이러한 지식을 경험론적 지식이라 할 수 있다. 그것은 주체와 객체가 극복된 하나 됨의 결과이다. 우리는 엘리엇(T. S. Eliot)의 작품인 '사중주'의 드라이 설베이지즈(The Dry Salvages)라는 시에서 다음과 같은 구절을 만난다. "음악이 깊게 들리네, 더 이상 음악이 들리지 않네, 음악이 곧 나인걸(Musicheard so deeply/ That it is not heard at all, but you are the music)."이라는 구절이 있다. 첫 구절에서는 나와 음악이라는 주체와 객체가 분리되어 있는 상태이다. 내가 음악을 듣고 있는 상태이다. 그러나 점점 음악을 통제하는 것을 포기함으로써 감상자와 음악이라는 주체와 객체의 분리가 극복됨으로 관상적 상태에 이르게 된다. 이때 음악을 듣는 자의 입장에서 관상적 체험을 했다고 말한다.

이것은 사람과의 관계에서도 마찬가지이다. 다른 사람들을 대할 때 전혀 다른 대상으로 접근해 갈 수 있다. 우리는 자주 새로운 사람을 만날 때 그 사람을 기존에 알고 있는 어떤 사람으로 분류하려는 경향이 있다. "저 사람은 누구와 같다."든지 "누구처럼 생겼다."고 말하기를 좋아한다. 상대방이 나에게 말하기보다 내가 먼저 그 사람에 대한 판단을 가지고 접근해 간다. 이러한 태도를 자기 몰입형적 태도라고 한다. 그러한 태도로는 다른 사람과 진실한 만남이 가능하지 않다. 상대방을 이해한다고 할지라도 자기중심대로 이해하기 때문에 아무리 가까워도 주체와 객체라는 거리는 좁힐 수 없다. 반면에 나 자신을 상대방에게 넘겨주면서 상대방에게 귀를 기울일 때는 판단 없이 상대방에게 접근할 수 있게 된다. 여기서 상대방을 누구와 같은 사람으로 접근하지 않고, 그 사람 자신에게로 다가간다. 이러한 상태를 관상적 태도라고 한다. 나라는 주체와 대상이라는 객체가 하나 되는 것을 지향하는 태도이다. 이러한 태도가 원숙하게 될 때 비로소 관상적 체험에 이르게 된다.

이러한 관상적 태도를 하나님과 관계로 확장시켜 간다면 관상기도가 무엇인지를 보다 명료하게 이해할 수 있다. 일반적으로 나와 하나님을 주체와 대상으로 인식함으로써 하나님을 인식의 대상으로 생각하곤 한다. 그래서 하나님과의 관계를 거리감으로 표현한다. 물론 하나님의 초월적 속성을 말할 때 하나님은 절대 타자일 수밖에 없다. 그러므로 나와 하나님 사이에는 건널 수 없는 간격이 존재한다. 그러한 경우 하나님과 간격을 좁히려야 좁힐 수가 없다. 그저 인식 차원에서 가깝다 멀다고 이야기할 수 있을 뿐이다. 그러나 하나님의 속성에는 내재적 속성이 있다. 이때 하나님은 저 멀리 계시는 분이 아니라 우리 존재의 근거를 이루고 계신다. 결코 주체와 객체로 분리해낼 수 없는 분이다. 분리된다고 할 때 벌써 나 자신의 존재를 부인하는 것과 같다. 그래서 기독교 영성사에 나타난 탁월한 영성가들은 하나님과 하나 됨을 끊임없이 추구했다. 하나님과 하나 됨을 이루는 순간 자신의 존재 의식이 보다 선명하게 드러남으로 자기 자신을 보다 더 잘 이해할 수 있다. 이러한 관계를 그들은 자주 신부와 신랑으로 비유하면서 둘이면서 둘일 수 없는 상태로 설명하였다. 사도 바울의 그리스도와 하나 됨의 경험도 전통적인 영성가들의 주장을 뒷받침해 주는 중요한 예이다. "그런즉 이제는 내가 산 것이 아니요 오직 내 안에 그리스도께서 사신 것이라"(갈 2:20), 이것이 하나님과의 관상적 체험의 극치이다.

2) 관상기도라는 말의 회자 배경

최근 한국 교회에서는 관상기도라는 말이 유행어처럼 회자되고 있다. 그 말을 대하는 사람들의 반응도 다양하다. 기도에 있어서 무슨 특별한 비법이라도 있는 것이 아닌가 하는 호기심어린 눈으로 접근하는 사람이 있기도 하고, 또 한편으로는 그것이 혹시 비성경적인 어떤 방법을 끌어들이는 것이 아닌가 하여 의혹에 찬 시선을 보내는 사람도 있다. 그러나 둘 모두는 오해로부터 비롯된 관점이다. 한 마디로 말해서 모든 기도는 다 관상기도라고 말해야 한다. 기도가 무엇인가? 하나님과 관계를 맺고자 하는 만남의 행위이다. 그러므로 기도자는 무엇보다도 하나님과 친밀한 관계 형성을 제일 목적으로 삼아야 한다. 그 친밀성을 이루어 가는 동안 주체와 객체의 간격을 극복해 가는 과정이 필요한데 그것이 바로 기도의 행위이다. 그러므로 그러한 태도를 지닌다면 그것이 관상적 태도이고 그것이 또한 관상기도라고 할 수 있다. 그런데 하나님과 친밀한 만남을 전제하지 않는 기도가 있을 수 있는가? 만약 그러한 기도가 있다고 한다면 그것은 형식상의 기도일 뿐이지, 본질적인 의미에서는 기도라고 할 수 없다. 그러므로 관상적이 아닌 기도 행위는 엄밀히 말해서 기도라고 말할 수 없다.

그런데 왜 오늘 교회 지도자뿐만 아니라 평신도 가운데서도 관상기도에 대한 관심이 그렇게 높아 가고 있는가? 그것은 우리의 기도 생활에 대한 새로운 자각과 반성이 필요하다는 것을 의미한다. 한 연구 보고서에 의하면 한국 교회의 성도들의 기도 생활에 대한 열정은 이전과 크게 달라지지 않았지만, 기도 생활에 대한 만족도는 많이 떨어지고 있다. 그 불만족의 원인이 예상과는 달리 기복적인 차원에서 비롯된 것이 아니고, 보다 근본적인 문제에 있다는 것을 설문에서 보여 주고 있다. 반복되는 자신들의 기도가 하나님과의 소통과 친밀한 관계 형성에 도달하고 있지 못하다는 사실이다.[47] 즉 이 연구 보고서는 그들이 습관적이고 반복적으로 기도를 이어 가고 있지만, 그 기도가 하나님과의 관계

---

47) 유해룡, 『교회의 양적인 성장과 영성의 상관 관계』, 369~402.

적 변화에 크게 영향을 미치지 못하는 독백적 기도에 불과하다는 것에 대해 깊은 의혹과 실망감을 드러내고 있다.

왜 기도가 하나님과 교제라고 하는데 독백적이어야 하는가? 그것은 기도자의 태도와 드리는 기도 내용의 문제와 관련되어 있다. 일상 생활 속에서 드리는 기도의 일반적인 주제는 현안 문제나 자신의 내면의 욕구에 집중되어있다. 그렇기에 그들은 기도를 하는 동안 그 현안 문제나 내면의 욕구가 어떻게 해소되느냐에 집중할 수밖에 없다. 이때 기도자의 일차적인 초점이 무엇인지를 들여다보자. 그는 하나님 자신을 알고자 하는 열방보다는 자신의 현안 문제가 어떻게 다루어지고 있는지에 초점이 맞추어져 있다. 물론 그러한 문제 해결을 통해서 간접적으로 하나님과 관계적 소통을 모색하기는 하지만, 그 기도에 있어서 그 관계 모색이 직접적인 관심거리는 아니다. 그렇기에 그들은 기도 중에 하나님과의 친밀감은 맛볼 수 없다. 그래서 그들은 지속적인 기도 생활 가운데서도 답답함과 영적인 메마름을 해소할 수 없다. 이러한 시대적 환경 속에서 관상기도라는 말이 기도에 대한 새로운 해법처럼 등장했다. 그러므로 관상기도를 말할 때 우선적으로 방법의 문제보다는 태도의 문제에 관심을 두고 그다음에 방법의 문제를 생각해 볼 수 있다. 관상기도란 새로운 방법의 기도가 아니고, 하나님과의 친밀한 관계 형성을 위한 기도로 돌아가고자 하는 기도 쇄신 운동이라고 할 수 있다.

물론 성경에는 관상기도라는 용어가 나타나지는 않는다. 그러나 관상기도는 성경적이라고 말할 수 있다. 기독교 영성사에서는 예수님을 맞이하는 마리아와 마르다의 사건(눅 10:38~42)에서 관상적 전통을 찾곤 한다. 전통적으로 마리아를 관상적 사람의 대표적 유형으로 꼽는다. 그 이유는 마리아는 예수님과의 관계를 주변의 일거리나 당면한 문제를 통해서 간접적으로 발전시키려 하지 않고, 현존하시는 예수님 그 자신에게 전적으로 관심을 쏟아부음으로써 직접적으로 그 관계를 발전시키려 하고 있다. 예수님은 마리아의 그러한 태도를 기뻐하셨다. 이것이 관상기도의 태도이며 목적이다. 관상기도는 주장하지 않고 순종하는 태도이다. 관상기도는 서둘러 말하지 않고 잠잠히 기다리며 들고자 하며 정직하게 반응하고자 한다. 그리고 궁극적으로는 우리 주님과의 완전한 일치를 갈망한다. 그러한 과정이 거듭되면서 우리는 하나님의 의지와 우리 자신의 의지가 하나로 일치되는 경험을 하며, 보다 성숙한 신앙의 단계로 발돋움을 하게 된다. 그러므로 관상기도는 오늘 현재 행해지고 있는 기도 생활에 대한 개혁의 목소리이며, 자기 몰입적 신앙 태도로부터 자기 초월을 향한 하나님 자신에게로 다가오라는 하나님의 초청의 메시지라고 할 수 있다.

3. 관상의 역사적 전통[48]

1) 플라톤 철학의 관상

영성사에서 관상(contemplation)이라는 말은 매우 다양한 의미로 사용되어 왔으나, 가장 기본적이고 핵심적인 의미는 하나님의 임재에 대한 자각과 관련되어 있다. 하나님의 임재에 대한 생각을 말하는 것이 아니고 일치 경험을 말한다. 관상이라는 말은 기독교 영성에서 사용되기 전에 헬라 철학에서 이미 사용되기 시작했다.

플라톤 철학에서도 관상이라는 의미는 매우 중요했다. 그에게 있어서 육체를 지닌 인간은 늘 불안하고 방황하는 존재이다. 왜냐하면 인간의 영혼은 만물을 아름답게 하는 절대선을 항구적으로 소유하지 못하기 때문이다. 그런데 그 절대선은 관상(theoria)을 통해서 항구적으로 성취된다. 즉 관상은 사랑과 지식을 통한 고양된 정화의 열매이며, 영혼 안에 있는 신적인 요소인 이성(nous)이 고귀한 원천과 동화될 때 비로소 그 관상의 정점에 도달하게 된다.[49] 이러한 플라톤의 관상 이해 뒤에는 현

---

[48] 유해룡, 『영성의 발자취』 (서울: 장로회신학대학출판부, 2011), pp.154~163.
[49] Bernard McGinn, *The Foundations of Mysticism: Origins to the Fifth Century* (New York: Crossroad, 1992), 25.

상 세계와 이데아 세계, 표면적인 지식과 진정한 지식, 한시적인 것과 불변하는 영원성 등을 날카롭게 구분하는 데서 비롯된다. 그러므로 그에게 있어서 관상이란 덧없는 세상에서 유리방황하는 인간 이성(nous)이 절대자의 임재를 경험하고, 그와의 직접적인 접촉을 통해서 현상 세계에 숨겨진 이데아의 세계를 발견하고 마침내 이두 영역이 하나로 연합되는 상태를 설명하는 말이다.50) 이러한 플라톤의 철학적 관상은 필로(Phillo, B.C. 20~A.D. 50), 플로티누스(Plotinus 205~270), 프로클로스(Proklos, 410~485)에게 전승되면서 철학으로부터 종교적 차원이 현저하게 강조되었다. 그리고 그들의 사상은 후기 교부 시대와 서방기독교의 관상적 전통에 직접적으로 영향을 미치고 있다.51)

플라톤에게서 시작된 관상적 경건이라는 이상은 프로클로스에서 절정에 도달한다. 플라톤이나 플로티누스처럼 프로클로스는 인간이 신으로 복귀가 가능한 것은 영혼에 있는 신적인 것 때문이라고 주장한다. 그러나 플로티누스와는 달리 그는 영혼이 전적으로 타락하였으며 일자(一者)의 영역에 조금도 참여하지 못한다고 생각했다. 그래서 그는 참여 불가능한 일자에 대한 지식과 관련해서 부정의 길(apophatic way)을 선택한다. 영혼은 불가능한 그 탁월한 지식을 향하여 올라간다. 인간의 영혼은 그 본성을 향하여 열망하도록 지음 받았기 때문이다. 그러나 영혼이 그 일자로 동참하기 위해서는 먼저 일자와 공존해야 한다.52) 일자와의 공존하는 길로서 우리는 다른 모든 집착으로부터 해방되어야 한다. 이러한 상태를 일종의 관상이라고 지칭하는데 그것은 부정의 부정을 통해 도달한다. "이러므로 파르메니데스는 하나의 부정에 의해서 모든 부정을 제거하였다. 그는 일자에 대한 관상을 침묵으로 마친다."53) 이러한 부정의 길은 그 이후 기독교의 위 디오니시우스

---

50) 위의 책
51) Emerich Coreth, "Contemplative in Action," in *Contemporary Spirituality*, ed. Robert W. Gleason (New York: MacMillan Co., 1968), 186.
52) B. McGinn, *The Foundations of Mysticism: Origins to the Fifth Century*, 60.
53) Bernard McGinn, *The Foundations of Mysticism: Origins to the Fitlh*

(Pseudo-Dionysius)의 관상적 신비주의에 영향을 미친다.54)

플라톤주의의 영향을 받은 헬라 철학에서는 활동(Praxis)과 관상(theoria)의 관계를 논할 때 관상을 활동에 대해서 더 탁월한 위치에 두곤 하였다. 왜냐하면 인간의 완성을 영의 완성 혹은 삶의 비물질화와 영성화 안에서 찾았기 때문이다. 여기서 활동(Praxis)이란 육체적인 일이든 정신적인 일이든 외적 활동과 관련된 일을 의미한다. 반면에 관상(theoria)은 영원한 진리에 대한 지식이나 지적 인지를 말한다. 이 둘의 영역은 실제적으로는 뚜렷하게 구분할 수 있는 영역이 아님에도 불구하고 오늘 그리스도인들이 자연스럽게 받아들이고 있는 것은 플라톤의 이원론적 형이상학이 기독교 신학에 깊은 영향을 주었기 때문이다. 즉 인간의 활동은 비실재하는 감각적인 세계를 향하고 있지만, 이데아의 비전은 순전히 영적 세계와 지고선(至高善) 자체를 향하고 있다.55) 이러한 지고의 지적 비전에 이르기 위해서는 먼저 비실재적인 감각적 세계에 대해서는 완전한 무정념(apatheia)에 이르러야 한다. 그것은 철저한 금욕 수련을 통해서 성취될 수 있다. 이러한 경향이 초기 교부들에게 기독교적 금욕 수련의 이론적 원칙을 세우는 데 기여했다. 교부들에게 있어서 활동(Praxis)은 더 이상 외적인 활동을 의미하기보다는 도덕적이고 금욕적인 추구, 그리고 덕성과 완덕을 이루고자 하는 투쟁을 의미한다.56) 이러한 기독교적 덕목을 이루기 위한 실천적 활동은 관상을 위한 필요한 선결 조건이라고 믿었다.

2) 동방교회의 활동과 관상

로마 가톨릭적인 입장에서 활동적인 생활이란 가르침이나 설교 혹은

Century, 방성규, 엄성옥 공역, 『서방 기독교 신비주의의 역사』 (서울: 도서출판 은성, 2000), 113의 각주 222 참고.
54) B. McGinn, The Foundations of Mysticism: Origins to the Century, 57.
55) E. Coreth, "Contemplative in Action," in Contemporary Spirituality, 185.
56) 위의 책, 187.

사회사업에 종사하는 삶을 의미하며, 관상 생활이란 카르투시오 수도회와 같은 봉쇄 수도자들을 의미했다. 초기 동방 교부들의 저서에서 이 두 영역의 의미는 서방교회와 조금 달랐다. 활동적인 생활이란 덕을 획득하고 정욕을 극복하기 위한 금욕적인 노력을 의미하며, 관상 생활이란 하나님을 보는 것을 의미한다. 그러므로 동방 교부들의 견해에 따르면 봉쇄적인 삶을 사는 사람들도 활동적 삶에 종사할 수 있으며, 세상에서 완전히 외적인 봉사에 헌신하고 있는 의사나 사회사업가도 내적인 기도를 실천하며 마음의 침묵을 획득했다면 관상 생활을 추구한다고 할 수 있다.

동방 교부 중에서 특별히 주목할 만한 기독교 플라톤주의자이면서 기독교적 관상 전통을 세워 주는 데 큰 영향을 미친 두 인물은 오리겐(Origen)과 그의 영향을 받은 닛사의 그레고리(Gregory of Nyssa)를 들 수 있다. 그리고 관상과 활동의 조화로운 관계를 발전시킨 사람은 역시 오리겐의 영향을 받은 플라톤주의자인 폰타쿠스의 에바그리우스(Evagirus of Ponticus, 346~399)를 들 수 있다. 그리고 오리겐은 닛사의 그레고리의 관상의 길을 앞서 열어 놓은 선구자라고 할 수 있다.[57] 오리겐은 창세기 말씀인 하나님의 형상(image)과 하나님의 모양(likeness, 창 1:26)을 언급하면서, 타락이란 하나님의 형상은 상실하지 않았지만, 하나님의 모양은 상실한 상태라고 말한다. 그러므로 구원이란 하나님의 모양을 회복하는 것이며, 관상의 원래적 상태로 돌아가는 것이라고 한다.[58] 그는 완전한 관상의 상태로 돌아가기 위한 점차적인 진보를 세 단계로 제시하고 있다. **첫째 단계**는 점차적인 진보를 이루어 가고 있는 사람이 도덕적 정화를 통해 새로운 단계의 영적 진보를 준비한다. 오리겐은 이러한 기독교적 덕목을 실천하고 죄악과

---

57) Rowan A. Greer, General Introduction to Origen: *An Exhortation to Martyrdom, Prayer, First Principles: Book IV, The Prologue to the Commentary on The Sone of Songs, Homily* XXVII *on Numbers*, by Origen, trans. Rowan A. Greer (New York: Paulist Press, 1979), 25.

58) William H. Shannon, "Contemplation, Contemplative Prayer," in *The New Dictionary of Catholic Spirituality*, ed. Michael Downey (Collegeville, Minnesota: The Liturgical Press, 1993), 210.

의 투쟁을 활동(Praxis)이라고 말한다. **다음 단계**로는 그 덕목이 실현되고, 그래서 변화를 겪은 영혼은 하나님 안에 있는 피조 세계를 보게 된다. 헬라 철학적인 용어로 지적인 관상(theoria)에 이른다.59) 그러나 오리겐은 여기에 머물지 않고 하나님과 사랑의 일치로 들어가는 관상을 말한다. 그것을 신학(theologia)이라고 한다. 오늘날 우리가 일반적으로 사용하는 신학이란 교부들에게 있어서는 사변적 반추의 산물이라기보다는 사랑으로 가득 찬 정서적 응시 혹은 일치를 말한다. 그래서 오리겐은 가장 차원 높은 관상적 상태를 아가서에서 찾고 있다.60) 오리겐은 활동적인 삶에 비해서 관상적인 삶에 더 우선권을 부여한다. 그에게 있어서 활동적인 삶이란 정화적 활동이며 관상을 위한 준비 작업이다. 어떤 측면에서 관상은 영혼에게 행동할 수 있도록 해 주는 비전이기 때문에 관상이 활동에 우선한다고 말할 수 있다.61)

닛사의 그레고리는 『모세의 생애』라는 저서에서 세 가지 차원에서 관상의 단계를 언급하고 있다.

첫 번째 단계로 불타고 있는 떨기나무 숲에서 하나님의 빛을 경험한다.62) 그리고 시내산에서 율법을 받기 위해서 두 번의 시내산을 오를 때마다 모세는 하나님을 보고자 하지만 깊은 어둠으로 휩싸인다.63) 그레고리는 이 모세의 경험을 통해서 인간의 부분적인 하나님 경험은 마치 아무것도 모르는 상태로의 경험이라고 말한다. 그러므로 인간은 결코 하나님을 보고자 하는 열망으로부터 완전히 해방을 받을 수 없다. 그가 볼 수 있는 것을 봄으로써 더 보고자 하는 열망으로 타오른다.

---

59) W. Shannon, "Contemplation, Contemplative Prayer," 209~210 참고. 라틴어의 contemplatio(관상)에 가장 근접한 헬라어는 동사 $\theta\epsilon\omega\rho\epsilon\iota\nu$(어떤 목적을 가지고 의도적으로 사물을 바라본다는 뜻)으로부터 온 $\theta\epsilon\omega\rho\epsilon\iota\alpha$ 이다. 헬라 교부들 중에서는 피조물 가운데서 하나님의 흔적을 발견하기 위해서 자연 관상(natural contemplation)을 하였는데, 그때 사용한 용어가 $\theta\epsilon\omega\rho\epsilon\iota\alpha$ 이다. 그래서 관상의 가장 높은 차원의 형태요, 직접적이고도 완전한 하나님의 인식, 즉 하나님과 하나 되는 직접적인 경험을 $\theta\epsilon\omega\rho\epsilon\iota\alpha$ 라고 했다.
60) R. Greer, General Introduction to *Origen*, 23
61) 위의 책, 27.
62) Gregory of Nyssa, *Gregory of Nyssa: The Life of Meses* (New York: Paulist Press, 1978), Book II, 22~26.
63) 위의 책, Book II, 162~166.

하나님께 오르는 그 열망은 끝이 없다.64) 오리겐과 그레고리의 관상의 경험은 무엇인가 본 것으로 시작하여 아무것도 보았다고 말할 수 없다는 것으로 진행해 가고 있다.

전통적으로는 영적 여정을 활동적인 생활(Praxis, Praktike)과 관상 생활(theoria)로 나누어 구분했다.65) 에바그리스우스는 이 구조를 보다 정교하게 발전시킨다. 즉 활동적인 생활, 자연에 대한 관상(Physike), 하나님에 대한 관상(theoria)으로 보다 세분화한다.66) 그에게 있어서 관상 생활은 소위 활동적인 생활인 회개와 더불어 시작된다. 회개란 단지 죄로 인해 애통해하는 것이 아니라 '마음의 변화', 즉 근본적인 회심, 삶 전체의 중심을 다시 하나님께 두는 것을 말한다. 이 단계에서 구도자는 자신의 인간적 본성을 왜곡시키는 뿌리 깊은 정욕을 극복하기 위해서 노력한다. '정욕(pathos)'이란 질투, 육욕, 억제되지 않는 분노 등처럼 영혼을 거세게 지배하는 무질서한 충동을 의미했다. 그러나 정욕 자체가 죄악된 것이 아니라, 그것을 악용하는 것이 죄악이다.67) 영적 구도자는 자기 마음으로 돌아와 지속적으로 그것을 지켜보는 동안 자각이 증대되면서 절제와 분별력을 획득한다. 활동적인 생활의 최종적인 목표는 무정념(apatheia)을 성취하는 것이다. 그것은 현대적인 의미의 무관심(apathy)이 아니라, 인간의 죄악 된 욕망을 하나님으로부터 오는 새롭고 보다 선한 에너지로 대체하는 것이다.

---

64) 위의 책, Book II, 221~222, 231~239, 249~255.
65) Killistos Ware "제16장 기도와 관상의 길": 동방교회, Bernard McGinn, John Meyendorff, and Jean Leclercq eds., *Christian Spirituality: Origins to the Twelfth Century*, 유해룡 외 공역, 『기독교 영성(I): 초대부터 12세기까지』(서울: 도서출판 은성, 1997), 639. 이러한 구분은 이미 알렉산드리아의 클레멘트(150~215)와 오리겐(185~254)에게서 발견된다.
66) 위의 책, 640~643
67) 그레고리 팔라마스(Gregory Palamas, 1296~1359)는 무정념에 대해서 이렇게 주장했다. 우리의 목표는 정욕을 억제하거나 죽이는 것이 아니라, '그 방향을 바로잡는 것'이며, 그것들이 최상의 것으로 회복하는 것을 의미한다. St. Gregery Palamas, *Triads*, 2, 2, 19, quoted in Metropolitan of Nafpaktos Hierotheos, *Orthodox Psychotherapy: The Science of the Fathers*, trans. Esther Williams (Levadia Hellas: Birth of the Theotokos Monastery, 2002), 299,20)

그것은 모든 감정의 부재 상태가 아니라 재통합과 영적 자유의 상태이다. 이러한 사상이 서방교회에 전달되면서 카시안(369~435)은 무정념(apatheia)을 마음의 청결(Puhtas Cordis)이라고 번역했다. 에바그리우스는 무정념을 사랑과 연결시키면서 '아가페(Agape)는 무정념(apatheia)의 소산이다.'[68]라고 했다.

두 번째 관상 생활로 자연적 관상(Physike)을 말한다. 만물 안에서 하나님을 보고 하나님 안에서 만물을 보는 것이다. 그것은 각각의 사물을 하나의 성례로 취급하는 것이며, 자연 전체를 하나님의 책으로 보는 것이다. 그 시대의 한 지혜자로부터 사막의 안토니가 "당신은 책으로부터 위로를 박탈당하고서 어떻게 지내십니까?" 질문을 받았을 때, 안토니는 "철학자여, 피조된 자연이 나의 책이며, 나는 언제든지 하나님의 말씀을 읽고 싶어 할 때마다 그 책은 바로 내 옆에 있다오."[69]라고 대답했다. 이 자연적 관상을 '첫 번째 자연적 관상'과 '두 번째 자연적 관상'으로 나눈다. 전자는 육체의 감각에 의해서 감지되는 물질세계이고, 후자는 영적 실재인 신적인 영역을 지향한다. 즉 자연적 관상의 중요한 목적은 성경의 내적 의미를 묵상하는 것이다.

세 번째 관상생활은 하나님에 대한 관상(Theoria)이다. 더 이상 피조물을 통해서가 아니라 무매개적인 사랑의 연합 안에서 얼굴과 얼굴을 대면하여 직접 하나님을 만난다. 신성은 말과 이해를 초월하는 신비이므로 이러한 관상을 하는 동안 인간의 정신은 단순히 응시하거나 접촉에 의해 하나님을 직관적으로 파악하기 위해서 개념과 말과 형상을(추론적인 사유의 차원) 초월한다. 에바그리우스는 이러한 상태를 이렇게 묘사한다. "기도할 때, 당신의 내면에 신성의 어떤 형상도 만들지 말며, 당신의 마음에 어떤 형태의 인상도 남기지 말며, 비물질적인 방법으로 비물질적인 분에게 다가가라… 기도는 모든 생각을 벗어 버리는 것을 의미한다… 기도하는 동안 감각으로부터 완전히 해방된 지성은 복되도다."[70] 이것은

---

68) B. McGinn, 『서방 기독교 신비주의의 역사』, 240, 각주 90 참고.
69) *Praktikos* 92, in Evagrius Ponticus, 39, Kallistos Ware, 『제16장 기도와 관상의 길: 동방교회』, 643에서 재인용.
70) On Prayer 67, 71, 120, Kallistos Ware, 『제16장 기도와 관상의 길: 동방

관상이 보다 높은 단계에 이르게 되면 주체와 객체를 구분하는 의식은 희미해질 뿐만 아니라 무의미해진다는 것을 의미한다. 그 대신 모든 것을 포용하는 통일성에 대한 의식은 고양되는 것을 의미한다.

닛사의 그레고리는 『모세의 생애』에서 구름에 둘러싸인 시내산에 오른 모세의 관상적 상태를 이렇게 묘사하고 있다. "여기에서는(구름에 둘러싸인 산 정상) 더 이상 인간의 지성으로 만들어 낸 형상이나 개념으로 하나님을 배우지 않는다. 그러한 것들은 하나님이라는 우상을 만들며, 하나님 자신을 선포하지 않는다."[71] 왜냐하면 개념과 형상은 살아 계신 하나님의 실재보다는 신성에 대한 인간의 개념에 붙들려 있기 때문이다. 이렇게 비형상적이고 비추론적인 하나님의 임재 의식을 그리스어 원전에서는 종종 평정과 내면의 고요를 의미하는 헤지키아(hesychia)라는 용어로 표현한다. 이것은 경청하는 태도라는 긍정적인 의미에서 침묵을 의미한다. 더 자세한 것은 후에 더 논의하겠다.

이상과 같은 에바그리우스가 제시하고 있는 세 단계 영적 여정의 구도는 이렇게 이해해야 할 것이다. 첫째, 이 단계는 마치 연속적인 단계인 듯하지만, 사실은 서로 독립되어 있으면서도 동시에 공존하는 세 개의 심화되어 가는 차원이라고 보아야 한다. 그는 영혼의 정욕이 '죽을 때까지 지속된다는 것'을 인정했다. 이것은 이 세상에서는 누구도 첫째 단계 또는 활동적 단계를 완전히 초월할 수 없음을 의미한다. 둘째, 에바그리우스의 구조에서 사랑은 지식(gnosis)보다 낮은 차원에 두는 것처럼 보인다. 그러나 닛사의 그레고리가 이 관점을 뒤집어 '지식은 변형되어 사랑이 된다.'고 했다.

3) 서방교회의 활동과 관상

서방교회에서는 베네딕트 수도회가 관상과 활동의 관계성을 정립해 주는 데 중요한 역할을 했다. 그들의 수도적 삶의 총체적인 특징인 '하나

교회』, 643~644 에서 재인용
71) Gregory of Nyssa, Gregory of Nyssa: The Life of Moses, BookII, 165.

님의 일(Opus Dei)'이라는 표어와 '기도하고 노동하라(Ora et Labora)'라는 표어를 통해서 베네딕트 수도회의 관상과 활동의 이상적인 조화를 들여다볼 수 있다. 이 말은 기도와 일을 동일시한다는 의미는 아니다. 기도가 하나님의 일이 되는 것은 기도는 하나님이 수도자에게 부어 주신 하나님의 사랑을 발하는 행위이기 때문이다.[72] 그래서 그들은 온몸과 마음을 바치는 심정으로 기도에 참여했기에 그것을 성무일도라고 했다. 반면에 노동이 수도 생활에 맞도록 선택되고 조정되면서 관상적 생활에 일부가 된다는 의미에서 노동은 하나님의 일이 된다고 했다. 그래서 기도와 일은 수도 생활의 전체를 구성하는 부분을 이루고 있다.

베네딕트 수도회는 수도자들의 하루를 세 부분으로 나누었다. 즉 성무일도, 거룩한 독서(Lectio Divina), 육체 노동이다. 이 세 가지가 균형을 유지하도록 시간을 정해 놓았지만, 기후와 계절에 따라서 유연성을 허락하기도 했다. 예를 들면 겨울에는 들일이 적기 때문에 독서 시간을 더 많게 하고, 여름에는 그 반대로 행하기도 했다.[73] 형식상 베네딕트 수도 생활은 기도와 노동의 균형을 매우 소중히 여긴 것처럼 보이나 실제적으로 기도를 하든지 노동을 하든지 그 궁극적인 목표는 하나님을 봄(vision)에 있었다. 베네딕트 수도 생활 규칙서가 말하고자 하는 바는 기도를 하든지 노동을 하든지 그 모든 것은 하나님의 일 즉 활동(Praxis)이고, 그 활동이 지향하는 목표는 더 이상 일이 아닌 관상(theoria)이다. 그러므로 형식적으로 볼 때는 활동이 관상의 선행 조건처럼 느껴진다. 그러나 베네딕트 수도회가 지향하고 있는 삶의 유형은 활동의 결과로 얻은 관상이 다시 활동에 영향을 미침으로써 활동 중의 관상 생활에 이르는 것이다. 그 관상이 완전한 것은 아니지만, 완전한 관상을 지향해 가는 과정에서 활동 중의 관상을 누리게 된다. 그럴 때 비로소 그것을 하나님의 일(Opus Dei)이라고 말한다.

지금까지는 세상과 유리된 소위 관상 수도회에서 보여 주고 있는 활

---

[72] Esther de Waal 외, 『규칙서』, 백순희 편역 (경북 왜관: 성 베네딕트회 왜관수도원, 2004), 64.
[73] 위의 책, 63.

동과 관상의 관계를 생각해 보았다. 그러나 후기 증세에 이르러 탁발 수도회, 즉 프란체스코회와 도미니코라는 계속 수도회가 탄생하면서 활동과 관상의 유형이 새롭게 발전하였다. 그것은 관상과 활동의 통합적 유형인 사도적 활동이다. 도미니코회의 대표적 신학자인 토마스 아퀴나스는 고대 헬라 철학과 교부 시대의 이상을 통합하고 있다. 즉 활동이란 일반적으로 이해하는 외적인 활동을 지칭할 뿐만 아니라, 도덕적 정화의 활동을 말한다. 반면에 관상이란 하나님의 진리에 대한 통찰을 의미하며, 하나님 그 자신을 바라보는 삶을 말한다. 그러나 토마스의 관상은 헬라적 관상 이해와는 달리 순전히 지성적(혹은 철학적) 관상이 아니고, 개인의 믿음과 사랑의 행위와 관련된 신앙적 관상이다.74) 기독교적 관상이 순전히 지성적이라고 할 수 없는 것은 그것이 몰가치적이라고 말할 수 없기 때문이다. 그리스도인의 관상과 활동은 자연스럽게 완덕을 추구한다. 사랑이 관상적인 삶과 활동적인 삶의 동기요 원천이다. 사랑과 관련하여 관상적 삶과 활동적인 삶을 이렇게 구분할 수 있다. 직접적이고 즉각적으로 하나님의 사랑을 지향하는 것이라면 그것이 관상적인 삶이고, 이웃을 향한 사랑이라면 그것은 활동적인 삶이다. 여기서 관상과 활동이란 그들이 서로 완덕을 이루는 데 기여한다는 의미에서 보다 더 높은 상호활동으로 발전된다.75) 예수님의 제자들이 그러했던 것처럼 탁발 수도회의 수도자들은 기도와 성무일과를 통해서 하나님의 사랑을 지향하고, 제한된 수도원의 공간을 뛰어넘어 낮에는 이웃 사랑과 복음 선포 등의 사도적 활동을 실천했다.

---

74) E. Coreth, "Contemplative in Action," 191.
75) 위의 책, 189.

4. 다양한 관상의 길[76]

1) 관상의 단계

기도를 보다 심도 깊게 하고자 하는 욕구로부터 오늘날 명상 기도(meditation)·관상기도(contemplation)라는 말이 자주 언급된다. 기도의 주체자인 자기 자신이 기도를 끌어가지 않고, 기도를 시작하게 하시는 하나님이 기도의 주체자가 되시도록 하는 기도에 대한 열망으로부터 나온 용어이다. 이 용어를 우리말로 번역할 때 관상기도를 명상 기도의 한 부류이거나 동일한 것으로 취급하여 관상이라는 라틴어인 'contemplatio'를 'meditatio'라는 말과 동일하게 '명상'이라고 번역하는 경우가 흔하다. 물론 관상이나 명상이 음성(vocal prayer)기도와 구분된다는 의미에서 같은 부류로 취급하는 것은 크게 잘못되었다고 할 수 없다. 그러나 기독교 영성적인 전통에 따르면 명상과 관상을 동일하게 취급하는 것은 그 의미를 지나치게 희석시킬 수 있다. 명상 기도에서는 일반적으로 어떤 주제에 대한 이성적인 추리를 통해 하나님과의 대화를 추구한다.

전통적으로 음성 기도와 명상 기도와 관상기도는 그 심도를 나타내는 의미로 사용되어 왔다. 우르반 홈즈(Urban Holms)는 기도의 종류는 기도하는 자 편에서 볼 때, 집중하고 있는 그 지향성의 연속체(a continuum of focused intentionality)에 따라서 구분할 수 있다고 했다. 성숙한 기도의 성향은 집중하는 농도의 정도가 점점 희박해진다는 의미이다.[77] 고전적으로 관상 및 하나님과의 합일로 나아가는 기도가 그렇다. 성 빅토르 리처드(RichardofVictor, 1173년 사망)는 관상을 "지혜의 나타남에 대해 놀라움으로 정지된, 마음의 자유롭고 보다 통찰적인 응시"[78]라고 정의한다. 그는 다시 명상과 대조하여 "관상은

---

76) 유해룡, 『영성의 발자취』, (서울: 장로회신학대학출판부, 2011), pp.163 -180.
77) Urban T. Holmes III, *Spirituality for Ministry*, 김외식 역, 『영성과 목회』 (서울: 대한기독교서회, 1988), 42.
78) Richard of St. Victor, "The Mystical Ark," Book I, ch. iv, Richard of

지각된 사물 안으로 확장된 통찰적이고 자유로운 영혼의 응시인 반면에, 명상은 사물에 대해서 열심히 추구하는 마음(지성)의 주목이며, 진리를 열심히 추구하기 위해서 사용된 영혼의 주의 깊은 응시"[79]라고 정의한다. 교회사에 나타난 영성가들이 자주 하나님과의 영성적인 관계를 결혼의 유비로 설명하고 있는데, 기도의 심도도 그렇게 설명할 수 있다. 초기신랑과 신부와의 만남은 대화로부터 시작된다. 서로 간에 알지 못하는 세계를 객관적으로 탐구하기 위하여 많은 말이 오간다. 그러나 점차 관계가 무르익으면서 많은 말이 하나의 표정이나 느낌으로 전달된다. 그 친밀감의 정도에 따라서 그 표정이나 느낌이나 상징적인 행동 안에 그만큼 많은 말과 의미가 담겨지게 된다. 결국 오랜 결혼 관계 속에서 일어나는 교제의 수단은 주로 침묵과 느낌이다. 기도의 성숙도를 이런 현상으로 설명할 수 있다. 관계성 속에서 침묵은 매우 풍부한 마음의 교류라고 할 수 있다.

성숙한 기도에 이를수록 그 희구하는 의도성의 농도가 점점 희박한 쪽으로 기울어지는데, 그 이유는 주장하는 기도가 아니라 듣는 상대의 기도이기 때문이다. 이 기도의 목적은 하나님께 우리의 소원을 말하는 데 있지 아니하고, 우리에게 알려지게 될지도 모르는 하나님의 음성과 그분의 뜻에 귀를 기울이는 것이다. 관상기도는 하나님께서 자기 내면 안으로 들어오시도록 자유롭게 자신을 열어 놓는 상태이며 마침내 하나님의 신비가 자기 자신의 내면에 부딪혀 옴으로써 기도의 주체자와 객체자가 하나가 되는 일치 경험 상태이다. 그 상태는 지성적인 냉랭함이 아니고 가슴으로 느끼는(heartfelt) 경험이요, 정감적인(affective)인 경험이요, 분석적인 경험이 아니요, 직관적인 경험이다. 보나벤투라는 이러한 체험의 상태에 대해서 그것은 "가르침이 아니고 은총이요, 이해가 아니고 열망이요, 부지런한 독서가 아니라 열렬한 기도요, 선생이 아니고 배우자요, 명료함이 아니고 어둠이요, 빛이 아니요 불"을 경험하는 것이라고 말했다.[80]

St. Victor (New York: Paulist Press, 1979), 157.
79) 위의 책.

전통적으로 기독교 영성가들은 관상을 하나님과의 관계적 상태를 묘사하는 말로 사용하기를 좋아했다. 즉 영적 여정의 극치, 즉 하나님과의 관계적 일치의 정도에 따라서 그 상태를 다양하게 나누어 묘사하곤 했다. 신비신학을 최초로 종합시킨 알바레즈 데 파즈(Alvarez de Paz)는 묵상 기도를 네 가지 기본형으로 나눈다. 즉 추리적 묵상(discursive meditation), 정감 기도(affective prayer), 불완전한 관상(inchoat contemplation), 완전 관상(perfect contemplation)[81] 등이다.

추리적 묵상은 초자연적 진리를 꿰뚫어보고, 그것을 사랑하며 은총의 도움으로 그것을 실천하기 위해 그것에로 마음을 돌려 추리하는 것을 의미한다. 추리가 끝나면 묵상은 끝나게 된다. 이 과정을 거쳐 정감적 기도나 명상으로 넘어갈 수도 있다. 묵상의 가장 중요한 요소는 지성이 제시하는 초자연진리에 대한 의지적 사랑의 행위이다. 아빌라의 테레사(Teresa of Avila)는 묵상은 많이 생각하는 것이 아니고, 많이 사랑하는 것이라고 했다.[82] 의지가 사랑의 행위로 부풀어 오를 때 영혼과 하나님 사이에 친밀한 접촉이 이루어지고, 그때 비로소 영혼은 참으로 기도한다고 말할 수 있다. 추리 작용은 단순히 사랑을 일으킬 준비에 불과하다.

정감의 기도란 의지 작용이 지성의 추리 작용보다 우세한 형태의 기도라고 할 수 있다. 즉 지성보다 사랑이 우세한 단순화된 묵상이다. 추리에서 의지의 활동으로 옮겨지게 된다. 추리적 묵상과 영적 독서는 정감 기도 실천에서 중요한 역할을 하고 여기서 의지의 행위를 자극하는 자료를 얻게 된다. 정감 기도의 실천은 묵상 재료를 하나하나 고찰해 나가다가 의지의 정감이 유발되는 매순간 추리 묵상을 잠시 멈춤으로써 가장 잘 수행되어 나간다. 정감의 기도를 적절히 활용하면 많은

---

80) Bonaventure, "The Soul's Journey into God," *Bonaventure* (New York: Paulist Press, 1978), ch.7,6, 115.
81) Jordan Aumann, *Christian Spirituality in the Catholic Tradition* (San Francisco: Ignatius Press, 1985), 206.
82) Santa Teresa de Jesus, *Castillo Interior*, 최민순 역, 『영혼의 성』 (서울: 성바오로 출판사, 1989), 제4궁방, 제1장, 7,77.

영적 유익을 얻는다. 심리학적으로 볼 때 정감 기도는 추리적 묵상에서 오는 무미건조함에서 잠시 벗어나 쉬게 한다. 정감 기도는 지나친 내적 성찰에서 벗어나게 하거나 아니면 우리 자신의 노력에 너무 의탁하지 않게 한다. 정감 기도는 본질상 의지의 작용이고 따라서 사랑의 행위로서 인간으로 하여금 하나님과 깊은 일치를 갖게 도와준다. 그것이 주는 마음의 위로와 감미로움 때문에 기독교적인 실천에 큰 자극제가 되기도 한다.

불완전 관상은 지극히 단순화된 수덕적 기도의 한 형태이다. 먼저 묵상에서 사용된 추리는 이제 단순한 지적 응시로 바뀌고, 정감 기도에서 체험한 정감은 하나님께 대한 단순한 애정 어린 관심과 합일된다. 이 기도는 수덕 기도와 신비적 기도[83] 간의 다리 노릇을 한다. 그것은 바로 성령의 은사가 수동적으로 영혼 안에 작용하기 직전의 최종적 단계이다. 그렇기에 이 단순함의 기도에서는 습득적(active) 요소와 주부적(infused) 요소가 혼합됨을 흔히 체험하게 된다. 습득적 관상에서 이미 하나님의 은총이 작용하기 시작했기 때문에 기도자가 충실하면, 주부적 요소는 점차 증가되어 마침내 기도 전체를 지배하게 된다.

관상기도에 있어서 습득적 요소가 점차로 줄어들어 가고 주부적 요소가 확대되어 가면서 기도자는 수동적인 상태에 놓이게 된다. 여기서 기도자는 추리적 지식이나 탐구적 지식보다는, 직관적이면서 사랑에 찬 지식을 맛보게 된다. 그 맛은 즐거움과 찬탄과 감격이다. 특별히 지성적인 활동보다는 사랑의 정감이 활발하게 작용하는데, 그 사랑의 활동은 사랑받고 있다는 사실을 강렬하게 경험함으로부터 비롯된다. 그 사랑은 집착에서 자유롭고 오히려 사랑하는 분을 향하여 자신을 내어 주는 활동이다. 이러한 관상의 좋은 본보기로는 자연에서 경험되는 미적 경험이다. 자연을 바라볼 때 자연으로부터 흘러나오는 이기적인 혜택에 관심을 기울이기보다는 자연 그 자체의 신비로움과 아름다움에

---

[83] 수덕 기도란 자신의 의지와 지성과 노력을 능동적으로 사용하는 것에 초점을 둔 말이며, 신비 기도란 그 기도 자체가 전적으로 하나님의 은총에 의지하고 있으며 수동적인 기도 형태를 띠게 된다.

매료될 때 그것을 바로 관상적인 체험이라고 할 수 있다. 심리적으로 볼 때, 하나님과의 일치 체험과 자연에서 경험하는 관상 체험이 매우 유사하다. 오먼(Jordan Aumann)은 주부적 관상(완전 관상)의 특징을 다음과 같이 제시해 주고 있다.84)

(1) 하나님 현존의 체험이 현저하다.
(2) 영혼 안에 초자연적인 것이 엄습하는 느낌을 받는다.
(3) 본성적인 노력으로는 할 수 없는 체험을 할 수 있다.
(4) 능동적이기보다 훨씬 수동적이다.
(5) 하나님에 대한 체험적 지식은 명확하거나 뚜렷하지 못하고 모호하고 혼잡스러울 수 있다.
(6) 관상자는 하나님의 활동 아래 있다는 안정감과 확신을 받는다.
(7) 관상자는 은총 상태에 있다는 확신을 갖는다.
(8) 그 체험의 서술이 매우 어렵다.
(9) 하나님과의 일치의 체험과 동시에 존재적 변화를 가져온다.
(10) 실천적 삶에 대한 큰 충동을 느낀다.

2) 두 종류의 관상의 길

교회는 전통적으로 관상에 이르는 두 종류의 모형을 가르치고 있다. 첫 번째는 일체의 영상이나 이미지를 부정하고 순수 어둠의 상태에서 하나님과 일치 체험을 보다 진정성 있는 일치라고 믿는 모형이다. 관상 경험에 이르기 위해서는 일체의 상상력이나 이미지를 끊임없이 제거하여 감각의 어둠과 영의 어둠에 이르게 된다. 또 **다른 하나**는 상상력이나 갖가지 이미지가 관상 체험에 이르는 중요한 매개체가 된다는 것을 적극적으로 받아들이는 전통이다. 기독교 영성사에서 이러한 두 가지 모형의 관상의 길을 태동시키는 데 중요한 역할을 한 사람이 위디오니시우스(Pseudo-Dionysius)이다. 그는 5세기 후반에 시리아 기

---

84) Jordan Aumann, Spirituat Theology, 이홍근 역, 『영성신학』(대구: 분도출판사, 1987), 382~388.

독교와 신플라톤적인 분위기 아래에서 바울의 측근 중한 사람인 아레오바고의 디오니시우스(Dionysius the Areopagite, 행 17:34)라는 아명으로 저술 활동을 한 동방교회의 한 수도자였다.

그는 자신의 작품을 통해 신플라톤적인 형이상학과 성경의 가르침과 구도자의 내면세계를 잘 통합시켜 영적 여정의 한 패러다임을 제시해 주고 있다. 그는 신플라톤적 창조론과 구원이라고 할 수 있는 '아래로의 산출(the procession downward)'과 '위로의 복귀(the return upward)'를 잘 이해하고 있었다. 신플라톤적 창조론인 산출과 복귀의 형태를 받아들이면서 전자를 긍정의 길(via affirmativa)이라고 하고, 후자를 부정의 길(via negativa)이라고 하는 관상의 길을 열어 놓았다. 그리고 그것을 신학적 방법론으로 받아들여서 전자를 '긍정신학(affirmative theology)', 후자를 '부정신학(negative theology)'이라고 칭했다. 인간이 가지고 있는 하나님에 대한 개념 혹은 이미지는 그것이 아무리 차원 높은 고상한 것일지라도 하나님의 속성을 나타내기에는 충분하지 않다. 아무리 고상한 개념이나 이미지일지라도 거기에는 반드시 하나님과의 공유적 속성과 비공유적 속성을 동시에 지니고 있다. 하나님이 피조물에게 부여하신 그만큼 유사성을 지니고 있지만, 반면에 그분에게만 속한 무한한 속성에 대해서는 비교할 수 없는 비유사성이 있다.[85]

인간과 하나님 사이의 유사성을 접촉점으로 하여 하나님과 만남의 길을 추구하는 것을 긍정신학 혹은 유념의 길(kataphatic way)이라고 한다. 인간의 것과는 전혀 접촉점을 찾을 수 없는 비유사성을 통해 하나님과의 만남을 추구하는 것을 부정신학 혹은 무념의 길(apophatic way)이라고 한다. 전자를 선택 할 때 그 이론적 기초는 모든 피조물이 하나님으로부터 비롯되었기 때문에 아무리 하찮은 피조물일지라도 그것을 깊이 관상한다면 그곳에서 하나님과의 만남이 가능하다고 본다. 피조물이 지니고 있는 가장 하찮은 속성으로부터 한 단계 한 단계씩 상승하면서 관상해 간다면 피조물이 지닌 가장 고상한 속성에까지 이

---

[85] Pseudo-Dionysius, *The Divine Names*, 9, 916A. 8~12.

르게 되고, 이를 통해 할 수 있는 만큼 하나님이 지닌 거룩하고 가장 고상한 속성을 맛보게 된다. 단순히 생명을 보존하려고 꿈틀거리는 벌레에게서도 하나님의 존재하심과 그 능력을 엿볼 수 있다. 자연을 아름답게 수놓는 갖가지 수목에서도 하나님의 지혜를 엿볼 수 있다. 인간의 희생적인 사랑에서도 하나님의 사랑을 만난다. 모든 만물을 변함없이 보존하시고 보호하심은 하나님의 변함없으신 사랑과 그 선하심에 대한 구체적인 모습이다.

그러나 유념의 길로는 하나님과의 완전한 일치를 추구할 수는 없다. 왜냐하면 피조물이나 인간이 지닌 가장 고상한 이미지나 속성이라 할지라도 하나님과 견줄 수 없고, 조화할 수 없는 비유사성을 지니고 있기 때문이다. 이 비유사성을 제거할 때만이 하나님과의 온전한 일치를 성취할 수 있다. 그것은 피조물과 인간의 개념이나 이미지 안에서 도저히 유추해 낼 수 없는 그곳에 이르기 위해서 유추 가능한 모든 이미지나 속성을 하나씩 하나씩 부정해 가는 방법밖에 없다. 그것을 무념적 방법이라고 한다. 하나님에게 가장 부적합하다고 여겨지는 속성이나 개념으로부터 부정하면서 위로 올라가게 된다. 심지어는 '하나님의 선하시고 인자하심', '태양 같은 하나님의 의(義)' 등의 가장 고상한 속성처럼 보이는 이미지까지도 부적합한 것으로 여기고 부정한다. 끊임없는 부정의 길을 달려갈 때 결국 인간의 모든 개념이나 언어는 잠을 자게 되고 깊은 침묵의 심연으로 들어간다. 이 깊은 심연은 결코 감각적으로도 지적인 인식 작용으로도 포착할 수 없는 순전한 영의 세계요 절대적인 세계이다. 이 순수한 세계 속에서 개념화할 수 없는 하나님과의 일치를 맛본다. 86)

하나님의 절대 타자성에 대한 넘을 수 없는 질적인 차이 때문에 인간의 어떠한 느낌이나 감각 기관으로도 순수한 하나님 체험은 가능하지 않다. 하나님을 만나기 위한 가장 좋은 환경은 인간이 지닌 일체의 개념이나 느낌이나 이미지 등에 집착하지 않고 초연함으로써 순수한 영혼에 이르는 것이다. 그러한 질적인 차이를 극복하기 위해서 순수한

---

86) Pseudo-Dionysius, The Mystical Theology, 3, 1033CD. 31~45.

하나님 체험 이전에 인간은 새로운 변화를 요구받는다. 그 변화의 과정을 위 디오니시우스는 **정화, 조명, 일치**라는 삼중적인 단계로 제시한다.

정화의 단계란 우리가 자유의 영이신 성령님을 우리 안에 거하게 하기 위해서 이 세상에 속해 있는 우리 존재의 정화를 의미한다. 예수님은 "마음이 깨끗한 사람만이 하나님을 볼 수 있다"(마 5:8)고 하셨다. 회심 자체가 매우 급작스럽게 혹은 매우 감격적으로 이루어지는 것이라면 정화의 작업은 지속적인 의지적 노력으로 수행해 가는 과정이다. 이 단계에서는 그리스도의 영이 우리 안에 들어와 내주할 수 있도록 자기 자신을 비우기를 힘쓴다. 정화의 단계에서는 외적 감각의 정화, 내적 감각의 정화, 정욕의 정화, 지성의 정화, 의지의 정화 등이 있다. 인간의 욕망과 유혹은 인간의 감각 기관을 통해서 오는 것이기 때문에 우리의 일상생활에서 영성 생활에 방해가 되는 모든 요소를 제거하는 것이다. 내면의 정화가 이루어지면, 우리의 내면에는 하나님의 본성이 알려지고 하나님과 우리 사이의 관계에 대한 깨달음이 오게 된다. 여기서 우리는 조명의 단계에 접어든다.

조명의 단계에서 우리는 하나님은 사랑이시며, 하나님은 우리를 사랑하고 계시다는 사실을 깊게 자각한다. 이 단계에서 하나님의 선하심과 그 은총의 능력을 인식하게 된다. 그래서 표면적으로는 죄악의 길로 다시 빠질 수도 없고 모든 문제로부터 벗어났기 때문에 밝고 밝은 내적인 평화 상태로 생각할 수 있다. 그러나 사실은 그것과는 정반대인 내적 소동을 경험하게 된다. 전에는 결코 생각하지도 못했던 범죄와 하나님을 배반할 수 있는 가능성에 대해서 더 민감하게 눈을 뜨게 된다. 이 시점에서 우리는 내적인 비전을 통해 그리스도를 따른다는 것이 무엇인지를 보다 선명하게 인식하며 여전히 그 길을 걷는 데 많은 장애물이 있음을 깨닫는다. 그렇기에 지속적인 자기 부인과 자기 포기를 요구받는 경험을 한다. 이러한 경험은 곧 새로운 삶으로 들어가는 것을 의미하며 새로운 인격의 중심을 형성하고 있다는 것을 의미한다. 그런데 이 단계에서 이루어지고 있는 자기 부인은 자기 자신의 의지로 되고 있는 것이 아니라, 그 영혼을 더욱 정화시키기 위해서 하나님이 주도적으로 행하시는 것이다. 정화단계에서 이루어지는 정화가 능동적인 것이라면, 이 조명의 단계에서 일어나는 정화는 수동적인 것이라 할 수 있다. 기도자들은 그들의 내면에서 자신의 존재보다 더욱 큰 힘이 작용하고 있으며, 그 힘이 그를 새로운 방향으로 이끌어 가고 있음을 느낀다. 이 상태는 구름한 점 없는 여름철이라기보다 취약하지만 생동력이 넘치는 폭풍우 후에 피어나는 봄날 아침이라고 비유할 수 있다.[87]

조명의 단계를 거쳐서 우리는 하나님과 일치의 삶으로 나아간다. 조명의 단계를 지나는 자아는 더욱 고양되고 확장되면서 자기중심적이고 이기주의적인 모습은 사라지고 하나님의 현존 안에 깊이 거하며, 하나님의 섭리 안에 자신이 머물고 있음을 깨닫는다. 여기서 비로소 일치의 단계(union)혹은 완성의 단계(Perfection)에 이른다. 완성의 단계에 대한 위 디오니시우스의 원래의 가르침은 하나님과의 신비적인 결합을 의미하는 것이라기보다는 하나님에 대한 영적 지식의 온전함에 이르는 것을 의미한다. 그러나 후기 중세에 이르러 하나님과의 신비적인 연합 관계의 의미로 발전되어 사용되었다. 후기 중세의 영성가들이 이어받은 완성의 단계 혹은 일치의 단계는 '관상 체험'에서 성취되는데, 이때 얻는 영적 지식이란 모든 감각과 인식 작용이 멈춘 침묵의 심연 속에서 일어나는 것이다.

3) 관상적 체험의 다양성

관상적 상태에서 하나님과의 일치 체험의 주체는 누구인가? 관상적 체험은 하나님이 우리를 만나러 오신 하나님의 일인가? 혹은 우리가 하나님께 나아가는 우리 일인가? 이 논란은 이론적인 차원에서 심심찮게 벌어지고 있다. 이론적인 차원에서라면 양쪽 다 일리가 있다. 그러

---

87) Benedict J. Groeschel, *Spiritual Passages: The Psychology of Spiritual Development* (New York: Crossroad, 1984), 139.

나 영적 경험의 차원에서 이 문제를 다룬다면 그것은 동시적인 사건일 수밖에 없다. 우리가 하나님 앞으로 나아가지 않는다면 하나님이 우리를 이미 기다리고 있다는 사실조차 인식할 수 없다. 우리가 그분 앞에 먼저 나아가지 않을 때, 그분이 우리를 기다리고 계신다는 것은 아무 의미도 없다. 이런 의미에서 우리는 하나님을 만나기 위해서 하나님께 먼저 나아가야 한다. 예레미야 33장 3절은 "너는 내게 부르짖으라 내가 네게 응답하겠고 네가 알지 못하는 크고 비밀한 일을 네게 보이리라."고 한다.

그러나 다른 쪽도 생각할 수 있다. 아무리 우리가 하나님 앞에 나아갔다할지라도 그분이 먼저 그곳에서 기다림이 없었다면 우리의 나아감 자체가 무의미하다. 그러므로 하나님의 기다림이 우리의 나아감보다 우선이다. 요한복음 6장 44절은 "나를 보내신 아버지께서 이끌지 아니하면 아무라도 내게 올 수 없다."고 한다. 그러나 요한계시록 3장 20절에서는 "볼지어다 내가 문 밖에서 두드리노니 누구든지 내 음성을 듣고 문을 열면 내가 그에게 들어가겠다."고 한다. 이 말씀을 자세히 보면 하나님과의 만남의 사건은 무엇이 먼저라고 할 수 없을 만큼 동시적인 사건이다. 이것은 경험적 차원에서의 논리이다.

그렇다면 상징적인 의미에서 하나님과 우리의 만남의 장소가 있다고 해도 좋을 듯하다. 하나님이 기다리는 곳이 있을 것이고 우리가 나아갈 곳이 있다는 말이다. 영성사에서는 이 만남의 장소를 크게 세 가지로 나누어 볼 수 있다. 첫 번째는 중세 영성가의 대표자로 알려진 성 프란체스코의 유형이다. 그는 그 만남의 장소를 다른 무엇보다 자연에 두기를 좋아했다. 두 번째로 종교개혁자들 특히 칼뱅이나 루터는 그 만남의 장소를 성경에 두고 있다. 세 번째로 종교개혁 당시의 또 다른 영성가인 십자가의 성 요한은 그 장소를 '어두운 밤'이라고 했다.

성 프란체스코는 자연을 자신의 한 부분처럼 사랑했다. 자연 그 자체를 사랑한 것이 사실이지만, 그 자체를 사랑해야 할 이유가 있었다. 우정과 사랑에 찬 자연의 관조를 통해서 하나님을 만나게 되고 또 하나님을 찬양할 수 있었기 때문이다. 프란체스코에게 자연은 자신의 형제요, 자매요, 친구였다. 왜냐하면 인간이 하나님의 피조물이라고 한다면, 자연의 만물도 하나님의 피조물이다. 자기 안에서 하나님의 형상을 찾을 수 있다면, 자연 안에서 역시 '형상(imago)'이라고까지는 할 수 없지만 하나님의 '흔적(vestigo)', 혹은 하나님의 '발자취'를 느낄 수는 있다고 믿었다. 그래서 그는 자연 사랑의 마음을 담은 '해양의 노래'를 통해 하나님을 찬양하고 있다.

가장 고귀하고 전능하시며 선하신 하나님
모든 찬송과 영광과 존귀와 축복이
지극히 높으신 오직 당신 한 분께만 합당하나이다!
또한 어떤 인간도 당신을 논할 가치가 없나이다.
찬양을 받으소서, 나의 주님.

당신의 모든 피조물들 특히 매양 형제를 인하여!
그를 통해 당신께서는 저희에게 하루의 빛을 주셨으니
그는 커다란 광채와 더불어 눈부시도록 빛나고 아름답도다!
오 가장 높으신 주님, 그는 곧 당신의 상징이십니다!

찬양을 받으소서, 나의 주님, 달과 별 자매들을 인하여!
당신께서 지으신 그들은 하늘에서 밝고 사랑스럽고 아름답게
빛나고 있나이다.
찬양을 받으소서, 나의 주님, 바람 형제를 인하여!
또한 대기와 구름과 모든 날씨를 인하여!
이들에 의하여 당신께서는 피조물들에게 음식물을 주시나이다.

찬양을 받으소서, 나의 주님, 물 자매를 인하여!
그녀는 매우 유용하고 겸손하며, 사랑스럽고 정숙하나이다.

찬양을 받으소서, 나의 주님, 불 형제를 인하여!
그를 통해 당신께서는 저희에게 빛과 열을 주시나니
그는 매우 아름답고 명랑하며, 힘이 세고 강하나이다.

찬양을 받으소서, 나의 주님, 우리의 어머니인 대지를 인하여!

그는 우리를 지배하고 유지해 주며
아름다운 꽃과 잎과 열매를 맺나이다.

....

나의 주님께 감사하고 찬양과 축복을 돌릴지어다.
또한 거룩한 순종과 겸손으로 그를 섬길지어다![88]

이 해양의 노래를 통해서 엿볼 수 있는 것은 성 프란체스코와 그의 제자들은 자연을 통해 끊임없이 하나님을 만났고, 그 속에서 하나님의 성품을 배웠다는 것이다. 즉 겸손과 사랑과 정의와 정숙과 기쁨과 순종과 찬양을 배웠다. 프란체스코는 끊임없이 가난을 강조했다. 자기 자신은 '가난(Lady Poverty)'과 결혼했다고 선언했을 정도이다. 그리고 그를 추종하는 이들에게도 철저히 가난을 강조했다. 그것은 감상적인 고행주의로부터 나온 것이 아니다. 우리 자신을 내적으로 외적으로 비울 때만이 자연 속에 숨겨진 하나님의 부요를 맛볼 수 있으며, 부유하신 그분과의 풍성한 만남을 경험할 수 있다는 것을 믿고 경험했기 때문이다. 그렇기에 십자가에 달리신 가난한 그리스도에 대한 헌신이 지극했다. 그에게 있어서 가난은 곧 풍요였다. 그렇게 프란체스코가 자연에서 경험한 하나님으로 말미암아 각성된 심령의 노래가 곧 '평화의 노래'로 알려져 있다.

주여, 나를 당신 평화의 도구가 되게 하소서.
미움이 있는 곳에 사랑을
다툼이 있는 곳에 용서를
분열이 있는 곳에 일치를
오류가 있는 곳에 진리를
의혹이 있는 곳에 믿음을

---

[88] 이 노래는 1225~1226년에 걸쳐 완성된 것으로서 프란체스코 자신이 직접 만든 작품이다. Francis and Clare of Assisi, *Francis and Clare* (New York: Paulist Press, 1982), 37~39 참고.

절망이 있는 곳에 희망을
어둠이 있는 곳에 광명을
슬픔이 있는 곳에 기쁨을
주여, 위로를 구하기보다는 위로하고
이해를 구하기보다는 이해하며
사랑을 구하기보다는 사랑하게 해 주소서.
자기를 줌으로써 받고
자기를 잃음으로써 찾으며
용서함으로써 용서받고
죽음으로써 영생으로 부활하리니.89)

이 아름다운 노래는 성 프란체스코의 내면의 영성이 자연으로 인해서 얼마나 풍성해지고, 또 그 안에서 얼마나 풍요로운 하나님의 사랑과 정의와 평화를 맛보고 있었는가를 대변해 주고 있다.

두 번째로 종교개혁자들이 생각하는 하나님과의 만남의 장소를 생각해 보자. 칼뱅은 프란체스코와 마찬가지로 자연을 통한 하나님의 만남을 완전히 부인하지는 않는다. 자연은 하나님의 위대하신 사역 장소이므로 그곳에서 하나님이 계심과 그의 엄위하심과 지혜를 알 수 있는 곳으로 믿었다. "하나님께서는 모든 창조물 위에 영광의 명백한 표적을 새겨 놓으셨으며 그것은 너무나 뚜렷하고 확실하기 때문에 아무리 무식하고 둔한 사람이라 해도 무지를 구실로 삼을 수 없다."90)고 했다. 특히 그는 자연의 시각적인 측면을 강조하면서 모든 인간은 "창조된 세계의 관객으로 만들어졌으며, 이토록 아름다운 연출을 감상하고 나면, 그 작가에게로 이끌리지 않을 수 없는 눈이 주어져 있다."91)고 했다. "만일 우리가 이러한 작품을 통해 그 작가에게 도달함으로써 유익

---

89) 프란체스코 자신이 직접 쓴 기도문은 아니지만 오랫동안 프란체스코의 기도문으로 알려져 오고 있다. 그 중요한 이유는 이 기도문이 프란체스코의 삶과 사상과 전혀 모순점이 없기 때문일 것이다.
90) Inst., I. v. 1.
91) John Calvin, *Calvin's Commentaries*, Rom. 1:19.

을 얻지 못한다면, 우리는 이 아름다운 하나님의 작품을 즐기는 것보다 우리의 눈을 빼내어 버리는 것이 나을 것입니다."[92]라고 경고하고 있다.

그러나 자연 속에 나타난 명백한 하나님의 흔적에도 불구하고 인간이 그 자연을 통해서 얻을 수 있는 하나님의 지식은 지극히 제한되어 있다. 왜냐하면 이것을 인식할 수 있는 자리가 이성인데, "우리 정신 속의 모든 것들은 부패해 버렸기 때문이다."[93] 그래서 인간의 정신은 자연을 보는 데 심각한 제한성과 오류가 있을 수밖에 없으며, 자연으로 하나님을 안다는 것은 상대적으로 아무것도 아니며, 확실하고 견고한 어떠한 지식도 주기 어렵다는 것이 칼뱅의 또 다른 입장이다. 심지어 인간은 그 자연 속에서 스며 나오는 하나님의 속성을 느끼고 맛보기보다는 오히려 그 자연 자체를 하나의 '신'으로 왜곡시키는 어리석음과 무지함이 있다고 지적한다. 그는 철학자 중에서 종교성이 가장 풍요로운 플라톤에 대해서 좋은 감정을 표현하면서도 동시에 그는 만물을 하나님과 혼동하고 있다고 비난했다.[94] 그는 헬라의 시인 버질의 시를 인용하면서 자연을 보는 인간의 눈이 얼마나 부패하고 어리석은 것인지를 설명하고 있다.

꿀벌은 하늘나라 마음의 한 부분
천상에서 어떤 힘을 빨아들인다.
그것은
신이 땅과 바다와 하늘
그리고 만물에 편재하여 있기 때문이다.
그로부터 양과 소

---

92) *Serm.*, No. 48 on Job, 601, quoted in William J. Bouwsma, John Calvin: A Sixteenth Century Portrait (New York: Oxford University Press, 1988), 103.
93) *Comm.*, *Gen.* 3:6, *Ps.* 119:73, quoted in William Bouwsma, *John Calvin*, 154. 여기서 말하는 칼뱅이 말하는 '정신'이란 일반적 의미의 이성을 말하는 것 같다.
94) *Comm.*, *Rom.* 1:23; W. Bouwsma, 위의 책, 155참고.

사람, 짐승들이 태어날 때
실낱 같은 생명을 받는다.
그리고 만물이 그에게로 돌아가서 해소되고
또 회복된다.
다시는 죽음이 없다.
그러나 별 많은 하늘나라 높이 올라가 거기서 살리라. 95)

이 시의 어리석음은 여기에 있다. 우주에 드러난 하나님의 지혜와 그 능력에 대해서 초월적인 하나님께 드려야 할 마땅한 경건을 범신론적인 속성으로 바꾸어 마치 인간도 그 한 부분인 양 왜곡하고 있다. 이러한 이유로 칼뱅은 자연을 하나님을 만나는 장소로 보는 것에 대해서 인색해할 수밖에 없다.

뿐만 아니라 칼뱅에게 있어서 가장 중요한 관심사는 인간 구원에 관한 문제였다. 어느 정도 자연을 통해서 하나님 체험이 가능하다 할지라도 그곳에서 구원에 이를 수 있는 지식을 얻을 수 있는가? 이 물음을 제기한다. 물론 칼뱅에게 있어서 그 대답은 절대 불가이다. 성경은 이미 자연 속에서 보여줄 수 있는 하나님의 자취를 오해 없이 계시하고 있으며, 성육신하신 예수 그리스도를 통해서 구원에 이르는 확실한 지식을 계시하고 있다. 그러므로 모든 영혼은 하나님을 만나기 위해서 성경으로 돌아가야 한다. 성경만이 하나님과의 만남을 체험할 수 있는 가장 확실한 장소라는 것이 칼뱅의 입장이다.

세 번째로 십자가 성 요한은 하나님을 만날 수 있는 장소를 '어둔 밤'이라고 한다. 그에게 있어서 영성 생활의 목표는 하나님과의 연합이며, 사랑의 사귐이며, 하나님의 은혜로 우리 자신이 하나님의 모습으로 변화하는 것이다. 그 사랑의 속삭임은 '고요한 밤, 새벽이 떠오르는 때, 소리 없는 음악, 우렁찬 적막'96)에서 이루어진다. 소리 없는 침묵

---

95) Vergil, Georgics IV. 219~227, quoted in Inst., I. v. 5.
96) St. John of the Cross, "The Spiritual Canticle," *The Collected Works of St. Jone of the Cross*, trans. Kieran Kavanaugh and Otilio Rodriguez (Washington, D.C: ICS Publications, 1979) 410~415 참고.

과 적막으로 우리 자신이 인도될 때 비로소 진리의 빛, 사랑의 불꽃과 부딪히게 된다. '밤'이란 어떤 상태를 말하는가? 그것은 우리의 감각이 잠든 상태를 의미한다. 감각은 언제나 제한된 세계 속에서 하나님을 상상하게 하고, 그 결과 불완전한 하나님의 형상을 만들어 낸다. 그러나 그것이 아무리 고상한 것일지라도 감각의 세계에서 구성된 하나님의 이미지란 그분 자신에게 이르기에 너무나 큰 간격이 있다. 인간의 감각적인 세계로 하나님을 그려보고 이해한 것이 아무리 최상의 것일지라도 하나님 그 자신과 비교할 때 유사성보다는 비유사성이 훨씬 더 많다. 모든 피조된 존재는 무한하신 하나님의 그 존재에 비할 때 무(無)에 불과하다. 그러므로 무한하신 하나님과의 사랑의 연합, 사랑의 사귐에 이르려면 감각의 세계는 닫혀야 한다. 이것이 '어둔 밤'이다. 즉 감각이 닫힌 영혼의 세계이다. 이 어둠의 세계를 성 요한은 이렇게 표현한다.

모든 것에서 만족하려면 아무것도 만족하려 하지 말라
모든 것을 가지려면 아무것도 가지려 하지 말라.
모든 것이 되려면 아무것도 되려고 하지 말라.
모든 것을 알려면 아무것도 알려고 하지 말라.
맛보지 못한 기쁨을 맛보려면 기쁨이 없는 곳으로 가라.
알지 못한 것을 알려면 아는 것이 없는 곳으로 가라.
가지지 못한 것을 가지려면 가진 것이 없는 곳으로 가라.
네가 아닌 것이 되려면 네가 없는 곳으로 가라.
모든 것에서 방해를 받지 않는 방법

무엇에 마음이 머물게 될 때는 모든 것에 덤벼들기를 포기하라.
모든 것을 다 가지려면 모든 것에 대해서 모든 것 안에서 다 부정하라.
모든 것을 다 갖게 될 때는 아무것도 원하지 않으면서 가져라.
모든 것에서 무엇을 가지려면 하나님 안에 있는 너의 순수한 보물을

갖지 못한다.[97]

우리는 하나님을 만나는 각각 다른 세 장소를 생각해 보았다. 그런데 그 다른 장소를 서로 상충된 개념으로 이해하기보다는 강조점이 다르다고 이해해야 할 것이다. 이 세 영의 사람들은 결코 어느 하나를 배타적으로 보기 위해서 자신의 주장을 제시하는 것은 아니다. 오늘 우리는 객관적인 입장에서 이 세 가지의 다른 길을 통해 보다 조화로운 영성 생활에 대한 안내를 받을 수 있다. 하나님은 온 세계에 충만하게 임하여 계신다. 어디에도 제외될 수는 없다. 동방교회에서 주장하는 바대로 온 피조 세계에는 하나님의 본질은 아니지만 하나님의 에너지가 충만해 있다. 그 에너지를 통해 우리는 하나님의 흔적을 경험할 수 있다. 그러나 누구나 그러한 경험이 가능하다는 말은 아니다. 칼뱅이 주장한 대로 성경이 바로 그러한 눈을 가지도록 인도하며, 성경으로 말미암아 정화된 영혼이 향유할 수 있는 특권이다. 프란체스코는 하나님이 허락하신 풍성한 피조물의 세계를 맛보기 위해서 스스로 가장 가난한 사람이 되었다. 마음이 철저히 가난한 사람은 자연을 통해 하나님과의 풍요로운 교제를 누릴 수 있다. 동시에 그 풍요로움을 맛보는 자는 스스로 가난한 자가 될 것이다. 십자가의 성 요한은 그 정화된 영혼의 과정과 상태를 어두운 밤으로 묘사하고 있다. 그것은 왜곡된 감각이 정화될 때 감각의 밤을 맞이하게 되고, 영혼의 기능인 기억·이해·의지 등이 정화되어 하나님께 향하도록 하는 과정에서 영혼의 밤을 맞이하게 된다. 따라서 우리의 감각과 영혼이 성경으로 말미암아 정화되어 있다면 자연은 우리의 영성을 일깨워 주는 가장 훌륭한 장소가 될 수 있다.

---

97) San Juan de la Cruz, Subida del Monte Carmelo, 방효익 역, 『가르멜의 산길』 (서울: 기쁜소식, 2008), 제 1권, 13장, 11, 12.

제3장 잠심과 분심

1. 정신구조에 떠오르는 사고[98]

관상기도를 인간의 의식 수준과 비교하여 언급할 수 있다. 의식 수준에서 하는 기도를 구송기도와 명상기도라고 한다면, 관상기도는 무의식 상태에서 드려지는 기도라고 할 수 있다.

다음 그림에서 무의식의 수준에서 드리는 기도의 과정을 보여주고 있다.

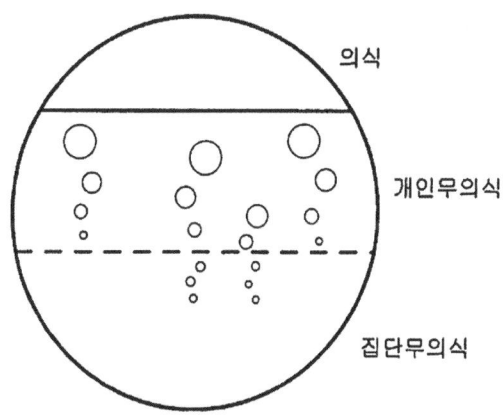

그림. 정신구조와 떠오르는 생각들

위 그림에서 보면, 개인무의식의 영역에서 떠오르는 좌우측의 거품은 기도 중에 떠오르는 어떤 생각이나 이미지들을 말한다. 이런 것들은 대

---

98) 박노열, 『누구나 할 수 있는 관상기도』, (나뫼, 2009, 개정3판), pp,87~89.

체적으로 무의식의 영역인 개인의 삶의 경험에서 유래한다. 기도 중에 경험하는 내용이 과거의 기억에서 유래된 경우 더욱 강화시켜 주거나 혹 나쁜 기억은 상처를 싸매주고 치유하는 정화의 과정이 될 수 있다.

뿐만 아니라 이외의 다른 생각이나 이미지도 있을 수 있다. 그림의 점선 아래 부분에서 떠올라오는 가운데의 거품으로 표시된 집단무의식이다.

집단무의식은 특정 인종이나 문화에는 그 문화의 유구한 역사 속에 형성된 공통된 내용을 담고 있다고 융은 이해한다. 곧, 인류 보편적으로 나타나는 원형적 특성이나 아시아, 아프리카 등 특정 대륙의 사람들에게 나타나는 신화적 이미지나 내용이 이에 해당한다.

관상기도 중에 매우 강력한 감정적 체험이 있는 경우, 그 경험이 집단 무의식적 이미지가 아닌지 검토해 볼 필요가 있다. 그럼에도 불구하고 기도 중에 경험하는 모든 강력한 체험이 집단무의식적인 것은 아니다. 만약 기도 중에 어떤 체험을 하게 되면 다만 그대로 바라보면서 마음의 동요 없이 (거룩한 단어를 사용하여) 주님의 사랑 안으로 돌아가야 한다. 관상기도 중에 일어나는 여러 가지 체험들에 관심을 기울이는 것은 관상기도의 실천에 바람직하지 못하다. 관상기도는 체험 그 자체가 목적이 아니기 때문이다. 이런 노력이 효과적인 관상기도의 실천에 매우 중요하다.

관상기도의 어려움은 기도의 침묵 가운데 내면에서 사정없이 떠오르는 생각·이미지·느낌 같은 분심을 어떻게 처리하는 것을 이해할 수 없기 때문이다.

관상기도 중에는 끝임 없이 떠오르는 분심을 어떻게 처리하느냐 하는 문제는 많은 방편들이 있다. 그 방편들은 무수히 많다. 여기서는 몇 가지만 제시하고 다음에 상세히 다루기로 한다. 먼저 거룩한 단어를 사용하여 처음상태로 돌아가야 한다. 또는 주시(응시)한다. 이때 주의할 것은 분심에 관심을 가지든지 관찰하려 하지 말아야 한다. 관찰하는 동안에는 거기에 머물 수밖에 없다. 그저 바라보고 있으면 지나간다.

이것은 마치 강가에 앉아 낚시를 하는 낚시꾼이 지나가는 배를 바라보는 것과 같다. 강에는 배가 지나가는 것은 당연한 것으로 이해해야 한다. 그것은 강물이 흐르기 때문이다. 그러기에 그저 바라보면 곧 사라진다. 그러나 그 배에 관심을 가지고 관찰하는 동안에는 그 배(잡념)를 따라가게 되고 낚시는 할 수 없다. 다행히 그 배를 떠나보냈다 하더라도 다른 배가 또 올 것이다. 결국 낚시는 못하고 미끼만 빼앗기고 말게 된다.

관상기도를 하는 이도 똑같다. 분심은 항상 있다. 그것은 살아 있기 때문이다. 이것을 이해하고 분심이 있으려니 하고 보고 지나든지 아니면 거룩한 단어를 사용하여 처음 상태로 돌아가라. 그것은 자신이 결정할 일이다.

더욱 수도하여 언덕에 올라 강도 배도 산도 낚시를 하는 자신도 이 모든 것을 한꺼번에 바라보라. 그때 강도 산도 배도 나도 사라지고 관상상태가 될 것이다. 그렇다고 너무 집중하여 보지 말고, 정신을 놓아 흐리멍텅하지도 말아라. 깨어 있어라.

이것은 관상기도의 핵심이다.

2. 영적인식과 작용[99]

◎ 마음은 인간행위의 선악을 결정한다.
(막 7:21~23; 마 15:18~20)

"속에서 곧 사람의 마음에서 나오는 것은 악한 생각 곧 음란과 도둑질과 살인과, 간음과 탐욕과 악독과 속임과 음탕과 질투와 비방과 교만과 우매함이니, 이 모든 악한 것이 다 속에서 나와서 사람

---

99) 박노열, 『누구나 할 수 있는 관상기도』, (나됨, 2009, 개정3판), pp.90~95.

을 더럽게 하느니라"(막 7:21~23).

"입에서 나오는 것들은 마음에서 나오나니 이것이야말로 사람을 더럽게 하느니라, 마음에서 나오는 것은 악한 생각과 살인과 간음과 음란과 도둑질과 거짓 증언과 비방이니…"(마 15:18~20).

1) 마음은 인간 **이성**의 근원이다.
   * 사고(막 2:6), 깨달음(마 13:15), 생각(마 9:4)
2) 마음은 인간 **감성**의 근원이다.
   * 기쁨(요 16:22; 엡 5:19), 애정(눅 24:32), 욕망(마 5:28)
3) 마음은 인간 **영혼**의 근원이다.
   * 양심(행 2:37), 의지(롬 6:17), 믿음(막 11:23; 롬 10:10), 죄(마 15:18; 막 7:21~23)

< 그림 : 영적인식과 작용 >

어떤 사람들은 관상기도가 '침묵기도'라는 말을 듣고, 이와 같은 침묵기도에서 그 사람의 영혼의 역할은 침체하고, 활력을 잃은, 활동이

없는 상태로 있는 것이라는 결론을 내리기도 한다. 물론 그것은 사실이 아니다. 실제로 침묵기도에서는 그 영혼이 소리를 내어 입으로 하는 기도에서보다 더 높고 포괄적인 역할을 맡게 된다.

어떻게 그것(보다 더 높고 포괄적인 역할)**이 가능한가?**

영혼은 활동적이면서도 동시에 아주 고요한 침묵 가운데 머무를 수가 있다. 이것은 바로 주님께서 친히 그 영혼을 움직이는 분이시기 때문이다. 그 영혼은 성령님의 움직이심에 반응하여 활동하게 된다.

"무릇 하나님의 영으로 인도함을 받는 그들은 곧 하나님의 아들이라"(롬 8:14).

그러므로 '침묵기도'에 들어가는 것은 당신이 모든 활동을 중지한다는 것을 의미하지는 않는다. 오히려 그것은 당신의 혼(soul)이 당신의 영(spirit)의 움직임에 의하여 활동하게 됨을 의미한다. 이러한 사실을 이해하는 데에는 에스겔서[100](겔 1:19~21)가 도움이 될 것이다.

'침묵기도'는 활동을 금하는 것이 아니다. 오히려 당신의 영의 거룩한 활동을 촉진시키고 격려한다. 또한 침묵기도는 당신이 영혼의 낮은 차원의 활동을 억제시킨다. 그러므로 침묵기도는 하나님의 영에 절대 의존적이어야만 한다. 당신 자신의 활동의 자리를 대신하여 성령님이 활동하도록 내어주어야만 한다. 이러한 자리바꿈은 당신의 동의에 의해서만 이루어질 수 있다.

물론 당신은 성령님과 자리바꿈에 동의를 하는 동시에 당신 자신의 활동을 중지하기 시작해야 한다. 그때부터 하나님의 활동이 조금씩, 조금씩, 결국에는 완전히 당신의 영혼의 활동의 자리를 대신할 수 있게

---

[100] "그 생물들이 갈 때에 바퀴들도 그 곁에서 가고 그 생물들이 땅에서 들릴 때에 바퀴들도 들려서, 영이 어떤 쪽으로 가면 생물들도 영이 가려 하는 곳으로 가고 바퀴들도 그 곁에서 들리니 이는 생물의 영이 그 바퀴들 가운데에 있음이니라, 그들이 가면 이들도 가고 그들이 서면 이들도 서고 그들이 땅에서 들릴 때에는 이들도 그 곁에서 들리니 이는 생물의 영이 그 바퀴들 가운데에 있음이더라"(겔 1:19~21)

되어가는 것이다.

누가복음에는 위와 같은 사실에 대한 아주 좋은 예가 있다. 당신은 마르다가 주님을 위하여 매우 옳은 어떤 일을 하고 있었음에도 불구하고 주님께서는 마르다를 꾸짖으셨던 사실을 기억하고 있을 것이다(눅 10:41~42). 그 이유가 무엇일까? 그것은 마르다는 그녀 자신의 생각과 힘으로 하고 있었기 때문이다. 마르다는 자신 안에 거하시는 성령님의 움직이심을 따르지 않았던 것이다.

사람의 영혼은 자연적으로는 안식이 없이 분요하다. 그렇다 하더라도 이루어지는 것은 거의 없다. 우리는 이 사실을 깨달아야만 한다.

주님께서는 마르다에게, "네가 많은 일로 염려하고 근심하나, 몇 가지만 하든지 혹은 한 가지만이라도 족하니라. 마리아는 이 좋은 편을 택하였으니 빼앗기지 아니하리라."(눅 10:41~42)고 하셨다. 그렇다면 마리아가 선택한 것은 무엇인가? 마리아는 그리스도께서 그녀의 생명이 되시도록 자신의 일을 중단하고 예수님의 발치에서 평온하고 조용한 안식을 선택했던 것이다.

'마리아의 예'는 누구든지 마리아와 같이 예수 그리스도를 따르기 위해서는 당신 자신과 당신 자신의 모든 활동을 중지하는 것이 얼마나 중요한 것인지를 보여주기 위한 것이다. 당신의 활동을 중지하고 성령의 인도하심을 받지 않고는 주님을 따를 수가 없기 때문이다.

주님의 생명이 들어올 때에는 당신의 생명이 자리를 비키고 내드려야 한다. 바울은 "주와 합하는 자는 한 영이니라"(고전 6:17)고 말했다.

침묵 속에서 주님을 체험하려면 어떻게 해야 하는가? 당신의 영혼이 스스로, 즉 성령의 활동과는 달리 별도로 활동하게 되면, 그 영혼의 활동은 타자에 의하여 강요되어 긴장에 싸이게 된다. 실제로 기도 속에서의 영혼의 노력은 언제나 염려와 애쓰는 것으로 나타난다. 그러므로 당신의 영혼이 움직이고 있는 때를 쉽게 구별해 낼 수도 있게 되는 것이다.

당신의 영혼이 당신의 존재의 더 깊은 어떤 것(성령님)에 반응하여 움직이게 된다면, 그러한 활동은 마치 당신이 전혀 노력을 하지 않는 것처럼 자유롭고 쉬우며 자연스럽게 될 것이다.

당신의 영혼이 내면세계로 향하여 성령님께로 고정되어지면, 바로 그 순간부터 주님의 영이 내적으로 이끄시는 힘은 매우 강력해진다. 사실 당신의 영(spirit)이 당신의 혼(soul)을 이끄는 힘은, 다른 어떤 힘보다 강해진다. 특히 당신을 다시 표면으로 돌아가도록 잡아끄는 어떤 것들보다도 훨씬 강력하다. 실제로 중심으로 돌아가는 속도에 있어서 영혼이 성령으로 돌아가는 것보다 더 빠른 것은 아무것도 없다.

침묵 속에서도 영혼은 활동하는가? 그렇다. 그때의 영혼의 활동은 아주 승화되고 자연스러우며 평온하고 자발적이기 때문에, 마치 영혼이 아무런 노력을 하지 않고 있는 것처럼 보이게 되는 것이다. 이것은 마치 돌아가는 바퀴와도 같다. 당신은 돌아가는 바퀴를 관찰해 본 일이 있을 것이다. 바퀴가 천천히 돌아갈 때에는 바퀴의 모든 부분이 잘 보인다. 그러나 바퀴가 점점 더 빨리 돌아감에 따라 거의 아무것도 확인할 수가 없게 된다. 이것이 바로 하나님 안에서 안식하고 있는 영혼의 모습이다. 영혼이 하나님 안에서 안식하고 있을 때에는 그 활동이 영적이며 매우 고양되어 있다. 그 영혼은 평온으로 충만해 있다.

그러므로 당신이 영혼의 평온한 상태를 유지할수록 영혼의 중심에 내재하시는 하나님을 향하여 더 빨리 나아갈 수 있게 된다. 그것은 혼(soul)이 영(spirit)에게 복종하고, 움직이며 지시를 하는 존재는 성령(the Spirit)이시기 때문이다.

당신을 당신의 내적인 부분으로 이끄는 것은 무엇이겠는가? 바로 하나님 자신이시다. 또한 하나님께서 당신을 끌어당기시는 행위(섭리)로 당신이 하나님께로 달려 나가게 한다. 이끌림을 받아 나가는 것은 영이다. 주님께서는 당신의 영에게 말씀하신다. 주님은 주님만이 친히 거하시는 곳인 당신의 중심을 이끌어 당기시는 것으로써 주님을 따르도록 당신을 부르신다. 따라서 당신의 영이 가장 먼저 이끄심을 받게 된다. 그다음에 당신은 그 중심으로부터의 이끄심을 따르게 된다. 당신은 의식의 방향과 당신의 영혼의 모든 힘을 주님께로 집중시킴으로써 그렇게 하게 되는 것이다.

당신은 하나님의 성령께 전적으로 의지하라. 이것이 언제나 당신의 주된 관심사여야만 한다. "우리가 그를 힘입어 살며 기동하며 존재"(행 17:28)하기 때문이다.

우리는 아주 복잡하다. 우리의 영혼들은 아주 다양한 활동들을 할 수 있다. 우리는 이러한 삶의 방식을 떠나서 자유로워져야 한다. 하나님의 단일성과 통일성으로 들어갈 수 있기 위해서 자유로워져야 한다. 침묵해야 한다.

우리가 하나님과 연합될 때에는 하나님의 뜻의 다양한 면들을 수행해 나갈 수 있게 된다. 그때 하나님과의 그러한 연합의 상태를 떠날 필요는 없다. 하나님과의 하나 됨 상태에서도 하나님의 뜻의 다양한 면들이 수행될 수가 있는 것이다.

간단한 '침묵의 기도'가 당신을 어떠한 자리로까지 인도해 나갈 수 있는지에 대하여 이해할 수 있을 것이다.

3. 잠심과 분심[101]

※ 잠심(내적 침묵)

하나님께서 우리와 함께 계심을 체험하는 것이 곧 기도이다. 이 '하나님 현존'을 인식하기 위해서 필요한 것은 오직 '잠심'뿐이다. 잠심하여 가슴속에서 울려오는 하나님의 소리를 듣게 될 때, 우리 가슴속에 하나님의 현존이 새겨지면서 하나님과 진정한 대화를 할 수 있게 된

---

[101] 박노열, 『누구나 할 수 있는 관상기도』, (나됨, 2009, 개정3판), pp.97~139. 더 자세한 것은 박노열 편저 『관상기도』,(한울사, 2006), pp. 261~298을 참조 바랍니다.

다. 이것이 참된 기도이다. 그러나 우리는 생활 속에서 하나님이 내 옆에 계시다는 것을 얼마나 느끼면서 살아가는가?

예수님이 내 옆에 함께 계심을 의식할 때, 우리도 어렵고 힘든 이 세상을 두려움 없이 하나님 안에서 잘 살아갈 수 있다. 그래서 기도 시간은 예수님이 얼마나 깊이 내 안에 현존해 계시는가를 느끼는 시간이 되어야 한다.

1) 들을 수 없는 소리를 들음

좋은 통치자가 되려면 들리지 않는 백성들의 소리를 들어야 하고, 상인으로 성공하려면 들리지 않는 소비자의 소리를 들어야 한다. 그러면 신앙인으로 제대로 살아가려면 어떻게 해야 하는가? 들리지 않는 하나님의 소리를 들을 때 가능하다. 이 말은 우리가 가슴속에 계신 하나님의 소리를 들으려고 노력하면, 들을 수 있다는 것이다. 우리가 깊은 관심을 가지고 더욱 깊은 수준에서 경청할 때 더 잘 듣고 더 잘 볼 수 있으며, 더욱 깊은 수준에서 침묵할 때 하나님의 현존을 더 깊이 체험하며 하나님의 음성을 들을 수 있다.

소리 없는 소리, 그것은 풀포기에서 듣는 소리, 산과 강과 하늘에서 나는 소리이다. 아무 소리가 없는 그 속에서 소리를 들을 줄 아는 귀를 가질 때, 우리는 하나님의 소리를 들을 수 있고 하나님의 현존을 체험할 수 있으며 하나님과 하나 될 수 있다. 잠심 상태에서 소리 없는 소리를 듣게 될 때, 우리는 생각과 고민에서 벗어나 내부의식에 머물면서 하나님의 소리를 듣게 된다. 그리고 그때 하나님과 진정한 대화를 나누게 된다.

2) 하나님의 현존 체험을 위한 잠심

생각이 너무 많으면 가슴속에서 들려오는 가냘픈 소리를 들을 수 없다. 시끄러움 속에서 고요한 목소리를 들을 수 없듯이, 생각을 멈추어야 가슴속에서 들려오는 작은 소리를 들을 수 있다.

TV로 라디오 방송을 들을 수는 없다. TV · FM · AM 방송의 주파수 영역이 다 다르기 때문이다.

뇌 파	심신의 상태
22Hz 이상	불안 및 흥분
14~21Hz	깨어 있는 평상시의 뇌파 외계와 대응하여 긴장 상태에서 일을 처리하고 있는 의식적인 활동 상태. 물질계(시각 · 청각 · 후각 · 미각 · 촉각 · 시간 · 공간)를 인식함.
7~14Hz	주의 집중과 약간의 긴장(14Hz근처). 정신통일 상태 자연의 소리 청취할 때. 자신이 좋아하는 일을 할 때. 기도할 때.
4~7Hz	깊은 명상 또는 졸음 상태 (4Hz 근처)
1~4Hz	깊은 수면(무의식)

표 : 뇌파에 따른 심신의 상태

기독교방송은 93.9MHz, 98.1MHz, 교통방송은 95.1MHz로 주파수를 맞춰야 하듯이, 하나님의 음성을 듣기 위해서는 하나님 소리를 느낄 수 있는 주파수로 맞추어야 한다. 그 주파수가 바로 잠심상태이다. 바로 위 뇌파에 따른 심신의 상태 표와 아래의 상태별 뇌파비교 그림을 참고하기 바란다.

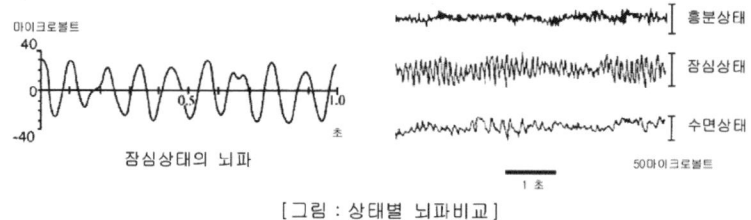

[그림 : 상태별 뇌파비교]

잠심상태가 하나님과 대화를 할 수 있는 상태라고 말할 수 있다. 그래서 기도하기 전에 마음을 편안히 가라앉히라는 이유도 바로 여기에 있다. 의식 수준의 뇌파에 머물면 잠심 상태의 뇌파에서 들려오는 하나님의 소리를 들을 수 없다.

그렇기 때문에 하나님의 소리를 느끼기 위해서는 잠심 상태에 머물러 있어야 한다. 그림 상태별 뇌파 비교 그림과 뇌파와 기도 상태 비교 그림을 참고하기 바란다.

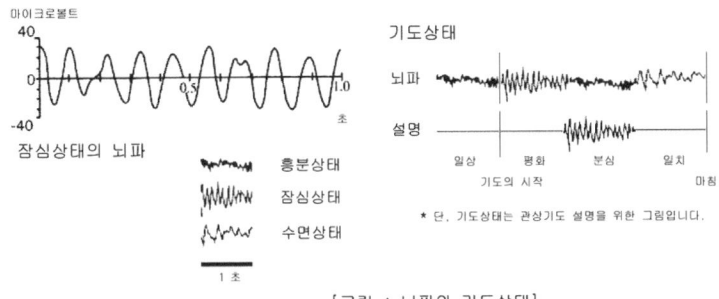

[그림 : 뇌파와 기도상태]

인간에게는 누구나 시각·촉각·미각·청각·후각 등 다섯 가지 감각(오감)이 있다. 물질세계를 판단하는 기능으로 볼 때 이 다섯 감각은 별로 만족스럽지 못한다. 그런데 어떤 사람은 이 다섯 가지 감각기능망에 하나님이 잡히지 않는다 하여 하나님의 실존을 부인하려고 한다.

인간의 미각은 맛밖에 모르고, 청각은 들리는 것 외에 다른 것을 듣지 못한다. 수신기가 있어야 먼 곳에서 날아오는 전파를 잡을 수 있듯이, 하나님의 실존을 감지하려면 이 다섯 감각기능이 아닌 잠심 상태에 있어야 가능하다. 그렇지 않으면 하나님의 현존을 체험하기 힘들다. '뇌파와 기도상태' 그림은 이를 설명하기 위해 만들었다. 미흡하지만 이해에 도움이 되리라 생각한다.

잠심 안에서 하나님이 주시는 평안은 잔잔한 호수 같은 그런 평안이 아니다. 그것은 바람이 없기 때문에 조용한 것뿐이고, 비가 쏟아지지 않기 때문에 밝게 보일 뿐이다. 바람이 불어 파도가 일고 비가 쏟아지면 그런 평안은 사라진다. 진정한 잠심은 폭포처럼 요란한 소리를 내는 분위기 속에서도 유지할 수 있는 그러한 잠심을 말한다. 그러면 이러한 잠심 상태에 지속적으로 잘 머물기 위해서 어떻게 해야 할지 그 조건을 살펴보겠다.

3) 잠심을 위한 외적 조건

잠심 상태에 잘 머물러 있기 위한 외적 조건으로 세 가지를 들 수 있다. 그것은 인내와 여유와 갈망이다.

인내

우리에게는 한두 번 기도하고 무엇인가를 얻으려는 너무나 급한 성향이 있다. 하나님에 대한 열망이 솟구쳐 오르면 몇 번 기도해 보고, 아무 느낌이 없으면 그 열망은 이내 사라지고 만다. 그렇기 때문에 지금은 아무것도 이루어지지 않았지만 언젠가는 이루어지리라는 희망을 가지고 주님께 매달리는 인내가 필요한 것이다.

우리가 뜻하는 것이 이루어질 때까지 우리의 노력은 계속되어야 한다. 게으르지 말고, 포기하지 말고, 끝없이, 중단 없는 전진을 계속하려면 인내가 필요하다. "장차 우리에게 나타날 영광"(롬 8:18)을 확신하는 사람만이 현재의 고난을 참고 견딜 수 있다. 하나님과의 일치를 희망하며 우리에게 닥치는 모든 것을 이기고 살아가야 한다. 인내는 마치 농부가 씨를 뿌리고 수확을 기다리며 땀 흘려 밭을 가는 것과 같다. 하나님은 인내하는 사람에게 열매를 주신다. 여기서 우리가 명심해야 할 것은 '역할 혼동'에 빠지지 말아야 한다는 것이다. 즉 우리가 할 역할은 인내를 가지고 노력하는 것이고, 하나님의 역할은 하나님께 맡겨드려야 한다는 것이다. 결국 잠심 상태에 머무는 데 첫째로 필요한 것은 인내이다.

여유

잠심 상태에 머물기 위해 두 번째로 필요한 것이 여유이다. 여유를 가지지 못하면 기도하면서도 수만 가지 일을 떠올리게 되어 머리로 생각하고 정리하게 된다. 이러한 생각을 멈추려면 자신의 모든 것을 놓아둘 수 있는 여유가 필요하다. 그래서 기도할 때는 가볍게 허공을 나는 깃털처럼 여유 있는 마음을 가져야 한다. 그때 진정한 침묵의 상태에 머무르게 될 수 있다.

갈 망

잠심 상태에 머물기 위해 필요한 세 번째 요소가 갈망이다. 부모들도 자녀들의 울음소리를 식별할 줄 아는데, 하물며 하나님께서야 우리의 간절한 소리를 얼마나 잘 구별하시겠는가! 누구든 간절한 열망이 있으면 쉽게 잠심할 수 있다. 그러나 가짜 울음소리와 같이 건성으로 임한다면 잠심에 들기가 쉽지 않을 것이다.

우리가 잠심 상태를 유지하기 위해서는 기도할 때 여유를 가지고 되도록 천천히 잠심에 임하면서 인내를 가지고 끊임없이 노력해야 하는데, 이때 가장 중요한 것이 하나님을 만나려는 간절한 갈망이다.

이 세 가지를 가슴에 간직하여 기도에 임한다면 날로 깊은 잠심에 이를 수가 있으며, 거기서 하나님 현존 체험이 깊어질 것이다. 하나님 현존 체험이 깊어질수록 다른 사람들이나 사물과의 관계가 더 친밀하게 변화된다.

결국 잠심을 위한 외적인 조건은 **인내와 여유와 갈망**인데, 우리는 이 세 가지를 체득해야 한다. 체득할 때 더 이상 우리는 인내할 필요도 없고, 여유를 가질 필요도, 갈망할 필요도 없다. 체득하면 내가 하는 행위 자체에서 인내와 여유와 갈망이 자연스럽게 무의식적으로 나오기 때문이다. '부처를 만나면 부처를 버려라'고 하지만 '부처를 만나면 부처는 사라지게 되는 법'이다. 그것은 '우리가 그것을 체득하느냐'에 달려 있다. 체득할 때 잠심은 자연스럽게 나오기 때문에, 거기에서 하나님의 현존은 자연스럽게 체험될 수 있다.

4) 잠심을 위한 내적 조건

침묵을 시작하면서 우리를 괴롭히는 것은 많은 산만한 생각이나 상상들인데, 그것은 심리적인 것으로 그냥 흘러가도록 내버려두면 자유로워질 수 있다. 내적 사고(思考)와 소음이 일어날 때 그것에 대꾸하거나 반응하는 것이 아니라, 그냥 받아들이고 나의 감정을 고요하고 평온하게 해야 한다. 또한 끊임없는 상상 속에서 기도 시간을 보냈다고 하더라도 포기하지 않고 인내와 여유와 갈망을 가지고 노력한다면, 언젠가는 내적 사고와 소음이 줄어든 내적 침묵에 도달할 수 있다. 어떤 때는 산만한 생각이나 상상들 중에 흥미를 끄는 것들이 생겨난다. 이것들이 기도 중에는 아주 새롭고 좋은 아이디어 같아서 그것을 좇아서 생각하고 상상하게 되는데, 끝나고 보면 아무것도 아님을 깨닫게 된다. 그렇기 때문에 이렇게 좋아 보이는 것들도 흘려보내야 한다.

기도는 바로 하나님 현존을 체험하는 훈련을 하는 것이다.

침묵하면서 어려움이 생기는 까닭은 생각과 상상이 끊임없이 나에게 들어오기 때문이다. 이때 우리가 해야 할 일은 그대로 받아들이는 것이다. 기도 중에는 하나님의 현존만을 느끼기 때문에 우리가 애쓸 필요는 없다. 하나님의 현존을 느끼려고 애쓰지만 정작 필요한 것은 생각이나 상상을 사라지게 하는 것이고, 그렇게 되면 하나님 현존은 자연스럽게 나에게 다가오게 된다. 그러나 우리는 정말 그렇게 되는지를 걱정한다. 이 걱정을 놓아버려야 한다. 걱정은 기도를 못하게 만들고 의욕을 상실케 한다. 우리가 걱정으로부터 벗어나 하나님께 우리 자신을 의탁하면 하나님의 현존이 체험되는 일치의 순간에는 아무런 사고(思考)나 상상이 없음을 알게 될 것이다.

이 세상에서 자신의 힘만을 믿는 것이 아니라, 우리의 능력대로 일하고 모든 것을 주님께 맡기는 자세가 필요하다.

이렇게 모든 것을 하나님께 완전히 맡겼을 때 하나님과의 일치도 한층 완전하게 된다. 여기에는 어떤 기대도 집착도 욕망도 전혀 없다. 영적인 위안을 받고 싶어 하는 사람은 영적인 위안으로부터도 해방되어야 한다. 그것에 집착하는 한, 진정한 영적인 위안이란 없을 것이다. 집착과 욕망이 사라질 때 하나님의 위안이 당신에게로 밀려옴을 느끼고, 그때가 바로 하나님과 일치하는 순간이다. 욕망이나 집착을 버리면 버릴수록 더 완전하게 하나님과 일치하게 된다.

2. 잠심의 걸림돌 – 욕심

우리의 잠심 상태를 방해하는 걸림돌이 바로 욕심이다. 욕심은 우리의 내부의식을 분리시켜 우리가 잠심에 있지 못하게 한다.

궁수가 재미로 활을 쏠 때 그의 온 기술을 다해서 쏜다. 만일 금메달을 얻기 위해 쏜다면 신경과민 증세가 일어날지 모른다. 금메달에 마음을 쏟게 되기 때문이다. 그의 기술은 변함없으나 금메달이라는 상 때문에 그는 활을 쏘는 일보다 이기는 일에 신경을 더 써서 스스로 분열된다. 그래서 이겨야 할 필요성이 그의 힘을 고갈시켜 버린다. 이처럼 욕심은 우리 자신을 분열시킨다. 만일 사람이 돈이나 명예 등을 위해 경쟁한다면, 또 성취해야 할 어떤 결과에 지나친 욕망을 갖게 된다면, 그는 어느새 눈이 멀어 보아야 할 것들을 볼 수 없게 된다. 따라서 잠심하려면 걸림돌이 되는 이 욕심을 끊어버려야 한다.

우리가 욕심으로부터 벗어나려면 무엇보다도 먼저 욕심이 내 안에 있음을 인정해야 한다. 일단 욕심을 인정하고 그 사실을 받아들이면 그 욕심이 어디에서 나오는지 그 뿌리를 알게 된다.

그 뿌리는 세 가지로 요약될 수 있다.[102]

첫째는 '과거의 경험'이다. 과거의 경험이 한(恨)으로 바뀌어 보상받으려는 심리가 된다.

---

[102] 정규환, 『가슴으로 드리는 기도 II』 (서울 : 성서와 함께, 2005), p. 76.

두 번째는 '자신과 환경의 상호작용'에서 생겨난다.

세 번째는 '경쟁과 비교'인데, 비교 대상이 아닌 인간을 서로 비교하려는 마음에서 온다. 이것들을 차례로 살펴보면서 해결 방안을 모색해보겠다.

1) 과거 경험

과거 경험이란 시행착오를 거치면서 형성된 자신의 틀이나 관념을 말한다. 이렇게 형성된 틀 안으로 대상이 들어오기 때문에, 대상은 있는 그대로 들어올 수 없다. 대상이 있는 그대로 나에게 들어오려면 내 틀을 버려야 한다. 그러기 위해서는 나를 형성시킨 틀, 즉 과거 경험을 찾아내고 그것을 정화·치유, 또는 용서해야 한다. 그렇게 되면 그것으로부터 영향을 받는 일은 더 이상 없을 것이다.

다른 사람의 껍데기만을 보지 않도록 주의하라. 상대의 속을 보아야 하는데, 겉에 나타나는 껍데기에 신경을 쓰고 껍데기를 보고 껍데기만을 판단하면, '참다운 그 사람'을 알 수 없다. 과거 경험에서 해방되어 선입견을 버리고 그 속에 있는 알맹이를 보아야 한다. 그 껍데기를 알아차리면 우리의 유리창에 있는 얼룩이 닦이는데, 그때에 바로 정화되고 치유된 상태인 '참나'를 발견하게 된다. 그와 동시에 대상이 그대로 나에게 들어오고, 사랑이 시작되며, 가슴속에서 울려나오는 소리를 듣게 되어 하나님과 하나가 된다.

성경은 "누구든지 나를 따라오려거든 자기를 부인하고 자기 십자가를 지고 나를 따를 것이니라"(마 16:24)고 하였듯이, 우리 자신을 먼저 버려야 한다. 즉 우리 행동에서 얼마만큼 우리의 자아를 제거하느냐에 달려 있다.

기도는 완전한 자아포기(kenosis)이다. 이 자아포기는 우리의 일상적인 사고와 감정 같은 인간적인 기능을 넘어서 단순히 하나님 안에 머무름을 의미하며, 욕심이 사라지는 때이다. 그렇기 때문에 아무것도 하지 않는 것처럼 보이는 기도 그 자체가 중요하며, 기도할 때 우리는 가장 중요한 일을 하고 있는 셈이다. 이러한 것이 중요하지 않다고 보는 것은 우리가 많은 활동으로 말미암아 기도 안에서도 무엇인가를 해야 한다고 생각하기 때문이다. 이것을 버리는 것이 욕심을 버리는 일이다.

또한 정보사회에서 발생되는 관념화 때문에 우리는 관념에 의존하게 되어 인간적인 투사(投射)에 빠지게 된다. 그러나 관념화나 투사는 하나님을 하나님 있는 그대로 보기보다는 자신의 관점이나 개념이나 상상에 비추어 보는 위험이 따른다. 이러한 과거 경험으로 말미암아 생기는 관념화 등은 우리와 대상 사이에서 필터(유리창의 얼룩)와 같은 역할을 하게 된다. 그래서 대상이 있는 그대로 들어오고, 있는 그대로 대상 쪽으로 나갈 수 없게 만든다. 이러한 것을 버리는 것이 바로 과거 경험을 통해 오는 욕심을 버리는 것이다.

2) 자신과 환경의 상호작용

욕심이 생기는 두 번째 뿌리는 자신과 환경의 상호작용으로, 자신의 신체조건·능력·재능·본능·문화·전통·종교 등과 주어진 환경 사이에서 일어나는 것들을 말한다.

사회의 요구와 내가 가진 것이 다르기 때문에 열등감이나 우월감 같은 것이 생겨나 자신을 형성한다. 그래서 자신의 열등감이나 자존심을 건드리게 되면 화를 내고, 우월감을 가진 사람은 자신을 존중해 주지 않는다고 화를 낸다. 이러한 것에서 벗어나려면 자신에게 주어진 고유한 것을 발견해야 한다. '자기에게 맞는 땅을 찾고 거기에 맞는 식물을 심어야 한다.'는 것이다. 환경으로 말미암아 형성된 나(껍데기)와 환경의 영향을 받지 않는 나(알맹이)를 구분해야 하고, 그렇게 될 때 자기에게 주어진 것이 아무리 미소하다 할지라도 감사하게 된다. 누구에게도 없는, 자기에게만 고유한 것이 있기 때문이다. 이 고유함을 찾을 때 더 이상 환경으로부터 오는 욕심은 나를 지배하지 못하게 된다.

3) 경쟁과 비교

세 번째 뿌리는 경쟁과 비교로, 나와 다른 것을 비교하는 데서 생겨난다. 인간은 비교의 대상이 아닌 데도 불구하고, 우리는 나와 남을 비교하고, 좋은 것과 나쁜 것을 비교하고, 행복과 불행을 비교하고, 슬픔과 기쁨을 비교한다. 이러한 비교로 물질적인 진보나 어느 정도의 영적인 향상을 이룰 수도 있지만, 한층 깊이 영적으로 들어가는 것은 어렵다.

지나가는 것을 잡거나 흘러가는 것을 멈추게 하지 않고 나를 투과해서 나가게 하는 것이다. 이러한 초연한 태도가 비교와 경쟁을 없앨 수 있다. 물결이 없는 고요한 물처럼, 또는 물 위에 나무토막을 띄워 놓고 그냥 그 물결에 맡기듯이, 그렇게 내 가슴속에서 나오는 것에 모든 것을 내맡기는 것을 말한다. 그러면 욕심은 더 이상 내 안의 주인이 될 수 없다. 우리는 욕심에 이끌려 다니는 삶에서 그 욕심을 다스리는 삶으로 바꾸어야 한다.

욕심을 없애는 데는 두 가지 길이 있다. 하나는 욕심의 대상에 초점을 맞추는 것이고, 또 하나는 욕심 그 자체에 초점을 맞추는 것이다. 태풍에 비유한다면, 욕심의 대상에 초점을 맞춘다는 것은 마음을 밖으로 향해 '태풍의 소용돌이 속'으로 가는 것이다. 욕심 그 자체에 초점을 맞추는 것은 마음을 안으로 향하는 것이고, 그렇게 되면 태풍의 눈, 즉 고요함과 만나게 된다. 우리는 욕심의 대상이 아니라 욕심 그 자체에 초점을 두어 욕심을 없애야 한다. 태풍의 중심에는 바람 한 점 일지 않고 흔들리지 않는다. 그 고요한 중심이 있어야 태풍이 존재할 수 있듯이 사람의 마음이 지어내는 온갖 생각도 그것들의 중심이 있기 때문에 존재할 수 있다. 욕심이 일어날 때 욕심을 억눌러서 없애려고 한다면, 그것은 태풍의 소용돌이 속으로 가는 것이고 그렇게 되면 더 큰 부작용이 생겨날 것이다.

따라서 우리가 해야 할 일은 욕심이 존재하도록 그냥 놔두는 것이다. 거기에 휩싸이지도 말고, 그것을 억압하려고도 하지 말고 그냥 놔두라. 즉 어떤 사람이 당신을 모욕할 때 그 말을 듣고 있는 당신 자신에게 초점을 맞추고, 어떤 반응도 하지 말고 단지 듣기만 하라. 그 사람은 당신을 욕하고 있지만 또 다른 사람은 당신을 칭찬하기 때문이다. 그러므로 모욕이든, 칭찬이든, 명예나 불명예든 단지 듣기만 하라. 그것이 태풍의 눈으로 들어가는 것이고 마음이 안으로 향하는 것이며, 고요함을 만나게 되는 길이다. 어쩌면 당신의 주변은 반응을 일으키며 혼란스러워질 수도 있다. 그래도 그것 역시 바라보기만 하라. 그 상태를 바꾸지 말고 그저 바라보라. 태풍의 중심에 있는 것과 같이 당신의 중심에 깊이 들어앉아서 말이다. 아무리 모욕적인 일을 당한 순간이라도 거기에 개입하지 말고 사람들이 당신에게 모욕을 주는 장면을 느긋하게 구경하라. 그렇게 하는 것이 나를 '객관화'시키는 것이고 대상이 있는 그대로 내 안으로 들어오게 하는 것이다.

그렇게 되면 태풍의 안에서 상승기류가 일어나듯이, 홀로 존재하는 의식을 깨닫게 되면 초월이 일어난다. 모든 욕심들이 사라지는 그때가 기도의 진정한 맛을 들이는 때이고, 하나님 안에서 하나가 되는 때이다. 그러므로 진정으로 기도에 맛들이기를 원한다면 우리는 이 욕심을 먼저 없애야 한다.

3. 분심(다양한 사고)

1) 보통 종류의 사고들

관상의 이 초기 단계에서 사고(思考)들 때문에 큰 싸움을 하게 된다. 그러므로 의식의 흐름 속으로 들어오는 여러 가지 종류의 사고들과 그 사고들의 형태들을 분간하는 것이 그것들을 잘 다루기 위하여 중요하게 된다.

(1) 가장 쉽게 분간되는 것은 보통의 **산만한 상상들**이다.[103] 상상은

영구적으로 움직이는 심리적 기능이므로 항상 일어난다. 그래서 아무런 사고를 갖지 않으려고 목적하는 것은 비현실적이다. 우리가 내적 침묵에 관하여 말하는 것은 상대적 침묵을 말할 뿐이다. 이런 관점에서 **내적 침묵을 지나가는 생각들에 집착하지 않는 상태**라고 말하는 것으로 보아야 한다.

포기하지 않고 계속 기도에 정진하다 보면 당신에게는 새로운 습관, 새로운 능력이 개발될 것인데 그중의 하나가 동시에 두 개의 의식 수준에서 의식하는 능력이다. 당신은 주위의 소음을 인식하면서도 동시에 당신의 주의가 어떤 깊은 수준에서 무엇인가를 향하고 있음을 알게 될 것이다. 이것에 대한 설명은 곤란하겠지만 결코 비현실적인 것은 아니다.

당신은 머지않아 외부의 소음에 대하여 기도 중에 내적 침묵의 둘레에 벽을 쌓을 수 있게 됨을 알게 될 것이다. 당신이 소음을 전적으로 받아들인다면 이 소음은 당신을 방해하지 않게 된다. 당신이 이것들과 싸우고 씨름하고, 혹은 그 소음들이 없었으면 하고 바란다면 당신은 어떤 특정한 소음에 사로잡히고 말게 된다. 당신이 기도를 계속하다 보면 당장은 성공하지 못하겠지만 점차로 당신 주변에서 소음이 일더라도 깊은 수준에서 즐거운 침묵을 경험하게 될 것이다.

일상적으로 떠오르는 상상들에 대한 가장 좋은 반응은 그것들을 무시하는 것인데, 그렇다고 짜증이나 불쾌감으로 하는 것이 아니라, 그것들을 받아들이고 안정된 감정으로 하는 것이다. 하나님에 대한 응답은, 그것이 어떤 것이든 간에 그 순간에 실제로 있는 일들의 현실을 받아들이는 것으로부터 시작해야 한다. 산만한 상상이 떠오르는 것은 우리의 하나의 자연적인 현상이기 때문에, 당신이 평정으로 들어가기를 아무리 원한다 하더라도 사고들이 떠오른다는 사실을 받아들여야 한다. 해결책은 마음을 완전히 공백으로 만드는 것이 아니다. 그것은 내적 침묵과는 다른 것이다.

---

103) Tomas Keating, 「Open Mind Open Heart」, 엄무광 역, 「마음을 열고 가슴을 열고」 (서울: 가톨릭출판사, 2003), P, 79.

관상기도의 전 기간 중에 우리는 내적 침묵으로 들어갔다가 나왔다가 한다. 기도자의 내적 주의(注意)는 바람이 자는 날에 풍선이 땅에 닿는 것과 같다. 어디선가 미풍이 불어오고, 그러면 풍선은 다시 떠오른다. 이와 비슷하게 침묵기도 중에는 가장 즐거운 침묵으로 막 들어가려는 찰나에 감질나게 튀어나오는 순간을 맛보는 경우들이 있다. 이때가 바로 어떤 원치 않는 사고들이 의식 속에 들어오는 순간이다. 이때에 침묵으로 들어가려는 순간을 잃어버리게 되었다는 것 때문에 언짢게 생각하지 말고 사고를 받아들이는 데는 큰 인내가 필요하다. 그저 단순히 다시 시작하라. 이와 같은 끊임없는 인내와 평정과 받아들임은 우리 전 인생을 받아들이는 훈련을 하게 만든다.

(2) 침묵기도 중에 의식의 흐름 속으로 **두 번째** 종류의 사고가 끼어드는데, 그것은 **당신의 산만한 상상 중에 어떤 특정한 사고에 흥미를 갖게 되고 당신의 주의가 그 방향으로 움직임을 감지하게 되는 것이다.** 당신은 이것에 대하여 어떤 감정적 요소를 가지게 될 수도 있다.

침묵기도 중에, 당신이 무슨 다른 생각을 하고 있음을 알게 되면, 단순히 그 주의를 하나님께로 돌린다. 이러한 당신의 지향을 나타내는 표시로 거룩한 단어를 떠올리는 것이다.

여기에서 주의할 것은 거룩한 단어가 마치 마음을 비워 주는 요술이나 되는 것처럼 이 단어를 자꾸만 반복하거나 이 단어를 당신의 의식 속에 강제로 자꾸 떠올려서는 안 된다는 것이다. 거룩한 단어로 돌아옴으로써 당신은 하나님과의 대화로 돌아오고 그분과의 일치를 바란다는 것을 재확인하는 것이다. 이것은 당신의 노력을 요구하는 것이 아니라 당신의 승복(承服)을 요구하는 것이다.

하나님께서 우리에게 말씀하시는 길은 우리의 생각을 통해서나 우리의 어떤 기능을 통해서 여러 가지로 다양하게 하신다. 그러나 **하나님의 첫 번째 언어는 침묵임을 명심하라.** 이 기도에서 침묵으로 당신을 준비시키라. 그러면 기도 중에 무슨 일이 일어나도 그것은 당신의 문제가 아니라 하나님의 문제인 것이다. 이것을 당신의 문제로 삼으면 당신은 즉각 하나님이 아닌 다른 무엇을 찾기 시작하는 것이다. 어떤 무엇보다도 순수한 믿음이 당신을 하나님께 가까이 가게 하는 것이다. 하나님의 체험에 매달리면 그것은 하나님이 아니라 하나의 사고인 것이다. 관상기도 시간은 당신의 모든 사고 – 심지어 아주 좋은 사고라도 그것을 떠나보내는 시간인 것이다. 만일 그것이 정말로 좋은 사고였다면 나중에라도 다시 돌아올 것이다.

2) 영적 주의성이 생겨남

의지의 행위 중에 가장 으뜸가는 행위는 노력이 아니라 동의(同意)하는 것이다. 관상기도 중에 일어나는 어려움을 이겨 나가는 비결은 그 어려움들을 받아들이는 것이다. 의지란 유효성이라기보다는 정서성이다. 어떤 일을 의지의 힘으로 이루려고 노력하는 것은 거짓 자아를 강화하는 것이다. 그렇다고 해서 우리가 적절한 노력을 하지 말라는 것은 아니다. 처음 시작할 때는 이기적인 습관들이 의지 속에 포함되어 있다. 우리는 그것들로부터 빠져나오도록 노력해야 한다. 그러나 우리가 내적 자유의 사다리를 올라갈수록 하나님께서 나에게 오심에, 그리고 은총이 흘러 들어옴에 대해 더욱 동의하도록 의지는 활동한다. 하나님이 더 활동하시고 당신이 덜 활동할수록 기도는 더 잘된다. 처음에는 거룩한 단어를 자꾸만 반복해야 함을 의식할 것이다. 이것을 더 잘 표현하려면, 이러한 의지의 활동은 단지 거룩한 단어로 돌아가는 것, 혹은 인식 속에 거룩한 단어를 살짝 얹어 놓는 것이라고 할 수 있다. 거룩한 단어는 의지가 섬세하게 영적으로 움직이고 있음을 상징한다. 기도 중에 하나님의 현존에 계속 동의하기만 하면 된다. 그분이 이미 내 안에 현존하시므로 그분을 잡으려고 애쓸 필요가 없다.

거룩한 단어는 하나님의 현존에 동의하는 상징이다. 결국에 가서, 의지는 그 상징이 없이도 동의를 표현할 수 있게 된다. 기도 중에 의지가 하는 일은 정말로 일이다. 그러나 그것은 받아들이는 일을 하는 것이다. 받아들임은 가장 하기 힘든 일 중의 하나이다. 하나님을 받아들임, 이것이 관상기도 중에 하는 으뜸가는 일인 것이다.

자신을 하나님께 승복시키는 일은 동의 중에서도 더욱 발전된 동의라 할 수 있다. 변형(變形)은 완전히 하나님께서 하시는 일이다. 우리는 변형이 일어나게 할 수 없다. 그렇지만 그 변형이 일어나지 못하게 막는 일은 할 수 있다.

이 기도가 습관화되면, 신비스러우며 분간할 수 없는, 그러면서도 평화스런 하나님의 현존이 당신 내면에 이루어진 것처럼 보인다. 어떤 사람은 하나님이 자신 안에 살아 계시다고 말한다. 일단 한번 형성되면 그 고요한 현존은 항상 거기 머물러 계시며 그 현존이 바로 기도의 방법이 된다. 이것은 '절대 신비이신 분'을 기다린다는 단순한 태도이다. 당신은 이것이 무엇인지 모를 것이다. 그러나 당신의 믿음이 순수해지면 이것을 알려고 들지 않게 될 것이다. 당신은 인간의 어떠한 기능으로도 그분을 알 수 없음을 깨닫게 되고, 그리하여 무엇을 기대하는 일이 소용없음을 알게 된다. 당신이 무엇을 기다리는지 알지 못하며 또 알 수도 없다.

그러므로 이 여정은 무지(無知, unknown)로 가는 여정이다. 이것은 모든 정신 구조와 심리적 안전장치와 심지어 지주(支柱) 노릇을 하던 영적 수련도 떠나서 예수를 따르라는 부름이다. 거짓 자아 체제를 구성하는 것 모두를 뒤로 남겨 두고 떠나는 여정이다. "이에 예수께서 제자들에게 이르시되 누구든지 나를 따라오려거든 자기를 부인하고 자기 십자가를 지고 나를 따를 것이니라"(마 16:24)고 하셨다. 예수께서 어디로 가시는 것일까? 예수께서는 십자가를 향해서 가셨다. 거기서 그분은 자신의 신·인적 자아(Divine-Human Self)마저 희생하셨다.

그리스도와 개인적 결합을 이루는 것이 하나님과 일치를 이루는 길이다. 하나님의 사랑이 우리 나머지 여정을 이끌어 가실 것이다. 우리의 영적 훈련은 먼저 거짓 자아를 부숴 버리려는 것에 목표를 두어야 한다. 우리가 얼마나 진지한지를 하나님께 보여 드리기 위하여 하나님께서는 우리에게 그렇게 요구하시는 것 같다. 그러면 하나님께서 우리의 정화(淨化)를 순수 다루시고, 깊이 뿌리박은 우리의 거짓 자아를 불러내시어 우리가 그것을 버리도록 초대하신다. 우리가 동의하기만 하면 그분은 그것들을 가져가시고 당신의 덕(德)으로 우리를 채워 주신다.

우리는 예수께서 복음서에서 당신의 제자들을 훈련시키는 것에서 그 형태를 볼 수 있다. 그분은 우리를 그와 비슷하게 다루신다.

가나안 여인의 경우는 십자가의 요한이 말하는 감각의 어두운 밤을 거치는 사람의 훌륭한 예(例)이다.(마 15:26~27을 찾아 읽으라)

어떤 때는 아무런 사고도 없다. 다만 나의 자각만 있었을 뿐이다. 아무 사고도 없다는 것을 인식하였다면 그 인식이 곧 사고이다. 그때에 당신이 아무런 사고가 없다는 그 인식마저도 잊어야 한다. **순수한 의식**(pure comsciousness)에서는 자신에 대한 의식이 전혀 없다.

당신은 잠을 잤다고 생각할 수도 있다. 만약 일상적인 심리적 기능들이 되돌아왔을 때, 거기에는 평화로운 기쁨의 감각을 가질 수 있다면 이것은 당신이 자고 있지 않았다는 좋은 표시이다.

그곳에서는 인식(awareness)만 남는다. 인식하는 자는 사라지고 이와 함께 의식의 대상도 사라진다. 이것이 바로 신적 일치인 것이다. 거기에는 자신에 대한 성찰이 없다. 이 경험은 일시적이지만 이 경험이 당신을 관상 상태로 이끌어 간다. 당신이 하나님과 일치하고 있다고 느끼는 한, 당신은 하나님과 완전한 일치를 이룬 것이 아니다. 어떤 사고가 있는 한 그것은 완전한 일치가 아니다. 완전한 일치의 순간에는 아무런 사고가 없다. 당신이 거기에서 빠져나올 때까지 당신은 그것을 모르는 것이다.

우리 마음에는 '우리 자신에 대한 인식이 없다'라는 인식을 갖고 싶어 하는 무엇이 있다. 우리 자신을 떠나보내고자 하는 의도가 있을지라도 우리가 계속해서 어떠한 사고도 떠나보내려고 하지 않고는 떠나보냄을 이룰 수 없다. 우리가 자신에 대해 성찰하면 우리는 관상에서 떠나 관념의 세계로 들어가는 것이다.

관상기도는 떠나보내는 수련이다. 그것이 전부이다. 어떤 사고든지 옆으로 제쳐놓는 것이다. 한번 하나님과 일치하는 경험을 하고 나면 당신은 세상의 모든 즐거움도 쓰레기통에 버릴 것이다. 영적인 소통에 대해 성찰하게 되면 신적 일치가 사라지게 된다.

환시·탈혼·내적 음성·영적 교감·심령 선물 등에 매달리지 말라. 이것들은 순수한 의식보다 가치가 덜한 것들이다.

영적 위로에 대해 성찰하지 않기란 매우 힘들다. 특히 당신이 그러한 것들에 대한 경험이 적을 때 그렇다. 그러나 당신이 내적 침묵에 접근하고 충분한 시간 수련하면 당신은 매달리는 방법은 아무 소용이 없다는 것을 받아들이게 된다.

점차로 당신은 내적 침묵에 익숙해질 것이다. 관상기도의 초기단계에서 당신이 느꼈던 기쁜 평화는 점차 정상적인 경험이 된다. 인생의 어떤 다른 것과 마찬가지로 당신은 관상기도에 익숙해져서 당신이 받은 커다란 선물까지도 알아채지 못하게 된다. 만일 사고들이 지나가는데도 당신이 그것들에 마음이 끌리지 않는다면 당신은 침묵의 기도 속에 들어갔다고 확신할 수 있다. 모든 기능들이 하나님에게 맡겨졌을 때 온전한 일치가 이루어지는 것이다. 그렇지만 그것이 영적 여정의 끝은 아니다.

3) 더 섬세한 종류의 사고들

(1) 관상기도에 들어가려고 할 때, 처음 의식의 흐름을 타고 떠오르는 **첫 번째 종류의 사고는 시시한 공상들이다.** 이것들은 기도를 시작하기 전에 생각하던 일이나 하고 있던 일에 관한 것들일 수도 있다. 혹은 외부의 소음이나, 분명한 기억들, 혹은 앞으로의 계획들이 나의 주의를 끌어당길 수 있다. 키딩은 비유를 들어 이러한 것들이 의식의 흐름을 타고 떠내려오는 배들과 같다고 하였다. 여기에 대하여 '이것들은 무엇인가? 무엇이 그 안에 들어 있는가?' 하고 생각하는 것이 우리의 정상적인 반응이다. 그러나 거룩한 단어로 부드럽게 돌아가라. 그리하여 어떤 특정한 사고로부터 그 단어가 재확인시키는 대로 일반적인 하나님에 대한 사랑으로 움직여 나가라. 그래서 그 보트를 떠나가게

내버려 두라. 그리고 다른 보트가 와도 또 떠내려 보내라. 한 무리의 보트가 떠내려와도 그것들을 또 떠나 보내라.

당신은 고요함을 원하기 때문에 처음에는 이것들이 당신을 괴롭힐 것이다. 조금씩 당신에게 두 가지의 주의(注意)가 형성되어 갈 것이다. 당신은 표면적인 사고를 의식한다. 그러면서도 당신은 동시에 당신을 끌어당기는 신비적이며 분간할 수 없는 현존을 의식하게 된다. 이것은 깊은 내면의 의식이며 영이 갖는 주의성이다. 당신은 동시에 두 가지에 대해 의식하는 것이다. 표면의 사고들을 걱정하는 것보다 내면의 깊은 의식이 발달하는 것이 더 중요하다. 표면적인 사고들은 얼마 안 가 당신의 마음을 끌지 못하게 될 것이다.

(2) 두 번째로 당신의 의식을 타고 내려오는 사고는 눈에 뜨이는 보트로서 당신의 주의를 끌어 잡아당겨서 당신이 그 배 위에 오르고 싶게 한다. 거기에 끌리어 배에 오르면 당신은 그 배와 함께 떠내려가게 된다. 당신은 어떤 정도든 그 사고와 동일시한 것이다. 거룩한 단어로 돌아감으로써 하나님의 현존에 자신을 열어 드린다는 원래의 지향으로 돌아가라. 거룩한 단어는 마음에 끌리는 사고에 집착하는 경향에서부터 당신을 해방시키는 방법이다. 당신이 거기에 말려들었거나 막 말려들려고 함을 알아차리면 즉시, 그러나 부드러운 내심의 움직임으로 그것들을 떠나보내라. 어떤 종류이건 저항하는 것도 일종의 사고이다. 그뿐만 아니라 감정을 수반하는 사고이다. 감정이 수반된 사고는 하나님의 신비하신 현존을 기다리는 당신의 의향에 방해가 된다. 모든 사고들을 떠나보내라. 그리고 어떤 사고에 끌리는 유혹이 생기면 거룩한 단어로 돌아가라.

당신이 조용히 자리 잡고 어떤 평화를 누리고자 할 때, 당신은 어떠한 사고도 원치 않는다. 당신은 단지 조용히 있고 싶다. 그러면 다른 종류의 사고가 떠오른다. 그것은 당신의 영적 여정에 대한 아주 밝은 아이디어이거나 당신의 과거 삶에 대한 심리적 반성일 수도 있다. 당신이 가족과 가지고 있던 문제에 대해 갑자기 실마리를 발견하기도 한다. 친구와의 논쟁에서 완벽한 논점을 발견한다. 그러나 물론 당신이 기도에서 나왔을 때, 그 밝은 아이디어들이 대수롭지 않은 것임을 알게 된다. 침묵의 깊은 물속이라는 어둠에서 볼 때는 놀랄 만하게 보였던 것들도 밝은 빛 속에서 볼 때, 그것들은 당신에게 던져진 미끼에 불과했다는 것을 알게 된다.

또 당신은 누구를 위해 아주 긴급하게 기도할 마음이 솟구쳐 올라옴을 느끼게 될 것이다. 누구를 위해 기도하는 것이 중요하기는 하지만 이때는 그러한 기도를 할 때가 아니다. 이때에는 어떠한 노력도 역생산적(逆生産的)이다. 이때는 하나님이 당신께 말씀하시는 기회이다. 이것은 당신께 은밀하게 이야기하는 어떤 사람의 이야기를 중단시키는 것과 같다. 당신의 친구에게 어떤 중요한 일을 말하려고 하는데, 그 사람은 자신의 의견을 말하면서 당신의 이야기를 중단시키는 경우를 상상해 보라. 이 기도에서 당신은 하나님의 말씀을 듣는 것이며 그의 침묵을 듣는 것이다. 이때에 당신이 오직 할 수 있는 일은 모든 사고를 떠나보냄으로써 내적으로 하나님께 집중하든지, 아니면 외적으로 거룩한 단어로 돌아가는 일이다.

설교자나 신학자들은 좋은 생각들 때문에 특히 문제를 안고 있다. 침묵을 지키고 앉기만 하면 어떤 기막힌 영감이 떠오른다. 여러 해 동안 씨름하던 신학적 문제들이 갑자기 수정(水晶)을 보듯 명백해진다. 그 사람들은 이때에 '이 문제를 몇 초만 더 생각해 보자. 그래야 내가 기도를 끝냈을 때 이것을 잊지 않을 거야.'라고 생각하는 경향이 있다. 이때야말로 그들의 내적 침묵이 끝나 버리는 때이다. 그들이 기도를 끝내고 난 다음에 그 명석한 아이디어들을 기억조차 못한다. 사람이 깊은 침묵에 들어가면, 아주 밝은 지적 빛을 받기가 쉬워진다. 대부분의 경우, 그것들은 착각에 불과하다.

하나님은 우리의 순수한 믿음의 수준에서 우리와 가장 잘 소통하실 수 있다. 이 수준은 너무 깊기 때문에 우리의 심령 안에 흔적이 없다. 우리의 심적 기능으로는 그분을 이해할 수 없다. 적절하게 그분의 이름을 붙일 수도 없다. 우리는 우리의 마음으로는 그분을 알 수 없고 오직 사랑으로만 그분을 알 수 있다. 이것이 어떤 신비가들이 무지(無知, unknowing)104)라고 부르는 것이다. 우리가 그분을 안다고 하는 것은, 지금 그분을 우리가 아는 대로 그분을 아는 것이 아니다. 환시·내적 음성·황홀경 등은 케이크에 얹어 놓은 장식 크림과 같을 뿐이다. **영적 여정의 본질은 순수한 믿음이다.**

관상기도에는 인식의 즉시성(卽時性, immediacy) 같은 것이 있다. 이것은 어린이의 단순성을 재발견하는 하나의 경로이다. 어린 아기가 주위를 인식하기 시작하면 어린이는 자기가 본 것 때문이 아니라, 자기가 본다는 **행동** 때문에 기쁨을 갖는다.

성장하면서 우리가 분석적인 판단을 발전시키는 것은 중요하다. 그렇지만 현실을 있는 대로 즐기는 것, 즉 단순히 존재하는 것과 단순히 행하는 것의 가치마저 잃어서는 안 된다.

관상기도에서 우리는 우리가 할 수 있는 한 심리적 체험을 무시하면서 일어나는 그대로 내버려 두어야 한다. 당신이 평화를 느끼면 그대로 좋다. 그것에 대해 생각지 말라. 그것을 그대로 즐기면서 그것을 성찰하지 말라. 당신이 하나님과의 관계가 깊을수록 당신은 거기에 대해 더욱 말할 수 없게 된다. 그것을 관념화하려 들면 당신은 상상과 기억과 이성을 사용하는 것이며, 이것들은 하나님과의 일치의 깊이나 즉시성과는 무관한 것이다. 이러한 상황에서 어린이와 같은 태도가 더 의미 있다. 아무 일도 할 필요가 없다. 다만 예수의 팔에 안겨 쉬어라. 이것은 **행위**(doing)하는 수련이 아니라 **존재**(being)하는 수련이다. 그러면 당신이 해야 하는 일들을 더 큰 효과와 기쁨을 가지고 이룰 수 있게 만든다. 관상기도는 성령의 힘에 자신을 열어 드린다. 그러면 당신을 내어 줄 능력이 하루 종일 유지할 수 있게 늘어난다. 당신은 어

---

104) 무지(無知, unknowing) : 우리의 마음으로는 그분을 알 수 없고, 오직 사랑으로만 그분을 알 수 있다. 이것이 어떤 신비가들이 무지(無知, unknowing)라고 부르는 것이다.

려운 상황에도 잘 적응할 수 있을 것이며, 때로는 불가능한 상황도 견뎌 낼 것이다.

(3) 세 번째 종류의 사고들은 당신이 그것들에 동의함으로써 자신의 깊은 공간으로 들어가는 것을 막아 버린다. 그래서 그 사고가 아무리 멋지고 좋아 보이며, 문제를 해결해 줄 것처럼 보이더라도 그것을 잊어야 한다. 그 밝은 생각은 나중에 다루라. 그러면 더 좋은 결과를 가져올 것이다. 이 기도에서 우리는 동기의 순수함을 계발하는 것이다.

무엇보다도 우리의 거짓 자아를 강화하는 우리의 태도는, 우리가 무엇을 소유하려는 태도, 심지어 자신의 사고와 감정 같은 것들도 소유하려는 태도이다. 이러한 본능적 태도는 털어 버려야 한다. 우리의 대부분은 영적인 체험에 굶주려 있다. 이러한 일이 일어나기 시작하면 우리는 모든 수단을 다해 그것을 얻으려고 한다. 처음에는 그것을 어찌할 수 없다. 그러나 영적 체험을 잡으려는 것이 아무 소용이 없다는 것을 쓰라리게 체험하면서 그것은 우리가 걸어야 할 길이 아니라는 것을 알기 시작하게 된다. 이러한 깊은 평화를 갈구하는 태도에 집착하는 것을 떠나보내고 나면, 더 이상 영적 체험이 중요하지 않게 여겨지게 되면서 내적 자유와 정련된 기쁨을 얻는 체험으로 옮겨 간다. 우리가 하나님의 위로를 얻으려고 애쓰지 않으면 그제야 우리는 그것을 얻게 된다. 우리가 그것을 원하면 그것은 즉시 떠나가 버린다. 우리는 하나님을 소유하려는 마음 없이 그분을 그대로 받아들여야 한다. 우리의 의식을 흘러 내려가는 사고들과 마찬가지로 어떠한 하나님의 체험도 모두 지나가 버리도록 떠나보내야 한다. 일단 우리의 목표가 어떠한 영적인 체험 이상의 것임을 안 이상, 우리가 여정 중에 일어나는 어떠한 것에도 매달려서는 안 됨을 깨달아야 한다. 우리가 비록 넘어지고 기어가면서도 여정을 계속하면 마침내 성령께 순종하는 데서 오는 열매인 내적 자유에 도달할 것이다.

영적인 위안은 그 현존에서 나오는 빛이다. 그것 자체가 하나님의 현존은 아니다. 이 세상에서는 하나님을 직접 알지 못하면서 살아간다.

하나님을 직접 아는 일은 다음 세상에서의 일이다. 이 세상에서 그래도 좀 더 가깝게 아는 것은 순수한 믿음에 의해서이며, 순수한 믿음은 사고와 감정과 자아 성찰, 저 너머의 것이다. 순수한 믿음은 심리적 체험이 없는 곳에서 가장 잘 체험할 수 있다. 하나님은 감각과 관념적 체험 너머의 분이시다. 순수한 믿음의 상태는 우리가 상상할 수 있는 어떠한 것 너머에 있다. 우리는 단순히 우리 주변을 살펴보면서 하나님의 현존이 어디에나 계심을 깨닫는다. 단지 그뿐이다. 우리 자신을 충분히 활짝 열면 우리는 '그것이 무엇이다'라고 말하지 못하면서도 그것이 무엇임을 인식하게 된다.

(4) **네 번째 종류의 사고도 우리가 깊이 들어가 평화에 둘러싸이고, 모든 사고와 영상이 비워진 때에 찾아온다.** 일종의 빛나는 어둠과 같은 신비한 충만감이 우리를 감싸 주고 우리의 의식 속으로 침투하는 것처럼 보인다. 이때에는 비록 원하지 않는 일상적 사고들을 희미하게 의식하고 있으면서도 우리는 깊은 고요를 즐길 수 있다. 이 사고들에 붙잡히면 즐기던 평화에서 빠져나오게 되기 때문에 이때의 사고들은 기분 나쁘게 만든다. 때로 거룩한 단어로 돌아갈 마음조차 없다. 이때에 우리는 나의 깊은 존재를 부드럽게 도유하는 것 같은 빛과 사랑에 잠기는 것 이외는 아무 것도 바라지 않는다. 하나님께서 우리의 영 가운데 커다란 입맞춤을 하고 계시며, 이와 동시에 모든 상처와 의혹과 죄악감을 송두리째 치유하시는 것과 같다. 궁극적 신비이신 하나님으로부터 사랑을 받는다는 체험은 모든 두려움을 몰아낸다. 우리가 저지른 모든 실수와 우리가 지은 모든 죄가 말끔히 용서받고 잊혀졌다는 확신을 갖게 된다.

그 침묵 속에서, 그 무사고(無思考)와 무념(無念)과 무한한 평화의 상태 속에서도 어떤 생각이 떠오른다. '마침내 내가 어느 곳에 도달하였구나!', '이 평화는 아주 좋군.', 혹은 '내가 어떻게 이곳에 도달하게 되었는지 잠시 시간을 내어서 기억해 두면, 내일은 지체 없이 이곳에 도달할 수 있을 텐데.'와 같은 사고(思考) 말이다. 이런 사고가 들면 마치 번개처럼 당신은 그 속에서 빠져나오게 되고 당신은 '하나님 맙소사! 뭐가 잘못된 거야!' 하고 의아해할 것이다.

4) 분심을 다루는 실질적인 방법들

가끔 분심이 문제가 된다. 우리가 편히 긴장을 풀 수도 없고, 우리 자신을 드릴 수도 없을 때가 있다. 또는 정신적으로나 육체적으로나 너무 피곤할 수도 있다. 먼저 우리 자신의 이런 약함을 전적으로 받아들이고, 우리 자신의 유익을 위해서가 아니라 그분을 위해서 기도한다는 사실을 기억해야 한다. 그러므로 그분을 위해서 쏟아붓는 '희생 제물'로 생각하고 우리의 시간을 낭비할 준비가 되어 있어야 한다.

하나님이 전부이고 자신은 아무것도 아니라는 사실에 전적인 신뢰와 기쁨을 느낄 때에, 진정하고 유일한 평화를 향유하게 된다.

여기에 분심을 최소화하고, 우리의 의식을 최대한으로 그분의 현존에 계속 집중시킬 수 있는 특별한 방법 두 가지가 있다. 하나는 **일반적인 분심들은 묵상자가 즉시 물리쳐 버리는 것들이다.** 그리고 다른 하나는 **겉보기에는 지성이 아무것도 하지 않으면서 게으름을 부리는 반면에 상상력은 혼자서 방황하며, 의지는 하나님께 고정되어 있다.** 이런 분심은 무해한 것이다. 둘째 번 종류의 분심이 기도 동안에 내내 계속되었다 해도, 그 기도는 잘된 기도라고 말할 수 있다. 대부분의 경우, 오히려 더 좋은 기도가 되었다고 할 수 있다. 의지는 하나님께 일치해 있었음에도 불구하고, 우리는 말할 수 없는 불만을 느끼고 더욱 겸손해지기 때문이다. 여기서 우리가 특별히 관심을 갖는 것은 우리의 마음과 의지는 하나님을 향하고 그분께 고정되어 있는 동안 '무해하게' 방황하는 우리의 공상이다. 여기서 이 공상은 방 안에 있는 우리의 애완용 신상(神像)과 같다. 우리는 이 신상이 한동안 조용히 앉아 있기를 바라지만, 이 신상은 계속 돌아다닌다. 규칙적인 숨쉬기와 반복 기도, 이 두 가지가 개목걸이처럼 공상이 너무 심하게, 또는 너무 멀리 돌아다니지 못하도록 막아 줄 것이다![105]

규칙적인 숨쉬기나 반복기도가 도움이 되기는 하지만 기도 중에 숨쉬기나 반복기도를 위해서 마음 쓰는 것 또한 분심거리가 된다. 애써 노력할 필요는 없다. 자연스럽게 기도하는 중에 거룩한 단어를 사용하라. 분심이 아주 심해서 도저히 더 이상 기도하기 힘들 경우에는 규칙적인 숨쉬기나 반복기도를 도구로 사용하면 큰 도움이 된다.

4. 무지의 구름의 분심과 이탈

14세기 말의 고전인 『무지의 구름(The Cloud of Unknowing)』[106]에서는 집중기도에 대해 강력하게 언급하며, 그 기도의 기초를 기독교의 관상적 전통 안에 둔다. 버질 페닝턴(Basil Pennington)은 『무지의 구름』의 주요 주제들을 다음과 같이 요약한다.[107]

* 만일 우리가 다른 것은 모두 잊고 하나님을 사랑하려고 노력한다면(이것이 바로 관상의 일이다), 선하신 하나님은 우리로 하여금 깊은 하나님 체험을 하게 하신다.
* 활동적인 봉사 생활의 소명을 받은 신자들도 이따금 활동을 중지

---

105) 박노열 편저 『관상기도』 (서울: 한울사, 2006) 제9장 pp. 294~295.
106) 「무지의 구름」의 저자는 본인의 이름을 숨기고 있다. 지금 우리가 연구하는 관상의 기본이 무지의 구름에서 비롯되었다 할 수 있다. 무지의 구름의 저자는 '관상은 자기 존재의 중심에서 하나님을 알고 사랑하는 깨달음'이라고 한다. 이에 대한 자세한 내용은 성찬성 역본을 2권을 추천하고 싶다. 『사랑의 탐색』은 『무지의 구름』의 참고서로 생각하면 좋을 것이다.
　1) 성찬성 역, 『무지의 구름』 (서울; 바오로딸, 2004, 12쇄). 저자와 개념을 잘 소개하고 있다.
　2) 성찬성 역, 『사랑의 탐색』 (서울; 바오로딸, 2002, 2쇄). 무지의 구름의 참고서(?)이다.
　3). 엄성옥 역, 『무지의 구름』 (서울; 도서출판 은성, 2000). 개신교 용어로 순화된 편이다.
107) Cal J. Arico, 「A Taster of Silence」, 엄성옥 역, 『집중기도와 관상여행』 (서울; 도서출판 은성, 2000), p, 181.

하고 묵상과 하나님의 교제에 힘써야 한다.

* 우리는 믿음의 사람이 되어야 한다. 즉, 무지의 구름 너머에 감추어져 있는 하나님의 임재를 믿을 만큼 충분한 믿음을 가져야 한다.

* 사랑 안에서 죄를 버리고 하나님을 향해야 한다. 그 사랑은 다른 모든 소원과 애착을 버리고 하나님의 불가해성이라는 암흑 속에서도 하나님을 찾게 만들 만큼 강해야 한다.

* 지극히 자비하신 하나님은 지금까지의 당신이나 현재의 당신을 보시는 것이 아니라, 당신이 장차 되고자 하는 모습을 보신다.

* 우리 영의 굶주림과 동경을 충분히 만족시켜 주실 분은 하나님뿐이시다. 하나님의 구속하시는 은혜로 변화된 영은 사랑에 의해 하나님을 포용할 수 있다.

1) 무지의 구름에서의 분심[108]

그대가 내게 "내가 하나님만을 생각하려면 어떻게 해야 하며, 대체 하나님은 어떤 분이십니까?" 하고 물을 터이나, 내가 할 수 있는 답변은 "나도 모릅니다."밖에 없습니다. 왜냐하면 그대는 이런 물음으로 내가 그대를 이끌고자 하는 바로 그 어둠 바로 그 무지의 구름 속으로 나를 끌어들인 셈이기 때문입니다! 우리는 하나님의 은총 덕분에 다른 모든 것들을 온전히 알 수 있고, 또 그들에 관해 생각할 수도 있지만 -그렇습니다, 심지어는 하나님의 일들까지도 말입니다.- 하나님 자신에 대해서는 어떤 인간도 생각할 수 없는 것입니다. 그래서 나는 내가 생각할 수 있는 모든 것들을 한편으로 치워두고, 내가 생각할 수 없는 그것을 내 **사랑의 대상**으로 선택할 것입니다! 왜냐고요? 왜냐하면 그분을 족히 사랑할 수는 있지만 생각할 수는 없기 때문입니다. 사랑으로는 그분을 붙들고 차지할 수 있지만 생각으로는 결코 되지 않습니다. 그러므로 때때로 하나님의 자비와 진가에 대해 특별히 생각해 보

---

[108] 성찬성 역, 『무지의 구름』 (서울: 바오로딸, 2004, 12쇄), pp.77~91.

는 것도 선익할 수 있고 교화작용도 할 수 있으며 관상의 일부가 될 수도 있겠지만 지금 당장 우리 앞에 놓인 일에 있어서는 그것마저도 끌어내려 망각의 구름으로 덮어버려야 합니다. 그리고 그대의 타오르는 사랑으로 이것들을 단호하게, 그리고 열정적으로 짓밟고 올라서서 그대 위에 드리워진 그 어둠을 꿰뚫어 보도록 노력해야 합니다. 그러니 간절한 사랑이라는 날카로운 화살로 두꺼운 무지의 구름을 맞추되, 결코 포기할 생각 따위는 하지 마십시오.

(1) 잡념을 물리치는 법

자신의 생각, 특히 호기심이나 본능적인 지식욕에서 비롯되는 생각들을 잡념이라 한다. 이 잡념을 어떻게 다루어야 하는가?

그대와 어둠 사이에서 어떤 생각이 불쑥 솟아올라 참견하며 그대에게 무엇을 찾고 있느냐, 무엇을 바라느냐고 묻거든, 그대가 바라는 것은 다름 아닌 하나님이라고 대답하십시오. "내가 바라는 것은 그분이요, 찾는 것도 그분이다. 그분 외에는 아무것도 없다."

그러면 그(생각)가 반드시 "그 하나님은 어떤 분이시냐?" 하고 물을 터인즉. 그분은 그대를 만들고 그대를 구원하고 은총으로 그대를 사랑으로 불러주신 하나님이라고 대답하십시오. 그리고 그에게 "너는 그분에 대해 털끝만큼도 아는 것이 없다"고 말하십시오.

이어 "그러니 물러서라." 이르고 나서 하나님을 향한 사랑을 위해 그를 짓밟고 넘어가십시오. 설령 그 같은 생각들이 거룩해 보이고 그대가 하나님을 찾는 데 도움 될 것처럼 생각되더라도 그렇게 하십시오. 그가 하나님의 친절과 관련해서 여러 가지 놀랍고 멋진 생각들을 그대의 마음속에 불어넣는가 하면 하나님의 감미로움과 사랑, 은총과 자비를 일깨워 줄 공산도 아주 큽니다. 하지만 그대가 하나님께만 향할 뿐이라면 그는 더 이상 묻지 않습니다. 그러고는 갈수록 심하게 수다를 떨며, 그리스도의 수난을 생각하도록 끈질기게 달라붙을 것입니다. 그러면서 하나님의 놀라우신 자비를 그대에게 보여줄 터인즉, 그가 바라는 것은 오로지 그대가 자기에게 귀를 기울이도록 만드는 것뿐이기 때문입니다. 왜냐하면 그래야 한 걸음 더 나아가서 그대의 지난날 생활을 들여다보게 만들고, 그 시절의 사악한 참상을 생각함에 따라 그대의 마음이 멀리 벗어나서 지난날 노상 드나들던 그 소굴로 되돌아갈 것이기 때문입니다. 그리고 그러다 보면 그대는 자신이 어디에 있는지도 모르는 새에 믿기 어려울 정도로 붕괴되고 맙니다. 이유가 무엇이냐고요? 이유는 간단합니다. 그대가 자유로이 그 생각에 귀를 기울이기로 동의했고, 그 생각에 응답했으며, 그 생각을 받아들였고, 그 생각이 제멋대로 굴러가도록 방치했기 때문입니다.

그럼에도 물론 그 생각은 선익하고 성스러웠고 실로 필요한 것이었으니, 역설적이기는 하지만 남녀를 불문하고 자신의 사악한 참상과 우리 주님의 수난, 하나님의 자비, 하나님의 위대하신 선과 진가를 주제로 하는 지극히 매혹적인 수많은 묵상들을 토대로 하지 않는 한 관상을 실현하기란 기대할 수 없는 일이기 때문입니다. 그래도 숙련된 일꾼은 자신과 하나님 사이에 가로놓인 무지의 구름을 꿰뚫고자 할진대 그런 생각을 중단하고 멀찍이 밀어내어 망각의 구름 속에 깊숙하게 파묻어 버려야 합니다.

그러므로 그대가 하나님의 은총으로 하나님이 그대를 이 일로 부르고 계신다는 느낌이 들고 그대 자신도 응답을 해드릴 작정이라면 겸허한 사랑으로 그대의 마음을 하나님께 들어 올리십시오. 그리고 그대를 창조하셨고, 구원하셨고, 은혜로이 이 생활로 불러주신 하나님만을 착실히 생각하십시오. 그분에 대한 그 밖의 생각은 일체하지 마십시오. 모든 것은 그대의 열망에 달려 있습니다. 하나님을 향한, 오로지 하나님만을 향한, 꾸밈없는 의향이면 충분합니다.

만일 그대가 이 의향을 쉽게 기억하기 위해 한마디로 요약하고자 한다면 **짤막한 낱말**(거룩한 단어)을 택하되 가급적이면 한 음절로 된 낱말을 택하십시오. 낱말(단어)은 짧을수록 그만큼 더 성령의 역사(役事)를 닮아서 좋지 않겠습니까? '하나님'이나 '사랑' 같은 낱말 말입니다. 그대가 좋아하는 낱말을 선택하되, 한 음절로 된 것이라면 다른 낱말을 택해도 됩니다. 그리고 택한 낱말(단어)을 마음속에 단단히 간직해서 무슨 일이 있더라도 거기에 늘 머물게 하십시오. 그것은 평화 시나 전쟁 시나 마찬가지로 그대의 방패와 창이 되어줄 것입니다. 그대는 이 낱말로 그대 위에서 맴도는 구름과 어둠을 공략하게 됩니다. 그대는 이 낱말로 온갖 생각을 망각의 구름 아래로 내리누르게 됩니다. 자주 그렇듯이 만일 그대가 지금 추구하고 있는 것이 무엇인지 생각해 보고 싶은 유혹을 느낄 경우, 이 낱말 하나가 충분한 답변이 됩니다. 그리고 만일 그대가 이어서 바로 이 낱말의 의미를 학문적으로 생각하고 분석하려 들거든, 그대 자신에게 이 낱말을 조각이나 부스러기가 아닌 통째로 간직하려 한다고 말해 주십시오. 그대가 그 점을 확실히 하면 그 생각은 틀림없이 물러갑니다. 이유가 무엇이냐고요? 이유는 그 생각이 앞서 이야기한 유익한 묵상들을 먹이 삼아 자라나지 못하도록 그대가 막고 있기 때문입니다.

(2) 삶의 두 가지 방식

삶의 방식에는 활동생활과 관상생활의 두 방식이 있고 두 방식 사이에는 차이점이 있다. 지적 호기심과 본능적인 지식욕으로 솟구치는 의문들에 대한 해명이다.

그대는 당연히 그대의 생각 속으로 계속 밀고 들어와 참견하는 그것이 선익한 것인지 사악한 것인지 여부를 알고 싶어 할 것입니다. 그러면서 이렇게 말할 것입니다. "그것이 사악하다고는 하지만 놀랍게도 신심을 엄청나게 키워준다는 점입니다. 내가 익히 아는 바지만 그것은 때때로 대단한 영감을 불어넣어 대단한 생각을 하게 만듭니다. 그리고 그런 생각들은 나를 감동시켜 그리스도의 수난이나 내 자신의 비참한 처지에 대해 연민을 느끼도록 만드는가 하면, 어떤 때는 성스럽고 유익한 여타의 이유들로 진심 어린 눈물이 흐르게 만듭니다. 그러기에 나로서는 그런 생각들이 다 사악할 수 없다고 봅니다. 그리고 만일 이런 생각들이 그처럼 선익하고 유익하다면 당신이 나더러 그것을 망각의 구름 아래에다 파묻어 버리도록 지시하는 것은 정말 이상한 일 아니겠습니까?"

나는 이를 참으로 좋은 지적이라고 받아들이고, 아무리 부족하더라도 내가 할 수 있는 만큼은 대답해 보도록 노력할까 합니다. 우선, 만일 그대에게 덤벼들어서 도움을 주는 그것이 무엇이냐고 나한테 묻고 있는 것이라면 그것은 분명코 그대의 평상적인 마음의 표현, 곧 그대 영혼의 분별하는 능력이라고 답하겠습니다. 또 그대가 그것이 선하냐, 악하냐를 묻고 있는 것이라면 이성(理性)은 존엄한 것인만큼 기본적으로 그것은 항상 선할 수밖에 없다고 답할 것입니다. 하지만 우리가 그것을 이용하는 목적은 선할 수도 있고 악할 수도 있습니다. 그대가 은총에 힘입어서 자신의 비참한 처지를 깨닫는다든지, 우리 주님의 수난이나 하나님의 자비와 그분께서 당신의 창조계 안에서 영육 간에 이루시는 놀라운 일들에 눈길을 돌린다면, 그것은 선하고 유익합니다. 그리고 그럴 때라면 그대 말마따나 그것이 신심을 크게 키워낸다고 해도 전혀 이상할 것 없습니다. 그러나 교만이, 아니면 -일례로 일부 성직자들 경우처럼- 대단한 학식이나 지식이 이성을 우쭐거리게 만들고 있다면 그 이성은 악한 것이 됩니다! 이는 그들을 하나님과 신심에 관계되는 일들에 능력 있는 사람으로 알려지기보다는 오만한 학자들 -악마에게 속한!- 이나 대가들 -허영과 거짓에!- 로 알려지고 싶어 안달하도록 만듭니다. 수도자거나 속세인이거나 모든 남녀들의 경우, 평상적인 이성이 그들의 세속적 업적을 자랑하도록 만들 때, 그러니까 그들이 이 현세에서 지위와 소유·허영·인기를 탐할 때 그것은 악이 됩니다.

이것이 기본적으로는 선할 뿐 아니라 올바로 사용하면 대단히 요긴하고 유익하다면서 왜 망각의 구름 속에다 파묻어 버려야 하느냐고 묻는다면, 나는 교회 안에서 살아가는 길은 두 가지가 있다고 대답할 것입니다. 하나는 활동생활이요, 다른 하나는 관상생활입니다. 활동은 낮은 단계에 해당하고, 관상은 높은 단계에 해당합니다. 활동생활도 낮은 단계와 높은 단계 두 부분으로 이루어지며, 관상생활 역시 낮은 단계와 높은 단계 두 부분으로 이루어집니다. 이들 두 가지 생활방식은 서로 연결되어 있으며 비록 다르기는 해도 서로 의존하고 있습니다. 왜냐하면 우리가 활동생활의 높은 단계라고 일컫는 것은 관상생활의 낮은 단계와 동일한 것이기 때문입니다. 사람이 부분적으로나마 관상적이 되지 않으면 온전한 활동가가 될 수 없으며(적어도 지상에서는), 부분적으로나마 활동적이 되지 않으면 온전한 관상가가 되지 못합니다. 활동생활은 이승에서 시작하고 끝납니다. 그러나 관상생활은 그렇지 않습니다. 관상생활은 이승에서 시작하여 영원토록 이어집니다. 마리아가 선택한 그 몫은 "빼앗기지 않을"(눅 10:42) 것입니다. 활동생활은 "많은 일에 마음을 쓰며 걱정합니다." 그러나 관상생활은 평화로이 앉아서 한 가지 일에만 마음을 쏟습니다.

활동생활의 낮은 단계는 선하고 올바른 자비와 사랑의 행위들로 이루어집니다. 그리고 높은 단계(관상생활의 낮은 단계)는 예를 들어 영적 묵상이나 자신의 비참한 처지를 깨우쳐 아는 깨달음, 애통과 참회, 그리스도의 수난과 그분의 종들을 이해하고 공감하는 성찰, 하나님께서 당신의 창조계 모든 부문에서 영육 간에 이루시는 일들과 자비와 놀라운 선물들을 두고 그분을 현양하는 감사 등으로 구성됩니다. 하지만 관상의 높은 단계는 —적어도 우리가 이승에서 알기로는— 어둠 속에, 이 무지의 구름 속에 온전히 감싸인 채 사랑의 손길을 내뻗고 계시는 그대로의 하나님이라는 존재, 하나님만을 맹목적으로 더듬어 찾는 단계입니다.

활동생활의 낮은 단계에서 행하는 모든 일은 필연적으로 그 사람 바깥에, 즉 그 사람 아래에 자리합니다. 하지만 높은 단계(관상생활의 낮은 단계)에서는 사람의 행위가 내면으로 향하면서 그 사람 안에 자리하고, 따라서 그는 자기 자신과 같은 높이에 서게 됩니다. 그리고 관상생활의 높은 단계에 들어가면 사람은 명확히 자신을 초월하며, 따라서 하나님을 빼고는 그 무엇에도 뒤떨어지지 않게 됩니다. 그 자신을 초월하는 것이 의심의 여지가 없는 까닭은 그가 본성으로는 성취할 수 없는 일을 은총으로 성취한다는 것, 다시 말해서 영으로 하나님과 일치한다는 것, 사랑과 의지로 하나님과 하나 된다는 것이 그의 지향이 되기 때문입니다.

활동생활의 낮은 단계를 일시 벗어나지 않고서는 높은 단계를 실천하는 일이 (우리의 관점에서는) 불가능한 것처럼 관상생활에서도 낮은 단계를 벗어나지 않고서는 높은 단계에 이를 수 없습니다. 마찬가지로 묵상에 매진하는 사람이 '바깥일들' -그가 했던 일이나 해야 할 일로서, 제아무리 거룩한 것이라 할지라도- 에 골몰하는 것은 바람직하지 못한 일이요 불이익이 되듯이, 이 무지의 구름이요 신성한 어둠 속에서 일하면서 자신의 사랑을 하나님 자신께로 흐르도록 만들어야 하는 사람이 하나님의 놀라우신 선물이나 자비, 또는 창조물들을 생각이나 묵상 속에 끌어들여 자신과 하나님 사이를 가로막게 만드는 것은 -제아무리 유쾌하고 고무적인 생각들이라 할지라도- 그에 못지않게 바람직스럽지 못한 것이 분명합니다.

내가 그대에게 이런 미덥잖은 생각들을, 이들이 성스러우며 그대의 목적을 실현시켜 주겠노라고 단단히 약속할 때조차도, 억제하고 두꺼운 망각의 구름 아래다 묻어버리라고 말하는 까닭도 여기에 있습니다. 실상 사랑은 이승에서도 하나님께 도달할 수 있습니다. 하지만 지식은 그렇지 못합니다. 영혼이 이 썩어 부패할 육체 속에 거처하고 있다는 것은 엄연한 사실이며, 따라서 우리네 맑은 영적 이해력은 특히 하나님을 그 대상으로 할 때 이런저런 왜곡에 부대끼기 마련인데, 이런 왜곡은 우리가 하는 일들을 불완전하게 만들고 또 하나님의 놀라우신 은총을 제쳐놓고 수많은 오류를 유발합니다.

(3) 관상기도와 잡념(기억)

관상에서는 모든 기억, 심지어는 더없이 성스러운 일들에 대한 기억까지도 도움이 되기보다는 방해가 된다.

그러므로 그대가 이 맹목적 관상에 돌입할 때면 언제고 상상력의 왕성한 활동이 아주 활발하게 일어나는 만큼, 그대도 이를 자주자주 억누르지 않으면 안 됩니다. 그대가 그것을 억누르지 않으면 그것이 그대를 억누르고 맙니다. 그대가 이 어둠 속에 머물러 있고 그대의 마음에는 오로지 하나님만이 계신다고 생각하고 있을 때 문득 그대 자신을 자세히 살펴보면, 그대의 마음이 어둠에 휩싸이기는커녕 하나님보다 못한 어떤 것에 완전히 몰두하고 있음을 발견하는 경우가 아주 많을 것입니다. 그리고 그럴 경우에 그것은 일시적이나마 그대의 머리 위에 자리 잡고 그대와 하나님 사이를 가로막고 있다고 말할 수 있습니다. 그러므로 제아무리 성스럽고 매혹적인 생각들이라 할지라도 모조리 아래로 끌어내리겠다고 마음을 굳히십시오. 나는 그대에게 분명히 말합니다. 그대가 하늘의 천사들과 성인들을 응시하며 관상하고 복된 이들의 행복한 노래에 귀를 기울이기보다도, 오직 하나님 그분께 내뻗는 이 맹목적 사랑, 무지의 구름 위로 밀어 올리는 이 은밀한 사랑을 간직하되 이를 그대의 영적 품성으로 굳히는 것이 그대 영혼 건강에 더 유익하고, 하나님과 천상 만군에게 더 기쁨이 되고, 더 큰 가치를 지닙니다. 그리고 그대의 영육 간의 친구에게 더 큰 도움이 됩니다.

그렇다고 놀라지는 마십시오. 일단 그것을 알아보고 (그대는 은총 덕분에 그럴 수 있습니다.) 이해하고 느끼십시오. 그러면 늘 알아차리게 될 것입니다. 이승에서는 하나님의 맑은 영상을 결코 목격할 수 없다는 사실을 명심하십시오. 하지만 하나님께서 당신의 은총으로 흔연하게 허락하시면 그분에 대한 깨달음은 얻을 수 있습니다. 그러니 그대의 사랑을 이 구름으로 들어 올리십시오. 아니, 좀 더 정확하게 말해서 하나님께서 그대의 사랑을 이 구름으로 끌어올리시게 만드십시오. 그리고 그분의 은총에 힘입어 그 밖의 모든 것은 잊도록 노력하십시오.

만일 그대의 마음에 저절로 떠오르는 전혀 별 볼일 없는 간단한 생각이 그렇지 않았을 때에 비해 그대를 하나님에게서 멀리 떼어놓는 구실을 한다면 (이것은 그대의 길을 가로막고 그대가 체험할 수 있는 하나님의 사랑 체험을 방해합니다.) 고의로 반갑게 맞아들이고 부추기는 생각은 얼마나 지독한 장애물이 되겠습니까? 그리고 그대가 성인들이나 다른 손색없는 영적 대상을 생각할 때도 사정이 이러하다면, 하물며 이 비참한 세상에 몸담고 있는 평범한 인간들이나 그 밖의 물질적·

세속적 사물들을 생각할 때는 얼마나 더 심한 지장이 있겠습니까?

내 말은, 그대의 의지와 마음에 주의를 끄는 선익한 영적 사물과 관련해서 저절로 불쑥 떠오르는 생각이나, 그대가 신심을 강화하기 위해 고의적으로 떠올린 생각이 방해물이 되는 까닭에 사악하다는 그런 뜻이 아닙니다. 하나님께서는 그대가 내 말을 그렇게 이해하지 말도록 금하고 계십니다. 내가 하고자 하는 말은 그것이 더없이 선익하고 성스러운 생각일지라도 관상을 추구하는 동안에는 도움을 주기보다 오히려 방해가 된다는 뜻입니다. 그러니까 분명한 것은 온전히 하나님을 찾는 사람이라면 천상의 어떤 성인이나 천사에 관한 생각에 전적으로 안주하는 일이 없어야 한다는 것입니다.

(4) 그릇된 생각과 치명적 죄악

자신의 생각이 죄가 되는 것인지 아닌지, 만약 죄가 된다면 그 죄가 용서받을 수 있는 죄인지 어떤 죄인지를 알아내는 방법을 말한다. (아래 주석을 꼭 읽어보길 바란다)

어떤 살아 있는 사람이나 사물에 대한 생각 하나하나가 모두 그런 것은 아닙니다. 왜냐하면 청하지 않았음에도 무의식적으로 마음에 떠오르는 자연스런 생각은 죄로 단정할 수 없기 때문입니다. 그것이 그대의 온갖 생각을 지배하는 힘을 앗아가는 원죄의 결과라는 의미에서 본다면 죄가 된다고 보아도 좋습니다. 하지만 그대가 세례를 받으면서 원죄의 죄과는 이미 씻겨 나갔습니다. 이것이 죄가 될 수 있는 것은 그 같은 갑작스런 충동을 재빨리 가라앉히지 않을 경우뿐인데, 이유는 그러다 보면 사람의 자연스런 관심은 그것에 미혹당하게 마련이기 때문입니다. 여기에서 그것이란 그대가 좋아하는 무엇 또는 그대를 즐겁게 해주거나 과거에 즐겁게 해주었던 어떤 것일 수도 있고, 그대를 슬프게 하거나 과거에 슬프게 했던 무엇에 대한 불평일 수도 있습니다. 이미 대죄 속에서 살고 있는 사람에게 이 같은 관심은 치명적인 죄가 될 수 있습니다. 하지만 그대를 위시하여 속세를 진정으로 버리고 교회(사적으로나 공적으로나 물질에 매이지 않는)에 복종하며 경건하게 살아가며 자신의 의지나 지식이 아닌 수도장상이나 속세 어른들의 의지나 지식에 따르고자 하는 모든 사람에게는 이런 자연스런 기호(嗜好)나 불평은 기껏해야 소죄밖에 되지 않습니다. 이유는 그대가 지금처럼 분별 있는 어떤 목회자의 지식과 지도에 부응하는 그런 상태에 처음 진입했을 때에는 그대의 의향이 하나님께 근거를 두고 뿌리내리기 마련인 까닭입니다.

그러나 만일 그대가 천성적으로 좋아하거나 불평하는 이런 일에 여지를 허락하고 견책하려 들지 않는다면 그것은 끝내 그대의 의지가 동의하는 가운데 그대의 가장 내밀한 존재와 의지 속에 뿌리를 내리고 맙니다. 그것이 바로 대죄입니다. 이런 일은 그대나 내가 지금껏 이야기해 온 사람들 가운데 어느 누가, 어떤 사랑이나 사물, 또는 그 밖의 것에 대한 기억을 고의로 떠올릴 때마다 발생합니다. 만약 이것이 그대를 가슴 아프게 하거나 가슴 아프게 했던 일에 분통을 터뜨리며 복수를 할 생각이 있다면 이는 다름 아닌 '분노'입니다. 또는 그것을 경멸하고 지긋지긋해하면서 냉혹하고 악의적으로 생각하게 된다면 이는 '질투'입니다. 또는 정신과 육체를 선하게 간직하는 일에 피로와 싫증을 느낀다면 이는 곧 '나태'입니다. 그리고 만일 그것이 현재나 과거에 겪은 즐거운 일이라면 무엇이든 상관없이 그대는 그것을 생각할 때마다 일시적인 기쁨을 맛봅니다. 그리하여 그것을 곰곰이 되새기게 되고, 끝내는 그대의 마음과 의지를 거기에다 얽어매며 먹을거리로 삼기에 이릅니다. 그대는 그럴 때마다 이런 기쁜 일로 평화롭고 조용하게 살면 더 이상 원이 없겠다고 생각합니다. 만일 그대가 고의로 떠올리거나 품거나 애착심을 가지고 매달리는 이 생각이 천부적인 가치나 지식, 매력이나 지위, 호의 또는 아름다움이라면 이는 '교만'이 됩니다. 만일 그것이 속세의 재물이나 부·재산·소유권에 관계되는 일이라면 이는 곧 '탐욕'이 됩니다. 만일 그것이 최고급 음식과 음료나 여타의 맛 좋은 요리와 관련된 일이라면 이는 곧 '폭식'이 됩니다. 만일 그것이 다른 사람이나 자기 자신을 상대로 하는 아첨과 아양·희희덕거림·쾌락, 또는 애정이라면 이는 곧 '정욕'이 됩니다.

(5) 생각의 분별

생각과 충동은 하나하나 평가해야 하고, 작은 죄[109]를 가볍게 여기

[109) 성경은 최초 인류인 아담과 하와가 사탄의 유혹에 넘어가 하나님께 불순종함으로써 죄(罪, sin)가 이 땅에 들어왔다고 고발한다(창 3장; 롬 5:12~17) 이것을 원죄(original sin)라 하며, 원죄의 영향력은 온 인류에게 적용된다(롬 5:12). 원죄 아래 있는 인간은 스스로 불법과 허물을 범하게 되는데 이것이 자범죄(自犯罪)다(롬 4:15; 약 1:15; 요일 3:4). 이외에도 고의적인 범죄와 과실로 인한 범죄(민 15:27~30; 히 10:26~27), 용서받을 수 없는 죄와 사망에 이르지 아니하는 죄(마 12:31~32; 요일 5:16~17), 자기만 아는 죄(시 51:3)와 자기도 모르는 숨은 죄(시 19:12), 그리고 자백된 죄(시 32:5)가 있는가 하면, 마음과 생각의 죄(잠 24:9; 마 5:28)와 행위의 죄(엡 4:17,19)와 혀의 죄(전 5:6; 롬 3:13~14), 은밀한 죄(전 12:14)와 밝히 드러난 죄(딤전 5:24) 등이 있다.

　죄의 결과 - 죄를 범한 자 곧 죄 아래 있는 자는 무엇보다 하나님과 분리되며(사 59:2), 양심이 타락하고(잠 30:20), 마음에 평강을 잃고 고통을 당하게 된다(사 57:20~21; 렘 4:18), 그리고 영적으로 눈먼 자로서(요 9:41), 진리와 선한 것을 받아들이지 못한다(렘 4:18; 고후 4:3~4). 또한 하나님의 나라를 유업으로 받을 수 없을 뿐 아니라(고전 6:9~11; 갈 5:19~21) 심판을 받아 멸망하게 된다(창 6:5~7; 마 23:33; 히 2:3).

　죄 문제의 해결하는 유일한 길은 예수 그리스도의 십자가 공로뿐임을 강조한다(엡 1:7; 히 9:22~28; 요일 1:7). 성경에는 죄를 용서하는 길을 제시할 뿐만 아니라 자신의 죄를 참회하는 인생에게 분명 죄사함의 은총을 허락하실 것을 약속하고 있다(출 34:6~7; 히 10:17; 요일 1:8~9). 더 자세한 것은 신학서적을 찾아보길 바란다.

　위에서 보는 바와 같이 개신교 교회에서는 대죄, 소죄를 구분하지 않는다. 그러나 가톨릭교회에서는 원죄와 본죄(인간의 본성을 거스르는 죄) 그리고 본죄를 대죄와 소죄로 구분한다. 이에 대해서 원문을 사용하였으며 이해를 돕기 위하여 가톨릭 사전을 아래에 인용한다.

　죄의 종류(種類)에는 원죄와 본죄가 있다. 그중에 원죄(原罪)는 아담으로 말미암은 것으로, 인간성의 순조로운 조화에 파괴를 초래했고, 무질서를 가져다주었으며, 모든 악에로 이끌리는 경향의 근원을 이룬다.

　또한 이 죄는 인간이 하나님께 반항하여, 하나님으로부터 이탈함과 육체가 영혼에 반항하게 하였다. 그리하여 인간은 인간 본성이 받았던 성화 은총(聖化恩寵, 超性恩惠)을 잃고 죄에로의 경향을 갖게 되었다. 그리고 인간의 내면에는 하나님께 대한 복종을 거부하려는 경향이 생겼고, 영신의 지도를 뿌리치려는 육신의 반항적 움직임을 느끼게 되었다. 그러나 하나님의 사랑과 자비로, 그리스도의 구속 공로로 말미암아 잃었던 성화 은총을 세례를 통해 되찾을 수 있게 되었고, 하나님의 영원한 생명에 참여할 수 있게(救援) 되었다.

　본죄(本罪)는 원죄로 말미암아 인간 본성의 무질서와 결함으로부터 많은 악한 행위가 흘러 나와 이루는 죄이다. 그런데 이 죄는 크게 대죄와 소죄로 나뉜다. 그중에 대죄(大罪)는 영혼 안에 있는 성화 은총을 잃게 하여 영신적 생명을 파괴시킨다.

　이 죄가 성립하기 위해서는 중대한 일이나 행위가 있어야 하며, 그 중대성을 완전히 인식하고 자유 의지로 행해야 한다. 물론 소죄와 대죄의 판단은 양심에 의하나, 대죄는 성화 은총과 하나님의 사랑을 잃고 하나님 자녀로서의 자격과 모든 공로에 가담할 자격까지도 잃는다. 그래서 이를 중죄(重罪) 혹은 사죄(死罪)라고 하며, 사죄는 죽음에

는 무모함도 피해야 한다.

내가 이런 말을 하는 이유는 그대나 내가 지금껏 이야기해 온 사람들 가운데 어느 누가 이 같은 죄들을 범했고 그리하여 이런 죄들로 족쇄가 채워져 있다고 믿기 때문이 아니라, 아무쪼록 그대가 이런 생각과 충동 하나하나를 신중하게 저울질하고 그것이 모습을 드러내어 죄를 범할 기회를 제공하는 그 즉시 이를 분쇄하기 위해 힘껏 노력해 주기 바라는 소망 때문입니다. 그러기에 나는 그대에게 말합니다. 누구든지 맨 처음 생각이 떠오를 때, 이를 저울질하지 않거나 대수롭지 않게 넘기는 사람은 설령 그것들이 죄 되는 것이 아니라 할지라도 소죄를 범하는 경거망동을 피하지는 못합니다. 물론 이 사멸할 인생에서 소죄를 완전히 모면할 수 있는 사람은 아무도 없습니다. 하지만 완덕을 추구하는 참된 제자들은 누구나 항상 소죄를 가볍게 여기지 않아야 합니다. 그렇지 않다가는 그들이 이내 대죄를 범하게 된다 하더라도 하나도 이상한 일이 아닙니다.

(6) 관상기도 수련은 죄를 물리치고 덕을 창출한다.

그러므로 넘어지지 않고 서 있으려면 그대의 확고한 의지를 절대 꺾지 마십시오. 그대와 하나님 사이에 자리하는 이 무지의 구름에다 뜨거운 사랑이라는 날카로운 화살을 날리십시오. 하나님보다 못한 것에 대해서는 절대로 생각하지 말고, 그대를 이 목표에서 벗어나게 만드는 것은 무엇이든 피하십시오. 그래야만 그대는 죄의 토대와 뿌리를 없애

이르는 죄이다(갈 5:19~21; 롬 1:29~32; 고후 6:14~15).
　소죄(小罪)는 성화 은총을 잃어버리지는 않으나, 영신적 생명의 완전하고 건전한 작용을 손상시킨다. 이는 대죄의 성립 요소 중 어느 하나라도 결여되었을 경우에 성립한다. 이 죄는 하나님을 등한히 하거나 덕행을 거스를 때 짓게 된다.
　죄의 결과 - 결국 소죄도 하나님을 모욕하는 행위가 될 수 있으며, 우리에게 주어지는 하나님의 은총을 방해하고 갖가지 벌을 가중시키며, 대죄에 떨어질 위험을 초래한다. 따라서 죄를 짓지 않기 위해서는 그리스도의 수난을 묵상하고, 세상 물질의 허무함을 깨닫도록 해야 한다.
　또한 하나님의 자비와 사랑에 겸손하고 순진한 마음으로 의탁해야 하며, 자제·극기·보속·희생 등으로 양심이 가르치는 바의 임무를 충실히 이행하고, 특히 죄지을 기회를 피하도록 해야 한다.

버릴 수 있습니다.

그대가 그야말로 자주 단식하고, 오래도록 철야기도를 바치고, 동이 트자마자 일어나고, 널빤지에서 잠자며 쇠사슬로 몸을 칭칭 감는다 하더라도 그렇습니다. 그대가 합법적으로(물론 합법적이지 않지만!) 그대 자신의 눈알을 빼내고, 혀를 뽑고, 코와 귀를 틀어막고, 팔다리를 절단하는 등 생각해 낼 수 있는 온갖 방법으로 그대의 육신을 괴롭힌다고 하더라도 아무런 도움이 되지 않습니다. 죄의 자극과 충동은 여전히 그대에게서 사라지지 않을 것입니다.

더 나아가서 그대가 자신의 죄나 그리스도의 고난을 슬퍼하며 제아무리 크게 통곡한다 한들, 아니면 그대가 천상의 환희들을 제아무리 많이 생각한다 한들 그것이 과연 그대에게 무슨 선익이 되겠습니까? 물론 상당한 선익이 되고, 상당한 도움이 되고, 상당한 이익이 되고, 상당한 은총이 되는 것은 분명합니다. 하지만 맹목적인 사랑의 발산에 비하면, 사랑이 없이는 그런 것이 할 수 있는 일은 실로 너무나 보잘것없습니다. 그리고 이 사랑이 바로 마리아가 선택한 '가장 좋은 몫'입니다(마 5:48). 이것 없이 나머지는 사실상 아무런 쓸모가 없습니다. 이것은 소극적인 점에서는 죄의 토대와 뿌리를 파괴하며, 적극적인 점에서는 성덕을 거두어들입니다. 왜냐하면 이 사랑이 진실로 존재하는 곳에는 다른 모든 성덕도 진실로, 온전히 그리고 충만히 내재하기 마련이기 때문입니다. 그러면서 확고한 의지도 흔들리지 않게 됩니다. 물론 사람은 이것 없이도 자신이 바라는 만큼 많은 성덕을 지닐 수는 있습니다. 하지만 그런 성덕들은 하나하나가 때 묻고 뒤틀리기 마련이며, 따라서 그만큼 불완전하게 됩니다.

왜냐하면 성덕이란 오로지 하나님만을 위해서, 하나님께로 향하는 정돈되고 분별 있는 애정 이외의 아무것도 아니기 때문입니다. 어째서 그러냐고요? 하나님 스스로가 곧 모든 성덕의 고결한 대의(大義)이신 까닭입니다. 만일 누군가가 복합적인 동기에서 특정한 성덕을 추구하고 나선다면, 비록 그의 주된 동기가 하나님이라고 할지라도 그 성덕은 불완전한 것이 되고 맙니다. 우리가 본보기로 한두 가지 성덕을 택해서 살펴보면 이 점을 알게 됩니다. 사랑과 겸손이라는 두 가지 성덕을 꼽아보는 것이 아주 바람직합니다. 왜냐하면 이 성덕들을 확실하게 갖춘 사람은 누구나 더 이상 필요치 않기 때문입니다. 그는 모든 것을 다 가진 것입니다.

2) 간단한 단어 사용과 이탈(detachment)

『무지의 구름』의 저자는, 기도하는 동안에는 간단한 단어(거룩한 단어)를 사용함으로써 모든 생각, 모든 개념, 모든 심상을 '망각의 구름(cloud of forgetting)' 밑에 묻어야 한다고 주장한다.110) 잘 이해가 되지 않으면 바로 앞 무지의 구름에서의 분심 (1) 잡념을 제거하는 법으로 돌아가서 다시 천천히 읽어 이해가 될 때 이곳으로 돌아오길 바란다.

> 만일 당신의 모든 소원을 정신이 보유할 수 있는 하나의 간단한 단어 안에 모아들이기를 원한다면, 긴 단어보다는 짧은 단어, 한 음절로 된 단어를 선택하라. 하나님이나 사랑 등의 단어가 적절하다. 당신에게 의미가 있는 단어를 선택하여 정신 속에 담아두어, 어떤 일이 있어도 그곳에 머물게 하라. 당신이 갈등할 때나 평화로울 때에, 그 단어가 방어물이 되어줄 것이다. 주위에 있는 어둠의 구름을 물리치기 위해서 그 단어를 사용하라. 모든 분심을 억제하며, 그것들을 당신 밑에 있는 망각의 구름에게 맡기라.
>
> 그 단어가 분명한 생각이나 현실적인 소리가 없는 완전히 내면적인 것이면 좋다.
>
> 그 단어로 기도할 때에는, 그 단어에 대해서 생각하지 말며, 그 단어가 어떻게 들리는지에 대해서도 생각하지 말라. 다만 그 단어와 함

---

110) ibid, p. 182.

께 거하라. 저자는 무지의 구름 속에서 하나님을 발견하는 것과 다른 모든 것을 망각의 구름 속에 집어넣는 것을 구분한다. 그는 다른 곳에서 다음과 같이 말한다.

> 어떤 피조물에도 관심을 갖지 말아야 한다. 물질적인 것이거나 영적인 것이거나, 그것들이 처한 상황이거나 행동이거나, 선한 것이거나 악한 것이거나 어떤 피조물에도 관심을 갖지 말아야 한다. 간단히 말해서, 이 일을 하는 동안에는 그것들을 모두 망각의 구름 밑에 묻어야 한다.

이것이 관상적인 영적 여행을 하는 동안에 요구되는 이탈의 정신이다. 어떤 생각이 계속 당신을 괴롭히면서 당신이 행하고 있는 것을 알아야 한다고 요구한다면, 오직 한 단어로 대답하라. 만일 당신의 정신이 이 단어의 의미에 대해 지적으로 생각하기 시작한다면, 그 단어의 가치는 단순성에 있다는 것을 상기하라. 그렇게 하면, 그러한 생각들은 사라질 것이다.

그 이유는 무엇인가? 그 생각들을 발전시키기를 거부했기 때문에, 즉 생각들이 떠오르는 것을 인정하고 내버려 두었기 때문이다.

이것들은 집중기도와 관련하여 크게 도움이 될 놀라운 통찰들이다. 집중기도의 세 번째 지침은 '어떤 생각을 의식하게 될 때마다 부드럽게 가만히 그 거룩한 단어를 상기하라'이다. 여기에서의 통찰은 부드러움, 하나의 단어, 그리고 이탈의 중요점에 있다.[111]

예를 들어 보자. 만일 내가 방 안에 있는 어떤 사람과 대화를 하기로 결정한다면, 나는 방 안에 있는 다른 사람들에게는 관심을 갖지 않을 것이다. 그들에게 관심을 기울이지 않을 뿐, 밖으로 나가라고 요구하지는 않는다. 그들은 나의 삶의 일부이기 때문에 그렇게 하는 것은 정중하지 못한 태도일 것이다. 나는 그저 대화를 추진한다. 거룩한 단

---
111) Cal J. Arico, 「A Taster of Silence」, 엄성옥 역, 『집중기도와 관상여행』, (서울: 도서출판 은성, 2000), p. 184. 집중기도의 지침은 p. 247 이하에 설명되어 있다.

어의 역할도 이와 같다. 그것은 우리의 의도를 하나의 일에 집중시켜 주며, 다른 모든 것을 지나치거나 당분간 한쪽으로 밀어두게 한다.

『무지의 구름』에서는 기도의 방법을 상세히 설명하지 않는다. 과거에는 교사가 학생에게 방법을 가르쳤었고, 그 방법에서 파생된 것들은 항상 기록되었다. 오늘날 모든 사람들은 상세하게 설명된 방법론을 알기를 기대한다. 우리는 무엇인가 새로운 것을 가르칠 때, 많은 것을 당연한 것으로 간주한다. 질문의 기회가 주어지지 않는다. 저자는 자신의 책을 읽은 독자의 상태를 확신할 수 없다. 그것이 과거에 방법을 상세히 기록하지 않는 관습 배후에 놓여 있는 생각이었다. 사람들은 특정한 사고방식을 가지고 책을 대한다. 저자는 독자들의 사고방식이나 질문들을 모두 예상할 수는 없다. 그렇기 때문에 가장 좋은 방법은 워크숍이나 개인적인 발표를 통해서 배우는 것이다.

다음 그림은 기도의 주기 (네 순간)이다.

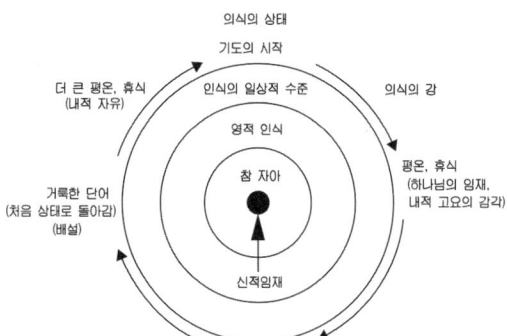

기도의 한 주기를 거칠 때마다 중심(신적 임재)에 가까워진다.
그 이유는 억압된 장애들이 배설되기 때문이다.
그러므로 무의식의 정화는 신적 일치가 이루어질 때까지 지속된다.

앞의 그림에서 보면, 기도를 시작할 때는 평온한 상태이나 곧 사고(분심)가 의식의 강을 타고 나타나는 것을 볼 수 있다. 이 사고는 누구에게나 언제나 나타날 수 있지만 여기서는 한번 나타나는 과정을 표로 표시한 것이다. 이와 같은 것은 한 번의 사고뿐만 아니라 기도의 전 과정 중에 연속적이고도 반복적으로 일어난다. 그러나 이러할 때마다 거룩한 단어를 사용하여 처음 상태로 돌아간다. 이 일이 반복되는 동안에 우리의 의식은 정화의 과정을 거치며 내적 치유가 일어난다. 이러한 기도의 한 주기를 거칠 때마다 중심(신적 임재)에 더 가까워진다. 그것은 억압된 장애들이 배설되기 때문이다. 이러한 기도의 주기가 반복적으로 이루어져야 한다. 신적 일치가 이루어질 때까지 무의식의 정화는 지속되어야 한다. 우리는 때때로 사고에 매달리는 경우가 있다. 사고는 처리의 대상이지 매달릴 대상이 아니다. 우리가 생각해야 할 것은 사고(분심)가 떠오르는 것을 인식하거든 즉시 거룩한 단어를 사용하여 처음상태로 돌아감으로 더욱 하나님의 현존에 다가가야 한다. 마치 양파의 껍질을 한 겹 한 겹 벗기듯이 말이다. 이 길은 그저 수도하는 것뿐이다. 지름길이 없다. 차분히 수도하며 신적 일치를 사모하자.

5. 정신집중과 기도 방법 [112]

정신집중과 기도에는 세 가지 방법이 있다. 그것들에 의해서 영혼이 들려 올려지고 앞으로 움직이거나, 버림을 받고 죽는다. 이 세 가지 방법을 제때에 바르게 사용하는 사람은 앞으로 나아가지만, 옳지 못한 때에 지혜롭지 못하게 사용하는 사람은 버림을 받는다. 몸이 영혼에 연결되듯이, 정신집중도 기도와 뗄 수 없이 연결되어야 한다. 정신집중이 마치 정탐꾼처럼 앞에서 나아가면서 원수를 찾아내야 한다. 그것은

---

[112] 필로칼리아 5권, (서울: 은성, 2006) pp. 206~218.

영혼 안에 들어오는 악한 생각들을 대적하는 데 우선적으로 채택되어야 한다. 그 결과는 기도로서, 전부터 정신집중이 대적해온 악한 생각들을 근절하고 죽인다. 정신집중만으로는 그것들을 죽일 수 없다. 정신집중과 기도에 의해서 생각들을 대적하는 이 싸움에 영혼의 생사가 달려 있다. 우리가 정신집중에 의해서 기도를 순수하게 보존하면 우리는 진보할 것이며, 기도를 순수하게 보존하기 위해 정신을 집중하지 않고 보호하지 않는 상태로 버려둔다면 기도는 악한 생각으로 더럽혀지고 우리는 실패한 상태에 머물 것이다. 기도와 정신집중에는 세 가지 방법이 있으므로, 구원을 사랑하는 사람이 가장 좋은 것을 선택할 수 있도록 각 방법의 특징을 설명해 주어야 한다.

1) 첫째 방법

첫째 방법의 특징은 다음과 같다. 만일 어떤 사람이 서서 기도하면서, 두 손과 눈과 정신을 하늘로 들어올리고, 거룩한 것들을 생각하며, 하늘의 축복과 천사들의 계급들과 성도들의 거처를 상상하며, 성경에서 배운 모든 것을 정신 안에 모아들이며, 기도하는 동안에 이 모든 것에 대해 깊이 생각하고 하늘을 우러러보며 영혼으로 하여금 하나님을 사랑하고 동경하게 만들며, 이따금 눈물을 흘리며 운다면, 이것이 정신집중과 기도의 첫째 방법이다.

그러나 만일 어떤 사람이 이 방법만 선택한다면, 그는 점차 무의식중에 마음속으로 자신을 자랑하기 시작한다. 그가 행하는 것은 그에게 주는 위로로서 하나님의 은혜로부터 오는 듯하다. 그는 자신이 항상 이러한 행동 안에 머물게 해달라고 하나님께 기도한다. 그러나 이것(즉, 이러한 기도 방법에 대해 이런 식으로 생각하는 것)은 방심과 기만의 상징이다. 왜냐하면 선한 것이라도 바르게 행해지지 않으면 더 이상 선한 것이 되지 못하기 때문이다. 만일 그러한 사람이 완전한 침묵에 자신을 바친다면(즉, 헤시카스트가 된다면), 미치는 것을 간신히 피할 수 있을 것이다.

만일 그가 정신이 나간다면, 그는 덕이나 무정념을 획득할 수 없을 것이다. 이 방법에는 길을 잃을 수도 있다는 또 다른 위험이 있다. 즉 어떤 사람이 눈으로 빛을 보거나 달콤한 냄새를 맡거나 어떤 소리를 듣거나 그 밖에 이와 비슷한 현상들을 만날 수 있다. 어떤 사람들은 완전히 그것에 도취되어서 미친 상태에서 이리저리 방황한다. 또 어떤 사람들은 알아채지 못하게 가장하고서 나타난 마귀를 빛의 사자로 알고서 길을 벗어난다. 그리하여 그들은 다른 사람의 충고에 귀를 기울이지 않은 채 끝까지 그런 상태에 머문다. 그들 중에서 어떤 사람은 마귀의 부추김을 받아 절벽에서 떨어지거나 목을 매 자살을 한 사람들도 있다. 마귀가 우리를 유혹하기 위해서 사용하는 방심과 기만의 형태는 다양하고 무수히 많다. 그러므로 정신집중과 기도의 첫 번째 방법으로부터 어떤 해로움이 오는지 이해하기 어렵다. 그러나 만일 어떤 사람이 공동체 안에서 살기 때문에 첫째 방법을 실천하는 동안에 이러한 악을 유발하는 일을 피한다 해도, 그는 영성생활에 있어서 평생 성공하지 못할 것이다.

2) 두 번째 방법

두 번째 방법은 다음과 같다: 어떤 사람이 모든 지각된 대상들로부터 정신을 떼어 내어 자신의 내면으로 인도하며, 자신의 감각을 지키고 생각을 집중시켜 이 세상의 헛된 것들 사이를 배회하지 못하게 한다. 그는 이제 자신의 생각들을 성찰하고, 자신이 입으로 하는 기도의 표현에 대해 깊이 생각하며, 마귀에게 강탈되어 악하고 헛된 것을 향해 날아가는 생각들을 거두어들이며, 어떤 정념에게 사로잡히고 정복된 후에 크게 수고하고 노력하여 정신을 차린다. 이 방법의 특징은 머릿속에서 발생하며, 생각이 생각을 대적하여 싸운다는 점이다. 이처럼 자신을 대적하여 싸우는 사람은 자기 안에서 평화를 발견하지 못하며, 진리의 면류관을 얻기 위해서 덕을 실천할 시간도 발견하지 못한다. 그러한 사람은 어두운 밤에 원수들과 싸우는 사람과 같다. 그는 원수들의 음성을 듣고 그들의 공격을 받지만, 그들이 누구인지, 어디에서 오는지, 무슨 목적으로 어떻게 공격하는지 분명하게 알 수 없다. 악한 생각들은 마음에서 발생하는데, 그는 머릿속에 머물고 있기 때문이다. 그는 마음에 집중하지 않기 때문에 그것들을 보지도 못한다. 그 원인은 그의 정신을 덮고 있는 어둠과 그의 생각에서 사납게 날뛰는 폭풍우이다(그것들은 그가 이것을 보지 못하게 한다). 그는 자기의 원수인 귀신들에게서 빠져나오거나 그들의 공격을 피할 수 없다. 그러나 만일 설상가상으로 이 사람이 허영심에 사로잡혀 있으면서 자신이 스스로에게 집중하고 있다고 생각한다면, 이 불쌍한 사람은 헛수고를 하는 것이며, 영원히 상을 얻지 못할 것이다. 그는 교만하게도 다른 사람들을 멸시하고 비판하며, 자신이 사람들을 먹이고 인도하는 목자의 자격이 있다고 여긴다. 그러므로 그는 소경들을 인도하는 일을 맡은 소경과 같다. 이것이 정신집중과 기도의 두 번째 방법이다. 구원을 얻으려고 노력하는 모든 사람은 이것이 영혼에게 주는 해로움을 알고 경계해야 한다. 그러나 달이 없는 어두운 밤보다는 달빛이 비추는 밤이 낫듯이, 이 방법은 첫째 방법보다 좋은 방법이다.

3) 셋째 방법

세 번째 방법은 설명하기 어려운 놀라운 방법이다. 그것은 이해하기 어려울 뿐만 아니라, 실천해보지 않은 사람은 믿기도 어렵다. 그런 사람은 실제로 그런 방법이 있을 수 있다는 것조차 믿지 않으려 한다. 실제로 우리 시대에는 이 방법을 경험하기 어렵다. 내가 보기에 이 축복은 순종과 함께 우리를 버리고 떠난 것 같다. 만일 어떤 사람이 자기의 영적 아버지에게 완전히 순종한다면, 그는 그분의 어깨에 자신의 모든 염려를 내려놓았기 때문에 모든 염려에서 해방될 것이다. 그러므로 방심과 기만에 예속되지 않은 참된 영적 아버지를 발견한 사람은 세상적인 애착을 멀리하고, 부지런히 세 번째 방법을 실천하려 할 것이다. 완전히 하나님께 복종하여 모든 염려를 하나님과 영적 아버지에게 맡긴 사람, 더 이상 자기 마음대로 살거나 자기의 의지를 따르지 않으며 세상적인 애착과 자기의 몸에 대해서 죽은 사람을 이 세상의 비본질적인 것이 정복하여 노예로 삼을 수 있겠는가? 또 그런 사람에게 무슨 걱정이나 염려가 있겠는가? 그러므로 사람을 유혹하여 여러 가지 다양한 생각을 하게 만들기 위해서 귀신들이 사용하는 궤계와 전력들은 이 세 번째 방법에 의해서 파괴되고 와해된다. 왜냐하면 모든 것에서 자유로운 사람의 정신은 방해를 받지 않고서 귀신들이 도입한 생각들을 조사할 시간이 있으며, 그것들을 쉽게 배격하고 깨끗한 마음으로 하나님께 기도할 수 있기 때문이다. 그것이 참된 영성생활의 시작이다! 이런 방법으로 시작하지 않은 사람들은 스스로 의식하지 못하지만 헛수고를 하는 것이다.

이 세 번째 방법의 출발점은 두 손을 들거나 정신을 하늘의 것들에게 집중하고서 하늘을 응시하는 것이 아니다. 그것들은 첫째 방법의 속성들이며, 방심이나 기만과 상관이 없지 않다. 또 그것은 정신으로 감각을 지키는 일에 집중하여 내면에서 영혼을 공격하는 귀신들의 공격을 지키지 않는 것도 아니다(그런 사람들은 머릿속에서만 노력하기 때문에 방심하게 된다). 이것은 둘째 방법의 속성이며, 그것들 실천하는 사람들은 귀신들의 노예가 되며, 복수를 하지 못한다. 왜냐하면 원수들이 공개적으로든 비밀리에든 항상 그들을 공격하여 교만하고 허영심을 갖게 만들기 때문이다.

그러나 만일 당신이 구원받기를 원한다면, 다음과 같은 일을 시작하라. 마음으로 영적 아버지에게 완전히 순종하고, 매사에 하나님 앞에서 하는 것처럼 깨끗한 양심으로 행동하라. 순종하지 않고서는 깨끗한 양심을 가질 수 없다. 이 세상의 것들에 대해서는 물론이요, 하나님과의 관계, 영적 아버지와의 관계, 그리고 이웃에 대한 관계 등 세 가지 측면에서 양심을 깨끗이 해야 한다.

하나님과의 관계에서는 양심을 깨끗하게 하며, 하나님이 기뻐하시지 않는다고 생각되는 행동을 허락하지 않는 것이 우리의 의무이다.

영적 아버지와의 관계에서는 그분이 말하는 것만 행하며, 그보다 더 많이 하거나 덜하지도 않고, 오직 그분의 뜻과 의도에 따라 나아가야 한다.

이웃과의 관계에서는 당신이 싫은 것을 그들에게 행하지 않는다면 당신의 양심을 깨끗하게 보존할 수 있을 것이다.

사물들과의 관계에서는 먹을 것과 마실 것과 입을 것을 바르게 사용함으로써 양심을 깨끗이 해야 한다.

간단히 말해서, 무슨 일을 하든지 하나님 앞에서 하듯이 하며, 당신이 .제대로 행하지 못하여 양심이 상처를 입거나 당신을 비난하는 것을 허락하지 말아야 한다.

이런 식으로 나아가면, 당신 스스로 세 번째 방법으로 가는 참된 지름길을 평탄하게 만들게 될 것이다. 세 번째 방법의 특징은 정신을 마음에 두는 것이다. 기도하는 동안에 정신은 마음을 지켜야 하며, 항상 내면에 머물면서 마음속을 맴돌며, 마음속 깊은 곳에서 하나님께 기도를 올려 보내야 한다. (모든 것이 이 안에 있다: 주님을 맛보는 것이 허락될 때까지 이런 식으로 일하라.) 정신이 마음 안에서 마침내 주님이 선하시다는 것을 보고 기뻐할 때(수고는 우리가 하지만, 이것을 맛보는 것은 겸손한 마음 안에서 이루어지는 은혜의 작용이다.), 정신은 마음 안에 있는 이 장소를 떠나려 하지 않을 것이며(정신은 마태복음 17장 4절의 베드로처럼 "우리가 여기 있는 것이 좋사오니"라고 말할 것이다.), 항상 마음 깊은 곳을 들여다보고 그 안에 머물면서 마귀가 심어놓은 모든 악한 생각을 쫓아낼 것이다(이것이 세 번째 방법을 제대로 실천하는 것이다). 이것을 알지 못하고 경험하지 못한 사람들이 볼 때에, 이것은 어렵고 답답하게 보일 것이다. 그러나 마음 깊은 곳에서 그것의 사랑스러움을 맛본 사람은 바울처럼 "누가 우리를 그리스도의 사랑에서 끊으리요"(롬 8:35)라고 외친다.

그러므로 우리의 거룩한 교부들은 "마음에서 나오는 것은 악한 생각과 살인과 간음과 음란과 도둑질과 거짓 증거와 훼방이니 이런 것들이 사람을 더럽게 하는 것이요"(마 15:19, 20)라고 말씀하신 주님의 말씀을 경청하며, 또 "먼저 안을 깨끗이 하라. 그리하면 겉도 깨끗하리라."(마 23:26)는 가르침을 들으면서 모든 다른 영적인 일들을 포기하고 온전히 마음을 지키는 일에 집중했다. 그들은 이렇게 함으로써 다른 모든 덕을 쉽게 획득할 수 있지만 이것이 없으면 단 한 가지의 덕도 굳게 세우지 못할 것이라고 확신했다. 이것을 마음의 침묵이라고 부른 교부도 있고, 정신집중이라고 부르는 사람도 있고, 또 냉정과 생각들을 대적하는 사람도 있다. 또 생각을 살피고 마음을 지키는 것이라고 부르기도 한다. 그들은 모두 그것을 탁월하게 실천했으며, 그것을 통해서 하나님의 은사를 받았다. 전도자는 "네 어린 때를 즐거워하며…(깨끗한) 마음에 원하는 길로 좇아 행하며"(전 11:9), 모든 악한 생각을 마음에서 몰아내라고 말한다. 그는 다른 곳에서도 같은 말을 한다. "주권자가 네게 분을 일으키거든 너는 네 자리를 떠나지 말라"(전 10:4). 여기에서 자리는 마음을 의미한다. 복음서에서 주님도 "주권자가 네게 분을 일으키거든 너는 네 자리를 떠나지 말라"(눅 12:29)고 말씀하신다. 이것은 당신의 정신을 가지고 이리저리 돌진하지 말라는 말이다. 또 다른 곳에서는 "마음이 가난한 자는 복이 있다"(마 5:3)고 말씀하신다. 이것은 마음으로 세상에 애착하지 않고 세상적인 생각을 하지 않는 사람이 복되다는 말이다. 거룩한 교부들은 이것에 대해서 많은 글을 썼다. 원하는 사람은 그들의 글을 읽고 성 마가(St. Mark the Wrestler)나 사다리의 요한, 예루살렘의 헤시키우스(Hesychius), 시나이의 필로테우스(Philotheus of Sinai), 사부 이사야(Abba Isaiah), 대 바르사누피우스(Barsanuphius the Great) 등의 글을 읽을 수 있을 것이다.

간단히 말해서, 자신의 내면에 집중하지 않고 마음을 지키지 않는 사람은 마음을 깨끗하게 할 수 없고, 그렇기 때문에 하나님을 볼 수 없다. 자기의 내면에 집중하지 않는 사람은 마음이 가난할 수 없으며, 눈물을 흘리고 통회할 수 없고, 온유하고 관대할 수 없고, 의에 주리고 목마를 수 없고, 긍휼할 수 없고, 화평하게 할 수도 없고, 의를 위해서 핍박을 받을 수도 없다. 일반적으로 말해서, 이런 종류의 집중을 통하지 않고서는 어떤 방법으로도 덕을 획득할 수 없다. 그러므로 내가 말하는 것을 경험하여 알려면, 무엇보다도 이것을 얻기 위해 노력해야 한다. 만일 그것을 행하는 방법에 대해서 알고 싶다면, 앞으로 이야기해 주겠다.

우리는 무엇보다도 세 가지를 준수해야 한다.

첫째, 좋지 않고 헛된 것에 대한 염려뿐만 아니라 선한 것에 대한 염려 등 모든 염려로부터의 자유, 다시 말해서 모든 것에 대해서 죽어야 한다.

둘째, 모든 일에 있어서 양심이 깨끗하여 어떤 일에 있어서도 당신을 비난하지 않아야 한다.

셋째, 정욕적인 애착이 전혀 없어야 하며, 그리하여 생각이 세상적인 것으로 기울지 않아야 한다. 내면에 정신을 집중하라(머리가 아니라 마음에 집중하라). 정신을 마음에 두어야 한다. 정신이 항상 마음에 거하기 위해서 마음이 있는 곳을 찾기 위해서 모든 수단을 사용하여 노력하라. 이렇게 씨름하는 동안, 정신은 마음이 있는 장소를 발견할 것이다. 이것은 기도 안에서 은혜가 사랑스러움과 따뜻함을 만들어낼 때에 발생한다. 그 순간부터는 어떤 측면에서 생각이 등장하든지 간에, 정신은 그것이 들어와서 하나의 생각이나 영상이 되기 전에 예수님의 이름으로, 즉 "주 예수 그리스도시여, 나를 불쌍히 여기소서."라고 기도하여 몰아낸다. 또 그 순간부터 귀신들을 미워하고 항상 그것들과 싸워 이긴다. 이 활동에서 비롯되는 다른 결과들에 대해서는 정신을 집중하고 마음으로 "주 예수 그리스도시여, 나를 불쌍히 여기소서."라고 기도함으로써 당신이 직접 경험하여 배우게 될 것이다. 어느 거룩한 교부는 "당신의 수실에 앉아 있으면 이 기도가 모든 것을 가르쳐 줄 것입니다."라고 말했다. 113)

질문: 기도와 정신집중의 첫째 방법과 둘째 방법이 이러한 결과를 맺지 못하는 이유는 무엇인가?

---

113) 예수기도의 경우이며, 주부식 관상기도를 하시는 분들은 이 부분이 거룩한 단어로 처음 상태로 돌아가는 부분에 해당한다. 이해의 편의를 위하여 부언한다.

답변: 우리가 그 두 가지 방법을 바르게 사용하지 않기 때문이다. 사다리의 요한은 이 방법들은 네 개의 가로장을 가진 사다리에 비유하면서 다음과 같이 말한다. "어떤 사람은 정념들을 억눌러 겸손해지고, 어떤 사람들은 입술로 기도하고, 또 어떤 사람들은 정신적인 기도를 실천하고, 또 다른 사람들은 관상기도를 행한다. 이 가로장들에 의해서 사다리를 오르는 사람은 위에서부터 아래로 내려가서는 안 된다. 첫째 가로장에 첫 걸음을 딛고, 다음에 둘째 가로장, 그다음에 세 번째 가로장, 그리고 마지막으로 넷째 가로장을 딛어야 한다. 사다리에 의해서 세상에서부터 천국으로 올라가기를 원하는 사람이 사용하는 방법은 다음과 같다.

첫째, 자신의 정신과 씨름하고 정념들을 정복해야 한다.

둘째, 시편 기도를 실천해야 한다. 즉 입으로 소리를 내어 기도해야 한다.

왜냐하면 정념들이 정복되면, 자연히 기도는 혀에까지도 달콤함과 즐거움을 가져다주며 하나님께서도 그것을 기뻐 받으시기 때문이다.

셋째, 정신적으로 기도해야 한다.

넷째, 관상기도를 실천해야 한다. 첫 단계는 초심자들에게 적절하며, 둘째 단계는 어느 정도 기도에 성공한 사람들에게 적절하고, 셋째 단계는 마지막 가로장에 가까이 간 사람들에게 적절하고, 넷째 단계는 완전한 사람들에게 적절하다.

그러므로 우리가 행할 수 있는 유일한 출발점은 정념들을 줄이고 억제하는 것이다. 이것은 마음을 지키고 정신을 집중함으로써만 성취될 수 있다. 주님은 사람을 더럽히는 악한 생각은 마음에서 나온다고 말씀하신다. 그러므로 정신을 집중하고 마음을 지키는 일이 필요하다. 마음이 정념들을 대적하여 완전히 정복하면, 정신은 하나님을 갈망하기 시작하고 하나님께 가까이 가려 한다. 그리고 그 목적을 위해서 더 많이 기도하며, 대부분의 시간을 기도하는 데 보낸다. 이렇게 하나님을 동경하고 기도함으로써, 정신은 힘을 얻어 마음의 주위를 돌면서 들어오려고 하는 모든 생각들을 몰아내며 기도로 그것들을 공격한다. 그리하여 전쟁이 시작된다. 악한 귀신들은 사납게 소리치며 일어나고, 정념들을 통해서 마음에 폭풍과 반란을 일으킨다. 그러나 이 모든 것은 예수 그리스도의 이름에 의해서 마치 불길 속의 밀랍처럼 사라진다. 그러나 마음에서 추방되어 쫓겨난 귀신들은 소멸되지 않는다. 그것들은 감각을 통해서 외부에서 정신을 어지럽게 만들려 한다. 그러나 여기에서도 정신은 곧 회복되며, 원래의 고요함을 다시 느끼기 시작한다. 그것들은 정신의 깊은 곳을 어지럽게 만들 능력이 없기 때문에 표면만 뒤흔든다. 그러나 정신은 자신을 전쟁에서 완전히 자유롭게 하거나 악한 귀신들의 공격에 의해 동요되지 않을 수는 없다. 이것은 완전한 사람들, 모든 것을 완전히 부인하고 마음에서 쉬지 않고 집중하는 사람들만의 특성이다. 그러므로 만일 어떤 사람이 이 모든 것을 각기 정해진 시기에 순서대로 실천하여 마음이 정념들로부터 정화된다면, 그는 완전히 시편 찬송에 전념하고 생각들과 싸우고 육신의 눈으로 천국을 올려다보거나 영혼의 눈으로 천국을 보고 순수하게 기도할 수 있다. 그러나 공중에서 발견되는 악한 마귀들 때문에 육신의 눈으로 천국을 응시하는 일은 되도록 하지 않는 것이 좋다. 그것들은 공중에서 다양한 형태의 방심과 기만을 만들어내기 때문에 공중의 영이라고 불린다.

그러므로 우리는 조심해야 한다. 하나님은 우리에게서 오직 한 가지, 즉 정신집중에 의해서 마음을 깨끗이 하는 것만 요구하신다. 그 밖의 것들에 대해서는 사도 바울이 말한 것과 같을 것이다.

"뿌리가 거룩한즉 가지도 그러하니라"(롬 11:16).

그러나 눈과 정신을 들어올려 천국을 응시하며 위에서 말한 순서대로 하지 않고 무엇인가를 상상하는 사람의 마음은 깨끗하지 않기 때문에, 참된 것이 아니라 거짓된 것을 볼 것이다. 정신집중과 기도의 첫째 방법과 둘째 방법은 우리를 성공으로 이끌지 않는다. 집을 지을 때에는 먼저 기초를 쌓고 나서 지붕을 덮어야 한다. 먼저 기초를 쌓고 건물을 지은 후에 지붕을 덮는다.

영적인 일에 있어서도 동일하게 행해야 한다. 먼저 기초를 쌓아야 한다. 즉 마음을 지키고 모든 정념들을 깨끗이 제거해야 한다. 그다음에 영적인 집을 짓는다. 다시 말해서 악한 영들이 우리의 감각을 통해서 일으키는 반란을 진압하며, 가능한 한 신속하게 그러한 공격을 근절하는 법을 배워야 한다. 그런 후에 지붕을 덮어야 한다. 즉 우리 자신을 완전히 하나님께 바치기 위해서 모든 것을 완전히 버려야 한다. 그리하면 예수 그리스도 안에서 영적인 집을 완성하게 될 것이다.

예수 그리스도께 영원히 영광이 있을지어다. 아멘.

6. 거룩한 단어로 기도하기[114]

문을 두드려라. 그러면 열릴 것이다.
(마 7:7; 눅 11:9)
네 안에 있는 보물 창고로 온 힘을 다해 들어가라.
그러면 하늘의 보화를 발견할 것이니.
— 시리아의 성 이삭 —

인생의 어느 시점에 기도를 하기 시작한다는 것은 삶의 위기와 불편하지만 친밀한 관계를 맺는다는 뜻이다. 이때 구원이 이루어지기 시작한다. 그리스도교의 구원사가 한 젊은 유대 여자의 신비한 임신과 함께 시작한다는 것, 그리고 천사의 "이 모든 말을 마음에 새기어 생각"(눅 2:19)하는 삶의 위기와 기도에 관해 많은 것을 알아가기 시작한 여자와 함께 시작한다는 것은 그리 놀랄 일이 아니다.

인간의 위기가 기도를 통해 어떻게 끝나는지 잘 보여준다. 우리들은 가식으로 가득한 위선적인 세계에 살면서 점점 병이 든다. 주위에 있

---

114) 마틴 레어드. 이민재 역, 「침묵수업」(서울, 한국살렘. 2018) pp.72~110. 이하 주)는 원본 그대로 인용한다. 원본 후미에 필자가 추가한 곳은 **추가**; 라 표시한다.
　* 역자 주) 표시 없는 한글 주)는 필자가 추가하였다.

는 사람들뿐 아니라 자기 자신에게서도 위선을 본다. 하지만 이런 위선으로 가득 찬 세계를 보기 시작했다는 것이 얼마나 큰 은총인지 아직 모른다. 자신을 위기로 내몬 자기중심성을 자각한 계기가 기도를 찾아냈기 때문이라는 사실도 알지 못한다. 그러나 어떤 기회가 주어져 러시아 농부의 영적 순례기인 『순례자의 길(The way of pilgrim)』이 삶을 지탱하는 데 필요한 보물을 담고 있다는 사실을 직감한다. 『순례자의 길』을 읽으면서 예수기도를 배운다. 그리고 예수기도는 진정한 인간, 곧 기도하는 사람이 되게 한다.

예수기도란 무엇인가? 예수기도는 여기저기 떠돌아다니며 방황하는 마음을 침묵으로 이끎으로써 기도하는 사람에게 내면의 깊은 곳을 열어주는 고대의 기도 방법이다. 사실 마음을 고요하게 만드는 것은 무척 어렵다. 마음은 오만 가지 생각의 꽁무니를 끊임없이 쫓아다닌다. 머릿속에서는 내적 수다가 무수히 쏟아진다. 예수기도는, 그리고 모든 관상기도 훈련은 이러한 마음의 수다를 멈추려는 시도다. 마음이 내적 수다에 끌려가도록 하는 대신 조용하게 암송할 수 있는 짧은 구절이나 단어를 마음에 제공하는 것이다. 예수기도는 바로 이런 구실을 한다. "주 예수 그리스도, 하나님의 아들이시여, 이 죄인을 불쌍히 여기소서." 이 기도는 간단하게 "예수님"이라는 한 단어로 줄일 수도 있다. 이처럼 마음을 다스리기 위해 짧은 구절이나 하나의 낱말을 활용하는 것은 그리스도교의 오래된 전통이다.

거룩한 단어 [115]

예언자 이사야의 목소리는 관상기도의 본질을 이렇게 전한다. "주께서 **심지가 견고한 자**를 평강하고 평강하도록 지키시리니 이는 그가 주를 신뢰함이니이다"(사 26:3). 마가복음에는 예수께서 자기를 따르는

---

115) 원본 『침묵수업』에는 '기도 낱말'로 되어 있으나, 용어 사용에 혼란을 막고 용어를 통일하고자 하여 '거룩한 단어'로 수정하였다.

한 사람을 눈여겨보시는 이야기가 나온다. 그 사람은 영생을 갈망하는 부자 청년인데, 예수님은 그와의 만남에서 감동을 받으시고는 계속해서 그를 주시하신다. "예수께서 그를 보시고 사랑하사 이르시되"(막 10:21). 대부분의 관상가들은 이사야와 마가가 전하는 것처럼, 이러한 상호 응시 속에서 휴식하는 아주 단순한 행위가 기도라는 사실을 알고 있다. **하나님을 향한 우리의 자기-망각의 응시는 우리를 향한 하나님의 자기-증여의 응시 속으로 용해되며, 이러한 상호 응시 속에서 우리는 쉼을 얻는 것이다.**

십자가의 요한은 깊은 기도를 비슷하게 규정한다. "**하나님의 특별한 속성을 느끼거나 이해하려고 애쓰지 말고, 그저 사랑의 시선으로 하나님을 응시하십시오.**"[116] 이러한 사랑의 시선을 통해 우리는 하나님 안으로 들어간다.

의식이 자의식의 여러 껍질을 벗고 중심 -이 중심은 '충만한 광활함'이며 그 바탕은 하나님이다-을 드러내려면 무엇보다 먼저 침묵이 자라야 한다. 하지만 우리는 이때 숙명 같은 인간 조건에 직면하는데, 그것은 인간이 도무지 침묵하지 못한다는 사실이다. 몸이 침묵하더라도 마음은 폭주하는 열차처럼 무서운 속도로 움직인다. 몸은 기도 장소에 있어도 마음은 다른 곳을 헤맨다. 쇼핑몰이나 지중해의 해변에 있기도 하고 논쟁을 재현하기도 하며, 미래를 염려하기도 하고 과거를 후회하기도 하면서 온 데를 떠돌고 온갖 일을 한다. 그러나 현재라는 순간의 단순성 속에만은 머물지 못한다.

오래전 이집트 사막의 관상가들은 이러한 강박적인 마음의 활동을 훤히 알았으며, 그것이 사람을 분열시키기도 한다는 사실도 잘 알고 있었다. 그들은 사막에서 마귀를 물리치신 예수님을 본보기로 삼으면서 마음을 다스렸다(막 4:1~11; 눅 4:1,13). 복음서를 주의 깊게 읽어보면, 마귀를 만났을 때 예수님은 마귀와 대화하지 않으신다. 대화 대

---

116) Maxims on Love, 9, in The Collected Works of St. John of theCross, trans. K. Kavanaugh and O. Rodriguez (Washington. DC:Institute of Carmelite Studies Publications, 1979), 674.

신 성경 구절을 인용하신다. 117) 예를 들어 마귀가 "네가 만일 하나님의 아들이어든 명하여 이 돌들로 떡덩이가 되게 하라"(마 4:3)라고 했을 때, 예수님은 마귀와 말을 섞지 않고 신명기 8장 3절을 인용하신다. "사람이 떡으로만 살 것이 아니요 하나님의 입으로부터 나오는 모든 말씀으로 살 것이라"(마 4:4) 마귀가 "네가 만일 하나님의 아들이어든 뛰어내리라"(마 4:6)라고 유혹할 때도 예수님은 사탄과 대화하지 않고 성경을 인용하신다. "주 너의 하나님을 시험하지 말라"(마 4:7). 예수님의 이런 대처는 마귀가 떠나갈 때까지 계속된다(마 4:10). 누가는 마귀의 실패를 이렇게 묘사한다. "마귀가 모든 시험을 다 한 후에 얼마 동안 떠나니라"(눅 4:13).

초기 그리스도교 관상가들은 예수님을 본보기로 삼으면서 사막 영성 심리학을 발전시켰는데, 그들은 내적 대화에 사로잡히지 않는 게 중요하다는 사실을 깨달았다. 내적 대화는 기도뿐 아니라 내면의 평화를 해치기 때문이다. 마귀는 인간의 심층에 들어갈 수 없다. 그곳은 주님의 영역이기 때문이다. 하지만 마귀는 우리가 가장 흥미를 느끼는 생각의 패턴 - 사막의 관상가들은 이것을 '정념(passions)'이라고 일컫는다 - 을 폭탄처럼 쏟아부으면서 우리가 내면의 심층에 관심을 갖지 못하도록 훼방한다. 일단 이런 생각의 패턴에 붙들리고 나면, 관상가는 뒤이어 소용돌이치는 비평의 홍수에 완전히 압도당한다. 이 마음의 비디오는 수십 년, 아니 평생 돌아갈 수도 있다.

사막의 관상가들은 마음의 산만함과 수다를 자기들의 삶을 통해 분명하게 알았다. 하지만 예수님을 본보기로 삼음으로써 산만한 생각과의 내적 대화에 마음을 빼앗기지 않을 수 있었다. 짧은 구절을 암송하라는 지침에 따라, 그들은 자신과 대화를 하는 대신 일을 할 때든 홀로 기도할 때든 예수님처럼 짧은 성경 구절이나 낱말을 침묵 속에서

---

117) Evagrius, Antirrhetikos, Prologue, in Evagrius Ponticus. ed. andtrans. W. Frankenberg (Berlin, 1912), 472~473, trans. M. O'Laughlinin V. Wimbush. ed., Ascetic Behavior Greco-Roman Antiquity. ASourcebook. Studies in Antiquity and Christianity (Minneapolis:Fortress Press, 1990), 243~262.

끊임없이 읊조렸다. 포티키의 디아도코스가 좋은 예다. "우리가 하나님을 떠올리면서 산만한 마음을 일단 정지시켰어도 마음은 또 다른 일거리를 계속 찾을 것이다. 마음은 일거리가 있어야 만족하는데, 이러한 마음에 '주 예수'의 이름을 부르는 기도를 제공하는 것이 최선이다. [그래야 성령께서 산만한 마음을 다스리시기 때문이다.] 성경에도 '성령으로 아니하고는 누구든지 예수를 주시라 할 수 없느니라'라고 기록되어 있다(고전 12:3). [따라서 주 예수의 이름을 부르는 사람은 성령께서 다스리신다.] 마음은 자신의 활동 영역에서 이 단어들에 집중해야 그 어떤 정신적인 형상들에도 주의를 빼앗기지 않는다."118)

하지만 분명히 알아야 한다. 아무 생각도 하지 말라는 게 아니다. 마음에는 언제나 무엇인가를 하려고 하는 속성이 있다는 것을 디아도코스는 잘 알고 있다. 그래서 침묵 속에서 짧은 성경 구절을 반복하는 것 같은 일거리를 마음에 제공하라는 것이다. 그것이 거룩한 단어의 특별한 임무다. 거룩한 단어는 마음이 생각의 꽁무니를 쫓아다니지 않게 하며, 일단 생각에 붙들리면 이어지는 비난이나 비평에 재빨리 채찍질을 가한다. 마음이 생각에 사로잡혔다는 것을 알아차리면, 다시 거룩한 단어로 주의를 돌리면 된다. 생각과 씨름할 때 거룩한 단어는 정말 많은 도움을 준다. 이것을 성경은 이렇게 표현한다. '[거룩한 단어]는 모든 생각을 사로잡아서 그리스도께 복종시킵니다'(고후 10:5). 따라서 이런 훈련을 계속하면 내적 고요와 내적 집중을 열매로 얻을 수 있다. 그뿐 아니라 끊임없이 생각하고 수다스럽게 지껄이며, 강박적으로 매달리고 이 떼처럼 바글거리는 의식의 활동을 다스릴 수 있게 된다. 아우구스티누스는 "안식일을 거룩하게 지키라"는 셋째 계명119)에

---

118) St. Diadochos of Photiki, "On Spiritual Knowledge," chap. 59 inThe Philokalia, trans. G. Palmer, R Sherrard and K. Ware (London:Faber and Faber, 1979). vol. I, 270.
119) 십계명 구분은 필론 방식과 아우구스티누스 방식이 있는데, 가톨릭과 개신교 루터교회는 아우구스티누스 방식을 따르고, 나머지 개신교회는 필론 방식을 따른다. 아우구스티누스 방식에는 우상을 만들지 말라는 두 번째 계명이 없다. 따라서 안식일 계명은 세 번째가 된다. 필론의 구분은 둘째 계명에 우상을 만들지 말라는 계명이 첨가되어, 안식일 계명은 네 번째 계명이 된다. 아우구스티누스 방식에 따르면 "이웃의 재물을 탐내지 말라"와 "이웃의 아내를 탐내지 말라"는 계명이 각각 아홉 번째 계명과 열 번

대한 설교에서 자신의 경험을 곁들이며 이 사실을 생생하게 묘사하고 있다.

셋째 계명은 마음의 고요함과 침묵을 즐거워합니다. 그것이 바로 거룩함입니다. 그 침묵 속에 하나님이 현존하시기 때문입니다. 침묵하지 못하는 사람들은 성령을 싫어합니다. 그들은 논쟁을 좋아하고 다투는 것을 좋아합니다. 그들의 마음은 부산하기 때문에 안식일의 침묵은 그들의 삶 속에 스며들지 못합니다. 우리는 그런 부산함과는 다른 안식일을 마음에 받았습니다. 하나님은 이렇게 말씀하시는 것 같습니다. "부산떨지 말아라. 요동하는 네 마음을 고요하게 하여라. 네 머릿속에서 날아다니는 어리석은 환상을 흘려보내라." 하나님은 또 이렇게 말씀하셨습니다. "너희는 가만히 있어(잠잠하라) 내가 하나님 됨을 알지어다"(시 46:10). 하지만 여러분은 침묵을 거절합니다. 여러분은 이집트인들을 괴롭힌 이 떼처럼 바글거립니다. 이 작은 벌레들은 가만히 있지를 못하고 방향도 없이 여러분의 눈에까지 떼 지어 기어들어가 쉬지 못하게 합니다. 쫓아내면 그것들은 즉시 도망갑니다. 여러분의 마음속에 떼 지어 다니는 쓸데없는 망상도 그렇습니다. 이 질병에 감염되지 않도록 주의하십시오.[120]

현재로 들어가는 세 개의 문

예수기도같이 짧은 문장이나 낱말로 하는 기도의 지침은 더 이상 단순해질 수 없을 정도로 단순하다. "기도를 시작하면서 외부를 향해 있던 당신 자신을 거둬들여라. 침묵 속에서 거룩한 단어를 조용히 읊조

째 계명으로 구분된다. 이와 달리 필론 방식은 이웃의 재물을 탐내지 말고 아내를 탐내지 말라는 것을 하나로 묶어 열 번째 계명으로 구분한다 - 옮긴이 주.
120) Sermon 8, On the Third Commandment, in The Works of St. Augustine, 111/1, trans. E. Hill (Brooklyn, NY: New City Press), 244.

리면서 다른 모든 관심을 흘려보내라. 주의를 빼앗겼다는 사실을 알아차리면 거룩한 단어로 부드럽게 돌아가라. 그러면서 한없이 깊은 현재라는 순간의 심연을 향해 나아가라."

이제 나는 우리 안에 있는 '바닥 모를 심연'으로 나아가기 위해 지나야 할 세 개의 문을 설명하려고 한다. 하지만 문은 세 개만 있는 게 아니다. 서른 개나 삼백 개의 문을 말할 수 있을 정도로 그 심연은 무한하다. 엄밀히 말하면 그곳에 이르는 문 같은 것은 없다. 우리는 기도 생활에 진보라는 직선적인 관념을 적용해 '나는 지금 어떤 단계에 이르렀을까?', '나는 얼마나 발전했을까?'와 같은 질문을 던질 때가 있는데, 그런 경우 조심해야 한다. 우리는 기도 생활이 진보했다, 발전했다고 말하지만 사실 기도 생활은 단계를 밟아가며 발전하는 것이 아니다. 토머스 머튼(Thomas Merton)은 생애 말년에 이르러 기도 생활을 이렇게 묘사했다. "기도 안에서 우리는 이미 소유하고 있는 것을 발견한다. 자신이 있는 곳에서 출발하여 이미 소유한 것에 깊이 들어가며, 그곳에서 거기에 이미 있는 자신을 깨닫는다. 우리는 이미 모든 것을 소유하고 있다. 하지만 그런 사실을 깨닫지도 경험하지도 못한다. 그리스도 안에서 모든 것은 이미 우리에게 주어져 있다. 필요한 것은 이미 우리가 소유하고 있는 것을 경험하는 것뿐이다."[121] 바닥 모를 심연 –이 심연의 바탕은 하나님이다– 으로부터 우리를 분리시키는 것은 없다. 하지만 역설적이게도 그 바닥 모를 심연은 여러 문을 통과하고 나서야 보인다. 현재라는 순간은 길 아닌 길을 향해 열려 있는 문 아닌 문이다. 기도의 길에는 이런 역설과 신비가 깔려 있다.

거룩한 단어나 호흡 또는 침묵을 활용한 관상수련은 기도를 하나의 테크닉으로 축소하려는 것이 아니라는 점을 거듭 강조하고 싶다. 테크닉은 어떤 결과를 산출하기 위해 과정을 통제한다. 이와 달리 **관상수련**은 테크닉이 아니라 일종의 장인적 기술이다. 어떤 결과를 도출해내기 위해 과정을 통제하려는 것이 아니라, 직접 통제할 수 없는 과정을

---

121) Quoted in Douglas Button-Christie, "Hunger," Spiritus 5, 2(2005)vii.

좀 더 원활하게 촉진시키려는 일종의 **수행이다.** 물론 관상수련에도 목적이 있지만, 관상적 솜씨를 활용한다고 해서 원하는 대로 목적을 이루는 것은 아니다. 이는 나무들을 자라게 하는 이가 정원사가 아닌 것과 같은 이치다. 정원사는 나무를 가꾸기 위해 꾸준히 연마한 장인의 기술을 발휘한다. 흙을 돋아주고, 물을 주고, 비료를 주고, 잡초를 뽑고, 가지를 친다. 하지만 나무가 자라도록 정원사가 직접 할 수 있는 일은 없다. 그렇다고 정원사가 해야 할 일을 하지 않는다면 나무들은 잘 자라지 못한다. 어쩌면 전혀 자라지 못할지도 모른다. 선원들도 마찬가지다. 그들은 항해에 필요한 많은 기술을 연마하지만, 항해에 필요한 바람을 만들어낼 수는 없다. 하지만 바람을 다루는 선원들의 노련한 기술이 없다면 배는 제멋대로 떠돌아다닐 것이다. 정원을 가꾸고 배를 움직이려면 그런 장인적 기술이 필요한데 그것이 바로 수용성(Receptivity)이다. 기술은 필요한 것이지만 완전한 것은 아니다. 관상적 영성 훈련과 영성 생활도 비슷하다.

관상은 순전한 은총이다. 관상의 꽃을 피우기 위해 우리가 할 수 있는 일은 없다. 하지만 관상의 기술도 중요하다. 그것이 없다면 관상의 꽃은 피어나지 못한다. 인간의 노력과 하나님의 은총은 서로 협력할 때 시너지 효과를 낸다. 그래서 아우구스티누스는 이렇게 말한다. "하나님은 당신 없이 당신을 만드셨습니다. 하지만 당신이 없다면 하나님은 당신을 의롭게 하지 못하십니다." [122] 그래서 아빌라의 성 테레사(St. Teresa of Avila)도 "사랑하는 여러분, 하나님의 은총을 받기 위해 우리가 할 수 있는 일은 많습니다."[123]라고 말했던 것이다. 하나님은 자기 증여의 하나님이다. 언제나 자신을 주신다. 문제는 하나님의 자기 증여를 받아들이지 못하게 하는 장애물이다. 자기 증여의 하나님을 받아들이는 능력, 즉 수용성을 길러주는 것이 관상기도다.

---

122) St. Augustine, Sermon 169, 13, trans. Edmond Hill, Sermons TheWorks of Saint Augustine, 111/1 (New Rochelle, NY: New CityPress, 1992), 231.
123) St. Teresa of Avila, The Interior Castle, V, 2, trans. M. Starr (NewYork: Riverhead Books, 2003), 126.

테레사는 관상기도를 설명하기 위해 누에 이미지를 활용하는데, 이 은유는 매우 유명하다. 누에는 일정한 기간 동안 스스로 고치를 지으면서 그 속에 있다가 어느 날 돌연 나방으로 탈바꿈(변형)한다. 마찬가지로 영혼은 규칙적인 관상기도를 통해 점차 수용적으로 되어가며, 어느 순간 은총은 영혼이 변형되는 것을 도와준다.[124] 관상수련은 서서히 섬세하게 빚어지는 고치와 같다. 테레사는 유쾌하게 말한다. "그러니 벗들, 서두릅시다! 어서 할 일을 합시다. '관상기도'라는 비단 고치를 어서 빚읍시다!"[125]

첫 번째 문

첫 번째 문의 특징은 **많은 사람들이 실제로 겪는 초조함이나 지루함, 그리고 자기 몰두와 같은 문제들과 주로 관련된다.** 기도 경험이 많은 사람이라도 하루에 이삼십 분간 침묵 속에 고요하게 앉아 있기란 쉽지 않다. 하지만 거룩한 단어를 열쇠로 하여 관상수련의 첫 번째 문을 통과하면 그렇게 할 수 있게 된다. 오래전 디아도코스가 알려준 대로 거룩한 단어는 일종의 닻 역할을 한다. 거룩한 단어는 기도하는 우리를 붙들어주고, 쉴 새 없이 돌아가는 마음의 비디오에서 벗어나도록 도와준다.

그리스도교 영성 전통은 다양한 거룩한 단어 사용법을 전해주고 있다. 초기 사막 영성 전통은 짧은 성경 구절을 암송하는 것이 산만한 생각을 다루는 좋은 방법이라고 가르친다. 아우구스티누스는 이런 기도를 '**화살기도**'[126]라고 불렀다. 에바그리우스 역시 『안티레티코스(Antirrheticus)』라는 훌륭한 책에서 다양한 성경 구절을 여러 유형의 산만한 생각을 치료하는 해독제로 제시한다. 그는 기도자를 괴롭히는

---

124) Ibid., 127~130.
125) Ibid., 129.
126) St. Augustine, Letter 130 in The Works of Saint Augustine. II/2,trans. R. Teske (Hyde Park, NY: New City Press, 2003), 193.

생각의 유형에 따라 성경에서 직접 가져온 구절들을 다양하게 분류해 각 상황에 맞게 권한다. 예를 들어 화가 난 사람들에게는 이런 구절을 해독제로 추천한다. "당신들은 길에서 다투지 말라 하였더라"(창 45: 24). "네 이웃에 대하여 거짓 증거 하지 말라"(출 20:16). 127) 당신이 슬픈 생각과 씨름하고 있다면 에바그리우스는 이런 구절들을 추천할 것이다. "누구든지 그리스도 안에 있으면 새로운 피조물이라"(고후 5:17). "너는 그들 때문에 두려워하지 말라 내가 너와 함께하여 너를 구원하리라 나 여호와의 말이니라"(렘 1:8). 128) 이런 식으로 훈련을 하면 몇 가지 영성 훈련을 한꺼번에 하게 되는 이점이 있다. 성경에 관한 지식을 향상시킬 뿐 아니라 내적으로 깨어 있게 하며 마음을 고요하게 하기 때문이다. 자신을 괴롭히는 생각이 어떤 것인지 알려면 내적으로 깨어 있거나 그것을 바라볼 수 있도록 고요해져야 한다. 또한 적절한 구절을 즉시 마음에 떠올릴 수 있게 하려면 성경에 관한 지식이 해박해야 한다.

에바그리우스가 이런 훈련을 권하는 까닭은 경우에 합당한 성경 구절들을 침묵 속에서 암송하면 괴롭히는 생각과 강박적으로 씨름하지 않아도 되기 때문이다. 이런 식으로 관상수련을 꾸준히 하면 심리치료적으로도 효과가 있다. 이런 훈련을 통해 자기 자신과 괴로운 생각(또는 감정)의 관계가 치유되면서 스스로가 변형되기 때문이다. 이렇게 관상수련은 심리치료와 밀접한 관계가 있다. 따라서 고통스러운 생각이나 감정은 장애물이기도 하지만, 어떻게 다루느냐에 따라 내적 침묵을 기르고 성경에 몰입하게끔 도와주는 기회가 되기도 한다. 에바그리우스가 다양한 상황에 적용할 수 있는 성경 해독제를 가르쳤다면, 적어도 동방 정교회 전통에서는 그가 죽은 지 얼마 지나지 않아 이런 성경 구절들이 좀 더 정선된 거룩한 단어로 축소됐는데 그것이 바로 예수기도다.

---

127) Evagrius, Antirrheticus, V, trans. M. O'Laughlin in V. Wimbush,ed., Ascetic Behavior in Greco-Roman Antiquity: A Sourcebook.257.
128) Evagrius, Antirrheticus. IV, in ibid., 256.

디아도코스는 예수기도 초기 전통의 대변자다. 예수기도는 짧은 형태와 긴 형태가 있는데, 디아도코스와 클리마쿠스는 **"예수"**라고만 하는 짧은 형태의 예수기도를 지지한 사람들이다. 수 세기에 걸쳐 전해져 내려오면서 예수기도는 점점 길어졌다. "하나님의 아들, 예수 그리스도시여, 제게 자비를 베푸소서.", "살아 계신 하나님의 아들, 예수 그리스도시여, 제게 자비를 베푸소서.", "주 예수 그리스도, 하나님의 아들이시여, 이 죄인을 불쌍히 여기소서." 그러므로 많은 사람들이 사용한다고 해서 그것이 유일한 예수기도의 형태는 아니라는 것을 알아야 한다.

에바그리우스의 제자인 요한 카시아누스는 사막 영성을 서방교회로 가져온 사람인데, 그는 이런 짧은 기도를 권한다. "오, 하나님, 나를 도우소서. 주님, 지체하지 마시고, 나를 도우소서." 이 기도는 그가 말하는 '**불의 기도**'의 일부다. 129) 또한 침묵 속에서 '**우리 아버지**'라고 하는 기도는 그가 권하는 가장 내밀하고 심오한 기도다. 여기서도 우리는 성경에서 영감을 받은 침묵 기도의 한 방법을 본다.

『**무지의 구름**』을 쓴 익명의 저자는 거룩한 단어로 기도하는 또 다른 방법을 우리에게 전해준다. 그에 따르면 거룩한 단어는 모름지기 단순해야 한다. 또한 의미를 많이 함축하고 있는 단어여서도 안 된다. 의미가 많이 함축되어 있으면 기도하는 동안 그 의미를 생각하기 때문이다. 거룩한 단어는 한 단어면 좋다고 하면서 그는 이렇게 말한다. "**한 음절로 된 짧은 단어를 선택**하십시오. 그것이 두 음절의 단어보다 낫습니다. 짧을수록 성령의 활동을 잘 받아들입니다. '하나님'이나 '사랑'과 같은 단어가 그런 거룩한 단어입니다. 당신의 마음에 다가오는 단어를 선택하십시오. 어떤 단어를 선택하든 그 단어를 당신의 심장에

---

129) See John Cassian, Conference 9 and 10. in John Cassian:Conferences, trans. C. Luibheid and N. Russell (Mahwah, NJ:Paulist Press, 1985). [카시아누스에게 기도의 절정은 완전하고 순수한 기도, 즉 '**불의 기도**(Prayer of fire)'다. 불의 기도가 바로 '침묵기도'인데 그것은 우리의 영혼을 황홀의 극치로 인도한다. 불의 기도는 모든 악독뿐 아니라 모든 소유 본능도 뛰어넘는 모든 것을 완전히 포기한 영혼의 상태를 말한다 - 옮긴이 주.]

단단히 묶어놓으십시오. 그 어떤 일이 일어나도 그것과 분리되지 마십시오."130)

『무지의 구름』의 저자는 예수기도를 모르거나 예수기도 방식에 동의하지 않을지도 모른다. 그러나 거룩한 단어가 마음을 빼앗는 생각을 알아차릴 때 끊임없이 돌아가야 할 피난처가 되어야 한다는 점에는 분명히 동의한다. 오늘날에는 토머스 키팅(Thomas Keating)과 존 메인(John Main)의 가르침을 살펴볼 만하다. 토머스 키팅은『무지의 구름』에서 얻은 영감과 현대 심리학을 잘 조화시켰으며, 존 메인은 사막 영성에 뿌리내린 관상기도를 가르쳤다. (하지만 존 메인은 다양한 거룩한 단어가 아니라 '**마라나타**'만을 거룩한 단어로 권한다.)131) 이처럼 그리스도교 영성 전통에는 거룩한 단어를 사용하는 기도(낱말기도)에 관한 다양한 방법이 전해지고 있는 것이다. 방법이 다양하긴 해도, 기도 중에 마음이 산만해지는 문제가 생긴다는 점과 이때 거룩한 단어가 도움이 된다는 데 대한 인식은 동일하다.

어쩌면 당신은 거룩한 단어를 마음으로 반복하는 것이 또 다른 마음의 비디오를 돌아가게 하는 것이나 다름없지 않느냐고 물을지도 모른다. 어떤 면에서는 그렇다고 할 수 있다. 거룩한 단어를 반복하는 것에는 분명히 추론적인 차원이 내재되어 있다. 하지만 세 번째 문을 통과하면서 이 문제는 해결될 것이다.

거룩한 단어는 일종의 예방 주사다. 질병을 일으키는 균을 환자에게 일정량 투여함으로써 항체를 형성시키면 그 질병에 걸리는 것을 예방할 수 있는 것과 같다. 관상적 영성 훈련에서 질병은 지나치게 활동하는 마음이다. 물론 일상의 다양한 일을 처리하려면 반드시 마음의 활

---

130) The Cloud of Unknowing. trans. A. C. Spearing (Harmondsworth UK: Penguin Classics, 2001), chap. 7, 29. [이 책〈무지의 구름〉의 저자는 1음절로 된 단어로 'God'과 'Love'를 추천하는데 이것은 영어 단어로는 1음절이지만, 우리말로 '하나님'이나 '사랑'으로 번역하면 엄밀히 말해 3음절과 2음절이 된다 –옮긴이 주.]
131) Thomas Keating. Open Mind, Open Heart: The Contemplative Dimension of the Gospel(New York: Crossroad, 2001); JohnMain, Word into Silence (London: Darton, Longman and Todd,1980).

동이 필요하다. 하지만 마음의 산만한 활동은 존재의 심연을 보지 못하게 함으로써 하나님과 이웃에게서 우리가 분리됐다는 느낌을 갖게 한다. 하나님과 분리됐다는 느낌, 그리고 생각과 감정에서 생긴 정체감에는 마음의 작용과 관련된 수많은 파편이 달라붙어 있다.

거룩한 단어라는 백신은 잠심(潛心)과 초연함의 태도를 길러준다. **잠심**은 기도를 시작할 때부터 내적으로 평화로운 느낌을 주며, 우리를 점차 깊은 평화로 이끌어 간다. 이것은 내적인 평화와 혼돈의 공통 기반이다. 이것을 사막 영성 전통은 **아파테이아**(apatheia)라고 불렀다. 초연함은 마음에서 일어나는 모든 것들을 흘러가게 하며, 쉴 새 없이 벌어지는 마음의 장난을 지켜보게 한다.

가장 먼저 할 일은 거룩한 단어를 선택하여 잘 간직하는 것이다. 어떤 사람들은 거룩한 단어를 선택하는 일 자체에 과도하게 몰두하기도 하는데 그럴 필요는 없다. 그저 단순히 당신을 이끌어줄 단어나 당신을 있는 그대로 내버려 둘 수 있는 단어를 선택하면 된다.

첫 번째 문을 통과할 때 사람들이 직면하는 과제는 한편으로 머릿속의 엄청난 소음을, 다른 한편으론 무미건조한 지루함을 극복하는 일이다. 때로 마음은 크게 요동하기도 하고 격렬한 소용돌이에 휘말리기도 한다. 하지만 **지침은** 간단하다. 이것을 알아차리면 **그냥 부드럽게 거룩한 단어로 돌아가라.** 혼란스러운 생각을 없애려거나 다른 평화로운 생각으로 대체하려 애쓰지 말라. 그럴수록 더 많은 생각에 사로잡힌다. 그냥 단순하게 [**거룩한 단어**]로 돌아가라. 132) 어쩌면 스스로를 이렇게 비난할지도 모른다. "이렇게 앉아 있는 것은 정말 지루하기 짝이 없고 어리석은 일이다." 하지만 이것은 또 다른 생각이 일어난 것일 뿐이다. 이때도 지침은 똑같다. **생각을 바라보라. 그대로 내버려둬라. 그리고 거룩한 단어로 돌아가라.** 이렇게 간단한 훈련이 바로 '관상수련(관상수도)' 또는 관상기도다.

때때로 특히 관상수련 초기에 자의식에 사로잡히는 경우가 있다. 자

---

132) 우리가 하는 '머리를 살짝(가볍게) 움직이는 것'은 거룩한 단어를 사용하는 것과 같은 행위(원리)로 이해하기 바란다.

신이 관상적으로 되는 것을 바라보면서 매혹당하기도 하고, 이러한 자의식 자체가 너무 어색해 마음이 흐트러지기도 한다. 이럴 때도 지침은 똑같다. 생각을 바라보라. 그대로 내버려두라. 그리고 거룩한 단어로 돌아가라. 이러한 훈련을 통해 습득되는 기술은 첫 번째 문을 통과하는 데 반드시 필요하다. 이런 기술은 일종의 정신의 습관을 형성한다. 마음의 상태가 평화롭든 지옥 같든, 마음속에서 일어나는 생각의 소용돌이 한가운데서 거룩한 단어로 돌아가는 데 점점 익숙해지는 것이다. 생각을 알아차릴 때마다 거룩한 단어로 돌아가는 습관이 형성된다고 해서, 매번 거룩한 단어를 기계적으로 반복하라는 말이 아니다. 테오파네스는 예수기도에 대해 이렇게 충고한다. "예수 기도의 낱말들을 기계적으로 반복하려고 해서는 안 된다는 사실을 잊지 말라. 그것은 단지 기도를 자동 반복하는 습관을 길러줄 뿐이다… 물론 그것도 나쁘지 않겠지만, 그것은 외적으로 통제하려는 극단적인 방법일 뿐이다."133) 거룩한 단어로 하는 기도 훈련은 단지 테크닉을 정확하게 구사하는 것보다 훨씬 더 많은 것을 포괄한다. "낱말기도의 힘은 주님에 대한 신심에서 오는 것이며, 마음과 심장이 주님과 깊게 일치할 때 생긴다."134) 거룩한 단어로 하는 관상수련이 내면에 뿌리내리고 관상수련에 들이는 시간이 더 많아짐에 따라 추론하는 일이 불필요해지고, 내면의 비디오를 보는 시간도 점차 줄어들 때 우리는 첫 번째 문을 지나 현재라는 순간에 들어선 것이다. 그것은 쉽게 감지할 수 없지만 분명하게 형성되고 있는 흐름이다. 새로운 곡을 연습하기 시작할 때 피아니스트에게 일어나는 일처럼 말이다. 새 곡을 처음 연주할 때는 어색하고 어렵고 자주 중단된다. 하지만 연습에 연습을 거듭하면 어느 날 갑자기 자연스럽게 연주할 수 있게 된다. 자의식의 어색함은 사라지고, 거룩한 단어는 피난처가 된다. 바로 이때 기도의 양이 기도의 질을 획득한다.135)

---

133) The Art of Prayer: An Orthodox Anthology, compiled by IgurnenChariton (Lodon: Faber and Faber, 1966), 99~100.
134) Ibid..
135) M Franny and Zooey, 37.

두 번째 문

두 번째 문을 통과할 때는 베 짜는 사람이 베틀과 하나 되고 무용수가 춤과 하나 되는 것처럼 우리가 거룩한 단어와 하나 되는 것이 가장 중요하다. **거룩한 단어로 돌아가는 것이 자연스러워지고,** 그게 여전히 돌아가고 있는 마음의 비디오를 보는 일보다 **더 흥미로워진다.** 물론 내면의 비디오는 주의를 빼앗을 것이다. 하지만 거룩한 단어로 돌아가는 것이 **습관으로 자리 잡으면** 우리는 거룩한 단어 안에서 자기 자신을 잊기 시작한다.

처음에 거룩한 단어는 어색하고 거북했다. 침묵 속에서 거룩한 단어를 떠올리기란 힘이 드는 정신 활동이었다. 하지만 두 번째 문을 통과하면서 사정은 달라진다. 침묵 속에서 **거룩한 단어**를 되풀이하여 떠올림에 따라 **정신적인 언어활동은 줄어들고 단순하게 알아차리는 능력이 자라난다.**

관상기도가 몸에 배면 육체적이고 정서적인 유익을 경험하기도 한다. 혈압이 내려가거나 안정되기도 하고 맥박이 느려지기도 한다. 정서적인 유익은 훨씬 많다. 삶은 계속해서 스트레스와 긴장감을 더할 테지만, 우리는 점점 고통의 원인이 우리 자신임을 깨달을 것이며 어떤 사건도 흘려버릴 수 있는 능력을 갖게 될 것이다. 어려웠던 일도 좀 더 쉽게 극복할 수 있을 것이다.

사람들이 으레 생각하고 말하고 행하고 좋아하는 것들 중에는 통제하지 않아야 살아나는 것들이 있다. 그렇다. 지혜와 건강, 생명과 사랑과 같은 것들은 힘으로 통제하려고 해서 얻을 수 있는 것들이 아니다. 항해를 하려면 바람을 통제하기보다 잘 이용해야 하듯, 그것들을 얻으려면 현재의 순간에 수용적으로 참여해야 한다. 마음의 다양한 비디오나 그것들을 억제하려는 전략에 빠지지 않고, 단순히 거룩한 단어로 돌아가는 수련이 바로 현재에 수용적으로 참여하는 것이다. 내적 침묵이 깊어질수록 생각과 감정을 다루는 능력도 커지며, 낱말기도에 더욱 몰두할 수 있게 된다.

테오파네스는 거룩한 단어를 사용 하는 관상기도가 기계적인 일은 아니라고 하면서 "온 힘을 다해 예수기도에 힘쓰라"136)고 말한다. 그에게 관상기도는 예수기도만을 뜻하지만, 잠심에 이르게 하는 다른 관상수련도 예수기도처럼 내적 침묵의 열매를 맺게 한다. 이를테면 **십자가의 요한처럼 그 어떤 거룩한 단어의 도움도 받지 않고 그저 사랑의 의식을 품은 채 가만히 앉아 있는 것**도 훌륭한 관상기도다. 아무튼 테오파네스는 "온 힘을 다해 예수기도에 힘쓰라"고 말한다. 그는 바닥모를 심연에 이르게 하는 거룩한 단어의 힘을 잘 알고 있다.

두 번째 문이 열리려면 내 쪽에서 아무런 노력도 하지 말아야 한다. 은총과 섭리로 일단 문이 열리고 나면, 거룩한 단어를 통해 형성된 몇 가지 기술이 필요하다. 그 기술이란 **흘려버리고, 내버려두고,** 현재라는 순간의 심층에 **머무르는 것**이다. 이런 과정을 최대한 촉진시키려면 시간을 넉넉히 들여 거룩한 단어를 사용하는 '관상기도'에 힘써야 한다.

생각과의 씨름은 첫 번째 문을 통과할 때부터 시작되는데, 그 문을 통과한 다음에는 생각과의 씨름이 더욱 정교해져야 한다. 그렇게 해야 추론에 집착하는 마음의 경향을 정화할 수 있기 때문이다.

생각하는 마음은 주먹을 움켜쥐듯 무언가 붙들 것을 끊임없이 찾으면서 의식(awareness)을 지배한다. 이와 달리 관상은 움켜쥔 손을 펴듯 붙들려던 것을 흘려버리면서 의식 자체와 단순하고 직접적으로 관계한다. 이렇게 무엇인가를 붙들려는 마음의 경향은 치유되어야 하고, 정화되어야 하며, 통일되어야 한다. 그래야 마음은 고요에 이르며, 수용적으로 되기 때문이다.

첫 번째 문을 지날 때 거룩한 단어는 방패 혹은 피난처 역할을 한다. 생각에 붙들린 것을 알아차리면, 거룩한 단어로 돌아가면 되기 때문이다. 두 번째 문에 가까이 다가갈 때 거룩한 단어는 우리가 좀 더 미묘한(subtle)137) 것을 지속적으로 주시하게 한다. 우리의 주의를 빼

---

136) The Art of Prayer, 90~91.
137) subtle 역자는 '정묘한'이라 했다. 'subtle[sʌ́tl]'의 의미는 ① **미묘한**, 포착하기 힘든, 난해한 • a ~ difference (nuance) 미묘한 차이(뉘앙스) • a ~ humor 미묘한 유머. ② (향기·용액·기체 따위가) 엷은, 희박한, 희미한 • a ~ odor of

앉는 생각과 감정을 만들어내기도 하고 쫓아다니게도 하는 마음의 집착 패턴을 주시하게 하는 것이다. 예를 들어 우리가 분노나 억울함과 같은 생각과 씨름하고 있다고 하자. 첫 번째 문을 지날 때 우리는 분노(이것도 생각이다)에 언제 주의를 빼앗기는지 알아차리는 능력을 얻는다. 두 번째 문을 지날 때, 우리는 거룩한 단어를 통해 빚어지는 내적 침묵을 통해 억울함(이것도 생각이다)을 알아차릴 뿐 아니라, 그 생각(억울함)의 바탕에 있는 정신적이며 정서적인 패턴도 알아차리는 것이다. 이때 우리는 우리를 화나게 하거나 두렵게 했던 과거의 상처를 스스로 비평한다. 이러한 비평은 마음이 수백만 개의 손 중 하나의 손으로 무엇인가(실제적인 것이든 상상한 것이든) 움켜쥐려 할 때 일어난다. 이렇게 마음은 자신의 한 손으로 무언가 움켜쥠으로써 우리의 주의를 빼앗은 분노에 관한 이야기를 스스로 지어내는데, 이것이 바로 억울함이다. 스스로 지어낸 이야기를 알아차리는 능력은 아주 중요하다. 왜냐하면 분노에 대한 정교한 비평이 사라지게 하는 법을 배울 때까지 우리는 그것에서 해방될 수 없고, 또 우리가 비평하고 있다는 것을 깨달을 때까지 그것이 사라지게 할 수 없기 때문이다. 거룩한 단어로 하는 관상기도가 더욱 깊은 내적 침묵으로 인도함에 따라 우리는 머릿속에서 지어내는 이야기를 고요하게 바라보게 되는데, 이전에는 그런 적이 없었다.

테오파네스는 거룩한 단어가 "당신과 함께하면서 이끌어갈 것"이라고 말한다.138) 낱말기도를 통해 감정의 정교한 작용을 봄으로써 우리는 정신의 심층에 있는 집착 패턴과, 그 패턴을 움켜쥐면서 고통스러운 생각과 감정을 만들어내는 것을 보게 된다. 이러한 해방과 자유의 역동이 두 번째 문을 통과할 때 나타나는 특징이다. 거룩한 단어로 관

---

perfume 엷은 향수 냄새 • ~ air 희박한 공기. ③ (지각·감각 등이) 예민한, 명민한; (두뇌 등이) 명석한, 회전이 빠른 a ~ intelligence 예민한 지성 • her ~ brain 그녀의 명석한 두뇌. ④ 교활한, 음흉한 • a ~ trick 교활한 수단. ⑤(약·독 따위가) 부지불식간에 작용하는; (병 따위가) 잠재성의 • a ~ drug 부지불식간에 몸속에 퍼지는 독말. ⑥ 솜씨 있는, 교묘한, 창의력이 풍부한 • a ~ painter 창의력이 풍부한 화가. (*영한 엣센서)

138) Ibid.

상기도를 하는 동안 억압된 것들이 의식에 나타나면서 괴롭히기도 하는데, 토머스 키팅은 이런 현상을 '**무의식을 덜어냄**'이라고 불렀다. 139) 그러나 이것이야말로 해방을 가져다주는 관상기도의 본질로서, 이전에는 알아차리지 못했던 것을 알아차리는 것이다. 이렇게 무의식을 덜어내고 이전에 알아차리지 못했던 것을 알아차리면, 마침내 우리는 이미 우리 안에 있는 광활하고 성스러운 어떤 것, 즉 정신의 집착 패턴보다 더욱 깊은 곳에 있는 침묵의 영지를 발견한다.

거듭 말하지만, 첫 번째 문에서 거룩한 단어를 사용할 때, 그것은 거룩한 생각을 포함한 온갖 생각의 폭격에서 우리를 지켜주는 피난처 혹은 방패 역할을 한다. 그렇다고 거룩한 단어가 생각이 일어나지 않게 하지는 않는다. 그것은 우리가 생각에 붙들리지 않도록 도와준다. 두 번째 문을 지날 때 거룩한 단어의 용법은 변한다. 거룩한 단어에 더 깊이 몰입할수록 거룩한 단어를 성가신 생각을 막아주는 방패로는 점점 사용하지 않게 된다. 이제 우리는 생각을 비평하는 대신 고요함 속에서 생각을 만난다. 우리는 생각을 **그냥 내버려둔다**. 그 생각을 뒤쫓지도 않으며, 그 생각에 대한 비평도 만들어내지 않는다.

첫 번째 문에서 거룩한 단어를 피난처와 방패로 사용하는 것은 매우 중요하다. 하지만 그곳에서는 '이런 생각을 하면 안 되는데', 또는 '그런 생각을 흘려버려야 하는데'와 같은 마음의 비평이 계속된다. 분리된 '나'는 여전히 존재한다. 그 '나'는 흘려버려야만 하는 객관적인 생각을 갖고 있다. 이것이 바로 첫 번째 문에서 펼쳐지는 상황이다. 그런데 문제는 당신과 거룩한 단어가 여전히 분리되어 있다는 것이다. 하지만 거룩한 단어가 내적 통합을 촉진함에 따라 이러한 자의식, 즉 분리된 '나'의 지배력은 점점 줄어든다. 두 번째 문의 문지방을 넘으면서 '이런 생각을 하면 안 되는데'와 같은 비평은 사라진다. 우리는 더 이상 생각을 방패로 막아내야 하는 고통스러운 것으로 대하지 않는다. 거룩한 단어는 생각을 단순한 내적 침묵 속에서 비평 없이 대하게 한다. '생각을 흘려버려야 하는데'와 같은 비평은 사라진다.

---

139) Open Mind, Open Heart, 93~107.

테오파네스는 '예수기도를 할 때 **마음과 주님 사이에 그 어떤 형상도 끼어들지 않게 하라**'고 충고한다.140) 우리를 거룩한 단어와 분리시키는 생각이나 형상·비평을 붙들지 않을 때 거룩한 단어와 우리는 하나가 된다. 거룩한 단어는 점차 막아주는 방패에서 강과 하나인 강바닥으로 변한다. 강바닥은 상류에서 무엇이 흘러 내려오는지, 하류로 무엇이 떠내려가는지 상관하지 않는다. 즉 비평하지 않는다. 떠내려오는 것을 받아들이는 것과 흘려버리는 것은 하나의 행위다. 생각과 감정의 끊임없는 흐름에서 우리는 같은 것을 경험한다.

두 번째 문을 지나면서 사람들은 더 이상 거룩한 단어를 반복할 필요가 없다는 것을 깨닫는다. 반복하더라도 드물게 할 뿐이다. 그리스도교의 어떤 관상가들은 다르게 가르치기도 하지만, 내가 생각하기에 두 번째 문을 지날 때 거룩한 단어가 고요해지는(사라지는) 것은 지극히 자연스러운 일인 것 같다. 첫 번째 문을 지날 때는 거룩한 단어를 반복하는 것이 절대적으로 필요하다. 그러나 여기서도 거룩한 단어의 주요 목적은 생각을 뒤쫓던 주의를 되돌려 현재에 머물도록 돕는 것이다. 물론 거룩한 단어를 반복하는 것은 유익한 훈련이지만, 우리는 다음과 같은 테오파네스의 말을 늘 기억해야 한다. **"거룩한 단어는 기도의 도구이지 본질이 아니다."** 141) 우리가 침묵에 푹 젖을수록 거룩한 단어도 침묵한다. 또한 생각이 거룩한 단어와 우리를 덜 분리시킬수록 거룩한 단어와 우리는 더욱 하나가 된다.

두 번째 문을 지나면서 우리는 침묵 안에 있는 존재의 근원적 바탕을 조금씩 알아차린다. 마음으로 거룩한 단어를 되풀이하든 안하든, 거룩한 단어는 바탕의식 안에 흔적 없는 흔적을 남기면서 우리를 침묵으로 인도한다. 거룩한 단어의 현존에 주의를 돌리는 것만으로도 우리는 모든 생각이 나타나기도 하고 사라지기도 하는 침묵 속에 잠겨든다. 이제 거룩한 단어 훈련을 통해 그냥 있는 것(just being)을 배운다. 여기서 우리는 세 번째 문이 열리기를 기다린다.

---

140) The Art of Prayer, 100.
141) Ibid., 101.

세 번째 문

세 번째 문을 지나려면 침묵 속에 단순히 있으면서 깨어 기다려야 한다. 이런 식으로 기도하는 것에 익숙해지면 자연히 생각을 분별하는 기술을 습득하게 된다. 생각은 의식 속에 나타나기도 하고 사라지기도 하는데, 세 번째 문은 당신의 주의를 생각으로부터 생각을 알아차리는 의식 자체로 옮겨준다. 생각에서 의식 자체로 주의를 옮기는 것은 아주 단순해 보이지만, 그것이 마음을 아주 잠깐이라도 고요에 머물게 하는 것이다. 하지만 추론적이며 계산하고 따지는 데 익숙한 마음은 침묵에 대한 정신적 관념을 형성하거나 '마음이 고요하다'와 같은 생각을 만들어냄으로써 고요한 마음 자체를 다시 의식의 대상으로 만들어 버린다. 그리고 비평이 시작된다. 이제 우리는 생각의 교묘한 작용을 잘 알고 있고, 거룩한 단어를 사용하여 이런 생각에서 벗어나는 법을 배웠다. 또한 생각에 반복적으로 집착하는 대신 침묵 속에서 그것을 비평 없이 대하는 법도 배웠다. 주의를 의식의 대상에서 의식 자체로 돌릴 수 있게 된 것이다. 이때 거룩한 단어는 조용해진다. 물론 의식의 표면에서는 거룩한 단어를 조용하게 암송할 수도 있다. 여기서 우리는 때가 무르익어 현재라는 순간이 문을 열기를 기다린다.

세 번째 문을 지나면서 우리는 언어를 초월한 것(ineffable)을 만난다. 그것은 '이것'이나 '무엇'이 아니다. 생각과 감정과 언어로는 포착될 수 없는 것이다. 이제 거룩한 단어는 우리에게 무엇인가 열어준다. 그것은 의식의 또 다른 대상이 아니라, 모든 존재의 중심인 바닥 없는 바탕(groundless ground)을 드러내 보인다. 이 바탕은 묘사하기 어려운 광활함으로서, 모든 곳에서 흘러나오지만 어떤 곳에서도 흘러나오지 않는 강물로서, 그리고 빛나는 무(無)가 흘러넘칠 정도로 충만한 대양으로서 마음에 새겨진다. 나는 지금 의식에 나타나는 특정 대상, 이를테면 보거나 느낄 수 있는 어떤 대상 또는 당신에게 현전(現前)하는 어떤 대상을 묘사하고 있는 것이 아니다. 나는 지금 그 어떤 언어도 가본 적 없는 곳, 언어의 근원이라 할 수 있는 곳을 묘사하려 애쓰고 있다. 이제 해일과 같은 침묵이 지각의 해안으로 밀려온다. 지각은 드넓게 펼쳐지면서 빛·일치·고요·광활함과 같은 은유로 침묵의 해일을 받아들인다.

이러한 광활함을 주시하는 것 자체가 바로 이 광활함이다. 빛나는 깊음을 바라보는 것 자체가 빛나는 깊음이다. 시편 시인은 이것을 "깊은 바다가 서로 부르며"(시 42:7)라고 간결하게 묘사한다. 침묵의 영지에 이르는 세 번째 문을 온전히 통과할 때 우리는 이 경지를 깨닫는다.

세 번째 문으로 이동했다는 것을 보여주는 특징 중 하나는 **우리의 자아감이다.** 한편으론 정체성에 대한 확고하고도 고요한 확신이 **모든 가식과 위선을 대체한다.** 동시에 개념이나 언어, 형상이나 느낌은 우리의 진정한 모습을 결코 제대로 표현할 수 없다는 것을 깨닫는다. 그것들은 우리의 진정한 정체성이 들어갈 수 있는 곳만큼 깊게 들어갈 수 없기 때문이다. '너'나 '나'와 같은 어휘로도 부족하다. 우리가 '자신'이라고 부르는 대부분의 것들은 덧붙여진 딱지일 뿐이다. '자아'라고도 부르는 이러한 딱지는 일상의 실제적인 일을 다루는 데 꼭 필요하다. 그리고 에니어그램이나 주술이나 세무 관리 등의 일과도 많이 관련된다. 하지만 세 번째 문에서 출현하는 '비자아적 자아(unselfd self)'에는 그 어떤 이름도 덧붙일 수 없다.

그렇다고 정체성이 상실되지는 않는다. 오히려 정체성이 만개한다. 그리고 세례가 선언하는 그리스도교 근본 진리의 향기를 들이마신다. 나의 '나 됨'은 그리스도의 '나 됨'과 동일하다. 전통적인 신학 용어로 표현하자면 우리는 '형상'에서 '모양'으로 옮겨간 것이다. 142) 디아도코스는 이렇게 말한다. "우리는 하나님의 형상을 따라 지어졌다. 하지만 위대한 사랑을 통해 자신의 자유를 하나님께 완전히 복종시킨 사람만이 그분의 모양을 덧입는다. 왜냐하면 **우리가 우리 자신에게 속하지**

---

142) 참조: 마틴 레어드는 '관상기도(Contemplatitive prayer)'라는 말 대신 '관상수련(Contemplatitive Practice)'이라는 말을 즐겨 쓰는데, 이 둘은 같은 의미이다. 나는 문맥에 따라 관상수련을 관상기도라고 번역하기도 했다. —옮긴이 주.

않을 때라야 사랑을 통해 우리를 자신과 화해시킨 그분의 모양처럼 되기 때문이다."143) 디아도코스가 말하는 '자신에게 속하지 않음'이 하나님 안에 있는 우리의 정체성이며 진정한 본질이다. 생각도 그것을 붙들 수 없으며, 시간도 그것을 건드릴 수 없다. 오히려 그것이 모든 생각과 모든 시간과 우리의 생사를 포함한다. 그것이 바로 "내가 너를 모태에 짓기 전에 너를 알았고"(렘 1:5) 했을 때의 '너', 즉 태어나기 전, 영원 전부터 하나님이 아셨다는 우리 자신이다. 사도 바울도 갈라디아 교회에 보낸 편지에서 자유에 관해 말하면서 다음과 같이 선언한다. "이제는 내가 사는 것이 아니요 오직 내 안에 그리스도께서 사시는 것이라"(갈 2:20).

사람들은 위와 같은 본질 차원에 대한 깨달음을 묘사하기 위해 빛의 은유를 사용하곤 한다. 그 차원은 추론하는 이성에게는 어둠이지만 덕과 관상을 추구하는 마음에게는 빛이다. 니사의 그레고리우스는 그 차원을 '빛나는 어둠'이라 불렀다. 또한 디아도코스는 이런 깨달음을 '**정신의 빛**'이라고 말하면서, 이를 거룩한 단어 - 그에게는 예수의 이름이 거룩한 단어였다 - 로 관상수련을 오래할 때 맺을 수 있는 열매라고 하였다. "영광스럽고 거룩한 이 이름을 가슴 깊은 곳에서 쉬지 않고 묵상하는 사람들은 자기 자신에게 있는 지성의 빛을 볼 것이다."144) 이 말은 환상을 본다든지 물리적 빛이 나타났다가 사라진다든지 개념이나 이미지로 파악할 수 있는 하나님의 형상이 나타난다는 의미가 아니다. 십자가의 요한도 하나님에 관해 말할 때 비슷한 이미지를 사용한다. **"당신은 내 지성을 밝히는 신적 빛입니다. 그것으로 나는 당신을 볼 수 있습니다."**145) '정신의 빛'은 의식의 바탕에 대한 은유다. 우리는 그 바탕이 보여 주는 무엇인가를 지각한다. 하나님 곧 바닥없는 바탕

---

143) "On Spiritual Knowledge," chap. 4, in The Philokalia, vol. I. 253.
144) Ibid., chap. 59, 270.
145) St. John of the Cross, The Living Flame of Love, I. 26, in The Collected Works of St. John of the Cross. 589.
 　추가 ; 십자가 요한. 방효익 역 『사랑의 산 불꽃』 1.26,(서울, 기쁜소식, 2007) p.39 "이제 전처럼 당신이 내게 어둡지 않을 뿐만 아니라 이제는 당신을 바라볼 수 있는 내 지성에게 거룩한 빛이시기도 합니다."

에 관한 무엇인가가 지각의 해안으로 밀려오며, 우리는 그것을 광활함, 빛나는 광대함, 모든 존재가 하나라는 느낌, 만물이 무한을 드러낸다는 느낌으로 경험한다. 시인인 제프리 힐(Geoffrey Hill)은 그 느낌을 이렇게 표현했다. "찬란하게 빛나는 어둠… 쉬지 않고 밀려드는 허허로움."146) 이런 경험은 온갖 긴장과 통제, 시련과 실패, 의무감의 소용돌이 속에서도 내적으로 깊은 해방감과 자유를 맛보게 한다.

거룩한 단어는 이런 각성을 돕는 훌륭한 도구다. 우리에게서 이런 각성이 일어나면, 다시 말해 바울이 말한 대로 "모든 생각을 사로잡아 그리스도에게 복종하게 하니"(고후 10:5). 그 어떤 보석보다 값진 것을 깨닫는다. 하나님이라고 부르는 이러한 빛나는 바탕이 모든 피조물을 유지하는 바탕으로서, 단테의 표현대로, "태양과 뭇별을 움직이는 사랑"147)이라는 것을 알게 되는 것이다. 또한 이것은 가슴의 심연이며, 하나님께 잠기고 하나님으로 흠뻑 젖은 의식 자체라는 것도 깨닫는다. 여기서 우리는 약속의 땅에 들어간다. 피조물의 정체성을 잊고 침묵 속에서 자기를 완성함으로써 형상에서 모양으로 변형되어(창 1:26) "그리스도와 함께 하나님 안에" 감춰지는 것이다(골 3:3).

우리가 거룩한 단어를 계속 반복해야 하는지 말아야 하는지는 추론적인 마음이 고요해질 필요가 있는지 여부와 관련된다. 어떻게 기도를 하든지 간에 특히 예수기도를 할 때는 거룩한 단어에 대해 경건함·감사함, 또는 성스러움의 감정이 지속되기 마련이다. 사람마다 차이가 있겠지만, 세 번째 문을 통과한 후의 관상수련은 의식 자체에서 흘러나오는 빛나는 광활함, 또는 모든 존재가 출몰하는 의식이라는 강바닥을 고요하고 맑은 눈으로 응시하는 것이다.

거룩한 단어로 기도하는 것은 단순히 테크닉이 아니다. 거룩한 단어는 의식을 비추는 거울이다. 내면으로 마음의 시선을 돌리면서 고요의

---

146) Geoffrey Hill, "The Pentecost Castle, 13," in Collected Poems(London: Andre Deusch,1986), 143.
147) Dante, Paradiso, XXXIII, 145. trans. A. Mandelbaum (New York: AKnopf, 1984).

기도를 하기 시작할 때 우리는 내적 혼돈에 직면한다. 이때 거룩한 단어는 폭풍 속의 닻이며, 온갖 생각과 감정의 맹폭, 지루함과 초조함의 폭풍에서 우리를 보호해줄 방패요 피난처다. 거룩한 단어로 계속 기도하다 보면 잠심과 주의력이 깊어진다. 이윽고 우리는 내면에 자리한, 혼돈보다 깊은 차원을 알게 된다. 이제 거룩한 단어에서는 이전과 달리 어떤 깊이가 느껴진다. 이때쯤 "더욱 깊은 곳으로 들어가라"는 테오파네스의 충고가 이해되기 시작할 것이다. 우리가 통과하는 문들은 바탕의식 또는 의식 자체, 곧 내면의 심층으로 들어가는 문들이기도 하다. 의식 자체, 그리고 그 심층에서 우리는 빛나는 어둠과 함께 은총의 하나님을 만나는데, 그 하나님은 이미 "내가 내 자신에 가까운 것보다 더 나에게 가깝게" 빛나고 계신다.

거룩한 단어가 하는 일은 정확하게 무엇인가? 거룩한 단어는 아주 부드럽게 현재의 순간을 드러낸다. 또한 마음의 시선이 내면을 향하게 하면서 내적 침묵을 유지시킨다. 이러한 내적 침묵은 마음의 소음을 제거한다. 이런 과정을 통해 우리는 상상한 것보다 훨씬 깊은 심층(심연·깊음)이 우리 안에 있음을 발견한다. 그렇다. 우리의 내면에는 혼돈과 혼란, 정서적 집착과 불안, 분노의 기억만 있는 게 아니다. 또한 경이로운 추론 이성, 상상력이 풍부한 통찰, 무의식적 본능만 있는 것도 아니다. 빛나는 모호함과 항상 함께 흐르면서 모든 정신 과정의 바탕이 되고, 모든 것과 하나요 하나님과 하나인 의식의 심연도 있는 것이다. 거룩한 단어는 현재의 순간으로 들어가는 것을 도와준다. 거룩한 단어가 고요해질 때까지…. 마침내 영적으로 무엇인가 성취하려는 모든 노력은 고요해지며, 우리의 기도는 그저 빛나는 광활함을 응시하는 빛나는 광활함이 되거나, 빛나는 광활함에 의해 응시되는 빛나는 광활함이 된다.

하지만 우리가 세 번째 문을 통과했다고 해서 오락가락하지 않는다는 것은 아니다. 이 문들은 양쪽에 경첩이 달려 있는 문이라 우리는 이 문으로 들락날락한다. 삶의 폭풍우가 거세게 몰아치기라도 하면, 첫 번째 문을 처음으로 통과하는 것처럼 기도해야 할 때도 있다. 우리는 침묵 속에 가만히 앉아 있는 것에 저항감을 느끼기도 한다. 그러나 세 번째 문을 통과했다면 이전의 문들을 두드리는 시간은 점점 줄어들 것이며, 침묵 속에 앉아 있는 것에 대한 저항감도 점차 작아질 것이다.

침묵의 신비를 발견하는 것은 생애 최고의 은총이다. "가진 것을 다 팔아서라도 사야 하는 진주"(마 13:46)다. 이러한 은총에 대한 최고의 응답은 침묵을 한데 모으고 겹겹이 쌓아올려 그것으로 우리를 둘러싸는 것이다. 이것은 구체적으로 말해 관상수련을 꾸준히 한다는 것을 의미한다. 영양이 좋은 음식을 일주일에 한 번 먹어서는 건강을 유지할 수 없고, 한 달에 한 번 걸어서는 탄탄한 몸을 유지할 수 없듯 관상수련도 마찬가지다. 규칙적으로 운동해야 건강과 몸매를 유지할 수 있는 것처럼, 관상수련의 열매 또한 규칙적인 기도에 달려 있다. 디아도코스는 우리에게 이렇게 권고한다. "하나님을 기억하는 훈련을 이따금 하는 사람들은 지속성이 없는 까닭에 그들이 기도를 통해 얻기를 바라는 열매를 잃고 말 것이다."[148] 규칙적으로 매일 꾸준히 훈련하는 것이 열쇠다.

토머스 키팅은 하루에 20분씩 두 번 할 것을 권한다. 이 정도면 기도 습관을 만드는 데 아주 좋다. 하지만 관상기도를 막 시작한 사람에게는 너무 길게 느껴질 수도 있다. 그럴 땐 8분이나 10분 정도 해도 좋다. 점차 20분으로 늘리면 된다. 어느 정도 기도에 익숙해지면 30분에서 1시간씩 하루에 두 번 하기를 추천한다.[149] 또한 아침이 기도하기에 좋은 시간이라고 생각하는 사람들이 많은데, 저녁이 훨씬 좋다는 사람들도 있다. 기도하기에 가장 좋은 시간은 하루도 빠짐없이 일관성을 가장 잘 유지할 수 있는 시간이다. 그러므로 최선을 다해 규칙적으로 실천해야 한다. 어떤 관상가가 말했듯 관상기도란 '시간을 훔치는 기술'이기 때문이다.

기도와 관련해 시간만큼 중요한 것은 기도하기 위해 앉아 있을 수

---

148) "On Spiritual Knowledge," chap. 97, in The Philokalia vol. I 294
149) 전통적으로 하루에 한 시간을 기도해 왔다. 고려수도원에서는 한 시간을 권한다. 시간이 안 되면 하루에 두 번 30분씩 나누어 기도해도 좋다.

없는 환경에서 기도하는 것이다. 특별한 일을 하기 위해 추론적인 마음을 작동시키지 않아도 되는 때를 기도의 기회로 삼으라는 말이다. 출근할 때, 퇴근할 때, 쇼핑할 때, 샤워할 때, 면도할 때, 요리할 때, 다리미질할 때, 정원을 손질할 때가 그런 때다. 그 밖에도 많을 것이다. 이런 순간들은 관상기도를 수련하기에 아주 좋은 시간이다. 그렇다고 관상기도가 추론적인 정신을 멍하게 만드는 것은 아니다. 오히려 정신을 맑게 하여 온갖 모양의 창조성이 피어나게 한다. 그러므로 걱정할 이유는 하나도 없다. 특별한 법칙도 없다. 생각을 쫓아다니고, 생각을 재미있게 극화하여 비디오로 만들고, 이러한 비디오가 자신의 정체성이라고 믿는 데 들이는 시간을 최소화하는 것이 핵심이다. 그렇게 하지 않으면 삶은 당신을 무시하고 지나가 버릴 것이다.

이제까지 나는 관상수련과 내적 침묵에 초점을 맞춰 설명해 왔다. 그러면 다른 형태의 기도에 대해서는 어떻게 말할 것인가? 관상기도를 하면 다른 기도는 사라지는가? 그렇다. 훨씬 깊은 기도의 차원을 발견했기 때문이다. 하나님의 완전한 은총을 맛보면 우리의 존재 자체가 기도가 된다. 기도 제목을 수북이 쌓아 올리는 것은 애인이 옆에 있는데도 애인에게 편지를 쓰는 것과 같다. 물론 중보기도도 나름의 역할이 있다. 하지만 놀라지 말라. 모든 존재의 바탕 [**하나님**]과 침묵 속에서 사귀는 일이야말로 모든 사람들과 연대하는 가장 단순하고 자연스러운 길이며, 우리의 모든 필요를 창조주 앞에 내려놓는 일이라는 것을!

공동체와 함께하는 기도는 여전히 필요하다. 하지만 '관상기도를 익히면' 공동체의 기도에 참여하는 방법은 달라진다. 전례(예배) 기도는 은총의 샘이 흐르는 통로가 된다. 은총은 근원 없는 근원(sourceless source)에서 계속 흘러나오는데, 전례는 존재의 바탕이신 하나님의 위대한 자기-비움이 성사(聖事)를 통해 흘러나오면서 가시적 형태를 띤 것에 다름 아니다. 과거에는 지상의 예배가 천상의 예배를 반영한다고 흔히들 말했다. 요즘은 그런 식으로 말하지 않는 편이지만, '관상적 영성'은 전례에 대한 과거의 관점을 더욱 명료하게 해준다. 우리가 침묵의 문들을 들어갈 때 예배의 진정한 본질이 밝혀지기 때문이다. 예배는 창조 세계가 그런 것처럼, 시간 안에서 어렴풋이 빛나는 영원이다. 심지어 가장 침체된 전례(이런 전례는 드물지 않다)에서조차 그리스도는 현존하며 유일한 주재자가 되신다.

하지만 전례 기도에 관한 진실이 이와 같다고 해서 수없이 많은 전례의 문제를 쉽게 처리할 수 있다고 말하려는 것은 아니다. 베네딕트회 수도사인 존 채프먼(John Chapman)은 지금은 고전이 된 저서 『영적 서한(Spiritual Letters)』에서 아주 냉정하게 말한다. "'신비주의'를 어떤 식으로든 접한 사람이… 구송기도에서 의미를 거의 찾지 못하는 것은 아주 흔한 일이다."150) 채프먼은 사적으로든 공동으로든 구송기도를 낮게 평가하지 않는다. 그는 많은 관상가들이 직면하는 문제, 즉 구송기도가 점점 힘들어진다는 사실을 말하고 있는 것이다. 관상기도는 단순히 현존하는(just being) 기도다. 반면 유감스럽게도 대부분의 전례 기도는 머리 중심적이고 자의식적이며 장황하고 산만하다. 이러한 환경에서는 관상적 단순성이 꽃필 수 없다. 이 문제들은 전례에 참여한 사람들이 저마다 스스로 처리해야 한다.

그리스도교의 (거룩한 단어를 사용하는) 낱말기도는 해방에 이르는 길이다. 두 번째 문을 지날 때 우리는 이러한 해방의 결과를 어느 정도 깨닫는다. 다채롭고 구체적인 삶의 모습 속에서 이제 우리는 언어를 초월한 빛나는 광활함이 현현하는 삶을 대면하기 시작한다. 심리적으로도 점점 건강해진다. 삶은 여전히 상처투성이지만 그 상처를 좀 더 빨리 극복하며, 예전처럼 정서적 집착 패턴에 쉽게 말려들지 않는다. 낱말기도가 해방의 길인 이유 중 하나는 모든 종류의 투사가 사라지기 때문이다. 세 번째 문을 통과하기 전에는 자아감이 매개물을 통해 형성되며, 그것은 우리 자신에게 투영된다. 그 때문에 참자아를 발견하는 데 필요하다고 생각되는 일에 강하게 마음이 끌린다. 영적인 공간에서 시간을 보내길 갈망하기도 하고, 참자아를 실현하려면 수도

---

150) John Chapman, Spiritual Letters (London: Sheed and Ward1935). 108.

원에 들어가야 한다고 생각하기도 한다. 완벽한 배우자가 진정한 정체성을 찾도록 이끌어주길 기대하기도 한다. 참자아는 획득해야 하는 것이므로 그것을 얻으려 치열하게 노력해야 한다고 생각한다. 하지만 빛나는 광활함에 대한 시선이 깊어지고 강해지며, 거룩한 단어가 점점 고요해지고 관상수련이 무르익으면 수도원이나 성당, 깊은 계곡이나 산, '완벽한 배우자'에 대한 우리의 투사도 점점 줄어든다. 우리가 찾는 하나님이 이미 우리를 발견하셨다는 확고한 사실을 깨달을 때 '수도원'이나 '깊은 산'이나 '완벽한 배우자'는 예전처럼 우리를 잡아끌지 않는다. 그런 것들은 이미 하나님과 하나인 우리의 내밀한 자아를 예전처럼 비춰주지 않는다. 그리스도와 함께 하나님 안에 감춰진 우리의 자아(골 3:3)[151]는 방금 태어난 생명처럼 구체적으로 느껴진다. 이런 참자아를 발견하려고 수도원에 들어가거나 나갈 필요는 없다. 참자아를 발견한 후에도 수도원에 들어가거나 나갈 필요는 없다. 모든 것과 화해시키는 하나님의 침묵, 그리고 모든 소리 가운데서 울려 퍼지는 하나님의 침묵은 거룩한 단어가 주는 이별 선물이다.

"하늘이 하나님의 영광을 선포하고 궁창(창공)이 그의 손으로 하신 일(솜씨)을 나타내는도다. 날은 날에게 말하고 밤은 밤에게 지식을 전하니, 언어(이야기)도 없고 말씀(말소리)도 없으며 들리는 소리도 없으나, 그의 소리가 온 땅(누리)에 통하고(퍼지고) 그의 말씀이 세상 끝까지 이르도다(번져 간다) 하나님이 해를 위하여 하늘에 장막을 베푸셨도다"(시 19:1~4).

7. 내심 기도

이 글은 이름 없는 순례자의 이야기 중에서 순례자의 기도방법으로

---

151) "이는 너희가 죽었고 너희 생명이 그리스도와 함께 하나님 안에 감추어졌음이라"(골 3:3)

내심기도와 심장으로 하는 기도를 소개한다. 이는 정신집중 기도 원리는 같으므로 참고하여 각자의 방식대로 개발하여 사용하면 유익할 것이다.

1) 내심 기도 [152]

이름 없는 순례자와 노인은 토블스크로 길을 떠났습니다. 두 사람은 함께 걷고 더러는 쉬면서 『자애록』을 읽었습니다. 노인은 옆에서 제가 읽어주는 구절을 천천히 음미하면서 행복에 젖었고, 감동의 눈물도 흘렸습니다. 그래서 저는 예전에 스승님이 일러 주신 대로 니체포로 복자의 장과 시나이의 그레고리오 성인의 장을 차례대로 읽으며 심장으로 하는 기도의 원리를 깨우쳐 주었습니다. 노인은 이해가 안 되는 구절이 있으면 그때마다 질문하면서 자기도 심장으로 하는 기도에 하루빨리 익숙해지기를 바란다고 말했습니다. 저는 그분의 말에 되도록 친절히 설명을 해 주었습니다.

"어르신께서는 육체의 눈으로 사물을 보실 수가 없으시지만, 마음의 눈으로는 보실 수가 있으십니다. 심장으로 하는 기도란 바로 이런 것입니다. 비록 육체의 눈으로는 볼 수 없는 것이라도, 마음의 눈으로는 훤히 볼 수 있다는 이치와 같은 것이지요. 어르신께서 이런 이치만 바로 깨달을 수 있다면 심장으로 하는 기도 역시 비교적 쉽게 하실 수 있습니다. 자신의 가슴을 꿰뚫어 심장을 보듯이 그 속으로 정신을 온통 집중시켜 보세요. 그렇게 하면 심장이 뛰는 맥박을 정확히 헤아릴 수가 있습니다. 그리고 나서 그 맥박에 따라 기도문을 천천히 외우는 것입니다.

우선 한 번 '똑딱' 하고 맥박이 뛸 때, 그에 따라 입으로는 '주'라고 외칩니다. 두 번째 '똑딱' 하고 뛰는 순간을 잡아 '예수'라고 외칩니다. 세 번째 뛸 때 '그리스도님', 네 번째에는 '저에게', 다섯 번째 뛸 때에

---

[152] 최익철,강태영 역, 『이름 없는 순례자』 (서울: 가톨릭출판사, 1915), pp.157~159.

'자비를 베푸소서.' 이런 식으로 심장의 고동에 맞춰 기도문을 외워 나가면 어렵지 않게 심장으로 하는 기도를 바칠 수 있을 것입니다.

그동안 어르신께서 기도를 자주 하셨을 테니 이 정도는 쉽게 익힐 수 있을 것입니다. 이 방법에 익숙해지면 그다음 단계로 내쉬고 들이쉬는 호흡에 맞춰 '예수기도'를 바칩니다. 즉 숨을 들이쉴 때에 '주 예수 그리스도님' 하고, 숨을 내쉴 때에 '저에게 자비를 베푸소서.' 하는 식으로 기도하게 됩니다. 이런 방법을 오래 지속하면 심장에 다소 통증을 느끼게 됩니다. 그러나 이는 일시적인 현상일 뿐 그 고비를 넘어서면 차츰 가슴에서 훈훈한 열기가 솟아올라 기분이 몹시 유쾌해질 것입니다.

이때 한 가지 조심해야 하는 것은 기도하는 동안 분심과 잡념에 사로잡히지 않아야 한다는 것입니다. 그런 분심과 잡념을 없애기가 쉽지 않지만, 그렇지 않고서는 기도의 효과가 제대로 나타날 수가 없습니다. 과거의 교부들도 다 이런 분심과 잡념을 어떤 형태로든 일으키지 말아야 한다고 간곡히 당부했습니다.

노인은 제 말에 열심히 귀를 기울이더니 제가 말한 대로 기도를 바치기 시작했습니다. 그렇게 하자 노인은 사흘도 못 가서 심장으로 하는 기도에 익숙해졌을 뿐만 아니라, 커다란 행복감에 도취되었습니다.

2) 심장으로 하는 기도[153]

잠시 후 저는 꿈에서 깨어났습니다. 밖을 내다보니 대지는 아직도 어둠에 빠져 있었습니다. 그래서 저는 그냥 자리에 누운 채, 꿈에서 본 기억을 더듬으며 스승님이 하신 말씀을 되새겼습니다. 그러고는 곰곰이 생각해 보았습니다. 지난밤 꿈에 나타난 사람이 정말 돌아가신 스승님의 영혼인지, 아니면 제가 환상 속에서 그분을 뵌 것인지에 대한 판단은 오직 하나님만 하실 것입니다. 그러나 제가 그동안 줄곧

---

[153] 최익철, 강태용 역, 『이름 없는 순례자』 (서울: 가톨릭출판사, 2015), pp.82~87.

『자애록』을 손에 쥘 때마다 스승님에 대해 생각해 온 것만은 사실입니다. 그래서 깨어나서도 한동안 스승님의 환상을 열심히 좇으며 머리맡에 둔 책을 더듬어 보았습니다. 그랬더니 놀랍게도 간밤에 덮어 두었던 그 책이 펼쳐져 있었고, 꿈속에서 스승님이 말씀하신 그 구절 옆에 숯으로 그은 검은 자국이 선명하게 있었습니다. 이러한 사실을 확인한 저는 소스라치게 놀랐습니다. 그리고 이렇게 외칠 수밖에 없었습니다.

"기적이다! 이건 기적이야!"

저는 한동안 이러한 사실 앞에 넋을 잃고 앉아 있었습니다. 그리고 제가 환상을 본 것이 아니라, 스승님이 실제로 발현하신 것임을 굳게 믿었습니다.

이러한 믿음 덕분에 저는 다시 『자애록』을 열심히 읽을 수 있었습니다. 우선 스승님이 지적해 주신 내용을 거듭 읽었습니다. 그랬더니 불현듯 힘이 솟아올랐습니다. 그리고 그 내용을 죄다 실천에 옮겨 보고 싶다는 의욕으로 가슴이 불타올랐습니다. 그뿐만 아니라 내심으로 하는 기도의 의미와 그 기도 방법까지 저절로 터득하는 지혜도 함께 얻게 되었습니다. 즉, 이 기도를 어떻게 해야 기쁨을 얻어 누릴 수 있는지, 그리고 이러한 기도의 힘이 어디서 오는지 확실히 분별할 수 있는 힘이 생긴 것입니다.

저는 무엇보다도 시메온 성인의 교훈에 따라 **심장의 자리**를 발견하려고 애썼습니다. 즉 **눈을 감고 제 시선을 심장 쪽으로 향하게 하며, 심장의 고동소리를 주의 깊게 듣는 방법**을 이용했습니다. 저는 이런 방법을 하루에도 여러 번 반복했습니다. 그렇게 한 결과, **처음에는 암흑과 같았던 제 마음의 눈이 서서히 열려 희미하게나마 심장이 보였고, 점차 그 심장의 움직임이 크게 보였습니다.** 이렇게 되자 저는 시나이의 그레고리오 성인과 갈리스토 성인과 이그나티오스(Ignatios) 성인의 가르침대로 **호흡에 맞춰서** 심장 안에 '예수기도'를 넣었다 빼줬다 하는 방법도 쉽게 익힐 수 있었습니다.

이러한 방법을 익히기 위해서 **저는 의식적으로 제 심장을 들여다보면서 숨을 들이쉬고는 "주 예수 그리스도님" 하고 외치고는 숨을 그대**

로 가슴에 머물게 했으며, 잠시 뒤에 "저에게 자비를 베푸소서." 하면서 숨을 내쉬었습니다. 이러한 동작을 처음에는 한두 시간 동안 되풀이하다가 그 동작이 익숙해지자, 나중에는 거의 온종일 되풀이하기에 이르렀습니다. 물론 피로하고 권태로운 생각이 아예 없지는 많았지만, 그럴 때마다 즉시 『자애록』을 펴 들고 심장의 작용에 대한 글을 읽었습니다. 이렇게 글을 읽을 때마다 저의 마음은 기도하는 열성으로 가득 채워졌습니다.

이러다 보니 처음 3주가 지나기 전까지는 심장에 다소 고통이 느껴졌지만, 그 후부터는 차차 고통도 사라지고, 마음은 더없이 평온하고 아늑해졌습니다. 저는 기쁜 마음으로 점점 더 기도에 열을 올렸으며, 그럴 때마다 저의 심장과 마음속에는 새로운 감각이 솟구쳐 올랐습니다. 어떤 때에는 심장이 크게 뛰는 느낌이 들었고, 그럴 때마다 거의 정신을 잃을 지경이 되기도 했습니다. 그리고 이 같은 황홀한 기쁨은 주님을 향한 감사로 변해 저를 안절부절못하게 했습니다. 감사가 눈물로 변해 쉴 새 없이 흘러내려 옷깃을 흥건히 적셨습니다. 그리고 나면 마음이 가을 하늘처럼 밝아져서 전에는 상상할 수 없었던 일까지 낱낱이 꿰뚫어 볼 수 있었습니다. 그래서 어떤 때는 예수 그리스도의 이름만 불러도 알 수 없는 기쁨이 턱에 와 닿고, "하나님 나라는 너희 가운데에 있느니라."(눅 17:21)라고 하신 주님의 말씀을 실감하게 되었습니다.

저는 이런 은총 가운데 끊임없이 내심의 기도를 바침으로써 그 기도의 효험이 이성과 감각과 지각을 통해서 두루 나타난다는 사실을 깨달았습니다. 예컨대, **이성**을 통해서 하나님 사랑의 감미로움, 마을의 안정, 정신의 황홀함, 생각의 순결함, 하나님을 향한 마음의 찬란함을 깨달을 수 있었습니다. 또한 **감각**을 통해서는 심장의 유쾌한 열기와 기쁜 소용돌이, 온몸을 꽉 채우는 아늑함, 생명의 경쾌함과 활달함 등을 느낄 수 있었습니다. 그리고 **지각**을 통해서는 이성의 깨우침, 성경과 모든 창조물의 언어의 이해, 감미로운 의식의 일깨움, 하나님의 현존과 인간에 대한 그분의 지극한 사랑 등을 깨달을 수 있었습니다.

저는 이러한 정신 수업을 통해서 얻은 무한한 행복 속에서 홀로 다섯 달을 보내며, 심장으로 하는 기도에 완전히 자신을 얻게 되었습니다. 저는 의식이 있을 때뿐만 아니라 심지어 잠이 들었을 때에도 제 정신과 마음을 움직여, 끊임없이 기도를 바칠 수 있게 되었습니다. 말하자면 기도는 제 생활의 한 부분이 된 셈이지요. 이러한 경지에 이른 저는 온통 솟구치는 기쁨과 하나님에 대한 감사의 마음을 금할 길이 없었습니다.

시간이 흐른 뒤, 드디어 벌목할 때가 왔습니다. 벌목꾼들이 한꺼번에 이 숲으로 들이닥쳤기 때문에 저는 할 수 없이 조용하고 아늑했던 거처를 떠나야만 했습니다. 그래서 저는 산지기에게 그동안 신세를 진 것에 대해 감사의 뜻을 전하고, 주님이 제게 마련해 주셨던 이 땅에도 감사의 입맞춤을 한 다음, 서둘러 배낭을 메고 그곳을 떠났습니다.

그 후로 저는 '이르쿠츠크'에 도착할 때까지 꽤 여러 곳을 떠돌아다녔습니다. 그동안 많은 일이 있었지만, 심장으로 기도하는 법을 배워 익힌 덕분에 제 마음은 언제나 평온하고 즐거웠습니다. 어떠한 고통이나 시련도 제 마음을 약하게 만들지는 못했습니다. 제가 설령 어떤 일에 얽매어 있더라도, 기도는 제 심장 안에서 스스로 작동했고, 그로 인해 저는 어떤 일이든지 더 능률적으로 할 수 있었습니다. 그뿐만 아니라 남에게 말을 건네거나 마음을 다해서 책을 읽을 때도 저의 기도는 조금도 방해받지 않게 되었습니다. 말하자면, 저는 하나의 몸에 두 개의 영혼을 갖고 두 가지 일을 동시에 처리하는 사람과 같았습니다. 그러니 제가 어찌 주님을 찬미하지 않을 수 있겠습니까.

"아! 하나님! 당신이 창조하신 인간이란 얼마나 신비롭고 위대합니까?"

8. 핵심은 주시(응시)이다

바알 셈(Baal shem)이라는 신비주의자는 강에 나갔다가 한밤중이 되어서야 돌아오곤 했다. 이것이 그의 하루 일과 중 하나였다. 한밤중의 강가는 고요한 정적이 감돌고 있었으며, 그는 아무것도 하지 않고 앉아 있곤 했다. 다만 자신의 내면을 들여다보았을 뿐이다. 관찰자를 관조하면서.

그날 밤도 그는 강에서 돌아오다가 대부호의 저택 앞을 지나게 되었다. 커다란 대문 옆에는 경비원이 서 있었다. 경비원은 매우 궁금했다. '이 사내는 날마다 똑같은 시간에 이 길을 지나가고 있지 않은가?'
경비원이 밖으로 나와 말했다.
"쓸데없이 참견해서 죄송합니다만, 더 이상 참을 수가 없군요. 낮이나 밤이나 당신에 대한 궁금증이 머리를 떠나지 않습니다. 당신은 무엇을 하는 분인지요? 날마다 강가에 나가는 이유는 무엇입니까? 여러 차례 당신 뒤를 밟아 미행을 했습니다만, 그곳엔 아무것도 없었습니다. 당신은 그저 몇 시간이고 가만히 앉아 있다가 한밤중이 되면 돌아오곤 했지요."
바알 셈이 말했다.
"당신이 내 뒤를 밟은 것은 나도 알고 있소. 적막한 밤이라 당신의 발자국 소리를 들을 수 있었지요. 그리고 당신이 날마다 대문 뒤에 숨어서 나를 지켜 본 것도 알고 있소. 하지만 궁금한 것은 당신만이 아니오. 나 역시 당신에 대해 궁금하오. 그래서 묻는데, 당신은 무엇 하는 분이오?"
경비원이 말했다.
"저는 그저 경비원(watchman)일 뿐입니다."
바알 셈이 말했다.
"오, 저런! 당신은 핵심적인 단어를 말했소. 내가 하는 일도 바로 그것이오."
경비원이 물었다.

"저는 무슨 말인지 모르겠습니다. 만일 당신이 경비원이라면 집이나 궁전을 지켜야 당연할 것입니다. 그런데 강가 모래펄에 앉아서 무엇을 지키고 계신 것입니까?"
바알 셈이 말했다.
"우리 사이엔 약간 다른 점이 있소. 당신은 외부 인물이 저택에 들어가는 것을 지키지만, 나는 다만 이 '보는 자'를 관찰하고 있소. 이 보는 자는 누구인가? 이것을 아는 게 내 평생의 과업이오. 나는 나 자신을 지켜보고 있소."
경비원이 말했다.
"그것 참 이상한 일이군요. 그러면 보수는 누구에게서 받습니까?"
바알 셈이 말했다.
"이 형언할 수 없는 지복(至福)과 기쁨, 이 엄청난 은총 자체가 그대가요. 단 한순간만 이것을 맛본다 해도 세상의 어떤 보물도 이에 비교할 바가 못 되지요."
경비원이 말했다.
"그것 참 이해할 수 없는 일입니다. 저는 평생 동안 지켜보는 일을 해왔습니다만, 당신이 말하는 것처럼 아름다운 경험은 한 적이 없습니다. 내일 밤에는 당신과 동행하고 싶습니다. 제게 당신의 방법을 가르쳐 주십시오. 저 역시 지켜보는 법을 압니다. 다만 방향 전환이 필요한 것 같습니다. 당신이 지켜보는 방식은 저와 다른 것 같습니다."

다만 방향과 차원이 다를 뿐이다. 외부에 초점을 맞출 수도 있고, 또는 외부에 대해서는 눈을 닫고 모든 의식을 내면으로 끌어들일 수도 있다. 내면에 초점을 맞출 때 그대는 알게 될 것이다. 그대는 '아는 자'이며 각성[154] 그 자체이기 때문이다. 그대는 한순간도 거기에서 벗어

---

154) 각성 (覺醒) ① 눈을 떠서(깨어) 정신을 차림. ② 깨달아 정신을 바로 차림(깨달아 앎). ③ 정신을 차리고 주의 깊게 살피어 경계하는 태도. [유의어] 깨달음, 각성 (覺性) 〈불교〉 진리를 깨달아 아는 성품이나 소질.

난 적이 없다. 다만 그대의 각성된 의식이 수천 갈래로 분산되어 있을 뿐이다. 그대의 의식을 외부로부터 거두어들여라. 그리고 내면에 들어가 릴랙스(relax)[155]하라. 그러면 그대는 이미 존재의 집에 도달한 것이나 다름없다.

이것은 명상을 말하고 있다. 그러나 피조물이 아닌 창조주, 내 안에 현존하시는 그분을 바라본다면 그것은 바로 기독교의 관상기도이다.

'관상기도'에서 기도자는 "말씀하옵소서. 주의 종이 듣겠나이다"(삼상 3:9,10) 하고 그분 앞으로 나아가 그분을 바라보는 것이다. 그분 앞에 마리아처럼(눅 10:39) 그저 존재하는 것이다. 거기엔 아무 행위도 없다. 사념(思念)도 없고 감정도 없다. 관상상태 속에서 그대는 그저 존재할 뿐이다. 그것은 순수한 기쁨이다. 아무런 행위도 없이 존재할 때 이 순수한 기쁨은 어디에서 오는가? 이 기쁨은 어디에서 오는 것도 아니며, 이 기쁨은 그분에 의해 유발되는 것이다.

관상기도 자는 신체적으로나 정신적으로 모든 행위가 중단되고 단순히 그분을 응시(주시)한다. 이때 그분께서 기도자와 하나 되어 주신다. 이것이 주부적 관상기도이다. 관상은 행할 수도 없고 연습할 수도 없다. 그대가 할 일은 다만 그것을 이해하고 그분 앞으로 나아가는 것이다. 시간이 날 때마다 모든 행위를 중단하고 단순히 그분 앞으로 나아가 존재하라. 생각 또한 행위이다. 관찰이나 숙고(熟考)도 행위이다. 단 한순간만이라도 아무것도 하지 않은 채, 그대 자신의 중심에 현존하시는 그분 앞에 존재할 수 있다면, 그분께서 하나 되어 주실 것이다. 완벽하게 릴랙스(relax)된 상태로 존재할 수 있다면 기도자가 할 수 있는 최상의 상태이다. 이제부터 기도자는 할 수 있는 것이 없다. 이제는 오직 그분이 기도자인 그대와 하나 되어 주실 수 있는 상태이다.

---

155) 릴랙스(relax) : 인위적인 노력 없이 모든 것을 완전히 내맡기는 것. 아무것도 거부하지 않고 모든 것을 수용하는 상태로, 긴장의 개입 없이 순간 속에 휴식하는 것이다. 여기에서는 단어의 원뜻을 살리기 위해 가능한 한 '릴랙스(relax)'라는 원어를 그대로 옮겨 썼다.
기독교 관상가들은 '하나님 안에서의 쉼'이라고 하고, 명상가들도 '쉼'이라 한다. 불교 용어로는 '방하착(放下著)'이라고 한다. 선(禪)에서 "놓아라." 하는 말과 일맥상통한다.

그분이 하나(일치) 되어 주신 상태, 그것이 바로 관상상태이다.

일단 관상상태에 이를 수 있는 방법을 터득한 연후에는 서서히 행위를 시작할 수 있다. 물론, 그대의 존재가 동요하지 않도록 주의 깊은 의식을 유지하면서 말이다. 이것이 관상의 일상생활로의 전화의 단계이다. 첫 번째 단계가 단순히 존재하는 법을 배우는 것이라면, 두 번째 단계는 약간의 행위를 배우는 것이다. 마루를 청소하거나 샤워를 하면서도 그대 존재의 중심을 흐트러뜨리지 않는 것이다. 그다음에는 더 복잡한 행위까지 가능하다.

예를 들어, 나는 지금 그대들을 상대로 말(대화·강의·설교)하고 있음에도 불구하고 나의 관상은 조금도 흔들리지 않는다. 나는 존재의 중심부에 잔물결 하나 일으키지 않고도 말을 계속할 수 있다. 내 존재의 중심에는 철저한 침묵이 있을 뿐이다. 따라서 관상은 행위를 거부하지 않는다. 관상은 삶으로부터 도피하는 것이 아니다. 관상은 새로운 방식의 삶을 가르친다. 태풍의 중심에 존재하는 삶.

관상기도 중에도 그대의 삶은 계속된다. 오히려 더 강렬하고 기쁨에 충만한 삶, 더 분명한 시각과 창조적인 삶을 얻는다. 그래서 수도원에서는 "노동은 기도이다."는 말을 한다. 그렇지만 **관상상태** 속에서 그대는 '방관자'이다. 그대는 언덕 위에 서 있는 사람처럼 사방에서 일어나는 일을 보고 있다. 그대는 행위자가 아니라 주시자(注視者)이다. 주시자가 되는 것, 이것이 관상의 핵심이다. 행위는 제 나름대로의 차원에서 계속 진행된다. 거기엔 아무 문제도 없다. 그대는 장작을 팰 수도 있고 우물에서 물을 길을 수도 있다. 사소한 일이든 큰일이든 아무것이나 가능하다. 그러나 한 가지 지켜야 할 사항이 있다. 그것은 그대의 중심이 흔들려서는 안 된다는 것이다. 각성(awareness)과 주시는 그대로 유지되어야 한다. 절대로 흐려지거나 동요되어서는 안 된다. 잠결처럼 흐리멍텅한 의식으로 행하지 말아야 한다는 것이 핵심이다.

중요한 것은 한순간도 놓치지 말고 응시(주시)해야 한다는 것이다. 응시하고 또 응시하라. 그 응시가 더 안정되고 평안하여 흔들림이 없을 때, 순간 (마치 흡입되듯이) 관상상태로 변형된다. 모든 것이 보이고, 관찰된다. 응시자 자신이 보이고 관찰된다. 이 상태를 설명하기 어렵지만 비유컨대 꿈과 같다 할 것이다. 꿈은 꿈을 꾸기 시작할 때 알지 못하지만 끝나면 꿈이었음을 의식한다. 이와 같이 이 상태로 변형되는 것은 본인도 느끼지 못한다. 이 상태는 의식으로 돌아오면 깨닫게 된다. 관상상태에서 자신을 이탈하여 공중 높은 곳에서 자신을 볼 수도 있다. 하나님의 은총을 기뻐하라. 그대는 관상상태가 된 것이다.

9. 쉼과 집중하기 수련

이 수련은 쉼의 수련부터 먼저하고 다음 집중 수련을 수행한다. 반드시 순서를 지킴이 좋다.

1) 쉼 수련

어떤 의미에서 쉼 수련은 우주를 지나다니는 은하수, 별, 행성에 초점을 맞추기보다는 광활하게 탁 트인 우주자체를 바라보는 것과 비슷하다. 은하수, 별, 행성이 우주를 지나다니듯 생각과 감정과 기분이 순수한 자각 속에서 오고간다. 우주를 지나다니는 물체들로 우주를 정의하지 않듯이, 생각과 감정과 지각 등 자각이 파악하는 것들로 순수자각을 정의하거나 한정하지 않는다. 순수 자각은 단순히 '있음'이다.

일어나는 모든 일의 본질을 자연스럽게 바라보라.

쉼 수련법은 **고정적 접근법**과 **분석적 접근법**이 있다.
고정적 접근법이 마음을 고요하게 하는 수단을 제시하기 때문에 고정적 접근법을 먼저 수련한다. 마음이 고요해지면 갖가지 생각과 느낌과 기분에 사로잡히지 않은 채 그것들을 단순히 자각하기가 한결 쉬워진다.

고정적 접근법은 마음을 다만 있는 그대로 고요하게 휴식하는 것이다. 이를 통해 마음의 본성이 스스로를 드러내도록 하기 위해서 우리는 편안한 자각 상태에서 자연스럽게 마음을 휴식한다.

분석적 접근법은 경험 도중에 마음을 직접 바라보는 일을 포함한다. 그리고 대개는 마음을 단순히 있는 그대로 쉬게 하는 수행을 조금 한 뒤에 배우게 된다. 또한 마음을 직접 바라보는 경험은 많은 질문을 불러일으킬 수 있기 때문에 분석적 수련은 지도자의 문하에서 지도받을 때 가장 잘 수련할 수 있다. 이 수련은 마음을 휴식하고 고요하게 하는 방법과 관련된 것들이다.

◎ 쉼 수련

마음의 뿌리를 잘라 내라.
아무것도 걸치지 않은 자각 상태에서 휴식하라.

'아무것도 걸치지 않은 자각 상태에서' 마음을 자연스럽게 쉬는(휴식)법이다.

마음을 쉬는 방법은 마치 기나긴 하루 일과를 힘들고 어렵게 방금 끝내고 쉬는 것처럼, 혹은 마라톤 선수가 막 골인하고 나서 쉬는 것과 같이 아무런 부담 없이 편안하게 쉬는 것이다. 다만 모든 것을 내려놓고 긴장을 풀어라. 어떤 생각이나 감정·기분이 일어나든 그것들을 막을 필요도 뒤쫓을 필요도 없다. 열려 있는 현재 순간 속에서 다만 쉬며, 어떤 일이 일어나든 그냥 내버려 두라. 생각이나 감정이 일어나면 그저 그것을 자각하라.

쉼 수련법은 환상이나 기억이나 망상들 사이로 마음이 정처 없이 떠돌아다니도록 그냥 내버려 두는 것을 의미하지 않는다. 자각의 중심으로 대략 묘사할 수 있는 마음의 어떠한 현존은 여전히 존재한다. 당신은 어떤 특정한 것에 고정되어 있지는 않겠지만 그럼에도 불구하고 여전히 지금 이 순간에 일어나고 있는 것을 자각하고 그것들에 깨어 있다.

이렇게 쉼 상태에서 수련할 때, 우리는 생각과 감정의 흐름과는 완전히 무관한, 자연스러운 투명함 속에서 실제로 마음을 쉬게 하고 있다. 매우 일상적인 듯 보일지라도 투명함·공·자비의 모든 성질이 그 상태 안에 포함되어 있다.

이 수련법은 마음을 쉬게 하는 가장 근본적인 접근법이다. 당신은 어린아이와 같은 일종의 순수함으로, '와, 지금 이 순간 얼마나 많은 생각·기분·감정이 내 자각을 통과해 가고 있는지 봐 봐.'라는 느낌을 가지고, 제 할 일을 하고 있는 마음을 자각하며 쉬기만 하면 된다.

순수 자각은 단순히 '**있음**'이다. 그리고 이 수련은 **순수 자각의 '있음'을 의식하며 다만 쉬는(휴식) 것을 포함한다.** 어떤 사람은 이 수행이 상당히 쉽다고 생각하고, 어떤 사람은 매우 어렵다고 생각한다. 이것은 능력이나 기술의 문제라기보다는 개인마다의 성향 문제이다.

쉼 수련의 실천

최선을 다해 일곱 가지 중심 자세를 취하는 것이 가장 좋다. 그러나 정식 자세를 취할 수 없는 환경, 예를 들어 당신이 운전 중이거나 거리를 걷는 중이라면, 단지 척추를 똑바로 세우면서 몸의 나머지 부분의 긴장을 풀고 균형을 유지한다. 그리고 현재 상태를 순수하게 자각하며 마음을 편안히 쉰다. 어쩔 수 없이 온갖 종류의 생각·기분·느낌이 마음속을 통과하여 지나갈 것이다. 마음을 쉬게 하는 훈련이 되어 있지 않기 때문에 충분히 예상할 수 있는 일이다.

이 수련은 점진적인 과정이다. 처음에는 생각·감정·기분이 표면으로 솟아오르기 전까지 한 번에 몇 초 동안만 고요하게 머물 수 있을 것이다. 기본적인 지침은 단순히 이런 생각과 감정을 뒤쫓아가지 말고 자각을 통과해 지나가는 모든 것을 있는 그대로 다만 인식하라는 것이다. 마음속을 무엇이 통과해 가든 그것에 초점을 맞추려고도, 그것을 억누르려고도 하지 말라. 그것이 오고 가는 것을 관찰하기만 하라.

일단 생각을 뒤쫓기 시작하면 지금 여기서 일어나고 있는 일과의 연결고리를 잃게 된다. 또한 현재 순간의 실체와는 아무 관계가 없는 온갖 종류의 환상·판단·기억, 그 밖의 시나리오를 상상하기 시작한다. 그리고 이런 종류의 정신적 방황에 더 많이 사로잡히게 될수록 현재 순간의 열린 마음으로부터 쉽게 멀어질 것이다.

이 수련의 목적은 천천히, 그리고 서서히 이 습관을 고치고 현재의 자각 상태에 머무는 것이다. 현재 순간의 모든 가능성에 마음을 여는 것입니다. 생각을 뒤쫓고 있는 자신을 발견하더라도 스스로를 비판하거나 비난하지 말라. 과거 사건을 회상하거나 미래를 계획하고 있는 자신을 알아차렸다는 사실만으로도 자신을 현재 순간으로 되돌려 놓고 수련하려는 자신의 의도를 강화하기에 충분하다. 수행을 하는 동안에는 '수련하려는 의도'가 중요한 요소이다.

천천히 진행하는 것 역시 중요하다. 가장 효과적인 접근법은 아주 짧은 순간이라도 하루에 여러 차례 마음을 휴식하는 것이다. 그러지 않으면 지루해하거나 자신의 진전에 실망하게 될 위험이 있고, 결국은 모든 시도를 포기하게 될 것이다.

'한 방울 한 방울씩 잔은 채워진다.'

그러므로 처음 시작할 때는 20분 동안 앉아 있겠다는 거창한 목표를 세우지 말라. 대신 1분이나 단 30초를 목표로 삼으라. 망상 속으로 빠져들기보다는, 판에 박힌 일상에서 벗어나 마음을 관찰하기 위해 기꺼이 시간을 내려고 하거나 그것을 열망하기까지 하는 자신을 발견할 때 그 몇 초간을 이용하라. '한 번에 한 방울씩' 이렇게 실천하면 피로·실망·분노·절망의 근원인 정신적 감정적 한계로부터 점차 자유로워지는 자신을 보게 될 것이다. 또한 밝음·지혜·성실·평화·자비의 무한한 원천을 자신 안에서 발견하게 될 것이다.

2) 집중하기 수련

소리 수련의 장점은 온갖 소리에 '의미'를 부여하는 습관에서 벗어나는 법을 서서히 배우게 된다는 점이다. 소리의 '내용'에 굳이 감정적으로 반응하지 않고 듣는 법을 배우게 된다. 소리를 단순히 소리로 순수하게 집중해서 듣는 일에 익숙해지면 화를 내거나 방어적인 자세를 취하지 않으면서 비난에 귀 기울일 수 있을 것이고, 지나치게 자랑스러워하거나 흥분하지 않으면서 칭찬에 귀 기울일 수도 있다. 훨씬 편안하고 균형 잡힌 태도를 가지고 감정적인 반응에 휩쓸리지 않으면서 다른 사람들이 말하는 것을 단지 듣기만할 수 있다.

**특정한 대상에 한 방향으로만 집중하여
마음을 쉬게 하라.**

처음 시작했을 때 쉼 수련에서. 단순한 자각은 자연스러운 마음의 본질이며, 우리가 알아차릴 수 없을 만큼 너무 가까이에 존재한다. 가장 간단한 방법은 마음을 고요하게 쉬는 수단으로 감각을 직접 이용하는 것이다.

감각의 문

온 세상은 마음이 만든 세상이며, 마음의 결과물이다.

우리는 시각·청각·후각·미각·촉각이라는 오감을 인식하고 있다. 이것들은 '감각의 문'이라고 하는데 이것은 집에 뚫린 구멍들을 기초로 한 이미지이다. 대부분의 감정과 지각은 이 다섯 가지 문 중 하나 이상을 통해 경험 속으로 들어온다. 그런데 이 다섯 가지 감각 기능은 감각기관을 통한 지각만을 기록할 수 있다. 그 외 정신의식이 있다. 이 정신의식은 신비스럽거나 불가사의한 것은 없다. 이것은 초감각적 지각이나 영혼과 대화를 나눌 수 있는 것과는 관계없다. 우리가 보고.

냄새 맡고, 듣고, 맛보고, 만지고 있는 것을 알아차리고 구분할 수 있는 마음의 능력일 뿐이다.

이 의식에 대한 비유는 다섯 개의 구멍이 뚫린 집이다. 구멍은 네 방향으로 하나씩 나 있고 지붕에도 한 개가 뚫려 있다. 이 다섯 개 구멍은 다섯 가지 감각을 나타낸다. 이제 누군가 이 건물 안에 원숭이 한 마리를 풀어 놓았다고 생각해 보자. 원숭이는 정신 의식을 나타낸다. 큰 집 안에서 갑자기 자유의 몸이 된 원숭이는 자연스레 구멍에서 구멍으로 미친 듯이 뛰어다니며 이것저것 확인하고, 뭔가 새로운 것, 다른 것, 흥미로운 것이 없나 찾아다닌다.

자신이 찾아낸 게 무엇이냐에 따라 이 정신 나간 원숭이는 자신이 지각하는 대상이 즐겁거나 고통스럽다고, 좋거나 나쁘다고, 혹은 경우에 따라서는 그냥 지루하다고 판단한다. 그 집을 지나쳐 가며 구멍마다에서 원숭이를 보게 되는 사람은 집 안에 풀어 놓은 원숭이가 다섯 마리라고 생각할 것이다. 그러나 사실은 단 한 마리만 존재한다. 한시도 가만히 있지 못하는 훈련받지 않은 정신 의식이 그것이다. 하지만 자각 능력을 가진 다른 모든 존재처럼 정신 나간 원숭이가 진정으로 원하는 것은 행복해지고 고통을 피하는 것뿐이다. 그러므로 원숭이의 주의를 한두 가지 다른 감각으로 일부러 돌려서 마음속 정신 나간 원숭이에게 스스로 진정하는 법을 가르칠 수 있다.

◎ 집중 수련

> 우리의 마음은 끊임없이 무엇인가를 만들어 내려 하기에 이에 대응하는 방편에 의존하는 법을 배워야 한다. 이 방편에 익숙해 짐으로써 우리의 주의는 안정된다.

일상 경험에서 우리가 감각으로부터 받는 정보는 대부분 어쩔 수 없이 마음을 산만하게 만드는 근원이 된다. 마음은 감각기관을 통해 받는 정보에 고정되려는 경향이 있기 때문이다. 동시에 우리는 육체를 가진 존재이므로, 감각을 통해 받는 정보를 막으려 하거나 감각으로부터 완전히 분리되려고 한다면 분명 부질없는 일일 것이다. 더 실질적인 접근법은 감각과 친구가 되고, 감각기관을 통해 받는 정보를 마음을 고요하게 하는 수단으로 활용하는 것이다. 산만함으로부터 자유로워지는 수단으로 산만함의 근원 자체를 이용하는 것이다. 이 비유는 고대에 일반적으로 행해지던 관습에서 유래했는데, 그것은 작업해야 할 특정한 물질과 동일한 재질을 이용하는 것이다. 예를 들어 유리를 자르고 싶다면 유리를 이용해야 한다. 철을 잘라 내고 싶다면 철로 만든 도구를 이용해야 한다. 마찬가지로 감각을 산만하게 만드는 것을 잘라 내기 위해서는 자신의 감각을 이용할 수 있다.

이 수련에서 우리는 마음을 안정화하는 수단으로 우리의 감각을 이용한다. 감각을 통해 우리가 받는 정보는 산만함의 원인이 되기보다는 수행을 위한 훌륭한 자산이 될 수 있다.

고요하게 수련하며 나의 지각을 관찰하는 법을 일단 배우고 나면, 수련이 한결 수월해질 것이다. 당신이 지각하고 있는 것에 감정적으로 개입하는 정도가 훨씬 줄어들 것이다.

(1) 신체 감각 수련

대상을 기초로 한 수련을 시작하는 방법 중 가장 쉬운 것 한 가지는 간단한 신체 감각에 부드럽게 주의를 기울이는 것이다. 예를 들어 이마 같은 특정 부위에 다만 주의를 집중한다.

척추를 똑바로 세우고 몸을 이완시킴으로써 시작하라.

정식수련 중이라면 앞에서 설명한 일곱 가지 중심 자세를 취할 수 있다. 그 자세를 취하기가 불편한 곳에 있다면 그냥 척추를 곧게 세우고 몸의 나머지 부분을 편안하게 이완한다.

수행하면서 눈을 뜨느냐 감느냐는 중요하지 않다. 사실 어떤 사람들은 눈을 감는 것이 더 도움이 된다고 생각한다. 물론 운전 중이거나 거리를 걷고 있다면 눈을 뜨기를 강력히 추천한다.

잠시 있는 그대로 마음을 다만 휴식하라.

이제 천천히 이마 부위를 자각하라. 그곳에서 얼얼한 느낌이나 온기를 느낄지 모른다. 어떤 가려움이나 압박감까지 느낄지도 모른다. 무엇을 느끼든 1, 2분 동안 단지 그것을 자각하라.

다만 주시하라. 그 감각에 부드럽게 주의를 두고 다만 휴식하라. 이어서 주의를 거두고, 마음을 있는 그대로 쉬게 한다. 눈을 감고 있었다면 이제 떠도 된다.

어땠는가?

몸의 한 부분에서 느껴지는 감각에 잠시 주의를 집중한 뒤에는 몸 전체로 부드럽게 주의를 돌려 이 기법을 확대할 수 있다.

약식 수련 중이라면 척추를 똑바로 세우고 몸의 나머지 부분을 편안하고 자연스럽게 이완한다. 둘 중 어느 경우든 눈은 떠도 되고 감아도 된다. 자신에게 가장 편안한 것을 선택하자.

잠시 동안 대상 없는 수련을 하며 마음을 휴식함으로써 시작한다. 그리고 이마 부위에서 느껴지는 감각을 부드럽게 자각하라. 마음이 이런 감각을 그냥 관찰하도록, 단순히 자각하도록 하라. 그 이상은 필요 없다. 얼굴·목·어깨·팔 등에서 일어나는 어떤 감각이든 관찰하면서 점차 초점을 내리라. 다만 관찰하라. 마음속에서 일어나는 어떤 것을 막을 필요도 없고 관찰하고 있는 것을 바꾸려 할 필요도 없다. 단지 몸과 마음의 긴장을 풀고 고요하게 유지하면서 감각이 일어날 때 단순히 그것을 자각하라. 몇 분 뒤에는 마음을 그냥 휴식한다. 그리고 나서 감각 관찰하기로 돌아오라. 수행 시간이 지속되는 동안 관찰과 마음 휴식을 번갈아 하도록 한다.

대부분의 감각에는 어떤 종류의 신체적 근거가 포함된다. 앉아 있는 의자·바닥·핀·옷·동물·사람 등과 우리 몸은 접촉하게 된다. 이런 접촉은 뚜렷한 신체 감각을 만든다. 직접적인 신체 접촉으로부터 오는 이런 종류의 감각을 '**전체적 신체 감각**'이라고 한다. 그러나 자신의 느낌에 좀 더 깊이 주의를 기울이게 됨에 따라, 반드시 직접적인 접촉과 관련되지는 않은 느낌, 즉 '**미묘한 신체 감각**'이라고 부르는 느낌을 우리는 인식하기 시작한다.

이런 종류의 수련을 처음 수행하기 시작했을 때 특정한 감각을 피하려 할수록 그것이 커진다. 그러나 그것을 다만 바라보는 법을 배웠을 때는 내가 느낀 어떤 불편함도 좀 더 참을 수 있게 된다.

하나의 감각을 다만 관찰하면, 바로 그때 그 순간에 일어나고 있는 일에 내가 적극적으로 참여하게 된다는 것을. 내 마음의 일부는 고통스러운 감각에 저항하고 있고, 내 마음의 또 다른 일부는 그것을 다만 객관적으로 바라보라고 권하고 있음을 알게 될 것이다. 이런 대립하는 충동을 동시에 바라보았을 때, 도피와 받아들임을 다루는 과정에 마음 전체가 관여하고 있다. 그리고 마음의 작용을 관찰하는 과정이 도피나 받아들임보다 더 흥미로워졌다. 마음의 작용을 다만 관찰하는 것은 그 자체로 매력적이었다.

(2) 고통스러운 감각 수련

차가움·뜨거움·배고픔·배부름·멍함·어지러움·두통·치통·코 막힘, 따끔거리는 목, 무릎이나 허리 통증 같은 것은 언제나 유쾌하게 자각되지는 않을지라도 상당히 곧바로 자각된다. 고통과 불편함은 이토록 직접적으로 자각되는 감각이기 때문에 사실 수련할 때 집중의 대상으로 삼기에 매우 효과적이다. 우리 대부분은 고통을 신체 건강을 위협하는 요소로 여긴다. 한편으로는 우리가 걱정하거나 이런 위협에 마음을 빼앗기면 거의 대부분의 경우, 그 고통 자체가 커진다. 다른 한편으로는, 고통이나 불편함을 수련의 대상으로 삼으면 그런 감각을 이용할 수 있고 이로써 밝음을 인식하는 능력을 증대시킬 수 있다. 이것은 마음이 다양한 해결책을 다루는 과정을 지켜보는 것만으로도 가능하다.

(3) 응시 수련

마음을 쉬게 하는 수단으로 시각을 이용하는 방법에 대한 기술적인 명칭은 '응시 수련'이다. 이름만 듣고 겁부터 먹지는 말라. 응시 수련은 실제로 매우 간단하다. 사실 우리는 컴퓨터 화면을 응시하거나 신호등을 바라볼 때마다 매일 무의식적으로 이 수련을 하고 있다. 특정한 대상에 의도적으로 주의를 집중하면서 이 무의식적인 과정을 활동적인 자각 차원으로 끌어올릴 때, 마음은 매우 평화로워지고 열리며 긴장을 풀게 된다.

무리하지 않고도 볼 수 있도록 충분히 가까이에 위치한 아주 작은 대상을 가지고 시작하라고 나는 배웠다. 그것은 바닥 무늬 색깔이나 촛불·사진일 수도 있고, 교실에서 내 앞에 앉아 있는 사람의 뒤통수일 수도 있다. 흔히 '순수한 형태'라고 일컫는 좀 더 영적인 의미를 지니는 대상을 바라보는 것도 괜찮다. 기독교인이라면 십자가나 성인의 사진에 초점을 맞추는 것이 옳다. 또 다른 종류의 종교전통에 속한다면 당신에게 특별히 중요한 대상을 선택하라. 이 수련에 점점 익숙해질수록 정신적인 형태, 즉 당신의 상상 속에서 단순하게 생각난 대상에 초점을 맞추는 것도 가능해진다.

어떤 대상을 선택하든 그것이 형태와 색깔이라는 두 가지 특징을 지닌다는 사실을 알아차리게 될 것이다. 둘 중 당신이 더 좋아하는 쪽에 집중하라. 흰색·검정색·분홍색이든 원형·사각형·다각형이든 모두 선택할 수 있다. 대상 자체는 중요하지 않다. 대상을 겨우 인식할 정도로만 정신적인 기능을 사용하면서 색깔이나 형태를 주시하는 것이 요점이다. 그 이상은 없다. 그 대상으로 주의를 가져오는 순간 당신은 자각하고 있다.

세부 사항을 전부 인식하기 위해 너무 분명하게 보려고 애쓸 필요는 없다. 그렇게 되면 이 수련의 전체 핵심이 휴식하는 것임에도 긴장하게 될 것이다. 당신이 바라보고 있는 대상을 있는 그대로 자각하기에 충분할 정도로만 집중하면서 초점을 느슨하게 유지하라. 어떤 것을 일어나게 '하려고' 애쓰거나 마음을 이완시키려고 애쓰지 말라. 단순하게 생각하라.

'좋았어, 무슨 일이 일어나든 일어나라지. 이것이 수련이야. 이것이 내가 하고 있는 일이야.'

그 이상이 될 필요는 없다. 물론 대상을 진정으로 보지 않고 눈만 뜬 채 응시하는 것도 가능하다. 당신은 멀리서 들려오는 어떤 소리에 마음을 완전히 빼앗겨 몇 초 혹은 몇 분 동안 그 대상을 전혀 보지 않게 된다. 마음이 그렇게 표류하는 것은 전적으로 자연스러운 것이다. 따라서 초점의 대상으로부터 마음이 표류하고 있음을 알아차리게 되면 다만 그 대상으로 주의를 다시 가져오라.

이제 한 번 **수련을 실천**해 보자.

가장 편안한 몸자세를 취하고 편안하고 느슨한 상태에서 잠시 마음을 다만 쉬게 하자. 그리고 바라볼 대상을 고른 뒤 형태나 색깔을 주시하며 그곳에 편안하게 시선을 둔다. 의도적으로 응시할 필요는 없다. 눈을 깜빡여야 한다면 그냥 깜빡이라. 사실 깜빡이지 않으면 눈이 무척 건조해지고 따가울 것이다.

대상을 잠시 응시한 뒤에는 단순히 마음의 긴장을 다시 푼다. 몇 분 동안 그 대상으로 초점을 다시 돌리고, 다시 한 번 마음의 긴장을 푼다. 시각적 대상을 방편으로 삼아 수행할 때마다 대상을 기반으로 한 수련과 앞에서 설명한 일종의 대상 없는 수련을 번갈아 할 때 큰 장점을 얻을 수 있다.

어느 대상에 마음을 두고 휴식할 때 당신은 그것을 자신과 분리되어 있거나 별개인 것으로 보고 있다. 그러나 마음을 내려놓고 순수한 자각 상태에서 다만 휴식할 때는 그 구분이 사라진다. 그리고 대상에 집중하기와 순수한 자각 상태에서 마음 휴식하기를 번갈아 하다 보면 신경 과학이 우리에게 보여 준 기본적인 진실을 실제로 알아차리게 된다. 우리가 지각하는 모든 것이 마음속에서 만들어진 재구성물이라는 사실을. 바꿔 말하면, 보이는 것과 그것을 보는 마음에는 아무 차이가 없다.

물론 이런 인식이 하룻밤 새 생기지는 않는다. 이를 위해서는 약간의 수련이 필요하다. 마음과 마음이 지각하는 것 사이의 구분을 없애는 몇 가지 구체적인 방법도 있다. 지금은 감각 정보를 변환시켜서 마음을 고요하고 평화롭게 만드는, 기초적인 방법으로 다시 돌아오자.

제4장 주의사항

 관상기도가 기도 중에 제일 좋다는 말은 귀로 들어 알고 있어 관상기도를 해보고 싶지만 또 한편으로 위험하니 주의하란 말도 들었을 것이다. 둘 다 맞는 말이다. 관상기도란 말이 이제는 생소하지 않을 것이다. 그럼에도 불구하고 잘 모르고 있다. 최근에 각 교단에서 "관상기도를 주의해야 한다."고 주장한다. 동의한다. 그러나 '자동차 운전이 위험하다고 좋은 자동차를 버리고 걸어서 다니겠는가? 운전을 잘 배워 유용하게 자동차를 이용하는 것이 현명한 사람 아니겠는가!' 하고 생각한다. 그렇다 관상기도도 분명히 위험에 빠질 우려가 있는 부분이 있다. 그것은 마치 교회 잘 다니다가 이단에 휩쓸리는 것과 마찬가지이다. 관상기도도 잘못하면 똑같은 일이 발생한다. 그것이 관상기도라서가 아니라 그 사람의 문제라는 사실을 알아야 한다. 그래서 나는 언제나 관상기도를 배우는 이들에게 관상기도의 장점보다 주의해야 할 점에 대해 반복적으로 강의하고 있다. 관상기도에 주의해야 할 점이 있지만 조금만 주의하고 바로 알면 어려움이 없이 참되고 온전한 영적인 신앙생활의 도구가 될 것이다.
 이제 장점과 주의할 점과 유의할 점들을 알아보자.

1. 관상의 중요한 장점[156]

 관상의 전통은 우리 그리스도인들의 삶에 많은 강점들을 가져온다. 그중에서 네 가지를 살펴본다.

---

156) 박노열, 『누구나 할 수 있는 관상기도』 (나됨, 2009), p.50.

1) "처음 사랑"(계 2:4)의 불길에 계속해서 부채질을 한다.

이것은 관상의 가장 기본적인 공헌으로 전하는 메시지는 이것이다. "네 마음을 다해 하나님을 사랑하라… 네 마음을 다해 하나님을 사랑하라… 네 마음을 다해 하나님을 사랑하라. 너는 마음— 사랑밖에 가진 것이 없다." 관상적 생활은 우리를 항상 우리의 처음으로 부르고, 항상 뿌리를 찾도록 하고, 항상 우리의 기초를 상기시켜 준다. 우리에게 "예수님과 거듭 거듭 거듭해서 사랑에 빠지라."고 말하고 있다.

이제, 우리는 이 메시지가 단순하다고 쉽게 생각하는 우를 범해서는 안 된다. 우리가 '처음의 사랑'을 유지하기 위해서는 끊임없는 주의가 필요하다. 그리스도인의 삶은 이를 가는 데서 오는 것이 아니라 사랑에 빠지는 것에서 온다는 사실을 습관적으로 상기해야 한다.

2) 우리를 단지 지성적으로 믿는 종교를 넘어서도록 인도한다.

지성적 공식화만으로는 부족하다는 점을 끈질기게 강조한다. 토머스 머튼(Thomas Merton)은 "관상적인 사람은… 위험을 각오하고서 자신의 마음을 언어와 관념 너머의 사막에 내어놓은 사람이다. 그 사막에서 우리는 벌거벗은 순수한 신뢰 속에서 하나님을 만나는 것이다. 그것은 마치 생각하기 때문에 우리가 존재한다는 듯이, 그것들로 인해 우리의 마음을 옥죄이는 일을 더 이상 하지 않기 위해 우리 자신의 부족함과 미완성을 포기하는 것이다."라고 말했다.

이렇게 강조하는 것이 중요한 이유는, 우리는 대개 믿음을 우리에게서 조금 멀리하려는 영속적인 경향이 있기 때문이다. 너무 가까이하면 우리의 객관성과 시각을 잃을 수 있다.

3) 기도의 중심을 강조한다.

관상적인 사람들은 기도가 선한 것이거나 중요한 것이라고 생각하기보다는 필수적인 것, 곧 제1순위의 것이라고 생각한다. 동방교회의 은

자(隱者) 테오판은 이 사실을 잘 표현하고 있다. "만일 기도가 올바르면 모든 것이 올바르다."

하지만 관상의 전통은 기도의 중추적 성격만을 강조하는 것 이상을 제안한다. 기도를 바라보는 특이한 시각을 제안한다. 관상의 전통은 ① 침묵을 강조하고 ② 쉬지 않는 기도를 말한다. 로렌스 형제는 하나님의 임재를 실천하는 일을 우리에게 말해 주고 있다. 토머스 머튼은 "하나님의 임재 안에서 지속적으로 거하는 일에 모든 주의를 기울이기 위하여 저는 중보기도 외에는 모든 것을 다 포기했습니다. 저는 그저 단순하게 사랑으로 저의 시선을 하나님께만 두고 삽니다. 그것은 실제적이고 끊임이 없는 하나님의 임재에 대한 제 영혼의 은밀한 체험입니다."

4) 하나님과 함께하는 우리 삶의 고독을 강조한다.

옛적의 영적 언어로 표현하자면 우리는 '외로운 골짜기'를 홀로 지나야 한다. "어느 누구도 나를 대신해 그곳을 지날 수는 없다. 내가 가야만 한다." 고독은 개인주의를 말하는 것이 아니다. 하지만 공동체의 역할에 한계가 있음을 말한다. 하나님과 개인적인 교제의 역사를 써 가는 것은 나의 책임이다. 또한 당신도 마찬가지다. 다른 이들이 해줄 수 있는 일이 아니다. 그래서 그리스도인들의 공동체의 중요성을 확인하기를 원하지만 우리는 또한 은혜 안에서 성장하기 위해서는 적당한 분량의 고독이 필요함을 이해해야 한다.

이것은 험하고 사막 같은 영성이다. 우리는 영혼의 황폐하고 메마른 땅을 탐험하도록 부르심을 받았다. 그 땅은 악몽 속에서 억지로 가는 것이 아니라면 대부분의 사람들이 피하려고 애쓰는 곳이다. 그곳은 우리가 진정한 소망을 찾을 수 있는 곳이다. 하지만 그 소망은 절망과 소망이 얼마나 비슷한지를 안 후에만 찾을 수 있다. 그곳은 십자가가 잔혹이 아니라 긍휼을 의미하는 것이며, 죽음이 아니라 생명을 의미하는 것임을 발견하는 곳이다. 이것들은 관상의 전통을 통해 배울 수 있는 내용의 일부이다.

2. 잠재하는 위험에 대한 이해[157]

관상의 전통의 모든 것들이 긍정적인 것은 아니다. 모든 운동들에는 고난과 위험들이 있고, 관상의 물줄기도 예외는 아니다. 하지만 사전 경고를 받게 되면 우리는 미리 무장을 하고, 위험한 여울과 강한 역류를 피하는 데 도움이 된다. (이런 위험들은 전통이 왜곡된 데서 나오는 것이지 전통의 본질적인 요소들이 아니라는 사실을 덧붙이기 원한다.)

1) '일상적인 삶으로부터 분리'되는 경향이다.

이 분야에 대한 대부분의 글들을 수도사들이 저술했다는 사실은 이 문제를 더욱 심각하게 만든다. 사막의 수도사들은 기저귀 가는 일이나 애 봐 주는 사람 구하는 일이나 사친회 모임에 참석하는 일을 걱정할 필요가 없지 않았는가. 물론 어떤 이들은 다른 사람들과 동떨어진 삶을 살며 관상적인 삶을 열정적으로 표현하라는 부르심을 받는 것이 사실이다. 하지만 거의 대부분의 사람들은 가족들과 가정과 직장과 이웃들과 친구들과 지내는 중에 하나님과의 교제의 역사를 쌓아 간다. 우리에게는 모든 일상의 삶이 기도와 하나님과의 친밀함을 개발해야 하는 장소이다. 우리가 하나님을 찾아야 하는 '신성한 장소들'에 포함된다.

교회 출석과 성경 읽기와 또 다른 '종교적' 활동들이 우리의 전체 경험 중 일부를 차지하겠지만 진정한 성스러운 장소는 우리의 사무실이나 작업대, 우리 자녀들과 함께 지내는 놀이터, 배우자나 아니면(미혼

---

157) 박노열, 『누구나 할 수 있는 관상기도』 (나뭄, 2009), p.52.

이라면) 깊은 고독 가운데서 지내는 우리 집이나 아파트의 조용한 지성소이다.

형태는 미묘하지만 동일한 위험은 관상적인 생활에 열정적으로 초점을 맞추는 일부 사람들은 현재의 사회 문제들에 대해 전혀 신경을 쓰지 않는다는 것이다.158) 기도와 경건이 우리들의 책임을 회피하기 위한 도구로 쓰여질 때, 우리는 이 비뚤어지고 일그러진 영성이 사기꾼임을 폭로해야 한다. 하나님을 향한 열렬한 사랑은 깨어지고 피 흘리는 인류에 대한 관심과 필연적으로 연관되어 있다. 진정한 기도 생활은 우리를 타락한 세상의 고통과 아픔과 부정과 연결시켜 준다.

2) '지나친 금욕주의'이다.

금욕주의(asceticism)는 단순히 말하면 '훈련'이라는 뜻을 가졌다. '선수(athlete)'라는 영어단어가 이 단어와 같은 어근에서 나왔다. 그리고 우리 모두는 영적인 삶 가운데서 훈련할 필요가 있다. 하지만 일부 사람들이 운동에 지나치게 빠지듯 '영적 포식'으로 인해 고통받는 이들도 볼 수 있다.

현대인들은 이런 유혹의 위험에 빠지는 경우가 드물다. 오히려 우리는 이와는 반대의 유혹을 받고 있는 것이다! 이 위험은 초기 그리스도인들에게 많았다. 예를 들자면, 유명한 이집트인 '기둥 성자' 시므온 스틸리테스는 30년 동안 18미터 높이의 기둥에서 살았다. 그는 떨어지지 않기 위해 기둥에 자신의 몸을 묶었다. 밧줄이 그의 살을 파고들어 그 주위가 썩어 악취가 나고 구더기들이 우글거렸다. 시므온은 상처 부위에서 떨어진 구더기들을 주워 상처 위에 다시 놓으며 "하나님께서 네게 주신 것을 먹으라."고 벌레들에게 말했다.159)

---

158) 말하고자 하는 것은 수도사적 소명이 아니다. 수도사적 소명을 받은 수사들과 수녀들은 구제의 일을 더 많이 하고 있다. 그러므로 이런 것을 말함이 아니라 관념을 말하는 것이다. 예를 들자면 남성 상위주의를 놓고 기도하고 있으니 사무실에서 일어나고 있는 성차별에 대한 구체적인 문제들은 처리하지 않아도 된다는 식의 생각을 말하는 것이다.

유럽과 영국에서도 비슷한 종류의 지나친 금욕주의의 예들을 볼 수 있다. 모든 행태들이 이전 것에 비해 훨씬 더했다. 시아란 성자는 빵을 모래와 섞어 먹었다. 케빈 성자는 7년 동안을 서 있었다. 핀추아 성자는 7년 동안 철 족쇄로 겨드랑이를 채우고 공중에 매달려 지냈다. 이테 성자는 딱정벌레들이 그의 몸을 뜯어먹도록 했다.

오늘날 우리는 이런 지나친 모습에 질겁을 한다. 물론 질겁할 일들이었다. 하지만 현대 시대의 지나친 행태들과 그 모습이 많이 다를까? 예를 들면 우리는 사람들의 일생이 '철로 만든 방들'을 획득하는 것을 중심으로 돌아가는 것을 볼 수 있다. 지나친 금욕주의와 과도한 운동은 같은 집착에서 비롯된 극과 극이다.

금욕적인 실행의 진정한 목적과 올바른 위치를 이해함으로써 지나친 금욕주의를 피할 수 있다. 영적인 삶에서의 훈련을 통해 올바르게 살수 있는 능력을 소유할 수 있다. 예를 들어 단지 금식을 위해 금식하는 것이 아니라 하나님을 즐기는 잔치를 배우기 위해 금식하는 것이다. 영적인 삶의 훈련들은 수단이지 목적이 아니다. 목적은 하나님께 영광을 돌리고, 그분을 영원히 즐기는 것이다. 목적은 "오직 성령 안에서 의와 평강과 희락이라"(롬 14:17). 목적은 자유롭게 살고 하나님의 뜻을 행하는 하나님과의 즐겁고 유쾌한 사랑 관계이다.

3) '반지성주의 경향'이다.

믿음을 명료하게 표현하려는 지적인 노력의 가치를 감소시키려는 경향이다. 이것은 때로 반지성주의에 가까워지게(혹은 적대심으로 빠져들게) 된다. 이런 경향을 확고한 신학에서 벗어난 여러 가지 신비주의 종파에서 볼 수 있다. 그리고 때로는 이 전통에 충실한 정통 작가들도 마음— 믿음을 강조하려다가 고의는 아니지만 이 문제에 한몫을 더하게 된다.

---

159) Richard J. Foster, "Sterams of Living Water" 박조앤 역, 생수의 강 (서울: 두란노, 2006) p. 89.

왜 이런 위험이 나타났는지 이해하기는 어렵지 않다. 우리들은 모두 의지를 끌어들이지 못하거나 마음을 감동시키지 못하는 차갑고 둔감한 신학을 보아 왔다. 하지만 생명이 없는 지성주의를 바로잡는다고 해서 올바른 합리와 명확한 생각의 결여를 드러내서는 안 된다. 우리는 지성과 마음으로 하나님을 사랑해야 하고, 이 둘은 분리해서는 안 된다. 이 위험은 많은 모습으로 나타날 수 있다.

4) '믿음의 공동체를 무시'하는 경향이다.

이것은 체스판 위험이라 할 수 있다. 왜냐하면 많은 관상적인 이들은 사랑이 가득하고 양육하는 책임을 지는 모범을 보일 의도를 가진 공동체들에 속해 있기 때문이다. 하지만 앞으로 여러 번에 걸쳐 보게 되겠지만 전통의 가장 큰 강점은 심각한 약점이 될 잠재성을 내포하고 있다는 점이다. 관상적인 사람들은 하나님 앞에서의 고독을 강조하지만, 우리가 절대적으로 귀 기울여야 할 그 메시지가 특히 서구 문화에서는 '하나님과 나'만을 생각하는 개인주의로 인도될 수 있다. 특정 신비주의적 표현들, 특히 반(反)제도적 정신에 물든 것들은 이 위험에 빠지기 쉽다. 때로는 그것은 위에서 언급한 반지성주의와 연결되어, 사람들이 과거에 활발했던 신학 저술들을 외면하게 만든다. 그 결과는 빈번하게 무지한 이단을 낳는 교리적 순진함이다.

우리에게 관계가 필요한 것은 말할 나위가 없다. 물론 하나님께서 때로 엘리야나 세례 요한을 부르는 것은 사실이다. 하지만 이런 예외는 규칙을 증명해 줄 뿐이다. 우리들 대부분은 우리의 믿음을 고립되어 행하지 않도록 가르침을 받았다: 우리는 믿음의 공동체, 즉 그리스도의 몸이 필요하다. 우리는 우리를 사랑하고 격려하고 자신의 통찰을 전해 주는 형제자매들이 필요하다. 그리고 우리는 과거의 천국의 공동체- '성도들의 친교' -와 연결되어야 한다. 그들의 이야기를 공부하고, 그들의 고통을 나누고, 그들의 용기에서 힘을 얻고, 그들의 실수를 통해 배우고, 그들의 가르침으로 인도받음으로써 우리는 능력을 받는다.

3. 반드시 알아야 할 교훈160)

1) 영성생활의 본말을 전도해서 은사 자체에 지나치게 몰두하거나 집착해서는 안 된다.
영성생활의 주된 목적은?
(1) 하나님을 사랑하고, 하나님과 사랑으로 연합함이 가장 큰 목적이고,
(2) 하나님이 사랑하시는 모든 존재를 하나님 안에서 사랑하는 것이다.

2) 영적으로 체험된 것 중에서 순수 관상으로서의 하나님에 대한 직관적 지식(환상·계시·영적 언어·영적 느낌)은 하나님의 자기전달이므로 수동적으로 받아야 한다.
즉 외적 감각이나 내적 감각의 개입 없이 오직 초자연적 방법으로 주어진 영적 지식으로 받으라. 다른 은사들은 하나님의 선물로서 하나님의 판단에 따라 거두어 가시기도 한다(고전 13:8).
* 영성을 추구하는 사람의 마지막 우상은 신령한 은사들에 대한 집착이다.

3) 인간은 하나님이 정하신 지고의 영광된 목표 앞에서 아직 도상적 존재이다.
자기가 현재 도달한 어떤 고상한 영적 상태에서 자만하거나 자족하지 말고 계속 앞으로 나아가고 또 나아가야 한다.

---
160) 박노열, 『누구나 할 수 있는 관상기도』(나됨, 2009), p.149.

* '오직 하나님 안에서, 오직 하나님의 힘으로'

4. 가슴을 열어라(머리에서 가슴으로)

머리를 없애라. 머리 없는 자신을 상상하라. 이것이 터무니없는 소리처럼 들릴 것이다. 그러나 이것은 가장 중요한 묵상법 중의 하나이다. 이 묵상을 행해 보라. 그러면 알게 될 것이다. 걸을 때에는 마치 머리가 없이 걸어가는 것처럼 느껴라. 처음에는 상상하는 것으로 시작한다. 머리가 없다고 상상하면 아주 이상하고 묘한 느낌이 들 것이다. 그러나 서서히 당신은 가슴으로 내려가 자리 잡게 될 것이다.

눈먼 사람은 더 예민한 귀를 갖는다. 그의 귀는 음악에 대해 더 민감하게 반응한다. 이것은 법칙과 같다. 눈먼 사람은 더 음악적이다. 음악적 감수성이 더 뛰어나다. 왜 그런가? 일반적으로 눈을 통해 흐르는 에너지가 막혀 버렸다. 그래서 에너지는 다른 통로를 찾는다. 귀를 통해 에너지가 흐르게 되는 것이다.

맹인은 촉감이 일반인보다 훨씬 뛰어나다. 일반적으로 우리는 눈을 통해 서로를 감지한다. 그러나 맹인은 그럴 수 없다. 그래서 그의 에너지가 손으로 흐르기 시작한다. 맹인은 멀쩡한 눈을 가진 사람들보다 더 감각이 예민하다. 물론 반드시 그런 것은 아니지만 대개의 경우는 그렇다. 하나의 센터(축·중심)가 막혀 버리면 에너지는 다른 축(중심)을 통해 흐르기 시작한다.

이런 묵상법을 시도해 보라. 머리 없이 존재하라. 그러면 돌연 당신은 이상한 느낌을 받을 것이다. 난생처음으로 당신 자신이 가슴에 존재하는 것처럼 느껴질 것이다. 머리 없이 걸어라. 조용히 앉아서 눈을 감고 머리가 없다고 상상하라. '내 머리가 사라졌다'고 느껴라. 처음에는 상상에 불과할 것이다. 그러나 서서히 그대는 진짜로 머리가 사라졌다고 느낄 것이다. 그리고 머리가 사라졌다고 느끼는 즉시 그대는 가슴으로 내려올 것이다. 그대는 머리가 아니라 가슴을 통해 세상을 보게 될 것이다.

서양인들이 처음으로 일본에 갔을 때, 그들은 믿을 수 없는 사실을 발견했다. 일본인들은 생각이 배에서 나오는 것으로 믿고 있었던 것이다. 서양식 교육을 받지 않은 일본의 아이에게, "생각이 어디에서 나오니?" 하고 물어보라. 그는 자신의 배를 가리킬 것이다.

수천 년이 지났지만 일본인들은 여전히 머리 없이 살고 있다. 만일 내가 "당신의 생각은 어디에서 나오는가?" 하고 물으면 당신은 머리를 가리킬 것이다. 그러나 일본인들은 머리가 아니라 배를 가리킨다. 그 이유는 일본인들의 마음이 더 고요하고 차분하기 때문이다.

그러나 이젠 상황이 많이 달라졌다. 서양식 사고방식이 전 세계로 퍼져 나갔기 때문이다. 이제 진정한 의미에서 동양은 존재하지도 않는다. 동양은 외딴 섬처럼 여기저기 존재하는 몇몇 사람들의 영혼 속에나 존재한다. 지리적으로 볼 때 동양은 사라졌다. 온 세계가 서양화되었다.

욕실의 거울 앞에 서서 묵상하면서 머리를 없애 보라. 자신의 눈을 깊이 들여다보면서 가슴을 통해 보고 있는 것처럼 느껴라. 그러면 서서히 가슴의 센터(축·중심)가 작용하기 시작할 것이고, 그렇게 되면 그대의 인격(personality), 행동 패턴 등 전반에 걸쳐 변화가 일어날 것이다. 가슴은 가슴만의 독특한 방식이 있기 때문이다.

그러니 처음에는 머리를 없애 보라. 그리고 두 번째로는 사랑으로 더 충만해지라. 사랑은 머리를 통해 작용하는 것이 아니다. 더 많은 사랑으로 충만해지라. 사랑에 빠진 사람은 머리를 잃어버린다. 사람들은 그가 미쳤다고 말할 것이다. 그러나 머리가 평상시처럼 작용하고 있다면 사랑은 불가능하다. 머리가 사라져야 한다. 사랑이 작용하기 위해서는 머리가 아니라 가슴이 필요하다. 사랑은 가슴의 기능이다.

아주 합리적이고 이성적인 사람도 사랑에 빠지면 어리석어진다. 그는 "내가 왜 이렇게 어리석은 짓을 하고 있지? 내가 제 정신인가?" 하고 반문한다. 이제 그는 자신의 삶을 둘로 나눈다. 분열을 창조하는 것이다. 그의 가슴은 고요하고 친밀해졌다. 그러나 그는 세상사를 위해 집 밖으로 나오면서 가슴에서 벗어난다. 그는 머리를 갖고 세상 속에서 살아간다. 그리고 충만한 사랑을 느낄 때에만 가슴으로 내려간다. 그러나 이렇게 가슴으로 내려가는 것은 매우 어렵다. 일상생활 속에서는 결코 가슴으로 내려가지 못한다.

어떤 친구의 이야기이다. 그 친구는 큰 교회 목사였는데, 그의 부인이 친구를 보고 말했다.

"제게 한 가지 문제가 있는데 좀 도와줄 수 있겠어요?"

"무슨 문제입니까?"

"제 남편은 당신의 친구잖아요. 그는 당신을 사랑하고 존경해요. 그러니 당신이 그에게 조언을 하면 큰 도움이 될 것이라고 생각합니다."

"먼저 무엇이 문제인지 알아야 할 것 아닙니까?"

"그이는 침대에 누워서도 교회 목사라는 자리를 벗어나지 못해요. 그이는 내게 연인도 아니고, 친구도 아니고, 남편도 아니에요. 그저 하루 24시간 내내 교회 목사라고요."

자신의 신분에서 내려오기란 매우 어렵다. 그것은 고정된 태도를 형성한다. 만일 그대가 사업가라면 그대는 침실에서도 사업가의 면모를 버리지 못할 것이다. 한 사람의 내면에 두 사람이 거주하는 것은 어려운 일이다. 원할 때마다 자신의 행동 패턴을 즉시 바꾸어 버리는 것은 쉬운 일이 아니다. 그러나 사랑에 빠진 사람은 머리에서 내려올 수밖에 없을 것이다.

그러니 이 묵상법을 위해서는 더욱더 사랑으로 충만해지라. 사랑으로 충만해지라는 말은 그대가 맺고 있는 모든 관계에 질적 변화를 일으키라는 뜻이다. 모든 관계의 밑바닥에 사랑이라는 토대를 세워라. 모든 관계를 사랑에 기초한 것으로 만들어라. 그대의 부인이나 아이들, 친구와의 관계뿐만 아니라 살아 있는 모든 생명체와의 관계를 더 많은 사랑으로 채워라. 그것은 다만 생명체를 사랑으로 대하는 태도를 고양시키기 위한 것이었다.

어떤 관상가는 움직이거나 걸을 때에 개미 한 마리도 죽이지 않으려고 조심했다. 왜 그랬을까? 그는 개미에 관심을 가졌던 것이 아니다. 다만 그는 머리에서 가슴으로 내려왔을 뿐이다. 그래서 모든 생명체를 사랑으로 대하게 되었던 것이다. 그대가 맺고 있는 관계들이 더 많은 사랑에 기초할수록 가슴의 중심이 더 활발하게 작용할 것이다. 그러면 그대는 세상을 전혀 다른 눈으로 보게 될 것이다. 가슴에는 나름대로 세상을 보는 고유한 시각이 있기 때문이다. 마음은 결코 그런 식으로 세상을 볼 수 없다. 그것은 마음에게 있어서 절대 불가능한 일이다. 마음은 오직 분석할 뿐이다. 마음은 나누고 구분한다. 마음은 분열을 능사로 여긴다. 그러나 가슴은 통합한다. 오직 가슴만이 통일성을 줄 수 있다.

가슴을 통해 세상을 보면 우주 전체가 하나의 단일체로 보인다. 반면에 마음을 통해서 보면 세상 전체가 원자로 쪼개어진다. 통일성은 사라지고 오직 수많은 원자가 있을 뿐이다. 가슴은 통합의 경험을 선사한다. 모든 것을 한데 묶어 연결시킨다.

과학이 결코 하나님을 발견할 수 없는 이유가 여기에 있다. 과학이 하나님(神)을 발견하는 것은 불가능하다. 과학에 의해 채택된 방법 자체가 궁극적인 단일체에 도달할 수 없기 때문이다. 과학의 방법론은 추론과 분석, 구분으로 이루어진다. 그래서 과학은 분자·원자·전자를 발견해 냈으며, 이것들 또한 더 작은 단위로 계속 나누어 나갈 것이다. 과학은 결코 전체라는 유기적 단일체에 이르지 못한다. 머리를 통해서는 전체를 보는 것이 불가능하기 때문이다.

하나님을 사랑하고 이웃을 사랑하는 일도 가슴으로 해야 한다. 머리로 사랑하는 것과는 다르다. 관상가는 하나님을 사랑하는 가슴이 뜨거운 사람들이다. 그 열망으로 하는 것이다. 말로만 하고 행동이 따르지 않는 것도 머리로만 하기 때문이다. 모두 가슴으로 사랑하고 하나님의 은혜로 관상에 이르고 관상적인 삶을 누리자.

5. 마음으로 기도한다 [161]

기도는 마음의 근저에 뿌리를 내리고 있으며 기도의 장소는 마음이다. 그러므로 기도를 잘하고 싶으면 마음속으로 들어가야 한다. 기도의 어려움을 극복하기 위해서 먼저 주님의 은총을 간구해야 하지만 마음속으로 들어가는 노력도 필요하다. 기도는 은총인 동시에 우리 노력의 결실이다. 우리의 노력이라는 면에서 볼 때, 기도가 잘되느냐 안 되느냐는 근본적으로 마음속 깊이 들어가느냐 안 들어가느냐에 달려 있다. 사람은 마음의 한가운데서 자신을 만나 하나님과 대면하여 기도하게 된다.

이제 마음의 개념과 '마음속 깊이 들어가' '마음으로 기도한다'는 말의 의미에 대해서 생각해 보고자 한다.

1) 마음의 개념

(1) 구약 성경

구약 성경에서 마음은 인간 전체를 가리키고 인격의 진수를 뜻한다. 마음은 사람의 가장 심오한 내면성을 의미한다.

"내가 여호와인 줄 아는 마음을 그들에게 주어서 그들이 전심으로 내게 돌아오게 하리니"(렘 24:7).

"그날 후에 내가 이스라엘 집과 맺을 언약은 이러하니 곧 내가 나의 법을 그들의 속에 두며 그들의 마음에 기록하여 나는 그들의 하나님이 되고 그들은 내 백성이 될 것이라 여호와의 말씀이니라, 그들이 다시는 각기 이웃과 형제를 가르쳐 이르기를 너는 여호와를

---

[161] 김보록, 기도하는 삶 (생활성서, 2010) pp.56~71.

알라 하지 아니하리니 이는 작은 자로부터 큰 자까지 다 나를 알기 때문이라 내가 그들의 악행을 사하고 다시는 그 죄를 기억하지 아니하리라 여호와의 말씀이니라"(렘 31:33~34).

"내가 그들에게 한 마음과 한 길을 주어 자기들과 자기 후손의 복을 위하여 항상 나를 경외하게 하고, …나를 경외함을 그들의 마음에 두어 나를 떠나지 않게 하고"(렘 32:39~40).

예레미야에 의하면, 주 하나님께서는 이스라엘 백성에게 하나님을 알고 공경하는 마음을 주겠다고 약속하신다. 마음으로 하나님을 알고 공경한다는 의미는 하나님을 지성으로 이해하고 행동으로 공경한다는 뜻이 아니라, 전 인격으로 하나님을 이해하고 공경한다는 뜻이다. 마음의 변화는 인격 전체의 변화를 뜻하며, 인간 내면의 가장 깊은 차원에서 이루어지는 변화, 가장 근본적인 생활태도의 변화를 가리킨다. 그 결과 사람은 하나님의 백성이 된다.

에스겔은 하나님의 계약을 '새로운 마음의 삽입'으로써 설명한다.

"내가 그들에게 한 마음을 주고 그 속에 새 영을 주며 그 몸에서 돌 같은 마음을 제거하고 살처럼 부드러운 마음을 주어, 내 율례를 따르며 내 규례를 지켜 행하게 하리니 그들은 내 백성이 되고 나는 그들의 하나님이 되리라"(겔 11:19~20).

"새 영을 너희 속에 두고 새 마음을 너희에게 주되 너희 육신에서 굳은 마음을 제거하고 부드러운 마음을 줄 것이며, 또 내 영을 너희 속에 두어 너희로 내 율례를 행하게 하리니 너희가 내 규례를 지켜 행할지라"(겔 36:26~27).

하나님은 사람의 돌과 같이 굳은 마음을 도려내시고 살과 같이 부드러운 마음을 넣어 주신다. 이리하여 사람은 하나님의 백성으로 새롭게 되어 하나님의 규정을 철저히 따르게 된다.

(2) 신약 성경

사도행전에는 하나님의 적극적 활동으로 인하여 신앙을 받아들이게 된 한 여자의 이야기가 나온다.

"두아디라 시에 있는 자색 옷감 장사로서 하나님을 섬기는 루디아라 하는 한 여자가 말을 듣고 있을 때 주께서 그 마음을 열어 바울의 말을 따르게 하신지라, 그와 그 집이 다 세례를 받고…"(행 16:14~15).

본문에서 '마음을 열어'라는 표현은 하나님께서 사람의 내부에서 활동하심으로써 그 사람의 마음을 개방시켜 그 사람으로 하여금 내면에서 신앙을 받아들이게 하시는 것을 뜻한다. 사람이 회개하여 주님의 말씀을 받아들이기 위해서는 자신의 노력에 앞서 먼저 하나님의 활동과 은총이 필요하다. 사람의 마음속에 들어오시어 활동하시는 하나님의 창조적 힘으로 인하여 사람은 낡은 인간을 그 행위와 함께 벗어 버리고 새 인간으로 갈아입게 된다(엡 14:22~24; 골 3:9~10). 의화는 마음의 새 창조요, 하나님의 자녀로서의 재생이다.

의화의 원천은 성령이시다. 성령께서는 사람의 마음보다 더 깊은 데서 활동하시고 마음을 그리스도화시켜 그 사람을 전적으로 그리스도 몸의 지체로, 아버지의 자녀로 변하게 하신다. 이리하여 그리스도인은 성령으로 말미암아 아버지를 '아빠'라고 부르게 된다(롬 8:15; 갈 4:6). 이것이 새 마음으로, 새 인간이 되어 기도한다는 뜻이다.

마음은 결코 감정·기분·감수성이 아니고 애정이나 미움을 느끼는 어떤 기관도 아니다. 그것은 지성과 의지의 능력도 아니다. 그렇다고 해서 어떤 추상적 개념도 아니다. 마음은 모든 기관이나 능력보다 훨씬 깊은 곳에 자리 잡고 있으며 그것을 움직이고 조절하는 원천으로서 모든 신체적·정신적 행동의 궁극적인 기반이자 생활의 근원이다. 신비가들이 말하듯이 마음은 '영혼의 선단(先端)'이며 '정신의 절정'으로서 인격의 가장 심오한 차원에 존재하는 내면성이다.

2) '껍질'로 덮여 있는 마음

마음은 사람의 정신과 심리와 신체의 심층에 자리 잡고 있으므로 이를 의식하고 실감하기가 어렵다. 보통 마음은 정신적·심리적·신체적 행위 밑에 잠자고 있거나 마비되어 있다. 이런 마음을 잠에서 깨우고 자유로이 활동하게 하는 것이 바로 정신수련과 영적 수련, 그리고 기도 수련의 근본이 된다. 마음이 지니는 원래의 능력을 발휘하기 위해서는 정신을 집중하여 자기의식(자의식)의 깊은 수준에 내려가는 것이 필요하다. 자기의식이 깊이 내려갈수록 마음속 깊이 들어가서 자신의 참모습을 발견하고 하나님을 만나게 되어 하나님과의 친교로서의 기도를 잘할 수 있게 된다. 그 반대로 자기의식이 마음속에 들어가지 못하고 심리적 흥분 상태가 될수록 자신과 하나님을 만나지 못하게 되어 기도를 할 수 없게 된다. 이것이 바로 마음이 잠들고 마비된 상태이다. 이 사실을 마음의 '껍질'이라는 비유적 표현으로 다음과 같이 설명해 볼 수 있다.

사람의 마음은 껍질로 덮여 있다. 껍질은 사람의 자기의식을 외면화하고 산만케 하고 흥분케 하는 모든 것이다. 이 껍질로 인하여 마음이 잠들거나 마비되어서, 사람은 지성과 의지·감정·감각·감수성 등의 능력을 제대로 활동하지 못하게 된다.

껍질에는 여러 가지 종류가 있다. 근심·걱정·산만성·무질서 등은 얇은 껍질이며, 미움·분노·교만·질투·복수심 등의 악의는 보다 두꺼운 껍질이요 큰 죄악 등은 아주 두꺼운 껍질이다. 마음이 여러 능력을 활동하게 하는 데 있어 얇은 껍질은 작은 피해를 끼치지만 두꺼운 껍질은 큰 피해를 끼친다.

지성과 의지를 비롯하여 감정·감각·감수성 등의 모든 능력은 외부 세계의 영향을 받아 외부 조건에 반응하기는 하나, 이 능력을 근본적으로 통제하고 다스리는 것은 어디까지나 마음이어야 한다. 그러나 그 마음이 죄악과 악의와 무질서 등의 껍질로 덮여 있다면 여러 능력을 통제하지도 다스리지도 못하게 된다. 그 결과 능력은 외부 세계와 외부 조건의 지배를 받게 된다. 이것이 바로 마음이 잠들고 마비된 상태이다. 그 마음은 참으로 둔해서 알아듣지 못하고 보지 못하고 깨닫지도 못한다(사 6:9~10; 마 13:14~15; 막 4:12; 8:17~18; 눅 8:10).

3) 마음의 '껍질'을 벗긴다

사람의 자기의식이 마음에 도달하는 것은 인간 생활의 가장 중요한 과제이며 사회생활·정신생활·신앙생활을 하는 데 있어서도 가장 근본적인 행위가 된다. 자기의식이 마음에 도달하도록 하기 위해서는 마음을 덮고 있는 껍질을 벗겨야 한다. 먼저 죄의 두꺼운 껍질을 벗긴다. 죄는 하나님과의 관계를 끊고 자기의식과 자기 마음 사이의 관계를 차단시킴으로 하나님과 친교를 나누는 기도를 할 수 없게 하고 자신을 전혀 알아보지 못하게 한다. 이런 의미에서 죄는 기도의 가장 큰 적이다. 그다음에 모든 악의 껍질을 벗긴다. 미움·분노·교만·질투·복수심 등의 껍질은 자기 자신과 하나님의 모습을 흐리게 하여 기도를 어렵게 한다. 마지막으로 근심·걱정·산만성·무질서 등의 껍질을 벗긴다. 이 껍질들은 사람의 심리를 불안하고 변덕스럽고 무기력하게 만들고 자기 자신과의 만남과 하나님과의 만남을 얕은 수준에 머물게 하여 참다운 기도를 바치지 못하게 한다.

마음의 둘레에 무수하게 붙어 있는 껍질을 하나씩 벗겨 가면서 마음에 도달하려는 노력이 바로 정신 수련이요 영적 수련이며 기도의 수련이다. 벗기면 벗길수록 자기의식은 마음의 핵심에 도달하여 사람은 내면화되고 집중되고 단일화되며 순수하게 된다. 반대로 많은 껍질들이 붙어 두꺼워지면 두꺼워질수록 자기의식은 마음에서 멀어지며 사람은 외면화되고 산만해지고 복잡하게 되고 불순하게 된다. 전자의 길은 영을 따라 사는 삶의 길이요, 영적인 사람이 되는 길이며, 후자의 길은 육을 따라 사는 삶의 길이요, 육적인 사람이 되는 길이다(참조: 롬 8:1~17; 갈 5:16~25).

마음의 핵심에 도달하기 위해서는 마음의 껍질을 몇 개 정도만 벗기면 되는 것이 아니라 끊임없이 벗겨 가야 한다. 간단없는 마음의 탐색, 끊임없이 반복되는 마음속으로의 침입, 이것이 정신생활과 영성 생활의 내용이요 목적이다.

우리 자신의 가장 심오한 현실, 우리 자신의 가장 참다운 모습, 이것이 우리의 마음이다. 마음은 아무 가림도 속임도 없는 자기 자신이다. 그러므로 이 마음에서 사람은 자신의 진실한 모습을 발견하고 자신과 직접 대면할 수 있다. 곧 마음에서 자기 자신을 알 수 있다.

사람은 하나님의 모습으로 창조되었으므로(창 1:26) 사람의 진실한 모습은 하나님의 모습이다. 마음에서 자기의 진실한 모습을 본다면 하나님의 모습을 보는 것이다. 하나님께서는 이 마음에서 우리 한 사람 한 사람을 고유한 이름으로 부르시어 말씀을 건네시고 우리도 하나님을 친밀하게 부르면서 하나님과 대화를 나눈다. 이렇듯 마음의 심오한 곳에서 하나님과 우리가 만날 때 비로소 인격적 만남과 내밀한 친교가 이루어질 수 있다.

4) 기도의 상태

세례를 받은 그리스도인의 가장 심오하고 본질적인 현실은 하나님의 자녀라는 사실이다. 이는 그리스도인이 그리스도의 죽음과 부활의 열매인 성령을 받아 그리스도의 형제자매가 됨으로써 이루어졌다. 다시 말해서 그리스도인의 참은 가장 깊은 차원에서 성령의 인도를 받아 그리스도와 같은 입장에서 하나님을 아빠로 모시는 데에 있다. 그는 자기의 삶과 행동의 근본에서 하나님을 아빠로 모신다. 곧 마음 한가운데에 아빠를 모신다. 입으로 소리 내어 아빠라고 부르지 않아도 그리스도인의 삶과 행동 자체가 하나님을 아빠라고 부르고 있다. 그러므로 마음이 아빠라고 부를 때 그리스도인의 삶과 행동의 근본인 그 마음은 바로 일종의 기도를 하는 것이다. 그리스도인은 세례를 받는 순간부터 기도의 삶과 행위를 시작하고 기도의 마음을 가지기 시작한다.

이 기도의 마음은 어떤 기도를 의식적으로 외우는 행위라기보다 삶과 행동의 근본이 하나님께 향하는 것으로 특징지워진 기도의 상태이다. 본인이 알거나 모르거나 상관없이 그리스도인의 마음은 그 사람이 하나님의 자녀라는 사실을 드러내어 살고 행동하게 한다. 그러므로 그리스도인의 삶과 행동은 하나님의 자녀로서의 삶과 행동이며 하나님을 아빠로 모시는 삶과 행동이다. 이런 의미에서 그리스도인의 마음은 기도의 상태에 있으며 그의 삶과 행동은 기도의 상태 안에서 진행된다.

마음은 사람의 능력과 기관과 행동의 심층에 자리 잡고 있기 때문에 이와 같은 기도의 상태에 있으면서도 그것을 의식하지 못한다. 마음은 아빠의 사랑을 받고 아빠를 사랑하고 있으면서도 그 사랑을 맛보지도 알지도 못한다. 더군다나 여러 가지 죄와 악의와 무질서의 껍질로 덮여 있을 경우에는 마음이 기도의 상태에 있음을 알아차리는 것이 더욱 더 어려워진다. 마음에 자리 잡은 기도의 상태는 무의식 수준에 있으며 잠들어 있거나 마비되어 있으므로 개발되지 않은 상태에 놓여 있다고 할 수 있다.

5) 기도의 행위

마음속에 자리 잡고 있는 무의식적인 기도의 상태를 의식하게 되었을 때, 보통 우리가 말하는 기도의 행위가 된다. 즉 잠재의식 속에 묻혀 있는 기도의 상태가 의식 수준에 올라왔을 때 사람은 소위 기도라고 불리는 행위를 하게 된다. 무의식적인 기도의 상태가 의식적인 기도의 행위로 되기 위해서는 자기의식이 마음속 깊이 들어가야 한다. 자기의식이 마음 깊은 곳으로 들어가게 하려면 마음의 둘레에 붙어 있는 껍질을 제거한 후 자기의식을 마음에 집중시켜야 한다. 이럴 때 자기의식은 기도의 상태를 의식하게 된다. 곧 마음의 무의식적 기도의 상태가 의식의 수준으로 올라온다고 할 수 있다.

자기의식과 마음이 만날 때, 이미 마음에서 잠재적으로 바쳐지고 있던 기도가 의식 세계로 튀쳐나와 의식적 기도의 행위가 된다. 이미 오래 전부터 바쳐지고 있었던 기도가 마음의 껍질을 꿰뚫고 뚜렷한 행위로써 표면에 나오는 것이다.

그러기 위해서는 마음을 속박하고 있는 여러 가지 죄와 악의와 무질서의 껍질에서 마음을 해방시켜 자유의 상태로 되돌려 놓아야 한다. 이렇게 될 때에야 마음은 원래 지니고 있던 기도의 능력을 그대로 발휘할 수 있다. 게다가 사람이 자기의 모든 능력을 마음에 집중시킨다면 마음은 그 능력들까지도 기도에 전적으로 활용하게 될 것이다.

기도는 마음의 껍질을 제거하기만 하면 저절로 나오기 마련이며 마음 안에 들어가 집중하기만 하면 마음에서 우러나오지 않을 수 없다. 이는 발굴된 유전에 송유관(送油管)을 넣기만 하면 원유가 솟아나오는 것과 같고, 큰 댐의 수문을 열기만 하면 막대한 양의 물이 넘쳐 나오는 것과도 같다.

어느 저자에 의하면, 그리스도인의 마음은 재로 덮여 있는 숯불과 같다고 한다. 겉으로는 보이지 않으나, 재 밑에는 시뻘건 숯불이 타고 있다. 여기에 마른 나뭇가지 하나를 던지면 갑자기 불길이 솟아올라 나뭇가지를 태우는 것과 같다. 재 밑에 숨어 있던 불이 나뭇가지에 타오르면서 다른 가지를 불로 변하게 하는 것이다. 재로 덮여 있던 숯불은 껍질로 둘러싸여 있는 마음이고, 나뭇가지를 던지는 일은 마음의 껍질을 벗겨 자기의식을 마음속으로 들어가게 하는 것을 뜻한다. 그리고 나뭇가지에 불이 붙어 타오르는 것은 마음속에 이미 있었던 기도의 상태가 의식적인 기도의 행위로 되는 것을 뜻한다. 재 밑에 숯불이 이미 있었듯이 마음속에는 기도의 상태가 잠재해 있다.

6) 기도의 상태에 공명한다

기도는 우리가 생각해 내는 것도 아니고 창조하는 것도 아니다. 기도는 외부의 어떤 사람이나 책이나 분위기에서 얻는 것도 아니다. 기도할 때는 외적인 일이나 피상적인 감정·감각 등에 의지하는 것이 아니라 자신의 내면에 의지해야 한다.

기도는 모든 그리스도인의 마음에 원래부터 주어진 은총이다. 우리가 해야 할 일은 성령의 인도에 따라 자신의 이 본래적인 기도의 모습을 찾아내고 식별하고 개발해 나가는 것이다. 즉 이미 주어진 기도의 상태를 발견하고 그 리듬에 공명(共鳴)[162]하는 일이다. 이는 곧 자기 지성과 의지, 몸과 정신, 감정과 감각, 그리고 동작·자세·목소리 등 모든 능력과 기관을 기도의 리듬에 맞추어야 한다는 말이다. 이렇게 성령의 인도로 자신의 본래 기도의 리듬에 공명할 때 비로소 전 인격적이고 의식적이고 정성어린 기도의 행위를 하게 된다.

한 걸음 더 나아가 이 기도의 리듬에 생활과 활동까지 공명하게 된다면 생활과 활동도 일종의 기도가 된다. 자기의 생활과 활동을 기도의 장소인 마음속으로 가져가 마음에서 이루어지게 하는 것이다. 이렇게 되면 마음에서 바쳐지고 있던 기도는 점차 생활과 활동에 스며들어 영향과 힘을 주게 되고 마침내 생활과 활동 전체를 기도로 변화시킨다. 기도의 상태는 원래 마음에서 무의식적으로 하나님을 아빠라고 부르고 있는 상태이지만 그 마음에 생활과 활동을 의식적으로 합치시키고 공명하게 함으로써 생활과 활동이 일종의 의식적인 기도가 되게 하는 것이다. 생활과 활동이 하나님을 아빠로 모시고 아빠라고 부르는 상태를 의식적 표현하고 있다면, 그 생활과 활동은 틀림없이 기도이다.

7) 마음으로 돌아간다

마음 밖에서 헤매고 있는 자기 자신을 마음으로 돌아오게 해야 한다. 마음은 인격의 핵심이며 자기의식의 고향이다. 사람은 평소에 쉽게 이 고향을 떠남으로써 자신을 잃어버리곤 하는데 마음으로 기도하기 위해서는 잃어버린 자신을 다시 찾아야 한다. 자신의 진실한 모습은 하나님의 자녀로서의 모습이요, 하나님을 아빠로 모시는 모습이다. 자신은 하나님의 모습으로 창조되었으며 그 모습은 바로 마음 안에 농축되어 있다. 따라서 자신의 모습이요, 하나님의 모습인 마음 안에서 사람은 자신을 만나고 하나님을 만나게 된다. 마음에서 사람은 참으로 하나님과 진정한 대화를 나누고 친밀한 친교를 나눌 수 있다.

---

[162] 공명(共鳴), 남의 사상이나 감정·행동 따위에 공감하여 그에 따름.

기도는 사람의 외부에 있지 않고 내부에 있다. 사람이나 책을 통하여 외부에서 받아들이거나 배우는 것이 아니다. 사람의 지도와 책의 설명은 자신의 기도의 상태를 발견하고 개발하는 데 도움이 될 뿐이다. 기도의 마음이 없으면 아무리 외부의 지도와 설명을 받아도 소용이 없기 때문이다.

기도의 고향, 기도의 장소는 마음이므로 자기 마음속에서 기도를 찾아야 한다. 기도의 장소는 지성도 의지도 아니고, 그 밖의 다른 어떤 능력이나 기관도 아니다. 이 능력들은 그것들이 마음에 집중될 때에야 비로소 기도에 도움이 된다.

마음속으로 들어가지 않고 지성만으로 기도하려고 할 때 그 기도는 차갑고 형식적인 기도가 될 것이다. 겉으로는 정확하게 보이지만, 실제로는 하나님과의 친교를 이루지 못한다. 의지만으로 기도하려고 할 때 그 기도는 일종의 정신 수련이나 윤리 도덕적인 노력에서 그치게 된다. 아무리 꾸준하게 기도하더라도 인내와 희생정신만으로는 기도의 즐거움과 은혜로움을 맛보지 못한다.

감정이나 감각을 중심으로 기도할 때에도 감정적 기도, 감각적 기도가 되고 만다. 감정적이고 감각적인 열성은 피상적이고 뿌리가 없어서 일시적이고 실생활에 좋은 열매를 맺지 못한다. 지나치게 감정적이고 감각적인 열성은 해로우며 아무 이익이 없다. 신앙과 기도의 열성은 더욱더 내면화되어 실생활과 행동으로 표현되어야 한다.

마지막으로 상상도 기도에 도움이 되지만 상상만을 중심으로 기도하지 않도록 유의해야 한다. 결국, 마음이 지성과 의지와 감정·상상력 등을 적절히 조절하여 이용할 때, 전 인격적 행위로서의 기도가 이루어진다. 전 인격적 행위로서의 기도는 항상 마음에 그 기반을 두어야 하며 마음으로 바쳐져야 한다.

제5장 기도의 준비

기도의 준비는 신앙·몸·마음의 준비가 필요하다.

1. 기도의 준비[163]

기도는 은총이지만 잘 준비하고 협력하는 자에게 더 풍성히 주어지는 은총이다. 기도가 잘 되느냐 잘 안 되느냐는 대개의 경우, 기도의 준비에 달려 있다. 기도 중에 분심 등의 어려움을 느끼는 것도 준비를 잘 안 했기 때문이다. '기도드리기 전에 스스로 준비를 갖추어라.' 이와 같은 기도의 준비에는 간접적 준비와 직접적 준비가 있다.

1) 간접적 준비

성실한 신앙생활

기도를 잘하기 위해서 가장 중요한 준비는 우선 성실한 신앙생활을 하는 것이다. 죄를 피하고 결점을 고치며, 자기 소임을 충실히 수행하고, 덕행을 실천하고, 남에게 사랑을 베풀려는 노력은 그대로 기도를 잘하는 데 도움이 될 뿐 아니라 그 자체가 벌써 일종의 기도의 상태이다.

기도에 가장 큰 지장이 되는 것은 죄에 대한 가책이다. 죄를 뉘우치고 용서를 받아 하나님과 화목하게 되어야 비로소 그분과 친교를 나누며 기도할 수 있다.

그 반대로 모든 것을 사랑과 순명의 마음으로 행한다면, 열심히 기도하려는 마음이 저절로 일어난다. 왜냐하면 기도는 하나님께 대한 사

---

163) 김보록, 기도하는 삶 (생활성서, 2010), pp.93~103.

랑과 순명의 '명시적' 표현인 바, 그런 생활은 벌써 하나님께 대한 사랑과 순명의 '암시적'(함축적) 표현이 되기 때문이다. 아낌없는 봉사와 희생, 깊은 겸손과 인내, 그리고 자기가 헌신하는 대상(남편·아내·자녀·신자·예비신자·환자·근로자·학생들)에 대한 사랑은 우리로 하여금 기도를 생생하고 간절한 마음으로 바치게 해 준다. 자기가 진심으로 사랑하는 사람을 위해 열심히 기도하는 것은 당연한 일이다.

'그들을 위해 나 자신을 성화한다'는 속담이 있다. 사랑하는 사람이 있을 때 진실로 자신을 성화하려고 할 것이고, 또 참사랑을 체험할 때 참 기도를 하게 될 것이다. 사랑하는 자에게는 모든 것이 선(善)이 되고 기도가 된다.

심리적 안정

평소에 심리적 안정을 유지하는 것도 기도의 준비로서 대단히 중요하다. 마음이 안정되지 못한 사람이 기도에 집중하는 것은 거의 불가능하며, 기도 중에도 분심이 들기 마련이다. 기도는 초자연적 주의 집중, 또는 정신 통일이라고 할 수 있으므로, 기도 중에는 물론, 평소에도 심리적 불안정을 극복하도록 해야 한다. 지나친 흥분·분노·미움·실망·슬픔·고민·불안·두려움·거짓·질투· 앙갚음하고 싶은 마음 등을 없애야 한다. 근심·걱정·일에 휘말려 마음이 사로잡힐 정도의 지나친 열성 등도 심리적 불안정을 일으킨다. 이 모든 것들을 제거하여 심리적 안정을 유지하는 사람은 쉽고 빠르게 기도에 집중할 수 있다.

기도 직전의 일에서 침착성 유지

전통적 의미에서 기도의 간접적 준비는 기도 직전의 마지막 일을 침착하고 차분하게 하는 것이다. 마지막 일을 하면서 자기의 신경과 감정을 가라앉히고 흩어진 생각을 하나로 모아야 한다. 자기의 몸과 정신, 여러 기관과 능력도 점차 일점을 향해서 가다듬어야 한다. 그 일점은 바로 자기 마음이요, 자기 자신이요, 하나님이다.

일은 착실하게 열심히 하면서도 일과 자신 사이에 심리적 간격을 두고 그 일을 냉정하게 통제하고 평가함으로써 그 일에 자신이 휘말리지 않도록 해야 할 것이다. 일이 아무리 중요하다 하더라도 필요할 때는 그 일에서 이탈할 줄을 알아야 한다.

2) 직접적 준비

기도 직전에 시간적 여유를 둔다

어떤 활동에서 갑자기 기도로 옮아가는 것은 무리한 일이다. 활동과 기도 사이에 시간적 간격과 심리적 여유가 있어야 한다. 기도 직전까지 바쁘게 일을 하고 여러 가지 일에 신경을 쓰다가 기도 시간이 되면 급히 교회나 기도처에 뛰어 들어간다든가 즉시 기도를 시작한다면 기도에 전념할 수 없다. 적어도 5분 내지 10분 동안은 어수선한 마음으로 기도할 수밖에 없다. 그러므로 기도를 시작하기 적어도 5분 전에는 기도처에 들어가 조용히 앉아 마음의 준비를 해야 할 것이다.

정신 통일이 필요하다

기도를 시작하기 전에 성당 안에서, 또는 방에서 조용히 앉아 우선 정신 통일을 해야 한다. 정신 통일을 하려면 먼저 흩어진 생각을 정돈하고 마음과 정신을 가다듬어야 한다.

정신 통일의 방법은 여러 가지가 있으나, 각자가 자기에게 맞는 방법을 찾아 선택하고 개발하는 것이 필요하다. 근본적으로 다음 3단계를 거쳐 긴장을 풀고 정신 통일을 할 수 있다.

(1) 신체적 긴장을 푼다

먼저 똑바르고 편한 자세로 앉아 눈을 감고 심호흡을 천천히 한다. 불규칙한 호흡을 가다듬고 진정시키는 것이 대단히 중요하기 때문이다. 그다음에 온몸의 긴장을 풀고 힘을 빼도록 한다. 특히 자기가 자주 힘을 주어 굳어져 있는 부분의 힘을 빼고 긴장을 푸는 것이 중요하다.

좀 더 시간을 두고 몸의 긴장을 풀고자 할 경우에는 몸의 각 부분(위에서 밑으로 차례대로) 자기의식과 감각을 집중시키고 나서 그 부분의 힘을 빼고 긴장을 풀도록 한다. 적어도 그 부분의 힘이 빠졌고 긴장이 풀렸다고 느끼고 상상하면 된다.

(2) 심리적 긴장을 푼다

그다음에 심리적 긴장을 풀기 위해서 마음 안에 불안과 갈등을 일으키는 모든 것을 제거한다. 분노·미움·고민·두려움·복수심·이기심 등을 없앤다. 이것도 역시 상상으로 불안과 갈등을 일으키는 것들이 모두 없어졌다고 느끼거나 다 사라졌다고 자신에게 여러 번 일러 주는 것으로 충분하다.

(3) 지성적 긴장을 푼다

지성적 긴장을 푼다는 것은 지성이 어떤 생각이나 상상으로 흩어지거나 사로잡히지 않는 것을 뜻한다. 즉 지성이 특정한 생각이나 상상에서 해방되어 비어 있는 상태를 뜻한다. 이렇게 되기 위해 정신 통일을 실시하는 방법은 여러 가지가 있으며 여러 종교와 정신 수련회에서 제각기 가르치고 수련시킨다. 어떤 방법이라도, 직접 특정한 종교의 예배와 관계가 없고 심신에 해롭지 않으면 채택할 수 있다. 여러 방법을 시도해 보고 자기에게 가장 알맞고 효과적인 것을 받아들이면 된다.

이제 대표적인 정신 통일법을 몇 가지 소개하겠다.

* 감실·십자가·동상·성화 등 신심적인 물건 중 하나를 가만히 쳐다보면서 그것에 마음과 생각을 집중한다.
* 촛불을 켜 방 안을 어둡게 하고 촛불을 가만히 쳐다보면서 촛불에 집중한다.
* 어떤 상징적 도안(원형 O, 십자가형 †, 하트형, 삼각형, A 등)이나 의미 있는 글씨(忍, 努, 完, 天, 永, 成 등)를 크게 그려 그것을 물끄러미 쳐다보면서 집중한다.
* 눈을 감고 심호흡을 천천히 하면서 그 호흡에 의식을 집중한다.

이하 소개되는 모든 방법은 눈을 감고서 실행한다.
* 심장의 고동에 의식을 집중한다.
* 어떤 의미 있는 단어(하늘·인내·사랑·신앙·찬양·감사·예수님 등)를 입속에서 반복하여 외우고 그것에 집중한다.
* 어떤 숫자를 반복해서 외운다(하나−둘−셋, 하나−둘−셋,… 혹은 10−9−8−7 …. 숫자가 내려갈수록 자기의식도 내려간다고 느끼도록 한다).
* 자기 마음에 들고 마음이 차분해지는 어떤 경치를 상상한다(바닷가, 산 계곡의 시냇물, 별빛이 밝은 하늘, 교회 내부 등).
* 조용한 음악을 듣는다.

기도의 중요성을 되새긴다

지금 바치려고 하는 기도가 자기에게 얼마나 소중하고 필요한 것인지를 절실히 느끼도록 한다. 즉 기도는 주님께서 주시는 은총이며, 다른 무엇보다도 중요한 것이므로 지금 이 기도에 전념하는 것이 자기에게 가장 좋은 것임을 확신하도록 한다. 아울러 기도를 성의껏 잘하려는 마음을 먹는다. 주님의 모습을 동경하고, 주님을 만나 뵙기를 갈망하며, 주님과 친교를 즐기려는 심정을 일으킨다.

기도의 은총을 성령께 청한다

우리는 하나님을 '아빠'라고 부르면서 기도할 자격도, 힘·권리도 없는 존재임을 절감하고, 겸손한 마음으로 기도의 은총을 성령께 청한다. 성령이야말로 기도의 원천과 원동력이 되시는 분으로서 우리로 하여금 하나님을 아빠라고 부르고 기도하게 해 주시기 때문이다. 성령께서 우리의 마음을 하나님께 들어 올리시고 하나님께 대한 자녀다운 사랑으로 가득히 채워 주시도록 간청한다. 기도를 자기 힘과 노력만으로 하려는 자세를 버리고, 성령의 사랑에 자신을 맡겨 초자연적 수동성의 자세를 취해야 한다. 우리의 노력은 기도의 필요조건이지만, 기도의 충분조건이나 원인은 될 수 없기 때문이다.

하나님의 현존을 의식한다

기도는 하나님과의 친교이며 대화이므로, 우선 친교와 대화의 상대자로서 하나님의 현존을 생생하게 의식하는 것이 필요하다. 하나님께서는 항상 우리 앞에, 우리 안에 현존하시지만, 우리가 그것을 의식하지 않는 한 우리 자신이 하나님 앞에 있지 않는 것이다(창 28:16 참조).

"야곱이 잠이 깨어 이르되 여호와께서 과연 여기 계시거늘 내가 알지 못하였도다"(창 28:16).

하나님께서는 만물 안에 창조주로서, 인간 안에 아버지로서, 또한 그리스도인 안에 아빠로서 현존하신다. 그러므로 특별히 그리스도인은 기도하려고 할 때 하나님의 현존을 살아 있는 위격적 현존으로서, 사랑스럽고 친밀한 현존으로서 의식해야 한다. 이러한 현존 의식은 그대로 하나님과의 생생하고 다정한 친교로 이어질 것이다. 십자고상·성화 등을 쳐다보고 거기에 집중하는 것도 주님의 현존을 생생하게 의식하는 데에 도움이 된다.

하나님과 자신을 양 극단에 둔다

하나님과 자기 자신을 양 극단에 두고 하나님께서는 무한히 위대하시고 사랑 자체이시며 자비로운 분이신 데에 비하여, 자신은 지극히 무가치하고 죄스럽고 비참하다는 사실을 절실히 느끼도록 한다. 하나님의 위대함·사랑·자비를 기쁜 마음으로 찬양·경외·감사하고, 자신의 무가치함·죄스러움·비참함을 부끄러워하고 겸손하게 뉘우치며 용서를 빈다. 이것은 벌써 기도이며, 이렇게 마음의 깊은 곳에서 우러나오는 심정을 털어 놓음으로써 기도가 더욱더 잘될 것이다.

이상의 사항을 모두 다 그대로 실시할 필요는 없다. 자기에게 맞는 것을 그 순서대로 하면 된다. 이외에도 여러 방법을 시도해 볼 수 있다. 위의 사항을 다 실시할 경우에도 각 사항을 순간적으로 할 수 있고, 아니면 여러 사항을 합쳐서 동시에 할 수도 있다.

문제는 기도를 시작할 때 몸과 정신과 마음을 가라앉혀 하나님께 집중하고 있으면 된다. 준비 없이도 이러한 상태가 되어 있으면 준비는 필요 없다. 간단한 기도에는 간단한 준비로 족하며, 묵상·예배 등의 오래 잠심해야 할 기도에는 좀 더 정성들인 준비가 필요하다.

기도 생활이 진전되면서 준비는 간단해진다. 결국 생활 자체가 기도의 준비가 되고 기도가 된다. 자기 생활을 기도화하는 것이 기도의 가장 좋은 준비인 것이다.

2. 관상기도의 실천[164]

관상기도의 실천은 우리를 부르시는 하나님의 초청에 대한 응답이다. 플랑드르의 신비가인 루이스브렉(Jan van Ruysbroeck)은 관상기도를 실천하는 것은 하나님과 연합에 대한 소망을 갖고 기도하는 사람들에 대해 하나님의 값없이 주시는 선물이라고 주장했다.

그는 "그것(주님과의 연합)을 받아들일 준비가 된 모든 사람 안에서 역사하시는 주님의 역사로 이해해야 한다. 하나님께서 모든 사람들의 내면에서 행하시는 것들 중 첫 번째 것은, 그들 모두를 하나님과의 연합으로 부르시고 초청하신다."고 말한다.[165] 그래서 주님의 임재를 갈망하고 관상기도를 원하는 사람들은 하나님께서 그러한 사람들을 부르시는 은혜의 한 표현이라고 믿고 순종하고 나아가야 하는 것이다.

관상기도는 머리로 배울 수 있는 기도가 아니고 가슴으로 배울 수 있는 기도이다.

관상기도를 하는 성도는 침묵 속에서 하는 일은 **주님을 사랑하는 가운데, 자신의 내면을 들여다보며, 내면의 분심을 처리하여 영혼을 정화**

---

164) 박노열, 『누구나 할 수 있는 관상기도』 (나됨, 2009. 3판) pp.141~150.
165) Jan van Ruysbroeck, *The Spiritual Espousals and Other Works*, 161쪽, 칼 아리코, 『집중기도와 관상여행』 엄성옥 옮김, (서울: 은성출판사, 2000), 55쪽에서 재인용.

시키기 위하여 노력하는 것이다. 그래서 관상기도를 꾸준히 성실하게 실천해 가면, 자신도 모르는 사이에 내면의 세계가 맑은 호수같이 고요와 평화 가운데 주님의 뜻을 자신의 삶에 육화시켜 가는 삶을 지향하며 살아가게 된다.

3. 관상기도의 전제[166]

관상기도의 실천에 중요한 전제가 있다.

(1) 주님은 이미 우리와 함께하고 계심을 전제하고 있다.

관상기도를 함으로써 주님의 현존을 만들어내지 않는다는 것이다. 다만, 우리 가운데 이미 현존하시는 주님을 만날 수 있도록 우리 마음을 깨어 민감한 상태로 준비하는 것이다.

"믿음이 없이는 하나님을 기쁘시게 하지 못하나니 하나님께 나아가는 자는 반드시 그가 계신 것과 또한 그가 자기를 찾는 자들에게 상 주시는 이심을 믿어야 할지니라"(히 11:6).

(2) 주님은 기도하는 '나'를 온전히 아심을 믿는다.

그렇다면 내가 나를 온전히 의식하기 시작할 때, 주님을 의식할 가능성이 더 있음을 확인하고 관상기도를 하는 것이다. 그래서 인간은 인간의 할 도리를 하는 것이 관상기도의 실천이며, 기도할 때 성령의 도우심을 요청하며 성령의 이끄심대로 따르려고 해야 한다. 우리 안에 하나님이 임재해 계신다고 믿기에 우리 내면에 깊이 들어가면 갈수록 주님과 투명하게 대면할 가능성이 더 크기 때문에, 우리는 관상기도에 관심과 애정을 보이며 이 기도를 행하려고 애쓰는 것이다.

---

166) 박노열, 『누구나 할 수 있는 관상기도』 (나뷔, 2009. 3판) pp.142~143.

4. 처음 시작하는 사람들을 위한 조언

1) 규칙적으로 기도하라

관상기도를 통해서 이익을 얻으려면 반드시 규칙적으로 수행해야 한다. 어떤 활동을 하더라도 마찬가지겠지만, 우리의 에너지를 성심껏 바치지 않으면 성공할 수가 없다. 매일 관상기도를 하려고 노력하라. 아니면 일주일에 최소한 몇 번이라도 기도를 하려고 노력하라. 중간에 몇 주나 몇 달을 기도하지 않은 채 지낸다면, 관상기도를 하는 방법을 다 잊어버려서 나중에 다시 기도를 하려고 해도 처음 시작할 때보다 훨씬 더 어렵게 느껴진다.

> 당신이 제일 하기 싫은 일이 관상기도라고 느껴질 때도 가끔 있을 것이다. 그러나 어쨌든 관상기도를 하라. 몇 분간만이라도 기도하라. 그 짧은 시간의 기도가 대단한 효력을 발휘하는 경우가 종종 있다.

2) 기도하는 장소는 이렇게

가장 좋은 것은 관상기도를 위한 특별한 방이나 장소를 마련하는 것이다. 기도할 때 필요한 책을 올려놓을 낮은 책상을 앞에 놓고, 방바닥이나 침대나 의자에 방석을 놓고 앉거나 수직으로 세워진 등받이 의자에 앉아서 관상기도 준비를 한다.

> 기도할 장소를 최대로 편안하고 상쾌하게 만들어라.

장소가 조용하고 깨끗해서 그곳에 있고 싶다는 마음이 들어야 하고, 쉽사리 방해받지 않을 곳이라면 이상적이다. 중요한 점은 당신이 기도 도중에 무엇인가에 방해를 받지 않도록 필요한 모든 것을 미리 다 준비해 놓아야 한다는 것이다.

3) 자신에게 알맞은 기도 방법을 선택하라

기도를 시작할 때는 우선 성경을 읽고 묵상을 하는 것이 좋다. 묵상은 마음을 고요하게 하고 생각이나 느낌에 대한 통찰력을 기르기 시작하기에 좋은 방법이다.

모든 묵상을 효과적으로 하려면 반드시 마음의 고요와 통찰력을 갖춰야 한다.

일단 묵상에 익숙해지고 나면, 각각의 명상 기법은 특정한 문제를 치료하는 해독제라는 것을 명심하고, 당신의 기질과 타고난 경향에 가장 적합한 수행을 선택해야 한다.

그러나 당신의 마음이 고요하다면, 당신 앞에, 허공에 어떤 형상을 상상하면서 집중력을 기르는 수행을 함으로써 사물의 본성에 대한 깊은 통찰을 기를 수 있다. 만일 당신에게 헌신하는 수행이 도움이 된다고 생각한다면, 기도하는 수행을 함께할 수 있다

이 책은 일반적인 지침서로 씌어진 것이다. 개인 한 사람에게 각각 맞추어 설명할 수는 없다. 각자가 수행을 하다 보면, 당신은 언제 무엇을 해야 할지를 알게 될 것이다. 그러나 수련된 관상기도자의 지도를 받는 것이 중요하다는 것은 아무리 강조해도 지나치지 않다.

당신의 기질과 타고난 경향에 가장 적합한 수행을 선택해야 한다.

4) 초보자는 기도 시간을 짧게 하라

명상을 처음 시작한 사람의 경우에는 30분 정도로 짧게 하는 것이 좋다. 기도를 하고 나서, 몸과 마음이 편안하고 상쾌할 때 끝내는 것이 가장 좋다. 너무 오랫동안 자신을 밀어붙여서 기도한 후에 쑤시는 몸과 지친 마음으로 자리에서 일어난다면, 다시는 자리에 앉아서 기도하고 싶은 흥미가 없어질 것이다. 기도를 시작하기 전에 기도할 시간을 정하여 알람을 고정하고, 기도가 잘되더라도 그 시간을 준수해서

끝내야 한다. 관상기도 하는 요령이 생기면, 그에 따라 기도 시간을 늘릴 수 있다. 일반적으로 한 시간 정도 한다.

관상기도는 만족스럽고 생산적인 경험이어야지 부담이 되어서는 안 된다.

5) 긴장은 풀되 방심하지 말라

관상기도를 하는 동안 내내 몸과 마음의 긴장을 풀고 편안함을 유지해야 한다. 고민과 근심과 바깥세상과 관련된 일들을 모두 버리고, 내면세계의 고요함 속으로 들어가겠다고 확고하게 결심하면 마음의 긴장을 풀 수 있다. 전에 경험했던 편안하고 만족스러운 느낌을 기억하면 도움이 될 것이다. 그다음에는, 기도하는 자리에 앉아서 그것과 동일한 느낌을 일으킨다. 산만한 생각들을 피하고 있는 동안에 당신의 마음 상태는 점차로 고요하고 투명해진다.

그러나 잠에 빠지지 말라! 방심하지 말고 깨어 있어라. 당신의 마음에 어떤 생각이나 영상이나 느낌이나 감각이 일어나든지 그것에 붙잡히지 말고 지나가든지 아니면 그저 바라보라. 당신이 항상 가장 주의를 집중해야 할 곳은 당신이 선택한 주제 혹은 목표에 집중하는 것이다.

긴장을 푸는 다른 운동들을 하면 신체적인 긴장을 쉽게 풀 수 있다. 신체의 긴장을 풀어서 능력을 향상시키는 방법을 수행에 곁들이는 것도 좋다.

6) 기대하지 말라

우리 모두는 행복과 마음의 평화를 원하고 문제를 피하고 싶어 하기 때문에 우리가 관상기도 하는 동안에 좋은 경험을 하길 원하는 것은 당연하다. 그러나 그런 기대들이 반드시 현실적으로 나타나는 것은 아니고, 오히려 당신의 관상기도가 향상되는 걸 방해하기가 쉽다. 마음은 복잡하고 항상 변한다. 어느 날은 고요하고 즐거운 기도를 할지도 모르지만, 다음날은 산만하고 소란스런 생각에 시달리며 기도시간을 보낼지도 모른다. 그것은 매우 정상적인 일이니까 그것 때문에 근심하거나 좌절하지 말아야 한다. 모든 상황을 대할 마음의 준비를 하고, 무슨 일이 일어나든지 혼란스러워하지 말라. 가장 곤란하고 고통스런 경험이 오히려 지혜를 성숙시키는 데 가장 가치 있는 경험이 될 수 있다.

오로지 당신이 관상기도를 하고 마음을 변화시키려고 노력하고 있다는 사실에 만족함을 느껴라. 노력 자체가 기도이다.

당신이 노력하고 있는 한, 당신이 관상할 수 없다고 생각하는 것은 잘못이다.

결과를 얻는 데는 시간이 걸린다. 몇 주 안 혹은 몇 달에 관상상태에 이르지 못했다고 해서 실망하지 말라. 평생 동안 쌓아온 습관들이 순식간에 없어지지는 않는다. 새로운 습관을 점차로 기르면서 낡은 습관을 버려야 한다. 따라서 자기 자신에게 관대해져라. 당신의 능력들과 한계들을 인식하고, 그에 따라 수행의 진도를 정하라.

7) 지도해 줄 사람이 필요하다

어떤 것을 가장 효과적으로 배울 수 있는 방법은 이미 그것에 숙련된 사람에게 가르침을 받는 것이다. 관상기도 역시 예외가 아니다. 마음은 악기에 비유될 수 있다. 악기를 가지고 아름다운 음악을 창작하려면 그 악기에 대해서 잘 아는 음악가와 함께 공부할 필요가 있다. 투명하고 열정적이고 사랑하는 마음을 기르기 위해서는 마음이 어떻게 작용하고, 어떻게 변하는지를 철저히 이해하는 사람의 지도를 받을 필요가 있다. 그러나 자격을 갖춘 스승을 만나기란 좀처럼 쉽지 않다. 스승이 갖춰야 할 자격에는, 자비심과 지식과 통찰과 도덕성과 성실성과 가르치는 요령 등이 포함된다. 그리고 당신은 스승에 대한 확신을 가져야 하고 스승과 대화가 잘 통해야만 한다. 그러므로 당신이 올바른 스승을 만날 때까지 몇 년이 걸릴지도 모른다.

성급하게 스승을 찾아 나서야 한다고 생각하지 말라. 서두르지 말라. 때가 되면, 당신을 성공적으로 지도할 수 있는 사람을 만나게 될 것이다. 그때까지는 이 책에서 설명한 것과 같은 관상기도를 수행하고, 당신이 존경할 만한 수행자에게서 조언을 구할 수도 있다. 그 수행자가 짧은 기간 동안 수행을 한 사람이어도 좋다. 당신 내면의 지혜가 바로 당신 내면의 스승이기도 하다. 내면의 스승은 당신이 올바른 길로 가고 있는지 아닌지를 말해 줄 것이다.

8) 자랑하지 말라

우리는 새롭고 흥미 있는 것을 발견할 때마다 많은 사람들에게 자랑하고 싶어 한다. 그러나 당신의 관상기도에 대해서 남들에게 너무 많이 말하는 것은 좋지 않다. 누군가가 그것에 대해서 진지한 관심을 가지고 당신에게 묻지 않는 한, 침묵을 지키는 것이 낫다. 당신의 경험을 남들에게 떠벌린다면, 당신이 아무리 좋은 체험과 통찰을 얻었더라도 그것들은 밖으로 흩어져 사라질 것이다. 당신의 스승과 친한 친구들에게만 당신의 수행에 대해서 논의하는 것이 좋다.

또한, 관상기도를 시작했다고 해서 당신의 생활양식이나 행동이나 외모 등을 크게 변화시킬 필요는 없다. 평상시처럼 당신의 직업과 친구들을 그대로 유지하고, 좋은 집에서 살고, 인생을 즐겨라.

관상기도는 내면적인 활동이지, 외면적인 활동이 아니다. 관상기도 수행은 당신을 더 예민하고 투명하게 만들며, 평범한 일상생활의 경험에 대해 신선한 통찰을 하게 해서 당신의 마음을 미세한 차원에서 변화시킨다. 피상적인 변화는 자연스럽지도 못하고, 그 누구도 감동시키지 못한다.

> 그러나 관상기도가 가져오는 심오하고 자연스런 변화는 진실하고, 당신 자신과 남들에게 도움을 준다.

5. 몸의 자세

기도는 온 마음과 온 정성과 온 힘을 다해 하나님을 섬기고자 하는 마음이 중요하기에 마음을 모을 수 있는 기도 자세가 요구된다. 몸에 관하여 동서양의 모든 기도 수련에서 공통되게 추천하는 일관된 원리는 '등을 똑바로 세우지만 긴장하지 않는 것'이다. 다리를 접거나 포개서, 마루나 방석에 앉든, 혹은 똑바로 의자에 앉든 또는 기도의자를 이용해서 무릎을 꿇고 앉든지 간에, 그 기본 의도는 혈액순환이나 호흡을 방해하지 않는 반면에 의식을 적절하게 집중하고 깨어 있는 상태를 유지하려는 것이다. 이런 모든 준비들은 나와 친밀하게 현존하시는 살아 계신 하나님의 말씀을 들으려고 한다는 믿음을 확고히 하고 깨닫도록 돕는 수단이다.

1) 가장 중요한 것이 허리의 자세이다.

척추를 곧게 세우면, 내장의 압박이 그만큼 줄고 복압력이 생겨 호흡이 편해지고 정신도 안정된다. 뿐만 아니라, 온몸의 긴장이 사라지며 마음이 집중되고 스스로 초연해지므로, 피로가 가시고 평온이 유지된다. 이 자세의 가장 중요한 유익은 몸의 자세가 안정되면 마음도 따라 바르게 된다는 점이다. 이때 혈액순환이 원활해져 몸에 생기가 충만해질 뿐 아니라, 자신을 돌아보고 찾는 즐거움도 맛볼 수 있다.

2) 자세에 제한은 없다.

어떤 자세도 상관없다. 그러나 장소에 따라 가장 편한 자세를 선택하는 것이 좋을 것이다. 의자에 앉든 바닥에 앉았을 때도 편안한 자세를 취한다. 그렇다고 졸음이 올 정도로 편안해서는 안 될 것이다. 기도의자를 사용하여 무릎을 꿇고 앉아 허리를 곧게 펴고, 머리를 곧게 세우고 눈을 감고 침묵 가운데 기도하는 것도 한 방편이다. 이런 자세 속에서는 호흡도 자연스럽게 따라간다. 호흡이 중요하나 호흡에 지나치게 관심 갖지 않는 것이 좋겠다. 오히려 기도 중에 분심으로 나타날 수도 있다.

기도하는 자세

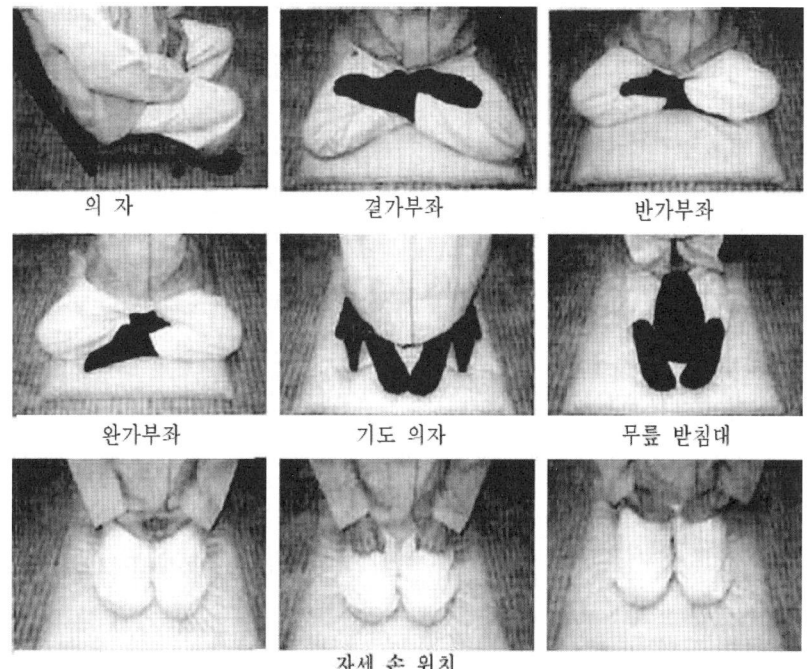

3) 몸의 자세

위대한 지혜는 위대한 몸에 깃든다.

몸은 마음의 지지대이다. 몸과 마음의 관계는 물컵과 그 속에 담긴

물의 관계와 비슷하다. 물컵을 평평하지 않은 곳에 놓아두면 물은 찰랑거리거나 쏟아질 수도 있다. 그러나 물잔을 평평한 표면 위에 놓아두면 그 속의 물이 고요하게 유지될 것이다. 마찬가지로 마음을 휴식하는 가장 좋은 방법은 안정적인 몸자세를 만드는 것이다.

마음이 '긴장을 풀면서도' 동시에 '깨어 있도록' 균형을 잡으며 몸을 정렬하는 방법을 알아보자.

다 리

다리는 안정적인 신체기반을 만드는 중요한 자세이다. 가능하면, 두 다리를 완전히 포개고(교차시킴) 결가부좌로 앉는다. 두 발을 서로 반대편 넓적다리 위에 올려놓고 발바닥이 하늘을 보게 한다. 이 자세를 유지하기는 힘들지만, 매일 연습하다 보면 몸이 그 자세에 익숙해지고, 자세를 상당히 오랫동안 취할 수 있게 된다. 이 같은 결가부좌가 기도자세를 가장 잘 유지시켜 주는 것이지만, 그렇다고 필수적인 것은 아니다.

결가부좌 대신에 반가부좌를 할 수도 있다. 왼발을 오른쪽 넓적다리 밑에 편하게 놓고, 오른발을 왼쪽 넓적다리 위에 올려놓아 하늘을 보게 한다. 두 자세 모두 불편하면, 단순히 두 발을 반대편 넓적다리 밑에 그냥 교차시켜 놓아 책상다리로 앉아도 된다. 약간 두꺼운 방석을 받쳐 놓고 앉으면, 등을 똑바로 세우고 앉아도 다리나 발이 저리지 않고 오랫동안 앉아 있을 수 있다.

앞서 말한 자세들을 하고 바닥에 앉아 있을 수가 없으면, 의자나 등받이 벤치에 앉아서 기도해도 좋다. 이 자세에 많은 선택사항이 존재하는 이유는 바로 다리에 큰 통증이 느껴지면 마음이 거기에 사로잡히게 되므로 마음이 휴식할 수 있게 하기 위함이다. 그러므로 이 자세의 목적은 편안하면서도 안정적인 신체적 기반을 만드는 것이다. 다시 말하지만 중요한 점은 편안해야 한다는 것이다.

팔(손)

두 손은 손바닥을 위로 혹은 아래로 한 채, 다리 또는 무릎 위에 자연스럽게 놓아두는 것이다.

두 팔은 자연스럽게 내려서 무릎 위에 놓는다. 어깨와 팔은 긴장을 푼다. 두 팔을 옆구리에 붙이지 말고 공기가 통할 수 있게 약간 거리(작은 계란 하나가 들어갈 정도)를 떼어 공간을 만든다. 이 자세의 본질은 두 어깨 사이에 균형을 찾아서 한쪽 어깨가 다른 쪽 어깨 밑으로 내려가지 않게 하는 것이다. 동시에 가슴을 계속 열어 '숨 쉴 공간'을 조금 만드는 것이다. 가슴이 조이지 않도록 팔을 자연스럽게 취게만 하라. 그렇게 하면 졸음을 방지하는 데도 도움이 된다.

등(척추)

등 자세가 가장 중요하다. 등을 꼿꼿이 펴고, 긴장을 풀고, 동전 쌓기처럼 똑바로 척추를 가볍게(화살처럼 곧게) 세운다. 그럼에도 불구하고 균형을 유지하는 것이 중요하다. '너무' 곧게 앉으려고 하면 몸이 뒤로 기울게 되고, 결국 몸 전체가 긴장으로 떨리게 될 것이다. 한편 몸을 구부정하게 그냥 내버려 두면 폐가 압박되어 결국 숨쉬기가 더 힘들어질 것이다. 그뿐만 아니라 몸 안의 온갖 장기가 눌리고, 척추의 신경이 자극을 받아 몸이 불편해지는 원인이 될 수 있다. 처음에는 힘들지도 모르지만, 시간이 지나면 자연스러워지고, 이 자세가 기도에 도움이 된다는 것을 알게 될 것이다.

이 자세는 척추와 함께 흐르는 신경에 자극을 주지 않고 신경을 통하는 에너지를 더 자연스럽게 온몸에 흐르게 하고, 나태한 느낌이 들지 않게 하면서 상당히 오랜 시간을 편안하게 앉아서 묵상 혹은 관상기도를 할 수 있게 한다.

눈

대부분의 사람들은 눈을 감는 것을 더 편안하게 느낀다. 마음을 휴식하고 평화와 고요함을 느끼기에는 그 방법이 더 쉽다. 눈을 감고 있으면 인위적인 고요함에 집착하기 쉬워진다는 것이다. 따라서 수행해 본 다음에 기민하고 분명하게 깨어 있도록 수련할 때 눈을 뜨는 것도 좋다. 눈을 깜박이지 않고 계속 똑바로 쳐다보라는 것이 아니다. 그냥 평상시처럼 정상적으로 뜨고 있으라는 것이다.

기도할 때 눈을 뜨고 하든 눈을 감고 하든 관계없다. 다만 초보자들은 눈을 감고 하는 것이 더 유익하다. 또 실내에서 기도할 때는 주위를 정리하고 조용히 눈을 감고 집중하는 것이 더 쉽다. 그러나 야외에서나 산에서 기도할 때는 다르다. 물론 야외라도 눈을 감고 기도하는 것도 괜찮다. 하지만 가급적이면 눈을 완전히 감지 말고 약간 빛이 들어오게(실눈) 하고, 시선을 바닥 쪽으로 향하게 하는 것이 좋다. 눈을 꼭 감으면 나태함이나 졸음, 또는 꿈꾸는 듯한 환영(뱀·짐승·사람 등) 등을 불러올 수 있기 때문이다. 보면 환영이 사라지고, 염려와 두려움이 없어진다.

턱(입)

이를 악물지 말고, 이와 입술 사이가 아주 조금 벌어지도록 자연스럽게 놓아두어야 한다. 턱은 긴장을 풀고, 입의 긴장도 풀고, 입술은 가볍게 다문다.

혀

가능하다면 혀끝을 윗니 바로 뒤(안쪽) 입천장에 살짝 붙여야(닿아야) 된다. 혀를 입천장에 억지로 붙이려 하지 말고 그냥 부드럽게 놓아두라. 혀가 짧아서 입천장에 가 닿지 않더라도 걱정할 필요 없다. 가장 중요한 것은 자연스럽게 쉬게 하는 것이다.

그렇게 하면 침이 덜 흐르기 때문에 침을 자주 삼킬 필요가 없어서 집중하는 데 방해받지 않아 기도를 오랫동안 계속할 수 있다. 침이 흐르거나 침을 삼키는 것은 집중력을 강화하는 데 방해가 된다.

목

목 위의 머리의 무게를 골고루 실어서 편히 쉬게 해야 한다. 기관(후두부터 폐까지 이어지는 관, 기도의 일부분)을 찌그러뜨리지도 않고 목을 너무 뒤쪽으로 당겨 목뼈를 압박하는 일도 없게 만든다. 목뼈는 척추 윗부분에 위치한 일곱 개의 뼈들로서 하체로부터 뇌까지 신경신호를 전달하는 데 필수 역할을 한다. 자신에게 맞는 자세를 찾아라.

목을 약간 앞으로 숙이고 시선이 자연스럽게 방바닥 쪽으로 향하게 한다. 머리를 너무 높게 쳐들면 마음이 산만해지거나 동요하는 문제가 생길 수도 있다. 반대로 머리를 너무 낮게 떨어뜨리면 마음이 무거워지거나 졸음이 올 수도 있다. 이렇게 하여 자신에게 맞는 자세를 찾고 나면 아마도 턱이 평소보다 약간 더 목구멍 쪽으로 기울어짐을 깨닫게 될 것이다.

이상의 일곱 가지 자세는 실제로 일련의 지침일 뿐이다. 모든 사람이 개인에 따라 다르다. 가장 중요한 것은 긴장과 이완 사이에서 적절한 균형을 '스스로' 찾는 것이다.

일곱 항목을 갖춘 자세는 관상기도를 할 때 마음을 투명하게 하고 장애를 없애주는 가장 좋은 자세다. 물론 처음에는 그런 자세를 취하는 것이 힘들다. 하지만 관상기도를 시작할 때마다 일곱 항목을 하나씩 점검하면서 몇 분 동안 올바른 자세를 유지하고 있는 것이 좋다. 익숙해지면, 그 자세가 더 자연스럽게 느껴지고, 그 자세가 기도에 도움이 된다는 것을 알게 될 것이다.

그 밖에도 요가나 다른 운동을 하면서 경직된 근육과 관절을 이완시켜서 조금 더 편안하게 앉을 수 있게 한다. 그래도 당신이 결가부좌로 앉아 있기가 힘들다면, 완전한 자세를 고집하지 말고 당신에게 알맞은 편한 자세를 취하라. 어떤 자세를 취하든 그것은 기도자의 취향이다. 다만 어떤 자세이든 등을 꼿꼿이 펴서 신경에 자극을 받아 기도에 방해가 되지 않도록 하는 것은 필수적이다.

몸과 마음을 행복하고 편안하게 하고 긴장하지 말라.

간편한 방법

위의 자세를 취하기 어려울 때 이 자세를 한다. 이 자세는 매우 간단하다. **척추를 똑바로 세우고 몸의 나머지 부분은 가능한 한 긴장을 풀고 이완하는 것이다.** 이 자세는 운전을 하거나, 길을 걷거나, 장을 보거나, 저녁을 준비하는 것처럼 일상적인 행위를 할 때 온종일 무척 유용하다. 이 자세는 그 자체로 편안한 자각의 느낌을 거의 자동적으로 만들어 낸다.

6. 마음의 자세

매듭처럼 꼬인 마음이 저절로 느슨해지면
의심할 여지없이 자유로워진다.

편안하게 쉬면서도 기민한 몸자세를 갖추는 데 적용된 원리가 마음속에서 동일한 종류의 균형을 찾는 데도 똑같이 적용된다. 마음이 편안함과 기민함 사이에서 자연스럽게 균형을 잡으면 마음의 타고난 본성이 저절로 드러나게 된다.

정신적 이완 상태가 유지되면 생각·감정·기분·지각이라는 '정신적 침전물'이 자연스럽게 가라앉고, 마음의 타고난 투명함이 드러나게 된다. 몸자세와 마찬가지로 마음 자세에서도 요점은 균형을 찾는 일이다. 마음이 너무 굳어 있거나 너무 집중하고 있으면 급기야 당신은 걱정하게 될 것이다.

한편 마음이 너무 느슨해지면 주의가 산만해지거나 일종의 무뎌짐 속에 빠질 것이다. 완벽해지려는 긴장감과 '아, 싫어. 이렇게 앉아서 해야만 하다니!' 종류의 환멸감 섞인 따분함 사이에서 당신은 중도를 찾고 싶어 한다. 이상적인 접근법은 자신의 수련이 좋거나 혹은 나쁘거나는 실제로 중요하지 않음을 기억하도록 자신에게 자유를 허락하는 것이다. 중요한 점은 하려는 의도이다. 그것 하나로 충분하다.

이제 초보자를 위하여 좀 더 자세히 살펴보도록 하자.

1) 믿음과 신뢰이다.

무엇보다 관상기도는 믿음을 전제로 한다. 왜냐하면 어느 정도 관상기도가 수준에 이르게 되면, 아무런 기도를 했다는 느낌이 없이 기도를 마칠 때가 많을 것이다. 그럴 때 "내가 기도를 과연 제대로 한 것인가? 아니면 그냥 멍하니 시간만 소비하고 만 것이 아닌가?" 하는 의문이 들 때가 있다. 이런 느낌이 듦에도 불구하고 관상기도를 지속해야 한다. 왜냐하면 이 기도는 하나님의 언어인 침묵을 통해 실천되고 있기 때문이다. 이러한 기도를 지속해서 하려면, 이런 가운데 나와 함께해 주시는 하나님에 대한 전적인 신뢰와 믿음이 절실하게 요청된다. 그런 믿음이 있는 사람에게만 기도 중에 생기는 여러 가지 분심과 회의를 이겨내고, 주님과 참다운 관계에 들어가도록 인도하는 사귐의 기도를 통해, 주님의 응답을 기다리는 기도를 지속해서 할 수 있기 때문이다.

2) 주님을 사랑하는 마음으로 바라본다.

마음속에 '오, 주여! 주님, 제가 주님을 사랑합니다. 그러나 제가 할 수 있는 것은 오직 주님을 바라보며 사랑하는 것밖에는 없습니다.'라는 마음으로 기도에 임한다. 마리아와 마르다의 경우(눅 10:38~42)처럼, 주님 앞에서 주님을 기다리며 있는 것이다. 그러면 나머지는 주님께서 해결해 주신다는 믿음과 희망으로 기도하는 것이다.

3) 기도의 시간을 즐긴다.

주님 앞에 있는 이 시간, 주님께서 가장 기뻐하는 이 시간, 주님께서 우리 속에 오셨음을 믿고 다른 외부적 일에 조바심·초조·불안을 버리고 기도의 시간에 평안하게 그분과 함께 즐기는 것이다. 마치 어린 아기가 엄마 품에 안겨 모든 것을 엄마에게 맡기고 아기 자신은 존재 그 자체를 느끼며 해맑게 살아가듯이 말이다.

4) 앉기

결가부좌나 반가부좌로 방바닥에 앉거나, 허리를 꼿꼿이 펴고 의자에 앉아라. 잠시 당신의 몸과 마음의 자세를 다듬어라. 어떤 묵상을 할 것인지, 얼마나 오래 할 것인지를 결정하라. 그리고 그 시간 동안에는 관상기도 외에는 아무것도 하지 않겠다고 결심하라.

5) 기도의 동기를 명심할 것

당신의 생각을 점검하라. 당신은 왜 관상기도를 하려고 하는가? 얻기를 원하는 것은 무엇인가?

다른 활동과 마찬가지로, 우리가 목표를 더 명확하고 확고하게 세울수록 동기도 더 강해지고 성공할 가능성도 더 커진다. 묵상의 단기적 목표는 단지 마음을 고요히 진정시키고 긴장을 풀고 정신을 집중하는 것이다. 그리고 장기적 목표는 관상으로 넘어가는 것이다.

그러나 관상기도의 최상의 목표는 하나님으로 하여금 하나 되어 주시도록 내어드리는 것이다. 마침내 하나님과 합일을 이루는 것이 목적이다. 그리고 그 체험으로 남을 도울 수 있어야 한다. 이것이 관상기도 수행의 동기이다. 앞서 말한 목표들도 수행하는 과정에서 모두 도달하게 된다.

당신이 관상기도를 하는 동기가 무엇이든지, 기도를 시작하기 전에 반드시 그 동기에 대해서 생각하라.

그 동기가 당신의 수행에 도움이 될 것이라고 생각되면, 그다음엔 준비한 기도문을 모두 읽거나 이 책의 기도문 예를 따라 기도드려도 된다. 조용히 기도를 드림으로 하나님과의 약속을 기억하고 기도 중 잡념이 생기면 처음 상태로 돌아가게 된다. 그리고 내 안에서 한없이 탄식하며 간구하시는 성령의 기도에 동의하므로 성령께 의지하여 주 예수님께서 하나 되어 주심을 기대하고 기다리면 된다. 주께서 하나 되어 주심으로 온전한 기도를 하나님께 드릴 수 있게 된다. 기도를 하는 동안 적당한 마음의 자세가 된다. 기도할 때는 각 기도문의 의미를 깊이 생각하며, 그 기도가 가슴 속에서 자연스럽게 우러나오게 해야 한다.

6) 관상기도 하기

이제는 기도하는 대상에게 주의를 돌려서 집중해야 한다. 그렇게 집중하는 데 문제가 생기면 '명상을 방해하는 문제들'을 참고하라.

예를 들어 관상기도를 하면서, 집중할 대상에게 마음을 고정시키고 동요되지 않는 것을 목표로 삼아라.

당신이 분석적 묵상을 한다면, 그 주제에 대해 직관적인 통찰이 생길 때까지 완전히 집중해서 그 주제를 추리하라. 그다음에는 그 통찰에 마음을 집중해서, 그 통찰과 당신 자신이 하나가 되게 하라. 당신의 통찰이나 집중력이 흩어지기 시작할 때는 거룩한 단어로 처음 상태로 되돌아가라.

묵상시간 동안에 당신이 통찰하고 경험한 것을 토대로 그 주제에 대해 확고한 결론을 내리고서 묵상을 끝내거나 관상기도로 들어간다.

당신이 관상기도를 하는 동안에 이 책이나 다른 책들을 참조할 필요가 없을 정도로 숙지하면 더할 나위 없이 좋을 것이다. 그러나 당신이 상세한 것들을 알 때까지는, 다음 단계를 점검하기 위해서 때때로 눈을 뜨고 책을 보지 않을 수가 없을 것이다. 관상기도에 대한 설명을 녹음해서 들으면서 따라하는 것도 도움이 되고, 동료 수행자들끼리 서로 돌아가면서 책을 읽어주는 것도 좋다. 어떤 방법을 쓰든지 중요한 점은 집중하는 것이고, 당신이 관상기도 과정에 대해서 비현실적으로 기대하고 있는 것들을 모두 버리는 것이다. 관상기도에 대한 설명을 따르고, 두려움을 갖지 말고, 확신을 가져라!

7) 나눔

단지 짧은 기도를 한다 할지라도 당신은 매번 유익한 영역을 얻고 어느 정도의 통찰력을 기를 것이다. 그 영력과 통찰력의 효과를 결정하는 것은 당신이 관상기도를 끝내고 일상 활동으로 돌아갈 때 갖고 있는 생각과 태도이다. 당신이 불행한 마음 상태로 기도시간을 끝내거나 너무 서둘러 분주하게 기도를 끝내버리면, 그 효과는 대부분 사라져버린다.

관상기도를 끝내고 자리에서 일어나기 전에 몇 분간 자리에 앉아서 당신이 그 관상기도(초보자는 묵상)를 한 동기와 이유, 즉 그 목적을 회상해 보고, 기도를 통해 쌓은 영력과 통찰을 그 목적을 완성시키기 위해 함께하는 사람들과 나누라. 나누면 기도를 통해 얻은 통찰이 확고해지고, 목적을 성취할 것이 확실해진다.

또한, 당신이 기도를 통해 얻은 좋은 경험들을 일상생활에서 실천하는 것을 잊지 말라. 충동적으로 행동하거나 대응하지 말고, 널뛰듯이 일어나는 생각이나 감정들을 따라가지 말고, 마음을 유심히 살피고, 항상 자각하라. 그리고 문제에 부딪치면 하나님의 뜻에 따라, 혹은 하나님의 말씀대로 행하려고 노력하라. 당신이 매일 그렇게 할 수 있다면, 당신의 관상기도는 절반은 성공한 것이다.

8) 관상기도를 통해 얻은 좋은 경험들을 일상생활에서 실천하는 것을 잊지 말라.

마음과 몸은 서로 의존하고 있다. 서로의 상태가 서로에게 영향을 미치기 때문에 관상기도를 할 때는 올바로 앉는 자세를 강조한다. 동양의 명상가들은 수세기 동안 명상가들이 결가부좌 자세로 명상을 해왔고, 그것이 고요하고 투명한 마음 상태를 얻는 데 가장 도움이 되는 자세라고 한다. 물론 서양 사람들은 의자에 앉는다. 어떤 자세로 하든 그것은 기도하는 당신이 가장 편하고 안정된 자세를 갖도록 하는 것이 좋다.

7. 기도를 방해하는 흔한 문제들

1) 마음의 흥분

때로는 기도 시간 동안에 마음이 매우 불안하고, 생각이 다른 사물들에게 분산되어 집중할 수 없을 때가 있다. 특히 흥분하거나 행복할 때 그런 일이 생기기 쉽다. 사랑하는 사람이나 좋았던 경험이나 즐거웠던 대화나 장소나 영화들에게 생각이 돌아간다. 평상시에 우리는 그런 마음을 조절하려고 하지 않고 그렇게 흘러가는 대로 내버려 둔다. 그래서 마음의 방황은 우리에게 뿌리 깊은 습관이 되었다.

습관을 버리기가 쉽진 않지만, 그 습관은 묵상기도나 관상기도와는 정반대라는 것을 우리는 깨달아야 한다.

> **우리가 마음의 표면에서만 바쁘게 맴돌고 있는 한, 마음의 깊이를 꿰뚫어보지도 못하고, 하나님의 임재를 인식하는 데 필요한 집중력을 발달시키지도 못할 것이다.**

마음의 흥분을 가라앉히는 방법들은 많이 있다. 실제로 해보고 자기에게 가장 유익한 것을 찾아서 수행하는 것이 필요하다. 어떤 한 가지에 집중하면 다른 것들은 사라진다. 어떤 생각이나 감정이 일어나더라도 그것에 휘말리지 말고 단지 바라보기만 하라. 보면 사라진다(실눈을 하고 있을 때). 그것들은 일어났다가 사라지는 마음의 파도일 뿐이라는 걸 기억하라. 일단 마음을 다시 조절하고 나면, 초보자는 묵상의 주제로 되돌아가라. 관상기도자는 거룩한 단어를 사용하여 처음과 같이 편안한 상태로 돌아간다.

만일 당신이 익숙한 방법이 있으면 그리하라. 예로 초보 관상기도자들의 묵상기도의 경우, 예수님의 십자가의 죽으심이나 고난받으신 고통에 대해서 묵상하고 묵상에 익숙해지면, 그 주제의 요점에 대해서 간략하게 생각하라. 그런 생각은 마음을 고요하고 침착하게 만들어 집중하는 데 도움을 준다. 당신이 관상기도를 하려고 자리에 앉은 처음의 동기가 무엇이었는지를 기억해서 그 결심을 강화시키는 것도 도움이 된다.

만일, 마음의 잡념이 반복적으로 일어난다면 자세를 한번 점검해 보라. 척추를 곧게 펴고, 고개를 약간 앞으로 숙이고, 턱을 약간 안쪽으로 당겨라. 고개를 너무 높이 쳐들면 마음이 불안정해지기 쉽다. 방의 불빛을 약간 줄이는 것도 도움이 된다. 밝은 빛은 생각과 감정을 동요시킬 수 있기 때문이다.

마음을 진정시키고 조절하는 법을 배우려면 시간이 필요하고, 끊임없이 수행해야 한다. 그러니 열심히 수행하라.

분주한 마음을 진정시키려면 인내심이 필요하다. 당신이 명상 대상에게 집중할 수 없다 해도 당신 자신에게 실망하지 말라.

2) 졸음

흥분과 반대되는 것이 졸음이다. 둔하고 나른한 상태의 마음에서부터 무의식에 가까운 상태까지 졸음은 다양하다. 졸음은 우리의 습관과 관련되어 있다. 평상시에 우리는 눈을 감고 몸과 마음의 긴장을 풀면 바로 잠들어 버린다.

우선, 당신의 척추가 곧게 펴 있고, 고개가 너무 앞으로 숙여져 있지 않은지 확인하라. 눈을 감거나, 눈을 반쯤 내려 뜨고, 시선을 방바닥을 향하게 하고 기도하라. 방안의 불빛을 조금 더 밝게 하는 것도 정신을 깨어 있게 하는 데 도움이 된다.

졸음이 계속 오면 명상가들은 중지하라 한다. 그러나 관상자들은 다르다. 졸음이 오면 그대로 자도 좋다. 주님의 품에 안겨 잠을 자는 아기처럼 주님의 은혜 속에서 자는 것도 나쁘지 않다. 스트레스를 받지 말자.

3) 신체적 불편

몸의 긴장이 풀리고 편안하면 초보자의 묵상이나, 나아간 이들의 관상기도가 순조롭게 이루어질 것이다. 그러나 그 상태에 들어가기가 어려울 때가 많다. 대부분의 신체적 긴장은 마음과 관련되어 있다.

아직 해결되지 않은 문제들이나 두려움이나 걱정이나 분노에서 신체적 긴장이 생긴다.

그런 것들의 가장 효과적인 해결책은 문제가 무엇인지를 알고 묵상을 통해서 그 문제를 해결하는 것이다. 묵상을 시작할 때나 묵상하는 동안에 신체적 긴장을 풀기 위해서 단기적으로 사용할 수 있는 방법은 주의를 집중해서 온몸을 훑어보는 것이다.

머리끝에서 시작해서 아래로 내려간다. 몸의 각 부분마다 주의를 돌려서 잠시 집중하고 의식적으로 그 부분의 긴장을 푼다. 긴장이 그냥 사라진다고 상상하라.

또 다른 방법은, 호흡을 깊게 천천히 하면서 숨을 한 번 내쉴 때마다 당신의 긴장이나 고통이 몸 밖으로 빠져나간다고 집중해서 상상하는 것이다. 만일 이상의 방법들을 써도 효과가 없으면 더 상세한 방법을 시도해 볼 수 있다.

당신이 앉아 있는 자세가 무릎이나 등을 고통스럽게 하거나 불편하게 하면, 더 편안한 자세로 바꾸는 것이 좋다. 묵상이나 관상기도는 마음의 활동이지 몸의 활동이 아니기 때문에, 마음을 투명하고 편안하게 유지하는 것이 더 중요하다. 그러나 때로는 신체의 고통을 의식적으로 지각하며 단지 관찰하는 것이 도움이 될 때도 있다. 고통에 대해서 두려움으로 반응하는 평상시의 습관을 버리려고 노력하는 것이다.

그것을 '고통'이라고 단정하지 말고, 다른 형태의 에너지인 감각이라고 생각하는 것이다.

그렇게 분석을 하면 마음이 어떻게 작용하는지를 통찰할 수 있게 되고, 육체의 반응을 더 잘 조절할 수 있게 될 것이다.

그런 식으로 육체적 고통을 다루는 방법을 이용해서 고통이 최대로 커진 상태를 상상하라. 고통이 점점 악화되고 있는 상태를 상상하라. 그런 다음 잠시 후에 원래의 고통으로 돌아가라. 이제는 고통이 전보다 훨씬 덜 고통스럽게 느껴질 것이다.

고통을 다루는 방법들을 실험해 보는 것이 좋다. 그러나 과도하게 시도해서 당신 자신을 해치지 않도록 조심하라.

4) 이상한 영상과 감각들

관상기도자들은 때때로 마음속에 환청이나 이상한 환상이 떠오르거나 몸이 확대되거나 수축되거나, 또는 마음이 몸 바깥에 떠다니거나 하는 이상한 감각을 느낄 때가 있다. 그러나 그런 것은 마음이 새로운 활동에 적응하기 위해서 정상적으로 대응하는 것이기 때문에 전혀 걱정할 일이 아니다.

그러나 그런 경험들에게 집착하지도 말고 되풀이하려고 애쓰지도 말라. 그런 것에 집착하면 관상기도의 진정한 목적을 잊어버리게 될 뿐이다. 어떤 환청이나 영상이나 감각이 일어나든 간에 거기에 집착하지도 거부하지도 말고 실눈을 하고 기도하는 경우는 그저 관찰하라. 그리하여 그것들이 스스로 사라지게 하라. 눈을 감고 기도하는 경우, 무조건 버리고 분심과 같이 거룩한 단어를 사용하여 처음 상태로 돌아가서 기도를 계속하라.

그러나 당신의 주의를 산만하게 하는 일이 자주 일어나서 집중을 할 수 없다면, 스승이나 경험 많은 수행자에게 상의해야 한다. 그들의 조언을 들을 때까지 초보자는 묵상을 멈추는 게 좋다.

5) 좌절

"나는 관상기도 할 수가 없다. 노력해 봤지만 효과가 없었어."라든지, "몇 달 동안 관상기도를 했는데 아무 일도 생기지 않았어."라고 불평하는 사람들이 종종 있다. 그런 사람들은 너무 많은 것을 너무 빨리 얻기를 기대하는 것이다.

하지만 그런 사람들이나 우리나 현실적일 필요가 있다. 우리들 대부분은 지금까지 살아오는 동안에 우리의 마음을 이해하거나 우리의 생각이나 감정을 조절하려고 노력한 적이 없었다. 오래된 습관들은 쉽게 깨지지 않는다. 매일 관상기도를 했는데 그 결과가 이삼 년 내에 나타나지 않는다 하더라도 그 때문에 걱정하거나 좌절해서는 안 된다. 물론 그렇게 오랫동안 결과가 나타나지 않는 일은 거의 없다.

마음의 방황은 우리에게 뿌리 깊은 습관이 되었다. 습관을 버리기가 쉽진 않지만 그 습관은 관상기도와 정반대라는 것을 깨달아야 한다.

비관적인 생각이 갑자기 유익한 생각으로 바뀌는 것이 아니라, 매일 조금씩 점차로 유익한 생각으로 발전하는 것이기 때문에 인내심을 가져야 한다. 마음을 이해하고 마음을 조절하려고 노력하는 것이 바로 묵상이라는 것을 기억하라. 당신이 자신이나 남들을 위해 최선의 일을 하려고 노력한다면, 당신의 묵상이 가치 있는 것이라는 것을 확신할 수 있다.

관상기도를 처음 하는 사람은 자신의 부정적인 마음들이 개선되지 않고 오히려 악화된다고 생각하는 경우가 많다. 그리고 관상기도 때문에 그렇게 되었다고 생각한다. 하지만 빨래할 때를 생각해 보자. 처음에 세탁물을 물에 담그면, 어느 정도의 때가 나온다. 세탁물을 비빌수록 물이 점점 더 더러워진다. 세탁물 속에 들어 있던 때의 양을 보고 놀랄지도 모른다. 비누와 물과 세탁물을 비빈 행동 때문에 때가 많이 생겼다고 비난하는 것은 어리석은 것이다. 빨래하는 과정은 이미 안에 있던 때를 밖으로 드러나게 해서 때를 완전히 제거하는 올바른 방법이다.

그와 마찬가지로, 관상기도는 마음속에 이미 담겨 있는 해로운 것들을 정화시키는 방법이다. 처음에는 거친 것들을 발견하고, 그다음에는 더 미세한 것들을 발견한다. 그러니 인내심을 가지고 관상기도를 하라. 그리고 걱정하지 말고 그분께 내어드리고 기다리라.

8. 기도의 준비

방해받을 염려 없는 조용한 곳에 편안히 앉아 잠시 긴장을 풀어라.

의자에 앉을 때는 발은 바닥에 완전히 닿게 하고 양손은 무릎에 올려놓거나 무릎관절에 바짝 붙여야 한다. 의자는 덮개가 약간 부드럽고 팔걸이가 바짝 붙어 있지 않는 것이 좋다. 의자를 사용하든, 바닥에 앉든, 무릎을 꿇고 앉든지 앉는 자세는 본인이 편한 대로 앉고, 반드시 허리를 곧게 펴야(기도 시 몸의 자세를 보라) 한다. 눈은 감고(눈을 떠도 좋으나, 이때 한 곳을 집중적으로 응시하지 말아야 하며, 눈을 감는 것이 더 유익함), 머리는 편안한 각도로 세워야 한다. 만일 몸이 불편할 때는 몸 상태에 맞추어 바닥에 앉아도 되고 누워도 된다.

심호흡을 세 차례 하면 도움이 된다. 배를 한껏 부풀려 허파를 가득 채우라. 그런 다음 5초 동안 숨을 멈추었다가 천천히 내쉬라. 이렇게 세 번 하라. 도움이 된다.

염려 말고 기도자세로 들어가서 기도를 시작하여 침묵으로 집중하게 되면 자신도 모르는 사이에 자연적으로 호흡이 조절된다. 그러므로 걱정하지 말고 자연스럽게 기도하면 된다.

제 6 장 기도의 시작

만일 관상기도를 즐거운 마음으로 시작하기를 원한다면, 다음과 같이 시작하라. 우선 항상 깨끗한 양심을 가지고 엄격한 순종을 실천하라. 순종이 없으면 양심이 깨끗할 수 없다. 다음과 같은 세 가지 점에서 양심을 깨끗이 보존해야 한다. 첫째는 하나님에 관하여, 둘째는 영적 아버지에 대하여, 셋째는 사람들과 물건들에 대해 양심을 깨끗이 해야 한다.

하나님과 관련해서는, 하나님을 섬기는 것과 상충되는 일을 행하지 않아야 한다. 영적 아버지와 관련해서는, 그분이 명하는 것을 더하거나 감하지 말고 그대로 행하며, 그분의 목적과 뜻의 지도를 받아야 한다.

사람들에 관해서는, 당신이 싫어하는 일 및 당신이 당하고 싶지 않은 일을 그들에게 행하지 말아야 한다.

물건들과 관련해서는, 먹을 것이나 마실 것이나 의복을 남용하지 말아야 한다. 간단히 말해서, 무슨 일을 하든지 하나님 앞에서 하듯이 하여 양심이 당신을 책망하지 않도록 해야 한다.

1) 어디서 기도할 것인가? (기도의 장소)

기도자가 완전히 혼자서 사사로이 있을 수 있는 장소, 방해를 받지 않을 만한 장소, 너무 시끄럽지 않은 곳. 예수님께서는 "너는 기도할 때에 네 골방에 들어가 문을 닫고 은밀한 중에 계신 네 아버지께 기도하라 은밀한 중에 보시는 네 아버지께서 갚으시리라"(막 6:6)라 하셨고, 예수님 자신도 "물러가사 한적한 곳에서 기도"하셨다(눅 5:16).

그러나 예수께서도 언제나 뜻대로 외딴곳에서 기도할 수 있었던 것이 아니었음을 생각하면, 우리도 어느 정도 위안을 받을 수 있다(막 6: 30 이하). 다른 사람과 함께한 장소에 있다거나 한방에서 기도한다는 것은 권할 만한 일이 못 된다. 다른 사람이 있다는 것을 의식하는 것 자체가 벌써 심리적으로 강한 분심이 되고, 완전한 긴장 이완에 방해가 된다.

만약에 가능하다면, 교회나 자기 방에서 기도할 것이다. 보통으로 교회는 이러저러한 일을 해달라는 부탁을 받게 될 가능성이 너무 많기 때문에, 자기 방에서 기도하는 것이 더 나을 것이다. 물론 옥외에서 좋은 장소를 찾을 수도 있다. 그러나 주의가 산만해지거나 중단할 가능성이 전혀 없는 곳이어야만 한다.

2) 얼마 동안 기도할 것인가? (기도 시간의 길이)

매일 한 시간을 온전히. 매일 한 시간의 '묵상' 기도가 대부분의 수도규칙들이 전통적으로 규정한 시간이다. "기도 시간이 너무 짧으면, 여러 가지 공상을 버리고 마음을 안정시키는 것으로 시간이 다 지나간다. 막 준비가 되어서 정말로 기도를 시작해야 할 때에 벌써 그만두게 된다." 하루의 한 시간은 우리 삶의 시간 전체의 약 4%밖에 안 된다는 사실을 생각하면, 정신이 번쩍 든다. 우리의 일상생활이 활동적이고 바쁠수록 그만큼 더 '하나님 앞에서 긴장을 풀고 쉬기 위해서는' 온전한 한 시간이 필요하다. 매일의 이 기도가 우리의 신경과 정서에 꾸준히 영향을 미쳐야 할 필요가 있다. 우리가 만약 바쁜 생활을 한다면, 고요와 침묵 속에서 매일 우리 '영혼을 치유하고', '성령께 우리를 열어' 드려야 할 필요가 있다. 다른 어떤 선행보다도, 이런 식의 매일의 침묵기도를 통해서 하나님께서는 우리를 철저히 변화시키시고 새롭게 하신다. 그러므로 이 더 높은 무지의 구름에 전력을 다해 열심히 파고들라. 휴식은 나중에 취하라.

시간이 부족한 현대인들에게는 한 시간은 어렵다. 그러므로 점심시간이나 오후 시간 등 가능한 시간(20~30분)으로 2~3회 나누어 하는 것도 무방하다.

3) 언제 기도할 것인가? (기도의 때)

실제로 언제 기도를 할 것인가 하는 문제는 각자의 소임과 임무에 따라서 결정되는 것이 보통이다. 어떤 이들은 이른 아침을 좋아한다.

"새벽 아직도 밝기 전에 예수께서 일어나 나가 한적한 곳으로 가사 거기서 기도하시더니"(막 1:35).

만약 이른 새벽에 육신적으로나 정신적으로 완전히 깨어 있을 수 있다면, 새벽의 고요함은 정말로 큰 보상이 된다. 어떤 이들은 잠자기 전, 저녁의 고요한 시간을 좋아한다. 이 시간에는 긴장을 풀기가 쉽고, 그리스도와 함께 '한 시간 동안 깨어 지킬 수' 있어서 좋다. 가급적이면 잠자기 직전에는 숙면을 위해서 피하는 것이 좋다.

대부분의 사람들은 선택의 여지가 없다. 그저 완전히 자유로울 수 있는 한 시간을 사용해야 한다. 온전히 한 시간을 기도하기 위해서는 우리가 좋아하는 일들을 희생해야 할 것이다. 장거리 버스 여행 중이나 기차 정거장에서도 한 시간의 기도를 할 수 있다. 각자가 언제가 기도할 수 있는 가장 좋은 때인지 때때로 점검해야 할 것이다.

1. 관상기도의 방법

왜 기도를 "실천합니까?" 사람들은 종종 이러한 질문을 한다. 그들은 자기들이 하루 중 특별한 시간에만 기도하는 것이 아니라 항상 기도한다고 주장한다. 사람들은 하루의 일정표 안에 기도 시간을 배정하기를 거부한다.

바울이 말한 것처럼, 영성생활의 목표는 쉬지 않고 기도하는 것이다

(살전 5:17). 그러나 우리의 인간적인 상황을 고려해볼 때, 만일 우리가 전혀 기도를 실천하지 않고서도 매 순간 하나님을 의식할 수 있다고 믿는다면, 그것은 자신을 기만하는 일이 될 것이다. 그러한 묘기는 전혀 연습이나 훈련을 하지 않고서 올림픽 경기에 출전하는 것과 비교할 수 있을 것이다.

기도는 습관이다. 하나님의 음성을 듣는 방법을 배우려면 시간이 걸린다. 우리의 삶 속에서 일하시는 하나님의 손을 보려면 시간이 필요하다. 이렇게 하나님의 음성을 듣고 하나님의 손길을 보는 것은 어려운 일이기 때문에 시간이 필요하다.

기도는 하나님께서 우리 마음에 두신 소원을 찾기 위해서 우리 자신의 갈망을 내려놓는 기술이다. 그것은 우리의 정신의 분심들을 의식하고 나서 그것들을 내려놓는 것이다. 그러한 훈련을 거듭하다 보면, 우리가 행하는 모든 것 안에서 하나님을 보는 데 능숙해진다.

1) 하나님의 임재의식

'하나님을 보는 것', 또는 '하나님의 음성을 듣는 것'이란 무엇을 의미하는가? 이것은 중요한 질문이다. 우선 이것은 환영들을 보는 것이나 머릿속으로 실제의 음성을 듣는 것에 대해 말하는 것이 아니다. 나는 우주 안에서 일하는 우리 자신이 아닌 '타자'를 우리에게 암시해 주는 경험에 대해 말하고 있다.

이러한 기도 방법들은 각기 다른 방법으로 이 '타자'에 대한 의식을 경험할 기회를 준다. 우리는 어떤 느낌·생각·그림·행동·사람·완전한 침묵 등을 통해서 하나님의 음성을 들을 수 있다. 그러나 이 모든 음성들이 '하나님의' 음성이 아닐 수도 있기 때문에, 기도를 반복함으로써 하나님의 음성을 분별하는 연습을 해야 한다.

하나님의 현존은 여러 가지 형태로 나타날 수 있다. 그것은 갑자기 일어날 수도 있고 서서히 우리를 휘어잡을 수도 있다. 이것은 마치 위에서 내려오는 것 같기도 하고 밑에서 올라오는 것 같기도 하다. 빛나는 구름처럼 우리를 감싸기도 하고 우리 안에서 솟아오르기도 한다.

처음에는 하나님이 우리의 의식 속에서 순간적인 빛의 깜박임처럼 감지할 수 없을 정도로 순식간에 우리의 생각들의 배경을 가로질러 지나가는 그림자처럼 나타날 수도 있다. 그때에 우리는 자신이 '하나님을' 숙고한다고 생각할 수도 있지만, 실상은 그렇지 않다. 여러 시간, 여러 주, 여러 해가 지나면, 우리는 서서히 실제로 자신이 언제 하나님의 음성을 듣는지 확실히 알기 시작한다(물론 우리가 절대적으로 확실하다고 느끼지만, 그렇지 않을 수도 있다).

하나님의 현존 의식이 증가함에 따라, 기도의 실천은 우리의 직장, 우리의 여가, 우리의 가정, 우리의 여러 가지 관계들 안에서 열매를 맺기 시작한다. 우리는 순간순간 하나님께 주목하면서 성령과 함께 자유로이 이동하기 시작한다. 기도는 영성생활의 목표가 아니라 수단이다. 기도의 역사적 인물들은 기도 방법들을 만들어내고 그것들을 이 목표와 함께 자신의 신앙생활 속에 결합해 넣은 사람들이다.

한 가지 주의해야 할 것이 있다. 우리는 이러한 기도 방법들이 역사적으로 어느 한 시점에서 창안되었다고, 어느 거룩한 사람이 각각의 방법을 만들어내어 교회 안에서 사용했다고 생각할 것이다. 그러나 실제는 그렇지 않다. 우리가 알고자 하는 각각의 방법은 사람들이 하나님을 찾기 시작한 이래로 계속 어떤 형태로 존속되어 온 것들이다.

사람들은 자신의 일상생활 속에서 하나님에 속한 것의 표식을 찾기 위해서 항상 성경·침묵·창조력·상징·몸·침잠(沈潛) 등을 사용해왔다. 실제로, 우리 모두는 이미 이것들을 사용하고 있지만, 대부분의 경우에 이러한 찾는 과정을 의식하지 않는다. 하나의 특별한 형태의 기도가 행하는 것은 하나님을 향한 의도적인 탐색을 조직하고 표시하고 이룩하는 것인데, 그 일은 이미 우리 각 사람 안에서 이루어지고 있다. 기도는 파악하기 어려운 현존을 소유한 동반자와의 대화이다. 하나님은 유형적인 형태를 취하시지 않으므로, 이러한 대화를 시작하기 위해서 우리는 동원할 수 있는 모든 자원을 사용한다.

하나님과의 사랑어린 합일은 죄와 죄의 원인들을 뿌리부터 없애버린다. 어쩌면 이것이, 습관이 된 미움의 행위들을 피하려는 수천 번의 결심과 개인적 노력보다 한결 효과적일 것이다. 하나님께서는 사랑의 원천, 유일무이한 사랑의 원천이시다. 우리가 사랑의 원천과 하나가 되고자 할 때 우리 자신이 그 사랑의 중재자가 되고, 그리하여 사랑이 그 거룩한 원천에서 흘러나와 우리를 거쳐 우리 개개인의 세계로 흘러들게 된다.

이제 관상기도에 필요하다고 보는 방법을 구체적으로 제시하고자 한다.

2) 관상(침묵)기도 167)

관상기도, 혹은 관조기도라는 말은 포괄적이다. 관상기도란 용어에는 거룩한 독서, 예수기도를 포함하여 습득식 관상기도, 주부식 관상기도, 이 모두를 아울러 말하는 용어이다. 일반적으로는 거룩한 독서, 예수기도를 따로 말하고, 습득식 관상기도와 주부식 관상기도를 관상기도라고 말한다.

저자는 습득식 관상기도를 권하지 않는다. 따라서 저자가 말하는 관상기도란 주부식 관상기도를 말하며, 아직 용어가 통일되지 않아서 번역하는 사람마다 차이를 보내고 있다. 이들을 보면 침묵기도·마음의 기도·듣는 기도·집중기도·향심기도·구심기도·관상기도… 등 여러 가지로 말하고 있다. 그러므로 필자는 하나님에 대하여는 '*관상기도*'라고 말하고 경우에 따라 '**침묵기도**'라고도 한다.

---

167) 더 자세한 것은 박노열 편저 「관상기도」 제14장 pp. 435~485. 참조

2. 어떻게 실천할 수 있는가?

각 전통들을 우리의 일상의 삶에서 어떻게 실천할 수 있는가 하는 질문에 대답해야 한다. 그러면 관상적인 수단이 어떻게 우리의 일상의 일부분으로 경험될 수 있는지 물어야 한다. 이 질문에 대하여 간단히 설명하기로 한다.

1) 고독의 시간을 가질 수 있는 '장소를 정해 놓고' 실험해 보라.

새벽에 산책을 나가 당신의 세상(도시든지 교외든지)이 깨어나는 소리를 들어 보라. 하루 동안 말을 하지 않음으로써 당신 자신과 다른 이들에 대해 무엇을 배울 수 있는지를 알아보라. 공항이나 버스터미널에 앉아, 지나가는 사람들을 자세히 관찰하여 무엇을 느낄 수 있는지 알아보라. 혼자만의 하루 -아니면 3일, 또는 7일- 침묵 수도회를 가지라. 도심으로 가서 사회 정의 수도회를 가져 보라. 다음 비행기나 버스 여행이 당신의 개인 수도회가 되도록 해보라. 한 달 동안 차의 라디오를 끄고 출퇴근하며 작은 수도회를 가지라. 새벽 2시에 일어나 그리스도의 임재를 상기시키는 촛불을 하나 켜고 한 시간 동안 밤의 소리를 들으라. 당신을 위한 광야의 시간을 가질 많은 방법들을 생각해 낼 수 있으리라 믿는다.

2) 얼마 동안은 평상시의 성경 읽는 시간을 접어 두고, 그 시간에 '성경 말씀으로 기도하는 시간'을 가지라.

기도하면서 성경을 읽는 시간으로서 우리의 마음과 지성과 영혼을 신적인 중심으로 조심스럽게 돌리는 것이다. 우리의 모든 외적·내적 감각들이 나침반의 바늘처럼 성령님이라는 북극성을 향해 돌아서는 것이다. 천천히, 조용히, 기도하는 마음으로 읽어가며 성령님이 인도하신다고 느끼는 단어나 문장에 이르렀을 때는 잠시 멈추는 것이다.

성경을 읽던 중 "여호와를 기뻐하는 것이 너희의 힘이니라"(느 8:10)라고 말한 느헤미야의 멋있는 말씀을 찾았다고 하자. 우리는 멈추고 기다리고, 포기하고 잠잠히 있는 것이다. 어쩌면 성령께서 우리의 약점을 속속들이 이해하시고, 힘이 부족한 이유들을 드러내시고, 우리 자신의 것이 아니며 주위 환경에 의존하지 않는 힘을 갈망하게 하신다. 우리는 성경으로 기도하기 시작한다. "주님, 당신의 기쁨 안으로 들어갈 수 있도록 도와주소서… 완전한 만족을 줄 수 없는 것들, 예컨대 음식과 피상적인 대화들과 쓸데없는 것들 속에서 기쁨을 얻을 것을 갈망했음을 용서해 주십시오. 당신의 기쁨에 완전히 젖게 해주소서." 성령님의 지시를 받을 수 있다. 아니면 찬양을 하고 춤을 출 수 있다. 아니면 의식적인 지성으로는 깨닫지 못하는 언어로 기쁨에 찬 기도를 드릴 수 있다. 그 외에 많은 것들이 있다. 여기서는 단지 힌트만 주고 있는 것이다. 당신이 성경으로 기도할 수 있는 방법을 찾을 수 있다.

3) '신성한 여가'를 즐기고 싶은(끊임없고 영속적인) '인간적 갈망을 꺾으라.'

낮잠을 자라. 별다른 이유가 없어도 이웃을 찾아가 한 시간이라도 같이 보내라. 해가 지는 광경을 보도록 서로 도우라. 산보를 하라. 운동을 위해서가 아니라 식물 공부를 위해서가 아니라 단지 산보를 즐기기 위해 산보해 보라. 기도를 하루 쉬어 보라. 새들이 지저귀는 소리를 들어 보라. 그들에게서 '메시지'를 듣기 위해서가 아니라 단지 그들의 노래를 들어 보라. 샤워 대신에 목욕을 하라. 하나님을 위해 시간을 낭비해 보라. 아이디어들은 무한하다.

토머스 머튼은 "나는 관상이 실재한다는 사실을 되풀이해서 확인했을 뿐 아니라, 그것의 꾸밈없음과 진지함과 겸손함과 '정상적인 그리스도인의 삶'에서의 그것의 통합을 끈질기게 주장했다"[168]고 기록했다.

---

168) "The Inner Experience," Cistercian Studies 19 (1984). p. 145f. M.

사랑스럽게 하나님을 주목하고 점점 자라가는 하나님과의 연합(일치·합일)을 통해 정상적인 그리스도인의 삶을 탐구하는 모험에 당신을 초대한다.

3. 장애물 뛰어넘기(Overcoming Obstacles)[169]

1) 침묵하는 법을 배우라.

(일정한 시간과 노력이 필요 30~60분)

우리 습관에서 다른 모든 변화가 그렇듯이, 침묵에 들어가는 법을 배우는 데도 시간과 노력이 필요하다. 항상 해오던 일을 계속하는 편이 더 쉽다. 따라서 침묵의 공간과 시간을 구하는 데 익숙하지 않다면, 처음에는 엄청난 노력이 필요할 것이다.

어떤 새로운 노력이든 첫걸음이 가장 힘들다. 하지만 다행스럽게도, 일단 홀로 하나님과 시간을 보내는 일이 우리의 영적 성장에 미치는 긍정적인 영향을 경험하게 되면, 기꺼이 더 많은 시간을 할애할 것이다.

무한한 공간의 하나님은 무한한 침묵의 하나님이다. 왜냐하면 그분은 공간과 시간의 한계를 초월해 계시기 때문이다. 침묵 속에서 하나님을 가장 가까이 느낄 수 있다. 침묵은 그분의 임재를 잉태하고 있었다. 교회에서 침묵을 찾기 위해서는 다른 사람들의 협력이 필요하다. 가정에서도 마찬가지일 때가 있다. 어떤 장애물을 예측한다면, 그것을 뛰어넘을 수 있다. 정신을 산만케 하는 물리적인 것에는 전화벨 소리,

---

Basil Pennington. "The Call to Contemplation." Weaving(May/June. 1996). p. 34에서 재인용.
　Richard J. Foster, "Sterams of Living Water" 박조앤 역, 생수의 강 (서울: 두란노, 2006) p. 94.
[169] Sara Park McLaughlin, *Meeting God in Silence*, 전의우 역, 「침묵기도」, (서울: 생명의 말씀사, 2000) pp. 175~196.

저녁 식사를 준비하는 소리, 다른 사람의 말소리 등이 있다. 각각의 경우에, 최선의 해결책은 그러한 환경을 피해 보다 덜 소란스런 곳으로 옮기는 것이다. 정신집중을 요하는 긴급한 문제를 처리해야 한다면, 우리들 대부분은 조용한 침실로 갈 것이다. 마찬가지로 영적 활동에 대해서도 이와 같은 행동을 취할 수 있을 것이다.

더욱 피하기 어려운 것은 정신적인 장애물, 곧 불신앙·죄책감·피로·낙담, 정신을 산만케 하는 생각들 등이다. 이것들을 극복하기 위해서는 기도 가운데 이것들을 하나님께 인정해야 한다. 우리가 이것들을 하나님께 드릴 때, 이것들은 잠긴 문이 아니라 다리가 될 수 있다. 비록 이 문제들에 대해 하나님께 말씀드리고 싶은 기분이 아니라 해도 어쨌든 말씀드려야 이것들을 극복할 수 있다.

낮이나 밤 시간에 침묵을 위한 스케줄을 짜는 일이 처음에는 대부분의 사람들에게 절대적으로 필요하다. 스케줄 없는 활동들은 물거품이 되는 경향이 있다. 나중에는 습관이 되면, 낮 동안에 혼자만의 시간을 찾을 수 있을 것이다. 그러므로 시간과 장소에 대해 그렇게 엄격할 필요가 없을 것이다.

결단과 훈련이 필수적인 열쇠이다.

> 앞서 살았던 기독교 사상가들은 고독을 하나의 훈련으로 개발했다. 우리가 '아무것도' 하지 않을 경우, 처음에는 이상하게 느껴지고 혼자 있는 것이 불편하게 느껴질 것이다. 그러나 시간이 지나면 우리 마음이 일상생활의 다급함을 잊고 하나님께 집중할 수 있게 된다. 시간이 지나면, 우리는 하나님의 임재와 인도하심을 느낄 수 있을 것이다. —우리 마음에서 그분을 가로막는 것들을 정리할 때 이것을 느낄 수 있다. 우리가 홀로 하나님과 함께하는 시간을 위해 사막이나 동굴로 은둔할 수 없다 해도, 그렇게 할 수 있다. 170)

---

170) Peggy Easrman, "Way christians Need Solitude," *Washington*

준 비

홀로 하나님과 함께하는 시간을 위해 매일 일정한 시간 -30분에서 1시간-을 떼어 놓아라. 어떤 사람들은 세상의 바쁜 일들이 엄습하기 전인 이른 아침에 이런 시간을 갖는다. 또 어떤 사람들은 잠들기 전에 이런 시간을 갖길 좋아한다.

묵 상

침묵은 하나님과 연결되는 자연의 아이콘이다.

2) 어떻게 침묵해야 하는가?

(천천히 묵상하는 독서를)

대부분의 그리스도인들은 매일 일정 시간 기도하지만 침묵이 그들의 기도 생활에 줄 수 있는 유익을 완전히 이용하지 못하고 있다.

요한계시록에서 침묵에 관한 매혹적인 구절을 볼 수 있다. "일곱째 인을 떼실 때에 하늘이 반 시간쯤 고요하더니"(계 8:1). 문맥에서, 침묵은 일련의 대재앙의 전주곡이다. 이 경우에서는 침묵이 폭풍전야를 상징한다. 또 다른 관점으로 보면 침묵은 중요한 사건들에 선행한다는 것이다. 침묵은 말하자면 무대를 세운다. 우리는 다른 사람들을 피하기 위해 우리 자신의 개인적인 세계로 물러나는 것을 원하지 않는다. 우리는 개인기도 시간을 신중하게 선택하여 침묵을 통해 하나님과 친밀한 관계를 맺을 수 있는 무대를 세우고 싶어 한다.

준 비

앞에서 말한 천천히 묵상하는 독서를 해보라. 어디서 시작해야 할지 감이 잡히지 않는다면 복음서 가운데 몇 구절을 선택해서 적어 보라.

Diocese (December, 1991.) 5.
Sara Park McLaughlin, "Meeting God in Silence", 전의우 역, 「침묵기도」, (서울: 생명의 말씀사, 2000) p, 178.

묵 상

"오 하나님, 주 예수님은 선한 목자이십니다. 우리가 그분의 음성을 들을 때 우리의 이름을 부르시는 그분을 알게 하시고, 인도하시는 대로 따르게 하소서. 그분은 주님과 성령과 함께 영원히 거하시며 다스리시는 하나님이십니다. 아멘." 171)

3) 침묵과 묵상에 대한 관심이 비기독교적인 행위로 이어지는가?

(외형은 비슷하나 목적이 다르다.)

많은 그리스도인들이 우려 섞인 말로 이 질문을 하곤 한다. 오늘날 묵상(명상)이라는 말은 기독교보다는 뉴에이지 운동이나 동양 종교들과 관련하여 더 많이 사용되고 있다. 그러나 기독교의 묵상이 다른 유형들과 얼마나 다른지 살펴보고 나면, 비기독교적인 것에 대한 우리의 두려움은 근거 없는 것임을 깨닫게 될 것이다. 공허 자체를 조장하는 명상 학교들과는 달리, 그리스도인들이 모든 것을 한쪽으로 제쳐두는 것은 하나님이 첫째가 되시게 하기 위해서일 뿐이다. 이러한 자기 비움은 하나님의 임재를 더 세밀히 알려고 하는 적극적인 단계이다. 이 단계를 성취하고 나면, 하나님께 귀 기울이는 법을 배우는 데 진전이 있을 것이다.

그리스도인들이 본능적으로 동양의 신비주의를 꺼리는 것은 동양 종교들은 기독교와 정반대되기 때문이다. 동양의 비기독교 종교들은 그리스도를 영화롭게 하는 것이 목적이 아니라는 점에서 기독교와 다르다.

선불교도들은 깨달음을 얻기 위해서는 명상을 하고, 논리적인 생각에 대한 강한 집착을 버려야 한다고 가르친다. 이들은 자기의식을 버림으로써만 만물의 거룩을 알고 만물과 하나 될 수 있다고 믿는다. 이

---

171) *Book of Common Prayer*(New York: The Seabury Press, 1979, 성공회 공동기도서), 225
Sara Park McLaughlin, "Meeting God in Silence", 전의우 역, 「침묵기도」, (서울: 생명의 말씀사, 2000) p. 185.

러한 깨달음은 자신이 절대적인 존재의 한 부분을 차지하고 있다는 의식을 낳는다. 명상을 통해 이러한 깨달음을 얻은 후, 선불교도들은 자신이 죄와 고통에서 구원받았다고 생각한다. 깨달음이 이들의 구원이다.

이와는 반대로, 그리스도인들은 깨달음은 우리의 구원자가 아니라는 것을 안다. 그리스도가 우리의 구원자이시다. 선불교도들은 자신의 생각들을 왜 버려야 하는지는 제대로 몰랐으나 **어떻게** 버려야 하는지는 제대로 알고 있었다. 한 선불교 대승이 제자에게 다음과 같은 가르침을 주었다. 선(禪)에 대해 배우고 싶어 스승을 찾아온 제자는 자기 말을 계속할 뿐 스승의 말을 들으려 하지 않았다. 마침내 스승이 차를 따랐다. 그는 제자의 잔이 넘치는데도 계속해서 차를 따랐다. 제자가 잔이 넘친다고 불평하자, 스승은 제자도 그 잔처럼 이미 가득 차 있다고 말했다. 제자가 빈 잔을 내밀지 않으면, 채워지리라고 기대할 수 없다는 것이다.

비기독교적 신비주의와 기독교 신비주의는 똑같이 하나님(신)을 직접 체험해야 한다는 것을 강조한다. 신비 체험은 혼자서 이루어지기 때문에 침묵 속에서 일어난다. 동양인들에게 있어, 신비 체험의 목적은 거룩·정결·지혜의 통일된 의식을 갖는 것이다. 동양과 서양의 한 가지 중요한 차이점은 힌두 신비주의는 존재의 부정과 무위(無爲) 자체를 높이는 데 초점을 맞추는 데 반해, 기독교 신비주의는 보다 활동적이며 삶을 긍정한다는 것이다. 기독교 신비주의는 그 목적이 고통의 회피가 아니라 고통의 포용이라는 점에서 적극적이다.[172] 예수께서는 "누구든지 나를 따라오려거든 자기를 부인하고 자기 십자가를 지고 나를 따를 것이니라"(마 16:24)라는 말씀으로 우리를 부르셨다. 그리스도께서는 우리에게 자신의 죽음뿐 아니라 부활에까지 참여할 것을 요구하신다.

---

172) S. Radhakrishnan, *Eastern Religions and Western Thought* (New York:Oxford University Press, 1959), 63~65.
Sara Park McLaughlin, "Meeting God in Silence", 전의우 역, 「침묵기도」, (서울: 생명의 말씀사, 2000) p, 187.

침묵 속에서 묵상할 때 기적적인 체험들이 일어날 것이라고 기대해서는 안 된다. 전율을 구하는 것이 침묵의 목적은 아니다. 동양과 서양의 신비주의까지도 환상이나 무아지경(자신 밖에 있다는 느낌) 같은 체험들을 적극적으로 구해서는 안 된다는 데 일치한다. 침묵 속에서 우리 자신을 드리는 가장 큰 목적은 아무런 기대 없이 무조건적으로 그렇게 하는 것이어야 한다.

선불교는 묵상(명상)과 깨달음을 가장 크게 강조한다. 어떤 저자는 어느 한쪽도 묘사를 통해서는 알 수 없다면서 선불교도의 명상 체험을 수영에 비유했다. 그러나 묘사는 인간이 줄 수 있는 최선이다. 실제적인 이해는 직접적인 경험을 통해 얻을 수 있다. 그는 또한 수련을 통해, 명상 중에 얻어진 고요는 일상생활로 옮겨진다고 했다. 조용한 영혼과 자신의 본성과 실재에 대한 통찰력을 얻는 것도 명상의 목적이다. 173)

그리스도인들은 두 가지 목적 모두가 훌륭하다는 데는 동의할 것이다. 그러나 그리스도인들은 두 가지 목적이 명상의 자연적인 결과가 아니라 그리스도와의 만남의 결과라고 주장할 것이다. 평안과 지혜는 하나님이 주시는 선물이다. 존경받는 수련회 강사인 앤드류 신부는 이렇게 말했다. "'귀가 둘이고 입이 하나인 것은 두 번 듣고 한 번 말하기 위해서이다'라는 중국 속담이 있다. 우리가 수련회에 참석하는 진짜 이유는 침묵하며, 피조물의 소리에서 벗어나 하나님의 음성에 귀 기울이기 위해서이다."174)

※ 주) 덧붙이는 말
: 선불교의 **명상**(묵상)은 깨달음(깨달음이 곧 구원이라 함)이 목

---

173) Paul Wienpahl, *Ther Matter of Zen:A Brief Account of Zen*(New York:New York University, 1964), 4, 26, 41.
Sara Park McLaughlin, "Meeting God in Silence", 전의우 역, 「침묵기도」, (서울: 생명의 말씀사, 2000) p, 188.
174) Father Andrew, *In The Silence:Four. Retreats*(New York: Morehouse-Corham Co., 1947), 54.
Sara Park McLaughlin, "Meeting God in Silence", 전의우 역, 「침묵기도」, (서울: 생명의 말씀사, 2000) p, 188.

적이고, **관상**은 하나님과 하나 됨(일치·연합)이 목적이다. 수도하는 외적 모습은 비슷하나 수도하는 그 목적이 다르다.

준 비

그리스도와 성경에 기록된 그분의 말씀을 묵상하라. 당신이 노력해야 할 일은 영혼이 영양분을 받을 수 있도록 자신을 평온히 침묵시키는 것뿐이다. 하나님께 평안과 지혜를 달라고 구하라.

묵 상

예수께서는 우리 자신보다도 우리를 더 잘 아신다. 그분은 우리의 동기를 아신다. 개인 기도에 묵상이라는 새로운 영역을 추가한다면, 우리 마음에 그리스도를 위한 자리를 마련함으로써 그분을 영광스럽게 하는 것이다.

4) 나의 발전을 어떻게 알 수 있는가?

(아래 점검표로 점검하고 평가하라)

사실 우리는 하나님께서 우리 삶에 주시는 것을 잴 수 없다. 자신이 통제권을 가지는 데 익숙한 사람들은 이러한 깨달음을 받아들이기가 어렵다. 그러나 잠시 멈추고 기도 생활에 얼마나 많은 노력을 기울였는지 생각해 보자. 웨인 오츠는 자신의 책에 '침묵 실천 테스트'라는 제목으로 다음과 같은 질문을 실었다.

다음 질문들에 답하면서 자신이 어느 위치에 있는지 살펴보라.

① 당신이 매일 반복되는 일과들 가운데, 침묵을 경험할 수 있는 가장 조용한 장소나 시간은 어디며 언제인가?

② 당신의 삶에서 누가 가장 큰 소란과 혼란과 스트레스를 야기하는가?

당신은 이것을 바꾸기 위해 어떤 일을 했는가?

당신은 소란과 침묵 가운데 어느 쪽을 더 좋아하는가?

③ 당신은 보다 조용히, 보다 느긋하게 일을 성취하기 위해 무슨 일을 하는가?

당신의 일과 중에 신경을 거스르는 과도한 짐들을 내려놓으려고 애쓰는가?

④ 당신의 일터 중에서 침묵의 장소들을 열거해 보라.

⑤ 최근에 무언(無言)의 언어가 사용되는 것을 본 적이 있는가? 있다면 어떤 경우였는가?

⑥ 당신이 첫말과 끝말을 해야 한다는 생각, 결코 말싸움에서 져서는 안 된다는 생각이 구체적으로 바뀌었는가?

⑦ 당신이 활동하는 곳에서는 어떤 잡담을 하는가? 또 당신은 당신 자신이나 다른 사람들을 위해서 소음을 줄이기 위해 무엇을 하는가?

⑧ 청각뿐 아니라 다른 네 감각 -시각·촉각·미각·후각- 까지 동원해서 귀를 기울여 본 적이 있는가?

⑨ 텔레비전·전화·라디오·오디오 등에 대한 중독에서 벗어나는 데 있어 어느 정도 발전이 있었는가?

⑩ 친구·가족 등에게 자신의 문제를 이야기하는가?

⑪ 단절된 자신의 과거와 어떤 식으로든 다시 연결되었는가?

⑫ 당신은 다른 사람들을 깔보거나 얕보는가? 아니면 전혀 그렇지 않은가?

⑬ 피로에 지치고, 객관적인 시각을 잃으며, 형편없는 판단을 내리고, 혼란에 빠진 적이 있는가? 그 즉시 자신을 위해 침묵의 시간을 가졌는가?

⑭ 고독감을, 사람들에게서 벗어나 침묵을 구하고 중요한 문제들에 대해, 자신의 개인적인 생각과 의견을 형성할 권리를 행사하라는 도전으로 받아들였는가?

⑮ 개인적이며 혼자만을 위한 구체적인 시간과 장소와 의식을 만들기 위해 어떤 자발적인 행동을 취했는가?

⑯ 시끄럽고 과도한 업무에서 벗어나 침묵을 경험하기 위해, 하던

일을 제쳐두고 한적한 곳으로 피한 적이 있는가?

⑰ 자신이 덜 보기 싫은가? 자신을 더 존경하는가? 왜 그런가?

⑱ 가족의 침묵에 귀를 기울인 적이 있는가?

⑲ 일터에서, 예전에는 말이 많았으나 지금은 전혀 말이 없는 사람은 누구인가? 왜 그 사람에게 그런 변화가 일어났는가?

⑳ 최근에 분명한 이유도 없이 친구의 말에 귀를 기울이지 않은 적이 있는가?

㉑ 자신의 이상을 잃어버리고 자신을 비판하기에 바쁜가?

㉒ 개인적인 방법으로 하나님의 침묵의 임재를 알고 있는가?

침 묵

테스트를 해보라. 당신의 대답들을 살펴보고 어느 부분에서 가장 많은 노력이 필요한지 보라. 당신을 제지하는 것이 관계인가, 습관인가?

묵 상

앤드류 신부는 초연함을 고무풍선에 비유한다. 그는 모든 실이 잘려지지 않은 채 한 가닥이라도 풍선에 매여 있으면, 바람이 불 때 풍선은 터지고 만다고 말한다. 그는 그리스도인들은 다른 사람들과 사물을 소유하려는 욕망, 불만과 분노, 미래에 대한 두려움이나 야망을 버려야 한다고 말한다.[175]

---

175) Father Andrew. 77~79.
  Sara Park McLaughlin, "Meeting God in Silence", 전의우 역, 「침묵기도」, (서울: 생명의 말씀사, 2000) p. 194.

4. 관상기도에 접근하는 전통적 방법

기독교 전통에는 우리가 하나님을 만나고 하나님께 이르는 두 종류의 관상의 방법이 있다. 그중 하나는 '유념적인 방법(긍정의 길, kataphatic)'이며, 다른 하나의 방법은 '무념적인 방법(부정의 길, apophatic)'이다.[176] 이 두 길을 이해하는 데 도움을 주는 대표적인 신학자는 오리겐과 닛사의 그레고리이다.[177]

오리겐(Origen, ca. 185-255)은 알렉산드리아 학파로 '빛'의 신학자이다. 그에게 있어서 인간의 목적은 타락 이전의 본래 모습을 회복하는 것이다. 구속이란 인간이 본래의 하나님을 닮은 모습을 회복하는 것이요, 관상이라는 본래적 상태로 돌아가는 것이다.

오리겐은 인간이 세 단계를 거쳐 이 본래의 모습으로 돌아간다고 말한다. 그중 첫 단계는 도덕적인 조명인데 그것은 죄로부터 떨어져 나와 덕을 실천하는 삶(praxis)으로 돌아서는 것이다. 둘째는, 자연관상(테오리아, theoria, natural contemplation)이며 마지막은, 하나님 관상(테오로기아, theologia)이라고 부른다. 이 마지막 단계에서 우리는 자신의 본래의 상태로 돌아가 잃어버린 하나님의 형상을 회복하게 된다. 여기에서 오리겐이 말하는 움직임은 빛에서 더 밝은 빛으로의 움직임이며, 오리겐은 어둔 밤이나 무지를 통한 앎에 대해서는 전혀 말하지 않는다. 이러한 유념적인 방법(긍정의 길, kataphatic)은 개념이나 이미지를 통하여 하나님께 나아가고자 하는 것이다. 그것은 이 땅에 존재하는 모든 피조물이 −개념·상징·이미지를 포함하여− 하나님을 묵상하고 그분께 이르는 데 도움이 된다고 본다.[178] 모든 피조물

---

176) 부정신학에 대해서 상세히 공부하려면 다음을 소개한다.
  십자가의 요한의, 방효익 옮김. 『어둔 밤』(서울: 기쁜소식, 2005), pp. 64~81. III. 부정신학.
177) 장로교신학대학 오방식은 장신논단 30, 「관상기도의 현대적 이해」에서 오리겐과 닛사의 그레고리의 관상이해를 위하여 기독교 영성사전에 실린 샤논 교수의 관점을 요약하였다. William Shannon, "contemplation, contemplative prayer," 『The Dictionary of Catholic Spirituality』(The Liturgical Press, Collegeville: MN, 1993), 210~211.

이나 인간의 모든 선한 경험들은 하나님의 실재를 엿볼 수 있는 창문의 역할을 한다. 이러한 기도에서는 기도자의 능동적 활동을 인정할 뿐 아니라 더 밝은 빛으로 나아가기 위해 필수적인 것으로 이해한다.

갑바도기아 교부들(Cappadocian Fathers) 중 하나인 닛사의 그레고리(Gregory of Nyssa) (ca. 335~395)는 관상 이해의 다른 경향을 나타낸다. 이것은 특히 그의 대표작인 『모세의 생애』에 잘 나타난다. 이 『모세의 생애』에서 그레고리는 오리겐이 했던 것처럼 세 가지 단계를 말하고 있으나, 그 방향은 오리겐의 것과 정반대이다. 즉, 빛에서 어둠으로 이동하는 것이다. 이의 첫째 단계로, 모세의 빛의 경험은 출애굽기 3장에 나오는 불타는 수풀에서 일어난다. 그러나 다음 두 단계는 깊은 어둠으로 들어가는 것인데, 이 중 첫 번째는 출애굽기 19장에 나오는 어두운 구름(nephele) 안으로 들어가는 것이며, 두 번째는 출애굽기 33장에 나오는 짙은 어둠(gnophos)으로 들어가는 것이다. 그 곳에서 하나님은 이성으로는 인지되지 못하지만, 그 어느 때보다 선명하게 자신을 드러내주신다. 도리어 이 어둠 안에서 가장 분명한 하나님 인식에 이르게 되는 것이다.

이러한 무념적인 방법(부정의 길, apophatic)에서는 긍정의 길은 제한되어 있다고 본다. 모든 피조물들은 하나님에 '대해서' 말해줄 뿐이며 궁극적으로 하나님의 내면의 실재에 이르도록 하지는 못한다고 말한다. 인간의 어떠한 생각이나 사유·단어·상징도 인간을 하나님 실재에 이르게 할 수는 없다. 무념적인 방법(부정의 길, apophatic)은 우리가 가지고 있는 하나님에 대한 생각이나 개념·이미지·상징을 내려놓음으로, 하나님께서 친히 자신을 드러내 주시고 알려주심을 직접 체험하여 그분과 온전히 하나가 되고자 하는 목적을 가진다. 그러므로 우리는 하나님의 실재에 이르기 위해서 우리의 개념적인 '장갑'을 벗어 던지고 '빈손' 어둠 속으로 가야 한다.

---

178) "창세로부터 그의 보이지 아니하는 것들 곧 그의 영원하신 능력과 신성이 그가 만드신 만물에 분명히 보여 알려졌나니 그러므로 그들이 핑계하지 못할지니라"(롬 1:20).

기독교 영성전통에서 무념적인 접근의 성향을 가진 영적 작가로는 14세기 『무지의 구름』의 저자, 마이스터 에크하르트, 16세기의 십자가의 요한, 그리고 20세기의 토머스 머튼 등이 있다. 그리고 유념적인 접근의 성향을 가진 작가로는 아빌라의 테레사, 그리고 로욜라의 이그나티오스 등을 말할 수 있겠다. 테레사의 주요 작품들인 『천주 자비의 글』, 『영혼의 성』, 『완덕의 길(the way of Perfection)』은 유념적인 전통에 기초하고 있다. 그러나 동시에 테레사는 말이나 개념을 넘어서는 무념적인 영적 체험에 대해서도 말하고 있다. 반대로 무념적인 전통에 뿌리를 둔 머튼이나 십자가의 요한이 많은 이미지나 개념, 또는 상징을 통하여 하나님을 향한 여정을 묘사하고 있음을 우리는 발견할 수 있다. 위-디오니시오도 그의 저서 『신의 이름들(the Divine Names)』에서 하나님에 대하여 긍정하는 유념적인 접근을 사용하지만, 이 긍정의 길을 통해 언제나 하나님을 완전하게는 알 수 없다고 주장한다.

비록 무념적인 접근과 유념적인 접근이 하나님을 향한 여정과 접근에서 서로의 방향은 다르지만, 하나님을 찾아감이라는 목적에 있어서는 상호보완적이라고 할 수 있다. 긍정의 길과 부정의 길, 이 두 개의 길은 우월이나 선택의 문제가 아니라 동일한 목표를 위하여 서로 조화를 이룰 필요성이 있는 것이다. 하나님과의 일치라는 목표를 위해서 말이다. [179]

긍정적인(kataphatic) 방법은 단어·개념·이미지·상징·결단 등으로 이루어지는 기도로 우리가 잘 알고 있는 방법이다. 우리는 기도하고, 기도하는 말에 주의를 집중하며, 자신의 양심을 성찰하며, 더 선한 행동을 하기로 결심하며, 자신의 잘못을 인정하며, 세상에 나가서 기도한 대로 살려고 노력한다.

'긍정적인(kataphaic)'이라는 단어는 '아래로(down)'라는 의미를 가진 Kata와 '연설(speech)'이라는 의미를 지닌 phasis라는 두 개의 헬

---

[179] 오방식, "관상기도의 현대적 이해", 「장신논단」 30 (장로교신학대학, 2007) 271~310. (p6~7)

라어로 이루어져 있다. 따라서 긍정적인 전통에서는 우리의 지식과 단어와 이미지와 감각을 사용한다는 의미에서의 '상대방을 말로 꼼짝 못하게 함(talking down)'으로써 우리가 아는 유일한 방법으로 신성에 대해 말한다.

긍정적인 전통은 하나님과 피조물 사이의 유사성을 강조하면서 긍정하는 방법이다. 이 전통에서는 기도를 하나의 관계로 간주한다. 우리는 인간관계에 속한 것을 연구하여, 그 원리들과 통찰들을 우리의 기도 관계에 적용한다. 이 방법을 사용할 때에 우리는 자신이 보고 아는 것을 확인한다. 그때에만 우리는 하나님이 우리가 보고 아는 모든 것을 능가하신다는 것을 깨닫는다. 개념과 이미지와 상징 등을 인정하는 이 전통의 대표적 인물은 이그나티우스 로욜라(St. Ignatius of Loyola)이며, 이 시대의 주도적인 옹호자는 테이야르 드 샤르뎅(Thilhardde Chardin)이다. 우리는 피조물을 통해서 하나님께로 가며, 하나님은 피조 세계 안에 현존하신다.

부정적인(apophatic) **전통**은 긍정적인 전통과 균형을 이루는 또 다른 방법이다. '부정적인(apophani)'이라는 헬라어는 어떤 대상에 적용되지 않는 것을 말함으로써 그것에 대해 언급하는 것을 의미한다. 부정적 전통은 말이나 단어를 사용하지 않는 경향을 지닌다. 이 전통에서는 우리가 육안으로 태양을 볼 수 없듯이 인간의 말로는 하나님을 묘사할 수 없다고 의식한다. 이것은 무한한 것에 굴복하는 방법, 자신의 중심을 찾기 위해서 그것을 잃어버리는 방법이다. 이것은 역설, 언어의 절제, 궁극적으로는 침묵의 방법이다. 이것은 복종, 가장 깊은 차원에서의 수용의 방법이다.

정의 전통은 하나님과 인간 사이의 근본적인 차이점을 강조하는 부정의 방법이다. 우리는 개념이나 상징이나 이미지들의 도움을 받지 않고 망각에 의해서, 무지에 의해서 하나님께 이를 수 있다.

이런 방법에 의한 하나님 이해에서는 인간과 하나님의 차이점을 강조한다. 내가 어떤 예를 사용해도, 나의 말로는 하나님이 누구이시며 어떤 분이신지 제대로 묘사할 수 없고, 나의 지성과 유한한 기능으로는 결코 하나님을 파악할 수 없다. 결국 나는 자신이 유한한 존재이며 하나님은 무한하시다는 것, 내가 할 수 있는 것은 하나님의 임재 안에 쉬는 것, 하나님의 임재 안에 거하는 것. 나의 모든 생각을 초월하시는 하나님께 복종하는 것뿐임을 인정한다. 우리는 하나님이 어떤 분이신지에 대해서보다는 하나님이 어떤 분이 아니신지에 대해서 더 잘 안다. 우리의 정신은 개념이나 이미지나 상징의 도움을 받지 않으면 어두워진다. 이 전통을 대표하는 두 인물은 『무지의 구름(The Cloud of Unknowing)』의 저자와 십자가의 성 요한(St. John of the Cross)이다. 토머스 머튼(Thomas Merton) 역시 이 전통을 대표하는 위대한 인물이다.

물론 긍정적 전통이나 부정적 전통은 결코 절대적인 것은 아니다. 두 전통 사이에서 중요한 것은 반대되는 것이 아니라 강조점이다. 우리는 부정적인 방법으로 하나님에 대한 지식에 접근하면서도 인간적 사고를 필요로 하는 단어를 사용한다. 또 우리가 하나님의 임재를 긍정하기 위해서 성경에 계시된 단어나 성례전이나 상징을 의지하더라도, 우리는 인간을 초월하시는 하나님에 대해서 말하고 있다는 것을 인정한다. 이 두 전통은 기도에 대해 총체적으로 묘사한다.

긍정의 방법은 우리가 기도 생활을 제한하는 이미지들을 방출할 수 있게 해준다. 부정의 전통은 우리가 이미지들을 포기해야 한다는 것, 그것을 초월하는 지식을 소유해야 한다는 것을 지적해 준다.

이 두 가지 방법 중 하나를 결정하려 해서는 안 된다. 이 두 방법은 서로를 필요로 하고 서로 의지하며, 우리에게는 이 두 가지 방법 모두가 필요하며, 우리는 이 두 가지 방법에 의존한다. 긍정의 방법의 대표적인 것은 영적 독서(Lectio divina)이다. 부정의 방법과 관련하여, 영적 고전인 『무지의 구름』과 '집중기도'에 초점을 두려 한다.[180]

---

[180] Carl J. Arico, 「A Taste of Silence」, 엄성옥 역, 「집중기도와 관상여행」, (서울: 도서출판 은성, 2000), p. 31.

5. 관상의 두 길

영성사에서 말하는 관상의 길은 전통적으로 주부적 관상과 습득적 관상, 두 종류181)로 크게 나누고 있다.

주부적 관상(ifused contemplation) 혹은 수동적 관상은 무념적 방법(Apophatic way)이다. 특징은 일체의 영성이나 이미지가 멈춘 순수 어둠의 상태에서 하나님과 일치의 경험을 주장하는 전통이다. 관상에 이르기 위해서는 일체의 상상력이나 이미지를 끊임없이 제거하여 감각의 어둠과 영의 어둠에 이르러야 한다. 영성의 흐름은 안토니오, 무지의 구름, 십자가의 요한, 토머스 머튼에 이어 오늘에 이르고 있다.

인간이 가지고 있는 하나님에 대한 개념 혹은 이미지는 그것이 아무리 고상한 이미지일지라도 거기에는 반드시 하나님과의 공유적 속성과 비공유적 속성을 동시에 지니고 있다. 하나님이 피조물인 우리에게 나누어 주신 만큼의 유사성을 가지고 있지만, 그분에게만 속한 무한한 속성에 대해서는 비교할 수 없는 비유사성(非類似性)이 우리에게 있다. 이 비유사성을 제거할 때만이 우리는 하나님과의 온전한 일치를 이룰 수 있다. 그렇기에 피조물이나 인간의 개념 속에서 유추할 수 있는 모든 이미지나 속성들을 하나씩 하나씩 부정해 가는 것이다. 끊임없는 부정의 길을 달려갈 때 결국 인간의 모든 개념이나 언어는 잠을 자게 되고 깊은 침묵의 심연 속으로 들어가게 된다. 이 깊은 심연은 결코 감각으로도 지적인 인식작용으로도 포착할 수 없는 순전한 영의 세계요, 절대적인 세계이다. 이 순수한 속에서 개념화할 수 없는 하나님과의 일치를 이루게 된다.182)

습득적 관상(acquired contemplation) 혹은 능동적 관상으로 유념

---

181) 유해룡, 「하나님의 체험과 영성수련」, (서울; 장로회신학대학교출판부, 2005), pp. 96~98.
182) Pseudo-Dionysius, 「The Mystical Theology 3」, 1033CD. 31~45.
   유해룡, 「하나님 체험과 영성수련」, (서울; 장로회신학대학교출판부, 2005), pp. 96~98.

적 방법(Kataphatic way)이다. 특징은 모든 상상력이나 갖가지 이미지가 관상적인 체험에 이르는 중요한 매개체가 된다는 전통으로 이그나티오스식 관상이 여기에 해당된다.[183]

유념의 기도의 대표적인 예로 상상력을 사용하여 관상경험에 이르는 기도, '이그나티오스(Ignatios)식 영신수련'을 들 수 있다. 로욜라 이그나티오스는 회심과정이나 그 이후의 영성수련과정을 볼 때, 그의 영성적 경험에 있어서 그의 풍부한 상상력이 상당한 기여를 했음을 알 수 있다. 그럼에도 불구하고 이그나티오스식 관상기도에는 조심스러운 부분이 있다.

(1) 인간의 노력에 의해 하나님의 은총을 얻어낼 수 있다는 공적 사상에 대한 위험에 노출되어 있다는 점이다.

(2) 상상력은 정화되지 못한 우리의 비이성적인 내면세계에 대한 반영이라는 차원에서 상상력을 전적으로 신뢰하기는 어렵기 때문이다.

그러나 무조건 반대하거나 경계만 할 일은 아니다. 상상력의 극치 그 자체가 관상체험이 아닌 하나의 과정이라는 것을 염두에 둔다면 상상력이 풍부한 사람에게는 관상으로 들어가는 좋은 길목이 될 수도 있을 것이다.

여기에서 **초점은 우리의 노력이 아니라 하나님의 활동에 있음**에 주목해야 한다. 기도는 하나님의 일이고 하나님의 선물이다. 하나님이 만남을 주도하신다. 기도는 하나님의 유익이 아니라 우리의 유익을 위해 행해지는 것이다. 기도할 때뿐만 아니라 하루 종일, 우리의 모든 활동을 주도하시는 분은 하나님이시며, 우리는 거기에 반응하는 것이다.

기도할 때에 우리는 삶의 통제권을 하나님께 맡기라는 부름을 받는다. 즉, 마음을 편안하게 하고, 하나님과 함께 거하며, 하나님께서 우리와 함께 계시고 하나님이 선택하시는 방법으로 우리와 교제하시도록 하라는 부름을 받는다. 하나님은 우주를 사랑하시며, 역사의 주인이시며, 우리 삶의 주인이시다. 하나님 안에서 만물이 살고 움직이고 존재

---

[183] 박노열, 「관상기도」(서울: 한울사, 2006), pp. 123~125.

한다. 하나님 임재의 의식은 우리로 하여금 만물이 하나님과 관련되어 있음을 볼 수 있게 해준다. 우리는 새로운 눈과 귀로 세상을 본다.

당신은 **"기도가 당신으로 하여금 삶에서 하나님의 임재를 보다 깊이 의식하게 만듭니까?"** 라고 질문한다면 어떻게 답할 수 있을까요. 요리문답에서 "하나님은 어디에 계십니까?"라는 질문을 받으면, 우리는 즉시 "하나님은 모든 곳에 계십니다."라고 대답한다. 그런데 실제로는 그렇게 믿지 않는 이유는 무엇인가? 모든 실체에는 하나님의 능력과 임재가 스며 있다. 우리가 행하는 모든 것은 잠재적인 기도의 수도장이다.

습득적 관상에 대해서 이야기하기는 쉽다. 그것을 행하여 이러한 효과를 거두었고, 앞으로 그것을 행하겠다는 식으로 이야기하면 된다. 주부적 관상과 관련하여, 기도자가 실제로 아는 것은 그곳에 있었다는 것뿐이다. 어느 수준의 친밀함 외에 다른 것은 거의 알지 못한다. 시나 이미지나 알레고리로 이야기할 수 있는 어느 수준의 의사소통이 발생한다. 우리는 편안하게 경험의 영 안에 들어갈 것이다. 우리는 아무런 노력을 하지 않고서도 하나님과 연합하여 하나가 된다. 이 사랑의 연합에서부터 추상적이고 관념적인 지식을 초월하는 사랑의 지식이 흘러나온다. 이 사랑의 지식의 주부적 특성은, 그것이 하나님으로부터 온 선물이며 인간의 능력을 초월하는 것임을 가르쳐 준다. 인간의 노력으로는 그것을 이룰 수 없다. 우리가 아는 것은 자신이 이러한 하나 됨을 경험하고 있다는 것뿐이다. 그것은 순수한 선물이다.

6. 관상에 이르는 길

하나님은 언제나 우리 안에 계시지만 우리는 계시지 않는다고 생각한다. 이러한 생각이 인간 조건의 두드러진 착각이다. 영적 여정은 이것을 치유하려는 것이다.

우리의 깊은 곳에서 하나님께서 우리에게 말씀하신다는 것을 알게 될 때까지 우리는 기도가 메마른 것을 하나님께서 부재하셨기 때문으로 생각한다. 침묵은 하나님의 첫 번째 언어이다. 그 외의 것은 어설픈 번역인 것이다. 그 언어를 알아듣기 위해 우리는 조용히 앉아서 하나님 안에 쉬는 것을 배워야 한다.

내적 고요로 이끌리는 것은 하나님께서 우리의 감각이나 이성이 아니고 직관적 기능에 넣어 주시는 순수한 믿음의 결과에서 온다. 처음에 우리는 건조함에 대해 무엇을 해야 할지 모른다. 그러나 순수한 믿음의 훈련에 익숙해지면 하나님께 대한 신뢰와 겸손이라고 하는 두 가지 열매를 경험하기 시작한다.

아빌라의 테레사는 자신의 글에서 기도의 단계를 7궁방으로 설명하고 있다. 그런데 영성신학자 조던 오먼은 테레사의 7궁방을 9단계로 세분화하여 기술하고 있다. [184] 무지의 구름의 저자는 4단계를 말하나 마지막 단계는 천국에서 이루어질 일로 이 땅에서의 3단계를 말한다. 일반적으로는 기도의 3단계를 말한다. 그리스도인이 관상에 이르는 데는 세 단계의 삶(정화·조명·일치)이 있다.

아주 오래된 기독교 전승 하나는 하나님의 자녀가 사랑을 탐구하며 성숙해 가는데 세 단계 또는 세 가지 길이 있다고 인정했다. '정화의 길, 조명의 길, 합일의 길'이 바로 그것이다. 첫 단계는 두 번째 단계에 포함되고 첫째, 둘째 단계는 세 번째 단계에 포함된다고 한다.

사람들은 사실상 삶의 대부분을 이 세 길 사이에서 보내고 있다. 이 말은 사람들이 위에 말한 길 중에 둘이나 심지어는 세 가지 길을 동시에 밟기도 한다는 뜻이다. 하나님을 사랑하는 과정에 있는 단계는 이 세 가지가 전부이다.

---

[184] 조던 오먼, 『영성신학』, 이홍근 옮김 (왜관: 분도출판사, 1987), 366~411쪽 참고.

1) 정화의 길이다. (능동적. 자신을 비우기)

우리는 하나님께 끌리면서도 세속의 유혹과 죄의 습성, 윤리적 약점 또는 단순한 무지로 말미암아 사랑을 찾는 길에서 어떤 때는 뜨거워지고 어떤 때는 차가워진다. 우리는 이제 겨우 기도하는 법을 배우고 있으며, 하나님과 우리의 관계는 무엇무엇을 해 달라고 청하는 기도로 드러나기 일쑤이다. 하지만 이것이 시작이다. 걸을 수 있게 되기 전에 먼저 기는 법부터 배워야 하기 때문이다. 이 길을 정화의 단계(사랑하기)라 한다.

성경은 "마음이 청결한 자는 복이 있나니 저희가 하나님을 볼 것임이요"(마 5:8)라고 했다. 우리가 자유의 영이신 성령님을 우리 안에 거하게 하기 위해서 이 세상에 속해 있는 우리의 존재의 정화를 의미한다. 회심 자체가 매우 급작스럽게 혹은 매우 감격적으로 이루어지는 것이라면, 정화의 작업은 지속적이고 의지적인 노력을 통하여 이루어져 가는 과정이다. 이 단계에서는 그리스도의 영이 우리 안에 들어와 내주할 수 있도록 자기 자신을 비우기를 힘써야 한다. 정화의 단계는 외적 감각의 정화, 내적 감각의 정화, 정욕의 정화, 지성의 정화, 의지의 정화 등을 포함하고 있다. 인간의 욕망과 유혹은 인간의 감각기관을 통해서 오는 것이기 때문에 우리의 일상생활에서 영성생활에 방해가 되는 모든 요소들을 제거하는 것이다. 내면의 정화가 이루어지면 우리의 내면에는 하나님의 본성이 알려지고, 하나님과 우리 사이의 관계에 대한 깨달음이 오게 된다. 여기서 우리는 조명의 단계에 접어든다.

2) 조명의 길이다. (수동적. 사랑하도록 맡기기)

조명의 길에서 사실상 관상기도가 시작된다. 여기에서 우리는 하나님께서 우리를 사랑하신다는 것을 깨닫고, 우리 쪽에서 하나님을 사랑하는 길을 열심히 찾게 된다. 종교는 문화 이상이며 진정한 삶의 길이다. 우리는 도중에 잠시 미끄러지고 넘어져서 정화의 길로 되돌아갈 수도 있지만, 필요하면 언제라도 자진해서 다시 시작할 수 있다. 나중에 달릴 수 있으려면 먼저 걷기부터 해야 한다. 이 길이 조명의 단계(사랑하도록 맡기기)이다.

하나님은 사랑이시며, 우리를 사랑하신다는 사실을 깊이 깨닫게 된다. 이 단계에 있는 사람은 하나님의 선하심과 그 은총의 능력을 인식하게 된다. 그래서 표면적으로는 죄악의 길로 다시 빠질 수도 없고 모든 문제로부터 벗어났기 때문에 맑고 밝은 내적인 평화 상태라고 생각할 수 있다. 그러나 그것과는 정반대로 내적인 소동을 경험한다. 전에는 결코 생각지도 못했던 범죄의 가능성과 하나님을 배반할 수도 있다는 사실을 깊이 인식한다. 이 시점에서 우리는 내적인 비전을 통해 그리스도를 따른다는 것이 무엇인지를 보다 선명하게 인지하며, 여전히 그 길을 걷는 데 많은 장애물이 있음을 깨닫는다. 그렇기에 지속적인 자기 포기를 경험할 수밖에 없다. 정화단계에서의 정화가 능동적인 것이라면, 조명단계에서의 정화는 수동적인 것이라 할 수 있다.

3) 일치(합일, 하나 되는)의 길이다. (사랑 나누기)

조명의 단계를 지나며 자아는 더욱 고양되고 확장되면서 자기중심적이고 이기적인 모습은 사라지고 하나님의 현존 안에 깊이 거하며 하나님의 섭리 안에서 자신이 살고 있음을 깨닫는다. 여기서 바로 완성의 단계인 일치의 단계(사랑 나누기)에 이르게 된다.

이때 **하나님의 현존은 여러 가지 형태로 나타날 수 있다.** 마치 위에서부터 내려오는 것 같기도 하고 밑에서 올라오는 것 같기도 하다. 빛나는 구름처럼 우리를 감싸기도 하고 우리 안에서 솟아오르기도 한다. 하지만 어떤 경우든 상상과 기억이 점차로 사라지면서 깊은 평정의 감각을 갖게 된다. 모든 기능이 잠잠해지고 하나님 안으로 빠져들어 하나님 안에서 쉬게 된다. 이것이 바로 '온전한 일치의 기도'이다. 이것은 성인들의 길이지만 우리 모두 부름 받은 길이기도 하다. 우리는 이 길에 한 발을 (아니면 두 발을 모두) 들여놓고 있으면서도 그 사실을 깨닫지 못하는 수가 많다. 사랑하는 벗이여, 어쩌면 그대는 이처럼 높은 단계에 그대 자신을 올려놓기가 두려울지도 모른다. 아마 "나는 그럴 만한 자격이 없다" 하거나, "이 세 번째 단계는 하나님의 특별한 벗들만을 위한 자리"라고 말할 것이다. 그것은 사실이다. 그대에게는 그럴 만한 자격이 없다. 세 번째 길은 오로지 하나님의 특별한 벗들만을 위해 예비된 것이다. 하지만 하나님께서는 그대가 자격이 있어서가 아니라, 당신이 그대를 사랑하시기 때문에 그대를 부르신다는 사실을 모르는가?

하나님께서 그대를 사랑하시는 까닭에 그대는 하나님의 특별한 벗이다. 이 사실을 인정하는 것은 결코 교만이 아니다. 그저 솔직한 것일 뿐이다. 하나님께서는 그대를 거룩함의 길로 부르고 계신다. 그리고 이 거룩함은 그대가 획득해야 하는 무엇이 아니다. 예수께서 이미 그대를 위해 얻으신 것이다. 그러니 그저 그것을 받아들이고 간절한 마음으로 두 팔을 벌려 주님을 향해 달리라. 세 번째 길에 걸맞은 특별한 종류의 기도가 관상기도이다.

이 작은 책은 그대를 이 같은 하나님과의 사랑어린 합일로 차분히 인도하여, 그 문지방을 넘어설 수 있도록 노력할 것이다.

제 2 부
기도의 진행

제7장 기도의 진행[185]

여기까지 오느라고 고생 많으셨다. 이제 충분히 준비되었다고 자만하지 마시고, 또 지루하다고 포기하지도 마시고 천천히 수도(수련)해 나가시기를 바란다. 아래를 잘 읽고 숙지한 다음 묵상으로 갈 것인지, 관상으로 갈 것인지 수도자가 겸손하게 판단하여 진도를 택하기 바란다.

1. 기도의 시작

1) 간단한 기도로 시작하라.

하나님을 향한 당신의 사랑과, 사랑으로 하나님을 껴안은 채 이 짤막한 시간을 보내고자 하는 간단한 기도를 드리라. 이런 기도면 된다.

"사랑하는 하나님 아버지, 저는 아버지를 더욱더 사랑하고 싶습니다. 아버지의 현존 안에서 이 한 시간의 기도시간을 은총으로 내려주심을 감사드립니다. 저는 아버지를 향한 사랑을 표현하기 위해 (아빠, 아버지를, 주님, 주여, 여호와여, 또는 그대가 선택한 어떤 낱말을) 거룩한 단어를 선택하였습니다(경험상 일정한 단어를 사용하면 좋으며, 이 부분은 기도할 필요가 없어지기도 한다). 분심이 생길 때 이 거룩한 단어(주여…)로 이 시간으로 돌아오겠습니다. 저는 이제 성령님께 힘을 얻고, 예수님과 하나 되는(일치 혹은 연합하는) 가운데, 이 기도로 아버지께 저의 사랑을 드리려 합니다."

---

[185] 박노열, 『누구나 할 수 있는 관상기도』 (나됨, 2009, 3판) pp.178~182.

예 1

"사랑하는 하나님 아버지, 저는 아버지를 더욱 더 사랑하고 싶습니다. 아버지의 현존 안에서 이 한 시간의 기도시간을 은총으로 내려 주심을 감사드립니다. 분심이 생길 때 '주여' 함으로 이 시간으로 돌아오겠습니다. 저는 이제 성령님께 힘을 얻고, 예수님과 하나 되는 가운데, 이 기도로 아버지께 저의 사랑을 드리겠습니다."

예 2

"사랑하는 하나님 아버지, 저는 아버지를 더욱더 사랑하고 싶습니다. 아버지의 현존 안에서 이 한 시간의 기도시간을 은총으로 내려 주심을 감사드립니다. 분심이 생길 때 '주여!' 함으로 이 시간으로 돌아오겠습니다. 저는 이제 성령님의 도와주심과, 예수님의 하나 되어 주심으로 말미암아, 온전한 사랑을 드리기를 원합니다."

2) 다음에는 차분히 평화롭게 애정을 가지고 마음의 귀를 기울이라.

소리를 내어 기도하거나 혀나 입술을 움직이지 말고 다만 이 기도로 하나님을 향한 그대의 사랑을 표현하고 있음을 깨달으라. 이렇게 한 시간을 계속하되, 그리하도록 부르심 받는다고 느낄 경우에는 더 오래 해도 된다.

3) 분심이 생기고, 분심에 빠졌음을 깨닫거든 거룩한 단어를 사용하여 처음 상태로 돌아가라.

분심이(상상이나 기억이나 사고) 생기고 거기에 말려들었음을 깨닫거든 간단히 '거룩한 단어(아빠, 아버지, 주님, 주여, 아멘, 또는 그대가 선택한 어떤 낱말)'를 사용하여 처음 상태로 돌아가라. (이 경우 필자는 거룩한 단어와 함께 고개를 살짝 움직여 처음상태로 돌아간다.

단 짧고 신속하게 작은 동작으로 행한다). 한 시간 동안 묵상하면서 그렇게 하기를 수없이 되풀이해도 좋다. 그러나 한 번에 너무 많이 반복하는 것은 바르지 못하다. 해도 해도 안 되면 기도를 중단하지 말고 자세를 처음 상태로 바로잡아라. 그리고 기도를 계속하라.

이 경우 사용하는 방법은 여러 가지가 있으니 꼭 한 가지 방법만 주장할 이유는 없다. 본인이 편하고 좋은 방법이 있으면 사용해도 좋다. 방법에 문제가 있는 것이 아니다. 핵심은 분심을 떼어 버리고 처음 상태와 같이 평안을 유지하는 것이다.

만일 기도하는 동안 졸음이 오면 졸음도 축복으로 알고 하나님께 감사드린 다음, 거룩한 단어를 사용하여 처음으로 돌아간다. 졸았다 해서 조금도 거리낄 것이 없다. 하나님도 전혀 마음에 두지 않으신다.

4) 가끔 거룩한 단어를 '초월하는' 경우가 생길 것이다.

지금까지 드리던 거룩한 단어가 중단되고, 그대의 의지가 어둔 방에서 조용히 하나님과 사랑을 나누며, 고요한 쉼 속에서 말씀이나 상징 없이 하나님을 사랑하게 된다. 이것은 더없이 멋진 일이다. 혹시 그대가 이런 상태를 맛보았다는 사실을 깨닫게 되거든 간단히 '나는 내 기도로 돌아가리라.'고 말하고 그렇게 하라. 이런 체험을 하게 되면 시간은 아주 화살같이 지나간다.

2. 극기(포기 · 금욕)[186]

"내 사랑을 찾으러,
산과 강가로 가리라;

---

186) 밀양가르멜 여자수도원, 하느님과의 일치 (성바오로, 2014) pp.85~114.

꽃을 꺾지 않고,
...″   (『영가』 3)

이 『영가』에서, 영혼이 모든 힘과 정력을 기울여 곧장 앞으로 달려가 다다르기로 굳게 결심하는 목표는 바로 하나님과의 일치이다. 그 결단이 너무도 확고해서 '꽃들도 꺾지 않겠다.'고 외친다. 그렇다. 나는 피조물에서 만족을 찾는 데 사로잡히는 일이 결코 없을 것이다. 이 목소리에서 무언가 절대적이고 영웅적인 힘이 느껴진다. 그러나 영혼은 사랑 때문에 이 결심을 하게 되었으며, 사랑이란 '죽음처럼 강한 것'이다. 이 길이 온갖 장애와 고뇌로 가득한, 위로라고는 없는 길임을 알고 있지만 조금도 두려워하지 않는다. 열정이 재촉하고 희망이 격려해 주고 있어, 그는 맨 끝까지, 하나님과의 일치에 이르는 저 정상까지 가기를 원한다. 시간을 잃어버리지 않고 가능한 한 빨리 가기 위해, 돌아서 가는 길로 가지 않고 곧장 목적지를 향해 똑바로 올라가는 길로 가고 싶어 한다. 그래서 "꽃들도 꺾지 않겠다."고 다짐한다. 이처럼 완전한 포기가 정말 필요한 것일까?

1) 전부 말끔히 벗어 버려라

이제부터는 『가르멜의 산길』을 인용하면서, 영혼을 놀라게 할까 봐 겁내지 않고 그대로 옮기겠다. 이 책에서 십자가의 요한은 전부 말끔히 벗어 버려야 함이 절대적으로 필요하다는 것을 입증하고 있다. 이 논제는 십자가의 요한의 가르침에서 근본적인 자리를 차지하고 있으므로, 그의 설명을 그대로 따르는 것이 바람직하다고 믿는다.

말끔히 벗어 버림은 바로 그렇게 되기를 원해서가 아니라, 다만 일치의 관점에서 이것을 받아들이는 것이다. 따라서 하나님과의 일치의 본성에서부터 말끔히 벗어 버림의 필요성을 밝혀야 한다. 십자가의 요한은 이 필요성을 증명하면서 우선 처음에, 그가 영혼을 인도하고자 하는 이 일치의 경지에 대한 정확한 관념부터 알려 주고 있다. 영혼이 열망하는 영적 완벽함이나 성화(聖化)에 대해 성인이 품고 있던 높은 관념이, 즉 완덕이나 성화란 영혼이 이 지상에서 도달할 수 있는 하나님과의 가장 친밀한 일치에 이를 때 비로소 완성된다는 그 관념이 성인의 모든 가르침을 지배하고 있음을 알 수 있다.

　이 일치의 상태는 여러 가지 모양으로 고찰할 수 있다. 예를 들면, 그 일치의 경지에 이른 완전한 모습을 바라보며 묵상할 수 있다. 다시 말해 그 경지에서 영혼이 누리게 될 모든 풍요로움을, 이에 따라오는 감미로운 체험을, 하나님의 빛과 사랑에 잠기는 가장 지고한 은총을 생각해 보며 묵상할 수 있다. 따라서 우리는 생애의 마지막에 가서야, 즉 관상 생활의 여러 단계를 감행한 후에야 이 경지를 이해하게 될 것이다. 그러나 지금은, 성인이 실천한 방법에 따라서 그 일치 상태의 중추를 이루는 여러 가지 본질적인 요소에 대해서만 생각해 보고자 한다. 다시 말해서, 일치 상태의 근본적인 요소와 거기서 솟아나는 모든 복합적인 영성적 풍요로움에 대해서만 살펴보겠다. 그러므로 십자가의 요한의 말을 빌려서, 하나님과의 일치를 다음과 같이 가장 적절하게 정의할 수 있을 것이다.

　"**하나님과 일치의 상태**(거룩한 일치의 단계)란 영혼의 의지가 하나님의 의지 안에서 완전히 변화되는 것이기 때문이며, 영혼 안에 하나님의 뜻에 반대되는 것이 아무것도(하나도) 없어야 하고, 모든 것에 있어서, 그리고 모든 것을 위하여 영혼의 움직임이 오직 하나님의 뜻대로 이루어져야 하기 때문이다."(『가르멜의 산길』 1.11,2)

　일치 상태, 다시 말해서 거룩함의 본질적인 요소를 두루 다 포함하고 있는 십자가의 요한의 이 훌륭한 정의는 주의 깊게 연구할 만한 가치가 있다. 사실상, 이 정의 안에서, 십자가의 요한의 모든 가르침의 골자를 파악하게 된다.

　우선 먼저 유의해야 할 것은, 신비 박사인 십자가의 요한에 의하면 일치 상태의 본질은 의지 안에서 찾게 된다는 것이다. 십자가의 요한은 이 일치를 즐겨 '**변모의 일치**'라고 하는데 그 이유는 곧 알게 되겠지만, 어쨌든 여기서는 이 변모가 '의지로써' 이루어지게 됨을 명백히 단언하고 있다. 이 주장을 살펴보는 것이 허사는 아닐 것이다. 왜냐하면 최근에도 어떤 이들은 하나님 안에서의 영혼의 변화를 의지의 선에서보다는 오히려 지성의 선에서 추구해야 한다고 생각하고 있으며, 마침내는 성인의 생각과 한참 동떨어진 철학적 관념론에 전적으로 의지해서 십자가의 요한에 대해 해설하고 있기 때문이다. 따라서 강조하고 싶은 것은, 십자가의 요한이 말하는 변화는 의지로써 이루어지는 변화라는 것이다. 그렇지만 이 변화는 서로 밀접히 연관되어 있는 두 가지 사실에서, 즉 첫째는 부정적인 사실, 둘째는 긍정적인 사실에서 이루어진다.

부정적인 사실이란 그 영혼의 의지 안에서 하나님의 뜻에 반대되는 온갖 경향, 즉 그 경향 때문에 하나님의 뜻과 반대되는 방향으로 달려가게 하는 모든 경향의 부재(不在)를 말한다. 그러나 이런 경향이 없어지게 될 때 이에 대응하는 다른 경향이 그 자리를 차지하게 되는데, 곧 부정적인 요소가 긍정적인 요소로 대체되는 것이다. 이 모든 과정에서 인간의 의지는 언제나 하나님의 의지에 의해 움직여지게 된다. 바꾸어 말하면, 그 마음 안에는 하나님의 뜻과 반대되는 경향이 전혀 없으며, 그 대신 영혼은 자신의 행동 하나하나가 끊임없이 하나님의 의지에 의해 움직여지는 것을 알아차리게 된다. 따라서 십자가의 요한은 다음과 같은 결론을 내린다.

"이런 이유 때문에 일치의 단계를 영혼과 하나님의 뜻이 하나가 되었다고 부르는 것이다. 물론 하나님의 뜻에 맞춰진 것이며, 하나님의 뜻이 곧 영혼의 뜻이 되는 것이다. 혹시라도 영혼이 하나님께서 원하지 않으시는 어떤 결함[187]이라도 원했다면 하나님의 뜻과 하나를 이루

---

[187] 습관적인 결함들을 열거하면, 보편적인 습관처럼 말을 많이 하는 버릇, 절대로 극복할 수 없는 집착으로서 사람이나 옷, 책과 방에 대한 집착, 그리고 음식을 준비하는 것과 쓸데없는 잡담, 무엇을 맛보거나 듣거나 이와 유사한 것들로부터 만족감을 조금이나마 느끼려는 것에 대한 집착을 꼽을 수 있다. 일상적으로 드러나는 나쁜 습관에서 오는 것이 아니라면 영혼이 무엇에 집착하는 것이 그리 크게 방해가 되지는 않을 것이다. 그러나 나쁜 습관에서 오는 것이라면 결함이 아무리 작은 것이라 할지라도 영혼이 완덕에 나아갈 수 없다. 이는 마치 한 마리의 새가 가는 줄에 묶여 있는 것과 같다. 아무리 가는 줄이라도 묶여 있다면 날아갈 수 없는 것과 같다. 아무리 가는 줄이라도 끊지 않으면 날아갈 수 없는 것과 같다. 영혼이 제아무리 덕을 쌓았다 할지라도 어떤

지 못한 것이다"(『가르멜의 산길』 1.11.3)

달리 정리하면; "이 상태에서 두 의지가 하나의 의지가 된다. 그 의지는 곧 하나님의 의지이고, 이 하나님의 의지는 곧 영혼의 의지이기도 하다." 그러므로 바로 이것이 어떤 변화가 일어나는 것인지를 말해주는 결정적 요인이다. 즉, 하나님의 의지가 영혼의 의지로 되는 것, 말하자면 영혼의 의지가 하나님의 의지 안으로 사라져 마침내 하나님의 의지와 하나가 되는 것이다.

이처럼 하나로 되는 것을 어떻게 알아들어야 하겠는가? 인간적인 것이 참으로 신적인 것이 될 수 있다는 말인가? 말 그대로라면 물론 이해할 수 없는 일이다. 그렇다면 그것은 무엇을 뜻하는 것인가? 이 점을 분명하게 설명하기 위해서, 십자가의 요한이 감화를 받았던 사랑의 심리학에 대한 토마스 아퀴나스의 가르침을 잠깐 인용해 볼 필요가 있다.

천사 같은 박사인 토마스 아퀴나스는 저서들에서 사랑의 심리적 과정에 대해 자주 말하면서 강조하기를, 우리가 사랑할 때 우리의 애정 안에서, 다시 말하면 우리의 의지 안에서 그 사랑의 대상에게 기울어지는 경향이 생긴다고 했다. 이런 경향이 강해지면 강해질수록 그만큼 우리의 감정을 사로잡아 그 사랑의 대상에게 우리를 끌고 가게 된다. 이런 경향이 온 마음에 밀어닥칠 때, 마음은 더 이상 어떤 다른 것에게도 애정을 느낄 수 없게 되며, 그 유일한 사랑의 대상에 의해 온전히 이끌려 가도록 자신을 맡겨버린다.

이 경향으로, 그 사랑의 대상이 마음 안에 어떤 형태로 늘 현존하면서 마음을 지배하고 행동하도록 충동하기 때문에, 마음은 사랑하는 대상의 모습을 결코 놓치지 않는다. 이런 의미에서 우리는 사랑하는 사람을 두고 말할 때, '그는 우리의 마음 안에 있다.'고 하는 것이다. 이 말은 물론 그 사람이 육신으로 마음속에 있다는 뜻이 아니라, 우리의 마음 안에는 그 사람이 행복하기를 바라며 그를 기쁘게 해주고 싶은 경향이 있다는 뜻이다. 우리에게 소중한 사람을 위해서라면 무엇인들

것에 집착하고 있다면 거룩한 일치에 이르는 자유를 얻지 못할 것이다.

할 수 없겠는가? 우리가 극진히 사랑할 때는, 사랑하는 사람을 기쁘게 해주려는 마음에서 자기 자신의 이익이나 즐거움은 생각할 수 없게 된다. 사랑하는 자녀가 '마음 안에 있는' 어머니는 자기를 온전히 잊고 그 얼마나 너그럽고 헌신적으로 되는가. 자녀를 사랑하는 마음에서 쉬지 않고 돌보며 그 아이가 잘 자라는 모습을 지켜보면서, 더욱 기쁘고 만족스럽게 해 주기 위해 온갖 희생을 견디어 낸다. 이것이 바로 사랑의 신비다. 사랑할 때는, 그 사랑의 대상이 정신적으로 우리의 마음을 차지하게 되어 그 사람에게 마음을 쓰게 하며 우리를 움직이고, 그 사람에게서 눈을 떼지 않으면서 끊임없이 그를 위해 행동하게 만든다.

그러면 이제 그 사랑의 대상이 하나님, 다시 말하면 하나님의 뜻이라고 가정해 보자. 그 대상이 하나님의 뜻인 경우, 구체적으로 다음과 같은 것을 의미한다. 우리 주 하나님께서는 당신이 만드신 작은 피조물인 우리가 그분을 영광스럽게 하기 위해, 그분의 뜻에 완전히 동의하며 따를 것을 전적으로 요구하신다. 이제 '하나님의 요구'를 완전히 이해하고, 온 마음을 바쳐 오로지 하나님의 거룩한 뜻만을 그 무엇보다 사랑하는 영혼이 있다고 하자. 이런 경우에 하나님의 뜻 또한 이 피조물의 마음을 차지하게 되며, 그 마음 안에서, 언제나 그분의 뜻대로 살고 싶도록 마음을 움직이는 어떤 경향이 되어 버린다.

하나님을 사랑하는 모든 영혼 안에는 이러한 경향이 있다. 그러나 많은 경우에 그 영혼의 의지를 움직이는 것은 오로지 이 경향 하나뿐이 아니다. 종종 하나님과 그분의 뜻을 사랑하면서도, 영혼은 다른 것들을 무척 사랑하며 그런 사랑이 하나님의 뜻과 일치하는지 아닌지를 심각하게 고민하지도 않는다. 때로는 너무 자주 그런 사랑이 하나님의 뜻에 완전히 어긋나는 경우도 있다. 그런 경우는 하나님의 뜻을 몹시 거역하는 것이어서, 다른 것들을 사랑하는 것은 하나님을 거스르는 것을 의미하며 따라서 죄를 범하게 된다. 다른 경우에는, 하나님의 뜻과 완전히 일치하지 못하는 때가 있다. 즉, 선을 행하기를 원하면서도 더욱 하나님의 마음에 드는 바람직한 방법을 찾으려 애쓰지 않고 태만하게 지내는 경우다. 이 경우에는 마음을 다해 노력하지 않은 탓으로 불완전이라는 과오를 범하고 만다. 하나님의 뜻만이 우리 사랑의 유일한 대상이 아니기 때문이다. 하나님의 뜻을 따르려고 하면서도 그것이 정말 그분의 뜻인지를 확인하지도 않고 자애심으로, 즉 자기만족을 추구하는 사랑으로 다른 것들을 사랑하기 때문이다.

그런 식으로 사랑한 모든 것 역시 우리의 마음을 차지해 버린다. 그리고 그 하나하나가 우리 안에서 그것을 사랑하게 만드는 경향을 생기게 하여, 우리를 행동하게 충동하고 그 사랑의 대상에게로 끌고 간다. 하나님의 뜻을 따르면서도 이처럼 여러 다른 경향과 충동이 여전히 존재하는 의지는 분명 하나님의 의지에 온전히 '점령된 것'이 아니다. 하나님을 사랑하면서 피조물도 사랑하는 것이다. 그의 사랑은 둘로 나뉘었다. 왜냐하면 하나님의 사랑 안에서 피조물을 사랑할 뿐만 아니라, 그 피조물 안에서 자기만족을 찾으며 피조물 자체에 빠져 사랑하기 때문이다. 그렇게 되면 하나님의 사랑과 더불어 자애심이 자리 잡게 된다. 하나님의 뜻에서 비롯되는 거룩한 충동과 함께 자애심에서, 자기 의지에서 나오는 충동이 있게 된다. 영혼은 이번에는 이 충동에 의해서, 다음에는 저 충동에 의해서 움직이게 되며, 마침내 마음속에 두 개의 의지가 자리 잡게 된다.

만일 영혼이 피조물인 그들 자신 때문에 그들을 사랑하기를 포기하고 그들에게 사로잡히는 일이 없게 하면서, 오직 하나님의 뜻에 따라서만 피조물을 사랑하고 싶어 하고, 그들에 대한 자신의 사랑을 하나님의 뜻에 따라서 통제한다고 하자. 그러면 그때야말로 그 영혼은 오로지 하나님의 뜻 안에서 피조물을 사랑하고 있으며, 하나님 뜻 이외에는 아무것도 사랑하지 않는다고 말할 수 있겠다. 사실, 그때 영혼은 다른 모든 것을 하나님 '안에서', 또는 하나님의 뜻에 '따라서' 사랑하는 것이다. 이 경우에는 하나님의 뜻이 그 영혼의 유일한 동기가 될 것이다.

그렇게 되면 영혼 안에서 그 자신의 의지는 사라져 버리고 하나님의 뜻이 온전히 지배하게 된다. 자기만족에 이끌리는 충동은 영혼이 하나님의 마음에 들기 위해 모든 노력을 할 수 있도록 양보하기 위해서 완전히 사라져 버린다. 이런 영혼은 예수 그리스도께서 당신 아버지의 뜻에 관해 하신 말씀을 되풀이할 수 있다. "나를 보내신 이가 나와 함께 하시도다. 나는 항상 그가 기뻐하시는 일을 행하므로 나를 혼자 두지 아니하셨느니라"(요 8:29). 즉, "나는 어떤 다른 것도 참지 않으며, 다른 데로 마음이 기우는 일도 없다. 내 안에는 다른 충동이란 없고 하나님의 뜻만이 지배하고 있으며, 나의 의지는 사라져 버렸고 하나님의 의지 안에 흡수되어 버렸다."는 뜻이다. 하나님 안에서 그분의 뜻에 따라 변화된 영혼이란 이런 경우를 말한다.

그러므로 이러한 변화는 실제로 두 가지 조건을 갖추었을 때 생기게 된다. 이제 그 영혼 안에 하나님의 뜻과 반대되는 것이라고는 아무것도 없게 되는 것이다. 또한 하나님 '밖에서'는 아무것도 사랑하지 않으며, 따라서 그 영혼 안에는 하나님의 뜻을 따르지 않으려는 경향을 찾아볼 수 없게 된다. 그때 '모든 일에서, 모든 것을 위해서, 그 영혼을 움직이는 것은 하나님의 뜻이다.' 이 두 조건을 충족시킨 영혼을 십자가의 요한은 하나님 안에서 모습이 변한 영혼, 즉 변모의 일치에 이른 영혼이라 부른다. 아주 적절하게, 성인은 이것이 사랑의 일치라고 특징 지었는데, 그것은 성인이 말하는 변모란, 앞서 말한 것처럼, 사실 사랑의 지시에 따라서 이루어지기 때문이다.

하나님 안에서 그 의지가 변화된 영혼이란 그 결과로 하나님의 뜻에 따라서만 움직이는 영혼을 말한다. 당연히 그런 영혼 안에는 다른 마음의 움직임이 없게 된다. 바로 이런 이유에서 십자가의 요한의 가르침의 기본적 명제가, 즉 영혼은 전부 말끔히 벗어 버림을 통해서가 아니고는 하나님과의 일치에 이르지 못한다는 그 가르침이 정당화된다.

하나님 안에서 변화되는 데 절대적 장애가 되는 것은 온갖 '애착', 또는 십자가의 요한이 말하듯 충분히 통제되지 못한 '욕구'이다.

되풀이하지만, 하나님께서는 우리가 피조물을 사랑하지 않기를 바라시는 것이 아니라 도리어 피조물을 사랑하라고 적극적으로 명하신다. 그러나 하나님 안에서 그들을 사랑하라고, 즉 그분께서 규정하신 한도 안에서 그분의 지고한 뜻에 따라 사랑하라고 명하신다. 피조물이란 늘 정도에 맞게 사랑해야 한다. 그 이유는 피조물이란 본질적으로 한계가 있기 때문에 그 이상으로 사랑받을 만한 가치가 없기 때문이다. 피조물에게 '무한히', 한없이 사랑한다고 말하는 것은 잘못이다. 우선 우리의 사랑이란 창조된 사랑이니만큼 필연적으로 한정되어 있으며, 게다가 피조물은 하나님에게서 독립된 존재가 아니기 때문이다. 피조물은 오직 하나님의 작용을 통해서만 존재하며, 우리의 사랑이 그분의 배려 안에서 합당한 사랑이 되게 하려면 바로 이 의존성을 고려해야 한다. 우리는 하나님께서 허용하시는 한도보다 더 피조물을 사랑해서는 안 된다. 하나님께서는 우리가 당신보다 피조물에게 더 마음 쓰는 것을 허락하지 않으신다. 언제나 하나님께서 더 사랑받는 분이어야 하며, 우리의 다른 모든 사랑은 그분에 의해서 조절되어야 한다.

그런데 우리는 자주 하나님의 뜻에 따라 우리의 애정을 조절해야 하는 이 의무를 완전히 무시하고, 매력을 느끼는 순간 즉시 피조물에게 애정을 쏟아 버린다. 많은 경우에 우리는 어느 정도 자기만족을 찾고 있다. 우리의 본성에 만족을 찾으려는 성향이 있기 때문에, 자연스럽게 의도적으로까지 우리에게 그런 만족을 줄 피조물을 찾게 된다. 이렇듯 '애착'이, 즉 무질서하며 하나님의 뜻에 따라서 억제되지 못한 '욕구'가 숨어 있기 마련이다.

이런 모든 집착이 똑같이 나쁜 것은 아니다. 이런 무질서가 늘 같은 정도로 심각한 것은 아니기 때문이다. 종종 어떤 사람이 하나님의 우정을 잃어버리는 고통을 감수하면서까지 하나님께서 금하시는 것에 애정을 쏟게 되면, 그 사람은 **대죄**를 범하게 된다. 그런 애정이 금지된 것이라 하더라도 그다지 중대한 것이 아닌 경우라면 **소죄**가 될 것이다. 또 그 영혼이 완전히 자기 자신의 편의대로만 처신한다면, 하나님께서 원하시는 만큼 힘껏 노력하지 않은 탓으로 불완전이라는 잘못을 범하게 된다. 이런 경우를 보면 번번이, 언제나 하나님 이외의 다른 것을 사랑하고 피조물에 '애착하면서', 오직 하나님께서 승인하시는 것만을 사랑하지 않는 것이 문제이다. 그것은 우리의 의지 안에 하나님의 뜻에 따르지 않는 다른 움직임이 존재하며, 우리의 의지가 하나님 안에서 전혀 변화되지 않았다는 표시이다. 단 하나의 의지가 영혼을 지시하고 움직이는 것이 아니라, 우리의 의지가 하나님의 의지 옆에 나란히 남아 있게 된다. 따라서 사랑의 변화를 방해하는 것이 그리 어렵지 않다.

십자가의 요한은 말한다. "한 마리 새가 가늘거나 굵은 줄에 묶여 있다고 하자. 아무리 가는 줄이라 할지라도 단단히 묶여 있다면 마치 굵은 줄에 묶여 있는 것처럼 날아갈 수 없는 것이다. 물론 가는 줄을 끊기가 더 쉽다. 그러나 아무리 쉽다고 할지라도 끊어지지 않는다면 날아갈 수 없을 것이다."(『가르멜의 산길』 1.11,4)

영혼도 이와 같다. 마지막 애착까지 포기하지 않는 한, 조금만 불완전한 채로 남아 있어도 우리의 의지는 하나님의 의지로 변화될 수 없다. 하나님의 뜻이 영혼을 움직이게 하는 유일한 충동은 아니기 때문이다. 영혼 자신의 의지가 하나님의 의지 곁에 나란히 남아 있다. 이처럼 두 개의 의지가 함께 있는 한, 분명 하나의 의지만 남아 있게 될 수는 없다!

그러므로 변모의 일치에 도달하려면, 그 영혼은 반드시 전부 말끔히 벗어 버리게 되기를 간절히 원해야 한다는 것이 분명해진다. 영혼이 변화되고 싶은 열망에서 바라게 되는 그러한 말끔히 벗어버림이 얼마나 탁월하고도 근본적으로 사랑의 과업인가를 잘 이해하게 해 주려고, 십자가의 요한은 사랑을 정의하면서 **'전부 말끔히 벗어던져 버리는 일'** 이라는 말을 사용하기를 주저하지 않았다. "사랑한다는 것은 하나님이 아닌 모든 것을 하나님을 위해서 벗어 버리고 던져 버리는 일"(『가르멜의 산길』 2.5,7)이라고 성인은 말하고 있다.

완전한 이탈은 우리 안에 하나님의 사랑의 왕국을 세우는 데 반드시 필요한 참된 실제적 수단이다. 성인이 내린 정의는 이 사랑의 왕국의 기원을 가리키고 있다. 그러면 이제 누구나 쉽게 추측하는 이 완전한 이탈작업을 시작하기 위해 우리는 무엇을 해야 하는가?

2) 이탈의 규칙

십자가의 요한이 쓴 책의 일부는 그의 저서들이 출판되기 훨씬 전부터 다행히도 그의 많은 제자들 사이에 널리 알려져 읽히고 있었다. 그것은 당연히 십자가의 요한의 영성 지도 방법을 다룬 가장 전형적이고 특징적인 내용이었다. 거기서 성인이 그 가치와 풍요로움을 높이 찬미한 하나님과의 일치 상태에 영혼이 도달하고자 원할 때, 반드시 실천해야 할 것을 가르치고 있다.

십자가의 요한은 이러한 황금률을 『가르멜의 산길』에 삽입하기 전에, 강론할 기회에 이미 여러 곳에서 설명하고 다녔다. 성인의 가르침을 듣고 있던 영적 딸인 베아스 가르멜 수도원의 성령의 막달레나 수녀가 받아 적은 수첩에서도 『가르멜의 산길』에 있는 것과 똑같은 가르침을 볼 수 있다. 아마도 그 책이 출판되기 이전부터 널리 읽히고 있었고, 책에서 일부를 떼내어 복사도 한 것 같다. 십자가의 요한의 저서가 스페인어로 처음 출판되던 바로 그해에, 프랑스의 퐁투아즈에서 세상을 떠난 강생의 복녀 마리아가 적어도 생애의 마지막 몇 해 동안 그것을 가지고 있었던 것을 보아도 알 수 있다. 프랑스어판은 그로부터 두 해를 더 지나서야 출판되었다. 확실히 이 원고들은 원본 그대로였던만큼 크게 흥미를 끌었을 것이다. 독자들은 아마 거기서 아래와 같은 구절을 읽었을 것이다.

  항상 마음을 담아 실천해야 한다.

  더 쉬운 것보다 더 어려운 것을;
  더 맛있는 것보다 더 맛이 없는 것을;
  더 즐거운 것보다 오히려 덜 즐거운 것을;
  쉬는 것이 아니라 고된 것을;
  위로되는 것이 아니라 오히려 위로가 없는 것을;
  많은 것이 아니라 적은 것을;
  크고 값진 것이 아니라 작고 값이 없는 것을;

무엇을 원하는 것이 아니라 아무것도 원하지 않는 것을;

세속적인 것들 가운데 더 좋은 것을 찾을 것이 아니라 오히려 더 나쁜 것을 찾아야 하며, 그리스도를 위하여 세상에 있는 모든 것들로부터 철저하게 벗어버림과 비움, 그리고 가난함으로 들어가기를 원해야 한다.

(『가르멜의 산길』 1.13,6)

이것을 듣고 어떤 이들은 "그것으로 충분합니다. 또 인생의 모든 즐거움을 앗아가려는 그 파괴적민 작업 타령이군요. 그런 것은 사람이 싫어서 도피하는 이들이나 영웅적 은수자들이라면 몰라도, 이 세상에서 살고 있는 우리들에게는 어림도 없는 일입니다."라고 할지도 모르겠다. 하지만 정말 그렇다고 생각하는가?

이 말을 오해해서는 안 된다. 이 말을 다시 본문의 제자리에 넣어 앞뒤 관계를 이어 본다면, 아마 좀 더 받아들이기 쉬운 의미를 찾아낼 수 있을 것이다.

우선 잊지 말아야 할 것은, 십자가의 요한은『가르멜의 산길』에서 우리를 매우 높이 이끌어 주고 싶어 한다는 사실이다. 그는 하나님의 성화의 은총을 다시 입게 된 영혼의 열망을 가장 완전하게 채워 주는 경지까지, 하나님과 가장 친밀한 일치 상태까지 우리를 이끌어 주고자 한다. 이어서 덧붙이고 싶은 말은, 십자가의 요한은 이 일이 매우 힘든 작업이라는 것을 충분히 알고 있었다는 것이다.

영혼이 영성 생활을 처음 시작할 때는 자신이 그런 일치 상태와 아주 멀리 있다는 것을 발견한다. 흔히 그 시기에는 자기 안에 무질서하고 잡다한 집착이나 욕망이 가득하다. 감각적으로는 오관의 욕구를 채우는 데 너무도 익숙해 있어서 물질적 쾌락을 누리는 데로 기울어진다. 정신 속에는 종종 자애심과 자신의 우수성에 대한 만족감이 팽배해서, 마침내 자기 자신을 온 세상의 중심으로 삼으며, 다른 모든 것은 자기 지시를 받아야 하는 것처럼 생각하기에 이른다. 따라서 그런 요구들 때문에, 그는 성급하고 불만스러워하며 근본적으로 겸손과는 거리가 멀게 된다.

그러므로 악하고 불안전한 마음의 움직임과 경향에서 감각과 정신을 정화해야 할 필요가 있는데, 이런 것들이 때로는 영혼 안에 아주 깊숙이 뿌리박고 있으므로, 그 뿌리를 뽑아내려면 크나큰 노력이 필요하다. 생각 있는 사람이라면, 그러한 정신적 결함 속에서 헤매며 생애의 가장 아름다운 시기를 여러 해 동안 헛되이 보내고 싶지 않을 것이다. 하지만 단호한 노력 없이는, 바라는 목표까지 도달할 수 없음을 잠깐만 생각해 보아도 알 수 있을 것이다.

그러나 그것이 어려운 일이라 해서 낙담해서는 안 된다. 우리 혼자의 힘만으로 이런 일을 시작하고 그것을 훌륭히 완수하는 것이 아니기 때문이다. 십자가의 요한은 그 드높은 목표를 고려하면서, 그것은 인간의 창의만으로는 실현할 수 없는 일이며, 반드시 하나님이 친히 손을 써 주시지 않으면 안 된다는 것을 분명하게 단언한다. 성인은 이 일이 수동적인 동시에 능동적이며, 물론 인간이 스스로 해야 하지만, 동시에 하나님 편에서 역사하심을 받아들여야 한다는 것을 가르친다. 영혼은 용감히 이 일을 시작해야 하지만, 하나님께서 오시어 자기 힘만으로는 도달할 수 없는 훨씬 더 높은 곳으로 그를 친히 이끌어 주실 것이다. 자기 혼자서 이 일을 해내야 하는 것이 아니라 하나님 친히 도와주러 오실 것이므로, 그 목적을 꼭 이룰 수 있다는 큰 희망이 있음을 아는 것은 틀림없이 위로가 된다.

영혼은 하나님의 호의와 은총을 통한 극진한 도움을 구하는 가장 좋은 방법은, 그 일을 시작하면서 최선을 다하는 모습을 하나님께 보여 드리는 것임을 이내 깨닫는다. 영혼은 이제 자기가 담당해야 할 일을 열정적으로 시작할 준비가 된 것이다. 그는 하나님과 일치하도록 이끌어 주는 완전한 정화의 밤으로 능동적으로 들어가기 위해 기쁘게 노력할 것이다. 특히 피조물에게 빠지게 하는 오관에서부터 정화 작업을 시작할 것이다. 성 요한은 이 밤에 들어가기 위한 가장 특징적인 수련을 설명하는데, 이것을 세 가지로 요약할 수 있겠다.

"첫째, 자신의 삶을 그리스도께 맞추면서 매사에 있어서 그리스도를 본받을 일상적인 욕구를 지녀야 한다. 그분을 본받을 수 있고 모든 것에 있어서 그분이 하신 것을 자기 것으로 만들기 위해서는 먼저 그분의 삶을 깊이 연구해야 한다."188)(『가르멜의 산길』 1.13,3)

영혼이 모든 인간적인 장애를 포기하는 작업을 힘차게 시작하게 해주기 위해서, 십자가의 요한은 먼저 영혼이 사랑하고 사랑받는 구세주인 예수 그리스도와 다정한 벗으로 지내며 사귀도록 이끌어 준다. 우리의 본성이 욕망을 채우고 싶어 하는 것을 꾸준히 물리치려면 용기가 필요하다. 때로 우리는 불건전하고 어쩌면 어리석기까지 한 욕망의 충동을 매우 강렬하게 느끼게 될 때도 있기 때문이다. 자애심을, 즉 십자가의 요한이 자애심의 충동이라고 하는 그 '욕구'를 거부하기 위해서는, 영혼은 다른 사랑에 대한 '초조함'을 지녀야 한다. 즉, 예수님께 대한 뜨거운 사랑을 지님으로써 그리스도를 본받고 싶어져야 한다. 따라서 영혼은 그리스도를 더 깊이 알아가고, 또한 그분께서 살아가시면서 어떤 식으로 처신하셨는지 알기 위해 그리스도의 생애를 묵상할 것이다. 그분의 행동 양식이 우리 삶의 규범이 되어야 하기 때문이다. 예수님은 온전히 성부의 뜻 안에서 전 생애를 사셨으며, 모든 것을 그분 마음에 들게 행하시면서 그분의 영광을 드러내셨다고 요약할 수 있다.

"나의 양식은 나를 보내신 이의 뜻을 행하며 그의 일을 온전히 이루는 이것이니라"(요 4:34). "나를 보내신 이가 나와 함께 하시도다 나는 항상 그가 기뻐하시는 일을 행하므로 나를 혼자 두지 아니하셨느니라"(요 8:29).

예수님을 사랑하기 때문에, 영혼은 이와 같이 하려고 결심한다. 분명 이러한 수련은 모든 그리스도인들에게 가능한 것이다. 예수님의 사랑에 마음을 빼앗긴 영혼이 그분의 뒤를 따르려고 일단 결심하고 나면, 그는 이미 모든 것을 포기할 준비가 된다. 그러므로 이제 십자가

---

188) 십자가의 요한이 관상기도에 나아가기 위해서 우선 성경 읽기나 묵상에 대한 언급이 없다는 것은 사실이다. 그러나 그것은 이미 전제하고 다음 단계를 다루는 것이라는 사실을 여기서 알 수 있다.

의 요한은 그들에게 포기를 요구할 것이다. 그러면 둘째로 해야 할 일에 대해 들어 보기로 하자.

"둘째, 감각들이 가져다주는 어떤 기쁨일지라도 그것이 순수하게 하나님께 영광을 드리고 공경하게 되는 것이 아니라면, 예수 그리스도께 대한 사랑 때문에 거절해야 하고 비운 상태에 머물러야 한다"(『가르멜의 산길』 1.13.4). 이런 생활에서는 하나님 아버지의 뜻을 따르는 것이 내 양식(요 4:34)이라는 말씀처럼 아무것도 원하지 말아야 하고 다른 기쁨을 추구하지 말아야 한다.

많은 세속적 활동들은 이를 통해 쾌락과 만족감을 맘껏 누려 보라고 제안하면서 우리를 유혹하고 매력을 느끼게 만든다. 가장 보잘것없는 행위까지도 모두 하나님의 영광을 위해 해야 하건만, 우리는 얼마나 많은 행위를 쾌락을 누리기 위해서만 행하고 있는 것인가.

"너희가 먹든지 마시든지 무엇을 하든지 다 하나님의 영광을 위하여 하라."(고전 10:31)라고 사도 바울은 초대 그리스도인들에게 가르쳤다.

사실 대부분의 경우, 먹고 마실 때 우리는 하나님을 거의 생각하지 않으며, 너무도 많은 경우에 오로지 먹는 즐거움에만 빠져 있지 않은가. 이런 행동은 영원히 의미가 없으며, 노예근성과 애착이 생기게 할 뿐이다.

이 모두를 좀 더 잘 이해시키려고, 십자가의 요한은 예를 들어서 설명한다. "만일 하나님을 섬기고 공경하기 위해 중요하지 않은 것을 들음으로써 얻게 되는 기쁨이 있다면 그것을 좋아하지도 말아야 하고 들으려고 하지도 말아야 한다. 만일 하나님을 사랑하는 데 도움이 되지 않는 것을 보게 됨으로써 기쁨을 얻을 수 있다면 그것을 좋아하지 말아야 하고 쳐다보지도 말아야 한다"(『가르멜의 산길』 1.13.4).

달리 말하면, 하나님의 영광을 위해서가 아니라 우리의 만족을 위해서 어떤 행위를 하고 싶을 때, 언제나 그것을 삼가라는 것이다. 아마 사람들은 말할 것이다. "그것은 너무나 실행하기 어렵습니다. 그렇게 많은 즐거움을 삼가라니, 실제로 일반 그리스도인들에게는 불가능한 일입니다. 그것을 실천하면 첫째로 괴상한 사람 취급을 받을 것이고,

다른 사람의 삶을 불행하게 만들 것입니다. 만일 어느 가정의 한 어머니가 가정생활에서 으레 있을 수 있는, 죄가 되지 않는 당연한 작은 즐거움까지도 그런 것을 느껴서는 안 된다는 두려움에서 모조리 단념해야 한다면, 남편과 자녀들을 기쁘게 해 주어야 하는 아내나 어머니로서의 의무를 다하지 못하게 될 것입니다. 이렇게 되면, 결국 작은 것을 얻으려다 큰 것들을 잃는 셈이 되지 않습니까."

십자가의 요한은 그런 반박을 미리 짐작하고 다음과 같이 덧붙였다. "감각의 모든 것들에 있어서도 더도 덜도 말고 거절할 수 있다면 기꺼이 거절해야 한다. 만일 이러한 만족감을 피할 수 없다면 단지 그것을 좋아하지 않는 것으로 충분하다"(『가르멜의 산길』 1.13,4).

바꾸어 말하면, 그런 것을 즐기기를 그만두지 않으면서도 하나님께 마음을 들어 올리고 지향을 바로잡으면서 지나쳐 버리기를 배워야 한다. 그렇게 할 때 그 행위는 참으로 하나님의 영광을 위한 것이 될 것이다.

모든 것에서 자애심을 끊고 모든 것에 매이지 않게 되는 가장 좋은 방법은, 우리 행동의 지향을 놓치지 않고 늘 의식하는 것이다. 이것은 아무리 사소한 일에도 적용할 수 있으며, 이렇게 할 때 결국 모든 것이 하나님께 영광을 드리는 일이 될 것이다. 누가 이것이 불가능한 일이라고 말할 수 있겠는가? 이와 같이 둘째 규칙도 첫째 규칙처럼, 모든 그리스도인에게 적용할 수 있다.

그러나 주님의 마음에 들기 위해 끊임없이 자신의 즐거움을 버리는 것이 쉬운 일이라고 생각해서는 안 된다. 이렇게 하기 위해서는 힘(에너지)이 필요하다. 그래서 십자가의 요한은 셋째 규칙으로 힘을 발휘해서 실천해야 함을 분명히 말하고 있다.

주님을 섬기고, 오로지 그분의 마음에 들고자 애쓰며, 그분의 영광만을 추구하는 일에 더욱 마음을 바치는 데 가장 큰 방해가 되는 것은 삶에서 누릴 수 있는 낙을 만끽하려는 우리의 무절제한 경향이다. 이러한 쾌락에 대한 갈망은 그것을 즉시 채워 주는 피조물에게 달려가도록 우리를 떠다밀며, 유감스럽게도 우리는 너무 자주 그것에 사로잡히게 된다. 그러므로 이 본래의 경향과는 반대 방향으로 가도록 우리의 영혼을 가르쳐야 한다. 그러지 않으면 결코 그러한 경향을 이겨 내지 못하고 말 것이다. 따라서 십자가의 요한의 다음 금언의 뜻을 더 잘 알아듣게 된다.

> 더 쉬운 것보다 더 어려운 것을;
> 더 맛있는 것보다 더 맛이 없는 것을;
> 더 즐거운 것보다 오히려 덜 즐거운 것을;
> 쉬는 것이 아니라 고된 것을;
> 위로되는 것이 아니라 오히려 위로가 없는 것을;
> 많은 것이 아니라 적은 것을;
> 크고 값진 것이 아니라 작고 값이 없는 것을;
> 무엇을 원하는 것이 아니라 아무것도 원하지 않는 것을;
> 더 좋아하도록 항상 마음을 써야 한다.
> (『가르멜의 산길』 1.13,6)

십자가의 요한은 우리에게 언제나 가장 어려운 것을 택하라고 강요하는 것이 아니다. 오히려 그러한 원의를 기르고, 그런 경향을 우리 안에 생기게 하며 그것을 실천하는 습관을 들이라고 권유하고 있다. 그렇다. 말끔히 벗어 버림에 대한 사랑을 기르는 것이 필요하다. "세속적인 것들 가운데 더 좋은 것을 찾을 것이 아니라 오히려 더 나쁜 것을 찾아야 하며, 그리스도를 위하여 세상에 있는 모든 것들로부터 철저하게 벗어버림과 비움, 그리고 가난함으로 들어가기를 원해야 한다"(『가르멜의 산길』 1.13,6). 이 세상의 사물에 대한 애착에서 초연해져야 한다. 이 지상의 것을 있는 그대로 평가해야 한다. 그것들은 오늘 있다가 내일 없어질 수도 있는 덧없는 것이기 때문이다. 또한 그런 것들을 빼앗길 때 그런 것들 없이 살 수 있어야 하며, 하나님께서 그런 일이 생기도록 허락하시든가 원하셔도 결코 낙담해서는 안 된다. 이러한 충격은 전쟁 중에는 거의 날마다 겪었던 일이다! 그러나 고결한 영혼에게는 그것이 고통을 견딜 수 있는 용기를 지니게 해 주었다.

십자가의 요한은 우리에게 열정을 갖고 시작하도록 권유한다. "실천하려면 우선 마음을 담아야 하고, 의지 안에서 일어나는 반발심을 잘 극복해야 한다"(『가르멜의 산길』 1.13,7).

옳은 말이다. 이런 집착에 대해 강경한 조처를 취하지 많으면 결코 그것을 극복하지 못할 것이다. 그러나 십자가의 요한이 비인간적이지는 않다. 그는 인간은 진보하는 존재이며 단번에 모든 것을 이룩할 수 없음을 기억하고 있다. 그러므로 '순서에 따라 신중히' 나아가야 한다고 경고한다. 그러나 이런 신중함 때문에 힘이 빠져서는 안 된다. 따라서 셋째 규칙은 힘을 지니도록 도와준다. 그 힘은 안일한 생활과 여러 가지 즐거움에 사로잡힌 노예적 집착에서 우리를 해방시켜 주고, 필요한 작업을 하도록 격려해 줄 것이다.

아직도 십자가의 요한이 '너무 많은 것'을 요구한다고 생각하는가?

십자가의 요한은 천재이다. 그는 예술가 기질이 있으며, 예술가는 자신의 직관을 감각적 형식으로 표현한다.

베아스 수도원의 수녀들을 위해서 십자가의 요한이 어느 날 그림 한 장을 가지고 갔는데, 그것은 가르멜 영성의 역사에서 유명해진 '완덕의 산', 즉 영성 생활을 풀이한 그림이었다.

그것은 상징적인 산으로, 영혼의 완전한 상태를 나타내는 절정 부분은 도표에 둥근 모양으로 그려져 있다. 예로부터 원형은 언제나 완전성의 상징으로 여겨져 왔다. 이 산에 오르는 길은 원을 중심으로 세 갈림길로 표시되어 있다. 바깥쪽의 넓은 두 길은 도중에 막혀 버렸고, 가장 좁은 한 가닥 길은 원의 중심을 향해 곧장 뚫려 있다. 그 길 위에는 '무(無), 무, 무'라고 여러 번 쓰여 있는데, 이 길이 바로 완전한 극기의 길이다. 이 길은 우리를 원형의 중심으로 곧장 인도한다. 그 종착점에는 '이 산에는 오직 하나님의 영광과 영예만이 머무른다.'는 뜻깊은 문장이 적혀 있다.

이제 우리는 하나님의 영예만을 위해서 사는 영혼은 변모된 영혼임을 알게 되었다. 그 영혼은 하나님의 의지에 따라서만 움직이는 영혼이며, 따라서 지극히 거룩하신 삼위일체의 영광을 위해서만 살고자 하는 영혼임이 분명하다. 하나님과의 일치를 바라는 사람이라면 이 '무(無)'의 길을 걷기를 열망해야 한다.

'무(無)'의 길에서 이러한 하나님과의 일치에 이르기 위해 노력하는 것은 가치 있는 일이다. 사실, 한복판에는 하나님과의 일치에 이른 영혼이 하나님께 집중하는 영적 태도를 나타내는 단어들이 씌어 있고, 그 주변에는, 변모된 영혼에게 따라오는 여러 덕행과 성령의 은사와 그 결실을 드러내는 단어들이 머리에 쓰는 관 모양을 이루고 있다. 이 표시는 변화된 영혼이 관상을 깊이 즐기고 있으며, 이미 하나님과 친밀하게 사귀면서 이 세상에서도 그분과 즐겁게 지내고 있음을 시사하고 있다. 이 일치에 도달한 영혼에게는 천국 보상의 전조로 지상에서 갚음을 받게 되어 있다. 변모의 일치는 영혼 안에 관상의 은사가 자연스럽게 자라게 하는 분위기를 만들어 준다.

십자가의 요한이 그린 그림에는 참으로 많은 것이 암시되어 있다. 성 요한은 베아스 수도원의 수녀들에게 손수 그림을 그려 주었고, 수녀들은 각자 그 그림을 성무일도서 안에 소중히 간직했다. 그 방법은 이상을 늘 목전에 두고 성무일도를 바치며 거룩한 시편의 날개를 타고서 하나님과의 일치를 갈망하며 드높이 오를 때에도, 그 이상을 실현해 가는 가장 좋은 방법이었다. 십자가의 요한은 자신의 그림을 통해 관상적 영혼들에게 헤아릴 수 없는 큰 공헌을 한 셈이다.

다행히도 우리는 베아스 가르멜 수녀원 수녀들처럼 이 그림을 기도서 갈피에 끼워 두고 묵상하면서, 하나님과의 일치를 바라는 우리의 이상을 키워 갈 수 있겠다.

그 그림은 우리에게도 다음과 같은 십자가의 요한의 교훈을 거듭 일깨워 줄 것이다 "하나님과 친밀한 일치를 이루기 위해서는 완전한 포기의 길을 가야 한다." 피조물에 대해 '무'가 되어야 하나님의 '온전함(穩全)'에 다다를 수 있다. 'Nada, 無-Todo, 全; 무(無)는 전(全), 곧 온전함이다.' 자세한 것은 머리말의 '일치의 길'로 돌아가 보라.

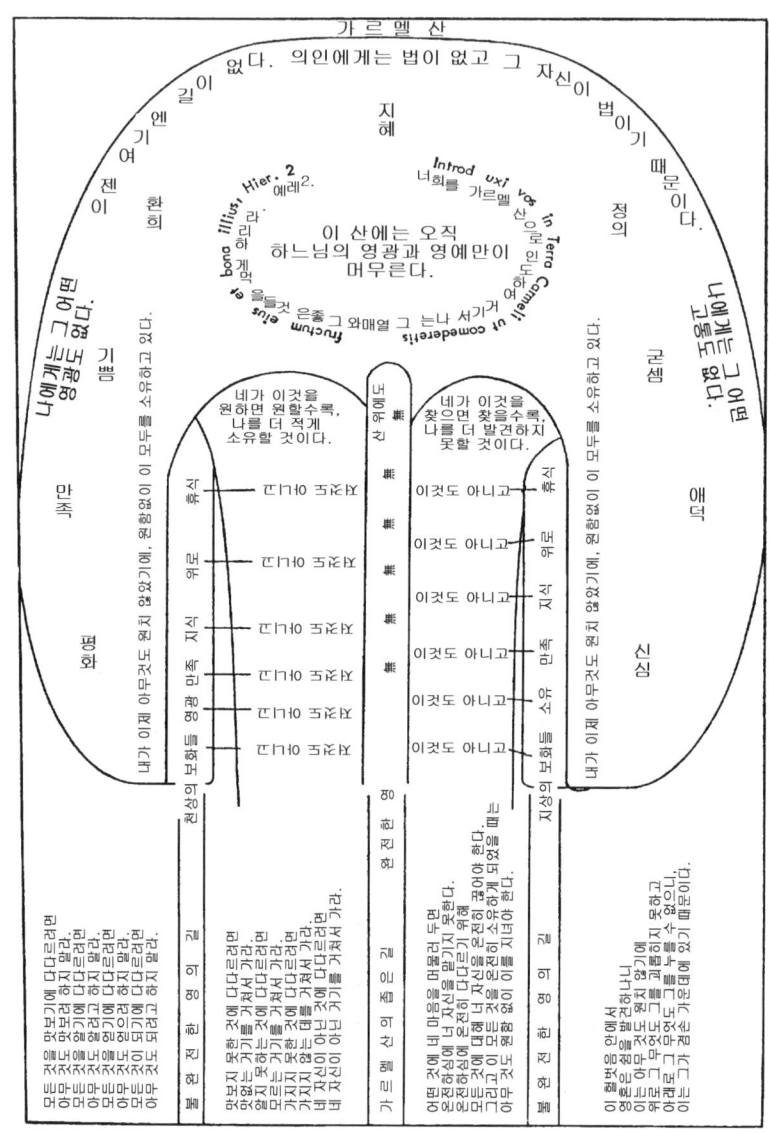

십자가의 요한의 「완덕의 산」

3. 관상 생활

'관상 생활'을 '관상'과 혼동해서는 안 된다. **'관상'**이란 참으로 하나님의 선물이며, 그분만이 우리의 능력을 판단하시고 거기에 알맞게 주실 수 있는 선물이다. 예수의 성녀 테레사가 즐겨 거듭 말했듯이, 그분께서는 그 선물을 "원하시는 사람에게, 원하시는 때에, 원하시는 대로" 주신다. 그러나 관상 생활의 경우는 그와 같지 않다.

'관상 생활'이란 직접 하나님과의 친밀한 사귐을 추구하는 그리스도인의 삶의 양식을 뜻한다. 그리스도인의 삶을 활동과 관상으로 구분하는 옛 방식은 두 가지 층에 근거를 두고 있는데, 그것은 우리가 하나님과 이웃이라는 두 대상을 통해 우리 자신 안에서 애덕을 닦아 나갈 수 있다는 뜻이다.

그리스도인의 성화(聖化)란 근본적으로 애덕의 완성에 있다는 것을 누구나 다 알고 있다. 그러나 정확히 말해서, 우리는 두 대상을 가진 이 애덕을 하나님께 대한 사랑에서 이웃에게 봉사하는 데 사용하거나 또는 하나님의 무궁무진한 사랑을 직접 탐구하는 데 사용함으로써 우리 안에서 꾸준히 닦아갈 수 있다. 이웃에게 봉사하는 것은 활동생활을 이루고, 하나님의 사랑을 직접 탐구하는 것은 관상생활을 이룬다. 그리고 사랑은 사랑하는 사람과의 친밀한 관계가 변하지 않기를 바라는 경향이 있듯이, 하나님의 완전한 사랑을 탐구하는 이러한 삶에서 드러나는 가장 큰 특징은 하나님과의 친밀한 사귐을 추구하는 것이라고 할 수 있다. 흔히 말하기를, 하나님과 친밀하게 사귀게 되기를 바라는 사람은 관상 생활에 자신을 바친다고 한다.

그러나 이 탐구가 결실을 맺게 하려면 가장 적절한 방법을 사용해야 한다. 이러한 하나님과의 친교가 더욱 깊어지도록 도와주는 가장 적절한 방법은 주로 두 가지다. 모든 전통은 그 두 가지를 **'기도'**와 **'금욕'**이라고 알려 준다.

금욕은 극기·포기·희생이라고도 하는데, 영혼이 피조물에게서 초연해지도록 도와줌으로써, 하나님께 나아가려는 충동을 저지할 수 있는 모든 장애로부터 영혼의 능력을 해방시켜 더욱 사랑할 수 있게 해 준다. 기도는 본질적으로 하나님과 사랑에 넘치는 대화로 이루어지며, 극기로 준비된 그 마음속에 하나님 사랑의 불을 지펴 준다. 우리가 피조물에서 마음을 떼는 것은 다만 마음을 공허하게 비워 두기 위해서가 아니라 마음을 사랑으로 채우기 위해서다. 하나님과 친교를 나누기 위해 이 두 가지 방법을 사용할 필요가 있다는 것을 고려할 때, 관상 생활이란 '기도와 금욕의 끊임없는 실천을 통해 하나님과의 친교를 나누도록 이끌어 주는 그리스도인의 삶의 형태'라고 더욱 명확하게 묘사할 수 있겠다.

관상적 생활이 이것이 전부라는 것을 알고 나서, 여러분은 놀라며 다음과 같이 질문할 것이다. "'관상적'이란 낱말 자체가 이 삶이 관상과 연관이 있음을 뚜렷이 시사하고 있는데, 만일 그것이 전부라면 그런 삶이 관상과 무슨 연관이 있다는 말인가? 그렇다면 관상이란 관상적인 삶과는 도대체 아무 연관이 없다는 말인가?"

거듭 말하지만 '관상'과 '관상 생활'을 혼동하지 않아야 된다. 그럼에도 불구하고 관상적인 삶은 관상과 밀접한 관계가 있다. 관상적인 삶은 영혼이 관상을 동경하게 서서히 준비시키고, 관상에 들어가고 싶게 하고, 관상을 향해 나아가게 해 준다. 그뿐 아니라 관상 생활을 열심히 꾸준하게 계속하다 보면, 보통 관상에 이르게 되어 있다. 다시 말하면, 관상 생활은 관상에 이르도록 이끌어 주며, 관상은 관상생활의 목표이자 목적이다.

그렇다면 관상이란 무엇인가?

관상은 하나님을 아는 특별한 방법으로, 관상 생활이 열망하는 하나님과 친밀하게 사귀게 해 주는 가장 좋은 방법이라고 하겠다.

우리는 여기서 하나님을 아는 어떤 '특별한 방법'에 대해 말하고 있는데, 그 이유는 하나님은 여러 다른 방법으로도 알려질 수 있기 때문이다. 거기에는 매우 다른 두 가지 방법이 있다. 첫째 방법은 '**지적**' 방법으로, 우리의 지성을 사용함으로써 확인하는 것이다. 둘째 방법은 '**경험적**' 방법으로, 근본적으로 우리의 의지에서 나오는 사랑을 통해서 확인하는 것이다. 여기에 대해 좀 더 설명해 보겠다.

우리가 하나님을 아는 방법은 무엇보다도 **지적** 또는 **개념적 인식**으로 아는 것이다. 즉, 우리가 하나님에 관해 만들어 낼 관념을 사용해 깨닫는 것이다. 이 방법이야말로 하나님을 아는 원칙적인 방법임을 기억하도록 하자. 우리는 관상적 인식을 검토하기 위해서도 언제나 다시 이 방법을 사용해야 한다. 앞으로 알게 되겠지만, 이런 깨달음은 개념적인 것도 아니며 관념을 사용해서 생기게 되는 것도 아니다.

우리가 어릴 적부터 배운 교리는, 하나님께서는 우리의 창조주이자 주님이시며 무(無)에서 우리를 지어 내셨고 우리는 그분께 온전히 의존하고 있다는 것, 하나님께서는 삼위일체이시며 곧 하나의 신성 안에 세 위격이 계시다는 것, 그중 한 위격이 우리를 구속하기 위해 사람이 되셨으며, 우리는 언젠가는 영원한 지복 안에서 지극히 거룩한 삼위일체의 하나님과 함께 살도록 부르심을 받았다는 것이다. 우리는 하나님에 관한 이러한 모든 진리를 지적으로 알게 되었다. 하나님의 실재에 관해 우리에게 주어진 관념과 우리 자신이 형성한 관념들을 통해 알게 된 것이다. 우리는 이해하려고 노력하는 가운데 계속해서 개념을 다듬어 가고, 이 개념들이 더욱 분명하고 명확해질수록 그 개념을 통해 하나님의 실재를 더욱 깊이 깨닫게 된다. 이처럼 더욱 깊이 깨닫게 된 진리들은 하나님을 더더욱 깊이 사랑하도록 이끌어 준다. 하나님께서는 우리를 영원한 반려로 맞기를 원하시며, 당신과의 일치를 가로막는 죄에서 우리를 구해 주고자 하신다는 것을, 즉 우리를 위해 사람이 되신 당신의 거룩하신 아드님의 더없이 비통한 죽음을 통해서 우리를 구원하시는 하나님의 그 한없는 사랑을 더더욱 깊이 깨닫게 되기 때문이다.

지적 묵상 기도는 근본적으로 하나님께 대한 이러한 지적 인식으로 이루어진다. 묵상 기도 안에서, 우리는 이 거룩한 종교의 신비들을 더욱 깊이 알아들으려고 노력하며, 이처럼 더 깊이 알아듣게 된 신비를 통해 새로운 자극을 받아 하나님을 더더욱 깊이 사랑하게 된다. 그렇기 때문에 묵상 기도는 영성 생활에서 매우 풍요로운 결실을 맺게 해

주는 기도이다.

그러나 지적 인식이 매우 소중하기는 하지만, 그것만이 하나님을 알 수 있는 유일한 방법은 아니다. 우리는 사랑을 통한 체험의 성격을 띤 깨달음으로도 하나님을 알 수 있다. 이 경우에, 관념들은 직접적으로 도움이 되지 않는데, 바로 그 이유 때문에 그러한 인식은 우리에게 늘 분명치 않고 이해하기가 어렵다. 하나님의 심오하고도 강력한 사랑은 직접적으로 그분에 관해 새로운 관념을 갖게 해 주지는 않지만, 영혼으로 하여금 '하나님께 대한 감각'이라고 말할 수 있는 감각을 지니게 해 준다. 영혼은 이런 감각을 추리나 논증으로써가 아니라 말하자면 체험적 방법으로 깨닫는다. 즉, 하나님께서는 온갖 피조물과 전혀 다르시며, 참으로 유일하시고, 매우 위대하시며, 마땅히 우리 마음의 모든 사랑을 다 바쳐 드려야 할 분임을 체험을 통해 깨닫게 된다.

이러한 감각은 십자가의 요한이 '수동적'이라고 부르는 사랑을, 즉 영혼이 스스로 원해서 하나님께 다가가는 것뿐 아니라 자신이 하나님께로 끌어당겨짐을 느끼게 되는 그러한 사랑을 즐기고 있을 때 특별히 확실하게 깨닫게 된다.

예수의 성녀 테레사가 관상의 첫 단계의 하나인 '고요의 기도'를 묘사하면서 말한 것처럼, 영혼은 자신의 의지가 하나님의 포로가 되었으며 그 어떤 다른 것을 사랑한다는 것은 불가능하다고 느끼게 된다. 영혼은 하나님과 함께 있는 것에 더없이 만족하며 커다란 평화가 밀려드는 것을 느낀다. 그리하여 영혼은 당신 자신을 위해 자기를 창조하신 그분과 어떤 사랑의 접촉(맞댐)을 하고 있다고, 마침내 자신이 있어야 할 제자리에 있다고 느낀다. 그리하여 영혼은 성 어거스틴과 함께 "당신은 우리를 당신 자신을 위해 만드셨으므로 우리의 마음이 당신 안에서 안식을 누릴 때까지는 쉴 수 없습니다."(「성 어거스틴의 참회록」 1,1)라고 말할 수 있게 될 것이다. 여기서 참으로 영혼은 하나님 안에 쉬면서 자기는 완전히 만족할 수 있다고 느낀다. 이와 같이 사랑의 방법을 통해서, 영혼은 하나님에 대해 어떤 체험을 하게 되고, 이 체험은 지성에도 반영된다. 그러나 이때 개념의 형태가 이루어지는 것은 아니다.

영혼은 자신이 느끼는 것을 표현한다는 것이 무척 어렵다는 것을 경험한다. 그리고 이런 어려움은 사실, 그 체험이 관념이나 지적 개념의 방법으로 얻어진 인식이 아니라 사랑을 통해서 얻어진 인식에 관한 문제이며, 또한 이 인식을 통해 하나님의 위대하심에 대해 심오하기는 하나 명확하지 않은 어떤 감각이 생기게 되기 때문이다. 말은 우리의 개념에 의해서만 형성되고 적용된다. 그러므로 개념과 관계가 없는 것은 대체로 표현하기 힘든 법이다. 그래서 영혼은 자기 안에서 일어나고 있는 일을 말로 설명하고자 할 때 큰 어려움을 겪게 되며, 마치 이런 체험이란 만족스럽게 표현할 수 없는 것임을 시사하듯 형상이나 비교에 의지할 수밖에 없게 된다.

그 인식을 다른 사람에게 전달하는 것이 어렵다고 해서, 사랑을 통해 얻게 된 인식이 다른 것에 비해 열등한 인식이라고 생각해서는 안 된다. 이런 종류의 인식 또한 인간이 도달할 수 있는 최상의 인식, 언젠가는 우리 자신도 거기에 이르리라고 희망하는 지고의 인식, 즉 천국에서 누리는 지복직관에 속하는 인식이다. 천국에서, 우리는 직접적인 지적 체험을 통해 하나님을 있는 그대로 뵙게 될 것이다. 즉 그분 안에서 하나님의 모습을 뚜렷이 뵙게 된다는 말이다. 바꿔 말하면, 그때 우리는 그분을 뵙게 되는 것이지, 그분을 개념 안에 넣을 수 있게 되는 것은 아니다. 그 어떤 인간적인 개념으로도 우리가 얼굴을 맞대고 보며 깨닫는 하나님의 저 무한한 완전성을 표현할 길은 없다. 따라서 영원한 삶에서 가장 근본이 되며 천국에 있는 이들의 가장 내밀한 기쁨의 근원이 되는, 곧 거룩한 대상의 진정한 본질을 제대로 설명하기가 불가능해진다는 말이 된다. 왜냐하면 우리는 개념을 만들어 낼 수 있는 것에 대해서만 말하고 전할 수 있을 뿐이며, 이 거룩한 대상에 관해서는 그 어떤 개념도 만들어 낼 수 없기 때문이다.

그런 축복을 받은 영혼 중 그 누구도 자신의 가장 내밀한 체험을 다른 사람에게 표현한다는 것은 불가능하다. 왜냐하면 거기서 우리가 누리게 될 천상 행복 가운데 가장 깊은 행복을 하나님과 우리 각자 사이에서, 그리고 인간과 거룩한 세 위격 사이에서 누리게 될 것이기 때문이다. 바로 거기에 인간의 지고의 위대함이 있으니, 인간은 자신의 하나님과 친밀하게 사귀며 영원히 살도록, 홀로이신 하나님과 홀로 표현할 길 없는 만남을 갖도록 부르심을 받았다는 것이다. 그러므로 천국의 복된 영혼들이 거기서 서로 교류하는 기쁨이 아무리 크다 하더라도, 앞으로 우리가 하나님과 함께 즐겁게 지내게 될 그 행복에 비하면, 그 기쁨이란 부수적인 행복에 지나지 않는다는 것을 우리는 깨닫게 된다.

그렇다. 참으로 하나님께서는 당신을 위해 우리를 만드셨으니, 이미 이 지상에서부터 하나님과 친밀하게 사귀며 살고자 힘쓰는 영혼은 얼마나 잘 살고 있는 것인가! 이것이 바로 관상가들이 하고 있는 일이다. 참으로 관상 안에서, 장차 우리가 누리게 될 저 천국 행복의 가장 아름다운 모습을 미리 발견하는 셈이다. 비록 천국에서의 지복은 하나님을 직접 뵙는 가운데 누리게 되는 행복이고, 관상은 이해하기 어려운 사랑의 체험 안에서 누리는 행복이기는 하지만, 이 두 가지가 모두 표현할 길 없는 하나님의 위대하심에 대한 깊은 체험인 것이다.

지금까지 우리는 하나님과의 친교로 이끌어 주는 관상의 위대함과, 관상을 하도록 영혼을 준비시키고 거기에 이르도록 이끌어 주는 관상생활의 위대함에 대해서도 어느 정도 이해했다. 따라서 우리가 언젠가는 관상에 이를 수 있도록 관상적인 삶을 통해 자신을 잘 준비하기 위해 힘껏 노력하는 것은 매우 가치 있는 일이라는 결론을 내릴 수 있겠다.

그러나 과연 우리가 관상에 도달할 가능성이 정말 조금이라도 있단 말인가? 성녀 테레사가 말하기를, 하나님께서는 관상을 "원하시는 이에게, 원하시는 때에, 원하시는 대로" 주신다고 하지 않았던가? 이 말은 관상이란 그저 받는 선물이며 오직 하나님의 승낙에 달려 있다고 암시하는 것 같다.

성녀 테레사가 관상은 그저 받는 선물이라고 주장하는 것은 사실이지만, 성녀의 말을 잘 알아듣기 위해서는 그의 가르침을 전체적으로 살펴보아야 한다. 성녀는, 마치 우리가 하나님께 관상의 은혜를 요구할 수 있기나 한 것처럼, 하나님과 우리의 관계에서 혹시라도 그 어떤 요구를 하는 일이 없도록 우리를 보호해 주려고 그렇게 말한 것이다. 그러한 생각은 착각과 망상에 빠지게 할 우려가 있기 때문이다. 하나님께서는 초자연적 선물의 주인이시며, 우리 영혼들에게 어떻게 그 선물을 나누어 줄지를 판단하신다. 하나님께서 결정하시는 일에 우리가 참견하려고 하는 것은 정말 교만한 죄가 될 것이다. 동시에 성녀 테레사는 똑같이 강조하기를, 많은 영혼들이 관상에 이르지 못하는 것은 그들이 마음의 준비를 제대로 하지 않기 때문이라고 했다. 사실, 관상을 위해 자기 자신을 준비하는 것은 분명히 가능한 일이며, 그 준비란 소위 관상생활이라고 부르는 삶을 이루고 있는 '기도'와 '금욕'을 스스로 실천하는 것뿐이다. 그러므로 관상에 이르고자 하는 영혼은 관상 생활을 함으로써 자신을 준비해야 한다.

그러나 하나님께서는, 성녀 테레사가 가르치는 것처럼, 한 영혼만이 아니라 모든 영혼을 관상에 이르도록 초대하신다. 성경에서, 예수님께서는 하나님을 목말라하는 모든 영혼을 초대하는 생명의 물의 비유를 통해 바로 그것에 대해 말씀하고 계신다. 사마리아 여인에게 이 세상 것에 대한 갈증을 모두 없애 주는 생명의 물을 주겠다고 약속하시면서도 그 말씀을 하고 계시는 것이다. 이렇게 하나님께서 우리에게 관상의 선물을 주시는 것은, 당신의 선물들과 비교할 때 이 초라한 세상이 얼마나 가치 없는가를 우리 스스로 평가할 수 있도록 해 주시기 위해서이다. 성녀 테레사는 자신을 제대로 준비하는 모든 영혼은 이 물을 마실 수 있게 될 것이라고 명백히 말한다.

그러면 이러한 확실성과 함께 하나님의 그 선물은 거저 받는 것이라는 이 두 가지 사실을 어떻게 조화시켜 생각할 수 있을까? 테레사 성녀가 직접 그 해답을 준다. 즉, 관상이란 풍요로운 샘이며 거기서 흐르는 물이 여러 물줄기를 이루는데 어떤 것은 작고, 어떤 것은 크고, 또 다른 어떤 것은 웅덩이가 되기도 한다. 하나님께서는 모든 영혼을 부르시고 모두에게 마실 물을 주실 것이다. 그러나 우리 각자가 어떤 종류의 물줄기에서 마시도록 부르심을 받았는지는 알려 주지 않으시며, 우리 생애 중 어느 때 그 물을 마실 수 있는지도 말씀해 주시지 않는다.

관상에는 여러 가지 형태가 있으니, 어떤 것은 감미롭고 어떤 것은 무미건조하다. 어떤 것은 대단히 빛나고 말할 수 없는 감미로움을 주는 반면, 어떤 것은 어둡고 고통스럽기까지 하다. 그렇다고 해서 그 어두운 관상이 앞의 것보다 영혼에게 덜 유익한 것은 아니다. 하나님께서는 우리를 위해 어떤 형태의 관상을 마련하시는지 말씀해 주시지 않는다. 그분께서는 원하시는 대로, 원하시는 때에, 원하시는 이에게 주시므로, 누구도 자기가 마시게 될 물이 큰 줄기의 물일지, 작은 물줄기일지 알지 못한다. 하나님께서 친히 우리를 위해 그 선택을 하신다. 그렇다. 하나님께서는 당신이 '원하시는 이'에게 주시는 것은 사실이다. 그런데도 언제나 꾸준히 준비할 수 있는 너그러운 영혼에게는 어떠한 형태의 관상이든 결코 부족함 없이 베풀어 주신다.

그러므로 하나님께는 그분의 몫이 있고, 우리에게는 우리의 몫이 있다. 우리를 위해 어떤 관상을 마련하시는지는 주님께서 결정하신다. 그 결정이 바로 우리에 대한 그분의 의견이다. 그러나 우리에게 주시고자 하는 그 선물들을 내리실 때 주님께서 장애물에 부딪치시면 안 되기 때문에, 우리는 우리의 마음을 어떻게 준비할 것인지 깊이 생각해야 한다. 그렇지 않으면 그 선물들을 빼앗기고 말 것이다. 주님의 선물들을 받도록 길을 트는 것은 우리의 일이며, 우리는 관상 생활을 함으로써 확실하게 그 일을 하는 것이다.

여기서 십자가의 요한이 우리에게 가르치고 있는 것은 바로 하나님과의 친밀한 관상적 일치를 바라는 영혼에게 필요한 준비에 대해서다. 그는 그 준비에 대해 열성을 다해 가르치고 있다. 그는 영혼들에 대한 사랑 때문에, 또한 하나님의 영광을 위해서 이 은총이 우리 탓으로 지연되는 것을 원하지 않으며, 우리가 이 목표에 최대한 빨리 도달하게 되기를 바라기 때문이다. 과연 우리는 관상 생활의 스승이 지닌 이 거룩한 조바심을 함께 나누고 있는가?

스승의 안내에 따라 여행하기 위해, 우선 눈을 들어 우리가 도달하고자 하는 목표에, 즉 하나님과의 일치의 절정에 시선을 고정시키고 응시하기 시작해야겠다. 십자가의 요한은 그러한 목표를 우리에게 제안하면서, 그리로 가는 길, 즉 **포기**와 **기도**에 관해서도 가르쳐 줄 것이다.

그러므로 우리는 단단한 각오로 이 포기의 길로 들어서도록 하자. 성인은 이러한 포기의 절대적 필요성과 함께 그것을 실천하는 방법도 보여줄 것이다.

따라서 포기와 더불어, 우리는 그 포기를 통해 깊어지게 마련인 기도를 합쳐야 한다. 이제 우리는 십자가의 요한의 관심이 기도에 고정되어 있다는 것을 깨닫게 될 것이다. 그는 우리가 **묵상의 실천**을 통해 기도의 귀중한 안뜰로 들어서도록 가르칠 것이다. 그런 다음, 영혼이 무미건조함의 위기를 겪음으로써 어떻게 묵상에서부터 첫 번째 겸손한 관상의 형태가 태어나기 시작하는가를 보여 줄 것이다.

우리는 이 위기에서 빠져나온 영혼이 신덕·망덕·애덕인 향주덕(向主德)을 실천하면서, 즉 하나님께 대한 온전한 신뢰와 순수한 사랑 안에서 우러나오는 신앙의 기도를 꾸준하게 열심히 바치면서, 하나님과의 일치의 길로 용감하게 달려가는 것을 보게 된다.

그런데 하나님께서는 영혼을 또 다른 위기에 부딪치게 하시면서, 가장 고통스럽지만 더없이 귀중한 영혼의 어둔 밤을 겪게 하신다. 그 어둔 밤은 영혼 혼자서는 결코 얻게 될 수 없는 어떤 순수함을 지니게 해 줄 것이다. 마침내 영혼은 자신을 사로잡으며 하나님을 닮은 삶을 살 수 있도록 하는 그 일치에 이를 수 있는 준비가 되어 있다. 그래서 그는 사도 바울과 같이 "내가 그리스도와 함께 십자가에 못 박혔나니 그런즉 이제는 내가 사는 것이 아니요 오직 내 안에 그리스도께서 사시는 것이라 이제 내가 육체 가운데 사는 것은 나를 사랑하사 나를 위하여 자기 자신을 버리신 하나님의 아들을 믿는 믿음 안에서 사는 것이라."(갈 2:20) 하고 말할 수 있게 된다.

십자가의 요한은 우리에게 훌륭한 이상을 제시한다. 하지만 우리는 거기에 따르는 대가를 지불해야 한다. 즉, 우리가 그 이상을 실현하기 위해서, 그는 우리 편에서 노력할 것을 강요한다. 그러나 아름답고 고결한 영혼은 그처럼 드높은 목적에 도달하기 위해서라면 그 어떤 노고도 두려워하지 않는다. 과연 우리도 그런 영혼들 중에 들어갈 수 있게 될까? 십자가의 요한이 우리를 위해 그 힘 있는 전구로써 하나님께 이 은총을 얻어 주시기를 바라면서, 이제 유순한 마음으로 그의 학교에 들어가도록 하자. 우선 성인의 가르침을 귀담아들은 다음, 정상을 정복하기 위해 길을 떠나도록 하자! 그것은 정말 노력해 볼 만한 일이다.

4. 기도의 진행

수도원까지 찾아오시는 분들은 적어도 기도에 열심인 분들이며, 성경 읽기와 묵상 및 기도에 큰 힘을 쏟고 있는 분들로 하나님을 만나겠다는 갈망으로 찾아오신 것으로 알고, 또 당연히 그럴 것으로 간주하고 수도원에서 관상기도를 지도해 왔지만 오랜 시간 살펴본 결과 생각과는 조금 다르다는 것을 알게 되었다. 그리하여 지금 그 안내를 하고자 한다.

1) 충분히 이해하고 기도하라
단숨에 달리려 하지 말고 먼저 책을 천천히 일독하시기 바란다. 충분히 이해가 될 때까지 읽고 읽어 내가 설명이 가능할 때 다음으로 넘어가야 한다.

내가 설명을 할 수 없다면 이해하지 못한 것이다. 기도도 마찬가지이다. 기도 요령을 다른 사람에게 설명할 수 있도록 숙지해야 한다. 그리고 처음에는 몇 번이고 기도요령을 습득하도록 수도(수련)해야 한다. 그 후 조용히 절차에 따라 기도하다 보면 성령님의 인도가 있을 것이다. 성령님을 신뢰하고 성령의 기도에 맡기시길 바란다. 다시 말해서 교회에서 예배시간에 한 사람이 대표기도를 하면 다른 분은 그의 기도에 동의하여 아멘으로 화답하며 대표기도에 마음을 집중하는 것과 같다. 성령님의 기도에 아멘으로 화답하며 조용히 침묵 가운데 그분께 집중하길 바란다. 집중하면 모든 것이 사라지고 그 집중마저도 성령님이 주장하게 된다. 즉 무의식의 세계에서 그분과 교제하게 될 것이다.

2) 기도가 잘 안 되면 묵상으로 돌아가라

열심히 성경을 읽고 묵상해 오신 분들은 묵상기도를 건너 관상기도로 바로 가도 좋다. 그러나 기도가 마음먹은 대로 잘 안 되거든 다시 겸손하게 묵상으로 돌아오라. 위 1)번의 내용을 실행하기 바란다. 누가복음의 '마리아'처럼(눅 10:38~42) 옥합을 깨뜨려 예수님의 장사를 준비한 후에 그분 앞에 겸손히 앉아 그분의 말씀을 기다리기 바란다. '마르다'처럼 봉사는 많이 해도 마음이 분주할 땐 성경을 읽고 성령의 인도하심에 따라 겸손하게 묵상기도로 돌아가시기 바란다.

3) 처음부터 묵상에서 시작하라

처음 시작하는 분들이나 초보자들은 먼저 성경 읽기와 묵상기도를 위 1)번과 같이 시작하라. 성경을 읽을 때 평소와는 달리 천천히 단어나 구·절을 음미하며 읽으시길 바란다. 읽다가 관심이나 무슨 느낌이 있으면 그곳에서 멈추어 추리하며 묵상기도에 들어가시기 바란다. 성경을 읽을 때 읽는 분량에 관심을 갖지 말고 그냥 천천히 읽으며 음미하길 바란다.

4) 관상의 시기가 오면 묵상을 버려라

묵상기도를 수개월 혹은 수년 또는 그 이상 하다가 관상에서 묵상으로 넘어가야 할 시기가 올 때까지 계속하시기 바란다. 묵상에서 관상으로 넘어가야 할 시기와 증표에 대하여는 묵상에서 관상으로 장을 읽고 기억하기 바란다. 충분히 숙지되었으면 기도를 시작하라.

5) 인내를 가지고 기도하라

이 기도는 주님의 나라로 갈 때까지 해야 한다. "마음이 청결한 자는 복이 있나니 그들이 하나님을 볼 것임이요"(마 5:8). 팔복이 다 천국 가는 복이지만 하나님을 볼 수 있는 사람은 마음이 청결하게 정화된 사람뿐이다. 욕심을 버리도록 노력하라. 필요하다면 앞장으로 돌아가 극기(포기)의 장을 다시 읽으라.

아래에 나의 갈 길을 기록하고 겸손히 실천하라.

1. 계속 나아감
   이유 :

2. 되돌아감
   이유 :

십자가의 요한의 가르침을 소개한다.

십자가의 요한의 가르침

모든 것을 **맛보기**에 다다르려면 아무것도 맛보려 하지 말라.
모든 것을 **알기**에 다다르려면 아무것도 알려고 하지 말라.
모든 것을 **얻기**에 다다르려면 아무것도 얻으려 하지 말라.
모든 것이 **되기**에 다다르려면 아무것도 되려고 하지 말라.

맛보지 못한 것에 다다르려면 맛없는 것을 거쳐서 가라.
알지 못하는 것에 다다르려면 모르는 것을 거쳐서 가라.
가지지 못한 것에 다다르려면 가지지 않는 데를 거쳐서 가라.
네 자신이 아닌 것에 다다르려면 네 자신이 아닌 거기를 거쳐서 가라.

어떤 것에 네 마음을 머물러 두면
    온전하심에 네 자신을 맡기지 못한다.
온전하심에 온전히 다다르기 위해
    모든 것에 대해 네 자신을 온전히 끊어야 한다.
그리고 이 모든 것을 온전히 소유하게 되었을 때는
    아무것도 원함 없이 이를 지녀야 한다.

이 헐벗음 안에서 영혼은 쉼을 발견하나니
이는 아무것도 원치 않기에
    위로 그 무엇도 그를 괴롭히지 못하고
    아래로 그 무엇도 그를 누를 수 없으니
이는 그가 겸손 가운데 있기 때문이다.

6) 주님의 은혜와 은총이 충만하시기를 빈다.

하나님과 하나 됨(부어넣어 주심)에도 깊이가 있으니 일치의 시작, 영적 약혼, 영적 결혼, 영화의 단계가 있으니 모든 이들이 열심히 수도하는 가운데 하나님의 은혜와 은총을 부어넣어 주심으로 관상을 체험하시기를(영화의 단계는 나중에 가기로 하고, 우선 영적 약혼, 영적 결혼으로 변형하는 일치에 이르기를) 주 예수 그리스도의 이름으로 빈다.

제8장 묵상기도

1. 기도와 상상력[189]

상상력은 객관적 실체를 주관적 실체로 바꾸어 주는 역할을 한다. 그래서 성경 말씀을 통하여 기도할 때, 기도자는 관찰자가 아니라 그 말씀의 한 부분이 되는 참여자가 된다. 즉 그 말씀의 주인공이신 예수님은 기도자에게 더 이상 제삼자가 아니라 보다 친밀한 대화의 상대자가 된다.

그리스도인은 성경에 기록된 말씀을 하나님의 말씀으로 받아들인다. 그러므로 그리스도교적인 신앙 고백을 전제하면서 성경 말씀을 읽는다면 이미 그것 자체가 하나님과의 교제라고 할 수 있다. 하나님과의 교제를 위해서 신앙인들은 성경을 반복적으로 읽기도 하고 연구도 한다. 상상력도 바로 성경을 보다 깊이 가까이에서 경험하기 위해서 사용하는 한 방법이다. 성경을 묵상할 때 일반적인 태도는 지성을 사용한다. 성경의 내용을 객관적으로 연구하거나 그 결과를 전하려고 할 때, 훈련된 지성을 사용하는 것은 너무나 당연하고 중요한 일이다. 그러나 일반 성도들이 상식적인 차원에서 성경 본문에 다가가서 그 말씀을 맛보고 참여하고자 한다면, 그렇게 고도로 훈련된 지성을 사용할 수 없다. 그들에게 있어서는 훈련된 지성보다는 오히려 건강하게 개발된 상상력이 성경을 보다 가까이 접근하는 데 훨씬 유익할 수 있다.

성경에는 다양한 문학적 장르가 있다. 그중에서 특별히 사건을 다루고 있는 이야기체적인 말씀은 그것을 문자적으로 분석해서 이해하기보

---

189) 유해룡, 기도체험과 영적지도 (장로회신학대학교출판부, 2014, 초판 5쇄) pp.220~231.

다는 전체를 아우르는 이야기 속으로 들어갈 때 더 깊은 맛을 느낄 수 있다. 특히 대부분의 복음서는 주님을 따르는 이들에게 사건을 통해 주님의 가르침과 삶을 보여 주고자 하는 말씀이다. 즉 오고 오는 세대에 주님의 사건을 전하기 위해서 문자라는 매체를 사용한 것이다. 그러나 문자를 뛰어넘어 보다 친밀하게 그 말씀이 담고 있는 사건을 전달받을 수 있는 길이 있다면 그것이 곧 상상력이다. 상상력은 기록된 말씀을 사건으로 재현해서 그 사건을 현재화하기 위한 준비 작업이다. 상상력을 통해서 우리는 성경에 나타난 인물을 생생하게 만날 수 있으며, 그 사건 한가운데 계시는 주님과 만나게 된다. 그러한 과정을 통해서 주님과 교제가 이루어진다면 그것이 바로 기도가 된다. 그래서 특별히 복음서 말씀을 자료로 하여 기도를 하고자 할 때 상상력을 사용하도록 권한다.

상상력을 자연스럽게 사용하기 위해서 극복해야 할 몇 가지 장애물이 있다. 지성적인 활동에 익숙한 현대인은 상상한다는 것 자체가 부담이 된다. 우선 그들은 상상은 비이성적인 활동이라고 느낀다. 왜냐하면 상상이 지성적인 활동을 어리석게 만들거나 왜곡시킬 수 있다고 생각하기 때문이다. 그러나 그것은 무엇보다도 상상력에 대한 몰이해로부터 비롯된 선입관이다. 먼저 상상(imagination)과 환상(illusion), 혹은 공상(fantasy)과의 혼돈을 정리해야 한다. 환상이나 공상은 현실(reality)에 뿌리를 내리기보다는 오히려 현실적인 세계에 대해서 도피적이며, 자기가 처한 상황에서 끊임없이 유리되고자 하는 갈망으로부터 비롯된다. 그러므로 환상을 통해서는 결코 보편적으로 인지할 수 있는 유익한 자료를 얻어 낼 수 없다. 반면에 상상이란 실제로 있었거나 있을 법한 사건의 실체나 진실을 맛보고 경험하기 위해서 사건을 새롭게 구축하는 행위이다. 상상은 객관적 실체를 주관적 실체로 바꾸어 경험하도록 해 준다. 사람들은 상상이 비논리적이고 비이성적이라고 생각하지만, 상상은 논리적이지는 않지만 이성적인 면을 지니고 있다. 오히려 상상은 창조적인 논리를 세워 갈 수 있는 탁월한 통찰력과 의미를 전해 준다. 그래서 상상은 우리로 하여금 새로운 세계를 향하

여 지적인 비전을 제시하고 만족스러운 목적을 세우도록 도와준다.[190]

상상력에 대한 일반적인 또 다른 염려는 정화되지 않은 우리의 감정이 여과장치 없이 반영될 때 상상이 아니라 환상을 만들어 낼 수 있다는 점이다. 그러나 상상력이 하나님의 말씀과 기도로 연결되어 있다는 측면에서 어느 정도 안전장치가 되어 있다고 할 수 있다. 말씀이 상상의 대상이 된다고 할 때 자기 몰두에 깊이 빠지지 않는 한 그것은 거룩한 상상으로 발전될 것이며, 더욱이 기도가 한 개인의 독백이 아니고 성령님의 간섭이라고 한다면 성령님의 인도하심이 또 한 번의 여과장치 역할을 하게 된다. 상상을 통한 기도에서 흔히 경험되는 일이지만, 기도 속의 상상은 자기 의도대로 진행되어 가지만은 않는다. 기도 속에서 상상이 일어나고 있다면 자신 안에 있는 상상력이라는 기능 외에 다른 영의 실체가 그 상상에 작용하고 있다고 믿어야 한다. 기도를 하나님과의 통교(通交)를 위한 수신 안테나에 비유한다면, 이성적인 안테나뿐만 아니라 상상과 감성의 안테나도 있다고 할 수 있다. 따라서 이성적 통찰에만 의존하는 기도는 라디오 수신기에 비유할 수 있다. 라디오 수신기는 청각적 소리만 전해 주듯이, 이성적 안테나만 사용하는 기도는 이성적 통찰만 전해줄 뿐이다. 반면 상상력과 감정을 동원하는 기도는 TV수상기에 비유될 수 있다. TV수상기가 소리와 상(象)을 동시에 전달해 주는 통합적인 역할을 하듯이, 상상력과 감정의 안테나를 세워 둔 기도라면 그 기도는 오감(五感)이 모두 참여하는 생동력이 넘치는 기도가 될 수 있다.

기도에서 상상력을 사용하라고 하면 대부분의 사람들은 시각적 상상만 생각하는 버릇이 있다. 그러나 사건을 담고 있는 문학적 형태의 구성을 가지고 있는 성경 이야기를 다시 사건으로 재현하는 과정에서는 다양한 상상력이 필요하다. 그런데 기도자들이 오로지 시각적인 상상력에만 매달리다가 한 발짝도 진전하지 못하고 모든 정신적 에너지를 소진해 버리는 경우를 자주 본다. 그래서 기도를 더욱 어렵게 만들고,

---

190) Alfred North Whitehead, The Aims of Education and Other Essays (New York: TheMacmillan Company, 1929), p.139.

결국 기도에 흥미를 잃어버리는 사람도 생긴다. 예를 들면 어떤 기도자가 한 장면을 그림처럼 떠올렸다. 그리고 이어서 다음 장면이 떠올라 재빨리 다음 장면으로 넘어가 주기를 기대한다. 그러나 가까스로 구상해 낸 그 장면은 그 이상 다음 장면으로 전진하지 못하고 벽에 걸린 액자처럼 꼼짝하지 않고 그 자리에 박혀 버린다. 그럴 경우, 기도자는 연속된 장면을 살려 내려고 몸부림친다. 왜냐하면 그 상상은 불완전한 것이라고 생각하기 때문이다. 그러나 많은 경우, 그 장면만으로도 기도가 충분하게 진행될 수 있다. 그 한 장면으로부터 어떤 메시지가 살아나거나 또 어떤 느낌을 받는다면 그것으로부터 기도는 시작될 수 있다.

상상력에 대한 이러한 어려움을 극복하고 보다 생생한 상상력을 개발하기 위해서는, 상상이라는 개념을 보다 유연성 있게 확대시킬 필요가 있다. 상상은 반드시 시각적 상상력만 있는 것이 아니다. 시각적 상상력으로부터 한 걸음 더 나아가는 그다음 단계는 청각적 상상력이다. 청각적 상상력은 소리를 통해서 그 전체적인 분위기를 느끼는 것이다. 그 장면에 등장하고 있는 인물들이 서로 주고받는 이야기나 명백하지 않으나 그 장면 가운데서 흐르고 있는 청각적인 분위기를 맛보는 것이다. 시각적 상상에서 반드시 움직이는 활동사진과 같은 상상력을 발휘하려고 노력할 필요가 없는 것처럼, 청각적 상상에서도 뚜렷한 어떤 말소리를 듣고자 애쓸 필요도 없다. 그저 청각적인 어떤 느낌을 받는 것으로 충분하다.

이어서 지각적 상상력을 사용할 수 있다. 지각적 상상력이란 감각적 느낌을 종합적으로 수용하는 능력을 말한다. 이미 앞에서 다룬 시각적 상상력과 청각적 상상력을 바탕으로 지각적 상상력이 발휘되는 것이 보통의 순서이다. 이 세 차원의 상상력이 활동하게 되면 주어진 본문 말씀이 사건으로 살아나는 경험을 한다. 그리하여 기도자가 그 사건 안으로 초청받고 있다는 느낌을 받게 되면 기도가 시작된다. 그리고 그 장면에서 예수님과 직면하는 자기의 역할이 분명하게 세워지면 기도자는 더 이상 그 장면을 만들어 가는 구경꾼이 아니고, 그 사건의 참여자가 되었기 때문에 상상에 더 이상 매일 필요가 없다. 엄밀히 말하자면 상상력 그 자체는 기도로 들어가기 위한 매개체이지 그 자체가 기도는 아니다.

그러면 왜 굳이 그 힘든 상상력의 과정을 밟으면서 참여자가 되라고 하는가? '처음부터 말씀을 읽는 동안 특별한 과정 없이 자기의 모습이 드러나고, 곧바로 적합한 역할로 들어가면 주님과 바로 대화가 가능하지 않겠는가?'라는 주장도 있을 수 있다. 그런 경우도 사실은 순간적이지만 기도자의 내면 안에서 상상력이 복합적으로 작용했다고 할 수 있다. 그렇기에 그것 역시 가능하다고 볼 수 있다. 그럼에도 불구하고 점검해 보아야 할 것은 그 사건의 분위기와 거기에서 오늘 자신을 향한 메시지가 어느 정도 살아나고 있는가이다. 또 주님을 향하여 내 영혼이 얼마나 활짝 개방되어 있는지는 기도에서 매우 중요한 과제이다. 이렇게 볼 때 상상력을 강조하는 첫째 이유는 보다 생생하게 다가오시는 주님을 음미하고 맛보고자 함이다. 둘째 이유는 그 주님을 향하여 관대하게 자기의 영혼을 개방하기 위한 하나의 과정이다. 그러나 상상력을 지나치게 강조하다 보면, 상상력의 풍요로움의 정도에 따라 기도의 진행 여부를 가늠하고자 하는 오류를 범할 수 있다. 상상력이 풍요롭지 못하면 기도가 잘 안 되었다고 판단하고, 상상력이 매우 다양하고 풍요롭다고 느껴지면 그 자체로서 기도가 잘되었다고 판단할 수 있다. 그러나 그러한 판단은 옳지 않다. 상상력을 사용할 때 기억해야 할 분별의 기준은 상상의 풍요로움이 아니라, 그 상상력으로부터 전해져 오는 친밀감이다. 펼쳐지는 상상이 빈약했다 할지라도, 그 장면에서 전해지는 친밀감이 두드러진다면 그것이 훨씬 더 기도를 힘 있게 이끌어 가는 원동력이 된다.

상상력을 전개시켜 가는 과정에서 기도자가 그 사건 안에서 역할을 설정해 갈 때 적합성과 제한성의 기준은 무엇인가? 종종 복음서의 말씀으로 기도하면서 예수님의 입장이 되어 생각해 보았다고 하는 사람들이 있다. 그것은 만일 말씀 자체를 연구하면서 보다 깊은 뜻을 헤아리는 것이 목적이라면 가능한 이야기이다. 그러나 말씀과 더불어 기도

하는 것이 제일 목적이라고 한다면, 기도자가 예수님의 입장에 서는 것은 적합하지 않다. 왜냐하면 기도자가 생각하는 대화의 파트너가 사라지기 때문이다. 동시에 그것은 현실적으로 있을 수 있는 일이 아니다. 그런 설정은 상상이라기보다는 환상이라고 할 수 있다.

어떤 사람은 마리아가 예수님을 잉태하게 될 것이라는 수태고지 사건을 기도하면서 자신이 마리아에게 아기 예수를 잉태하리라는 소식을 전하는 천사가 되었다고 한다. 그것 역시 가능한 이야기가 아니다. 자신을 초월적 존재로 가정한다면 그것은 현실이 아니고 환상일 뿐이다. 여기에서 상상이 환상으로 넘어가는 경계를 볼 수 있다. 환상은 현실을 보다 깊이 조명하지도 못하고, 그 현실을 있는 그대로 직면하지도 못한다. 오히려 그 현실을 왜곡하고 도피하는 속성을 지닌다. 그러므로 우리가 기도 속에서 상상을 통해 역할을 정할 때 몇 가지 기준이 필요하다. 첫째는 예수님과 인격적인 교류를 할 수 있는 적합한 역할이 무엇인지를 고려한다. 둘째는 전지전능자의 입장이거나 관찰자의 입장이 아니고, 보다 적극적인 참여자의 역할이 무엇인지를 고려한다. 셋째는 현실적으로 있음직한 역할이 무엇인가를 고려한다. 어떤 경우에는 기도자가 성경 본문에 등장하는 동물로 자신의 역할을 정한다. 그것은 가능한 일인가? 예를 들어 예수님이 수난 받으시기 직전 예루살렘에 입성하시는 장면을 기도할 때 적지 않은 사람들이 예수님이 타시던 나귀의 역할이 되어 예수님과 교제하는 것을 보곤 한다. 그런데 그들 중 상당한 사람들이 매우 강력하게 주님과의 인격적 일치를 맛보는 경험을 한다. 그런 경우 그 역할의 대상이 인격은 아니지만, 의인화된 인격으로서 그 역할이 가능하다고 할 수 있다. 물론 의인화된 인격을 통하여 주님과 인격적인 만남이 이루어질 수 있다는 전제하에서 그렇다. 상상력을 사용하는 직접적인 목적은, 거듭 강조한 바와 같이 그 장면에 등장하는 주님과 활발한 교제를 하기 위함이다. 그 장면에 나타난 어떤 인물의 역할을 했다고 해서, 꼭 그 인물인 것처럼 가정하며 (assuming) 주님과 대화를 흉내낼 필요는 없다.

설정한 역할의 입장에서 일단 주님과의 접촉점이 이루어진다면 그것으로 성경에 나오는 인물의 역할은 충분하다. 그 후로는 기도 속에서 자연스럽게 자기 자신의 모습으로 돌아와 주님과 자유롭게 대화를 이끌어 가면 된다. 예수님을 대하는 태도에 있어서도 마찬가지이다. 기도자는 성경의 배경 속에 나타난 예수님을 먼저 만나게 된다. 그 배경은 인간으로 오신 예수님을 보다 생생하게 맛보고 경험하게 해 주는 역할을 한다. 그래서 기도자는 보다 생생하게 예수님을 관상하게 되고, 친근하게 그분에게 접근해 갈 수 있다. 여기까지 이르게 되면, 기도자는 반드시 그 장면을 전제하는 예수님을 의식할 필요는 없게 된다. 기도 안으로 깊이 들어갈수록 기도자는 성령님의 감동을 느끼게 될 것이며, 그때부터 영으로 자유롭게 임하시는 주님과 대화를 이끌어 가면 된다.

   예수님의 공생애를 자료로 하여 기도할 때 특별히 예수님 탄생 사건이나 유아기 때의 예수님과 교제를 시도하고자 할 때는 설정한 역할이 어색해지는 경험을 하기도 한다. 예를 들어 기도자는 들에서 양 떼를 지키는 목자였다. 그는 천사들로부터 구세주 예수님의 탄생 소식을 들었다. 그리고 다른 목자들과 더불어 바삐 아기 예수님을 찾아 나섰다. 목자들은 한 동굴에 설치된 마구간에 도달했고, 구유에 누인 한 아기를 목격했다. 그러나 기도자 자신은 그 아기를 바라보면서 들에서 목격했던 그 찬란한 광휘와 기쁨이 느껴지지 않았다. 오히려 그 아기를 바라보는 동안 그 아기가 매우 슬프고 가냘프게 느껴졌다. 슬프리만큼 누추하고 연약한 이 아기가 과연 하나님의 아들이요 구세주라는 말인가? 왜 하나님은 그렇게 일을 하시는가 하는 의문이 들었다. 잠시 떠오르는 생각은, 주님을 따르는 자신의 모습도 그렇게 초라하게 느껴지는 것이었다. 주님을 따르는 자신의 모습은 천사들의 나팔 소리나 그 찬란한 광휘와는 거리가 멀다. 지극히 무능해 보이고, 초라하게 느껴진 자신의 모습이 마구간에 누인 그 아기와 그대로 연결되었다. 하나님이 하시는 일에 대해서 못마땅한 생각이 일어났다. 그러나 그는 더 이상 그 상태를 진행시키지 못했다. 왜냐하면 자기는 목자였고, 그 목자 중 누구도 그러한 의문을 제기하지 않았기 때문이다. 그래서 억지로 감탄과 놀라움이 있는 그 분위기를 따라갔다.

다른 한편으로 그 기도자가 지속적으로 기도를 발전시키지 못한 또 다른 이유는 대화의 파트너가 구유에 누인 아기라는 사실 때문이다. 즉 '아기와 무슨 대화가 되겠는가?'라는 생각이 있었다. 그러나 만일 여기서 기도를 끝낸다면 그것은 상상력을 통한 하나의 연극일 뿐 기도라고 말할 수는 없다. 앞에서 다룬 것처럼, 그 자신이 목자의 역할이 되었다 할지라도 끝까지 목자의 입장에서 주님과 대화를 이끌어 갈 필요는 없다. 그 마구간 안으로 들어간 것으로 목자의 역할은 충분하다. 그다음은 자기 자신으로 돌아오면 된다. 의도적으로 역할을 또 바꾸라는 말이 아니고, 자연스럽게 되는 대로 그렇게 돌아가라는 말이다. 아기 예수의 경우에서도 마찬가지이다. 그렇게 가냘프고 구차하고 불쌍하게 느껴지는 것으로 그 기도에서 아기 예수의 모습은 충분하다. 그 이후에는 영으로 우리 가운데 임하셔서 일상적으로 우리가 간구하고 대화했던 그 예수님에게로 돌아가서 상상 가운데 전해 받은 느낌을 출발점으로 주님과 자연스럽게 교제를 나누면 된다.

성경의 어떤 특정한 장면에 나타난 예수님을 상상할 때는 그 장면에서 묘사하고 있는 예수님의 마음과 성격을 전해 받는다면 주님과의 교제를 생생하게 하는 데 도움이 된다. 그런데 만일 내가 상상한 그분의 심정에 대해서 그것이 사실(reality)인지, 아니면 하나의 가정인지(assuming)에 대해서 의혹이 들면 주님과의 교제가 매우 어렵게 된다. 하지만 다음과 같은 이유 때문에 그런 의혹에 사로잡힐 필요는 없다. 예수님의 성품에 대해서는 사람들의 이해가 각각 다르고 다양하다. 어떤 사람은 예수님은 매우 적극적이고 명랑하신 분으로 이해한다. 또 다른 사람은 예수님은 매우 우울하고 고독하신 분으로 이해한다. 또 어떤 사람은 예수님은 매우 활동적인 분으로 이해하는가 하면, 또 다른 사람은 예수님을 관상적(觀想的)인 분으로 이해한다. 어떠한 이미지를 선택했을지라도 각 사람은 자기 자신이 완전하고 바른 이미지를 선택했다고 자신할 수 없다. 그러므로 부족하게 느껴진 그 이미지 때문에 기도를 방해받을 필요는 없다. 그저 자기 자신에게 전해져 온 예수님의 이미지를 그대로 받아들이면서 그 기도에 임하면 된다. 왜냐하면 우리가 기도 가운데서 경험한 예수님의 이미지는 성령님께서 우리의 상상력을 사용하시어 허락하신 통찰력이라고 믿기 때문이다. 우리는 우리가 처한 현재의 상황 속에서 그런 예수님의 이미지가 필요하기에, 예수님께서 그런 이미지로 각 개인에게 성육신했다고 믿는다. 그러나 어떤 특정한 이미지에 고착되어 버린다면 자신의 영적 성장에 제한을 받을 수 있다는 것도 염두에 두어야 한다.

어떤 경우에는 기도자가 경험한 상상이 환상적인 것은 아니라 할지라도 역사적 현실성과는 너무 거리가 먼 듯한 것일 수도 있다. 그래서 그것을 기도로 처리하는 과정에서 모든 것이 하나의 가장된 연극처럼 느껴질 때가 있다. 그런 경우는 어떻게 대처해야 하는가? 예를 들어 어떤 기도자가 예수님의 탄생과 어린 시절을 묵상하고 기도할 때 자신의 역할을 예수님 가까이에 있는 어떤 사람으로 정하였다. 그리고 예수님의 출생이나 그의 빈한(貧寒)한 가정에 아무런 도움을 주지 못하는 안타까움을 느꼈다고 한다. 만일 기도를 그렇게 끝냈다면 그것은 기도라고 하기보다는 하나의 가상적인 연극처럼 느낄 수밖에 없다. 이성적이고 합리적인 관점으로 바라보자면, 그것은 어처구니없는 구상이다. 그러나 실제적으로 상상력을 사용하여 기도할 때 이런 일은 흔히 일어난다. 그러면서도 기도를 하고 나면 무엇인가 불충분하다는 느낌을 받는다. 그렇다면 기도 후의 이 느낌을 중심으로 반추를 해 보는 것이 중요하다. '왜 그러한 구상이 떠올랐을까?' 그럴 때 이러한 구상이 어떤 다른 구상보다는 수동적이었다는 것을 느끼게 될 수도 있다. 곧 예상치 않은 상상력이었다는 말이다.

그렇다면 거기에는 성령님이 하시고자 하는 무슨 의도가 있지 않은가 의문을 가져볼 필요가 있다. 그래서 기도자는 반추를 하는 동안 현실성이 없는 이런 유감스러운 감정이 주님과 교제를 위한 매개체적인 심상이라는 것을 감지하게 된다. 그러면 반복 기도에서 이렇게 기도를 이어갈 수 있다. 곧 유감스러운 감정을 유지하면서 "주님, 내가 어떻게 주님을 도울 수 있습니까?"라고 묻는 것이다. 예상컨대 주님은 이렇게 반응하실 수 있다. "오늘도 나는 마구간에서 태어나고, 여전히 헐벗고 배가 고프다."그러면서 "내가 주릴 때에 너희가 먹을 것을 주었고 목마를 때에 마시게 하였고 나그네 되었을 때에 영접하였고 헐벗었을 때에 옷을 입혔고 병들었을 때에 돌보았고 옥에 갇혔을 때에 와서 보았느니라"(마 25:35~36)는 복음서의 말씀이 교차될 수 있다. 이때 기도자가 적합하게 대응을 하면 여기서부터 기도가 활발하게 진행되어 간다. 그러므로 기도 가운데에서 일어날 상상이 의혹을 줄 때 꼼꼼한 반추를 통해서 기도를 완성시켜 가면 된다.

그동안 한국 교회는 음성(통성) 기도를 주로 가르쳐 왔고 실천해 왔다. 그러나 최근에 들어 침묵 기도에 대한 요구가 점점 높아져 가고 있다. 그 이유는 매우 다양할 수 있으나, 심리적인 요인을 생각해 보면, 현대인들은 외적인 문제뿐만 아니라, 이전보다 훨씬 더 내면의 삶에 관심을 기울이고 있다. 그런데 그 내면의 소리를 말로 담아내기에는 한계가 있다는 것을 자각하고 있다. 사람들은 그 어느 때보다도 점점 더 내향화되어 가고 있다.[191] 그러나 침묵에 익숙하지 않은 사람들에게 있어서 침묵의 세계는 언어의 세계에 비해 훨씬 더 혼란스럽고 복잡하게 느껴진다. 그래서 그들은 침묵의 세계로 들어가자마자, 그 맛을 보기도 전에 잡념과 혼란으로 시달리곤 한다. 음성 기도를 하는 사람들은 자기 생각을 일정한 시간과 공간 안에 두고 논리를 펴 가기 때문에 기도에 쉽게 집중할 수 있다. 그러나 침묵은 시간과 공간을 망각하거나 뛰어넘으려는 시도로부터 비롯된다. 그래서 논리의 세계로는 침묵의 세계를 통제하기가 쉽지 않다. 소리가 없는 침묵의 상태는 언어가 마음을 통제하지 않기 때문에 고삐 풀린 망아지처럼 마음이 제멋대로 흘러간다. 이렇게 볼 때, 거룩한 상상은 침묵에 익숙하지 않은 현대인들에게 침묵의 세계로 들어가기 위한 중요한 매개체가 된다. 상상은 마음을 묶어 둘 뿐만 아니라 마음을 순차적으로 풀어내는 역할을 한다. 더욱이 상상은 고삐 풀린 마음과 성경의 말씀을 자연스럽게 연결시켜 주는 역할을 하기도 한다. 그러한 과정을 통하여 기도자는 점점 깊은 침묵의 세계로

---

191) 헨리 나우웬, 『상처 입은 치유자』, 최원준 옮김 (서울.두란노, 1999), pp. 42~45.

들어가면서 주님과 친밀한 사귐을 가지게 된다.

2. 묵상의 시간

1) 묵상 192)

하나님이 임재하신다는 믿음으로 정신을 집중하고, 마음이 흐트러지지 않도록 마음속 깊은 곳에 머물러야 한다.

관상기도 형태로 들어가는 방법에는 두 가지가 있다. 하나는 묵상이고 다른 하나는 묵상이 동반된 독서, 즉 묵상적 독서라고도 하는 독서이다.

독서란 성경말씀 중에서 간단하면서도 할 수 있는 진리를 선택해서 읽는 것이다. 독서를 할 때는 먼저 마음에 와 닿는 말씀을 한두 구절 읽는다. 이때 그 의미를 온전히 이해하기 위해 애써야 한다. 그 말씀에서 영혼의 충족을 얻지 못했다면 다음 구절로 넘어가서는 안 된다. 말씀 안의 진리를 온전히 소화했을 때에만 다음 구절로 넘어가라. 그리고 다음 구절을 선택해서 동일한 과정을 반복한다. 이때 주의해야 할 것은 무조건 다독하려 하지 말아야 한다. 다독이 자랑이 아니다. 독서는 읽고 그 말씀의 의미를 깨닫고 그 말씀을 실천하려는 것이다. 그러므로 한 번에 반 페이지 이상은 읽지 않는 게 좋다. 우리에게 중요한 건 독서의 분량이 아니라 태도이기 때문이다. 많은 구절을 읽으려고 욕심을 부리면 아무리 많이 읽어도 큰 유익이 없다. 마치 벌이 주위를 날아다니기만 해서는 꿀을 얻을 수 없고, 꽃에 앉아 벌침을 꽂고 빨아먹어야 꿀을 얻을 수 있는 것처럼 한 구절이라도 깊이 묵상해야 한다.

---

192) 잔느 귀용, 김진선 역, 『잔느 귀용의 친밀한 기도』(서울: 두란노, 2011), pp.20~31. 원문의 내용을 약간 수정 인용하였다.

한꺼번에 많이 읽는 방법은 영적인 일보다는 학문 연구에 더 적합하다. 그러나 신앙 서적에서 유익을 얻으려면 이와 다른 독서 방법을 선택해야 한다. 이런 독서 방법을 추구하면 독서를 통해 기도하는 습관을 훈련할 수 있고, 이를 통해 묵상적 독서를 하고 싶은 마음이 더욱 간절해질 것이다.

다른 방법인 **묵상**은, 독서 시간에 하는 것이 아니라 따로 시간을 내서 하는 것이다. 이것은 분명한 믿음을 가지고 하나님의 임재 앞에 나아간 뒤, 논리적 추론을 하기 위한 실제적인 묵상을 말한다. 이때 하나님의 임재가 가장 우선시되어야 하고, 이성적 토론이 아니라 마음을 집중하는 것에 관심과 노력을 쏟아야 한다.

하나님이 임재하신다는 믿음으로 정신을 집중하고, 마음이 흐트러지지 않도록 마음속 깊은 곳에 머물러야 한다. 이것이 산만한 생각을 없애고 어떤 외부의 공격에도 오직 하나님에게 더욱 가까이 나아갈 수 있는 효과적인 방법이다.

그분은 오직 우리 마음속 은밀한 곳, 우리 마음의 지성소(sancta-sanctorum)에서만 만날 수 있다. 주님이 거룩한 영으로 우리 안에 거주하시는 곳이 바로 그곳이다. 주님은 누구든지 그의 계명을 지키면 그 사람에게 가서 거처를 함께하겠다고 약속하셨다(요 14:23). 어거스틴은 처음부터 이런 방법으로 하나님을 찾지 않다가 세월만 허비한 자신을 얼마나 자책했는지 모른다.

자신 안에 완전히 깊이 빠진 후에는 내 안에 거하시는 하나님의 임재에 깊이 잠기게 된다. 모든 의식이 주변에서 주님이 계신 영의 중심으로 완전히 모아지는 것이다. 물론 처음에는 쉽지 않지만 훈련을 반복하면 아주 자연스럽게 이뤄지게 된다. 이렇게 영혼을 내면으로 온전히 집중하면 진리의 말씀을 이해하는 차원에서 벗어나 그 말씀으로 생명의 양식을 공급받으며, 달콤한 진리에 온전히 젖어들게 된다. 그리고 생각을 통해 이해하는 것이 아니라, 사랑으로 의지를 다해 그 안에 머무르고자 하는 마음이 생긴다.

그 뒤에는 그 사랑의 감정으로 조용하고 평온한 쉼 가운데 머무르면서 지금까지 맛본 것을 삼켜야 한다. 아무리 좋은 고기라도 삼키지 않고 씹기만 하면 영양분을 공급받지 못한다. 마찬가지로 사랑의 감정이 솟을 때 그 감정이 계속 타오르게만 한다면 그 불꽃은 결국 꺼지고 말 것이고, 영혼은 영의 자양분을 얻지 못할 것이다. 우리가 느끼고 맛본 은혜는 주님의 사랑 안에서 쉼을 누림으로 삼켜야 한다. 이 방법은 영적 교제에 절실하게 필요하며, 몇 년 동안 애써도 이루지 못한 영혼의 성장을 짧은 시간 안에 가능하게 해 준다.

이처럼 하나님의 임재를 느끼려면 무엇보다도 최우선적으로 하나님께 집중해야 한다. 마음이 산만하고 하나님께 집중할 수 없을 때는 하나님의 임재를 향해 영혼을 집중하려는 노력을 가장 우선적으로 해야 한다. 이것은 산만해지려는 자신과 싸워 이기는 효과적인 방법이다.

마음이 흐트러질 때 스스로의 힘으로 그런 산만함과 싸우고자 하면 오히려 더 마음이 어수선해진다. 현존하시는 하나님에게 온전히 내 생각을 집중하고 그분에게 마음을 내드리면서 산만함과 간접적인 방법으로 싸우라. 그러면 산만함 자체와 직접적으로 싸우지 않고도 효과적으로 이길 수 있다.

이 부분에서 초보자들에게 당부하고 싶은 것은 한 진리에서 다른 진리로, 한 주제에서 다른 주제로 성급하게 관심을 옮기지 말고 충분한 맛을 느낄 때까지 한 진리에 오래 머물러 있으라는 것이다. 이것이 진리를 깊이 깨닫고 맛보며 각인시키는 방법이다.

처음에는 습관 때문에 그렇게 깊이 침잠하는 게 쉽지 않다. 외부적인 것에 사로잡히는 것은 우리의 자연스럽고 본능적인 습관이기 때문이다. 하지만 조금씩 익숙해지면 이것은 매우 쉬워진다. 스스로 습관이 될 정도로 훈련했기 때문이기도 하지만, 우리에게 자신을 계시하기 간절히 원하시는 하나님이 풍성한 은혜를 베푸셔서 그분의 임재를 실제적으로 느끼도록 해 주시기 때문이다.

이 방법을 '주기도문'에 적용해 보자. 우리는 하나님이 우리 안에 계시며 실제로 우리 아버지가 되어 주신다고 생각하고 그분을 "우리 아버지"라고 부른다. '아버지'라는 단어를 입으로 말한 후 잠시 침묵 가운데 하늘의 아버지가 그 뜻을 알려 주시기를 기다리라. 그러고 나서 영광의 왕이 우리 영 안에서 통치해 주시기를 구하며, 그분께 자신을 내드리고 우리를 통치하실 권리를 그분에게 양도하라.

이때 고요한 평화가 나를 지배하고 있다는 느낌이 들면, 다음 구절로 넘어가지 않고 그 상태가 충분히 지속될 수 있도록 그대로 있어야 한다. 이 상태가 충분히 지속되었다는 판단이 들면 두 번째 간구인 "뜻이 하늘에서 이루어진 것같이 땅에서도 이루어지이다"라는 내용으로 넘어간다. 이때 하나님이 우리 안에서 우리를 통해 그분의 모든 뜻을 이뤄 주시도록 열망한다. 우리 마음과 우리 자유를 하나님께 맡기고 기쁘신 뜻대로 처리해 주시도록 내드린다. 그리고 그분 뜻에 온전히 붙잡히면, 당연히 주님을 사랑하게 됨을 깨닫고 그분을 사랑하기를 간절히 바라며, 주님의 사랑을 주시도록 하나님께 구한다. 이 모든 과정은 고요한 평강 가운데서 이뤄지며 나머지 기도도 마찬가지다.

때로 우리는 목자가 필요한 양처럼 주님에게 참된 양식을 달라고 구한다.

거룩한 목자시여! 당신은 친히 당신의 양 떼를 먹이시는 분이며, 매일 그들의 양식이 되어 주시나이다.

또 우리는 가족에 대한 소망을 그분 앞에 가져가 아뢴다. 그러나 이 모든 기도는 우리 안에 하나님이 임재하고 계시다는 믿음이 있어야 한다. 우리 마음과 우리 자유를 하나님께 맡기고 기쁘신 뜻대로 처리해 주시도록 내드린다.

하나님이 어떤 분이신지 우리 머리로는 알 수 없다. 오직 그분이 우리 안에 임재하신다는 온전한 믿음으로 충분하다. 우리 내면에 계신 예수님을 항상 구하면, 십자가에 못 박히신 모습이나 어린 시절의 모습이나 다른 어떤 모습들을 상상할 수 있다. 하지만 하나님에 대해서는 그 어떤 형상도 상상할 수 없다.

때로 병이 들 때 우리는 의사 되신 분으로 주님을 바라보며 그분께 나아가 병을 고쳐 주시기를 구한다. 이때 자신의 노력을 포기하고, 단순하고 잠잠한 침묵 가운데로 나아가라. 그러면 침묵과 기도하고자 하는 노력이 공존하다가 점점 침묵 상태가 늘어나고 입으로 드리는 기도는 줄어들 것이다. 그리고 결국 하나님의 역사하심에 완전히 자신을 맡기게 되고, 그분의 온전한 다스리심이 시작된다.

하나님이 임재하시고, 영혼이 침묵과 쉼을 맛보기 시작하면 하나님의 임재라는 이 생생한 의식이 우리를 기도의 다음 단계로 나아가도록 인도한다.

2) 기도

하나님의 임재를 누리는 것은 즐거운 경험이다. 하나님을 누리고 그분의 뜻대로 행하기를 바라면서 기도로 나아가라.

앞에서 말했듯이 시간이 지나면 하나님의 임재를 의식하는 게 쉬운 일임을 깨닫는다. 더 쉽게 영을 주님에게 집중하게 되고, 기도는 자연스럽고 즐거운 경험이 된다. 기도로 하나님에게 나아가는 기쁨을 알게 되고, 그 감미롭고 향기로운 냄새를 지각하게 된다. 이런 단계가 되면 이제 방법을 바꿔야 한다. 도무지 가능할 것 같지 않다고 두려워하지 말고, 지금 소개하는 내용을 주의 깊게 살펴보기를 바란다.

먼저, 믿음으로 하나님의 임재 앞에 나아갈 때 잠시 겸허한 마음으로 침묵하며 가만히 있으라. 이런 믿음의 행동으로 시작부터 하나님의 임재를 조금이라도 맛보면, 다른 생각으로 산만하게 하지 말고 그대로 머물러서 그 상태가 지속될 때까지 잠잠히 있으라.

그러다가 하나님의 임재하심에 대한 의식이 사라지면 주님께 감미로운 사랑의 고백을 드림으로써 마음의 불꽃을 다시 불러일으키라. 평화로운 마음상태로 다시 돌아오는 것을 확인하면 그 안에 머무르라.

이때 부드럽게 그 불길을 불러일으켜야 하고, 불길이 다시 타오르면 불길을 불러일으키려는 노력을 즉각 중지해야 한다. 그렇지 않으면 너무 세게 타올라 그 불길을 꺼뜨리고 말 것이다.

또한 무엇인가를 얻기 위해서가 아니라 그분을 기쁘시게 하고 그분의 뜻대로 순종하기 위해서 "여호와여, 말씀하소서. 종이 듣겠나이다." (삼상 3:10) 하는 마음의 자세로 하나님께 나아가야 한다. 오직 자신이 받는 보상 때문에 주인을 섬기는 종은 보상받을 자격이 없다.

그러므로 하나님을 누리고 그분의 뜻대로 행하기를 바라면서 기도로 나아가라. 이렇게 하면 영적으로 메마를 때나 풍부할 때나 평정심을 유지할 수 있다. 하나님이 우리를 거절하시거나 무관심하고 냉담하게 대하시는 것 같을 때도 혼란스러워하거나 요동하지 않을 것이다.

> 자녀들이여, 아버지에게로 나아오라.
> 그러면 사랑의 팔을 활짝 벌리고 받아 주실 것이다.
> 목자 되신 분에게로 오라.
> 죄인들이여, 구세주에게로 오라.
> 무지하고 어리석은 자들이여,
> 스스로 힘으로는 기도할 수 없다고 믿는 자들이여,
> 바로 그런 당신이 기도하기에 가장 적합한 사람이다.
> 한 사람도 빠짐없이 모두 나오라.
> 예수 그리스도는 우리 모두를 손짓해 부르고 계신다.

3. 묵상기도 [193]

관상적 생활의 본질을 말하는 저술가들은 한결같이 관상적 생활이 실제로 관상을 준비하는 생활이 되려면 정화와 기도, 특히 묵상기도를 실천해야 한다고 강조한다. 왜냐하면 감각의 정화만으로는 영혼이 예

---

[193] 박노열, 『나아간 이들을 위한 관상기도』 (나뷤, 2013) pp.171~177.

수님께 대한 위대한 사랑으로 불타올라 그분을 닮기를 열렬히 바라는 그런 상태에까지 나아가지 못한다. 그렇기 때문에 정화에는 묵상기도가 동반되어야 한다.

묵상기도란?

'**묵상**(默想)'이라고 불리우는 기도는 영혼이 하나님의 고유한 속성 – 예를 들면, 그분의 선하심, 그분의 의로우심, 그분의 편재(偏在)하심 등 – 이나, 혹은 예수님의 생애의 신비 – 예를 들면, 그분의 매 맞으심 – 이나, 혹은 예수님의 말씀 – 예를 들면, '나를 사랑하는 사람은 내 계명을 지킨다' 하신 말씀 – 을 주의 깊게 생각하고, 그분을 향한 사랑으로 자신의 마음을 불태우기 위해서 상상력(想像力)까지 이용해서 그 주제에 대해서 곰곰이 생각하는 것이다.

십자가의 요한의 생각을 더욱 명확히 알아듣기 위해서는 아빌라의 테레사(예수의 테레사)의 가르침을 살펴보는 것이 도움이 된다. 아빌라의 성녀 예수의 테레사에 의하면, 묵상이란 "자기가 하나님에게 사랑을 받고 있다는 것을 알면서 그 하나님과 단둘이 자주 이야기하면서 사귀는 친밀한 우정의 나눔"194)이다. 결국 이는 사랑의 친교이다. 사람은 하나님께서 자기를 사랑해 주심을 느끼고, 한편 자기편에서도 주님께 자신의 사랑을 드러낸다. 즉 사랑의 부름을 느끼기 때문에 하나님과 더불어 사랑을 속삭이게 된다. 그래서 아빌라의 테레사는 거듭 "묵상기도란 많이 생각하는 일이 아니고 많이 사랑하는 일이라는 것이다."195) 라고 하면서 생각하는 일을 사랑 아래 두라고 강조하고 있다.

물론 묵상기도 중에도 생각은 하게 되지만, 그것은 슬기로운 자가 되기 위해서가 아니고 더욱 깊이 주님을 사랑하기 위해서 하는 것이다. 그러므로 아빌라의 테레사는 다음과 같이 강조한다. "묵상 기도 중 줄곧 생각만 하면서 시간을 낭비해서는 안 된다. 잠시 생각한 다음에

---

194) 서울 가르멜 여자 수도원 역, 『천주자비의 글』 8.5, 더 자세한 묵상에 대한 설명은 아빌라의 성녀 테레사의 자서전인 『천주자비의 글』을 참고하기 바란다. 특히 11~19 장이 잘 설명하고 있다.
195) 최민순 역, 『영혼의 성』 4궁방,1,7. p.77.

는 주님이 그대들을 사랑하심을 깨닫게 될 것이니, 그 생각을 멈추고 주님 앞에 차분히 마음을 가라앉히고 여러 가지로 사랑에 넘친 대화를 나누십시오. 그리고 그 대화 중에 마음을 활짝 열고 주님의 영광과 또한 그대 자신을 위해 요긴한 모든 것을 하나도 빠짐없이 말씀드리십시오." 여기에 아빌라의 테레사가 말하는 묵상기도의 본질이 모두 요약되어 있으며, 따라서 아빌라의 테레사의 묵상기도는 '하나님과 나누는 사랑 가득한 대화'라 함은 핵심을 찌른 말이다.

감각의 정화는 우리가 앞서 말한 대로, 영혼이 예수께 대한 위대한 사랑으로 불타올라 그분을 본받기를 열렬히 바라는 그런 상태에까지 나아가지는 못한다.

그 때문에 정화는 묵상을 동반해야 한다. 묵상의 목적은 십자가의 성 요한이 말하는 대로, 바로 '그로써 하나님께 대한 사랑과 인식을 조금이나마 얻어내기 위한 것'[196])이고, 감각의 정화를 위한 끈질긴 싸움 안에서 그것을 지탱해주는 사랑을 얻어내기 위한 것이다.

묵상은 다음과 같은 방법으로 실천된다.

① 우선, 교회나 자신의 방 같은, 외부의 번잡함으로부터 멀리 떨어진 외진 곳에 조심스레 머무는 것이 좋다.

왜냐하면 정다운 이야기는 멀리 떨어져서 하는 것이 아니기 때문이다. 만일 아주 큰 소리를 내야 한다면 정다움은 사라질 것이다. 주님과 더불어 사랑에 겨운 대화를 하려는 이도 역시 하나님을 자기 곁에 모셔야 한다. 따라서 묵상기도의 준비는 하나님과 접촉하고 그분 앞에 자기를 두어야 하며, 교회나 자신의 방, 또는 우리의 동반자로서 우리와 이야기하고자 부르시는 삼위일체께서 거처하시는 영혼의 지성소에서 이루어질 수 있다. 이를테면 주님이 우리에게 넘치는 사랑을 드러내신 거룩한 수난을 생각함으로써 우리는 우리의 하나님이신 구세주를 더욱더 사랑하려는 것이다.

② 거기서 맨 먼저, 우리 안에 계시는 하나님의 현존(現存), 혹은 우

---

196) 『산길』, II,14,2. p.188.

리가 교회 안에 있다면, 교회 안에 계시는 예수님의 현존(現存)에 대한 신덕(信德)의 행위들을 실천해야만 한다. 사실, 우리가 하나님의 현존(現存)과 그분께서 우리를 지배하심을 인정하지 않는다면, 그분과 친밀하게 사귄다는 것은 우리에게 불가능한 일이다.

③ 여기서 영혼은, 어떤 신비(神秘), 즉 하나님의 어떤 특성이나 하나님의 어떤 말씀에다 주의를 집중해야만 할 것이다. 이렇게 하기 위해서 영혼은, 자신이 묵상하고자 하는 어떤 신비― 예를 들면, 예수 그리스도의 수난 등― 을 자신에게 보여주는 어떤 책을 읽음으로써 도움을 받을 수 있을 것이다. 그러나 단순히 십자가상을 바라보는 것만으로도 충분하다.

④ 십자가에 달리신 예수 그리스도께로 주의를 집중하게 되면, 영혼은 곧 하나님의 아들이신 그분께서 자신을 위해서 십자가에 달리셨음을 상기하지 않을 수 없게 될 것이다. 왜냐하면, 그분께서 우리를 사랑하셨고, 영원한 사랑으로 지금도 우리를 사랑하고 계시기 때문이다.

⑤ 그러면 영혼은 그 사랑에 사랑을 통해서 응답하고, 예수님과의 대화 안으로 몰입하게 된다. 결국, 영혼은 자신의 마음에 다가오는 모든 것들을 그분께 말씀드리게 된다: "예수님, 왜 저는 당신을 사랑하지 않고 제 일생을 망치게 되었습니까? 왜 저는 당신으로부터 멀리 떨어져 있습니까? 도대체 왜 저는 제 죄들로써 당신께 상처를 드리고 있습니까?" 영혼은 이어서, 전에는 한 번도 청해 본 적이 없는 것을 청하게 된다: "오, 나의 예수님, 당신과 함께 고통받게 해 주십시오!"

부언하면, 십자가의 성 요한은 아빌라의 테레사처럼 구세주께서 매 맞으시던 참혹한 장면을 자주 묵상한 듯하다. 두 분 다 그것에 대하여 말하고 있으며, 또 그 당시 사람들에게 널리 알려져 있었다고 생각되는 묵상을 쉽게 할 수 있도록 작은 질문표를 사람들에게 권한 것을 보더라도 알 수 있다. 즉 "고통받으시는 분은 누구이신가? 어떻게 고통받으시는가? 왜 고통받으시는가?"와 같은 질문에 자연스레 나오는 대답은 확실히 우리에 대한 하나님의 사랑을 깊이 깨닫게 하는 데 적합할 것이다.

⑥ 그 후에는, 대화는 중단되고 그리스도를 향한 어떤 사랑의 눈길 안에서 영혼은 변모된다. 이 사랑의 눈길에는 종종 사랑의 감명과 눈물이 수반된다. 그러나 이 태도는 여전히 더 영적(靈的)인 것이 되어야만 하고, 예수 그리스도 그분만을 위해서 고통받고 그분만을 위해서 살아가기를 결심하는, 단호하면서도 평온한 의지(意志) 안에서 스스로 더 변모되어야 한다.

부언하면, 영성생활이 진보함에 따라 자동적으로 일어나는 현상으로 의지가 감수성을 강하게 지배하게 되면, 사랑의 감수성이 강한 마음에는 어느 정도의 영향을 미치기는 하지만 사랑의 표현방법은 그다지 세차지도 요란스럽지도 않게 되며, 밖으로는 그다지 드러내지 않으면서 안으로 깊숙이 간직하게 된다. 그렇게 될 때, 그 사랑은 매우 고요히 표현되지만 주님께로 행하는 의지의 움직임은 훨씬 강하고 절실해진다. 그때 영혼은 더욱 깊이 사랑을 깨닫게 되는만큼 하나님과 사람이 되신 '말씀'을 주시하게 된다. 이때 더는 생각하지도 않고 거듭 탐구하지도 않고 그 필요를 느끼지도 않는다. 이미 '깨달았으므로' 이제는 사랑 때문에 고통받으셨으며, 또한 사랑하라고 우리를 부르시는 그리스도를 관상하는 직관적인 눈길 안에서 그 탐구의 열매를 맛볼 것이다.

묵상기도는 하나님과의 대화인데, 다만 영혼이 하나님께 말씀드릴 뿐만 아니라 하나님도 영혼과 더불어 말씀하신다. 그렇다고 하나님께서 음성을 들려주시는 것이 아니고, 영혼에게 빛을 주시어 그로써 하나님이 위대한 분이시며 만물을 초월하여 사랑받으셔야 마땅한 분이심을 똑똑히 깨닫게 해 주신다. 또한 영혼에게는 도움이 되는 사랑의 힘이 주어진다. 이 의지가 하나님께로 깊숙이 향하는 고요하고 차분한 대화, 즉 하나님의 사랑을 향해 쏠리는 눈길로써 지탱된 대화야말로 십자가의 성 요한에게는 묵상기도의 참된 종국 목적이다.

"하나님의 일들에 대한 묵상이나 사색의 끝은 하나님으로부터 약간의 사랑과 깨달음을 얻어내는 데 있다는 것을 알아야 한다."197)

십자가의 성 요한이 우리 영혼 안에 주입시키기를 원하는 '인식과

---

197) 『산길』, II,14,2. P.188.

사랑'이 바로 이런 것이다.

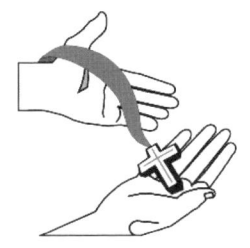

3. 주님이 받으신 채찍에 대한 현의[198]

"지키는 사람들이 예수를 희롱하고 때리며, 그의 눈을 가리고 물어 이르되 선지자 노릇 하라 너를 친 자가 누구냐 하고, 이외에도 많은 말로 욕하더라"(눅 22:63~65).

잠깐 동안 추리의 힘을 이용하는 것은 좋다. 주님께서 견디신 고통, 그 고통을 참으신 이유, 고통받는 분이 어떤 분이며, 어떠한 사랑으로 괴로워하시는가를 살펴보자. 그렇지만 이런 생각을 한없이 계속하여 지치게는 하지 말자.

추리의 작용을 접어두고 구세주 곁에 머무르자.

만일 할 수 있다면 주님께서 우리를 보고 계시다는 것, 그리고 우리는 그의 벗이 되어 있음을 바라보도록 하자.

임께 아뢰자. 우리의 애절한 소망을 여쭙고 스스로 낮추며 임과 함께 즐기자. 또한 우리는 임 앞에 머물기에 천만부당한 자신을 잊지 말자. 영혼이 이런 행동을 하게 될 때 비록 그것이 묵상의 시초일지라도 거기서 퍽 큰 유익을 얻을 것이다. 이런 유의 묵상은 참으로 크게 도움이 된다. 적어도 내 영혼을 위해선 그러했다(「천주자비의 글」 13. 22).

십자가의 고통에 대하여
각자가 기록해 보자!

---

[198] 서울 가르멜 여자 수도원 역, 『천주자비의 글』 (경북: 분도출판사, 1983, 초판) p.121.

5. 관상적 묵상 - 사랑의 눈길[199]

이제, 마음을 다해 금욕을 실천함으로써 생기는 열정적 분위기 속에서 하나님과의 관상적 일치에 도달하기를 바라는 영혼은 묵상, 즉 묵상 기도의 수련을 쌓아야 한다.

십자가의 요한의 가르침에 따르면, 이 묵상은 영혼 안에 극기(克己)하려는[200] 결심을 더욱 단호하게 하는 데 그 목적이 있다. 십자가의 요한은 우리의 영혼을 하나님과의 일치로 이끌어 주는 길, 즉 전부 말끔히 벗어버림의 길에 들어서도록 가르치기 위해 다음과 같이 권고한다. 즉, 우리는 우리 안에 완전한 포기의 모범이신 그리스도를 본받고 싶어 하는 마음을 지녀야 하며, 우리가 어떻게 행동해야 하는지를 그리스도께 배우기 위해 그분의 생애를 묵상하고자 하는 큰 소망을 키워 가야 한다는 것이다. **사랑에 넘치는 묵상을 하며 그리스도를 사랑하는 마음에서 힘과 용기를 얻게 되어, 영혼은 자진해서 그리스도처럼 살아 보고 싶은 충동을 느끼게 될 것이다.**

바로 이것이 십자가의 요한이 말하는 묵상의 가장 중요한 **목적**의 하나이다. 그러나 이것은 '숨은' **목표**라 하겠는데, 거기에 도달하기 위해서는 반드시 거쳐 가야 할 중간 목표에 먼저 우리의 시선을 고정시켜야 한다. 이 숨은 목표는 십자가의 요한이 말하는 묵상에 특수한 성격을 부여하는 것으로, 묵상은 관상에 이르게 하는 입문이 되어 준다.

---

199) 밀양가르멜 여자 수도원 역, 『하나님과의 일치(십자가 요한의 가르침)』 (성바오로, 2014) pp.115~140.
200) 극기 (克己)【명사】【~하다 → 자동사】 자기의 감정이나 욕심 따위를 의지로 눌러 이김. ~훈련 •~할 수 없는 자는 남을 다스릴 수 없다.
克(이길); 이기다, 능하다, 능히. 己(자기); 자기, 여섯째 천간, 다스리다
  克己란 자기를 어떤 방향으로 이끄는 힘에 대항하여 그쪽으로 끌려가지 않고 그것을 물리친 상태가 되는 것을 의미한다. 진정한 극기란 현재의 자신이 싫어서가 아니라, 현재의 자신도 괜찮지만 새로운 자신으로 변화하는 것을 의미한다. 자신의 욕구들을 없애야 하는 것이 아니라, 그것들을 다른 욕구로 바꾸는 것이다.
  우리가 저항하는 것은 지속되고, 살펴보는 것은 사라진다.
  욕망을 억제하기 위해 열정마저 식게 해서는 안 된다. 열정은 행동에 대한 사랑이기 때문이다. 극기는 결과에 대한 기대 없이 사는 것이다.

이 목표란 바로 하나님께 대한 사랑에 넘치는 깨달음을 얻고자 하는 것이다.

관상생활의 본질을 설명하는 저술가들은 한결같이 관상적 생활이 실제로 관상을 준비하는 삶이 되게 하려면 두 가지 일, 즉 **극기**와 **기도**, 특히 묵상 기도를 실천해야 한다고 말한다. 그러나 그들 모두가 묵상이 어떠한 방법으로 영혼을 관상에 다가가게 하는가에 대해서는 분명하게 보여 주지 못하고 있다. 십자가의 요한은 아빌라의 테레사에게 의존하고 있기는 하지만, 다른 점에서와 마찬가지로 이 점에서도 역시 그는 스승이다. 십자가의 요한은 테레사 영성의 신학자다. 그는 개혁 가르멜의 영적 어머니로부터 그 본질적인 것을 받아들이면서 거기에 학문적 체계를 끌어들인 사람이다. 묵상을 가르치는 데 있어서도 십자가의 요한은 전적으로 아빌라의 테레사에게 의존하고 있다. 그러므로 십자가의 요한의 생각을 더욱 명확히 알아듣게 하기 위해서, 가르멜의 위대한 성녀의 가르침에 의존하기를 주저하지 않겠다.

1) 아빌라의 테레사의 가르침과 십자가의 요한

십자가의 요한은 『가르멜의 산길』에서 다음과 같이 설명하고 있다. "하나님의 일을 묵상한다, 추리한다 하는 그 목적이 당신께 대한 어떤 깨침과 사랑을 얻어 내자는 깨우침에 있다"(『가르멜의 산길』 2.14,2).

이 문구야말로 십자가의 요한 식의 묵상의 억양을 전해 주는 금언이라 하겠다. 하지만 이 말을 충분히 이해하려면 십자가의 요한이 살았던 환경을, 특히 그가 각별히 영감을 받았던 아빌라의 테레사의 생각을 알 필요가 있다.

가르멜의 거룩한 개혁자인 아빌라의 테레사가 마음에 품고 또한 수녀들에게도 해설한 묵상 기도의 개념에서, 성녀는 자신이 기도에 부여한 애정적 성격을 분명하게 말하고 있다. 성녀에게 기도란 "영혼이 하나님에게 사랑받고 있다는 것을 알면서, 그 하나님과 단둘이서 자주 이야기하면서 사귀는 친밀한 우정의 나눔"(『테레사 자서전』 8.5)이었다. 결국 기도란 사랑을 주고받는 것이다. 영혼은 하나님께서 자기를 사랑하신다는 것을 이해하고, 한편 자기도 주님께 사랑을 표시한다. 영혼은 하나님과 이야기하면서, 분명하게 사랑의 초대를 느꼈기 때문에 하나님께 사랑에 대해 말씀드리기 시작한다. 그래서 테레사는 거듭 "기도란 많이 생각하는 일이 아니고 많이 사랑하는 일이다."(『영혼의 성』 4.1,7; 『창립사』 5,2)라고 하면서, 생각하는 일을 사랑보다 못하게 여기라고 강조하고 있다. 물론 묵상 기도 중에도 생각은 하게 되지만, 이는 더 많이 알기 위해서가 아니라 주님을 더욱 깊이 사랑하기 위해서이다.

그러므로 테레사는 다음과 같이 강조하고 있다. 즉, **묵상 기도 중 줄곧 생각만 하며 시간을 보내지 말고, 잠시 머리로 생각한 다음에는 주님께서 자기를 사랑하고 계심을 확신하고 있으니만큼, 추론하기를 멈추고 주님 앞에 고요히 머물면서 주님과 함께 사랑에 넘치는 대화를 나누기 시작하라**고 권한다. 그리고 그 대화 중에 마음을 활짝 열고 주님과 자기 자신, 곧 주님의 영광과 자신을 위해 품고 있는 모든 소망을 말씀드리라고 권한다.

아빌라의 테레사에게는, 바로 이것이 묵상 기도의 본질이다. 따라서 이 위대한 성녀에게 묵상 기도란 '주님과 나누는 사랑에 넘치는 대화'라고 말할 수 있겠다.

개혁 가르멜의 신학자들이나 영성 지도자들은 아빌라의 테레사의 가르침을 체계를 세워서 영혼들에게 더 쉽게 가르칠 수 있기를 바랐다. 이 목적을 위해 그들은 묵상기도가 구체적으로 발전하면서 변화되는 여러 부분이나 다른 순간들을 구별하여 설명하면서, 하나의 작은 묵상 기도 방법을 제시했다. 이 방법이 가르멜의 여러 남녀 수도원에서 널리 사용되었으며, 개혁 가르멜 시초에 「수련자의 교육」이란 책에 모두 수록되었다. 초기 가르멜 저술가들은 이 책에 여러 차례 주석을 달았다.

그 기도 방법을 체계화한 사람이 십자가의 요한이었는지는 확실치 않지만, 십자가의 요한이 그것을 승인한 것은 의심할 여지가 없다. 왜냐하면 「개혁사」가 말해 주듯, 그 「수련자의 교육」의 인쇄를 허가하는 공문서에서 '검토하고 교정함'에 십자가의 요한이 서명했기 때문이다. 이 방법을 직접 설명한 그의 저서는 한 권도 남아 있지 않다. 십자가의 요한은 다만 자신의 저서에서, 묵상의 영역에서 벗어나 어떻게 점차 관상으로 옮겨 가는지를 설명했을 뿐이다. 십자가의 요한의 전기를 맨 처음 쓴 작가는 이 점에 대해 매우 명백히 말하고 있다. 실제로 예수 마리아의 요셉 키로가 신부는 이 특별한 작은 책에서, 십자가의 요한이 어떤 방법으로 제자들에게 묵상을 가르쳤는지 설명하고 있다. 그는 십자가의 요한에 대한 가장 흥미로운 전기를 남겼으며, 또한 성인의 가르침에 대해 많은 반대자가 있었던 시대에 그의 옹호자였다. 키로가 신부의 설명에서, 우리는 아빌라의 테레사의 가족에게는 전통이 된 작은 묵상 기도 방법의 본질을 모두 다시 찾아볼 수 있다.

그러므로 우리는 묵상의 실천에 관한 신비 박사의 가르침을 명확하게 다시 체계화하는 데 필요한 모든 기록을 가지고 있는 셈이다. 이제 사실 십자가의 요한에게, 모든 묵상은 영혼을 가장 좋은 방법으로 관상에 이르도록 준비시키기 위해, 하나님께 대한 사랑에 넘치는 깨달음에, 그리고 그분과 나누는 사랑에 찬 대화에 마음을 모으는 것임을 알게 될 것이다.

2) 정적(情的)인 묵상 - 마음에서 마음으로[201]

순서에 따라 잘 설명하기 위해, 가르멜의 전통적 방법에서 보여 주는 묵상적 기도의 개요를 따르기로 하겠다. 거기서 묵상은 일곱 가지 부분으로 나누어지며 준비·독서·**묵상·대화**·감사·봉헌·청원이다. 마지막 세 가지는 자유이며, 처음 두 가지는 준비 단계이다. 따라서 실질적으로는 묵상과 내적 대화, 또는 대화라는 두 부분만 남게 되므로 복잡하다는 생각이 없어진다. 처음 두 가지 부분, 즉 준비와 독서는

---

[201] 채창락 저, 『사랑의 님이시여』 (성바오로, 2003) pp.65~74.

묵상과 내적 대화를 잘할 수 있도록, 심리적으로 가장 좋은 상태가 되도록 준비시킨다. 마지막 세 가지 부분, 즉 감사·봉헌·청원은 하나님과 더 길게 대화하도록 도와주기 위한 것이다.

묵상 기도의 목적을 생각한다면, 독서와 준비가 얼마나 필요한 것인지 쉽게 알 수 있을 것이다. 만일 묵상 기도가 결국 우리에 대한 하나님의 사랑을 곰곰이 생각해 보는 데서 비롯되고 깊어지는, 사랑이 넘치는 하나님과의 대화로 끝나는 것이라면, 그런 묵상을 하기 위해서는 하나님께서 우리를 사랑하시고 또한 우리에게 사랑받기를 바라신다는 것을 더욱 확신하도록 도와줄 수 있는 주제를 선택해야 한다. 독서는 합당한 제목을 선택해야 하는데, 묵상 책이나 좋아하는 영적 서적이나 전례서, 또는 섭리로 눈에 띄게 되는 구절이나 다른 모든 것이 묵상재료가 될 수 있다.

묵상 기도의 본질과 그것을 받쳐 주는 것이 곧 주님과 나누는 사랑의 대화임을 알 때, 우리는 준비가 얼마나 필요한 것인지, 또 준비는 어떻게 해야 하는지를 쉽게 이해하게 된다.

누구하고 친밀히 이야기하려면, 그가 내 앞에 있어야 한다. 왜냐하면, 정다운 대화란 서로 멀리 떨어져 있으면서는 할 수 없기 때문이다. 만일 아주 큰소리로 말해야 한다면 정다움이 가셔 버릴 것이다. 주님과 더불어 사랑이 넘치는 대화를 하기 원하는 영혼 역시 하나님을 자기 곁에 모셔야 한다. 따라서 하나님과 사랑이 넘치는 내적 대화로 끝나는 묵상 기도를 위한 준비는, 하나님과 만나면서 그분 앞에 머무는 것이다. 성삼위께서 우리의 동반자로 우리 안에 머무시며 당신들과 함께 지내도록 우리를 초대하고 계심을 알고 있는 우리 영혼의 지성소에서 그분을 찾던, 바로 그곳에 있어야 한다.

예를 들면, 우리가 주님께서 우리에게 넘치는 사랑을 드러내신 가장 거룩한 수난을 생각함으로써 우리의 하나님이신 구세주를 더욱더 사랑하게 되기를 다짐하는 것이다. 복음서의 훌륭한 주해에서 주님께서 견디셨던 가혹한 채찍질 묘사를 읽었다면, 이제 묵상 기도를 시작하는 순간에, 우리는 말씀이신 하나님의 현존 안에 머무르며 자기 영혼 안에서 그분을 흠숭202)해야 한다. 왜냐하면, 말씀은 성부와 성령과 함께 참으로 거기에 계시기 때문이다. 이미 우리가 알고 있듯이, 예수님께서는 삼위 일체 중 둘째 위격이시고, 거룩한 세 위격 모두가 우리 안에 거처하신다. 이렇게 할 때, 우리는 묵상기도를 잘 시작한 것이다. 키로가 신부는 십자가의 요한이 이것을 어떻게 제자들에게 가르쳤는가를 설명하고 있다. 즉, 아빌라의 테레사의 경우와 같이, 추리야말로 영혼으로 하여금 주님과 사랑이 넘치는 대화를 시작하게 해 준다.

　수난의 신비에 대한 추리나 성찰은 상상력으로 쉽게 재현해 볼 수도 있다. 정도의 차이는 있겠으나 어떻든 복음의 주해를 읽은 사람이라면 채찍질의 장면을 누구나 그려 볼 수 있을 것이다. 그러한 상상을 하는 것이 어려운 사람은, 예수님의 그림을 손에 들고 보면서 도움을 받는 것도 좋다. 그 신비를 '내적으로' 재현해 볼 수 있는 영혼이라면, 그렇게 재현해 보면 좋다. 그러나 십자가의 요한이 강조하고 있는 것은, 거기에 너무 많은 시간을 쓰지 말라는 것과 또한 정확하고 세부적인 상상도 필요치 않다는 것이다. 어떤 모양으로 무엇을 재현해 보든 간에, 그 상상을 고정시켜 추리를 쉽게 할 수 있으면 그것으로 충분하다. 가장 중요한 것은 곰곰이 생각(추리)해 보는 것이며, 이를 위해서 시간을 더 쓸 필요가 있다. 말하자면 우리의 영혼 안에서 육화되신 말씀이 우리를 사랑하시고 우리의 사랑을 받고 싶어 하신다는 것을 분명하게 깊이 알아차리기 위해서는, 필요한 만큼의 시간을 충분히 써야 한다.

　십자가의 요한도 아빌라의 테레사처럼, 구세주께서 매 맞으시던 참혹한 장면을 자주 상상해 본 것 같다. 두 사람이 다 그것에 대해 분명하게 말하고 있기 때문이다. 또한 묵상할 때 추리를 좀 더 쉽게 하도록 작은 질문지를 만들어서 권했던 것을 보더라도 알 수 있는데, 그 질문지는 그 당시 사람들에게 널리 알려졌던 것 같다. 내용은 다음과 같다.

---

202) 가톨릭에서 사용하는 용어로 지존하신 하나님께만 드리는 최고의 예배와 공경이다. 공경은 성인들에게 드리는 존경의 예이다. 공경의 의미이나 사람에게는 공경이라고 하지만 하나님에 대해서는 흠숭(欽崇, worship, Adoration, 예배)이라고 한다.

'고통받으시는 분은 **누구**인가? **무엇**으로 고통받으시는가? **왜** 고통받으시는가? 어떻게 고통받으시는가?' 이러한 질문에 대해 자연스럽게 나오는 대답들은 분명 우리를 향한 하나님의 사랑에 대해 깊은 확신을 갖도록 이끄는 데 적합한 것이다.

'고통받으시는 분은 **누구**인가?' 그분은 우리와 똑같은 인성을 취하시고, 우리의 죄를 기워 갚으시려고 이 세상에 오신 삼위일체 중 둘째 위격이신 하나님의 아들이시며 거룩한 말씀이시다. "저희 인간을 위하여, 저희 구원을 위하여 하늘에서 내려오시어, 사람이 되시고… 저희를 위하여 고난을 받으셨던"(신경) 그분이 바로 나를 위해 사람이 되신 나의 하나님이다.

'**무엇**으로 고통받으시는가?' 로마인의 잔인한 매질, 납과 가죽으로 얽은 보기에도 소름 끼치는 채찍은 보드라운 살을 찢어 갈기갈기 상처내고, 맞으실 때마다 늘어나는 수많은 상처에서 흐르는 피는 순식간에 온몸을 뒤덮고 만다.

'**왜** 고통받으시는가?', '**왜** 성부께서는 그것을 허락하셨으며, 성자는 **왜** 그것을 승낙하셨는가?' 그것은 주님께서 우리를 사랑하시기 때문이며, 그 잔혹한 고통으로 우리의 죄를 구속하시어 구원과 성화의 길을 다시 찾아 주고자 하시기 때문이다. 그 때문에 주님께서는 우리를 위해 희생되셨다. 또한 우리도 주님을 위해 무언가 고통을 겪을 수 있도록 하시려고 우리의 모범이 되어 주시고 인내의 본보기가 되신 것이다.

'어떻게 고통받으시는가?' 죽기까지 고통받으시면서도 끝내 침묵하셨으며, 매도 피하려고 하지 않으신 이 '가장 인내로운 어린양'을 보아라. 이런 고통을 주님께서 기쁘게 받으신 것은 참으로 우리를 위해 고통당하기를 원하시고, 우리의 죄를 속죄하시고, 또한 아낌없는 헌신의 모범을 보여 주고자 하셨기 때문이다. 아, 하나님의 아드님께서는 우리를 참으로 얼마나 사랑하시는지요!

자신에 대한 그리스도의 사랑을 이처럼 깊이 자각한 영혼은 자연히 사랑을 고백하게 되지 않겠는가? 자기도 사랑하고 싶다는 소망을 품게 되고, 사랑에 사랑으로, 아낌없는 헌신에 아낌없는 헌신으로 보답하고 싶다고 분명하게 말(맹세)하지 않겠는가?

사람이 되신 말씀이신 그리스도의 고뇌를 진지하게 생각한다면, 우리를 그토록 사랑하신 주님께 사랑으로 보답하지 않고는 견딜 수 없는 마음이 되어 그것을 말씀드리지 않고는 못 배기게 된다. 즉, 영혼은 주님께 말씀드려야만 한다! 이제 영혼은 주님과 이야기를 시작하게 된다. "나의 하나님, 주님께서는 이토록 저를 사랑하셨기에 저도 주님을 사랑하고 싶습니다. 이제까지 너무도 조금밖에 사랑하지 못한 것을 진심으로 뉘우칩니다. 하지만 주님, 앞으로는 당신을 더욱 사랑하고 싶습니다. 당신의 거룩한 사랑에 저 자신을 바치고 싶습니다. 당신을 끊임없이 더욱 깊이 사랑하고 싶습니다. 당신 성심께 가는 길, 사랑에서 진보하는 길을 열어 주셨으니 저는 얼마나 행복합니까? 저는 때를 놓치고 싶지 않습니다. 끊임없이 진보하기를 바라며, 저의 사랑이 말로만 그치게 하고 싶지 않습니다. 저의 사랑을 행동으로 보여 드리고 싶습니다. 주님! 당신의 거룩한 뜻을 이루면서 저를 온전히 바쳐 주님을 섬기고 싶습니다!"

영혼은 이런 사람의 표현을 아주 여러 가지 방식으로 끊임없이 말할 수 있다. 하지만 그것이 우리의 사랑을 드러내는 유일한 방식은 아니다. 영성 생활에서 아직도 감수성이 큰 역할을 하면서 영혼에게 그런 특별한 색조를 띠게 하는 한, 그러한 표현을 자주 말로 표현하며, 또한 소리를 내어 말하게 된다.

그러나 영성 생활이 진보함에 따라 자동적으로 일어나는 현상으로, 이제는 의지가 감수성을 더욱 지배하게 된다. 그렇게 되면 비록 사랑이 민감한 마음에 어느 정도 영향을 주기는 하지만, 사랑의 표현 방법이 덜 충동적이고 덜 요란스럽게 되며, 자주 바깥으로 드러내지 않는 대신 더욱 깊이를 지니게 된다. 그때 영혼은 사랑을 더욱 평온하게 표현하나 주님께 향하는 의지의 움직임은 훨씬 확고하고 진지해진다. 이제 영혼은 자신에 대한 하나님의 사랑을 깨닫게 되어 그분을, 사람이 되신 말씀을 늘 주시하게 된다. 이때 영혼은 더 이상 깊이 지적 추리를 하지 않으며, 깊이 생각하면서 찾지도 않고, 그럴 필요도 느끼지 않는다. 이미 '깨달았으므로', 이제는 사랑 때문에 고통받으시고 사랑하도록 우리를 초대하시는 그리스도를 묵상하는 직관적 눈길로 찾아낸 그 열매를 맛보며 음미하게 된다. 키로가 신부가 십자가의 요한의 가르침을 해설하듯, '영혼은 하나의 사랑의 행위 안에서 충실하게 하나님께 주의를 기울이고 있는 것'이다.

적어도 짧은 순간이지만, 영혼은 일종의 사랑이 넘치는 눈길로 하나님을 주시할 수 있게 된다. 어떤 복잡함도 소란스런 행위도 없이, 매우 단순하게, 하지만 또한 진정한 깊이를 지니면서 영혼은 고요한, 그러나 강렬한 사랑의 움직임 속에서 하나님께 온전히 열중하게 된다.

그 상태에서는 특히, 키로가 신부의 말처럼, 기도는 하나님과 나누는 대화가 되며, 영혼이 하나님께 말씀드릴 뿐만 아니라 하나님께서도 영혼과 더불어 말씀을 나누신다. 하나님께서 당신의 음성을 들려주신다는 것이 아니라, 그 영혼에게 빛을 주시어 하나님의 위대하심과 만물 위에 사랑받으셔야 마땅한 분임을 더욱 깊이 깨닫게 해 주신다. 또한 영혼에게 사랑의 힘을 주시어 사랑하도록 도와주신다.

이처럼 의지가 충심으로 하나님께 향하는 고요하고 평화로운 대화, 즉 하나님의 온화하심에 눈길을 모음으로써 계속되는 내적 대화야말로, 십자가의 요한에게 있어서, 묵상기도의 참된 목적이며 결과이다. 다음과 같은 십자가의 요한의 말로도 알 수 있다.

"하나님의 일을 묵상하는 목적은 하나님께 대한 사랑에 넘치는 깨달음을 얻으려는 것이다"(『가르멜의 산길』 2.14.2).

3) 실생활과의 결부 203)

묵상 기도는 여기서 끝나는 것이 아니며, 또 적어도 여기서 끝내서도 안 된다. 기도가 영성 생활에서 충분한 효력을 발휘하려면, 일상생활에 실제적으로 영향을 주어야 한다. 즉, 실생활에서 덕행과 극기를

---

203) 성녀 마리아 막달레나의 가브리엘, 「사랑에 산다」 부산가르멜 수도원 역, (한국천주교중앙협의회, 1989) 참조.

꾸준하게 철저히 실천하는 좋은 습관을 기르도록 이끌어 주어야 한다. 십자가의 요한은, 사랑이 우리를 재촉해서 그리스도를 본받고 싶게 되어 그분의 모범을 묵상함으로써, 우리도 철저한 포기를 통해 우리의 의지를 더욱 강하게 만들어 갈 것을 권한다.

그처럼 무섭게 매 맞으심을 생각할 때, 우리는 그리스도께 대해 더욱 큰 사랑을 느끼게 된다. 또한 우리를 사랑하시기 때문에 고통을 받아들이고 견디어 내신 그 인내, 그 철저한 헌신에 감탄하게 된다. 그리고 그 사랑에 감동되어 '주님처럼 살려고 원하게' 된다. 따라서 지금이야말로 실제적으로 극기를 결심하도록 자극을 받는 순간이다. 묵상기도의 마지막 부분은 이러한 실제적 결의를 다지고 더욱 확고하게 하기 위한 것이다.

묵상 기도의 둘째 부분은 반드시 이어서 해야 하는 것은 아니다. 사실이 부분은 '선택의 자유'가 있다고 했는데, 왜냐하면 언제나 똑같은 식으로 묵상하게 되는 것이 아니며, 때로는 지금까지의 묵상 기도 중 여러 번 마음으로 다짐한 실제적 결의를 다시 한 번 굳게 다짐하는 것으로 묵상을 마치기도 하기 때문이다. 묵상 중 거의 모든 시간을 진정 하나님을 사랑하고 싶은 소망에서 주님과 사랑을 다하여 이야기하며 보낸 후, 기도 끝부분에는, 실제적인 결론을 내릴 생각으로 그 결심을 새롭게 하게 된다. 그런 다음, 이 결심을 실현할 기회를 많이 만나게 될 일상의 일과로 돌아간다. 영혼이 일단 하나님께서 자신에게 정말로 무엇을 요구하고 계시는지 알고, 주님과 사랑에 넘치는 대화를 쉽게 할 수 있게 되면, 위에 말한 것과 같은 순서로 묵상해도 아무 상관없다.

그렇지만 모든 영혼이 똑같은 자질을 갖추고 있지는 않다. 특히 초기에는 더욱 그렇다. 어떤 사람들은 만일 하나님과 사랑에 대해서만 말하기 위해 멈추고 싶어 해야 한다면, 이내 게을러지거나 싫증을 느낄 것이다. 우리가 '주님을 사랑합니다.' 또는 '주님을 사랑하고 싶습니다.'라고 거듭 되풀이하더라도 하나님께서는 결코 싫증내시지 않겠지만, 어떤 사람들은 같은 말을 거듭하는 것에 싫증을 낸다. 여기에 영혼 측의 어려움이 있다. 계속 집중할 수 있기 위해서는, 가끔 약간의 변화가 필요하다. 따라서 하나님께 드릴 말씀이 몇 가지 있게 되면, 주님과 정답게 이야기를 계속하는 것이 더욱 쉽게 된다. 바로 이 점을 돕기 위해, 십자가의 요한이 인정한 테레사적 묵상 방법에서는 감사와 봉헌과 청원이라는 마지막 세 가지 부분을 제시하고 있다. 이와 같이 하나님과 계속 이야기하는 동안, 영혼은 또한 가장 아름다운 자극을 받게 되기도 한다. 그리하여 극기를 더욱 열성껏 실천하고 싶어지고, 그리스도의 가장 거룩한 수난을 묵상하면서 얻게 된 더욱 강렬한 사랑을 힘껏 실천하고 싶어진다.

우리를 사랑하시기 때문에 고통당하시는 주님을 사랑하는 마음으로 묵상하면서 사랑에서 우러나오는 말을 거듭 말씀드리고 나면, 영혼은 주님께 감사하는 마음을 표현하고 싶어진다. 그래서 그러한 사랑의 고백에 이어 저절로 감사의 행위를 할 수 있게 된다. 이때 예수님께 우리를 위해 그처럼 많은 고통을 당하기를 원하신 것을 감사드리는 데 그치는 것이 아니라, 그 거룩한 수단을 통해 얻어 주신 은총에 대해서도 감사드리게 된다. 즉, 하나님의 은총을 입고서 그리스도인이 되고 그분의 자녀가 되어, 우리의 영혼 안에 계시는 하나님을 만나며 살 수 있게 된 그 엄청난 행운을 감사드리게 될 것이다. 이 모든 것은 예수 그리스도 덕분이다. 이 은총에 관해서는, 우리 자신만이 아니라 하나님의 은총을 함께 누리고 있는 우리에게 소중한 사람들을 위해서도 감사드릴 수 있다. 여기서 감사하는 마음으로 감동된 고결한 영혼은 오랫동안 기쁨에 잠길 수 있게 된다.

고결한 마음은 자신이 많이 받았다는 것을 알고 있기 때문에 자신도 그 은혜에 보답해야겠다고 느낀다. 그래서 감사하는 마음에서 자연히 무언가 바쳐야 할 의무와 그러고 싶은 마음을 갖게 된다. 이때야말로 좋은 결심을 한다든가, 아니면 결심한 것들을 돌이켜 보며 잘 지키겠다고 다짐하는 때이다. 막연히 '주님을 섬기고 싶습니다.'라고 말씀드리는 것만으로는 흡족해하지 않고, 구체적으로 현재 생활에서 어떤 결심을 해야 하는지 깊이 생각하게 될 것이다. 하나님과 일치되기를 바라는 영혼이 해야 할 실천은 참으로 엄청나다! "보다 쉬운 것보다 보다 어려운 것을, 보다 즐거운 것보다 차라리 덜 즐거운 것"을 택하기 위해, 즉 온갖 집착에서 자유롭게 해줄 수 있는 엄격한 힘든 고행을 받아들이기 위해 얼마나 많은 것에서 떠나야 하며 얼마나 많은 힘을 쏟아야 하겠는가! 영혼은 예수님께서 얼마나 자기를 사랑하셨으며, 자기를 위해 얼마나 많은 고통을 당하셨는가를 깊이 깨닫게 된다. 예수님께서는 모든 것을, 당신의 행복과 건강과 생명까지도 내 영혼을 위해 다 버리셨기 때문이다. 따라서 예수님을 위해서 무엇인가 포기하겠다는 용기가 솟구치지 않겠는가? 물론 그렇다! 영혼은 자신의 지향을 깨끗하게 하려고 끊임없이 노력할 것이다. 모든 일을 예수님과 성부님의 마음에 들게 하려고 애쓸 것이다. 더 이상 자기 자신을 위해서가 아니라 온전히 하나님의 영예와 영광만을 위해서 살고 싶어질 것이다.

그래서 영혼은 자신을 함정에 빠뜨리는 장애물들을 모두 없애 버리기로 결심한다. 즉, 하나님의 틀에 맞지 않는 즐거움, 지나치게 감각적인 만족에 대한 집착, 안락을 무절제하게 추구하는 데서 생기는 물건에 대한 애착, 다른 사람의 결점을 도저히 참을 수 없게 되어 이웃과 충돌하고 무례하게 굴고 불평하면서 종종 애덕을 실천하지 못하게 하는 자애심을 없애기로 결심한다.

그는 말할 것이다. '이토록 나를 사랑하신 예수님께서는 그런 것들을 다 싫어하신다! 예수님이 친히 완전한 포기의 표양을 보여 주셨는데, 내 영혼을 위해서 당하신 그 고통을 헛되게 하고 싶지 않다. 나는 예수님께 많은 사랑으로 보답하고 싶고, 나 자신의 성화를 위해 나를 버리고 예수님과의 완전한 일치에 이르고 싶기 때문이다!' 하지만 영혼은 경험을 통해 자신의 나약함을 알고 있으며, 거룩하게 되기 위해서는 좋은 결심만으로 부족하다는 것도 알고 있다. 그 결심들을 꾸준히 충실하게 지켜야 하는데, 그것은 쉬운 일이 아니다. 반대로 그것은 초자연적인 일이며, 더 정확히 말하자면 은총 생활에 관한 문제이다. 영혼은 예수님께서 "나를 떠나서는 너희가 아무것도 할 수 없음이라"(요 15:5)라고 가르쳐 주신 것을 잊지 않고 있다. 거룩한 삶에서 진보하려면, 하나님의 도우심이 필요하다. 바로 이것을 하나님께 청해야 한다. 주님께서도 "구하라 그리하면 너희에게 주실 것이요 찾으라 그리하면 찾아낼 것이요 문을 두드리라 그리하면 너희에게 열릴 것이니"(마 7:7) 하고 말씀하셨다.

그래서 영혼은 주님의 문을 두드리면서 '주님, 저를 도와주십시오! 주님 없이는 저는 아무것도 할 수 없습니다.'라고 간청한다. 지난날의 나약함을, 유혹에 빠졌던 경우를 돌이켜보면서, '우리를 시험에 들게 하지 마시옵고 다만 악에서 구하시옵소서'(마 6:13)라고 간청한다. 영혼은 자신을 위해서 청하지만, 애덕은 다른 사람들을 위해서도 간청하도록 촉구한다. 즉, 그가 돌봐야 할 영혼들을 위해서, 가장 도움이 필요한 이들, 죄인들·임종자들·죽은 이들·사제들·조국·교회를 위해서도 청한다. 하나님께 청할 것이 너무도 많다. 영혼은 자신이 주님께 사랑받고 있음을 느끼고 있기에, 이제 사랑이 충만한 분위기 속에서 주님께 청할 수 있게 된다. 따라서 그는 하나님의 힘 있는 도우심을 확신하면서 깊이 신뢰하는 마음으로 주님께 말씀드리게 된다.

4) 영혼의 관상적 시선- 하나님을 바라보다

감사·봉헌·청원으로 이루어진 이 모든 사랑의 대화는 결국 실제적으로 사랑의 생활을 하도록 준비시켜, 영혼은 실생활에서 관대한 행위를 통해 사랑을 보여 주기 시작한다. 또한 이러한 대화는 묵상의 결과로 지니게 된 하나님을 향한 사랑의 눈길을 더욱 정겨워지게 한다. 또한 지금까지 묵상한 개념을 통해 더욱 풍요로워진 지적인 눈으로 바라보며 나누는 육화하신 말씀과의 친밀한 대화를 한층 깊어지게 해 준다. 영혼은 우리에 대한 하나님의 사랑을 깨닫고, 하나님을 진정 사랑하기로 다짐하면서 그의 의지를 온 힘을 다해 그분께 향하게 한다. 하나님께 대한 사랑에 넘치는 깨달음을 통해서, 영혼은 그에게 필요한 몇 가지 실제적 결심을 하게 된다. 그리고 마음에서 솟구치는 사랑에 힘입어 주님을 바라보면서, 그 결심을 더욱 철저히 실천하고자 한다. 한편, 더욱 너그러워지려고 하는 이러한 노력은 주님께 대한 사랑을 더욱 자라게 해 준다. 이러한 노력은 마음속에 더더욱 사랑의 불을 당겨 주며, 계속 하나님의 벗으로 지내고 싶은 내밀한 소망을 마음 깊이 느끼게 한다. 그러므로 실제로 묵상 기도의 중심을 이루는 것은 하나님께 대한 사랑에 넘치는 깨달음을 얻으려는 노력을 꾸준히 하는 것, 그리고 그 사랑에 깊이 잠긴 영혼이 사랑에 넘치는 눈길로 바라보며 하나님과 나누는 대화이다.

십자가의 요한은 묵상 기도에 이중의 목적이 있다고 한다. 첫째는 하나님과 친밀한 대화를 하게 되는 것이다. 이때 영혼은 마음속에서 주님께 말씀드리고 또한 하나님께서도 영혼에게 말씀하신다. 둘째는 철저한 포기를 통해 의지를 잃지 않는 것이다. 그러나 이미 말했듯이 둘째 목적은 첫째 목적을 통해 도달하게 된다. 포기를 실천하기 위해 너그럽게 자신을 바치기로 결심하는 것 또한 더욱 굳세고 진지한 의지로 주님께 그의 사랑을 증명하도록 도와준다. 그러므로 십자가의 요한은 묵상 기도의 목적에 대해 다음과 같은 뜻깊은 말을 하고 있다.

"하나님의 일을 묵상하는 목적은 **하나님께 대한 사랑에 넘치는 깨달음**을 얻으려는 것이다"(『가르멜의 산길』 2,14,2).

이제 우리는 십자가의 요한이 말하는 '사랑에 넘치는 깨달음'이 무엇을 뜻하는지 알고 있다. 그것은 오히려 하나님의 신비를 마음 모아 깊이 헤아려 봄으로써, 지금까지 하나님을 사랑했던 것보다 더욱 사랑하고 싶다고 느끼게 하는 묵상 끝에 오게 되는, 오히려 고요하고 평온한 영성적 마음의 자세를 말하는 것이다.

이러한 마음의 상태를 '**오히려 고요하고 평온한**' 자세라고 하는 것은 여기서 추리를 멈추기 때문이다. 이제는 주님께 향하는 단순한 사랑의 눈길에 그 자리를 내주기 위해서이다. 지금까지의 묵상을 통해 그분의 선하심을 더욱더 깊이 알게 되었기 때문이다. 그 이유에서만은 아닐 것이다. 묵상하는 것이 이미 익숙해진 영혼의 경우는 더욱 그렇다고 하겠는데, 그때는 주님과 나누기 시작하는 내적 대화 역시 매우 고요하며, 많은 말을 하지 않게 된다. 따라서 말로 표현하기보다는 마음이나 의지의 단순한 움직임으로 점차 '주님의 사랑의 반려자'가 되는 것이다. 영혼은 사랑에 넘치는 눈길로 하나님을 바라보게 되고, 하나님께서는 영혼을 비추어 주시며 당신께 가까이 끌어당기심으로써 이 소리 없는 사랑의 언어에 응답해 주신다.

십자가의 요한은 『가르멜의 산길』에서, 이러한 사랑에 넘치는 깨달음의 행위가 영혼을 관상에 이르도록 준비시켜 준다고 설명하고 있다. 왜냐하면 그런 행위는 매번 조금씩 사랑의 눈길로 하나님을 바라보는 데 익숙해지게 해 주기 때문이다. 좋은 묵상은 종종 하나님과 사랑의 대화를 하는 행복한 순간을 갖게 해 준다고 성인은 설명한다. 이러한 순간은 지나가 버리지만 반복되면서, 서서히 영혼 안에 오로지 하나님을 사랑의 눈길로 바라보면서 하나님과 함께 머무는 습성이 생기게 한다. 따라서 영혼은 적어도 자신의 힘으로 가능한 수준의 관상적 기다림을 어느 정도 배우게 된다. 심리적으로 관상적 시선을 지닐 수 있게 되는 것이다.

더욱 앞으로 나아가려면, 우리는 또한 주님의 중재가 필요하다. 사실 주님께서 그 영혼을 만나러 오셔서 그의 갈망을 채워 주실 것이다. 그렇지만 주님께서는 많은 이들이 전혀 예기치 않은 식으로, 즉 영혼 안에 위기를, 무미건조함이라는 괴로운 위기를 겪게 하시면서 그를 만나러 오신다. 이것이 바로 하나님 편에서 하시는 일이다. 다음 장에서는 그것을 살펴보겠다. 이제까지 영혼이 어떤 식으로 자신의 몫을 하는지를 보았다. 즉, '관상적' 묵상이라고 하는 사랑에 넘치는 묵상을 통해 영혼은 스스로 관상을 위한 마음의 준비를 해야 하는 것이다.

6. 묵상기도의 단계[204]

묵상기도의 단계는 아빌라의 테레사가 말하는 관상기도의 네 단계

---

[204] 고성·밀양가르멜 여자수도원 역, 「천주자비의 글」(경북, 분도출판사, 2015년) 제 11,12,13장. 참고로 서울여자가르멜 수도원(2007년)이 있으나 최신 출판한 역본을 사용하기로 했다.

중 첫 단계이다. 여기서는 그 첫 단계를 옮긴다. 묵상기도에 대해서는 앞에서 본 바와 같다. 앞에서 충분히 이해한 경우는 그냥 지나가도 좋다. 그러나 겸손한 이는 한 번 읽고 도움을 받기를 바란다. 글의 구조는 변경하여 제목을 붙이고, 이하 번호는 원문을 찾을 때 용이하도록 그대로 사용한다.

1) 단시간에 배우지 못한다

왜 우리가 짧은 시간에 하나님의 사랑을 완전하게 배우지 못하는지 그 이유를 말한다. 비유로써, 기도의 네 단계를 설명하기 시작한다. 여기서는 그 첫째 단계[205]를 설명한다. 이 가르침은 초보자들과 기도에서 아무 위로를 받지 못하는 영혼들에게 매우 유익하다.

(1) 그럼 이제 사랑의 종이 되기 시작하는 영혼들에 대해 이야기하겠습니다. 우리를 그처럼 극진히 사랑해 주시는 분을 이 기도의 길로 따르려고 결심할 때, 우리는 바로 사랑의 종이 되는 것이라고 생각합니다. 그것은 매우 높은 명예이므로, 나는 그 생각만 해도 특별한 기쁨을 느끼게 됩니다. 왜냐하면 이 첫째 단계에서 우리가 마땅히 해야 할 바를 행한다면, 노예근성의 두려움은 즉시 사라져 버리기 때문입니다. 오, 내 영혼의 주님, 나의 보화이시여! 주님은 어째서, 한 영혼이 당신을 사랑하기로 결심하며 이 목적을 이루기 위해 더욱 헌신하고자 모든 것을 떠나 힘껏 노력할 때, 그가 즉시 이 완전한 사랑을 차지하는 기쁨을 맛보게 해 주시지 않습니까? 하지만 내가 말을 잘못했습니다. 왜 우리는 그것을 원하지 않느냐고 불평해야 옳았습니다. 우리가 즉시 그처럼 드높은 품위를 누리며 기뻐하지 못하는 것은 전적으로 우

---

[205] 제11장에서 제22장까지는 묵상 기도와 그 단계에 관한 작은 논문으로 구성되어 있다. 어조도 자서전적 어투에서 가르치는 어투로 바뀌고 있다. 제23장에서 성녀가 말하는 내용을 이해하도록 독자들을 준비시킨다.

리 탓이기 때문입니다. 하나님의 참사랑을 완전히 차지하게 되면, 이 사랑과 더불어 온갖 축복을 다 받게 되어 있으니까요. 하지만 우리는 하나님께 우리 자신을 온전히 드리는 데 몹시 인색하고 더딥니다. 그래서 그처럼 귀중한 은총을 받을 수 있도록 우리 자신을 제대로 준비하지 못하고 있습니다. 지존하신 주님께서는 우리가 먼저 그런 비싼 대가를 치르지 않고서는 그 귀중한 은총을 주려 하지 않으십니다.

(2) 나는 그처럼 귀한 축복은 이 세상의 무엇으로도 살 수 없다고 확신합니다. 그러나 만일 우리가 지상의 어떤 것에도 집착하지 않기를 바라고, 모든 관심과 대화를 천상적인 것에 두기 위해 할 수 있는 것을 한다면, 우리도 곧 이런 축복을 받게 될 것을 의심하지 않습니다. 만일 우리가 몇몇 성인들이 그랬듯, 우리 자신을 짧은 기간에 완전히 준비시킨다면 말입니다. 우리는 하나님께 모든 것을 드리고 있다고 생각합니다. 그런데 우리가 실제로 하나님께 바치고 있는 것은 땅에서 얻은 소득이나 수확물이고, 땅의 전 자산과 소유권은 여전히 우리가 갖고 있습니다. 우리는 가난하게 되기로 결심했고, 이런 결심은 큰 공로가 됩니다. 그러나 우리는 곧잘 필요한 것뿐만 아니라 필요 이상의 것까지도 부족함이 없도록 하려고, 다시 신경 쓰며 계획하고 그런 것을 대줄 만한 친구들을 사귀기까지 합니다. 그래서 많은 고심을 하며, 이전에 우리의 재산을 소유했을 때보다 더 큰 위험에 놓이게 됩니다.

아마 우리는 수녀가 되었을 때나 이미 영성적 생활을 하며 완덕의 길을 따르기 시작했을 때, 우리 자신의 중요성에 대한 온갖 생각을 포기한 것으로 보입니다. 하지만 우리의 자존감이 조금만 상처를 받아도, 그것을 이미 하나님께 바쳤다는 것을 잊어버리고 맙니다. 그래서 그것을 되찾으려고 애쓰는데, 말하자면 하나님 손에서 그것을 억지로 빼앗으려 드는 것입니다. 겉보기에는 그분을 우리 의지의 주님으로 모셔 놓고서 말입니다. 그 밖의 다른 모든 일에서도 그와 마찬가지입니다.

(3) 이처럼 그럴듯한 방법으로 하나님의 사랑을 얻으려고 하다니요! 우리는 흔히 말하듯, 두 손 가득 받기를 기대하면서도 우리 자신에 대

한 애착을 그대로 간직하고 싶어 합니다. 우리는 소망을 실현해 보려고 애쓰지도 않고, 지상의 모든 것에서 초연해지려고 노력하지도 않으면서 많은 영적 위로를 받고 싶어 합니다. 이것은 바람직하지 않습니다. 이 두 가지 목표는 모순된다고 생각합니다. 따라서 우리는 우리 자신을 온전히 포기하지 못하기 때문에 결코 이 보화를 한꺼번에 받지 못하는 것입니다. 비록 한 방울씩이라도 좋으니, 주님께서는 우리에게 그 보화를 주시길 바랍니다. 그것을 받기 위해서 이 세상의 온갖 시련을 대가로 치러야 해도 좋습니다.

(4) 그 같은 보화를 얻기 위해 힘껏 노력하기로 결심할 수 있도록 어떤 영혼에게 은총과 용기를 주실 때, 주님께서 그에게 참으로 자비를 베푸시는 것입니다. 하나께서는 참고 견디는 영혼에게 당신 자신을 주는 것을 거절하지 않으시기 때문입니다. 그런 영혼에게는 승리를 거둘 때까지 서서히 용기를 북돋아 주십니다. 내가 '용기'라고 말하는 것은, 악마는 처음부터 영혼이 이 길로 떠나는 것을 막으려고 그 길에 수많은 장애물을 쌓아 놓기 때문입니다. 왜냐하면 악마는 이것을 통해 자기가 어떤 피해를 입게 될지, 한 영혼뿐만 아니라 많은 다른 영혼들을 잃게 될 것을 알기 때문입니다. 초보자들이 하나님의 도움으로 완덕의 정상에 이르기 위해 노력하면, 그들은 결코 혼자서 천국에 가지 않고 늘 많은 사람을 함께 데려간다고 나는 믿습니다. 하나님께서는 그 영혼을 훌륭한 지휘관처럼 대우하셔서 함께 동행할 많은 군사를 주실 것입니다. 악마는 영혼 앞에 수많은 위험과 어려움을 쌓아 놓을 테니까, 돌아서지 않으려면 작은 용기뿐만 아니라 상당히 많은 용기가 필요하며 하나님께 많은 도움을 받아야 합니다.

(5) 나는 이제 그 보화를 추구하고 이 계획을 이루기로 결심한 사람들이 초기에 겪는 경험에 대해 말하겠습니다. 앞에서 언급했던 신비신학[206]이라고 하는 것에 대해서는 나중에 계속 이야기하겠습니다. 이

---

206) 제12장 5항과 제18장 2항에서, 성녀는 적절한 용어를 골라서 사용하는 것이 어렵다고 말하고 있다.

초기 단계에서 영혼은 가장 큰 어려움을 겪게 되는데, 주님께서 더 많은 도움을 주시기는 하지만 노력해야 하는 것은 초보자 자신이기 때문입니다. 기도의 다른 단계에 이르면 기쁨이 가장 큰 자리를 차지합니다. 하지만 초기 단계에 있든 중간 단계에 있든 마지막 단계에 있든, 각기 십자가는 다르다 하더라도 모두가 십자가를 져야 합니다. 그리스도를 따르는 모든 영혼은 길을 잃지 않으려면 그분께서 걸으신 길을 따라야 하기 때문입니다. 그러나 그들의 노고는 이승에서부터 그처럼 넘치도록 보상을 받으니 참으로 복됩니다!

(6) 나는 몇 가지 비유를 사용해야겠습니다. 나는 여자인데다 그분들이 나에게 쓰라고 명하신 것만 쓰고 있기 때문에 이런 일을 피하고 싶지만 말입니다. 그러나 이런 영성적인 문제들을 표현하는 것은 나처럼 학식이 없는 사람한테는 너무 힘들기 때문에, 내 생각을 전달할 수 있는 방법을 좀 찾아보아야겠습니다. 내가 비유를 합당하게 사용하는 경우가 좀처럼 없을 테니, 신부님은 어리석은 내 모습을 보면서 재미있어 하시겠지요. 지금 생각하니, 나는 이 비교를 어디서 읽었거나 들은 것 같습니다. 기억력이 나빠서 어디에 있는 무엇에 관한 비유[207]였는지는 모르겠는데, 지금 내 생각을 설명하는 데는 꼭 맞는 것 같습니다.

초보자는 자신을 잡초투성이 불모지에 주님께서 즐기실 수 있도록 정원을 가꾸기 시작한 사람이라고 생각해야 합니다. 지존하신 주님께서 잡초를 뽑으시고 대신 좋은 화초들을 심어 주실 것입니다. 영혼이 기도하기로 결심하고 실천하기 시작했을 때, 이미 그런 일 다 이루어졌다고 믿읍시다. 이제 우리는 하나님의 도우심으로, 좋은 정원사들처럼 이 화초들이 잘 자라도록 정성스럽게 물을 주어서 시들지 않게 해야 합니다. 그래서 좋은 향기를 뿜는 꽃을 피워서 주님을 상쾌하게 해 드려야 합니다. 그러면 주님께서는 종종 이 정원에 즐기러 오셔서 이런 덕행들 속에서 즐거워하실 것입니다.

---

207) 이 비유의 출처는 확실하게 알려져 있지 않다. 제14장 9항을 보라.

(7) 이제, 이 정원에 어떻게 물을 주어야 하는지 생각해 봅시다. 그러면 우리가 무엇을 해야 하는지, 어떤 수고를 해야 할지, 노고에 비해 결실이 더 많을지, 얼마나 오랫동안 수고해야 하는지를 알게 될 것입니다. 그 정원은 네 가지 다른 방법으로 물을 줄 수 있다고 봅니다. 우물에서 물을 길어 나르게 되면, 이때 우리는 수고를 많이 해야 합니다. 그런데 도르래와 두레박으로 물을 긷게 되면, 이때는 윈치(winch, 밧줄이나 쇠사슬로 무거운 물건을 들어 올리거나 내리는 기계—옮긴이 주)를 사용하게 됩니다. 나는 가끔 이 방식208)으로 물을 길었는데, 다른 방법보다 힘이 덜 들고 물을 더 많이 길을 수 있었습니다. 또는 강이나 개울에서 물을 끌어 댈 수도 있는데, 이 방법으로 하면 땅에 물을 훨씬 더 잘 줄 수 있습니다. 땅이 흠뻑 젖기 때문에 물을 자주 줄 필요가 없으니 정원사의 수고가 훨씬 덜어집니다. 한편, 비가 많이 와서 물을 주게 되면, 그때는 우리는 아무 일도 하지 않고 주님께서 정원에 물을 주신 것이 됩니다. 이는 지금까지 설명한 모든 다른 방법과는 비교할 수 없이 더 좋은 방법입니다.

(8) 이제, 이 정원이 살아 있도록 물을 주는 이런 네 가지 방법을 적용해 보겠습니다. 물을 안 주면 죽을 테니까요. 이 비유는 주님께서 당신의 인자하심으로 이따금 내 영혼을 드높여 주신 기도의 네 단계를 어느 정도 설명할 수 있도록 해 줄 것 같습니다. 또한 이것을 쓰라고 명한 분들 중 한 분209)에게 조금 도움이 되는 방식으로 내가 잘 설명할 수 있도록 주님께서 자비를 베풀어 주시길 바랍니다. 주님께서는 그분을 단 4개월 만에, 내가 17년이 걸려서 다다른 곳보다 훨씬 드높은 곳에 올려 주셨습니다. 그분은 나보다 자신을 더 잘 준비했기 때문에 자기 쪽에서는 아무 수고도 하지 않고, 이 모든 네 가지 방법으로 자기 정원에 물을 댈 수 있었습니다. 그러나 마지막 방식으로는 아직 한 방울씩만 받고 있습니다. 그분은 그렇게나 빨리 진보하고 있으니,

---

208) 리베라에 따르면 성녀가 자란 집에 윈치가 있었다.
209) 아마도 대부분, 성녀는 톨레도의 가르시아 신부를 언급하고 있다.

주님의 도우심으로 그의 정원은 곧 물에 잠기게 될 것입니다. 만일 그분이 보기에 내가 이런 식으로 설명하는 것이 터무니없게 여겨지면 웃어도 좋습니다.

(9) 기도의 초보자들은 우물에서 물을 길어 올리는 사람들이라고 할 수 있습니다. 말씀드린 대로, 이 방법은 많은 수고를 해야 합니다. 그들은 자신의 감각을 거두어들이다 지쳐 버릴 것입니다. 이제껏 산만한 생활에 익숙해 있어서, 이렇게 잠심을 하려면 많은 노력이 필요하니까요. **초보자는 보거나 듣는 것에 전혀 마음을 두지 않는 데 익숙해져야 하며,** 기도 중에 이렇게 되도록 연습해야 합니다. 그들은 고독 속에서 지난날의 자기 생활에 대해 생각해 보아야 합니다. 우리 모두는 정녕, 초보자든 진보한 사람이든 자주 이렇게 해야 합니다. 그러나 나중에 말씀드리겠지만[210] 정도의 차이는 있습니다. 처음에 초보자들은 괴로워하게 되는데, 자신의 죄를 제대로 참회했는지 확신이 서지 않기 때문입니다. 이제 하나님을 섬기기로 그렇듯 진정으로 결심했으니, 참회한 것이 분명한데도 말입니다. 그들은 **그리스도의 생애를 묵상하기 위해 노력해야 하는데,** 이 일은 지성을 지치게 합니다.

여기까지는 우리의 노력만으로 진보할 수 있습니다. 물론 하나님의 도우심으로 가능한 것이지요. 누구나 다 알 듯이, 그 도움이 없으면 우리는 단 한 가지의 좋은 생각도 할 수 없으니까요. 우물에서 물을 길어 올리기 시작한다는 것은 바로 이런 뜻입니다. **하나님이** 그 안에서 물을 찾게 해 주시길 바랍니다! 그러나 적어도 그것은 우리에게 달려 있지 않습니다. **우리의 임무는** 물을 긷는 것이며, 이 꽃들에게 물을 주기 위해 우리가 할 수 있는 일을 하는 것입니다. 하나님께서는 매우 인자하셔서, 엄위하신 **주님만이 아시는 이유로** ㅡ어쩌면 우리의 더 큰 이익을 위해서ㅡ **우물을 마르게 하십니다.** 우리는 좋은 정원사들처럼 우리의 힘으로 할 수 있는 모든 일을 해야 합니다. 그동안 주님께서는 물이 없어도 꽃들이 살아 있게 하시고, 우리의 덕이 자라나게 해 주십니다. 여기서 '물'이란 곧 '눈물'을 뜻합니다. 눈물을 흘리지 않

---

[210] 제13장 14항과 15항, 제15장 6항 등에서이다.

는 경우에는 부드러운 사랑의 감정, 내적인 경건한 열정을 가리킵니다.

(10) 하지만 여러 날 동안 계속 메마름·반감·싫증만 경험하고 물을 길러 가고픈 마음이 조금밖에 생기지 않을 때, 그 영혼은 어떻게 하겠습니까? 만일 자기가 그 정원의 주님을 섬기고 있으며 그분을 기쁘게 해 드리고 있다는 것을 기억하지 않았다면, 그는 모든 것을 포기했을 것입니다. 만일 그의 모든 봉사가 헛되기를 바라지 않았다면, 즉 두레박을 그처럼 자주 우물 속으로 내려 보내도 빈 두레박을 끌어올리는 엄청나게 힘든 일에서 뭔가 얻게 되기를 바라지 않았다면 말입니다. 때때로 이 일을 하려는데 팔도 움직일 수 없는 경우가, 즉 좋은 생각을 단 하나도 할 수 없는 경우가 생길 것입니다. 왜냐하면 우물에서 물을 길어 올린다는 것은 물론 지성을 가지고 일하는 것을 말하니까요.

그럼 거듭 말씀드리지만, 이제 그 정원사는 어떻게 하겠습니까? 그는 그처럼 위대하신 임금님의 정원에서 일할 수 있게 된 것을 기뻐하고 낙으로 삼으면서, 이것을 가장 큰 은총으로 여길 것입니다. 그는 이 일로 임금님을 기쁘게 해 드리고 있다는 것을 알고 있으며, 그의 목적은 자기 자신이 아니라 임금님을 기쁘게 해 드리는 것입니다. 자신을 그처럼 믿어 주셨으니, 그분을 높이 찬미해야 할 것입니다. 왜냐하면 임금님은 그가 아무 보수도 받지 않으면서 맡은 일을 그처럼 정성껏 하는 것을 보셨기 때문입니다. 또한 주님께서 십자가를 지는 것을 도와드리고, 그분께서 일생 동안 어떻게 십자가를 지고 사셨는지를 생각하십시오. 그가 지상에서 자신의 왕국을 갖기를 바라지 않도록 하고, 결코 기도를 멈추지 않게 하십시오. 비록 이런 메마름이 일생 동안 지속된다 하더라도, 그리스도께서 십자가 밑에 넘어지시는 일은 없도록 하겠다고 결심하십시오. 주님께서 그에게 모든 것을 단번에 갚아 주실 때가 올 것입니다. 모든 노고가 헛일이 될까 봐 두려워하지 마십시오. 그는 자기에게 눈길을 두고 계시는 착한 주인을 섬기고 있는 것입니다. 나쁜 생각에 조금도 마음을 두지 않도록 하십시오. 악마가 사막에서 예로니모 성인에게도 211) 그런 나쁜 생각들을 하게 만들었다는 것을 기억하십시오.

(11) 그런 수고는 보답을 받기 마련입니다. 나도 이런 고통을 여러 해 동안 견뎠습니다. 이 축복받은 우물에서 물을 한 방울이라도 길어 올릴 수 있을 때, 나는 하나님께서 내게 호의를 베풀고 계시다고 생각하곤 했습니다. 나는 이 시련이 얼마나 견디기 힘든 것인지를 잘 알고 있습니다. 이런 고생은 세상의 다른 많은 고생보다 더 용기가 필요한 것 같습니다. 그러나 하나님께서는 이미 이 세상에서부터 그 노고를 높이 보상해 주신다는 것을 나는 분명히 보았습니다. 확실히 그런 시간들 가운데 주님께서 당신을 맛보게 해 주신 단 한 시간만으로도, 내가 오랫동안 계속 기도하면서 견딘 그 모든 고생을 나중에 다 보상해 주신 것 같았습니다.

주님께서는 종종, 초기에 그리고 다시 나중에도, 우리가 이런 고뇌와 많은 다른 유혹을 겪게 하십니다. 그것은 사랑하는 이들에게 당신의 훌륭한 보물들을 맡기기 전에 그들을 시험하셔서, 과연 그들이 그 잔을 마실 수 있고 주님께서 십자가를 지시는 것을 도울 수 있는지를 알아보기 위해서라고 생각합니다. 나는 엄위하신 주님께서 우리에게 유익하도록 이 길로 이끄셔서, 우리 자신이 얼마나 하찮은 존재인가를 분명히 깨닫게 하려는 것이라고 믿습니다. 나중에 주시는 은총은 지극히 고귀한 것이니만큼, 주님께서는 그 은총을 주시기 전에, 먼저 우리가 경험을 통해 우리 자신이 얼마나 보잘것없는지를 깨달아, 적어도 루시퍼에게 일어났던 일이 우리에게는 일어나지 않기를 바라시는 것입니다.

(12) 나의 주님, 주님께서는 그 영혼이 이미 당신의 것임을 아십니다. 또한 그가 주님께서 어디를 가시든 십자가에서 죽기까지 따르고자 자신을 당신 손에 맡기고서, 십자가를 지는 것을 도와드리며 홀로 십자가 지시는 일이 없도록 하겠다고 결심한 것을 아십니다. 그러니 주

---

211) 「성 예로니모의 서간」, 서간 22, 에우스토키움(Eustochium)에게.

님께서 어떤 일을 하시든 그 영혼에게 더 큰 도움이 되지 않겠습니까?

자신이 이런 결심을 한 것을 발견한 영혼은 두려워할 것이 아무것도 없습니다. 영성적인 영혼들이여, 당신들은 슬퍼할 이유가 없습니다. 일단 **여러분이 홀로 있으면서 하나님과 대화하기를 원하며, 세상의 기분 풀이를 단념하고자 하는** 이처럼 매우 높은 단계에 이르렀으니 가장 힘든 일은 다 한 셈입니다. 이 은총에 대해 엄위하신 주님을 찬미하십시오. 그분의 자비를 믿으십시오. 하나님께서는 친구들을 실망시킨 적이 없으십니다. '왜 그 사람에게는 불과 며칠 만에 경건한 신심을 주시고, 나는 그렇게 여러 해가 지났는데도 주시지 않는 걸까?' 하는 생각이 떠오르거든 무시하십시오. 모두 우리에게 더 큰 도움이 된다는 것을 믿읍시다. **엄위하신 주님께서 원하시는 길로 우리를 이끄시게 합시다.**

이제 우리는 우리의 것이 아니라 그분의 것입니다. 우리가 주님의 정원을 갈아 보고 싶은 마음을 갖게 하셔서 그 정원의 주인이신 주님 곁에 머물게 하실 때, 주님께서는 우리에게 크나큰 은총을 베푸시는 것입니다. 주님께서 분명 우리 곁에 계시니까요. 어떤 영혼들에게는 이런 식물과 꽃들을 이 우물에서 길어 올린 물을 주어 자라게 하시고, 다른 영혼들에게는 그 물 없이 자라도록 바라신다고 한들, 그것이 나와 무슨 상관이 있겠습니까? 오, 주님! 당신께서 원하는 대로 하십시오. 내가 주님을 거스르지 않게 해 주십시오. 오로지 주님의 자비로 내가 덕을 좀 지니게 되었다면, 그 덕들을 잃지 않게 해 주십시오. 주님, 당신께서 고통을 당하셨으니 나도 고통당하고 싶습니다. 주님의 뜻이 모든 면에서 내 안에 이루어지게 해 주십시오. 엄위하신 주님께서는 당신의 사랑처럼 너무도 귀중한 은총을, 오직 위안만 받으려고 당신을 섬기는 영혼들에게는 결코 주지 마십시오.

(13) 이것은 특별히 주시해야 하는데, 내가 이 말을 하는 것은 경험을 통해서 알기 때문입니다. 영혼이 굳게 결심하고 이 묵상 기도의 길을 걷기 시작하면서, 이런 기쁨이나 감미로운 열정에 별로 관심을 두지 않고, 주님께서 그런 것을 주셨다고 기뻐하거나 주시지 않았다고

용기를 잃지 않을 수 있게 된다면, 그 영혼은 이 여정의 상당한 부분을 이미 걸어온 것입니다. 아무리 자주 넘어지더라도, 되돌아가게 될까 봐 두려워하지 않아도 됩니다. 그가 쌓아 올린 건물은 애초부터 단단한 기초 위에 세워졌기 때문입니다. 그렇습니다. **하나님에 대한 사랑이란** 눈물을 흘리는 것도 아니고, 우리가 간절히 바라고 위안을 얻는 기쁨이나 감미로운 열정도 아닙니다. 그것은 **영혼이 의롭고 굳건한 마음으로 겸손하게 하나님을 섬기는 데 있습니다.** 내 생각에 그렇지 않은 경우는, 우리 쪽에서 받기만 하고 아무것도 드린 것이 없는 것 같습니다.

(14) 나처럼 나약하고 용기라곤 없는 가엾은 여인을 위해서는, 우리를 은총으로 이끌어 주셔야 하는 것이 적합하다고 생각됩니다. 하나님께서는 지금 나를 이 방식으로 이끌어 주시면서, 당신이 나에게 보내준 시련들을 참을 수 있도록 해 주십니다. 그렇지만 하나님의 종들로서 학식과 높은 지성을 갖춘 영향력 있는 남자들이 하나님께서 당신들에게 경건한 신심을 주시지 않는다고 그렇게 안달복달하는 것을 들으면 불쾌해집니다. 하나님께서 그들에게 그런 은총을 주실 때, 그것을 받아들여서는 안 된다는 뜻이 아닙니다. 그것을 매우 소중하게 여겨야 합니다. 엄위하신 주님께서는 그때 그것이 그들에게 도움이 된다는 것을 알고 계시기 때문입니다. 그것을 받지 못했을 때도, 그것 때문에 고민하지 말아야 합니다. 엄위하신 주님께서 그것을 주시지 않으니, 그것이 필요하지 않다는 것을 깨달아야 합니다. 그리고 **자기 자신을 다스릴 줄 알아야 하겠습니다.** 내가 하는 말을 듣고서, 위로받고 싶어 하는 것은 잘못임을 믿게 하십시오. 나는 이것을 경험했고 깨달았습니다. 정신의 자유를 누리며 앞으로 나아가지 못하고 용기가 없어 주춤거리는 것은, 자신들이 불완전하다는 표시임을 깨닫게 하십시오.

(15) 나는 이 말을 초보자들에게 하고 있는 것이 아닙니다. 초보자들이 이런 자유와 결단을 지니고 시작하는 것이 매우 중요하기 때문에, 그들에게도 어느 정도는 이 점을 강조하고 있습니다. 그러나 이는

오히려 다른 사람들에게 하는 말입니다. 시작한 사람은 많지만 끝까지 가지 못하는 사람들이 많기 때문입니다. 그것은 주로 처음부터 십자가를 끌어안지 않았기 때문이라고 믿습니다. 그래서 괴로워하며 진보하지 못한다고 생각하는 것입니다. 지성이 일하기를 멈추면 견딜 수 없게 됩니다. 그러나 그때도 자신은 알아차리지 못해도, 의지가 더 튼튼해지고 새 힘을 얻고 있을 것입니다.

　주님께서는 이런 것들에 관심이 없으시다는 것을 깨달아야 합니다. 우리에게는 그것이 잘못으로 보이겠지만 그렇지 않습니다. **엄위하신 주님께서는 우리의 비참함과 본성의 나약함을 우리 자신보다 더 잘 아십니다.** 그리고 이 영혼들이 언제나 주님을 생각하고 사랑하고 싶어 한다는 것을 아십니다. **주님께서 원하시는 것은 바로 이 결단입니다.** 우리가 자초하는 다른 괴로움은 영혼을 불안하게 만들 뿐입니다. 그렇게 될 경우, 전에는 1시간 동안 기도하면서 아무 도움도 받을 수 없었다면, 이제는 4시간 동안 기도해도 그럴 것입니다. 나는 이에 관한 경험이 상당히 많습니다. 나는 이 일을 신중하게 관찰한 다음 영성적인 분들과 의논했기 때문에, 내 말이 사실이라는 것을 알고 있습니다.

　그런 일은 자주 신체적 불편함에서 생기는 것입니다. 우리는 너무나 비참한 존재라서 육신에 갇혀 있는 이 가여운 영혼은 육신의 비참함을 나누기 때문입니다. 그래서 기후 변화와 기분의 변화 때문에, 영혼은 자기 탓이 아닌데도 원하는 것을 할 수 없게 되어 버리고 갖은 괴로움을 당합니다. 이때 자신을 억지로 강요하면 할수록 상태가 더 나빠지고 문제가 더 오래 지속됩니다. 만일 이런 신체적인 불편함이 원인일 때는 신중하게 분별해서 가여운 영혼이 숨 막히지 않도록 해야 합니다. 이런 상태에 있는 영혼은 자신이 아프다는 것을 깨닫고 기도 시간을 좀 바꿔야 합니다. 때로는 며칠 동안 계속해서 그렇게 해야 할 것입니다. 이 귀양살이를 되도록 잘 견뎌야 합니다. 왜냐하면 하나님을 사랑하는 영혼이 이런 비참한 처지에 있는 자신을 보며, 육체라는 한심한 손님 때문에 자신이 하고 싶은 것을 할 수 없음을 깨달을 때 너무도 불행하기 때문입니다. 매우 자주, 이런 무능함은 몸의 무질서에서 오는 것입니다.

(16) **내가 신중하게 관찰해야 한다고 말한 것은, 때로는 악마가 그렇게 만들기 때문입니다.** 따라서 마음이 몹시 산만해지고 불안할 때, 기도를 언제나 포기하는 것은 옳지 않습니다. 또한 영혼이 자기 힘으로 할 수 없는 것을 하게 만들며 괴롭히는 것도 좋지 않습니다.

그럴 때는 애덕 활동이나 영적 독서 같은 다른 외적 활동을 할 수도 있습니다. 하지만 어떤 때는 이런 일조차 할 수 없을 때도 있습니다. 그럴 때 영혼은 하나님에 대한 사랑에서 몸에게 봉사해야 합니다. 그래서 다른 많은 경우에, 몸이 영혼에게 봉사할 수 있도록 말입니다. 그리고 거룩한 대화를 하며 영성적인 기분 풀이를 좀 하십시오. 정말로 영성적인 대화라야 합니다. 또는 시골길을 산책하십시오. 이런 모든 일에 있어서 경험이 중요합니다. 경험을 통해서 우리에게 무엇이 적합한지를 배우기 때문입니다. 그러나 이 모든 일 안에서 하나님을 섬길 수 있도록 하십시오. 그분의 멍에는 감미롭습니다(마 11:30).[212] 그리고 중요한 것은, **영혼을 억지로 끌고 가지 말고 부드럽게 인도해서 영혼이 더 크게 진보할 수 있도록 해주어야** 합니다.

(17) 그래서 내 충고를 되풀이하겠습니다. 이 충고는 아무리 자주 되풀이하더라도 괜찮습니다. 이것은 정말 중요하니까요. 그 누구도 마음의 메마름이나 불안함이나 산만함 때문에 결코 슬퍼하거나 괴로워해서는 안 됩니다. 영혼이 영성적 자유를 얻고 늘 괴로워하지 않기를 바란다면, **십자가를 두려워하지 않는 것부터 시작하게** 하십시오. 그러면 주님께서 그 십자가를 지도록 도와주시는 것을 알게 될 것입니다. 그리고 영혼은 기쁘게 앞으로 나아가면서, 모든 것에서 얻는 바가 있을 것입니다. 이제 분명한 것은, 만일 그 우물에서 물이 나오지 않는다 해도 우리가 거기다 물을 부어 넣을 수는 없다는 것입니다. 그러나 물론 우리도 태만해서는 안 됩니다. 거기에 물이 조금이라도 있을 때는 언제나 물을 길어 올려야 합니다. 그럴 때 하나님께서는 이 방법을 통

---

212) 마 11:30 "이는 내 멍에는 쉽고 내 짐은 가벼움이라 하시니라"

해, 우리의 덕이 더욱 많아지게 해 주시길 원하시기 때문입니다.

2) 어디까지 이를 수 있는가?

> 계속 설명한다. 우리가 하나님의 도움을 받으면서, 우리 자신의 노력으로 어디까지 이를 수 있는지를 이야기한다. 주님께서 우리에게 예외적이며 초자연적인 경험의 은혜를 주시기 전에, 영혼이 그런 경험을 하고자 할 때 생기는 피해에 대해 설명한다.[213]

(1) 앞 장에서는 옆길로 빗나가 다른 이야기를 많이 했는데, 그런 이야기가 매우 필요하다고 생각했기 때문입니다. 내가 분명히 말하고자 했던 것은 우리가 자신의 노력을 통해 어디까지 이를 수 있는가, 또한 신심 생활의 초보적 단계에서 어떻게 하면 스스로를 도울 수 있는가 하는 것이었습니다. 주님께서 우리를 위해 겪으신 고통을 묵상할 때, 우리는 깊은 동정심을 느끼게 되니까요. 그리고 이 성찰에서 비롯되는 슬픔과 눈물은 감미롭습니다. 그때 우리가 소망하는 그 영광, 우리에 대한 주님의 사랑, 그리고 그분의 부활을 생각할 때 우리는 어떤 기쁨을 느끼게 되는데, 그 기쁨은 전적으로 영적인 것도 아니고 감각적인 것도 아닙니다. 그것은 고결한 기쁨이며 그 슬픔 또한 큰 공덕이 됩니다. 이처럼 부분적으로 지성을 통해 얻게 되는, 경건한 열정이 생기게 하는 그 모든 것은 다 공덕이 됩니다. 하지만 하나님께서 주시지 않으면 우리는 그것을 받을 자격도 없고 얻을 수도 없습니다. **하나님께서 이 상태보다 더 높이 올려 주시지 않는 영혼은 자신의 노력으로 더 높이 오르려고 애쓰지 않는 것이 가장 좋습니다.** 이것을 잊지 않고 마음

---

[213] 성녀는 당시 영적 저술가들 사이에 통용되던 용어들을 사용했으나 자신의 고유한 뉘앙스를 담았다. 오수나의 『제3기도 초보』 9, 제8장 베르나르디노 데 라레도(Bernardino de Laredo)의 『시온산 등반』, E.A.피어스(Peers) 옮김(런던: Faber and Faber Ltd 1950) 제41장을 보라. 성녀에게 '초자연적'이란 말은 대개 '신비적', 또는 '주입된'이란 말과 일치한다('영혼의 증언(Spiritual Testimonies)', 5,3항, 『아빌라의 성녀 테레사 소품집』.

속에 잘 새겨 두십시오. 그런 노력을 하게 되면 그 영혼은 진보하지 못하고 후퇴하게 될 뿐이니까요.

(2) 이러한 상태에서 영혼은 하나님을 위해 큰일을 하기로 결심하며, 자신의 사랑을 이루기 위해 많은 행위를 할 수 있습니다. 그리고 『하나님을 섬기는 기술』[214]이라는 책에서 설명한 대로, 그러한 덕을 닦아 나가는 데 도움이 될 다른 것들을 할 수 있습니다. 이 책은 이런 단계에 있는 영혼들에게 매우 좋고 적합한 책인데, 이때는 지성이 작용하기 때문입니다. 영혼은 그리스도 앞에 머물고 있는 자신을 그려 볼 수도 있고, 그분의 거룩한 인성에 대한 깊은 사랑으로 자신이 타오르게 되는 것을 느껴 볼 수 있습니다. 영혼은 늘 그분 곁에 머물고, 그분과 이야기하며, 그분께 필요한 것을 청하고 자신의 고통에 대해 불평할 수 있습니다. 또한 즐거울 때는 그분과 함께 기뻐하면서도, 결코 그런 기쁨 때문에 그분을 잊어버리는 일이 없게 합니다. 일정한 기도문을 생각해 낼 필요 없이, 그냥 바라는 것과 필요한 것을 청하는 데 합당한 말을 사용하면 됩니다.

이는 탁월한 방법으로, 매우 짧은 기간에 진보할 수 있게 합니다. 이 고귀한 동반자를 늘 자기 마음에 모시려고 노력하며 거기서 많은 도움을 받으면서, 그처럼 많은 은혜를 주신 주님을 사랑하는 법을 정말 배우는 사람이야말로 참으로 진보한 영혼이라고 생각합니다.

(3) 그러므로 앞에서 말씀드렸듯이, 우리가 경건한 열정을 느끼지 못한다고 해서 걱정할 필요는 없습니다. 오히려 우리의 노력이 보잘것없다 하더라도, 주님을 기쁘게 해 드리고 싶은 마음을 주신 것에 감사드려야 합니다. 이처럼 그리스도를 우리의 삶 속에 모셔 오는 방법은 모든 단계에서 도움이 됩니다. 이것은 기도의 초기 단계에서 진보하기 위한 가장 확실한 방법이며, 빨리 둘째 단계에 이르게 해 줍니다. 그리고 마지막 단계에서, 악마가 우리를 빠지게 할 위험에서 안전하게

---

[214] 프란체스코 수도회의 알론소 데 마드리드시(Alonso de Madrid) 수사가 쓴 매우 유명한 책으로 1521년 세비야에서 출판되었다.

보호해 줍니다.

(4) 그런데 이것은 우리 스스로 할 수 있는 일입니다. 만일 누군가가 이 단계를 넘어가고 싶어서 그에게 주어지지 않은 영성적 위로를 경험하고자 그의 정신을 들어 올리려고 애쓴다면, 그는 이것도 저것도 다 잃게 된다고 생각합니다. 왜냐하면 이런 위로는 초자연적인 것이기 때문입니다. 그래서 지성이 작용하지 않으면 영혼은 황폐해져서 대단히 무미건조해지게 됩니다. 그리고 이 건물은 전부 겸손 위에 세워졌기 때문에, 우리가 하나님께 가까이 갈수록 이 덕도 점점 자라는 법입니다. 그렇지 않으면 모든 것을 다 잃고 말 것입니다. 우리 자신이 더 높이 오르기를 바라는 것은 일종의 교만이라고 봅니다. 왜냐하면 우리 자신을 생각해 볼 때, 하나님께서 우리를 당신 가까이 이끌어 주시는 것만으로도 이미 과분한 은혜를 베푸시는 것이니까요.

내가 여기서 천국이나 하나님에 관한 숭고한 것, 하늘에 있는 놀라운 일들이나 하나님의 위대한 지혜를 생각해 보는 데까지 우리의 생각을 높이는 것에 대해 말하고 있다고 생각해서는 안 됩니다. 나는 한 번도 그렇게 해 본 적이 없습니다. 말씀드렸듯이, 나는 그런 능력이 없으니까요. 내가 너무도 못난 것을 알고 있었기에, 하나님께서는 내가 지상의 일들을 생각해야 할 때조차 그렇게 할 용기가 조금도 없다는 이 진리를 깨닫도록 은총을 베푸셨습니다. 그러니 천상의 일들을 생각하기 위해서는 얼마나 많은 용기가 더 필요하겠습니까! 하지만 다른 분들은, 특히 학식 있는 분들은 이런 방법으로 도움을 받을 것입니다. 학문은, 거기에 겸손이 따를 경우에는, 이 수업을 위해 더없이 귀중한 도움이 된다고 생각하기 때문입니다. 며칠 전에, 나는 학식 있는 몇 분들의 경우에서[215] 이 점을 확인했습니다. 그분들은 시작한 지 얼마 되지 않는데도 많은 진보를 했습니다. 그것 때문에 나는 학식 있는 분

---

[215] 성녀는 도미니코 수도회 신부들, 페드로 이바녜스, 톨레도의 가르시아와 도밍고 바녜스(Domineo Banez), 예수회의 발타사르 알바레스 신부. 가스파르 다사(Gaspar Daza) 박사. 그리고 알바로 드 멘도사(Alvaro de Mendoza) 주교를 말하는 것이다.

들이 더 많이 영성적인 사람이 되면 좋겠다고 간절히 바라게 되었는데, 여기에 대해서는 나중에 말씀드리겠습니다.216)

(5) 하나님께서 그들을 드높여 주시지 않는 한, 더 높이 올라가려고 하지 않아야 한다고 말할 때 나는 영성적인 언어를 사용하고 있습니다. 어느 정도 경험이 있는 사람은 내 말을 알아들을 것입니다. 만일 내 말이 이해되지 않는다 하더라도, 나는 그것을 어떻게 설명해야 할지 모르겠습니다.

내가 설명하기 시작한217) 신비 신학에서는, 지성은 작용을 멈추게 됩니다. 하나님께서 정지시키기 때문입니다. 만일 내가 할 수 있다면, 하나님께서 그렇게 하도록 나를 도와주신다면 더 설명하도록 하겠습니다. 우리가 해서는 안 된다고 내가 말하는 것은, 우리 스스로 그 작용을 정지시킬 수 있다고 상상조차 해서는 안 된다는 것입니다. 또는 지성을 사용해서 생각하는 것을 그만두어서도 안 됩니다. 그랬다가는 우리가 어리석고 냉담한 상태로 머물게 되어, 이것도 저것도 하지 않게 됩니다. **주님께서 지성의 작용을 멈추게 하실 때는, 그분 친히 지성이 감탄하며 사로잡혀 있게 될 어떤 것을 보여 주십니다.** 그래서 지성은 추론하지도 않으면서 사도신경 한 번 외울 사이에, 우리가 몇 년 동안 온갖 인간적인 노력을 다해서 이해했던 것보다 훨씬 더 많은 것을 이해할 수 있게 됩니다. 영혼의 능력들이 부지런히 작용하게 만들려 하고, 그 능력들을 조용하게 만들 수 있다고 생각하는 것은 어리석은 일입니다.

다시 한 번 말씀드리겠는데, 이 사실을 잘 깨닫고 있지 못하겠지만 이러한 노력은 그렇게 겸손한 것이 아닙니다. 그것이 죄가 되지는 않겠지만 분명히 고통을 겪게 될 것입니다. 우리의 노력은 허사가 될 테니까요. 그리고 영혼은 뛰어오르려고 하는데 뒤에서 잡아당기는 것을 느끼는 사람처럼 어느 정도 좌절감을 느끼기 때문입니다. 그래서 영혼

---

216) 제34장 7항을 보라.
217) 제10장 1항, 제11장 5항.

은 힘껏 노력한 것 같은데 기대했던 것을 이루지 못했다고 느끼게 됩니다. 이 문제에 대해 깊이 생각해 본 사람은 영혼이 얻은 바가 적은 것을 보면서, 내가 말한 대로 겸손이 조금 부족하다는 것을 발견할 것입니다. 겸손은 탁월한 특성을 지니고 있어서, 어떤 일을 할 때 겸손이 따르면 영혼이 좌절감을 느끼게 되는 일은 결코 없습니다.

내가 이 점을 명확하게 설명했다고 생각하는데, 어쩌면 나 자신에게만 그런지도 모르겠습니다. 주님께서 이 글을 읽는 사람들도 그것을 경험하게 해 주셔서 그들의 눈을 뜨게 해 주시기를 바랍니다. 그들이 조금이라도 그런 경험을 하게 되면 그것을 즉시 이해할 것입니다.

(6) 나는 여러 해 동안 많은 것을 읽었지만 아무것도 이해하지 못했습니다. 오랫동안 하나님께서 나를 가르쳐 주셨지만, 나는 그분의 가르침을 다른 사람들에게 어떻게 설명해야 할지 알 수 없었습니다. 이것은 나에게 적지 않은 고통이었습니다. 엄위하신 주님께서는 원하시면, 내가 경탄할 만한 방법으로 한순간에 모든 것을 가르쳐 줄 수 있으십니다.

내가 솔직하게 말할 수 있는 것이 하나 있습니다. 나는 많은 영성적인 분들과 이야기를 나누었는데, 그분들은 주님께서 나에게 가르치고 계신 것을 설명해 주면서 내가 거기에 대해 이야기할 수 있도록 도와주려고 애썼습니다. 그러나 나는 너무도 어리석어서, 그분들의 설명에서 조금도 도움을 받지 못했습니다. 아마도 엄위하신 주님께서 언제나 나의 스승이셨기에— 주님은 영원히 찬미 받으소서. 이것이 사실이라고 고백하는 것은 정말 부끄럽습니다— 내가 그분 외에는 아무에게도 감사하지 않기를 바라셨는지도 모릅니다. 하여간 나는 바라거나 청하지도 않았는데— 그런 것들에 대해 호기심을 가져 본 적이 없으니까요. 그랬더라면 덕이 되었을 텐데 헛된 것에만 호기심이 있었습니다— 하나님께서 한순간에 그 모든 것에 대해 완전하게 알아듣고 설명할 수 있는 능력을 주셨습니다. 그래서 고해 사제들이 깜짝 놀랐습니다. 그러나 그분들보다 내가 더 놀랐습니다. 나 자신의 어리석음을 그분들보다 내가 더 잘 알고 있었으니까요. 이런 일이 바로 얼마 전에 있었습니다. 그래서 이제는 내 양심에 걸리는 일이 아닌 이상, 주님께서 나에게 가르쳐 주시지 않은 것을 알려고 애쓰지 않습니다.

(7) 다시 한 번 충고하는데, 주님께서 우리의 영을 들어 올려 주시지 않는 한, 우리 스스로 들어 올리려고 애써서는 안 됩니다. 이는 매우 중요한 일입니다. 주님께서 그렇게 해 주실 경우에는 우리가 즉시 알게 됩니다. 그런 시도는 여성들에게 특히 해롭습니다. 악마가 어떤 환상을 불러일으킬 수도 있으니까요. 하지만 주님께서는 겸손하게 당신께 다가가려고 노력하는 영혼에게는 어떤 피해도 입지 않게 하시리라고 확신합니다. 그런 영혼은 악마가 그를 멸망시킬 수 있다고 생각했던 경험에서 오히려 더 많은 이득을 보고 도움을 받게 될 것입니다.

나는 이 문제에 대해 매우 길게 다루었습니다. 이 길은 초보자들이 가장 많이 걷는 길이며, 내가 말한 그 충고들은 매우 중요한 것이기 때문입니다. 거기에 관해서는 다른 분들이 다른 데서 훨씬 잘 설명했습니다. 나는 그것을 인정합니다. 또한 이것을 쓰면서 나는 매우 당황스럽고 부끄러웠습니다. 사실 더더욱 그렇게 느꼈어야 옳았지만 말입니다.

주님께서는 영원히 찬미 받으소서. 나 같은 존재가 주님에 대해서, 그처럼 위대하고 숭고한 일에 관해서 말하기를 바라고 동의하셨으니 찬미 받으소서.

3) 악마의 유혹에 관한 충고

> 계속 설명하면서, 악마가 때때로 일으키는 몇 가지 유혹에 관해 충고한다. 이 장은 매우 도움이 된다.

(1) 여기서 나는 초보자들이 당하는 어떤 유혹들에 관해 이야기하고 -나도 그런 유혹들을 더러 당했습니다- 그 외에 필요하다고 생각되는 점들에 대해 몇 가지 충고를 하는 것이 옳겠다는 생각이 들었습니다.

초기 단계에는 긴장하지 말고 즐거운 마음으로 지내도록 노력해야 합니다. 어떤 사람들은 잠시만 마음을 놓아도 열심 있는 마음이 사라져 버린다고 생각합니다. 자신을 불안하게 여기는 것은 좋은 일입니다. 그래서 많든 적든 우리 자신을 신뢰하지 않음으로써, 우리가 습관적으로 하나님께 죄짓는 상황에 처하지 않도록 하는 것은 잘하는 것입니다. 우리가 덕을 지녀 완전해질 때까지 이런 두려움은 아주 필요한 것입니다. 자기만의 성향을 유혹하는 상황에 놓일 때 조심하지 않아도 될 만큼 그렇게 완벽한 사람은 많지 않으니까요. 살아 있는 동안 겸손을 지니기 위해서라도 자신의 비천한 천성을 인정하는 편이 좋습니다. 그러나 말씀드렸듯이[218] 많은 경우에 레크리에이션을 허락하고 있는데, 그것은 우리가 더욱 힘차게 다시 기도하러 갈 수 있기 위해서입니다. 매사에 분별력이 필요합니다.

(2) 우리는 **확고한 신뢰심을 가져야 합니다.** 우리의 좋은 소망들을 억누르지 않으면서 하나님을 신뢰하는 것이 매우 필요하기 때문입니다. 우리가 점점 더 노력한다면 당장은 아니더라도, 우리 역시 많은 성인들이 하나님의 은총으로 도달한 높은 곳에 이르게 될 테니까요. 만일 그분들이 이런 소망을 이루기로 결심한 적이 없었다면, 이 결심을 서서히 실천에 옮기지 않았더라면 결코 그처럼 높은 단계에 이르지 못했을 것입니다.

엄위하신 주님께서는 용감한 영혼들을 찾으시고 사랑하십니다. 그러니 그들은 겸손하게 자기 길을 걸으며, 자기 자신을 조금도 믿지 않아야 합니다. 나는 이런 영혼들 중 어느 누구도 이 길에서 주춤거리고 있는 것을 본 적이 없습니다. 또한 겸손이라는 구실 아래 소심한 영혼이 여러 해에 걸쳐서, 용감한 영혼이 단시일에 많이 진보한 것만큼 진보하는 것을 본 적이 없습니다. 이 길을 걸으면서 위대한 일을 해 보려는 용기를 가진 영혼이 얼마나 큰일들을 이룰 수 있는지를 보면서, 나는 감탄합니다. 비록 그 영혼이 즉시 그런 일들을 성취할 힘은 없겠

---

218) 제11장 15항과 16항.

지만, 한번 하늘로 날아오르면 상당히 높이 오를 수 있습니다. 아직 날개가 약한 새끼 새처럼 금방 지쳐서 멈추지만 말입니다.

(3) 한때 나는 "하나님 안에서 모든 것을 할 수 있다."는 사도 바울의 말씀을 종종 생각하곤 했습니다. 나는 혼자서 아무것도 할 수 없다는 것을 잘 깨달았습니다. 이것은 나에게 큰 도움이 되었습니다. 또한 "주님, 나에게 명하시는 바를 주시옵소서. 원하시는 바를 명하소서."라는 성 어거스틴의 말씀도 도움이 되었습니다. 나는 사도 베드로가 바다에 뛰어들었을 때 겁이 나긴 했지만 아무것도 잃지 않았다고 가끔 생각하곤 했습니다.219) 이런 첫 결심들이 매우 중요합니다. 비록 초기 단계에서는 주저하면서 나아가야 하고 지도자의 분별력과 충고에 의존해야 하지만 말입니다. 그러나 우리는 그 지도자가 우리를 두꺼비처럼 되도록 가르치거나, 영혼이 작은 도마뱀이나 잡을 수 있는 것으로 만족하는 스승은 아닌지를 잘 보아야 합니다. 언제나 겸손을 앞장세워서, 이런 힘이 우리 자신에게서 나온 것이 아님을 우리가 깨닫게 해 주어야 합니다.

(4) 그러나 우리는 이것이 어떤 종류의 겸손이어야 하는지를 깨달아야 합니다. 왜냐하면 나는, 악마가 기도를 실천하는 영혼들에게 겸손을 잘못 이해하게 만들어서, 그들이 앞으로 나아가는 것을 막으며 많은 해를 끼친다고 믿기 때문입니다. 악마는 우리가 위대한 소망을 갖고 성인들을 닮고 싶어 하며 순교자가 되기를 열망하는 것은 교만이라고 생각하게 만듭니다. 그런 다음 악마는, 죄인들은 성인들의 행동에 감탄해도 되지만 그것을 모방해서는 안 된다고 말해 주거나 그렇게 생각하게 만듭니다. 이것은 나도 인정합니다. 그러나 우리는 성인들의 행동에서 어떤 것에 감탄해야 하며, 어떤 것을 본받아야 하는지를 잘 생각해야 합니다. 허약하고 병든 사람이 단식을 많이 하고 심한 보속을 하거나, 잠도 잘 수 없고 먹을 것도 없는 광야로 가거나, 그런 종류의 다른 일들을 시도하는 것은 잘못일 테니까요.

그러나 우리도 하나님의 도우심으로 세상을 매우 경멸하고, 명예를

---

219) 빌 4:13과 『고백록』 10권 29장; 마 14:29~30을 참조할 것.

가볍게 여기며, 재산에 집착하지 않도록 노력할 수 있다고 생각해야 합니다. 그런데 우리의 마음은 매우 인색해서, 우리가 육신을 한순간이라도 돌보지 않고 영혼에 마음을 쓰면 땅이 꺼져 버릴 것이라고 상상합니다. 그리고 근심이나 걱정은 기도에 방해가 된다고 생각하기 때문에, 우리에게 필요한 모든 것을 넉넉히 갖고 있으면 마음을 모으는 데 도움이 된다고 여깁니다. 우리가 그런 일들에 방해받을 정도로 하나님을 조금밖에 신뢰하지 못하고 자애심이 많은 것을 생각할 때, 나는 슬퍼집니다. 사실 우리가 영적으로 조금밖에 진보하지 못했을 때는, 다른 사람들이 크고 중대한 일들로 힘들어하는 것만큼이나 매우 하찮은 일들로 힘들어하게 될 것입니다. 그러면서도 우리는 마음속으로 우리 자신이 영성적이라고 생각하는 것입니다.

(5) 그러나 이런 방식으로 나아가는 것은 이 세상에서도 안식을 잃지 않고 저 세상에서도 하나님과 함께 즐길 수 있도록 육신과 영혼을 화해시키려는 것처럼 보입니다. 만일 우리가 의롭게 살아가고 덕에 굳게 의존한다면 그렇게 될 수도 있겠지만, 우리는 암탉의 걸음으로 나아가게 될 것입니다. 그런 방식은 결코 정신의 자유를 누리게 해 주지 못합니다. 이런 길은 결혼이라는 소명에 따라 살아야 하는 사람들에게는 매우 좋다고 생각합니다. 그러나 다른 생활양식에서 나는 결코 그런 방식의 진보를 원하지 않으며, 그것이 좋은 방법이라고 아무도 나를 설득하지 못할 것입니다. 나도 그 방식으로 해 보았기 때문입니다. 주님께서 자비를 베푸셔서 다른 지름길을 보여 주시지 않았더라면, 나는 아직도 그 방식으로 걷고 있었을 것입니다.

(6) 이런 소망에 관해서 나는 늘 포부가 컸습니다. 그러나 말씀드렸듯이 220) 나도 기도하려고 노력했지만 하고 싶은 대로 살려고 했습니다. 만일 더 높이 날도록 나를 격려해 주는 분이 있었더라면, 그분은 내가 그런 소망들을 실현할 수 있는 단계로 이끌어 주었을 것이라고 생각합니다. 그러나 우리의 죄 때문에, 이런 문제를 지나칠 정도로 신중

---

220) 제7장 17항과 여기저기에서.

하게 다루지 않는 영적 지도자가 너무 적고, 너무나 귀합니다. 바로 그것이 초보자들이 더 빨리 높은 완덕에 이르지 못하는 이유라고 생각합니다. 주님께서는 결코 우리를 실망시키지 않으시므로, 그것은 주님의 탓이 아닙니다. 바로 우리의 잘못이고, 우리가 비참한 존재인 것입니다.

(7) 또한 우리는 성인들을 본받아 고독과 침묵을 찾으려 애쓰고, 이 불쌍한 육신을 죽이지 않을 다른 많은 덕들을 닦고자 노력할 수 있습니다. 우리의 육신은 늘 모든 것을 편하게 해 달라고 요구하면서 영혼을 혼란스럽게 만들고 맙니다. 악마도 우리의 육신이 아무 노력도 못하게 만들려고 기를 쓰며 협조합니다. 악마는 영혼에서 그런 것들을 두려워하는 기미를 엿보는 즉시, 이런 모든 노력은 우리를 죽게 만들거나 건강을 해칠 것이라고 설득하기 시작합니다. 그리고 우리가 눈물을 흘리면 이러다 장님이 되고 말 것이라고 두려워하게 만듭니다. 나는 이런 일들을 겪었기 때문에 잘 알고 있습니다. 사실 우리가 그런 이유로 시력과 건강을 잃는 것보다 더 좋은 시력과 건강을 갖게 되기를 바랄 수 없다는 것도 나는 알고 있습니다. 나는 매우 병약했습니다. 그래서 내 몸이나 건강에 대해 더 이상 신경 쓰지 않겠다고 결심하기 전까지는, 늘 거기에 얽매여 아무것도 할 수 없었습니다. 이제는 그것에 대해 거의 신경 쓰지 않습니다.

하나님께서는 내가 악마의 이런 농간을 깨닫게 해 주셨습니다. 그래서 내가 건강을 잃게 될 것이라고 악마가 말할 때마다 "죽어도 상관없다."고 대답하곤 했습니다. 또한 악마가 "좀 쉬어야지!"라고 하면 "나는 휴식은 필요 없다. 내가 필요한 것은 십자가다."라고 답했습니다. 또 다른 생각들이 들어도 그렇게 했습니다. 나는 사실 건강이 매우 나쁘긴 했지만, 대부분 그런 걱정들은 악마의 유혹이거나 나 자신의 나약함에서 생긴 유혹이라는 것을 분명히 알게 되었습니다. 왜냐하면 나의 편안함에 크게 신경 쓰지 않으면서부터 건강이 훨씬 좋아졌으니까요. 우리가 기도를 시작할 때, 우리 자신의 생각들 때문에 두려워하지 않는 것이 매우 중요합니다. 이 점에 대해서는 나를 믿어도 좋습니다.

나는 경험을 통해서 그것을 알고 있습니다. 내 잘못에 대한 이 이야기를 다른 사람들이 경고로 받아들인다면, 그들에게 도움이 될 수 있을 것입니다.

(8) 또 다른 유혹은 매우 흔한 것으로 영혼이 고요와 기도의 열매를 즐기기 시작할 때, 그는 다른 모든 사람들도 매우 영성적이 되기를 바랍니다. 이것을 바라는 것이 잘못은 아닙니다. 하지만 그런 소망을 이루고자 노력할 때, 다른 사람을 가르치고 싶어 하는 인상을 조금도 갖지 않게 하면서 매우 신중을 기하지 않으면 안 됩니다. 이 점에서 뭔가 도움이 되려는 사람은 굳건한 덕을 지녀야 합니다. 그렇지 않으면 다른 사람들에게 유혹거리가 되고 맙니다.

그런 일이 나에게 일어났기 때문에 그것을 깨닫게 되었습니다. 말씀드렸듯이[221] 내가 다른 사람들에게 기도하도록 도와주려고 애썼을 때, 그들이 한편으로는 내가 기도함으로써 얻게 되는 많은 놀라운 축복에 대해 이야기하는 것을 들었고, 다른 한편으로는 내가 기도하면서도 그처럼 덕이 부족한 모습을 보게 되었던 것입니다. 따라서 나는 그들을 유혹에 빠뜨렸고 어리석은 행위를 하게 만들었습니다. 사실 그들도 나름대로 이유가 있었습니다. 나중에 결국 그들은 나에게 말하기를, "어떻게 그 두 가지가 양립할 수 있는지를 깨닫지 못했다."고 했습니다. 그런 이유로, 그들은 정말로 나쁜 일을 나쁘다고 여기지 않게 되었던 것입니다. 그들이 나를 좋게 생각하던 시기에, 내가 가끔 그런 일을 하는 것을 보았기 때문입니다.

(9) 이것은 악마가 한 짓입니다. 악마는 그가 계획하고 있는 악을 시인하게 만들 목적으로, 우리가 지닌 좋은 덕들을 최대한 이용하는 것 같습니다. 그 악이 아무리 작은 것이라 하더라도 수도 공동체 안에서 행해질 때, 악마에게는 분명 대단한 이득이 될 것입니다. 그러니 내가 그처럼 큰 잘못을 범했을 때 그가 얼마나 큰 이득을 보았겠습니까! 따라서 여러 해 동안, 단 세 사람만이 내가 그들에게 해 준 말에서 도움을

---

221) 제7장 10항 이하에서.

받았습니다.222) 그러나 나중에 주님께서 내가 덕을 실천하며 더 강해지도록 해 주셨을 때는 2~3년 사이에 많은 사람이 도움을 받았는데, 거기에 대해서는 나중에 말씀드리겠습니다. 223) 또한 그런 잘못은 영혼이 또 다른 큰 손해를 보게 만듭니다. 즉 자기 영혼이 타락하게 되는 것입니다. 왜냐하면 우리가 처음에 가장 힘껏 노력해야 하는 것은 바로 자기 영혼을 돌보는 것이며, 온 세상에 하나님과 자기 자신밖에 없다고 생각하는 것이기 때문입니다. 이 점을 기억하는 것은 매우 도움이 됩니다.

(10) 우리가 알아차려야 하고 경계해야 할 또 다른 유혹이 있습니다. 우리는 모두 덕에 대한 열의를 지니고 있어서 다른 사람의 죄와 잘못을 볼 때 괴로워하게 됩니다. 악마는 우리에게, 이런 고통은 다만 사람들이 하나님께 죄짓지 않기를 바라는 마음에서, 그분의 영광이 손상되는 것을 걱정하는 데서 생기는 것이라고 말해 줍니다. 그래서 우리는 즉시 그 일들을 바로잡으려고 애씁니다. 그리고 그 일은 너무도 걱정이 되어 기도를 방해합니다. 가장 해로운 것은 우리가 이것을 덕이라 생각하고, 이것을 완덕에 이른 표시요 하나님에 대한 큰 열의를 지닌 표시라고 생각하는 데 있습니다. 어떤 수도회에서 습관이 되어 버린 공공연한 죄 때문에 괴로워하는 것이나 이단들이 수많은 영혼을 멸망으로 이끄는 것처럼, 성교회에 대해 죄를 범하는 것을 보고 고통스러워하는 것을 말하는 것이 아닙니다. 이런 일로 슬퍼하는 것은 옳은 일이기 때문에 마음이 산란하지는 않습니다.

그러므로 기도하는 영혼을 위해 가장 안전한 길은 아무것에도, 누구에 대해서도 걱정하기를 그만두고 자기 자신을 돌보며 하나님을 기쁘게 해드리는 것입니다. 이것은 매우 중요합니다. 나는 사람들이 자신의 좋은 지향을 믿기 때문에 실수하는 경우들을 보았는데, 거기에 대해

---

222) 그라시안 신부에 따르면 세 사람은 강생 수녀원에 있는 사도 바울의 마리아 수녀, 수도회 창립을 위해 성녀와 함께 아빌라에 갔으며 그곳에서 초대 원장 수녀가 된 천사의 아나(Ana) 수녀, 강생 수녀원에 살았던 평신도로서 창립 때 성녀와 함께했던 마리아 데 세페다 이 오캄(SMaria de Cepeday Ocampo)(제32장 9항을 보라)이다.
223) 제32장에서 제36장까지.

이야기하자면 끝이 없을 것입니다.

그러니 우리는 언제나 다른 사람 안에서 덕과 좋은 자질을 발견하도록 노력하고, 우리 자신의 큰 죄들이 늘 눈앞을 가려서 다른 사람의 결점을 하나도 볼 수 없게 되도록 노력합시다. 이것을 당장 완벽하게 실천할 수는 없다 하더라도, 이런 노력은 우리가 한 가지 큰 덕을 지니도록 도와줄 것입니다. 즉, 우리는 다른 모든 사람들이 우리 자신보다 낫다고 여기게 될 것입니다. 그러면 하나님의 은총으로 – 우리는 하나님의 은총이 언제나 필요합니다. 그 은총이 없으면 우리의 노력은 아무 소용이 없기 때문입니다 – 우리는 진보하기 시작할 것입니다. 동시에 이런 덕을 지니게 해 달라고 하나님께 간청합시다. 하나님께서는 힘껏 노력하는 사람이라면 그 누구의 청도 거절하지 않으십니다.

(11) 이 충고는 또한 지성을 사용해서 많은 추리를 하며, 하나의 주제에서 많은 생각과 개념을 추리해 낼 수 있는 사람들이 기억해야 하는 것입니다. 이런 식으로 할 수 없는 사람들에게는 – 나도 늘 그런 사람이었습니다 – 다른 충고가 필요 없습니다. 다만, 주님께서 그들에게 해야 할 일과 빛을 주실 때까지 인내심을 가져야 한다고 권고하겠습니다. 이런 사람들은 혼자서는 거의 아무것도 할 수 없으므로, 지성이 그들에게 도움이 되기보다는 오히려 장애가 되기 때문입니다.

이제, 추리력을 사용할 수 있는 사람들의 경우로 다시 돌아갑시다. 나는 그들에게 기도 시간 내내 이런 방식으로 보내서는 안 된다고 충고합니다. 왜냐하면 그런 기도 방법은 매우 공로가 되기는 하지만, 그들은 기도가 감미롭기 때문에 아무 일도 하지 않고 쉬어야 하는 주일 같은 시간도 반드시 가져야 한다는 것을 깨닫지 못하기 때문입니다. 그렇게 하는 것은 시간낭비라고 생각합니다. 그러나 내가 보기에, 이런 낭비는 큰 이익인 것 같습니다.

내가 제안했듯이[224] 그들에게 자신이 그리스도 앞에 있다고 상상하게 하십시오. 그리고 지성을 지치게 만들지 않으면서 주님과 이야기하

---

224) 제12장 2항에서.

고 함께 기뻐하십시오. 주님께 드릴 말씀을 길게 준비하느라 지쳐 버리지 말고 자신이 필요한 것을 보여 드려야 합니다. 그리고 왜 주님께서는 우리가 당신 앞에 머무는 것을 허락하지 않으셔도 되는지, 그 이유를 말씀드려야 합니다. 어떤 때는 이런 것을, 다른 때는 저런 것을 택해서 영혼이 늘 같은 양식을 먹기 때문에 싫증나지 않게 해야 합니다. 이런 양식은 매우 맛있고 자양분이 많습니다. 따라서 일단 맛을 들이게 되면 영혼에게 생명을 주는 풍부한 자양분을 공급하고 다른 많은 도움을 받게 해 줍니다.

(12) 좀 더 잘 설명해 보겠습니다. 기도에 관한 이런 문제들은 모두 어렵고, 지도자를 찾지 못하는 경우에는 이해하기가 매우 힘들기 때문입니다. 나도 간단하게 설명할 수 있으면 좋겠습니다. 나에게 이 주제에 대해 글을 쓰라고 명하신 분은 머리가 좋으니까 암시만 해도 충분하겠지만 나는 너무도 어리석어서, 이처럼 제대로 잘 설명해야 할 매우 중요한 일을 몇 마디로 이해하게 할 수가 없습니다. 나도 너무나 많은 고생을 해서 책만 가지고 시작하는 사람들이 가엾습니다. 왜냐하면 놀랍게도 어떤 일을 이해하는 것과 경험을 통해 아는 것 사이에는 큰 차이가 있기 때문입니다.

이제 내가 이야기하던 주제로[225] 다시 돌아와서 **수난에 관한 장면 하나를 묵상하기** 시작합시다. **주님께서 기둥에 매여 계셨을 때를 묵상한다고 합시다.** 지성은 엄위하신 주님께서 홀로 당하셨을 기막힌 고통과 번민을 더 깊이 이해하기 위해, 그 원인들을 찾아보기 시작할 것입니다. 지성이 활동적인 경우에는, 여기에서 다른 많은 것들을 미루어 생각해 볼 수 있습니다. 아! 만일 학식 있는 분이라면 참으로 더 많은 가르침을 찾을 수 있을 것입니다. **바로 이것이 모든 사람이 시작해서, 계속하고, 끝마쳐야 할 기도방법입니다.** 주님께서 영혼을 다른 초자연적인 길로 이끌어 주시기 전까지는, 이 방법이 가장 뛰어나고 안전한 길입니다.

---

[225] 11항과 제12장 2항에서.

(13) 내가 '모든 사람'이라고 말하지만, 많은 영혼들은 거룩한 수난에 관한 묵상보다는 다른 묵상을 통해 더 큰 도움을 받을 것입니다. 하늘에는 많은 거처가 있듯[226] 거기에 이르는 길도 많을 테니까요. 어떤 사람들은 **지옥**에 있는 자신을 상상해 보는 것이 도움이 됩니다. 또 다른 사람들은 지옥을 생각하면 슬퍼지기 때문에 **천국**에 있는 자신을 상상해 보는 것이 도움이 됩니다. 또 어떤 사람들은 **죽음**에 대해 묵상합니다. 부드러운 마음을 지닌 사람들은 수난에 관해 늘 생각하면 지치게 됩니다. 하지만 그런 사람들은 피조물 안에서 드러나는 주님의 권능과 위대하심을 생각하고, 모든 것 안에서 볼 수 있는 우리에 대한 그분의 사랑을 생각하면서 큰 도움을 받습니다. 이것은 훌륭한 방법입니다. 그렇지만 **반드시 그리스도의 수난과 생애에 대해서도 자주 묵상해야 합니다.** 바로 거기서 우리에게 모든 선이 왔으며, 또 오게 될 것이니까요.

(14) 초보자는 무엇이 그에게 가장 도움이 되는지 알아보기 위해 조언이 필요합니다. 그 때문에 지도자가 꼭 있어야 합니다. 또한 그 지도자는 경험이 있는 분이어야 합니다. 그렇지 않으면 많은 실수를 하게 되며, 그 영혼을 이해하지도 못한 채 인도하거나 영혼이 자기 자신을 이해하지 못하게 만들 수도 있습니다. 왜냐하면 지도자에게 순종하는 것이 큰 공덕임을 알기 때문에, 영혼은 그가 명하는 것 이외에는 감히 하려 들지 않을 테니까요.

나는 경험이 없는 지도자들 때문에 답답해하고 괴로워하는 영혼들을 만났는데, 그들이 정말 가여웠습니다. 한 영혼은 자기 자신을 위해 어떻게 하면 좋을지를 몰랐습니다. 영성적인 일들을 이해하지 못하는 지도자들이 그들의 영혼과 육신을 괴롭히며 진보하는 것을 막았기 때문입니다. 또 다른 영혼은 자신의 지도자 때문에 8년 동안이나 속박당했다고 말했습니다. 그 지도자는 영혼이 자기 자신을 성찰하는 단계에서 벗어나 더 나아가는 것을 허용하지 않았는데, 주님께서는 그 여인을 이미 고요의 기도에 이르도록 드높여 주셨던 것입니다. 그 때문에 그

---

[226] 요한 14,2.

여인은 많은 고통을 당했습니다.

(15) 그러나 이런 자각의 길을 결코 소홀히 해서는 안 됩니다. **이 여정에서 아무리 거인이라 해도 가끔 다시 젖먹이가 되어야 할 필요가 없는 영혼은 아무도 없습니다.** 이것을 결코 잊어서는 안 됩니다. 이것은 매우 중요하기 때문에 여러 번 되풀이해서[227] 말씀드릴 것입니다. **가끔 처음으로 되돌아가야 할 필요가 없을 정도로 드높은 기도의 단계란 없으니까요.** 그리고 우리의 죄와 우리 자신에 대한 지식은, 기도의 길을 걸으면서 아무리 맛있는 음식이 나오더라도 다른 모든 음식과 함께 반드시 먹어야 하는 빵이기 때문입니다. 이 빵 없이는 자양분을 섭취할 수 없습니다. 그렇지만 반드시 알맞게 먹어야 합니다. 일단, 어떤 영혼이 자기는 이제 기운이 다 빠져 버렸음을 발견하고 자신 안에 좋은 것이라곤 아무것도 없음을 분명히 깨닫고 있는데, 또한 그처럼 위대하신 임금님 앞에서 부끄럽게 느끼면서 그분께 받은 모든 은혜를 참으로 조금밖에 갚지 못하고 있음을 아는데, 무엇 때문에 자기 자신을 아는 법을 배우기 위해 더 이상 시간을 낭비할 필요가 있겠습니까? 주님께서 우리 앞에 놓아 주신 다른 음식 쪽으로 가야 합니다. 그런 것들을 옆으로 밀어 놓아야 할 이유가 없습니다. 엄위하신 주님께서는 우리에게 어떤 종류의 양식이 적합한지를 우리보다 더 잘 알고 계시기 때문입니다.

(16) 그러므로 지도자가 신중하고, 즉 건전한 분별력을 지니고 경험이 있어야 하는 것이 매우 중요합니다. 거기다가 학식이 많은 분이라면 더욱 바람직합니다. 그러나 세 가지 자질을 모두 갖춘 분을 찾을 수 없다면, 먼저 말씀드린 두 가지 자질이 더욱 중요합니다. 학식이 많은 분들은 우리가 조언을 구해야 할 필요가 있을 때 언제든지 찾을 수 있으니까요. 그러니까 학식 있는 분들이 기도하지 않는다면, 그런 분들의 학식은 초보자들에게 거의 도움이 되지 않는다는 뜻입니다. 초보자들이 학식 있는 분들에게 조언을 구해선 안 된다는 말이 아닙니다. 왜냐하면 영혼이 진리 안에서 걷기 시작하지 않는 것보다는 오히

---

[227] 제15장 12항을 보라.

려 기도하지 않는 편이 더 낫다고 생각하기 때문입니다. 학식은 위대한 것입니다. 학식 있는 분들은 조금밖에 모르는 우리를 가르치고 깨우쳐 주니까요. 그래서 우리가 성경의 진리를 깨치게 될 때, 우리는 우리가 해야 할 바를 할 수 있게 됩니다. 하나님께서는 어리석은 신심에서 우리를 구해 주시옵소서!

(17) 좀 더 설명하겠습니다. 내가 너무 여러 가지 일에 참견하고 있는 것 같습니다. 말씀드렸듯이[228] 나는 말을 많이 늘어놓지 않고서는 내 생각을 설명할 수 없는 단점을 늘 지녀 왔습니다. 어떤 수녀가 기도를 하기 시작했다고 합시다. 그런데 만일 지도자가 어리석은 사람이라 망상을 갖고, 그 수녀에게 장상보다는 자기에게 순종하는 편이 더 낫다고 설명한다고 합시다. 그는 이런 말을 아무 악의도 없이, 자신이 옳다고 믿으면서 할 것입니다. 사실 그가 수도자가 아니라면, 자신의 그런 충고가 옳다고 생각할 수도 있습니다. 그리고 만일 그가 결혼한 부인을 지도한다면, 그 부인이 집에서 일해야 할 시간에 남편이 못마땅해하더라도 기도하는 편이 더 낫다고 말할 것입니다. 그는 그 부인에게 시간과 일을 잘 조정해서, 모든 일을 순리에 맞게 할 수 있도록 충고할 수 없습니다. 그는 빛이 부족하기 때문에, 아무리 다른 사람들에게 빛을 주고 싶어 하더라도 줄 수가 없습니다. 이런 일에는 학식이 필요 없는 것같이 보입니다. 하지만 내 의견은 언제나 그랬고 앞으로도 그럴 것인데, 모든 그리스도인은 할 수만 있다면 학식 있는 분에게 지도를 받도록 노력해야 할 것입니다. 더 많이 배운 분일수록 좋습니다. 기도의 길을 걷는 영혼들에게는 이런 학식이 더 많이 필요합니다. 그리고 영성적인 영혼일수록 그것이 더욱 필요하게 됩니다.

(18) 기도를 하지 않는 학자는 기도하는 영혼들을 지도하기에 적합하지 않다고 잘못 생각하지 않도록 합시다. 나는 많은 학자들에게 조언을 청했습니다. 그리고 몇 년 전부터는 그런 분들의 도움이 더욱 필요했기 때문에 자주 그분들을 찾았습니다. 나는 늘 그런 분들과 사이

---

228) 12항과 제11장 6항에서.

좋게 지냈습니다. 어떤 분들은 기도에 대한 경험은 없었지만 그 영성을 싫어하거나 거기에 대해 모르지는 않았습니다. 그분들은 성경을 연구하고, 거기서 언제나 좋은 영성에 관한 진리를 발견할 수 있으니까요. 만일 기도를 하는 영혼이 학식 있는 분의 조언을 청한다면, 그는 결코 악마의 환상에 속지 않을 것이라고 믿습니다. 그가 스스로 속기를 원하지 않는 한 말입니다. **악마들은 겸손과 덕을 갖춘 학식 있는 분들을 무척 두려워합니다.** 그분들이 자기들을 찾아내서 쳐부수리라는 것을 알고 있기 때문입니다.

(19) 이런 말씀을 드린 것은, 어떤 사람들은 학식 있는 분들이 영성적이지 않은 경우에는 기도하는 영혼들을 지도하기에 적합하지 않다고 생각하기 때문입니다.[229] 영성 지도자가 필요하다는 것은 이미 말씀드렸습니다. 그러나 그 지도자가 학식 있는 분이 아닌 경우에는, 그것이 큰 장애가 될 것입니다. 만일 학자로서 덕을 갖춘 분이라면, 그런 분의 의견을 듣는 것은 큰 도움이 될 것입니다. 그런 분들은 영성적인 일들에 대해 아무 경험이 없더라도 우리에게 도움이 됩니다. 하나님께서는 그분들이 우리에게 가르쳐야 할 것을 알려 주시고, 우리를 계속 도와줄 수 있도록 영성적 체험까지 하게 해 주실 것입니다. 내가 이런 일을 경험하지도 않고 말하는 것이 아닙니다. 적어도 두 사람의 경우에 그런 일이 있었습니다. 거듭 말씀드리지만, 내가 말한 분들 같은 지도자를 찾지 못하는 경우, 어떤 사람이 오직 한 지도자에게만 전적으로 순종하면서 자신의 영혼을 맡기는 것은 큰 잘못이 될 것입니다. 왜냐하면 그 사람이 수도자라면 그의 장상에게도 순종해야 하기 때문입니다. 그런데 그 지도자에게 이런 세 가지 자질(건전한 분별력, 경험, 학식)이[230] 모두 부족할 수도 있습니다. 특히 식별력이 부족한 지도자에게 순종할 마음이 내키지 않는 영혼의 경우, 그 영혼에게 그보

---

229) 이것은 알칸타라의 성 베드로와 다른 이들의 의견이었다. 그들은 영성적인 삶의 완덕에 관련된 사정에서는 법률가와 신학자들뿐만 아니라 이런 삶을 살고 있는 이들과 상의해야 한다고 고집했다.
230) 건전한 분별력, 경험, 학식. 16항을 보라.

다 더 무거운 십자가는 없을 것입니다. 적어도 나는 결코 이런 식으로 순종할 수가 없었습니다. 그리고 이런 순종은 옳지 않다고 생각합니다.

하지만 그가 세속에서 사는 사람이라면 자기가 순종하게 될 지도자를 선택할 수 있으니 하나님을 찬미하게 하십시오. 그리고 그처럼 정당한 자유를 포기하지 않게 하십시오. 합당한 지도자를 찾을 때까지, 차라리 지도자 없이 지내게 하십시오. 그가 참으로 겸손한 영혼이고 가장 올바른 지도자를 만나기를 열망한다면, 주님께서 그런 지도자를 보내 주실 것입니다. 나는 하나님을 진심으로 찬미합니다. 우리 여성들과 배우지 못한 사람들은 언제나 하나님께 끝없이 감사드려야 합니다. 이 세상에는 그처럼 많은 노력을 해서 우리 같은 무식한 사람들이 전혀 알지 못하는 진리를 터득한 분들이 있기 때문입니다.

(20) 나는 학식 있는 분들에게, 특히 수도자들에게 때때로 감탄합니다. 그분들은 그처럼 많은 수고를 해서 얻은 지식으로 나를 도와주고 나는 그저 질문만 하면 되니 말입니다. 그런데 이런 혜택을 받으려 하지 않는 사람들도 있습니다! 하나님께서 그런 일이 없도록 해 주시기를 빕니다. 나는 이처럼 학식 있는 분들이 수도 생활의 매우 힘든 시련을, 즉 보속과 보잘것없는 음식과 순명의 의무를 견디며 사는 것을 압니다. 사실, 나는 때때로 그것을 생각하면 무척 부끄럽습니다. 게다가 그분들은 잠도 부족합니다. 모두 시련과 십자가뿐입니다. 나는 그와 같은 보화를 자기 탓으로 잃어버리는 것은 큰 잘못이라고 생각합니다. 그런데 우리 중 어떤 사람들은 이런 시련들을 겪지 않아도 되면서, 말하자면 입에 넣어 주는 음식을 먹으며 편한 대로 살면서, 우리가 그들보다 기도를 조금 더 한다는 것 때문에 그런 시련을 견디는 이들보다 자신들이 더 낫다고 종종 생각할 수도 있습니다!

(21) 나를 이렇듯 무능하고 쓸모없게 만드신 주님은 찬미 받으소서! 그러나 주님께서는 우리를 일깨워 줄 수 있는 많은 사람들에게 가르침을 주셨으니, 나는 당신을 더욱더 찬미합니다. 우리는 우리에게 빛을 주시는 분들을 위해 매우 정기적으로 기도해야 할 것입니다. 지금 교

회가 겪어야 하는 이렇듯 큰 폭풍우 속에서, 만일 그분들이 없다면 우리는 어떻게 되겠습니까? 이런 학자들 중 어떤 이들이 불충실하기는 했지만, 좋은 학자들은 한층 더 빛나게 될 것입니다. 주님께서 그분들을 당신의 손안에서 보호해 주시고, 우리를 도와줄 수 있도록 그분들을 도와주시길 바랍니다. 아멘.

(22) 내가 말하기 시작한 주제에서 많이 빗나간 것 같습니다. 그러나 이 모든 이야기는 초보자들을 위해서 의미가 있습니다. 그들이 이처럼 숭고한 여행을 떠날 때 참다운 길을 걸어 나가도록 도와줄 것입니다.

묵상의 결론

기둥에 매여 계신 그리스도에 대한 묵상으로 돌아갑시다. 거기서 주님이 견디신 고통에 대해 잠시 곰곰이 생각해 보면서, 왜 그런 고통을 당하셨으며 그런 고통을 당하신 분이 누구인지, 어떤 사랑으로 그 고통을 견디셨는지를 생각해 보는 것이 좋습니다. 그러나 항상 이런 생각들을 찾아내느라고 자신을 지치게 만들어서는 안 됩니다. **우리는 가끔 모든 생각을 멈추고 그분 곁에 머물러 있어야 합니다.** 그리고 할 수 있다면, 우리를 보고 계시는 **그리스도를 바라보는 데만 전념해야 합니다.** 그리고 주님과 같이 있으면서, 그분과 함께 이야기하고 그분께 기도해야 합니다. 또한 주님 앞에서 우리 자신을 낮추고 그분 안에서 기뻐하면서, 우리는 결코 거기에 있을 자격이 없다는 것을 기억해야 합니다. 이렇게 할 수 있는 영혼은, 비록 그가 기도의 초보자에 지나지 않더라도 많은 진보를 하게 될 것입니다. 그리고 이런 기도 방법은 매우 유익합니다. 적어도 내 영혼을 위해서는 그랬습니다. 내가 말하고자 하는 것을 제대로 설명했는지 모르겠습니다.

그러나 신부님은 아시겠지요. 주님께서는 내가 언제나 당신을 기쁘게 해 드릴 수 있게 해 주시옵소서. 아멘.

제 9 장 묵상에서 관상으로

묵상에서 관상으로 옮겨가는 단계의 특징

『가르멜의 산길』 II,13~15장과 『어둔 밤』 I,9~10장에서 묵상(사색)에서 관상으로 옮아갈 때 나타나는 표징들에 대하여 자세하게 설명하고 있으며 이를 여기에 옮겨 정리한다.

1. 가르멜의 산길에서

1) 묵상에서 관상으로 옮겨가는 단계의 징표 세 가지[231]

> 열심 있는 사람이 자신 안에서 가져야만 하는 징표들을 적어 놓고, 그 징표들을 통하여 그가 언제 묵상과 사색을 포기해야 할 때이며 관상의 상태로 나아갈 때인지 알게 되는 것을 적어놓는다.

(1) 이 가르침이 모호하게 되지 않기 위하여 이 장에서는 열심 있는 사람이 이미 말했던 상상들과 형상들과 초상들을 통하여 이루어지는 사색적인 묵상기도를 언제 그만두어야 좋을지를 알게 해줄 것이다. 열심 있는 사람의 정신이 그것을 요구하기 훨씬 전이나 한참 뒤에 묵상을 그만두지 않도록 해야 하기 때문이다. 하나님께 가기 위해 방해가

---

231) 『가르멜의 산길』, 13장.

되지 않도록 하려면 제때에 묵상과 사색을 그만두는 것이 좋을 것이다. 또한 뒤로 퇴보하지 않도록 하려면 적합한 시기가 오기도 전에 상상적인 묵상을 포기하지 말아야 한다. 나아간 이들에게 적합한 일치의 방법을 찾도록 하기 위해서라면 감각의 능력들에 의한 지각들이 도움이 되지 않는다. 그럼에도 불구하고 감각을 통해서 초보자들의 정신을 준비시키고 영적인 것에 길들이게 하기 위해서는 거리가 먼 방법이 초보자들에게는 도움이 된다. 또한 초보자들이 본성적이고 세속적이며 일시적인 모든 유치한 상상들과 형상들을 감각에서 비워버리는 길로 들어서도록 하기 위하여 거리가 먼 방법이 초보자들에게는 도움이 된다. 그래서 여기에서 열심 있는 사람들이 자기 안에 가져야만 하는 몇 가지 징표들과 드러나는 현상들을 말할 것인데, 그런 때가 다가왔다는 것을 알게 된다면 아무 때나 그럴 것이 아니라 제때에 묵상과 사색을 포기해야 할 것이다.[232]

(2) **첫째로 자신 안에서 보게 되는 것은 이제는 더 이상 상상력과 함께 사색을 하거나 묵상을 할 수 없으며, 전에 그랬던 것과 같은 맛을 더 이상 느끼지 못한다.** 전에는 감각에 매달렸고 달콤한 물을 자주 얻어냈었지만 이제는 메마름을 느낀다. 그러나 아직도 묵상에서 사색을 할 수 있고 달콤한 물을 얻어낼 수 있다면 묵상기도를 포기하지 말아야 한다. 만일 묵상에서 그런 현상이 느껴지지 않는다면 그때는 셋째 징표에서 말하게 될 평화와 고요함이 그 영혼에게 찾아들 것이다.[233]

---

232) 저자가 여기에서 하는 표현에 따른다면 '초보자들'이란 묵상기도를 시작하는 사람들이며, '열심 있는 사람들'이란 묵상기도의 단계에서 벗어날 수 있는 사람들, 즉 영성수련을 많이 한 '나아간 사람들'을 지칭한다.
233) 『어둔 밤』, 1.9.2~7에서 말하는 메마름의 세 가지 징표. 즉 관상의 단계로 접어들었음을 확신할 수 있도록 해주는 징표는 영혼이 ① 상상의 감각 안에서는 추리나 묵상을 할 수 있는 능력이 없어졌을 때(9.8), ② 하나님께 관한 일들이나 생각들에 아무런 위로를 받을 수 없고, 맛도 느끼지 못할 때(9.2). ③ 정화의 과정에서 따라오는 시련으로 말미암아 하나님을 섬기지 않으려는 생각이 정도로 고통스러운 시름이 생길 때(9.3~7)라고 한다. 이어지는 14장에서 이에 대한 설명이 자세하게 다뤄지고 있다. 예수의 테레사, 『영혼의 성』, 6궁방, 7.6~7. 11~12; 『완덕의 길』, 34.11, 요한 타울러, "Institutiones" Coimbra, 1551, 36~39.

(3) 둘째 징표는 영혼이 안팎을 가릴 것 없이 특별한 일들에 감각이나 상상력을 끌어들일 의욕이 전혀 없음을 보게 될 때이다. 잠심(정신집중)이 깊이 되었을 때에도 상상력의 작용이 오락가락하기 때문에 상상력이 작용을 하거나 혹은 하지 않는다고 말하는 것이 아니라234) 영혼이 다른 것들에 의도적으로 상상력을 적용하는 것이 싫어진다는 것이다.

(4) 셋째 징표는 더욱 확실한 것인데 영혼이 하나님께 대한 사랑스러운 집중을 하게 되면서 아무런 특별한 생각이 없이 내적인 평화와 고요함과 쉼 속에 혼자 있는 것이 좋아진다. 더 나아가서 묵상에서 관상으로 가는 것이라고 할 수 있는 상태로서 기억·지성·의지라고 하는 감각의 능력들의 움직임이나 활동, 즉 적어도 사색적인 활동이 없으며, 무엇에 대한 이해인지도 모르고 특별한 지식도 없이 앞에서 말했던 것처럼 다만 사랑이 가득한 전체적인 깨달음과 집중만이 있을 따름이다.

(5) 열심 있는 사람들이 감각과 묵상의 상태를 확실하게 포기해야 하고 정신과 관상의 상태에 들어가기 위해, 적어도 **이 세 가지 징표들을 자신 안에서 함께 볼 수 있어야** 한다.

(6) **둘째 징표가 없이 첫째 징표를 갖는 것으로는 충분하지 않다.** 전처럼 하나님의 일들 안에서 더 이상 상상하거나 묵상을 할 수 없다는 것은 방심이나 정성의 부족함에서 올 수도 있기 때문이다. 그래서 자기 안에서 다른 이상한 것들에 대한 욕구도 의욕도 생기지 않는다는 둘째 징표가 있는지 확인해야 한다는 것이다. 하나님의 일들에 대하여 감각이나 상상력을 집중시킬 수가 없다는 것이 미온적인 태도나 방심에서 오는 것일 때에는 영혼이 상상력을 즉시 다른 이상한 것들에 두려는 욕구와 의욕이 생기고 그곳으로 끌리는 동기가 생기기 때문이다.

더 나아가서 만일 **셋째 징표를 함께 볼 수 없다면 첫째와 둘째 징표를 보는 것으로 충분하지 않다.** 비록 하나님의 일들에 있어서 더 이상

---

234) 참조: 예수의 테레사, 『자서전』 17.7; 『영혼의 성』, 6궁방, 2,14.

생각하거나 사색을 할 수 없다고 여겨질지라도, 그리고 다른 것들에 대하여 생각할 의욕도 없다 할지라도 이런 것들이 우울증이나 심장, 혹은 뇌로부터 오는 기분의 언짢음으로 올 수도 있기 때문이다. 우울증이나 기분의 언짢음은 감각 안에 아무것도 생각할 수 없고, 무엇을 생각할 의욕도 없이 만들면서 분명한 침울함과 포기상태를 가져다주고 달콤한 황홀경에 있으려는 충동을 일으킨다. 그래서 이런 것이 아닌가를 확인하기 위해서 앞에서 말했듯이 **평화 안에서 하나님께 대한 사랑이 가득한 집중과 깨달음이라는 셋째 징표**를 가져야 한다.

(7) **이 상태가 시작될 때에 초보자들에게는 사랑이 가득한 깨달음이 거의 느껴지지 않는 것이 사실이다.** 두 가지 이유에서 그런 것인데, **하나는** 이 사랑 가득한 깨달음이 초보자들에게 매우 미묘하고 섬세하고 거의 느껴지지 않는 것이기 때문이고, **다른 하나는** 영혼이 완전히 감각적이라고 하는 묵상의 수련방법에 익숙해져 있으면서 이미 순수한 정신에게 속하는 느껴지지 않는 새로움을 거의 느끼지 못하거나 감지하지 못하기 때문이다. 대부분 그것을 알지 못하기 때문에 다른 감각적인 것을 더 추구하면서 그 안에 고요하게 머물 줄을 모른다. 그래서 제아무리 내적이면서 사랑이 가득한 평화가 엄청나게 넘친다 할지라도 그것을 느끼거나 즐길 여유가 없다. 영혼이 고요하게 있는 것에 습관이 많이 들어 있었다면 그만큼 많이 평화 안에서 항상 성숙될 것이며, 영혼이 다른 것들에서 느끼는 것보다 훨씬 좋아하게 될 하나님의 전체적이며 사랑이 가득한 깨달음을 더욱 많이 느낄 것이다. 고요하게 있는 것에 습관이 많이 들어 있는 영혼에게 아무런 수고도 없이 기쁨과 맛과 쉼과 평화를 가져다주기 때문이다.

(8) 이제껏 말한 것으로 더욱 분명해졌기 때문에 이어지는 장에서는 그 원인들과 이유들을 말할 것이다. 그러면 정신으로 가기 위해 이미 말했던 세 가지 징표들이 필요한 것들이라고 여겨질 것이다.

2) 징표가 필요한 이유

앞으로 나아가기 위해 이미 말한 징표들의 필요성에 대한 이유를 설명하면서 이 징표들의 유익함을 밝힌다.

(1) 앞서 말한 **첫째 징표에 대하여 알아두어야 할 것이 두 가지가** 있는데 그 두 가지가 한꺼번에 일어나기도 한다. 그것은 관상적인 삶이라는 정신의 길에 들어서기 위해 열심 있는 사람이 이미 묵상이 싫어지고 사색을 할 수 없을 때는 묵상과 상상의 길을 포기해야 한다는 것이다.

첫째로 사색과 묵상의 길을 통하여 하나님의 일들 안에서 찾아내야만 했던 모든 영적인 선이 영혼에게 분명하게 주어졌기 때문이다. 그 새로운 시작은 전에 그랬던 것처럼 이미 사색하거나 묵상할 수 없다는 것이며, 묵상 안에서 달콤한 물이나 새로움에 대한 기쁨을 찾을 수 없다는 것이다. 그때까지도 영혼은 자기를 위해 기다리고 있었던 정신(영성)에까지 이르지 못했기 때문이다. 통상적으로 매번 영혼은 적어도 정신(영성)에 따라서 기쁨을 느끼면서 영적인 선을 받아들이는데 자기에게 유익하고 받아들이던 방법을 통해서 받아들인다. 만일 영적인 선이 더 이상 느껴지지 않는다면 제아무리 탁월하다 할지라도 거의 도움이 되지 않을 것이다. 또한 전에 영적인 선을 받아들일 때 그 원인들 안에서 찾아내던 달콤한 물이나 기댈 곳을 찾지도 못할 것이다. 철학자들이 말하는 것에 따른다면 맛있는 것이 키워주고 살찌게 한다.235) 이에 대하여 거룩한 욥은 소금으로 간을 맞추지 않은 맛없는 것을 어찌 먹을 수 있느냐고 한다(욥 6:6). 이것이 바로 전처럼 사색을 하거나 생각을 할 수 없는 이유이다. 정신이 거기에서 찾아내는 것은 기쁨이 별로 없는 것이며 별로 소용이 없는 것이다.

(2) **둘째로 영혼이 이 기간 동안, 이미 습관적이며 실제로 묵상의 정신을 가지고 있기 때문이다.** 하나님의 일들에 대한 묵상이나 사색의 끝

---

235) "Quod sapit, nutrit."(아리스토텔레스, "De anima" 3.28)

은 하나님으로부터 약간의 사랑과 깨달음을 얻어내는 데 있다는 것을 알아야 한다. 그리고 영혼이 묵상을 통해서 그것을 얻어내는 매 순간마다 단지 하나의 행위일 뿐이다. 다른 모든 경우에 있어서 많은 행위들은 영혼에게 습관을 만들어낸다. 마찬가지로 영혼이 매번 부분적으로 얻어낸 사랑이 가득한 깨달음들의 많은 행위들이 여러 번 계속된다면 영혼 안에 습관을 만들어낸다. 하나님께서는 이런 행위들이 없이, 적어도 거듭 반복되는 행위가 없이도 많은 영혼들을 관상의 상태에 즉시 넣어주기도 하신다. 영혼이 전에 묵상의 수고를 통해서 매번 부분적인 깨달음을 얻어냈던 것이 이제는, 이미 말했던 것처럼, 자주 반복되었기 때문에 영혼에게 습관이 되었으며 전체적이고 사랑이 가득한 깨달음의 실체가 되어버렸으며, 전처럼 하나씩 구별되고 차이가 났던 것이 아니다. 그러므로 기도를 시작하면서 마치 물에 다다른 사람이 수고할 것 없이 가볍게 마시기만 하면 되는 것처럼 형상과 초상과 생각들을 통해서 힘들게 얻어낼 필요가 없이 가볍게 사랑 가득한 깨달음을 얻어낼 수 있다.[236] 이런 방식으로 영혼이 하나님 앞에 있게 될 때 분명하지 않지만 사랑이 가득하고, 평화스럽고, 고요한 깨달음의 행위 안으로 들어가면서 영혼은 거기에서 지혜와 사랑과 기쁨을 음미한다.

(3) 영혼이 고요함 속에 있으면서 특별한 깨달음을 더 얻으려고 애를 쓰거나 묵상을 하려고 원하는 것이 바로, 영혼이 수고는 무척 하지만, 아무런 기쁨을 느끼지 못하는 이유이다. 이것은 젖을 먹고 있는 어린애에게 일어나는 것과 같다. 어린애가 이미 어머니의 가슴에 달라붙어서 젖을 빨고 있는데 그에게서 젖을 빼앗아버린 다음에 새삼스럽게 젖을 물려주면서 젖을 손으로 쥐어짜가지고 먹으라고 하는 것과 같다.[237] 또한 이것은 껍질을 벗긴 과일을 맛있게 먹는 사람에게 껍질이 벗겨진 과일의 껍질을 다시 벗기고 먹으라고 한다면 껍질을 찾을 수도 없을 뿐더러 만일 벗겼다면 손에 있는 과일에서는 제대로 맛을 볼 수

---

236) 참조: 예수의 테레사, 『자서전』, 11~20.
237) 이 설명의 방법은 예수의 테레사가 자신의 작품들(『완덕의 길』, 31,9; 『영혼의 성』, 4궁방, 10; "하나님 사랑의 개념", 4,4~5)에서 설명하는 내용과 일치하고 있다.

도 없을 것이다. 이런 것이야말로 다른 것을 잡으려다가 잡은 것을 놓치는 것과 같은 것이다.

(4) 관상기도의 상태에 들어가기 시작하는 많은 사람들이 아직도 자기들이 해야 하는 것이 사색을 하면서 앞으로 나아가는 것이고 정신의 껍데기인 형상들과 상상들을 통해서 특별한 것들을 이해하는 것이라고 생각한다. 영혼이 머물러 있기를 원하는 실체적이고 사랑이 가득한 고요함 속에서는 상상들과 형상들을 찾지 못하는 것인데도 불구하고 거기에서는 아무것도 확실한 것을 이해하지 못하고, 단지 시간만 낭비한다고 생각하면서 자기들이 사용하던 사색과 상상의 껍질을 찾으러 다시 돌아간다. 그러나 이미 벗겨졌기 때문에 껍질을 찾지 못한다. 이렇게 알맹이를 맛보지도 못하고, 묵상을 하지도 못한다. 또한 그들은 당황하게 되면서 자신들이 퇴보하는 것이며 무엇을 빼앗긴다고 생각하게 된다. 비록 그들이 생각하는 만큼은 아닐지라도 무엇인가 빼앗기는 것은 사실이다. 자기들의 고유한 감각에 의한 고유한 수련방법을 잃어버리는 것은 물론이요 처음에 맛을 느끼던 방법까지도 잃어버리기 때문이다. 그러나 이렇게 잃어버리는 것은 그들에게 가까워지는 정신으로 무엇인가 얻으면서 가는 것이다. 그들이 앞으로 나아가는 만큼 조금밖에 이해하지 못하면서 이 책에서 다루고 있는 정신의 밤으로 더욱 들어가는 것이며, 그곳은 아는 모든 것을 초월하여 하나님과 일치를 이루기 위해 거쳐야 하는 곳이다.

(5) **둘째 징표에 관해서 말해야 할 것이 조금 있다.** 이 상태에서 영혼은 이제 더 이상 세상이라고 하는 다른 상상들을 즐길 필요가 없다는 것을 보기 때문이다. 이미 말했던 이유들 때문에 하나님께 대한 적합한 상상들도 그에게는 달갑지 않다. 단지 위에서 지적했듯이[238] 이 잠심의 상태에서는 영혼의 상상력이 오고가고 다양하게 움직이지만 영혼이 좋아하거나 의지적으로 찾기 때문에서가 아니며 오히려 고통을 느끼게 되는데 평화와 그윽한 맛이 영혼을 불안하게 하기 때문이다.

---

238) 참조 『가르멜의 산길』, II, 13, 3.

(6) 이미 말한 묵상을 포기할 수 있기 위해 필요하고 적합한 징표이며 하나님 안에서 사랑이 가득하고 전체적인 깨달음과 그에 대한 알아차림이 시작된다는 **셋째 징표에 대해서라면 여기에서 더 이상 말할 것이 없다고** 생각한다. 그것에 대해서라면 이미 첫째 징표를 설명했던 곳에서 알아듣도록 말했다. 다음에 이것에 대하며 말할 적합한 곳에 이르게 될 때에 분명하지 않지만 사랑이 가득한 깨달음에 대하여 말하게 될 것인데, 그때라면 지성에게 포착되는 부분적인 지각들을 모두 다룬 뒤가 될 것이다.239) 그러나 관상기도를 하는 사람이 묵상과 사색의 길을 포기해야 하는 때에 어떻게 그에게 하나님의 전체적이며 사랑이 가득한 깨달음과 그에 대한 알아차림이 필요한지 분명하게 볼 수 있도록 한 가지 이유를 말할 것이다. 만일 영혼이 그때에 이 깨달음이나 하나님의 도움을 얻지 못한다면 그 결과는 영혼이 아무것도 할 수 없고, 아무것도 얻을 수가 없게 될 것이다. 이렇게 되면 영혼은 감각적 능력들을 따라다니면서 움직이는 묵상을 포기하게 되는 것뿐만 아니라 이미 말했던 전체적인 깨달음이라고 하는 관상조차도 할 수 없게 된다. 이 관상 안에서 영혼은 기억과 지성과 의지라고 하는 영적인 능력들을 갖게 되는데, 이 능력들은 이미 활동적이었고 이 능력들로부터 만들어졌고 얻어진 깨달음과 일치되어 있는 것들이다. 결국 감각적이거나 영적인 능력들을 통하는 두 가지 방법을 따르지 않고서는 영혼은 이미 준비되어 있는 깨달음을 받아들일 수도 없고, 얻어낼 수도 없기 때문에 묵상기도도 포기하고 관상기도까지 할 수 없다면 필연적으로 하나님께 대한 모든 수련을 할 수 없게 될 것이다. 말했듯이, 영혼은 감각적 능력들을 통하여 대상들을 추리하고, 찾아내고 깨달음들을 얻어낼 수 있다면 영적 능력들을 통해서 이미 이 능력들의 작업이 없이 이 능력들 안에서 받아들인 깨달음들을 즐길 수 있다.

(7) 감각적 능력들과 영적 능력들을 통해 영혼이 이루는 작업에 애

---

239) 저자의 독특한 표현 방법이지만 역시 여기에서 말하는 그때가 언제인지 분명하게 나타나지 않는다. 막연하게 표현한 내용으로 미루어볼 때 『어둔 밤』에 씌어진 내용을 말하는 것으로 추정한다.

를 쓰면서 가는 것과 이미 이루어진 일을 즐기는 것, 이 두 가지 사이에 있는 차이는 목적으로 계속 걸어가는 수고와 목적에서 얻게 되는 쉼과 고요함의 차이라고 할 수 있다. 다른 말로 표현한다면, 음식을 요리하는 것과 아무런 노력을 들이지 않고 이미 요리된 음식을 씹어서 맛을 즐기면서 음식을 먹는 것의 차이라고 할 수 있으며, 받아들이면서 가는 것과 이미 받은 것을 잘 이용하는 것의 차이라고 할 수 있다. 감각적 능력들과 함께 수고를 하는 것은 묵상과 사색이며, 영적인 능력들 안에서 이미 묵상을 통하여 이루어졌고 받아들여진 것은 관상이며 이미 우리가 말했던[240] 깨달음이다. 묵상에는 물론이요 관상에도 마음을 쓰지 않고 게으르게 있었다면 어느 모로 보든지 영혼이 열심히 노력하고 있었다고 말할 수 없을 것이다. 묵상과 사색을 포기할 수 있기 위하여 이 깨달음이 필요하다.

(8) 그러나 여기에서 알아두어야 할 것이 있다. 우리가 말하고 있는 전체적인 깨달음이란 가끔 매우 미묘하고 섬세한 것이라서 대부분 그 깨달음이 아주 순수하고 단순하고 완전하고 매우 영적이며 내적일 때는 영혼이 제아무리 노력을 많이 했다 할지라도 볼 수가 없거나 느끼지 못한다. 말했듯이, 이 깨달음이 더욱 밝고 완전하고 순수할 때 더욱 이해하기 어렵다. 그렇게 되는 때는 이 깨달음이 영혼에게 더욱 깨끗하게 주어지고 지성이나 감각을 통해 포착될 수 있는 다른 지식들이나 부분적인 깨달음과 상관이 없이 영혼에게 주어질 때이다. 지성이나 감각이 부분적인 깨달음이나 지식들을 얻어낼 수 있는 재주와 습관을 지니고 있으며, 감각적으로 느끼는 것에 이미 익숙해 있음에도 불구하고 영혼이 이 깨달음을 느끼지 못한다. 바로 이런 이유에서, 그 깨달음이 더욱 순수하고 완전하고 단순할 때 지성은 조금밖에 느끼지 못하며 지성에게는 더욱 어둡게 느껴진다. 반대로, 이 깨달음 자체가 덜 순수하고 덜 단순하다면 이성에게는 더욱 밝고 중요한 것으로 여겨지는데, 그것은 그 깨달음이 이성과 감각을 속여 넘어뜨릴 수 있는 약

---

[240] 참조. 『가르멜의 산길』, II, 14, 6.

간의 지적인 형태들과 뒤섞이고 감싸졌고 입혀졌기 때문이다.

(9) 이 비교를 통해서 잘 이해할 수 있을 것이다. 유리창을 통해서 들어오는 태양빛을 예로 들어보자. 태양빛이 입자와 먼지들을 많이 가지고 있으면 있을수록 감각적이고 만져질 수 있기 때문에 시각에는 더욱 밝게 느껴진다. 그러나 이렇게 태양빛이 밝다면 입자와 먼지가 가득 차 있는 것이기 때문에 태양빛이 단순하고 완전한 것이라 할지라도 사실상 그 자체로는 덜 순수하고 덜 밝은 것이다. 또한 입자나 먼지들 없이 태양빛이 순수할 때에는 육안으로 보기에 덜 만져질 수 있고 더욱 어둡게 느껴진다. 더욱 깨끗하면 깨끗할수록 더욱 어두워지고 덜 감지될 것이다. 만일 태양빛이 아주 미세한 먼지까지 포함해서 모든 입자와 먼지로부터 깨끗하고 순수하다면 눈에는 태양빛이 전혀 느껴지지 않고 어둡기만 할 것이다. 시각의 대상인 볼 수 있는 것이 없기 때문이다. 이렇게 눈이 어디 주의해서 볼 것을 찾지 못하는 것은 빛이 시각의 고유한 대상이 아니고 단지 볼 수 있는 것을 보게 하는 방법이기 때문이다. 볼 수 있는 것이 있어야 태양빛이나 혹은 전체적인 빛이 반사작용을 할 텐데 볼 수 있는 것이 없기 때문에 아무것도 보지 못할 것이다. 유리창을 통해서 빛이 들어오고 육체같이 두꺼운 물체가 있어 그 빛을 막아서지 않아서 다른 곳으로 통과한다면 아무것도 볼 수 없을 것이다. 이 모든 것을 종합한다면, 태양빛은 그 자체로 순수하고 깨끗할 것이지만 볼 수 있는 것들로 가득 차 있을 때에는 더욱 밝게 보이고 또 느껴질 것이다.[241]

(10) 지성이라고 하는 영혼의 눈(시력)에 대해서 영적인 빛을 같이 적용할 수 있다. 전체적인 깨달음과 우리가 말하고 있는 초자연적으로 매우 순수하고 단순하게 비춰지는 빛은 모든 것을 벗어버렸고 지성의 대상이라고 하는 모든 지적인 형상과는 거리가 멀기 때문에 영혼이 느끼지 못하고 보지도 못하는 것이다. 빛이 더욱 순수할 때에는 영혼에게 습관이 되어 있는 빛들과 형상들과 환상들을 더욱 멀리 쫓아버리기

---

241) 참조. 『가르멜의 산길』, II,5,6.

때문에 영혼을 더욱 어둡게 한다. 이때에는 어둠만 잘 느껴지고, 보일 것이다. 그러나 이 거룩한 빛이 영혼에게 대단한 힘을 가지고 비추지 않을 때에는 어둠도 느끼지 않으며, 빛도 보지 못하고, 영혼이 기대하던 하늘의 것이나 지상의 것들 가운데 아무것도 이해하지 못한다. 그래서 영혼은 가끔 엄청난 망각에 빠진 듯이 어디에 있었는지, 무엇을 했었는지 아무것도 모르며 그런 시간이 얼마나 흘렀는지조차도 모른다. 여기에서 일어날 수 있는 것은 이런 망각의 상태에서 많은 시간이 흐른다는 것이며, 영혼이 다시 자기 정신으로 돌아왔을 때에는 잠시 한 순간처럼 여겨지거나 아무것도 아니었던 것처럼 여겨진다.

(11) 이런 망각의 원인은 깨달음의 순수함과 단순함 때문이다. 이 깨달음이 영혼을 점령하면서 시시각각으로 영혼이 애써서 얻었던 기억과 감각들의 형상들과 모든 지각들로부터 깨끗하고 순수하고 단순하게 만들기 때문이다. 그리고는 시간을 초월하여 영혼을 망각 속에 놓아준 것이다. 이런 영혼에게 기도하는 시간이 오래 지속되었다 할지라도 몹시 짧게 여겨질 것이다. 시간 속에 있지 않는 순수한 지식[242]과 함께 있었기 때문이다. 이렇게 짧게 여겨지는 기도는 하늘을 꿰뚫는다고 말한다(집회 35,21). 짧지만 시간에 속하지 않는 기도였기 때문에, 그리고 영혼이 천상적 지식과 일치되어 있었기 때문에 하늘을 꿰뚫는 것이다. 이런 순간이 지나고 자기 정신으로 돌아올 때 이 깨달음이 영혼에게 어떤 효과를 남기는데 영혼이 아무것도 알아차릴 수 없이 일어났던 것들이다. 그것은 바로 천상적 지식으로 향하는 마음의 솟아오름과 모든 대상들에 대한 기억들·형상들·초상들, 그리고 모든 것들에 대한 개념으로부터 초월과 멀어짐이다. 이에 대하여 다윗은 자신에게 일어났던 것, 즉 망각에서 다시 돌아왔던 것을 말하는데 기억하는 것은 단지 지붕 위의 외로운 새와도 같은 자신을 보았다고 한다(시 102:8). 외로웠다는 것은 모든 것들로부터 멀어졌고 초월했다는 것으로 알아들

---

242) 참조: 토마스 데 아퀴노, "신학대전" 1. 85. 4 ad 3; 1~2. 53.ad 3; 1~2, 113, 7 ad 5; "De veritate", 8, 14. ad 12

어야 한다.

지붕 위에 있었다는 것은 마음이 높은 곳으로 올라갔다는 것이다.243) 영혼이 모든 것들에 대하여 무지한 존재처럼 되었다는 것은 어떻게 알게 되었는지도 모르면서 단지 하나님을 알게 되었기 때문이다. 아가(雅歌)의 신부가 신랑에게 내려갔다가 아무것도 몰랐다(아가 6, 12)244)고 말하면서 자기에게 일어났던 효과들 가운데 이 꿈과 망각과 아무것도 모름에 대하여 설명한다.

[우리가 말했듯이]245) 이 깨달음이 영혼에게 아무것도 하지 않고, 어디에 매여 있지도 않는 것처럼 여겨진다는 것은 감각들을 통하거나 감관의 능력들을 통해서는 아무것도 하지 않기 때문이다. 또한 영혼은 시간만 낭비하고 있다고 믿지 말아야 하며, 비록 영혼의 감관의 능력들의 움직임을 잃었다 할지라도 우리가 설명했듯이246) 지식은 깨달음으로 채워져 있다. 그래서 매우 현명했던 아가(雅歌)의 신부는 이런 의심에 대해 자신은 잠자리에 들었어도 정신은 말짱했었다고 자신에게 대답했던 것이다(아 5:2). 말하자면 본성적으로 자신은 일을 멈추고 잠이 들었음에도 불구하고 마음은 초자연적으로 깨어 있었고, 초자연적인 깨달음에 초자연적으로 이르렀다는 것이다.

(12) 그러나 우리가 여기에서 말하는 것처럼 일어나는 망각이 깨달음이라는 것이 지니고 있는 힘에 의해 강제로 만들어진 것이 아니라는

---

243) 여기에서 '마음'으로 번역된 용어는 'corazón'이 아니라 'mente'이므로 인간 전체를 말하거나 인간 안에 감각에 대비되는 실체인 '정신(espiritu)', 즉 혼이나 혼이라는 뜻과 함께 이해되는 '정신'으로 표현할 수 있을 것이다. 그러므로 '마음의 솟아오름'은 하나님의 현존을 인식하는 가운데 이루어지는 탈혼적 상태를 말하는 긍정적인 의미에서 '넋이 나감'이라고 할 수 있을 것이다. 저자는 『가르멜의 산길』 전체에서 탈혼이라는 말, 혹은 그와 유사한 표현을 하는 데 있어서 대단한 절제를 하고 있다는 인상을 남긴다. 그 이유 가운데 하나는 『영가』, 13,7에서 이미 예수의 테레사께서 탈혼에 대해서라면 자세한 설명을 했고(『자서전』, 20: 2a.31; 『영혼의 성』 5궁방.4~5. 7궁방,3.12; 『창립사』 6.2~6. "진술서", 12~34) 앞으로 책으로 나올 것이므로 생략하겠다고 했기 때문이다. 이 표현은 예수의 테레사의 탈혼에 대한 체험을 매우 긍정적으로 평가한다는 것이다.
244) 참조: 『가르멜의 산길』, III,21,2; 『어둔 밤』, II,23.15; 『영가』, 16,7; 26,14.
245) 참조: 『가르멜의 산길』, II,14,4).
246) 참조: 『가르멜의 산길』, II,14,8~10.

것을 알아두어야 한다. 이것은 단지 영혼에게서 본성적이며 영적인 모든 능력들의 움직임들이 없어졌을 때 일어나는 것이며, 깨달음이 항상 영혼을 완전히 차지하지 않으므로 매우 드물게 일어나는 현상이다. 지금 우리가 말하는 경우에 이르기 위해서라면 지성이 세속적이고 영적인 모든 부분적 깨달음으로부터 벗어났고, 이미 말했듯이[247] 의지가 세속적이고 영적인 모든 지식들에 대하여 생각할 의욕조차 없을 때라야 가능하다. 이것은 바로 영혼이 깨달음에 이르렀다는 징표이다.

가끔 영혼이 아무것도 볼 수가 없기 때문에 이 징표는 깨달음이 단지 지성에게만 와 닿을 때를 알기 위해서 반드시 필요하다. 그러나 거의 항상 함께 이루어지는 것인데 이 깨달음이 의지와 함께 지성에게 와 닿을 때, 영혼은 별로 느끼지를 못하지만, 만일 이 깨달음으로 채워진 영혼이 조금만 잘 분별을 한다면, 그 깨달음 안에서 자기가 사랑하는 것을 특별히 잘 알거나 이해하지도 못하면서 사랑의 기쁨을 느낄 수 있다. 영혼이 사랑하는 것을 구별할 수 있도록 알지도 못하면서 지성에 이렇게 어둡게 와 닿기 때문에, 그리고 의지에게도 역시 혼돈스럽게 사랑과 그 기쁨이 어둡게 와 닿기 때문에 그 깨달음을 전체적이며 사랑이 가득하다고 부르는 것이다.

(13) 만일 영혼이 앞에서 말했던 징표들을 보게 된다면 영적인 사색의 길을 포기해야만 하도록, 그리고 비록 영혼이 아무것도 하지 않는다고 여기지는 않을지라도 깨달음에 의해 무엇을 하고 있다는 것을 확신하도록 해주기 위해 이 깨달음 속에 있는 영혼에게 이 징표들이 왜 필요한지 알게 해주는 것으로 충분하다. 또한 빛에 대한 비교를 통해서 이미 말했던 것이[248] 어떻게 이루어지는지 알게 해주는 것으로 충분하다. 그러나 마치 태양빛이 많은 입자들로 가득 차 있을 때 눈에 더욱 잘 보이는 것처럼 이 빛(깨달음)이 지성에게 더욱 잘 감지되는 것으로 드러나기 때문에 영혼이 더욱 순수하고 출중하고 밝은 깨달음을

---

247) 참조:『가르멜의 산길』II,14,5~7.
248) 참조:『가르멜의 산길』, II,14,9.

지니게 되었다는 것은 아니다. 아리스토텔레스와 신학자들이 말했듯이 거룩한 빛이 더욱 높고 출중할수록 우리의 지성에게는 더욱 어둡다는 것은 분명하다.

(14) 이 거룩한 깨달음에 대해서라면, 특히 깨달음 자체에 대해서는 물론이요 관상기도를 하는 사람들 안에서 이루는 효과들에 대해서라면 할 말이 무척 많다. 그러나 제때가 오면 다루기 위해서 이제 모두 그만두자. 여기에서 우리가 길게 늘어놓았던 이유는 남겨놓은 것이 더욱 혼란스러운 가르침이 되지 않도록 하려는 것뿐이었다. 분명히 말해서 모호한 주제이기 때문에 아직도 해야 할 말이 무척 많다는 것을 고백한다.249) 내용의 모호함 때문에 담화로나 책으로 자주 다루어지는 주제가 아니며, 그 자체로 예외적인 것이고 어두운 내용이기 때문이고, 내가 재주가 없고, 아는 것도 없기 때문에 그렇게 되었다. 알고 있는 것을 이해시키는 데 있어서 자신이 없기 때문에 여러 번 반복하고, 지나치게 길게 설명했으며, 내가 다루는 주제의 한계를 넘기도 했고, 적당한 때에 설명을 하지 못했다는 것도 잘 안다.250) 고백하지만 가끔은

---

249) 저자는 무엇을 언제, 어디서, 어떻게 말할 것인지에 대해 아무런 언급이 없다. 단지 『어둔 밤』에서 다루게 될 내용을 말하는 것이 아닌가 하고 추측할 뿐이다.
250) 저자가 자신의 신비체험을 글로 옮기기 위해 처음부터 언어적 표현 불가능성을 설명해야 했던 이유를 크게 세 가지로 나눌 수 있다: 첫째, 신비신학적 인식은 단순한 학문이 아니라 우유적인 특성(偶有性)과 형상을 벗어나는 지혜이기 때문에 신비신학적 인식들을 스콜라 철학적인 언어로도 감히 표현할 수 없는 것이다. 그래서 비록 스콜라 신학(철학)으로 이해했다 할지라도 성인의 신비체험과 인식을 다만 형상으로 이해한다는 것뿐이다. 둘째, 신비신학적 인식은 사랑을 통한 초개념적 지식이기 때문에 인간의 언어로 표현하기가 어려운 것이다. 그래서 비록 스콜라 신학을 연구하지 않았다 할지라도 하나님과 함께 내면의 술독에 빠져 일어난 모든 것을 알고, 이해하고, 맛을 보며, 즐기고, 절실히 느낄 수 있는 이 지식은 매우 은밀하고 감춰진 것이며 높은 차원의 사랑스러운 학문이라고 한다(『영가』, 서론, 3; 27,5). 셋째, 앞의 두 가지 이유를 반복하는 것과 같이 여겨진다 할지라도, 언어의 유한하고 제한적인 표현 능력은 규격화되어 있지 않은 신비체험을 따라가지 못하기 때문에 하나님과 달콤한 만남을 해석하고 전달하고자 할 때에는 언어에 담기지 않는다. 만일 말로 표현할 수 있는 것이라면 성인이 살았고, 이해했고, 느꼈던 것에 비하여 무척 초라한 것이다. 하나님 안에서의 영혼의 변화는 인간적인 언어로는 표현이 불가능한 것이기 때문이다. 그러나 이렇게 성인이 반복하여 주장하고 있는 언어적 표현의 어려움에 대한 호소가 비록 아무런 이해나 인식이 없는 순수 외면화에 머물 위험이 있다 할지라도, 혹은 순수한 허무주의자로 이해될 위험이 있다 할지라도, 자신의 신비체험의 무의미함을 주장하는 것도 혹

내가 의도적으로 그렇게 했던 적이 있다. 몇 가지 이유를 통해서 이해를 시키지 못하면 다른 것은 더욱 이해할 수 없을 것 같아서 그런 것이며, 또한 앞에서 말해야 되는 것을 위해 빛을 비추어주기 위해서 그런 것이다.251) 이 부분을 매듭짓기 위해, 그리고 이 깨달음이 계속되는 것에 대한 대답을 해주어야 하기 때문에 다음 장에서는 그에 대해 짧게 다룰 것이다.

3) 나아간 이들의 유익

> 관상의 전체적 깨달음으로 들어가기 시작하는 앞으로 나아간 이들에게 본성적 감관의 능력들의 작업과 본성적 사색을 이용하는 것이 어떻게 가끔 유익한가를 밝힌다.

(1) 앞에서 말한 것에 대해 한 가지 의문을 가질 수 있다. 앞으로 나아간 이들에 관한 것인데 하나님께서 이들을 이미 말했던 관상의 초자연적인 깨달음 안에 넣어주시기 시작한다면 그 자체로 이들은 본성적인 형상이나 사색, 그리고 묵상의 방법을 다시는 이용할 필요가 없다는 것이다. 이에 대답한다면, 전체적이며 사랑이 가득한 깨달음을 지니기 시작하는 사람들이라고 해서 절대로 묵상을 하려고 애를 쓰지 말라는 것은 아니다. 앞으로 나아가는 초보자들은 아직도 완전하게 관상기도의 습관이 들지 않았지만 그들이 원하는 대로 즉시 관상기도를 시작할 수 있으며, 한편으로 이들은 이미 묵상에서는 멀어졌기 때문에 본성적으로 가끔 전에 했던 것처럼 형상이나 지나가는 것들을 통해서

은 반대의 의미를 주장하려는 것도 아니다. 더 나아가서 회의주의자의 입장이나 침묵주의 혹은 무주의(無主義)를 표방하는 것도 아니다. 그래서 성인은 말을 더듬는다는 것이다.

251) 저자가 『가르멜의 산길』 서론, 8에서 "하나님께 다가가는 데 있어서 달콤하고 맛있는 것들을 좋아하면서 가는 모든 영혼들에게 그들의 입맛에 착착 달라붙고 윤리적인 것들을 다루는 것이 아니라 모든 사람들에게 해당되는 확고하고 실체적인 것들을 다룰 것"만을 다루겠다고 했으면서, 지금에 와서는 자신의 부족함과 주제의 어려움 때문에 본질에서 벗어나기도 하면서 길게 설명을 늘어놓았다고 변명한다.

새로운 무엇을 찾던 묵상이나 사색을 할 수 없게 되었다. 무엇보다도 초보자들이 이미 말했던 징표들을 통하여 아무런 고요함이나 깨달음을 얻어내지 못했다는 것을 느끼게 될 때에는 사색을 이용할 필요가 있을 것이다. 우리가 말한 대로 영혼 안에서 완전한 방법으로 깨달음을 얻는 습관이 생길 때까지 묵상을 이용해야 한다. 그러나 어느 순간에 묵상을 원하면서도 할 수 없게 되거나 묵상을 하려는 마음조차 생기지 않을 때, 즉 영혼이 깨달음과 평화 안에 머물게 될 때까지만 묵상을 이용해야 한다. 이미 앞으로 나아간 이들의 시기라고 하는 이 순간에 도달할 때까지 시간에 따라서 관상과 묵상을 넘나들게 된다. 252)

(2) 이때가 되면 영혼은 감관의 능력들을 통해 아무것도 하지 않으면서, 즉 특별한 행위를 통해 능동적으로 움직이지 않고 단지 받아들이는 가운데 사랑이 가득하고 평화스러운 깨달음을 여러 가지 방법으로 느끼게 될 것이다. 그리고 영혼이 그 깨달음 속에 머물기 위해 가끔 부드럽고 알맞은 사색의 도움도 필요할 것이다. 이미 이 상태에 있는 영혼은 말했듯이 전에는 그랬지만 이제는 감관의 능력들을 통해서는 아무것도 하지 않기 때문에, 영혼이 스스로 무엇을 하는 것이 아니라 그윽한 기쁨과 깨달음이 움직이는 것이 사실이기 때문에 무엇을 느끼거나 보려고 원하지 말고 단지 하나님께 대한 사랑에 신경을 쓰기만 하면 된다. 이렇게 하면 수동적으로 하나님께서 은총을 건네주신다. 마치 눈을 뜨고 있는 사람, 즉 수동적으로 단지 눈을 뜨고 있는 것 외에는 아무것도 하지 않는 사람에게 빛이 들어오는 것과 같은 것이다. 초자연적으로 쏟아지는 이 빛을 받는 것을 수동적으로 알게 된다는 것이다. 우리가 아무것도 하지 않는다고 말하고 있지만 그것은 아무것도 이해하지 못하기 때문이 아니라 영혼이 자기의 솜씨가 요구되지 않는다는 것을 이해하기 때문이며, 하나님의 비추심이나 밝혀주심, 혹은 영적인 충만함처럼 이루어지는 것이므로 단지 주어지는 것을 받는 것뿐이기 때문이다.

---

252) 참조: 『어둔 밤』, I, 10.

(3) 비록 의지는 여기에서 하나님의 모호하고 전체적인 깨달음을 자유롭게 받아들이지만, 이 거룩한 빛을 더욱 순수하고 풍요롭게 받아들이도록 하기 위해 꼭 필요한 것이 하나 있다. 그것은 다름이 아니라 사색의 형상과 개념(정보)과 초상과 빛들로부터 오는 확실한 다른 빛들을 끼워 넣으려고 애쓰지 말아야 한다는 것이다. 이것들은 깨끗하고 고요한 저 빛과 아무런 유사성이 없기 때문이다. 만일 이때에 부분적인 것들을 생각하거나 알려고 원한다면 비록 그것들이 몹시 영적인 것들이라 할지라도 오히려 중간에 구름을 끼워 넣은 것처럼 정신의 단순하고 깨끗한 빛을 방해할 것이다. 이것은 마치 눈앞에 무엇을 덮어씌웠기 때문에 시력을 약화시키면서 앞에 있는 것이나 빛을 못 보게 하는 것과 같다.

(4) 더 분명하게 하기 위해서 설명한다면, 영혼의 지각적인 모든 형상들과 영상들이 비워졌고 정화되었다면 완덕의 상태로 변화되면서 순수하고 단순한 빛 가운데 머물게 될 것이다. 이 빛은 영혼에게 항상 와 있는 것이지만 영혼을 덮고 있고 부담스럽게 하는 피조물의 너울과 형상들이 가로막고 있다면 비춰지지 않는다. 뒤에서 말하겠지만, 만일 이 모든 너울들과 결함들을 제거한다면 정신의 순수한 가난함과 벗어버림 가운데 머물면서 이미 순수해지고 단순해진 영혼은 하나님의 아들이라는 순수하고 단순한 지혜 안에서 변화된다. 하나님께 대한 사랑에 빠진 영혼에게 본성적인 것이 없어진다면 영혼의 본성이 비워진 상태로 있을 수 없으므로 자연적으로 그리고 초자연적으로 거룩한 것이 주어진다.[253)]

(5) 열심 있는 사람은 아무것도 하지 않는 것처럼 여겨지듯이 묵상을 할 수 없을 때 지성의 고요함과 함께 하나님께 사랑이 가득한 집중을 하면서 머물게 되는 것을 터득한다. 점진적으로, 그러나 매우 빨리 영혼

---

253) 신부(영혼)가 신랑(그리스도) 외에 다른 아무런 위로나 만족을 얻기를 추구하지 않고, 그런 것을 가지고 있지 않을 때, 하나님께서는 영혼의 아쉬움이나 고통을 위로해주시고 만족스럽게 해주시기 위해 잘 준비하고 계시다는 것을 잊지 말아야 한다 (『영가』, 10.6).

안에 거룩한 고요함과 평화가 하나님께 대한 놀랄 만하고 탁월하며 거룩한 사랑으로 뒤덮인 깨달음과 함께 내려올 것이다. 이때에는 어떤 사색이나 영상들이나 묵상들, 그리고 형상들이 끼어들지 않게 해야 한다. 그렇게 하면 영혼을 불안하지 않게 하며, 영혼에게서 만족과 평화를 빼앗아가지 못하기 때문이다. 만일 그렇지 않은 영혼은 맛없음과 혐오감을 느끼게 될 것이다. 이미 말했듯이, 만일 영혼에게 아무것도 하지 않는다는 것에 대한 근심이 일어난다면 영혼을 평화스럽게 하는 것과 아무런 움직임이나 욕구가 없이 고요함과 평화 속에 머물려는 것이 결코 쉬운 일이 아님을 알아야 한다. 그러므로 내외적으로 모든 것들을 비우는 것을 터득하라. 그러면 내가 너의 하나님인 줄 보게 될 것이라고 우리의 주님께서 다윗을 통하여 우리에게 말씀하신다(시 46:11). 254)

2. 어둔 밤에서

1) 밤의 여정을 알게 하는 징표

수련자들이 걸어가는 감각의 정화와
밤의 여정을 알게 하는 징표들에 대하여

(1) 메마름이 흔히 감각적 욕구에 대한 정화와 앞에서 말한 밤으로

---

254) 저자가 반복해서 설명하는 내용이지만 열심 있는 사람들, 즉 하나님과 일치의 여정을 걸어가는 사람들이 초보자의 상태를 벗어나면서 앞으로 나아간 이들(열심 있는 이들)의 상태에 들기 위해서 자기 스스로 노력해야 할 필요성을 말하는 것이다. 즉 정신의 가난함과 벗어버림의 상태에 다다를 수 있도록 자신 안에 있는 모든 결함들을 없애버리고 묵상기도의 방법을 포기해야 하는 순간(묵상의 방법을 모두 터득하고 훨씬 발전한 상태)에 이르도록 초보자들이 능동적으로 수덕적 노력을 기울여야 한다는 것이다. 이런 능동적인 자기 수련이 전제될 때 점진적으로, 그러나 어느 때가 되면 하나님께서 별안간 순수하고 단순한 지혜를 부어주시면서 마음을 들어 올려주시는데 이런 현상이 수동적으로, 열심 있는 사람들이 아무것도 하지 않는 상태에서 이루어진다는 것이다.

부터 오는 것이 아니라 죄들과 결함들, 혹은 게으름과 미온적인 태도, 그리고 기분의 어떤 언짢음이나 몸의 불편함에서 오는 경우도 있으며, 앞에서 말한 악습들에서 오는 것이기 때문에 언급된 **정화의 메마름을 분별하는 징표들을 몇 가지 열거할 것이다.** 이에 대해서 나는 **세 가지 근본적인 징표**들을 말할 수 있다.

(2) 첫째는 하나님의 일들에서 아무런 위로나 기쁨을 찾지 못하는 것처럼 피조물들에게서도 역시 아무것도 찾아내지 못한다는 것이다. 하나님께서는 영혼을 감각적 욕구에서 정화시키고 닦아내기 위해 어두운 밤에 넣어주셨기 때문에 영혼이 무엇에 유혹을 느끼거나 기쁨을 찾지 못하게 하신다.[255] 여기에서 분명하게 알 수 있는 것은 이런 메마름과 기쁨이 없음은 새로 지은 죄들이나 결함들에서 오는 것이 아니다. 만일 이것이 죄와 결함에서 온 것이었다면 자연스럽게 어떤 이끌림이나 하나님의 일이 아닌 다른 어떤 것에 맛을 들이려는 욕망을 느낄 것이기 때문이다. 그리고 욕구가 어떤 결함에 대한 경계심이 느슨하게 될 때에는 영혼은 즉시, 적게 혹은 많게, 거기에서 느껴지는 애착과 기쁨의 정도에 따라 그 결함에 기울어져 있다는 것을 느낄 것이다.

그러나 영혼이 기쁨을 찾으려는 대상이 이 세상 것들은 물론이요 하늘의 것에도 해당된다면 우울증이거나 준비가 부족하기 때문에 오는 것일 수 있다. 이렇게 되면 흔히 아무것에서도 기쁨을 찾을 수 없으므로 다음에 말하는 둘째 조건과 징표를 확인해야 한다.

---

[255] 저자는 영적 여정에 있는 영혼이 묵상(초보자)의 단계를 벗어나서 메마름의 단계, 즉 관상(앞으로 나아간 이들)의 단계에 들어갔음을 확신할 수 있도록 해주는 징표들을 설명한다. 이것은 바로 영혼이 언제 능동적 정화의 밤을 지나서 수동적 정화의 밤을 통해 걸어가게 되는가를 설명하는 것인데 『가르멜의 산길』과 『어둔 밤』에서 각각 다른 방법으로 설명한다. 『가르멜의 산길』에서는 영혼이 ① 상상을 통해서는 더 이상 묵상을 할 수 없게 될 때(II,13,2; 14,1~4) ② 상상을 하거나 내외적으로 특별한 것일지라도 그것에 아무런 감정이 없게 될 때(II,13,3; 14,5). ③ 하나님께 사랑을 가지고 집중하려는 마음뿐일 때(II,13,4; 14,6~14)가 바로 관상기도(조명의 단계)로 넘어갈 때라고 한다. 참조 『영혼의 성』 성바오로출판사, (6궁방,7,6~7,11~12;『완덕의 길』, 34.11; 요한 타울러,"Institutiones" Coimbra, 1151, 36~39

(3) 앞에서 말한 정화를 분별할 수 있는 **둘째 징표**는 다음과 같다. **영혼이 하나님께 대한 기억을 살려내기 위하여 마음을 쓰게 되고 고통스러운 근심과 함께 이루어지는데 마치 하나님을 섬기는 것이 아니라 옛날의 결함들로 되돌아가는 것처럼 생각되면서 하나님의 일들에서조차 아무런 기쁨을 느끼지 못하는 것을 보게 된다.** 여기서 보면 이것은 분명히 게으름과 미온적인 태도에서 오는 맛없음과 메마름이 아니다. 미온적인 태도를 가진 사람은 하나님의 일들에 대해 관심을 가질 수가 없으며 내적인 마음을 쓸 수도 없기 때문이다.

메마름과 미온적인 태도는 많은 차이점이 있다. 미온적인 태도는 게으름이 많고 의지와 정신력에 있어서 우유부단하고, 하나님을 섬길 마음이 없다. 그러나 정화를 시키는 메마름은 하나님을 섬기지 못할까 봐 무척 주의를 기울이고 고통스럽게 걱정하면서 마음을 쓴다. 자주 있는 일이기도 하지만 이런 메마름에 가끔 우울증과 언짢음이 함께한다 할지라도 욕구를 정화시키는 효과가 없다는 것이 아니며, 이미 모든 기쁨이 없어졌고, 오직 영혼의 관심은 하나님께만 두게 된다. 순수하게 기분에 의한 것이라면 모든 것이 싫어지고 인간이 황폐해지므로 정화를 시키는 메마름이 함께한다 할지라도 하나님을 섬기고 싶은 욕구가 없다. 그러나 이러한 감각적 정화에 있어서 영혼이 느끼는 기쁨은 초라하기 때문에 하나님께로 움직이기에는 영혼의 감각적 부분이 매우 처져 있고, 게으르고, 연약하다 할지라도 정신은 날렵하고 힘이 있다.

(4) 이 메마름의 원인은 하나님께서 감각이 지니고 있던 힘과 감각이 느끼던 행복을 정신의 몫으로 돌려주시기 때문이다. 이때에 영혼의 감각적 부분은 정신이 느끼는 행복과 힘을 받아들일 만한 능력이 없으므로 아무것도 알지 못하고, 메마르고, 텅 빈 것같이 느끼는 것이다. 영혼의 감각적 부분은 순수한 정신이 지니고 있는 능력을 가지고 있지 않기 때문이다. 정신은 기쁨을 느끼지만 육체는 맛을 잃어버리고 일을 하기에는 너무 나약해진다. 256) 그러나 정신은 푸짐한 음식을 받아먹으

면서 힘이 세지고, 방심하지 않고, 전에 하나님을 섬기던 것보다 훨씬 더 열심히 한다. 이렇게 영혼은 어두운 밤의 초기에 즉시 영적인 맛이나 기쁨을 느끼는 것이 아니라 메마름과 맛이 없음을 느낀다. 그 이유는 변화에 의한 새로움 때문이며, 이미 감각적인 기쁨들에 충분히 길들여져 있었고, 아직도 거기에 눈독을 들이고 있기 때문이다. 또한 이렇게 미묘한 맛을 느끼기에는 아직 영적인 맛이 적용되지도 않았고, 정화되지도 않았기 때문이다. 이런 메마름과 어두운 밤을 통하여 점진적으로 준비될 때까지 영혼은 영적인 맛은 물론이요, 좋음도 느낄 수 없을 것이며, 전에 쉽게 맛볼 수 있었던 그 맛이 없어지고 오히려 메마름과 맛이 없음만 느낄 것이다.

(5) 하나님께서 사막의 외로움으로 끌어가시기 시작한 사람들은 이스라엘 백성들과 비슷하다. 이스라엘 백성들이 사막에 다다랐을 때 하나님께서는 그들에게 천상음식을 주셨고, 그때 그 음식은 여러 가지 맛을 지니고 있었다. 그리고 성서는 말하기를(지혜 16,20~21), 음식을 먹는 사람이 원하는 대로 맛이 바뀌었으나 전에 애굽에서 먹던 양파나 고기에서 느꼈던 그런 맛이나 즐거움을 전혀 느끼지 못했다. 이미 그들의 입맛이 하늘에서 내려오는 음식의 미묘한 달콤함보다는 애굽에서 먹던 음식에 매력을 느끼고 그 맛에 길들여져 있었기 때문이다. 그래서 그들은 미묘하고 달콤한 맛을 지닌 천상음식 앞에서 탄식하고 울었던 것이다(민 11:4~6). 우리 욕구의 초라함도 이렇게까지 내려갈 수 있으니 우리의 불쌍함이 우리를 울게 하고, 느껴지지 않는 천상적 보화가 오히려 우리를 괴롭히는 것이다.

(6) 이미 말했듯이, 이런 메마름이 감각적 욕구에 대한 정화에서 오는 경우, 조금 전에 말했던 이유 때문에 정신이 처음에는 그 맛을 느끼지 못한다 할지라도 정신은 일을 하는 데 있어서 서서히 내적인 음식에서 오는 실체의 힘을 느끼고 활기를 찾는다. 그 음식이란 감각에게 주어지는 어둡고 메마른 관상의 시초이다. 관상이란 기도를 하는

---

256) 참조: 『가르멜의 산길』 II,17,5; 『영혼의 노래』, 16,5; 『사랑의 산 불꽃』 3.39.

사람 자신에게 조차 은밀하고 감춰진 것이기 때문에 일반적으로 감각을 비우고 메마르게 하면서 영혼에게는 혼자 조용히 있으려는 갈망과 이끌림을 남긴다. 결국 영혼은 아무것도 생각할 수 없고, 무엇을 생각하려는 욕심도 없어진다.

그러므로 이런 일이 일어나는 영혼은 내적으로는 물론이요 외적인 일이라 할지라도 포기하고 거기에서 무엇을 해결하려 하지 말고 고요하게 머무를 줄 알아야 한다. 마음을 쓰지 않고 한가하게 있는 가운데 영혼은 즉시 내면으로부터 어떤 힘이 솟아오름을 아주 미묘하게 느낄 것이다. 이 힘은 매우 미묘하기 때문에 일반적으로 그것을 느끼기 위해 애를 쓰거나 욕심을 낸다면 오히려 느끼지 못한다. 이미 말했듯이, 관상이란 영혼이 애를 쓰지 않거나 한가할 때 이루어지는 것이기 때문이다. 이는 마치 공기와 같아서 손으로 움켜쥐려 한다면 어느덧 빠져나간다.

(7) 이런 의미에서 아가서에서 신랑이 신부에게 '나에게서 눈을 돌려 주세요. 그 눈들이 나를 날려 보낼 것 같답니다.'(아 6:5)라고 했던 말을 제대로 알아들을 수 있을 것이다. 이런 방식으로 하나님께서는 영혼을 관상기도의 단계에 놓아주시고 아주 다른 길로 이끌고 가신다. 만일 영혼이 자신의 힘으로 일을 하려고 한다면 하나님께서 영혼 안에서 하시려는 일에 도움이 되기보다는 오히려 방해가 된다. 초보자로서 영성생활을 시작할 때와는 아주 정반대의 상태가 시작되는 것이다. 그 이유는 사색으로부터 벗어나서 나아간 이들의 대열에 들어가는 관상의 단계에서는 영혼 안에서 일하시는 분은 하나님이시기 때문이다. 이제 하나님께서는 영혼의 내적 능력들을 묶어놓으시어 감성에 기대지 못하게 하시며, 의지의 놀음에 놀아나지 못하게 하시고, 기억에 있어서도 사색을 못하게 하신다. 앞에서 말했듯이,[257] 이런 때에 영혼이 자기 힘으로 할 수 있는 것은 아무런 쓸모가 없게 되며 단지 내적인 평화를 깨뜨리고 감성의 메마름 속에서 하나님께서 하시는 일에도 방해가 될

---

257) 참조: 『가르멜의 산길』 II,13~14.

뿐이다. 여기에서 말하는 평화란 매우 영적이며 미묘한 것이라서 그 열매는 고요하고 미묘하고 고독하고 평화스럽고 만족스럽기 때문에 매우 감각적이고 단맛을 찾아 헤매던 초보자의 단계에서 느끼던 기쁨과는 전혀 상관이 없다. 여기에서 느껴지는 이 평화 안에서 다윗이 말한 것처럼(시 85:8) 하나님께서는 영적인 영혼을 만드시기 위해 말씀하신다. 이제 셋째 징표를 알아보자.

(8) 감각의 정화를 알아차리게 하는 **셋째 징표는, 흔히 그런 것처럼, 영혼이 아무리 노력을 기울여서 무엇을 해보려고 한들 상상의 감각 안에서는 더 이상 사색을 할 수도 묵상을 할 수도 없다는 것이다.** 하나님께서는 전에는 개념들을 종합하거나 분석하는 사색을 통해서 하던 것처럼 감각을 통해서 영혼과 사귀셨으나 이제는 더 이상 감각을 통해서가 아니라 순수한 정신을 통해서 사귀신다. 여기에서 영혼은 사색에 들어가지도 않고 점진적으로 단순한 관상행위를 통해 하나님과 사귀게 된다. 이제 영혼의 낮은 부분의 내적이고 외적인 감각들로는 관상에 이를 수가 없다. 결과적으로 상상이나 환상은 어떤 생각을 하기 위해 더 이상 기댈 곳이라고는 없으며 더 이상 발걸음을 앞으로 내딛지 못할 것이다.

(9) 셋째 징표에서 놓치지 말아야 할 것이 있다면 감관의 능력들과 그 능력들의 기쁨이 없어지는 것이 언짢은 기분에서 오는 것이 아니라는 것이다. 기분이란 그렇게 고정적인 것이 아니지만, 만일 기분에서 오는 것이라면 언짢은 기분이 사라지게 될 때에 조금만 주의를 기울인다면 즉시 예전에 하던 일로 돌아갈 수 있으며 감관의 능력들은 기댈 곳을 찾게 된다. 그러나 감각의 정화에서는 뒤로 되돌아가지 않는다. 관상기도에 들어가면서부터는 영혼은 감관의 능력들을 가지고서는 절대로 사색을 할 수 없기 때문이다. 사실 어떤 영혼에게 있어서는 가끔 정화의 초기에서 감각적 사색이나 자신의 기쁨을 버리면서 계속해서 관상기도에 머무를 수가 없는 경우도 있다. 아마도 자신의 연약함으로 말미암아 단번에 젖을 떼면 나쁠 수도 있기 때문이다. 그럼에도 불구

하고 앞으로 나아가야 한다면 더욱더 열심히 관상기도에 머무르려고 애를 써야 하며 감각적인 일에서는 손을 떼야 한다. 그러나 관상의 길을 따라가지 않는 사람들은 매우 다른 방법으로 치닫는다. 이 감각의 메마름의 밤이 그들에게 그렇게 지속되는 것이 아니다. 어떤 때는 그 메마름이 느껴지고 또 다른 때에는 느껴지지 않기 때문이며, 어떤 이들은 사색을 할 수 없고, 또 다른 이들은 할 수 있기 때문이다. 오직 하나님께서만 이들을 수련시키기 위해, 낮춰주시기 위해, 욕구를 바로잡아주시기 위해 이 정화의 밤에 넣어주시는데 그들이 영적인 일들에 있어서는 더 이상 더러운 달콤한 맛에 매달리지 않게 하려는 것이다. 그러나 이들이 관상의 길을 따라가지 않으므로 하나님께서는 관상이라고 하는 정신의 삶에 그들을 넣어주시지 않는다. 하나님께서는 정신의 길에서 열심히 수련을 하는 사람들을 모두 다 관상으로 이끌어주시지 않는다. 반 정도도 안 데려가신다. 왜냐고? 그분만이 잘 아신다.258) 이들은 생각과 사색의 젖에서 나오는 감각에 기대는 일, 즉 묵상에서 결코 떠날 수가 없기 때문이다. 만일 떠난다면, 이미 우리가 말했듯이, 잠시 한순간일 뿐이다.

---

258) 하나님께서 영혼을 당신께로 이끌어 가시는 방법이 여러 가지가 있음을 설명하고 있다. 다시 말해서 관상의 길에 있어서 정도와 형태의 다양성을 말하는데 근본적으로 두 가지 길로 나뉜다. 첫째로 관상의 길을 통해 가려는 사람들은 밤의 시험을 거친 이들이다. 둘째로 관상을 통하지 않고 단순하게 정신의 길을 통해 하나님께 가려는 사람들은 생각과 사색이 그치지 않으며 근본적인 정화라는 밤의 시험도 거치지 않는다는 것이다. 그럼에도 불구하고 하나님께서는 관상의 길을 거치는 사람들이 제아무리 열심히 노력한다 해도 관상의 길에 반 정도도 도달하지 못한다고 한다. 그 이유를 저자는 하나님만이 아신다고 했지만 두 가지 의미로 이해할 수 있을 것이다. 하나는 저자가 다른 곳에서 각자의 능력에 부합하는 하나님의 거룩한 부르심과 은총에 대하여 설명하듯이 하나님의 거룩한 부르심의 다양성에 대해서 말하는 것이며, 다른 하나는 묵상에서 벗어나야 한다는 것을 강조하는 의미에서 반어법을 쓰고 있다. 그것을 뒷받침해 주는 부분은 바로 다음 장(10)이다.

2) 어두운 밤에 가져야 할 태도에 대하여

(1) 앞에서 말했듯이,[259] 감각의 밤에 따르는 메마름의 시기에는 하나님께서 영혼을 감각의 길에서 빼내어 정신의 길로 넣어주시는데 이는 묵상에서 벗어나게 하시고 관상으로 데려가시려는 것이다. 분명하게 말했듯이,[260] 이때에는 영혼이 자신의 능력들을 가지고 하나님의 일들에 있어서 더 이상 사색을 할 수도 없다. 이때에 수련자들이 커다란 고통을 겪는데 견뎌내야 하는 메마름 때문이 아니라 영적으로 좋았던 것들이 자기들에게는 끝이 났으며, 하나님께서 자기들을 버리셨다는 생각과 더불어 자신들의 영적 여정을 놓친 것이라는 근심 때문이다. 그리고 더 이상 기댈 곳도 찾지 못하고 좋은 것에서 기쁨을 찾지도 못하기 때문이다. 그래서 이들은 숨이 막히고, 그들의 옛날 습관처럼 약간의 기쁨을 가지고 감관의 능력들을 사색의 대상에 집중시킨다. 이렇게 하지 않으면, 그리고 그들이 하는 일에서 아무것도 느껴지지 않으면 아무것도 하지 않는 것으로 생각하기 때문이다. 이때에 영혼은 내적인 혐오감과 엄청난 권태를 느끼면서 무엇인가 해보려고 애를 쓰는데 감관의 능력을 가지고 무엇을 하기보다는 그냥 고요하고 시간이나 까먹으면서 있기를 좋아한다. 결국 이런 수련자들은 하나님의 일에서 실패하고, 자신들의 고유한 작업에서도 아무런 유용한 것을 찾아내지 못하면서 정신을 차리려고 하지만 오히려 평화와 고요함 가운데 있던 정신마저 잃어버리게 된다. 이런 이들은 관상기도를 다시 시도하기보다는 이미 해오던 묵상기도에 머무르려는 이들과 같으며, 도시에 들어가기 위해서 다시 도시를 떠나는 사람들과 같고, 사냥을 하기 위해 사냥한 것을 버리는 사람들과 같다. 이것은 아무런 소용이 없는 일이다. 분명히 말해두었지만,[261] 이렇게 영혼이 해오던 대로라면 관상의 길에서는 더 이상 아무것도 찾아낼 수 없을 것이다.

---

259) 참조: 『어둔 밤』, I,8~9.
260) 참조: 『어둔 밤』, I,9,8~9.
261) 참조: 『가르멜의 산길』, II,14; 17~10; 21; III13,4.

(2) 이때에 이런 현상을 느끼는 사람들에게 이해할 수 있도록 이끌어주는 지도자가 없다면 이들 수련자들은 뒷걸음질치게 된다. 이들은 용기를 잃어버리면서 가던 길을 버리게 되고, 적어도 게을러지면서 앞으로 나아가던 길에 많은 지장을 초래하는데 이는 묵상과 사색의 길을 가면서 얻게 된 지나친 열성 때문이다. 또한 이들은 자기들의 태만과 죄 때문에 그런 것이라 생각하면서 자기에게 너무 지나치게 많은 것을 요구하는 가운데 지쳐 있기 때문이다. 이제 묵상이라는 것은 이들에게 아무런 소용이 없는 것이다. 하나님께서 이들을 묵상과는 엄청난 차이가 있는 관상이라는 전혀 다른 길로 데려가신다. 한 가지가 묵상과 사색의 길이라면, 다른 하나는 아무런 상상이나 추리에 빠지지 않는 관상의 길이다.

(3) 이런 단계에 있는 사람들이라면 인내를 가지고, 너무 고통스러워말고 스스로를 달랠 줄 알아야 한다. 순수하고 올바른 마음으로 당신을 찾는 이들을 버리시지 않는 하나님을 믿어야 한다. 만일 이들이 하나님께서 거두어주실 수 있을 만큼 준비되었다면 정신의 어두운 밤을 통하여 주시게 될 사랑의 순수하고 분명한 빛으로 데려가실 때까지 하나님께서 이 여정에서 필요한 것을 주실 것이다.

(4) 이 감각의 밤에서 영혼이 갖춰야 할 태도는 **사색과 묵상에게는 아무런 관심도 기울이지 말아야 한다는 것이다.** 이제는 더 이상 묵상의 시간이 아니다. 비록 자기들이 느끼기에 아무것도 하지 않고 시간만 낭비하고 있다는 생각이 들지라도, 그리고 자신들의 느슨해짐 때문에 아무것도 생각할 의욕이 없는 것이라고 느껴질지라도 이제부터 영혼은 자신이 고요함과 평온함에 머무르도록 자신을 내버려두어야 한다. 아무것도 하지 말고 인내를 가지고 기도 안에 항구히 머물러 있어야 한다. 무엇을 생각할 것인가, 그리고 무엇을 묵상할 것인가 걱정하지 않으면서 기도 안에 머무를 때 영혼은 모든 깨달음들과 생각들로부터 자유로워지고, 쉬게 되고, 262) 기도하는 데 방해를 받지 않게 될 것이

---

262) 기도 안에 머무를 때 쉬게 된다는 표현은 정신의 정화가 이루어진 상태, 즉 관상기

다. 영혼은 아무런 걱정 없이, 아무런 효과를 기대하지 말고, 무엇을 느끼려거나 기쁨을 맛보려는 욕심이 없이 이제 오직 하나님 안에서 쉬고 있으며, 사랑하고 있다는 생각을 놓치지 않는 가운데 만족해야 한다. 이런 많은 욕심들과 관심들은 이 단계에서 주어지는 관상의 달콤한 쉼과 부드러운 고요함을 오히려 흔들어놓고 영혼을 불안하게 만든다.263)

(5) 시간만 낭비하고 있다는 생각이 들어서 무척 걱정스러운 나머지 다른 무엇을 하는 것이 좋을 것이라고 여겨질 것이다. 그러나 여기에서 이루어지는 기도에서는 아무것도 할 수 없고, 아무런 생각도 할 수 없다. 영혼은 그저 평화롭게 머물고 견뎌내야 한다. 그렇게 머무는 것이 정신의 자유와 기쁨으로 가는 것이다. 만일 자기의 고유한 의지로 자신의 내적인 능력들을 가지고 무엇인가 하려고 한다면 기도 안에서 영혼에게 이미 정착되고 굳혀진 쉼과 평화를 통해 하나님께서 주시는 보화를 잃어버리거나 그 보화를 간직하는 데 방해만 될 것이다. 이것은 마치 화가의 행동과 같다. 화가가 얼굴을 그리고, 색칠을 하고, 배경을 검게 칠해 놓았음에도 불구하고 덧칠을 하기 원한다면 결코 그림을 끝내지 못할 것이며, 그리던 그림을 망치게 될 것이다. 그래서 영혼이 내적인 평화와 쉼 안에 머물기 원하면서 어떤 작업을 하거나 무엇에 매력을 느끼고, 혹은 다른 것에 집중한다면 즉시 자기 마음이 흔들리고 불안하게 될 것이며, 감각적 허전함과 메마름만 느끼게 될 것

도에서 일어나는 영혼의 내적인 변화에 대해 말하는 『어둔 밤』, 3권에서는 자주 등장하는 표현이다. 이것은 대그레고리오 교황(540~604년 재위)이 말하는 관상기도에 대한 정의와 같은 뜻이다. 대그레고리오에 의하면 관상은 사고에 의해 얻는 지적인 인식 이상의 것으로서 그것은 사랑에 의한 지식이다. 관상은 성서 안에 있는 하나님의 말씀에 대한 반성의 열매이고 하나님의 선물이다. 그것은 하나님 안에서의 휴식, 즉 하나님 안에 쉬는 것이다. 이 휴식 안에서 하나님을 적극적으로 찾는 것이 아니라 이미 찾은 하나님을 체험하고 맛보는 것이 관상이다. 그러나 이 관상은 모든 행위의 정지가 아니고 고요함과 마음의 깊은 평화 중에 갖는 하나님께 대한 단순한 사고와 사랑스러운 체험의 혼합이다.
263) 참조: 『가르멜의 산길』, II, 13~21. 저자는 『가르멜의 산길』에서 다룬 내용을 함축적으로 설명하면서 하나님께서 영혼을 이끌어 가시도록 준비해야 하는 영혼의 상태, 즉 능동적인 준비가 무엇인지를 잘 말해주고 있다.

이다. 집착이나 새로움에 기대려고 애를 쓰면 쓸수록 허전함을 느낄 것이다. 이런 기댈 것들은 이 관상의 길에서는 아무런 도움이 되지 않게 때문이다.

(6) 이런 상태에 있는 영혼은 자기 감관의 능력들의 작업들을 잃어버리게 된다는 것에 마음을 쓰지 않는 것이 좋다. 오히려 이런 것이 빨리 없어지는 것을 기뻐해야 할 것이다. 그래야 영혼은 하나님께서 이끌어주시는 주부적(注浮的) 관상264)의 작업이 방해받지 않을 것이며, 하나님께로부터 더욱 평화로운 풍요로움이 주어질 것이다. 또 그래야 은밀하고 어두운 관상이 영혼에게 가져다주고 증폭시켜 주는 사랑이 머무를 곳을 불타오르고 뜨거워진 정신 안에 마련할 것이다. 관상이란 다름이 아니라 하나님의 은밀하고 사랑스럽고 평화스러운 느낌이 일어나게 하는 영감이라서 일단 정착을 하기만 한다면 사랑의 정신 안에서 영혼을 불살라버리기 때문이다. 그래서 다음 구절을 이해한다. 말한다면:

초조함과 불타오르는 사랑에서
end.

---

264) '주부적(infusa)', 혹은 '부어진', 그리고 '습득된'이라는 용어를 저자는 처음으로 관상기도의 용어로 쓰고 있다. 저자는 관상기도의 현상은 물론이요, 그에 합당한 용어를 사용하는 데 있어서도 아주 조심스럽고 점진적으로 설명하고 있음을 알 수 있을 것이다. '주부적'이라는 용어는 12세기에 성 빅토르의 리카르도(Ricardo de S. Victor; †1173)에 의해 습득된 관상(contemplatio acquisita)이라는 관상기도의 첫째 단계를 지나 관상기도의 둘째 단계(contemplatio infusa)에 붙여진 말이다. 이 용어를 저자는 관상이라는 말과 함께 쓰는데 '초자연적(sobrenatural)', 혹은 '수동적(pasiva)'이라는 말과 동의어로 쓰고 있다.

제10장 관상기도

　관상기도의 진행 중에 보이는 어떤 것이나 들리는 어떤 것이라도 다 버려라. 잡념과 같이 생각하라. 그중 하나님의 것도 있겠으나 대부분은 악령의 것으로 보면 틀림없고 또 실수하지 않는다. 하나님의 것을 마귀의 것으로 보느냐는 것은 실수를 방지하기 위한 것이므로 하나님도 이해하시고 오직 하나님만 사랑하기 위함인 줄 그분이 먼저 아시고 더 기뻐하실 것이다.

　분명한 것은 하나님의 경우는 어떻게든 그분의 의사를 우리에게 전달해 주신다. 그러나 악령은 그로써 끝이다. 평소에는 악령은 우리에게 관심을 멀리하고 있다가도 기도하기 시작하면 긴장하게 되고, 하나님의 임재가 가까워오면, 즉 깊은 기도에 들어가면 당황하게 되고, 당황하여 즉시 나타나 자기가 하나님인 양, 혹은 천사로 가장하여 "사랑하는 내 딸아" 하고 나타난다. 속지 말아라. 다시 말하지만 관상기도를 수도하는 모든 이들은 기도의 진행 중에 나타나는 모든 환상이나 환청은 버려라. 다시 말하지만 버려라. 그리하면 절대 실수하지 않는다. 이런 환상이나 환청 혹은 분심(잡념)에 거기에 동일시하거나 시달리지 말라. 그럴 위험성이 크다. 주의 깊게 깨어 있어서 의식을 놓치지 말고 거룩한 단어를 사용하여 처음 상태로 돌아가 집중하여 응시(주시)해야 한다.

　무슨 일이 일어나고 있는 일을 보거든 남의 집 불구경하는 사람처럼, 마치 다른 사람에게 일어나고 있는 일을 지켜보듯이 하는 것도 한 방편일 것이다.

　나는 자주 낚시꾼의 예를 든다. 강물에 낚싯대를 걸쳐 놓고 찌를 바라보아야 한다. 고기를 잡기 위해서는 찌가 움직이는 것을 응시(주시)

하고 있어야 한다. 놓치는 순간 미끼만 달아난다. 강에 배가 오르내리는 것이나, 무슨 일이 생기든 거기에 동일시되지 말고 당연히 있을 수 있는 일로 여기고 찌를 바라보라는 것이다. 인내하며 찌를 바라보아야 고기를 잡는다. 관상기도를 하는 자도 낚시꾼처럼 정신집중하여 응시(주시)하는 일은 전 기도를 통하여 놓치지 말아야 한다. 어떤 현상이 나타나든 거기에 동일시되지 말라. 그럴 위험이 크다. 그렇게 되면 주시를 잊어버릴지 모른다. 그렇게 되면 핵심을 놓친 것이다. 무슨 일이 일어나고 있는지 관찰하라. 남의 집 불구경하는 사람처럼, 마치 다른 사람에게 일어나고 있는 일을 지켜보듯 하라. 그래도 사라지지 않으면 거룩한 단어를 사용하여 처음의 상태로 돌아가라. 그리고 그분의 손길로 인도되는 그 순간부터 그분께 맡기면 된다. 아니 그 자체도 의식하지 못한다. 그분의 임재가 끝나는 순간 이 체험을 인식하게 된다.

그럼에도 불구하고 무의식 속에서 이루어진 관상의 상태는 하나님의 일이다. 관상의 상태에서 일어난 일에 대해서는 관상기도 중에 의식하지 못하고 기도를 마치면 인식하게 된다. 이는 마치 잠을 자다가 꿈을 꿀 때 꿈을 꾸는 줄 모르지만 꿈을 깨고 나면 꿈인 줄 인식하게 되는 것과 같다.

이러한 일이 초보자에게 위로로 나타나는 경우가 허다하다. 놀라지 말고 감사하며 최대한 유지하도록 애쓰길 바란다. 그러나 실망하지 말 것은 어린아이에게 젖을 떼고 밥을 먹이듯이 수도자가 영적 성장, 혹은 위로를 받았으면 그분께서 적절할 때 바꾸신다는 점을 이해 바란다. 그리고 계속 수련하면 영적 메마름이 있을 수 있다. 그 기간은 길 수도 짧을 수도 있다. 하나님께서 보시기에 적당하고 합당하다 생각하실 때 관상으로 이끄신다.

관상의 상태는 기도 중에 아주 짧은 시간일 수도 있고 긴 시간일 수도 있다. 그러나 우리의 목표는 항상 함께하는 완전한 하나가 되는 것이다.

관상기도를 하기 전에 다시 한 번 다음의 주의사항을 읽고 수도에 전진하여 바른 수도에 이르자.

✸ 관상기도 수도자가 기억할 일

1. 수련 중에 무엇이 보이거나 들리는 것이 있으면 아직 관상의 상태가 아니다.

수도 중에 환상이나 환청 또는 귀신이 보일 때도 있으나, 이것은 자신의 내면의 무의식으로부터 오는 것이지 결코 하나님으로부터 오는 것이 아니다. 이것은 그럴 수도 있다는 것을 이해하고 그냥 바라보면 사라진다. 그래도 사라지지 않으면 거룩한 단어를 사용하여 처음 상태로 돌아가라.

2. 수련 중에 자신이 무엇을 하고자 하는 의도가 있으면 안 된다.

그냥 있는 그대로 응시하면 현상 자체는 뿌리가 없는 무지개 같아서 자연적으로 사라진다. 무엇인가 하려는 마음은 자신의 욕망이나 의지적 작용임을 깨달아라.

3. 수련 중에 '나'라는 생각이 있으면 안 된다.

양파 껍질을 계속 벗기면 그 안엔 아무것도 없다. 이같이 일어나는 모든 현상은 주객이 어우러진 찰나의 현상일 뿐이다. 변하는 현상을 '나'로 보지 말라. 그 집착 때문에 분심이 생긴다. 현상이 나타나는 것은 내가 무엇을 하고자 하는 욕심이 있으면 나타난다. 그러므로 욕심을 버려야 한다. 특히 잠심이 깊어질수록 자신이 원하는 것이나 고정관념이 잠심 속에 나타난다.

때로는 하나님으로, 때로는 귀신으로 나타난다.

수련이 진행되어 잠심상태가 지속되면 하나님께서 은혜를 부어주심으로 임재를 체험하게 된다. 이때는 본인은 인식하지 못한다. 인식이 된다면 아직은 관상상태가 아니다.

설명하면 마치 꿈과 같이 그 상태에서는 의식이 없지만 꿈에서 깨어나면 '아하 꿈이었구나.' 하고 깨달아지듯 의식의 상태로 돌아올 때 비로소 인식된다. 그러므로 환상이나 환청, 혹은 무엇이든 인식되면 아직 관상상태가 아니므로 다 버리고 더 깊이 들어가라.

그리하면 하나님 보시기에 적절한 때에 하나님께서 임재하심을 나타내실 것이다. 주께서는 지금도 우리와 하나 되시기를 바라고 계신다(요 17:11,21). 그러므로 믿음·소망·사랑으로 나아가라.

"여호와여 말씀하소서 종이 듣겠나이다"(삼상 3:9,10) 하고 조용히 나아가서 하나님을 응시하며, 하나님을 인정하고 조용히 그분의 은혜를 기다리라. 하나님의 때에 하나님의 방법으로 은혜를 베푸실 것이다.

✻ 관상기도 전 알아야 할 중요한 일

관상기도를 말할 때 보편적으로 이해할 것은 대부분의 관상기도는 주부적(注賦的) 관상기도(觀想祈禱)(수동적 관상)이다. 이 주부적 관상을 통해 하나님께 자신의 마음을 열어 놓고 나아가면 하나님의 은총의 선물인 관상을 허락하시기도 하신다.

어떤 경우는 의도하지도 않았는데 짧은 순간 관상의 상태를 허락하시기도 한다. 그러나 그것은 '외로운 여행자에게 희망을 주려는 하나님의 자비로운 배려이다.'

관상기도의 실제에 앞서 알아야 할 중요한 몇 가지를 다시 한 번 읽고 기억하여 유익을 얻기를 바란다.

1. 관상기도를 하기 위해 매일 정규적으로 참되고, 개인적이고, 관상적인 기도를 하기 위해 시간과 장소를 확보하는 것이다.

이것은 운동선수가 경기를 위해 규칙적인 시간과 특정한 장소에서 자신의 신체를 단련하듯이 영적 생활의 진보를 위해 기도의 장소와 시간은 반드시 필요하다.

2. 관상기도 중에는 단순하게 하나님만 집중하여 바라보라.

관상기도를 하는 동안 일상적인 일들이나, 어떤 환상, 해야 할 일, 등 관상기도와 다른 것들이 떠오를 때에는 그것들을 없애려고 애를 쓰거나, 누르려고 하지 말아야 한다.

단지 관상기도에 집중하면서 하나님만을 바라보면 그것들은 자연스럽게 스쳐 지나간다.

3. 관상기도의 실천으로 여러 가지 현상들이 나타날 수 있다. 그러나 그것이 목적이 아니다.

그러므로 관상이 아닌 것을 알아야 한다. 관상은 긴장해소 훈련, 은사, 초감각적인 심리현상과 같은 의사심리현상, 신비체험이 아니다. 관상은 어떤 것을 의식하는 것이나 어떤 것을 경험하는 것에 초점을 맞추는 것이 아니다. 오직 하나님의 임재 안에 들어가 순수한 믿음으로 그분과 사랑을 나누는 것이 목적이 되어야 한다.

4. 관상기도는 신비주의적이다.

신비주의의 특징은,

① 표현하기가 어렵다는 것이다. 하나님과 나의 하나 됨은 신비주의자가 되지 않고는 알 수 없다.
② 직관적이고 즉각적이다. 인간의 이성으로 파악할 수 없는 계시, 진리의 심오성을 갖는다.
③ 신비체험은 영속적이지 않고 순간적이다. 일반적으로 오래가는 경우가 30분이다. 시간관념이 없으므로 특별하게 오래 가는 경우도 있다.
④ 수동성을 가진다. 초자연적이다.

5. 이 부분은 가장 중요한 부분으로, 그것은 기독교 관상기도의 원천은 예수의 신성에 있다는 것이다.

그리스도인은 예수 그리스도를 통해 하나님께 나아가 그분과 사랑의 관계를 맺을 수 있다는 것을 명심해야 한다.

주의 사항과 알아야 할 일을 읽고 숙지했으면 이제 다음 장으로 넘어가도 좋다.

1. 관상기도 [265]

관상기도는 개방과 참여로 그 특징을 말할 수 있다.
관상기도는 관상적 태도로부터 비롯되며, 관상적 태도란 하나님이 원하시는 때에 언제나 개입하실 수 있도록 마음의 공간을 열어 놓는 상태이다. 이러한 상태는 능동적으로 준비할 수 있으나 온전한 관상 상태는 전적으로 은혜일 뿐이다.

요즈음 곳곳에서 관상기도라는 말이 회자되고 있다. 세간에는 그것이 마치 무슨 특별한 방법의 기도인 양 호도하는 경향이 있다. 결론부터 말하자면 모든 기도는 관상적이다. 관상적(觀想的)이라는 말은 반드시 기도의 경험만을 지칭하는 용어는 아니다. 먼저 관상적 태도를 통해서 관상적 상태에 이르게 된다는 말을 생각해 보자. 관상적 태도란 내가 가지고 있는 나의 모습을 상대방에게 투사하지 않고, 그 사람자체, 그 사물 자체로 볼 수 있는 눈을 말한다. 대상을 관찰할 때 '…같다'라는 표현은 그 대상과 관찰자 사이에 또 다른 선이해가 깔려 있다는 것을 전제하는 말이다. '그것이 …과 같다'라고 보는 대신에 '그것은 바로 그것이다'라고 볼 수 있는 태도를 관상적 태도라고 한다. 내가 끊임없이 상처를 받는 이유는 자기 자신의 모습으로 상대방과 사물을 대하기 때문이다. 대항적 의식으로 상대를 대할 때 상처를 받는다. 그러나 내가 없어지면 상처도 없다. 그리고 상대를 있는 그대로 받아들일 수 있다. 그래서 주님은 온전한 삶을 위해서 자기를 부인하라고 하신다. 그러면 상대방 안에서 나를 보게 되고 경험하게 된다. 새는 새로써 노래하고 지저귄다. 그런데 어떤 사람은 새의 지저귐을 통해서 방해를 받는다. 새가 자신을 시끄럽게 한다고 느낀다. 자기 몰두로부터 새를 대하기 때문이다. 새는 누구도 대항하지 않고 새로써 지저귈 뿐이다. 관상적 태도를 기르기 위해서는 자기 초월을 통하여 대상 앞으

---

[265] 유해룡, 『기도체험과 영적지도』 (장로회신학대학교출판부, 2014, 초판 5쇄) pp.171~182

로 나를 넣는 훈련이 필요하다. 엘리엇(T. S. Eliot)의 '사중주'라는 시에는 이런 구절이 있다. '음악이 들리네 / 음악이 없네 / 음악이 곧 나인걸' 이것은 하나의 관상 상태로 넘어가는 과정을 보여 주는 좋은 예이다. 처음에는 대상의 소리로서 들리다가 그 대상이 없어지고, 마침내 대상과 내가 하나가 되는 상태를 말한다.

기도를 형식적인 측면에서 보면 기도를 드리는 주체가 있고, 기도를 받으시는 객체가 있다. 여기서 기도자와 하나님과의 관계적 친밀함의 정도를 설명할 때 관상이라는 용어를 사용한다. 기도가 깊어지면 깊어질수록 주체와 객체의 차이가 점점 극복된다. 이것은 마치 너와 나라는 사람이 오랫동안 사귀면서 너와 나라는 간격이 좁혀지는 경험과 같다. 정도의 차이는 있지만 오랜 사귐을 통하여 주체와 객체가 하나가 되어 서로 어우러지는 듯한 경험을 하게 되는데 이것을 관상적 체험이라고 한다. 사실 어떤 기도든지 관상적 체험을 목적으로 하지 않는 기도는 없다. 어떻게 기도를 하든지 정도의 차이는 있지만 기도자와 하나님과 관계적 일치가 없을 수는 없다. 엄밀히 말해서 그러한 체험을 목적으로 하지 않는다면 그것을 기도라 할 수 없다. 그런 의미에서 모든 기도는 관상적이며, 관상기도라고 말할 수 있다.

그러나 관상기도가 마치 별개의 방법이나 특수한 현상처럼 사람들에게 주목을 받는 이유는 오늘날 그리스도인이 주로 하고 있는 기도가 관상적 체험과는 거리가 멀게 느껴지기 때문이다. 그러므로 본래적 기도로 회복하자는 의미에서 관상기도라는 말이 회자되고 있다고 할 수 있다. 이미 앞에서 언급한 대로 기도를 단순히 한계적 존재인 인간이 무한한 능력을 가지신 분에게서 무엇인가를 얻어 내는 수단으로만 생각한다면 그러한 기도에서는 분명히 주체와 객체 사이의 간격을 좀처럼 좁히기가 어렵다. 이것이 지속적으로 간구 기도를 함에도 불구하고 주님과의 거리가 좁혀지지 않는 이유이다. 더욱이 소위 관상적 경험이라고 할 수 있는 관계적 일치는 기대할 수도 없다. 그래서 사람들은 자주 기도를 함에도 영적인 목마름이 여전하며, 무엇인가 또 다른 신비적인 것을 갈구한다. 이러한 열망 가운데서 오늘날 관상기도라는 말이 빈번히 사용되고 있다고 생각한다. 한 마디로 말해서 관상적 체험이란 하나님과 하나 되는 체험이며, 그 체험을 보다 효과적으로 할 수 있는 기도가 있다면 그것을 관상기도라고 일컫는다. 그러므로 만일 우리 기도가 하나님과 친밀감을 형성하는 방향으로 회복된다면 특별하게 들리는 그 말은 더 이상 필요 없게 된다.

관상적 기도는 개방과 참여라는 말로 그 특징을 설명할 수 있다. 기도를 기도자의 심리 상태에 따라서 두 가지로 구분할 수 있다. 첫째는 폐쇄적 자세이다. 이는 기도자로부터 나가는 통로는 있는데, 하나님으로부터 들어오는 통로는 막혀 있거나 대단히 제한적인 상태를 말한다. 듣고 싶은 소리가 한정되어 있기에 그 외의 것은 차단된다. 그러한 기도를 폐회로식(閉回路式) 기도라고 한다. 자신이 기대하고 있는 바와 일치하지 않는 주님의 의사 전달은 결코 받을 준비가 되어 있지 않기에 마음의 상태가 일방통행적이다. 둘째는 개방적 자세이다. 이는 양방향이 모두 열려 있는 상태를 의미한다. 주님을 향한 기도자의 마음도 열려 있고, 주님이 어떠한 의사를 전달할지라도 응답할 준비가 되어 있는 상태이다. 이를 소위 개회로식(開回路式) 기도라고 한다. 이 기도에서는 언제든지 자기주장이나 욕구를 포기할 준비가 되어 있다. 자기 자신에게 솔직하기에 하나님 앞에서도 자기의 의사나 감정을 솔직하게 드러낼 수 있는 능력이 있고, 주님과 원활한 의사소통이 가능하다. 관상적 태도란 바로 후자와 같이 하나님이 언제나 개입하실 수 있도록 마음의 공간을 활짝 열어 놓은 상태를 의미한다.

관상적 기도의 또 다른 특징은 기도자가 관찰자가 아니고 참여자가 된다. 관상적 상태라는 것 자체가 하나님의 은총에 기초하고 있기 때문에 원칙적으로 수동적인 상태라고 말해야 한다. 그러나 관상적 경험을 추구하는 인간의 심리적 측면에서 볼 때, 기도자는 의도적이고 적극적으로 참여적인 자세를 취함으로써 관상적 상태에 이르기 때문에 이러한 상태를 능동적 관상이라고 한다. 그래서 능동적 관상은 그 체험 자체가 우리 자신에게 달려 있는 것처럼 보인다. 예를 들어 예수님의 탄생 이야기를 가지고 주님과 만남을 시도하는 기도를 한다(눅 2:8

~20). 천사들로부터 베들레헴에 한 아이가 탄생했으며, 그가 곧 그리스도라는 전갈을 받은 목자들은 베들레헴으로 달려간다. 기도자는 그 목자들 가운데 한 사람이 되어서 구유에 누인 아기를 만났다. 그러나 그에게는 어떠한 감동도 일어나지 않았다. 그저 그림을 보듯이 아기를 바라볼 뿐이었다. 말씀에서 전개되고 있는 놀라움과 그 환한 영광의 빛이 어디에도 없었다. 그의 마음속에는 그 구주 예수의 탄생이 전혀 기쁘지도 새롭게 느껴지지도 않았다.

그런데 이러한 기도에 익숙한 사람은 이 순간이 바로 예수님과 접촉할 수 있는 좋은 기회라고 생각하게 된다. 즉 능동적으로 기도를 이끌어 갈 수 있는 기회를 얻은 것이다. 그 순간 자기가 느낀 그대로 주님께 자기 마음을 쏟아 놓는다. "주님, 주님 앞에 서 있음에도 불구하고 나는 왜 이렇게 무감동한 상태에 있습니까? 내 안에 주님을 향한 열망이 없는 것입니까? 내가 인간으로 오신 예수님을 받아들이지 못하고 있습니까? 내가 생각하는 또 다른 이미지의 그리스도가 있는 것입니까?" 이런 물음을 통해서 주님과 접촉을 시도해 본다. 그러는 동안 아기 예수님이 매우 슬픈 모습으로 다가온다. 그리고 기도자는 그렇게 무능하고 연약한 모습의 그리스도를 받아들일 수 없는 자기 자신을 발견한다. 그래서 자신의 왜곡된 그리스도 상에 대해서 어떤 변화를 기대하면서 보다 가까이 주님께 나아갈 수 있다. 여기서 만일 기도자가 능동적으로 주님과 만남을 시도하지 않았다면 그 기도는 매우 무미건조하게 끝났을 것이다.

기도가 잘 전개되어 가지 않을 때, 마음 밑바닥에 답답함과 분노의 감정 같은 것이 흐르고 있다는 것을 발견할 수 있다. 그 원인을 자세히 성찰해 보면 주님이 내 마음대로 움직여 주지 않기 때문에 일어나는 감정이다. '왜 나는 주님을 이토록 사모하고 열망하고 있는데, 주님은 침묵으로 일관하시는가? 나에게 무슨 문제가 있는가? 그러면 그 문제를 지적해주시든지, 왜 묵묵부답(黙黙不答)이신가?' 이런 답답함과 원망이 내 안에 도사리고 있다. 그런데 사람들은 그러한 분노를 잘 감지하지 못하는 경우가 많다. 왜냐하면 하나님에 대한 편협되고 고정된 이미지가 기도자의 마음을 사로잡고 있기 때문이다. 하나님은 쉽게 움직일 수 없는 분, 감정이 없으시고 마음대로 하시는 분, 그분은 거룩거룩하신 분, 무감각하시면서 전능하신 분이라는 생각이 큰 바위 위에 달걀을 던지는 듯한 막막함을 느끼게 한다.

그래서 그분과의 관계 사이에 흐르고 있는 자신의 감정을 살피기 전에 위와 같은 하나님의 이미지 앞에 주눅이 들곤 한다. 자기 마음을 살피기도 전에 좌절감에 빠지곤 한다. 무시당하고 거절당하는 듯한 무기력함에 빠져서 항의할 마음도 감정을 표현할 용기도 잃어버린다. 영적 지도자는 그로 하여금 그러한 감정을 헤아리도록 격려함으로써 주님과 접촉점을 이루도록 도와주어야 한다. 그러면 곧 그 굳은 하나님의 이미지가 풀리는 경험을 하게 된다. "내가 그렇게 너에게 냉혹하게 대했느냐? 그래서 네가 나로부터 그렇게 많은 상처를 받았구나. 네 안에 있는 아픔을 쏟아놓아라. 그토록 사람들이 너를 아프게 하였구나. 네 부모 형제가 혹은 친구가 너를 그렇게 힘들게 하였구나. 그러나 그때도 나는 너와 함께 있었다. 그렇기에 오늘 네가 지금 내 앞에 있다." 이러한 주님의 변함없는 사랑과 보호하심을 체험하게 된다. 그래서 주님께 더 가까이 다가갈 수 있는 기회를 얻는다. 사실 혼자 이러한 미묘한 내면의 흐름을 찾아내기는 쉽지 않다. 그래서 영적 지도자라는 도우미가 필요하다. 도우미를 통해서 기도자가 능동적으로 반응할 수 있는 기회를 얻게 됨으로써 능동적 관상 체험을 하게 된다.

기도자가 말씀 안에 담긴 이야기를 상상력을 통하여 사건화시켜 가는 과정에서 기도자는 기도가 마치 가상적인 사건을 연출하는 듯한 느낌을 가질 수 있다. 위에서 보여 준 예수님의 수태고지를 오늘 다시 재현하면서 기도자가 그 아기 예수 앞에 선다는 것이 마치 가상적인 연출이라도 하는 듯한 느낌을 갖게 된다. 만일 상상을 통한 그러한 연출이 주님과 부딪침으로 연결되지 못하고, 그분과 대화로 이어 가지 못한다면 그것은 마치 상상 속에서 시연(試演)해 본 연극에 불과하다. 그래서 말씀과 한동안 씨름을 했을지라도 기도라는 확신을 가질 수 없게 된다. 이런 경우, 능동적인 대처가 대단히 중요하다. 말씀의 장면을 따라가는 동안 일어나는 내면의 감정이나 흐름을 재빨리 알아차려 능동적으로 대응하도록 도와주어야 한다.

사실 상상을 통한 주님과 접촉점을 마련하는 것 자체가 능동적인 관상을 추구하는 하나의 조치이다. 말씀과 더불어 기도를 따라가는 동안 무슨 생각이 떠오를 때 그 생각을 받아서 그 생각에 담긴 자신의 감정을 표현하거나 혹은 또 다른 대응적 생각으로 반응하지 않으면, 처음 떠오른 생각이 하나님으로부터 비롯된 것인지, 혹은 그렇지 않은지에 대한 확신을 가질 수 없다. 수동적으로 주어진 어떤 생각이나 느낌도 자주 불완전하기에 그것을 확인하는 작업으로 적당한 능동적인 대응이 필요하다. 즉 그것에 대한 의문이 있으면 의문을 다시 주님께 넘겨 드림으로써 주님과 관계를 보다 분명하게 해야 한다. 예를 들면 기도 중에서 "하나님을 의지하라. 순종하라."는 음성을 듣게 된다고 하자. 그것이 성령의 감동에 의한 것인지 아닌지 의문이 들 때, 취해야 할 다음 단계가 있다. 실천적인 물음을 던지는 것이다. 즉 어떻게 행동해야 하는지를 물어 주님과 관계를 분명히 함으로써 그 출처에 대한 확신을 얻게 된다.

능동적인 관상의 상태를 눈여겨보면 하나님 체험을 감지하는 데 여러 가지 요인이 작용하고 있다는 것을 발견한다. 하나님을 만나는 경험은 훈련인 동시에 하나님의 은총이다. 즉 체험하고자 하는 열망이 필요한 동시에 주어진 대로 감사함으로 받는 태도도 필요하다. 우리는 자주 주님은 늘 거기에 계시는데 왜 전심으로 찾아야 하는가 물음을 갖는다. 주님이 늘 거기에 계신다는 사실은 경험 이전에 믿음으로 받아들이는 사실이다. 칼뱅이 '기도는 믿음의 연습(exercises of faith)'이라고 했듯이, 기도는 이미 보편적으로 승인하고 있는 믿음을, 각 개인이 구체적인 상황 아래에서 사유화하는(approphative) 작업이다. 그분이 거기에 계시지만 자의식적으로 내 영혼의 문을 열지 않는다면 그는 거기에 계시지 않는 것과 같다. 아무런 교제와 소통이 일어나지 않기 때문이다. 우리가 전심으로 찾는다는 것은 숨어 계시는 그분을 찾는 것이거나 하늘 저 높은 보좌 위에서 끌어내리려는 행위가 아니다.

오히려 내 자신을 찾는 작업이다. 나의 현재적 갈등과 번민과 고통이 바로 하나님을 향한 갈망과 목마름이라는 사실을 감지하는 순간, 바로 거기 계신 하나님을 발견하면서 그분과 통교(通交)를 경험하는 것이다.

관상의 또 다른 참여적 특징은 수동적 상태이다. 주님께서 임의적으로 우리를 그분 안으로 끌어들이는 사건이다. 그것은 하나님이 허락하신 전적인 은총으로 더 뺄 것도 더할 것도 없는 완전한 일치의 상태를 말한다. 그러한 상태는 마치 주님을 향한 영적 여정의 종점처럼 느껴진다. 그러나 기독교 영성사에서 관상가(혹은 신비가)들이 보여 주는 바는 아무리 수동적인 관상적 일치라 할지라도 항구적이지 않다는 것이다. 오히려 수동적인 일치일수록 매우 강력하지만 순간적이다. 그러나 그 순간이 아무리 짧다 할지라도 우리가 그토록 갈망하는 연인과 같은 주님의 강렬한 사랑의 불꽃이 사랑하는 당신의 자녀(혹은 연인)의 가슴 한가운데를 강타하기 때문에 지울 수 없는 상흔(傷痕) 혹은 흔적으로 남는다. 그러한 경험을 인위적으로 더 연장시킬 수도 더 강렬하게 할 수도 없다. 그저 수동적으로 그것을 맛보고 순종하는 수밖에 없다. 그러한 상태가 영적 여정의 완성점이 아니기 때문에 평생 여러 번 반복해서 경험될 수 있다. 그러한 경험이 일상적인 기도 가운데서 어떻게 일어날 수 있는지가 우리의 관심사이다.

필자(주: 유해룡 교수)가 만난 한 백인 여자 노인의 이야기이다. 그분은 미국 서부의 어떤 기도원을 책임 맡고 있는 사람이다. 언덕 위에 지어진 매우 아름다운 집이었고, 언덕 아래는 야구장만큼이나 넓은 잔디가 깔린 뜰이 펼쳐져 있었다. 본래 기도원 용도로 지어진 집 같지는 않았다. 그곳에서 머무는 동안 어느 날 아침 그 노인은 그 기도원의 유래에 대해서 들려주었다. 그 기도원은 본래 자기의 사저(私邸)였다고 한다. 사저치고는 대단히 크고 화려하다는 생각이 들었다. 본래 그분의 가정은 미국 내의 큰 체인 슈퍼마켓을 가느린 백만장자였다. 그런데 어느 시점에서인가 자기가 누리고 있는 부에 대해서 점점 부담을 느끼기 시작했다. 그러던 어느 주일 아침 교회에서 기도를 드리는 동안 주님의 음성이 내적 음성으로 들려 왔다. "딸아, 네가 영생을 얻고자 하느냐. 그러면 네 있는 것을 팔아 가난한 자에게 나누어 주고 나를 따르라."는 음성이었다.

이전의 양심의 움직임과는 달리 너무나 탁월하고 강력한 음성이었다. 지금 듣고 있는 그 말씀은 오래 전부터 알고 있었던 것이고, 때때로 그 말씀으로부터 자극을 받곤 하였지만, 이 순간만은 이전과 비교할 수 없을 만큼 강렬했고 분명하게 느껴져 왔다. 모르는 체할 수도 없었고, 잊어버릴 수도 없었다. 순간적인 마음의 소리였지만 의심할 수 없는 주님의 소리로 여겨졌다. 그래서 집에 돌아오자마자 남편에게 자기의 경험을 털어놓았다. 그러자 남편 자신도 그날 동일한 경험을 하였노라고 고백했다. 그들은 더 이상 망설일 필요도 지체할 필요도 없었다. 즉시로 그들은 재산을 정리하기 시작했고, 마침내 남은 그 저택도 교회에 바쳤다. 그러나 교회 당국은 그분들이 생존하는 동안 관리하면서 기도원으로 운영하도록 결정하였고, 그래서 이 기도원을 섬기게 되었다고 한다. 이 두 노인의 경험은 인위적으로 만들 수도 없고, 경험된 것을 없었던 것으로 취소할 수도 없는 탁월한 하나님 체험이다.

이러한 경험은 일상적인 기도 생활 가운데서도 일어난다. 기도 자체가 성령님의 일이기에 얼마든지 탁월한 경험을 기대할 수 있다. 그러나 동일한 기도임에도 불구하고 어떤 때는 매우 절박할 정도로 답답하게 느껴지고, 또 어떤 때는 저항할 수 없는 강력한 하나님의 일치가 일어나는데 이에 대한 일관된 설명은 불가능하다. 그것은 전적인 하나님의 은총의 영역이기 때문이다. 주님과 일치의 경험을 보장하는 그 어떤 전제 조건도 있을 수 없다. 심지어는 회개도 흔히 알려진 것처럼 주님과 탁월한 경험을 보장하는 조건이 될 수 없다. 물론 어떤 경우에는 회개라는 통로가 주님과 깊은 경험으로 이끌기도 한다. 그러나 그것을 전제 조건이라고 말할 수 없는 이유는 다음과 같다.

하나님이 우리를 향해서 늘 다가오시지만, 그분을 충분히 받아들일 만큼 마음의 공간을 넓혀 놓지 않았거나 혹은 주님과 기도자 사이에 어떤 장애물이 있을 경우, 우리는 주님을 경험할 수 없다. 그러한 장애적 요소를 충분히 제거함으로써 다가오시는 주님을 보다 분명히 맛볼 수 있다고 설명할 수 있다. 반면에 그러한 전제 조건 없이도 무조건적인, 영혼을 향한 하나님의 침투를 막을 수 없다. 왜냐하면 주님은 당신이 원하시는 대로 한 영혼을 당신께로 이끌고자 하는 원의(願意)가 있고, 그것을 통해서 한 인간을 회개의 참으로 이끌어 가실 수 있기 때문이다. 예를 들자면 예수님께서 길에 지나시다가 세관에 앉아 있는 세리 마태를 보시고 "나를 따르라" 하시니 마태가 주저함이 없이 즉시 따랐다는 사건이 있다(마 9:9). 성경 본문대로라면 마태가 주님의 소리를 듣기 위한 어떤 준비가 되어 있었다고 할 수 없다. 그저 갑작스럽게 부름을 받았고, 마태는 그 부름을 저항할 수 없는 주님의 탁월한 은총의 순간으로 받아들였다. 그래서 마태는 주저함 없이 즉시 응답했다. 본문의 전후 사정으로 볼 때 마태는 주님의 은총을 덧입을 어떠한 전제 조건도 갖추어져 있지 않았다. 그저 죄인인 마태를 있는 그대로(마 9:13) 주님의 원의대로 부르셨을 뿐이다.

우리의 기도 가운데서도 정도의 차이는 있지만 그러한 수동적 관상 체험은 계속 일어난다. 예수님 탄생 이야기를 배경으로 하는 기도에서 연약하고 무기력한 듯이 보이는 아기 예수님을 만나게 된다. 그 연약한 아기 예수님으로부터 하나님의 아픔과 눈물을 깊이 맛보게 되곤 한다. 또 예수님의 공생애를 묵상하면서 주님의 생애를 그 어느 때보다 가까이 경험하게 된다. 특히 예수님의 고달픈 생애와 부딪치면서 백성들을 향한 예수님의 측은지심(惻隱之心)에 깊은 공감을 느낀다. 그리고 그 어느 때보다도 예수님을 따른다는 것이 무엇인지에 대해 깊은 각성을 경험한다. 사람들은 보통 이러한 경험을 한 후에 어떤 행동의 변화가 일어날 것인지에 대해 기대를 건다. 그 열매로 그 경험의 뿌리의 진위를 식별해야 한다는 일종의 중압감이 있기 때문이다. 그러나 그러한 결과에 너무 집착함으로써 기도 가운데 맛본 하나님의 은총을 소멸할 수 있다는 것을 기억해야 한다. 수동적으로 주어진 하나님의 은총은 그 자체로 충분한 가치가 있다. 그러한 경험이 즉시 어떤 외적인 열매를 가져다주지 않을지라도, 세월을 두면서 서서히 우리를 변화시킬 흔적으로 남는다. 이것이 수동적 관상 경험의 탁월성이다.

2. 관상기도의 진행

1) 능동적 관상기도 [266]

관상이라는 영적 쉼에 다다르기 위해서 영혼은 하나님과의 관계에서 자신이 이제까지 해오던 방식, 즉 추리나 묵상을 포기한다. 그러나 초기 관상이라는 미묘함 때문에 이 시기를 알아차리기는 어려우며 모르고 지나칠 위험이 다분히 있다. 그렇게 되는 이유는 "이 사랑 가득한 깨달음이 초보자들에게 매우 미묘하고 섬세하고 거의 느껴지지 않는 것이기 때문이고, 다른 하나는 영혼이 완전히 감각적이라고 하는 묵상의 수련 방법에 익숙해져 있으면서 이미 순수한 정신에게 속하는 느껴지지 않는 새로움을 거의 느끼지 못하거나 감지하지 못하기 때문이다."[267]

여기서 잠깐 묵상을 마쳐야 할 시기에 대해 알아보자.

십자가의 요한은 하나님께 가기 위해 방해가 되지 않도록 하려면 제때에 묵상과 사색을 포기해야 한다고 한다. 이 포기 시기에 대하여 징표 셋을 제시한다.

첫째로 자신 안에서 보게 되는 것은 이제는 더 이상 상상력과 함께 사색을 하거나 묵상을 할 수 없으며, 전에 그랬던 것과 같은 맛을 더 이상 느끼지 못한다.

둘째로 영혼이 안과 밖을 가릴 것 없이 특별한 일들에 감각이나 상상력을 끌어들일 의욕이 전혀 없음을 보게 될 때이다. 영혼이 다른 것들에 의도적으로 상상력을 적용하는 것이 싫어진다는 것이다.

셋째로 영혼이 하나님께 대한 사랑스러운 집중을 하게 되면서 아무런 특별한 생각이 없이 내적인 평화와 고요함과 쉼 속에 혼자 있는 것이 좋아진다. 여기에서는 다만 사랑이 가득한 전체적인 깨달음과 집중만이 있을 따름이다.

기억해야 할 일은 첫째 징표만으로 충분하지 않다는 것이다. 반드시

---
[266] 박노열, 『나아간 이들을 위한 관상기도』 (나됨, 2013) pp.178~181.
[267] 『산길』, II.13.7. p.186.

둘째 징표가 있는가를 확인해야 한다. 더 나아가서 셋째 징표를 함께 볼 수 없다면 첫째와 둘째 징표를 보는 것으로 충분하지 않다. 이런 일은 하나님의 일이 아닌 우울증이나 심장, 혹은 뇌로부터 오는 기분이 언짢음으로 올 수도 있기 때문이다. 우울증이나 기분이 언짢음은 감각 안에 아무것도 생각할 수 없고, 무엇을 생각할 의욕도 없이 만들면서 분명한 침울함과 포기상태를 가져다주고 달콤한 황홀경에 있으려는 충동을 일으킨다. 그러므로 반드시 확인하여 "평화 안에서 하나님께 대한 사랑이 가득한 집중과 깨달음이라는 셋째 징표를 가져야 한다."고 말한다. [268]

묵상과 사색을 포기하기 위하여 깨달을 것은 "감각적 능력들과 함께 수고를 하는 것은 묵상과 사색이며, 영적인 능력들 안에서 이미 묵상을 통하여 이루어졌고 받아들여진 것은 관상이다. 묵상에는 물론이요 관상에도 마음을 쓰지 않고 게으르게 있었다면 어느 모로 보든지 영혼이 열심히 노력하고 있었다고 말할 수 없을 것이다." [269]

여기서 다시 강조하고 싶다.

묵상의 방법을 고집하면 할수록 비참해질 것이다. 영혼은 영적인 평화로부터 자꾸 밖으로 끌어내기 때문이다. 이것은 걸어온 곳으로 되돌아가는, 즉 이미 이룬 것을 다시 하기 원하는 것이다. 이런 사람들에게는 상상이나 상상이 이루는 것에는 아무것도 내주지 않는 가운데 고요함 안에서 사랑스러운 집중과 주의를 기울여 하나님 안에 머무르기를 배우라고 말해주고 싶다. [270]

감각을 통해서 양식을 얻고 사랑에 빠지기 위해 이런 생각들이나 형상들, 묵상들의 방법이 초보자들에게는 필요하다. 그렇다 할지라도 이런 것들은 영혼들이 자신의 목적과 영적인 휴식의 상태에 이르기 위해 통상적으로 거쳐야 하지만 항상 묵상에 머물러서는 안 된다. 이 방법으로는 절대로 목적에 도달하지 못하기 때문이다. [271] 그렇다고 해서

---

268) 『산길』, II,13.1~6. pp.182~185.
269) 『산길』, II,14.7. p.193.
270) 『산길』, II,12,7~8. p.181.

때가 되기도 전에 묵상을 그만두어서는 안 된다.

영혼이 고요하게 있는 것에 습관이 많이 들어 있었다면 그만큼 많이 평화 안에서 항상 성숙될 것이며, 영혼이 다른 것들에서 느끼는 것보다 훨씬 좋아하게 될 하나님의 전체적이며 사랑이 가득한 깨달음을 느끼게 될 것이다. 고요하게 있는 것에 습관이 많이 들어 있는 영혼에게 아무런 수고도 없이 기쁨과 맛과 쉼과 평화를 가져다주기 때문이다.

어느 정도의 기간 동안 묵상을 실천하고 묵상을 통한 모든 노력의 결과인 이 '예수께로 향하는 사랑의 눈길'에 쉽게 도달할 수 있게 된 사람은 묵상에 있어서, 즉 책을 읽고 특정한 주제에 대해 깊이 생각하는 데에 있어서 뜻밖의 어려움을 겪을 수 있다. 또한 동시에 예수님께 대한 총괄적이고 사랑에 가득 찬 이 눈길 안에서 예수님과 대화하면서, 새로운 영적인 맛을 체험할 수도 있게 된다.

십자가의 성 요한의 말씀에 따르면, 이런 일이 일어나는 것은 '예수님께 대한 사랑의 눈길' 때문이다. "처음에 영혼은 특별한 인식에 대한 묵상에서 피곤을 느끼면서 이 사랑의 눈길에 다다르게 되는데, 이 사랑의 눈길은 그 영혼 안에서 습관이 된다." 그래서 "영혼이 하나님 앞에 있게 되자마자, 그 영혼은 사랑이 가득하고, 평화스럽고, 고요한 깨달음(인식, 認識) 안으로 들어가게 되고, 거기서 지혜와 사랑과 기쁨을 음미하게 된다."[272]

기도를 시작하면서 마치 물에 다다른 사람이 수고할 것 없이 가볍게 마시기만 하면 되는 것처럼, 이제부터는 묵상을 통해서 힘들게 얻어낼 필요 없이 가볍게 사랑 가득한 깨달음을 얻어낼 수 있다.[273]

그 때문에 십자가의 요한은 다음과 같이 결론을 내린다. 이 내적인 체험에 다다른 영혼은 특별한 주제들에 대해 읽거나 깊이 생각하는 것에 많은 시간을 보낼 필요가 없게 되고, 실행 —즉 그 물과 열매의 알맹이를 얻기 위해서 그때까지는 그렇게 필요했던 행동방식— 을 전적으

---

271) 『산길』, II,12,5. p.177.
272) 『산길』, II,14,2. p.189.
273) 『산길』, II,14,2. p.189.

로 포기하는 것이 필요하게 된다. 이제부터는 영혼은 곧장 사랑으로 가득 찬 침묵 안에 자리를 잡아야 하는데, 이 침묵은 온갖 추리나 부질없는 이야기들보다 더 그를 예수님께로 일치시키게 된다.

이 기도는 추리적 묵상과 수동적 관상 사이에 걸쳐 있기 때문에, '능동적 관상'이라고 불린다. 모든 영혼들은 진정으로 성실하게 항구히 묵상을 한다면, 이 단계에 도달할 수 있고, 또 도달해야만 한다.

2. 수동적 관상기도 [274]

위험한 오해에 떨어지지 않게 하기 위해서, 우리는 지금, 하나님께서 무미건조함을 통해서 영혼을 인도하시는 그 '수동적 관상' –혹은 '감각의 수동적 밤'– 은 우리가 이미 말한 그 '능동적 관상'과는 완전히 다른 것임을 분명히 하고자 한다.

'능동적 관상'은 묵상의 완성과 같은 것으로서, 우리 각자의 합당한 노력에 의해서 성취될 수 있는 것이었고, 무엇보다 무미건조함이 앞서거나 동반되는 것은 아니었다. 반면에, 수동적 관상은 묵상이 불가능한 상태에서부터 일어난다. 이는 영혼이 이런 상태를 유발시키기 위해서 할 수 있는 것이라고는 전혀 없이, 오로지 하나님에 의해서만 이루어지는 결과이다. 수동적 관상은 특히 가장 심각한 무미건조함 안에서 일어나고 발전되는데, 말하자면 모든 감각적 위로의 '밤' 안에서 일어나는 것이다.

이 새로운 경험에 있어서 영혼이 하나님에 의해서 인도된다는 점을 분명하게 하기 위해서, 십자가의 성 요한은 동시에 확인되어야만 하는 세 가지 징표들을 열거한다.

① "영혼은 자신 안에서 보게 되는 것은 이제는 더 이상 상상력과

---

[274] 박노열, 『나아간 이들을 위한 관상기도』 (나됨, 2013) pp.211~214.

함께 사색을 하거나 묵상을 할 수 없으며, 전에 그랬던 것과 같은 맛을 더 이상 느끼지 못한다."

다시 말해서, 영혼은 이제 더 이상 상상이나 추리를 통해서 어떤 것에서 다른 어떤 것으로 분주하게 돌아다닐 수 없음을 인정하게 된다. 영혼이 상상이나 추리의 과정으로부터 열매를 얻어낼 수 있는 동안에는, 묵상을 포기해서는 안 된다.

② "영혼이 안과 밖을 가릴 것 없이 특별한 일들에 감각이나 상상력을 끌어들일 의욕이 전혀 없음을 보게 될 때이다. 영혼이 다른 것들에 의도적으로 상상력을 적용하는 것이 싫어진다는 것이다."

묵상을 할 수 없게 된 영혼들은, 다른 특정한 대상들에 대해서 생각을 하거나 그런 것들로부터 어떤 맛을 느끼려는 욕구마저도 갖지 않게 된다. 따라서 이따금 자기 탓 없이 고통스럽게 상상력이 여기저기를 돌아다님이 가능하다고 하더라도, 피조물들의 맛을 즐기던 상태로부터 돌아섬으로써 스스로 얻던 온갖 재미들을 느끼지 않게 된다.

③ "영혼이 하나님께 대한 사랑스러운 집중을 하게 되면서 아무런 특별한 생각이 없이 내적인 평화와 고요함과 쉼 속에 혼자 있는 것이 좋아진다. 여기에서는 다만 사랑이 가득한 전체적인 깨달음과 집중만이 있을 따름이다."

가장 확실한 징표로서는, 영혼이 특별히 어떤 것을 심사숙고함도, 이런저런 생각들로 돌아다님도 없이, 사랑스럽고 보편적인 조심성과 내적(內的)인 평화, 그리고 고요함과 안식 안에 하나님과 함께 머무르는 맛을 경험하게 된다는 것이다.[275]

이 '즐거움'은 감각적인 것(실제로 감각은 하나님에 의해 가장 극심한 무미건조함 안에 놓이게 된다.)이 아니라, 십자가의 요한 성인이 우리에게 설명하는 바와 같이 영적인 것이라는 사실에 주의하도록 하자.

이런 상태가 시작되는 처음에는 하나님께 대한 사랑스러운 인식이 드러나지는 않는다. …그러나 영혼이 이런 안식의 상태(즉, 온갖 추리

---

[275] 『산길』, II,14,7. p.193.

의 정지 상태)에 있는 동안에, 하나님께 대한 사랑스럽고 보편적인 이 인식이 영혼 자신 안에서 더욱 성장되고, 이 안에서 영혼은 다른 모든 사물들 안에서보다 더 큰 즐거움을 찾아내게 된다. 왜냐하면 이 인식이 그에게 평화와 안식과 위로를 가져다주기 때문이다.

성인은 또 이렇게 말한다. "하나님으로부터 '수동적 관상'의 은혜를 받은 영혼은 감관의 능력들을 통해 아무것도 하지 않으면서, 즉 특별한 행위를 통해 능동적으로 움직이지 않고 단지 받아들이는 가운데 사랑이 가득하고 평화스러운 깨달음을 여러 가지 방법으로 느끼게 될 것이다. 이제는 감관의 능력들을 통해서는 아무것도 하지 않기 때문에 영혼이 스스로 무엇을 하는 것이 아니라 그윽한 기쁨과 깨달음이 움직이는 것이 사실이기 때문에 무엇을 느끼거나 보려고 원하지 말고 단지 하나님께 대한 사랑에 신경을 쓰기만 하면 된다. 이렇게 하면 수동적으로 하나님께서 은총을 건네주신다. 더 분명히 말하면 영혼의 지각적인 모든 형상들과 영상들이 비워졌고 정화되었다면 완덕의 상태로 변화되면서 순수하고 단순한 빛 가운데 머물게 된다. 이미 순수해지고 단순해진 영혼은 하나님의 아들의 순수하고 단순한 지혜 안에서 변화된다. 하나님께 대한 사랑에 빠진 영혼에게 본성적인 것이 없어진다면 영혼의 본성이 비워진 상태로 있을 수 없으므로 자연적으로, 그리고 초자연적으로 거룩한 것이 주어진다."[276] 영혼이 자신의 목표에 도달하게 되는 때에는, 다른 것을 느끼려고 하거나 보려고 함이 없이 오로지 하나님을 사랑하는 일에만 몰두해야 한다.

그렇지 않으면 화가(畵家)의 행동과 같다. 화가가 얼굴을 그리고, 색칠을 하고, 배경을 검게 칠해 놓았음에도 불구하고 덧칠을 하기 원한다면 결코 그림을 끝내지 못할 것이며, 그리던 그림을 망치게 될 것이다. 그래서 영혼이 내적인 평화와 쉼 안에 머물기 원하면서 어떤 작업을 하거나 무엇에 매력을 느끼고, 혹은 다른 것에 집중한다면 즉시 자기 마음이 흔들리고 불안하게 될 것이며, 감각의 허전함과 메마름만

---

[276] 『산길』, II,15.1~5. p.201~205.

느끼게 될 것이다. 이런 기댈 것들은 이 관상의 길에서는 아무런 도움이 되지 않는다. 이런 상태에 있는 영혼은 자기 감관의 능력들의 작업들을 잃어버리게 된다는 것에 마음을 쓰지 않는 것이 좋다. 오히려 이런 것이 빨리 없어지는 것을 기뻐해야 할 것이다. 그래야 영혼은 하나님께서 이끌어 주시는 주부적 관상(注賦的 觀想)의 작업이 방해받지 않을 것이며, 하나님께로부터 더욱 평화로운 풍요로움이 주어질 것이다.[277]

이런 상태에 있는 영혼에게 하나님은, 마치 눈을 뜨고 있는 것 외에는 아무 노력도 하지 않는 사람의 열린 눈에 빛이 들어가는 것처럼, 당신 스스로 들어가신다. … 영혼은 오로지 다른 인식과 추리작용을 개입시키지 않는 일에만 전념해야 하는데, 그렇게 하면 온전한 헐벗음과 영의 가난 안에 머무르면서, 바로 하나님의 아들이신 단순하고 순수한 지혜 안에 스스로 변모될 것이다.

그래서 영혼은 -비록 아무것도 하지 않는 것으로 보인다고 하더라도- 지성을 잠잠하게 하고 하나님께 대한 사랑스러운 눈길 안에 머무르는 법을 터득해야 한다. 이렇게 함으로써, 하나님의 사랑에 휩싸인 거룩한 안식과 평화는 하나님의 오묘하고 숭고한 인식과 함께 조금씩, 그러나 신속하게 주입될 것이다.

3. 일치의 시작 [278]

십자가의 요한 성인이 '영적 약혼'에 대해서 제시한 개요를 통해서, 영혼과 하나님 사이에 결혼의 비유로써 설명하니 새롭고 한층 더 친밀한 일치가 있을 수 있다는 것을 알게 된다.[279]

---

277) 밤, I,10. p.69~74.
278) 박노열, 『나아간 이들을 위한 관상기도』 (나됨, 2013) pp.215~222.
279) 불꽃, 3, 24, p.115. "영혼이 자기 안에서 은총을 통하여 하나님을 소유하는 것

이를 간단히 살펴보기로 하자.

● 지금까지는 영혼은 자신의 사랑을 온전히 하나님께로 이끌어 갈 수 있도록 하기 위해서, 피조물들에 대한 자신의 사랑을 포기함으로써 하나님과의 일치를 추구해왔고(능동적 밤), 하나님은 그런 영혼을 힘차게 도와주셨다(수동적 밤).

영혼에게 있어서 이 정화는 고통스럽기도 했지만 유익한 것이었다. 왜냐하면 이 정화야말로, 복음이 우리에게 말해주는 다음과 같은 상황에서 예수님의 설교에 대해서 영혼이 주의를 기울이게 한 것이었기 때문이다.

"예수께서 그를 보시고 사랑하셨다"(막 10:21).

바로 이 순간에 영혼은 하나님께로 빠져든다. 이렇게 해서 모든 연인들의 걱정스럽고도 즐거운 이 숨바꼭질이 시작되는 것이다. 영혼은 밤낮으로 하나님만을 생각하고, 그분을 만나고 그분을 뵙고 그분을 행복하게 해드리려는 욕구에 불탄다. 하나님을 완전하게 사랑하는 것이 이 세상에서는 저 세상에서처럼 가능하지 않다는 것을 알기 때문에, 영혼은 그분과 결합될 수 있도록 죽기를 바라게 된다.

이렇게 해서, 우리가 이 장에서 다룰 영혼과 하나님 사이의 최초의 일치가 맨 먼저 이루어지게 된다. 그러나 그전에, 이 합일이 어떻게 전개되는지를 잠시 살펴보자.

● 하나님은 당신께 대한 사랑에 그토록 빠져 있는 영혼을 보시고 더더욱 당신 자신의 사랑에 못 이기시어 영혼으로 하여금 당신을 발견하게 하시고, 영혼과 당신과의 사랑의 약속을 승인하신다. "그래, 너는

과 일치를 통하여 하나님을 소유하는 것 사이에 차이가 있다는 것이다. 은총을 통하여는 단지 서로 사랑하는 것이시만, 일치를 통하여는 사랑하면서 동시에 서로 교류하는 것이다. 이 차이는 영적 약혼과 영적 혼인 사이에 있는 차이와 같다. 약혼에서는 단지 약혼자와 같지진 동의(예)만 있으며, 약혼자들의 오직 하나의 의지와 약혼한 남자가 약혼녀에게 우아하게 건네주는 장식품과 패물들만 있을 뿐이다. 그러나 혼인에서는 일치는 물론이요 인격들의 교류가 있다. 약혼기에는 가끔 신랑이 신부를 찾아오고 신부에게 선물을 주기도 하지만, 약혼기의 끝이 아니기 때문에, 아직 인격체의 일치도 없다."

나의 신부가 될 것이다!"

영혼과 하나님 사이에 서로가 서로에게 영원한 충실성을 약속하는 영적 약혼의 날이 바로 이때이다. 두 약혼자가 서로 친절함과 선물들을 주고받음을 기뻐하는 것과 마찬가지로, 영혼과 하나님은 가장 귀중한 선물들, 서로가 서로에게 자신을 바칠 수 있게 하는 가장 귀중한 선물들을 교환함으로써 대단한 기쁨을 얻게 된다.

◉ 그날이 멋지게 올 때까지 자신을 위해 천상 정배께서 배려하신 친절함으로써 자신이 온전히 깨끗하게 되는 그날을 오래 전부터 기다려온 영혼은, 창조주와의 영적 결혼이라는 거룩한 일치에로 인도된다. 거기서 -각각 고유한 존재를 보존하면서- 있는 그대로의 두 본성의 일치가 이루어진다. 그러나 두 본성이 합쳐지고 거룩한 것에서 인간적인 것으로 드러내심(교통)이 이루어진다. 비록 이 세상에서는 완전하게 이루어질 수 없다 할지라도 이 두 본성의 존재가 아무것도 바뀌지 않았음에도 각자가 하나님처럼 여겨진다.[280]

여기서 하나님은 영혼에게 더 이상 선물들을 주지 않으신다. 그러나 당신 안에 영혼을 빨아들이심으로써, 당신 자신을 영혼에게 내어주신다. 이제부터는 영혼은 하나님을 사랑하는 것 이외에는 아무것도 하지 않는다. 이 하나님께 대한 오롯한 사랑은, 성부께서 성자를 사랑하시고 성자께서 성부를 사랑하시는 그런 사랑이고, 바로 성령이신 사랑이다.

영혼은 하나님 안에서 실제로 변형되는 것이다.

◉ '사랑의 산 불꽃'에서 십자가의 요한 성인은 -역사상 신비가(神秘家)들 중에서 그분이야말로 이런 내용을 언급하시는 유일한 분이시지만- 영혼이 이 세상에서 체험할 수 있는 영적 결혼의 다음 단계를 묘사한다. 이는 '변형의 일치'에 대한 문제인데, 그 자신 안에서 이미 신화(神化)된 영혼은 훨씬 더 하나님을 닮아가게 됨으로써, 자기 주위에 신적 사랑의 불꽃을 퍼뜨린다. 이 세상에서도 도달할 수 있는 하나님 안에서의 변화라는 완덕의 더욱 완전한 상태를 말한다. 그 영혼은 단지

---

[280] 노래, 22,5. p.208.

불(하나님)과 일치되어 있는 것뿐만 아니라 자신 안에서 이미 생생한 불꽃이 타오르고 있다.[281]

이 일치 이후에는 그 어떤 가리움도 없는 일치, 천상 낙원에서의 영원한 일치 이외에는 더 이상 남은 것이 없다. 이제는, 이 최초의 일치가 어떻게 일어나는지, 또 영혼이 하나님을 향한 사랑에 어떻게 빠져드는지를 십자가의 요한 성인이 '영혼의 노래'의 첫 열두 노래들 안에서 서술하는 내용에 따라서 알아보기로 하자.

'영의 수동적 밤'의 끝 부분에서, 영혼은 아가(Cantique des Cantiques)의 신부와 함께 다음과 같이 외치게 된다.

"내게 입 맞추기를 원하니 네 사랑이 포도주보다 나음이로구나"(아 1:2).

그리고 하나님은 영혼의 이 소원을 글자 그대로 들어주시고, 영혼에게 입맞춤을 해주신다. 요한 성인은 다음과 같은 사실을 꼭 강조하고자 한다. "이 실체적 어루만지심은 의로운 사람에게만 하나님과 함께 일어나는 상황이다."[282]

하나님께서 몸소 영혼에게 접촉하시는 이 입맞춤 안에 내포된 사랑의 체험[283]은 대단히 깊고 근본적인 것이기 때문에, 영혼은 다시 자신

---

281) 방효익 역, 『불꽃』, 서문 3~4. p.6. 하나님의 거룩한 빛으로 변화되는 것을 불에 장작이 타는 것으로 비유하였다. 영적 여정에서의 변화에 대한 참조; "사랑의 산 불꽃", 1,34; 1,19; 1,22~23; 1,25; 1,33; 3:57; 『가르멜의 산길』 I,11,6; II,8,2; 『어둔 밤』 II,10,1~11.
282) 밤, II,23,12. p.240
283) 방효익 역, 『영가』, 노래 11,3. p.98. 하나님과 사랑에 빠진 영혼 안에 내재하시는 하나님의 임재(현존)에 대한 체험으로, 영적 약혼과 영적 혼인에 대한 비교와 관계가 있다. 영혼 안에서 하나님 임재의 체험은 세 가지로 이루어진다고 한다. 첫째는 본질적인 것인데 거룩하고 착한 영혼들에게만 머무르시는 것만 아니라 나쁜 영혼이나 죄를 지은 영혼은 물론 다른 모든 피조물에게도 머무르신다. 이 임재를 통하여 영혼의 삶과 존재의 가능성이 결정된다. 이 임재가 없어질 때에 영혼은 삶을 버릴 수밖에 없으므로 살아 있는 영혼에게는 절대로 없어질 수 없는 것이다. 둘째는 은총을 통한 임재 체험인데, 하나님께서는 은총을 통하여 영혼 안에 머무르시며 영혼을 기쁘게 하시고 만족스럽게 해준다. 모든 영혼들이 다 간직하고 있는 것이 아닌데, 그 이유는 '하나님에 대한 불경죄(不敬罪)'에 빠진 영혼에게서는 체험되지 않기 때문이다. 셋째는 영적인 애정을 통한 임재 체험인데, 열심이 있다는 많은 영혼들 안에 하나님께서는 여러

이 하나님께로 향한 사랑으로 상처를 입었음을 발견하게 된다.

따라서 영혼은 다시 자신에게로 되돌아와 자신이 홀로 있음을 보게 될 때, 슬퍼하면서 다음과 같이 애원하게 된다.

"당신은 어디에 숨으셨나요?
신랑이여, 내게 탄식을 남기시고"[284]

하나님께로 향한 일치에 가장 확실한 안내자로 남아 있고 앞으로도 항상 남아 있을 믿음에 의해서, 대답은 곧 들려온다.

"우리가 저에게 와서 거처를 저와 함께 하리라"(요 14:23).

그 때문에 십자가의 요한은 이렇게 쓰고 있다. "오! 모든 피조물 가운데 가장 아름다운 영혼이여, 너는 신랑을 찾고 그분과 일치하기 위해 신랑이 있는 곳을 알아내기를 그렇게 원하는구나! 이미 네게 말하듯이, 네 자신이 바로 그분께서 머무르시는 방이다. 네가 바로 그분이 숨어 계신 은밀한 곳이다. 너의 모든 선과 희망이 너에게 아주 가까이 있다는 것, 아니 네 자신 안에 있다는 것, 다시 말해서 너는 그분 없이는 살 수 없다는 것을 안다는 것은 엄청난 기쁨이며 만족스러움이다."[285]

말씀이신 성자는 성부와 성령과 함께 본질적이고 실제로 영혼의 가장 깊은 곳에 숨어 계신다. 그러므로 말씀을 만나기 원하는 영혼은 애정과 의지에 따라서 모든 것에서 벗어나야 할 필요가 있으며, 최고의 깨달음으로 자기 안으로 들어가야 한다(잠심: 潛心, 마음의 평정). 이때에 세상 것들은 마치 없는 것처럼 여겨야 한다.[286]

가지 방식을 통하여 특별한 영적 임재로 머무르신다. 이와 함께 영혼을 새롭게 해 주시고 즐겁게 해 주시며 기쁘게 해 주신다.(참조:『영가』1,8; 11,3;『가르멜의 산길』Ⅱ,5,3~4)
284) 방효익 역,『영가』, 노래 1. p.25. (참조: 다른 책에는 "어디 숨어 계시는고? 사랑하는 님이시여, 울음 속에 날 버려두고."로 되어 있음)
285)『영가』, 노래 1,7. p.29.
286)『영가』, 노래 1,6. p.29. (참조: 사랑하는 사람이 자기 님이 어디 숨어 있는지를 알고는 집도 재물도 친구들도 온갖 것들도 다 뿌리치고 님과의 만남을 위해 달려가는 것처럼, 하나님을 만나고자 하는 영혼 역시 애정(愛情)으로나 의지(意志)로나 모든 것들

영혼이 오로지 하나님과 함께 있고 그분 외에 다른 어떤 것에도 마음이 사로잡혀 있지 않을 때, 영혼은 진실로 그분께 신랑이라고 부를 수 있다. 이때에 영혼의 생각은 변함없이 그분에 대한 것뿐이다. 정신을 항상 하나님께 쏟으면서 사랑의 애착으로 가득 찬 마음으로 그분과 함께하면서 기도를 계속해야 할 필요가 있다. 사랑을 통하지 않는다면 하나님께로부터 아무것도 얻어낼 수 없기 때문이다.287)

이렇게 사랑에 빠져든 영혼이 오로지 사랑하는 님만 찾기를 충실하게 또 열심히 계속한다면, 하나님은 그 사랑에 감동하시어 당신의 현존(임재)을 잠시 동안이나마 영혼에게 드러내신다.

십자가의 요한 성인이 '어루만지심'('신적 인식의 접촉')288)이라 부르는 이 선물은, "어루만지심은 지속적이지 않고 많은 것도 아니면서 잠깐씩 스쳐 지나간다. 만일 지속적으로 집중되고 길게 머무른다면 영혼은 육체에서 분리될 것이다. 그래서 영혼이 사랑 때문에 죽어가는 것이고, 사랑 때문에 죽어가는 것이 완결되지 않는 것을 보면서 영혼은 또 죽는다. 이것을 견딜 수 없는 사랑이라 부른다." 하나님께로 향한 이런 사랑으로 영혼에게 불을 지르기에 충분하다.

그래서 영혼은 다음과 같은 말로 스스로 반문하게 된다.

"당신은 어찌 견디시며
　어쩌면! 계실 곳에 계시지 않고,
　죽음으로 몰고 가며
　당신이 맞을 화살로"289)

을 다 떠나서 자기 자신 안에, 마치 다른 모든 것들은 존재하지도 않는 것처럼, 철저한 잠심(潛心: 마음의 평정) 안에 숨어들어야 한다.)
287) 『영가』, 노래 1,13. p.36. (참조: 하나님 안에서의 이 영혼의 잠심은 기도 안에서 다시 한 번 실현된다. 거기서 영혼은 하나님과 함께, 완전한 사랑으로 하나님을 사랑하게 될 때까지, 오랫동안 이야기를 나누게 되는데, 이는 사랑으로써가 아니면 하나님께로부터 그 어떤 것도 얻어낼 수 없기 때문이다.)
288) 『영가』, 노래 7,4. p.75. (참조: "어루만지심은 지속적이지 않고 많은 것도 아니면서 잠깐씩 스쳐 지나간다. 만일 지속적으로 집중되고 길게 머무른다면 영혼은 육체에서 분리될 것이다. 그래서 영혼이 사랑 때문에 죽어가는 것이고, 사랑 때문에 죽어가는 것이 완결되지 않는 것을 보면서 영혼은 또 죽는다. 이것을 견딜 수 없는 사랑이라 부른다."(창 30:1; 욥 6:9을 보라)

그리고는 실제로, 영혼은 나타났다가 사라진다고 느껴지는 최고의 선에 집중하려는 열망으로 죽어간다. 비록 그것이 감춰져 있다 할지라도 거기에 있는 것이 선하고 즐거운 것으로 힘차게 느껴지기 때문이다. 그래서 영혼은 그 안에 자연적이라고는 찾아볼 수 없는 이 선에 엄청난 힘으로 매혹되었고 넋을 빼앗겼다.[290]

예기치 못했던 이 신적 발현(發現), 그렇게도 순간적인 이 신적 발현은, 하나님께로부터 얻은 욕망과 하나님을 완전히 찾아 얻지 못한 고통의 불을 영혼 안에 다시 일으키고 점점 번져가게 한다.

하나님은 사슴처럼 모습을 드러내시고, 영혼을 사랑으로 상처 입히시고, 달아나 숨으신다.

"도망친 수사슴처럼,
 내게 상처를 남기시고"[291]

그다음에 영혼은 이렇게 말하면서 사랑으로 그 님을 질책한다.

"왜 종기를 나게 하셨나요?
 제 마음 낫게 해 주지 않으셨고"[292]

님께서 내신 상처, 님만이 치유해 주실 수 있음을 알고, 영혼은 이렇게 애원하게 된다.

"아! 누가 나를 치료해 줄 것인가!
 이제 막 진실로 넘겨드렸건만"[293]

따라서 이 시기는 영혼에게 있어서 큰 고통의 시기이다. 이 시기는 오로지 짧막한 '사랑의 접촉'으로만 중단되는데, 이 사랑의 접촉으로 하나님은 영혼에게 당신의 현존을 드러내신다. 이 짧은 위로의 순간이 끝나면 영혼은 전에 체험했던 것보다 훨씬 더한 고통 속으로 즉시 떨어지게 된다.

---

289) 『영가』, 노래 8. p.80. (참조: 다른 곳에는 "그러나, 너 사는 데에 살지 못하면서, 오오 목숨아! 너 어찌 부지하려느냐?"로 되어 있다.)
290) 『영가』, 노래 11,4. p.100.
291) 『영가』, 노래 1. p.25.
292) 『영가』, 노래 9. p.84.
293) 『영가』, 노래 6. p.69.

제11장 기도 중에 일어나는 문제[294]

1. 느낌과 상상 및 체험

유익 기도의 심적 면을 볼 때, 기도 중에 일어나는 느낌과 체험은 사람마다 다양하다. 그 정도와 내용도 여러 가지가 있으며 은혜로운 것, 유익한 것, 좋지도 나쁘지도 않은 것, 타당하지 않은 것, 해로운 것 등으로 나눌 수 있다.

1) 평화와 기쁨과 위안

먼저, 기도 중에 느끼는 평화와 기쁨과 위안은 일반적으로 좋고 은혜로운 것이라 할 수 있다. 하나님께서는 평화와 기쁨과 위안 자체이시며 그 원천이시므로, 그분과 친교를 나눌 때 평화와 기쁨과 위안을 맛보는 것은 당연한 일이다.

평화와 기쁨과 위안을 맛들이기 위해 기도하는 것은 좋은 것이긴 하지만, 이상적인 것은 아니다. 이상적인 것은 하나님의 위로가 아닌 위로의 하나님을 추구하는 것이다. 그리스도교적 기도의 참뜻과 참된 자세는 자기 이익이나 자기만족을 찾고 자기 뜻을 이루려고 하는 것이 아니라, 하나님의 뜻과 계획이 이루어지게끔 자신이 협력하는 것이다. "…나의 원대로 마시옵고 아버지의 원대로 하옵소서"(막 14:36)라고 하신 그리스도의 기도야말로 참기도이며 이런 자세야말로 참된 기도의 자세이다. 마음의 평화와 기쁨과 위안을 얻으려고 기도하는 사람은 아

---
[294] 김보록, 기도하는 삶, (생활성서, 2010) pp.105~135.

직 자기중심적이며 하나님 중심이 아니다. 가령 평화와 기쁨과 위안을 느끼지 못한다 하더라도, 하나님을 만족시켜 드리고 그분의 뜻을 이루기 위해 기도해야 할 것이다.

사실 기도 생활이 진전되고 기도가 심화되면서 사람은 기도 중에 느끼는 평화와 기쁨과 위안에 신경쓰지 않고 비중도 두지 않게 된다. 그러면서 평화와 기쁨과 위안을 감각적·감정적 차원보다 내면적 차원에서 맛들이게 된다. 마음의 평화와 기쁨과 위안을 얻으려고 기도하면 오히려 얻지 못하고, 하나님의 뜻을 찾아 실행하려고 기도하면 그 결과로서 평화와 기쁨과 위안을 얻게 되는 법이다.

여러 종류와 단계의 시련과 무미건조를 거쳐 그리스도인은 점차 보다 깊은 차원에서 내면적 평화와 기쁨과 위안을 체험하게 된다. 감정적 기쁨과 위안은 어느 정도 기도에 도움이 되지만, 반드시 지성과 의지의 통제를 받아 지나치지 않도록 해야 한다.

제대로 통제된 감각과 감정은 기도를 감미롭게 하고 기도의 흥미와 맛을 누리는 데 도움이 될 것이다. 매일 같은 기도를 규칙적으로 반복하는 성직자·수도자와 대체로 형식적으로 기도하기가 쉬운 남자들은 어느 정도 마음을 움직여 감동적으로 기도하는 것이 바람직하다. 한편 감정적으로 흐르기가 쉬운 여자들은 감정을 억제하여 기도를 보다 내면화하고 심화하도록 해야 한다. 감각과 감정에 의지하는 기도는 뿌리가 약하여 기분과 분위기의 영향을 받기 쉽다. 이러한 기도는 실생활에서 아무 열매를 맺지 못한다.

기도 중에 느끼는 평화와 기쁨과 위안으로 기도를 평가하지 말아야 한다. 특히 감정적으로 열성을 느끼고 외면적으로 기쁨과 위안을 느꼈다고 해서 그 기도를 반드시 좋은 기도라고 할 수 없으며, 그 반대로 아무런 열성이나 기쁨·위안을 느끼지 못했다고 해서 그것을 헛된 기도라고 할 수는 없다.

기도의 좋고 나쁨은 기도 중에 일어나는 느낌으로써가 아니라, 기도 후에 실생활에서 맺는 결실로써 평가해야 한다. 기도가 끝난 후에 죄악의 극복, 그릇된 습관의 교정, 소임의 수행, 애덕의 실천, 주님과의 일치 등에 있어서 무엇인가 개선하거나 개선하려고 노력한다면 그 기도는 좋은 기도라고 할 수 있다. 가령 기도 중에 아무런 평화도, 기쁨도, 위안도 느끼지 못하고 오히려 어려움과 분심을 겪었다 하더라도 그 후에 어떤 결실을 맺었으면 그 기도는 좋은 기도다. 다시 말해서 어려움 속에서도 성의를 다하여 진지하게 기도했으면 그 후 실생활에서 무언가 잘하려고 노력할 것이고 어떤 변화가 생기기 마련이다. 그 반면에 기도를 열성적으로 하면서도 실생활에서는 아무런 결실을 맺지 못하고 행동에도 아무 변화가 없다면 그 기도는 어딘가 잘못된 것이다. 다시 말해서 마음이 없는 형식적 기도나 너무 감정적인 기도는 그것만으로 그쳐, 생활과 행동을 개선하려는 생각조차 하지 않는다.

끝으로 기도 중에 느끼는 슬픔·두려움·불안 등에 대해서 간단히 언급하겠다. 기도의 내용으로서 통회는 틀림없이 죄를 슬퍼하고, 하나님의 벌을 두려워하고 양심의 가책으로 불안해지는 요소를 포함한다. 그러나 이것이 통회의 전부도 아니고 중심적 요소도 아니다. 오히려 온전한 통회는 감정보다 의지의 행위로서 하나님 앞에서 지기 죄를 시인하고 미워하며, 죄송스럽고 부끄럽게 여기는 행위이며 앞으로 범하지 않겠다고 마음먹는 결심과 직결된다.

게다가 하나님의 자비와 용서를 확신함으로써 그분께 대한 의지와 신뢰에 넘친 마음으로 오히려 기쁨과 평화와 찬양과 감사의 심정의 지니게 된다. 사랑스러운 하나님 앞에서 죄를 통회하는 것은 불쾌하기는커녕 상쾌하고 마음이 시원한 일이 아닐 수 없다. 과거의 죄와 불행에 대한 슬픔·두려움·불안·원한 등의 심정에서 해방되는 것은 심리적으로도 대단히 중요한 일이다. 일반적으로 말해서 기도할 때 항상, 또는 자주 슬픔·두려움·불안 등의 심정에 잠기는 것은 바람직하지 못하며 하나의 심리적 장애가 될 수도 있다.

2) 상 상

기도할 때 상상력을 구사하는 것은 도움이 될 뿐만 아니라 필요하기도 하다. 각자가 제 나름대로 아버지와 예수님과 성령의 모습을 상상하여 그분들과 친교를 나눈다면 기도는 보다 잘될 것이다. 묵상 주제와 관련된 장면을 상상하여 자신도 그 장면 안에 들어가 행동하고 대화하는 것도 좋은 묵상이 될 수 있다. 그러나 상상력을 이용하지 않고 기도문을 그냥 외우기만 하는 기도는 형식적인 기도로 그치기 쉽고, 지성적으로 생각하기만 하는 기도는 무미건조한 기도가 되기 쉽다.

상상의 내용과 성질과 강도는 사람마다 다르다. 어떤 이는 현실을 체험하듯이 생생하게 상상하는가 하면, 어떤 이는 영화를 구경하듯이 장면을 선명하게 상상한다. 또 어떤 이는 중심적 내용 또는 상징적 모양만을 간단하게 상상하는가 하면, 어떤 이는 아무 모양도 상상하지 못하면서 예민하게 느끼고 실감할 수 있다.

이처럼 상상과 느낌은 각 개인마다 차이가 있을 뿐만 아니라, 한 개인에 있어서도 신체적·심리적·정신적 상태에 따라 차이가 생긴다. 일반적으로 말해서 잠심하여 자기의식이 깊은 수준에 내려갈수록 상상과 느낌은 선명해지고 예민해진다.

이것은 많은 사람에게 바람직한 현상이지만, 어떤 이에게는 바람직하지 못할 수도 있다. 정신적·심리적 장애가 있는 자, 신경이 너무 예민한 자, 몸이 쇠약한 자, 또는 상상이 너무 지나쳐서 조절하기 어렵고 상상과 느낌에 끌려가는 자 등은 오히려 상상을 피하고, 가볍고 단순한 내용으로 기도해야 할 것이다. 본래 육을 지닌 인간이 무한하고 순수한 영이신 하나님과 친교하려면 상상을 통해서 간접적으로 친교할 수밖에 없다. 하나님의 모습을 있는 그대로 보고 그분과 아무 중개 없이 직접 친교하는 것은 불가능하다. 그렇기 때문에 기도 때의 상상을 비현실적 망상이라고 할 수는 없는 것이다. 이는 불완전한 방법이긴 하나 진실로 하나님과 친교하는 것이다.

신앙의 신비는 인간의 모든 이해와 표현을 초월하므로 상상은 이 신비를 인간적으로 파악하는 데에 특별한 역할을 수행한다.

하나님께서 바로 영이시라는 그 이유 때문에 인간은 그분과 쉽게 친교할 수 있다고 말할 수 있다. 하나님은 영원하시고 어느 곳에나 편재

(遍在)하시므로 인간이 하나님을 의식하기만 하면 언제 어디서나 그분과 친교할 수 있다. 또한 하나님께서는 항상 우리를 사랑하시므로 우리가 사랑의 마음을 가지기만 하면 언제든지 그분을 사랑할 수 있고, 그분의 사랑을 받을 수 있다. 하나님과 사랑을 나누고 예수님의 은총을 받는 것에 대해 인간적으로 상상하는 모양은 사람마다 다르고, 또 실제의 모양과 달리 상상한다 하더라도 그 원래의 사실 자체는 변함이 없다. 모든 상상은 인간이 하나님과 사랑을 나누고 그분의 은총을 받는다는 사실에 근거를 둔다. 하나님을 아버지의 모습으로 상상하고, 성령을 비둘기·불·바람의 모습으로, 또한 예수님을 목자, 포도나무, 빛의 모습으로 상상하는 것은 다 신구약 성경에 근거를 두고 있다. 그러므로 상상은 무엇이든 다 좋은 것이 아니라 성경과 교리에 근거를 둔 것이어야 한다.

3) 특수 체험

기도 중에 특수한 체험을 하는 사람도 적지 않다. 환각·황홀·투시·방언·치유·예언 등이 그것이다. 이러한 체험에 대해서는 신중히 판단하여 받아들이고 말해야 한다. 지금까지 이 문제를 다룬 여러 서적을 읽고 여러 가지 정신 수련법을 시도하고 연구해 온 결과적 견해로서 다음과 같이 요약, 서술하고자 한다.

자연 현상으로서의 특수 체험

환각·황홀·투시·방언·치유·예언 등의 특수 체험은 가톨릭·개신교 이외에도 여러 종교에서 나타나는 현상으로 도사·무당뿐 아니라 종교와 아무 관계가 없는 여러 초능력자들에게도 나타나는 현상이다. 이 현상을 심층 심리학(depth psychology)에서 다음과 같이 설명하고 있다. 자기의식(self-consciousness)이 깊이 내려가서 뇌파 주파수(brainwave frequency)가 14~7(안정 상태, α level)이 될 때 인간은 내부 의식 수준(the level of inner consciousness)에 도달하며, 물질과 감각 세계를 떠나 정신과 내면세계에 들어가는데 주파수 7~4(최면 상태 θ level)가 되었을 때 특히 그러하다. 바로 그때 시간·공간·감각의 한계를 초월하여 여러 종류의 정신력 또는 초능력을 발휘하게 된다. 뇌파 주파수 4 이하는 무의식 상태(the level of unconsciousness, δ level)이며 잠든 상태이다.

사람이 잠이 드는 과정은 바로 자기의식이 깊은 수준으로 내려가면서 점차 안정 상태 → 최면 상태 → 무의식 상태로 되어가는 일과 다름이 아니다. 잠든 동안에도 뇌파 주파수는 4~0 사이를 오르내리면서 변동한다. 뇌파 주파수가 올라가 4에 가까운 상태가 되면 꿈을 꾸긴 하나, 다시 3-2-1의 심층 무의식 상태로 내려가면 잊어버리게 된다. 잠에서 깨어나는 과정은 심층 무의식 상태 → 무의식 상태 → 뇌파 주파수 4 → 최면 상태 → 안정 상태의 순서가 된다. 자기의식이 점차 올라가면서 잠에서 깨어나는 것이다.

이와 같이 저절로 잠드는 과정을 의도적이고 의식적으로 유도하여 최면 상태를 거쳐 무의식 상태(뇌파 주파수 4 이하) 직전까지 접근하려는 노력이 바로 정신 수련이다. 이것을 흔히 정신통일 또는 정신집중이라고 한다. 정신 수련으로 의식을 유지하면서 뇌파 주파수 4에 접근하면 접근할수록 정신은 맑고 선명해지고 일점에 집중하게 되며, 지성은 자신과 사물의 진상을 파악하고, 의지는 속박에서 해방되어 자유로워진다. 이 상태에서 인간은 감각·시간·공간을 초월하여 보다 큰 정신력과 초능력을 발휘하게 된다.

정신력 또는 초능력은 모든 인간에게 어느 정도는 잠재한다. 선천적으로 대단한 힘을 소유하고 발휘하는 자도 있으나, 일반적으로는 수련으로 계발하고 발전시킬 필요가 있다. 정신력과 초능력을 발휘하는 방법은 근본적으로 자기의식을 깊은 수준으로 내리면서 무의식 상태 직전까지 접근시키는 것이다. 이렇게 하기 위한 구체적 방법은 다양하며, 심리적·정신적·신체적 수련, 또는 종교적 수련으로서 무수히 존재한다. 여러 정신 수련 단체 또는 종교 단체가 어떤 방법 하나를 들고 절대적인 것으로 강조하곤 하지만 사실은 다 상대적이며 효과는 사람마다 다르다. 어떤 방법은 사람에 따라 해로울 수도 있다. 각자가 자기

체질과 성질에 맞는 방법을 찾아내는 것이 이상적이다. 그리고 그 방법을 자신에게 맞게 적절히 조절하는 것이 바람직한데, 이 조절은 어느 정도의 기초 지식과 현명을 필요로 한다.

인간이 물리적·감각적 에너지 이외에 신경·자기의식·잠재의식 등과 관련된 정신적 에너지를 소유하며, 정신력과 초능력을 발휘할 수 있다는 사실은 19세기 말에 알려졌으며, 금세기 중엽부터 이에 대한 과학적 연구가 시작되었다. 정신역학(psychotronicy)·초심리학(parapsychology), 또는 심령학(psychicism)이라고 불리는 이 미래의 과학은 주로 영국, 러시아, 미국 등에서 조직적으로 연구되고 있다.

이 학문에 의하면 정신력 또는 초능력은 7가지로 분류되는데, 즉 염력(念力)·염사(念寫)·분신유체(分身遊體)·투시(透視)·예언(豫言)·자동서기(自動書記)·심령치료(心靈治療)이다. 현재까지 나온 성과로서는 이 7가지 현상의 관찰과 능력 계발의 방법에 관한 연구가 어느 정도 진행되었을 뿐, 체계적 분석이나 원인 규명 또는 어떤 법칙이나 공식 확립까지는 도저히 미치지 못하고 있다.

이 과학은 생겨난 지가 얼마 안 되며, 그 연구 대상이 기존 과학의 대상과는 완전히 다른 차원에 속하는데다가 또한 너무나 미묘하고 섬세해서 이를 연구한다는 것은 여간 어려운 일이 아니다. 아직은 많은 사람들이 이런 현상을 종교적인 것(하나님의 직접적 개입으로 인한 기적, 또는 악마의 직접적 영향으로 인한 현상)으로 생각함으로써 종교와 미신과 정신 질환, 그리고 자연 과학 등이 무질서하게 섞여 큰 혼란과 물의를 일으키고 있는 형편이다.

어떤 사람에게 어떤 특수한 체험이나 현상이 일어났을 때 그것을 제대로 설명하는 것은 쉬운 일이 아니어서 사람마다 완전히 다른 해석을 하기 마련이다. 정신 질환에서 오는 현상을 악마에 접한 것으로 보거나 꿈과 환상에 나타난 것을 초자연적인 일로 보는 것 따위이다. 물론 모든 죄악과 질병은 악마의 영향으로 인한 것이고, 모든 좋은 것은 하나님의 은혜임을 인정해야 하지만, 엄밀한 의미에서 악마가 들린 일이라든가 하나님이 직접 간섭하시는 기적은 지극히 드문 일임이 거듭 강조되어야 한다. 또한 이와 같은 일은 교회의 공식적 인준이 있어야 받아들일 수 있다. 거의 모든 특수 체험과 특수 현상은 자연 세계에 속하는 것이므로 초자연 세계나 종교와는 아무 관계가 없다. 앞으로 정신역학·초심리학·심령학 등이 점차 발전되어 간다면 이러한 체험과 현상을 과학적으로 해명할 날이 올 것이다.

기도 중의 특수 체험

자기의식을 깊은 수준으로 끌어내리는 여러 가지 방법 중에는 종교적인 방법도 있다. 기도와 묵상의 여러 방법은 자기의식을 낮추는 것이 그 목적은 아니지만, 아주 효과적으로 자기의식을 내려가게 하는 것은 사실이다. 많은 신자들이 기도와 묵상을 할 때 심리적으로 안정 상태와 최면 상태에 들어간다. 이것은 기도의 자연적·심리적 측면이다. 이 상태에서 투시·방언·치유·예언 등의 정신력을 발휘하는 현상이 흔히 일어난다.

이 현상은 위에서 설명했듯이 순수한 자연적 현상이라고 할 수 있다. 왜냐하면 신자가 아닌 사람도 기도가 아닌 다른 방법으로 투시·방언·치유·예언 등의 정신력을 발휘하기 때문이다. 신자의 경우, 이 정신력을 발휘하기 위해 자기의식을 내리는 효과를 바로 기도가 일으켰을 뿐이다. 그 신자가 기도가 아닌 다른 자연적 방법으로도 자기의식을 내려 투시·방언·치유·예언 등의 똑같은 정신력을 발휘할 수 있다는 사실을 보아도 이것이 초자연적 현상이 아님을 확인할 수 있다.

예수님 혹은 어떤 성인의 모습을 보거나 그 현상도 거의 다 자연적 현상이다. 신자라면 누구나 무의식중에 잠재의식 속에 들어 있는 예수님, 성인의 특정한 모습이 특별한 상태에서(꿈·환상, 특히 자기의식이 내려갔을 때) 의식 수준에 선명하게 올라올 수 있다.

특수 현상의 정가 기준

기도 중에 일어나는 특수 현상이 자연적 현상이라고 해서 그것이 하나님의 은혜임을 부정하는 것은 아니다. 세상의 좋은 것은 모두 하나님의 은혜이다. 하나님의 은혜는 여러 종류가 있으며, 대별해서 초자연적 은혜와 자연적 은혜로 나뉜다.

초자연적 은혜는 모든 성사, 기도, 죄의 용서, 주님께 대한 사랑 등이다. 기적도 초자연적 은혜이다. 엄밀한 의미에서 기적은 하나님의 직접적 개입으로 일어나는 가시적(可視的) 사건으로서 자연의 법칙과 힘을 초월한 비범한 것이며 반드시 어떤 종교적 표적을 지닌다. 이는 교회가 공적으로 기적임을 인준한 것이어야 한다. 성사의 외적인 표시는 가시적이긴 하나 주어지는 은혜는 불가시적(不可視的) 은혜이므로 초자연적 은혜이지만 기적이 아니다.

자연적 은혜는 우리의 삶·활동·건강·재능·가정·재산 등 신앙과 직접 관계가 없는 모든 좋은 것들이다. 자기의식이 깊은 수준에 내려가 정신 통일을 할 수 있는 것도 자연적 은혜이며, 그 상태에서 가지는 거의 모든 특수 체험도 자연적 은혜이다. 특수 체험의 결과와 열매로서 죄의 통회·겸손, 하나님과 이웃에 대한 사랑 등의 초자연적 은혜를 받는 경우도 있으나, 체험 자체는 자연적 은혜인 것이다. 가령 어떤 체험 자체가 아무리 신앙과 직접 관계있는 것처럼 느껴진다 하더라도 결코 기적이라고 부르지 말아야 한다. 교회의 공적 인준 없이 기적이라는 단어를 쓰지 말아야 하며, 교회는 결코 이러한 현상을 기적으로 인준하지 않는다.

특수한 현상과 체험은 유익한 것, 해로운 것, 그리고 유익하지도 해롭지도 않은 것이 있다. 이 구분은 사람에 따라 달라질 수 있다. 어떤 사람에게는 유익한 것이 다른 사람에게는 해롭거나 혹은 유익하지도 해롭지도 않을 수 있고, 또한 원래 유익한 것인데도 사람에 따라 잘못 받아들여 해로워질 수도 있다. 특수 현상과 체험의 평가는 그 내용 자체가 아니라 그 뒤에 맺는 열매를 보고 해야 한다. 좋은 열매를 맺는 현상과 체험은 좋은 것이다. 어떤 현상이 일어나거나 어떤 체험을 가진 후 그것을 계기로 해서 겸손·순명·숨은 내적 생활·회개·온전한 자기봉헌·사랑·인내, 기도 생활과 가정생활에 대한 충실 등을 조금이라도 더 잘 실천하거나 실천하려고 한다면 그 현상과 체험은 좋은 것이다. 가령 객관적으로 특수한 것이 아니었다 하더라도 좋은 열매를 맺었으면 좋은 것이다.

한편 나쁜 열매를 맺는 현상과 체험은 나쁜 것이다. 어떤 현상이나 체험이 있은 후 그것을 계기로 해서 교만·독선·불순명·시기·질투·경솔·다툼·미움, 또는 정신적·심리적·육신적 장애 등이 생긴다면 그 현상과 체험은 나쁜 것이다. 가령 그것이 아무리 거창하고 신기하고 감미롭고 기적과 같은 것이었다 하더라도 나쁜 열매를 맺으면 나쁜 것이고, 좋은 열매도 나쁜 열매도 맺지 않으면 무익하고 덧없는 것이다.

특수 현상과 체험은 사람의 마음을 매혹시켜 사로잡는다. 그러므로 아무리 좋은 것이라도 받아들이는 자세에 따라 해로워질 수 있다. 따라서 그리스도인은 어떠한 현상이나 체험이 있다 하더라도 마음을 굳게 가져 그 일에 집착하거나 붙잡히지 말아야 하며 너무 크게 받아들이거나 지나치게 신경 쓰지 말아야 한다. 그 일을 영적 지도자에게만 단순하고 겸손하게 보고하고 다른 사람에게는 말하지 말아야 한다. 많은 은혜를 받을수록 겸손하게 숨은 생활을 충실히 해 가야 한다.

4) 악마 들림

예수님의 강생으로 이 세상에 하나님의 나라가 시작된 이후 사람에게 악마가 들리는 일은 지극히 드물다. 악마는 지금도 활동하고 있으나, 그것은 간접적 활동이다. 세상의 사물과 인간을 이용하여 간접적으로 사람을 죄로 유혹함으로써 세상에 악과 불행을 일으키거나 병을 일으키는 것 따위이다.

그에 비해서 사람에게 악마가 들릴 경우, 악마는 직접 활동한다. 악마는 사람의 육신에 들어가 직접 육신을 장악하고 다스리며, 사람의 삼각과 삼성과 상상력을 직접 공격하여 악의 방향으로 이끈다. 그래서 악마가 들린 것을 '악마가 소유한다(adiabolic possession, Possessio diabolica)'라는 표현을 사용하기도 한다. 악마는 사람의 육신을 직접 공격하거나 장악함으로써, 즉 육신을 통해서만 영혼에게 영향을 주지 직접 영혼을 가해하지는 못한다. 마찬가지로 지성과 의지도 직접 공격하거나 장악할 수 없지만 어떤 경우에는 감각·감정·상상력 등을 장악하여, 그 결과 지성과 의지를 혼란시키고 마비시킬 수는 있다.

악마가 들렸을 때 나타나는 표시는 거룩한 것에 대한 과격한 모독과 어떤 비범한 현상이다. 하나님, 예수님, 성인, 또는 성사와 성물에 대한 심한 모독과 더불어 이상한 언어를 말하거나 알아듣는 일, 숨겨진 것과 멀리 떨어져 있는 것을 알아내거나 굉장한 힘을 발휘하는 현상 등이 일어난다. 그러나 이와 같은 현상이 일어난다 하더라도 거의 모두는 악마가 들린 것이 아니라는 것을 거듭 강조해야 한다. 먼저 정신병이나 신경 질환에 걸린 신자는 발작이나 심한 상태가 일어났을 때 흔히 평소에 지냈던 신앙의 열성 또는 갈등을 어떤 모독적 행위와 말로써 외부에 드러낸다. 예로 어떤 신자가 하나님을 모독하는 말을 하면서 십자고상이나 십자가를 던지고 부수었다 해서 즉시 악마가 들렸다고 판단하지는 말아야 한다. 신자와 비신자를 막론하고 누구나 신앙에 대한 갈등·반감·혐오 등의 감정이 폭발적으로 일어날 가능성이 있는 것이다. 여기에 어떤 상황에서 정신병의 발작이나 신경 질환의 심한 상태가 겹쳐져서 드러날 때 마치 악마가 들린 것같이 보이고 그렇게 느끼게 되지만 사실은 그렇지 않다.

결론적으로 다음과 같이 말할 수 있다. 이 세상의 모든 악(죄·불행·고통·병·죽음)은 악마의 간접적 영향으로 인한 것이다. 보통의 질환보다 정신병과 신경 질환이 악마의 보다 큰 영향을 받는 것은 사실이지만, 이것은 어디까지나 간접적 영향으로 인한 것이지, 직접 악마가 들린 것이 아니다. 또한 가벼운 죄를 우발적으로 범하는 상태보다 심각한 죄를 상습적으로 범하는 상태가 악마의 보다 큰 영향을 받는 것도 사실이지만, 이것도 악마가 들린 것은 아니다. 이와 같이 악마가 사람에게 영향을 끼치는 것은 여러 단계가 있으며, 모든 사람은 악마의 영향이나 유혹을 어느 정도 받고 있다.

지극히 드문 경우지만 악마가 사람의 육신과 감각·감정·상상력을 완전히 장악하고 직접 영향을 주는 일, 즉 악마가 들리는 일이 생길 수도 있다. 그 외적 현상은 정신병이나 신경 질환의 증상과 비슷하므로 이것들을 구별하는 것은 쉬운 일이 아니다. 두 가지가 겹쳐서 함께 일어날 수도 있다. 두 가지 다 위기의 때가 있고 평온한 때가 있다. 위기의 때는 육신이 심한 발작 또는 경련을 일으켜 큰 소리로 난폭하고 모독적인 말을 하거나 그러한 행동을 한다. 평온한 때는 위기의 때에 있었던 일을 전혀 기억하지 못하고, 그 말과 행동은 정상적인 사람과 아무런 차이가 없다. 역사적으로 확실한 것은 과학과 의학, 특히 정신병리학과 심리학이 발전하면서 이러한 현상을 악마 들림이라고 생각하는 일은 줄어들었으며 자연적인 병으로 받아들이고 의학적으로 치료하려는 자세가 늘어나는 것은 사실이다. 현대 교회가 악마 들림을 공식적으로 선언하는 일은 거의 없다.

참고로 가톨릭에서 시행하는 구마식에 대해 언급해 보고자 한다. 구마식(exorcism)에는 두 가지 종류가 있다. 하나는 세례식과 성수 축복식에 나오는 일반적 구마식으로 인간에게 간접적으로 영향을 주는 악마와 그 영향을 쫓아내는 예식이다. 또 하나는 특수한 구마식으로 엄밀한 의미에서 악마가 들린 사람에게서 악마를 쫓아내는 예식이다. 교회의 세밀한 조사 결과 악마가 들렸다고 공적으로 선언이 되면 주교는 한 사제를 구마식 집전자로 임명한다. 사제는 우선 악마가 들린 사람에게 보속을 행하게 하고 고해성사를 받도록 한다. 영성체를 자주 하고 기도와 보속을 계속 바치게 하고, 특히 성수로 성호를 긋도록 한다. 이 모든 일의 최종 과정으로서 구마식을 집전한다.

2. 잡 념

기도 생활에서 누구나 느끼는 어려움의 하나는 잡념이다. 잡념에 대해서는 그 원인을 찾아내고 어떤 대책을 강구해야 한다. 이제 주요한 원인과 그 대책을 살펴보기로 한다.

1) 잡념의 원인과 그 대책

기도의 준비 부족

기도하기 전에 마음의 준비를 제대로 하지 않으면 잡념이 일어나기 쉬우므로 앞에서 설명한 기도의 준비를 간단하게라도 실천하는 것이 필요하며, 특히 묵상하기 전에는 꼭 준비를 해야 할 것이다.

마음의 불안과 죄책감

평소에 정서적 안정과 심리적 균형을 유지하지 못하면 기도에 전념하기가 어렵다. 지나친 흥분·불안·두려움·고민·슬픔·실망 등을 피하고, 분노·미움·원한·복수심 등을 없애야 한다. 시기·질투·열등감·지나친 경쟁의식·욕구 불만도 기도에 지장이 되고, 산만한 사고와 세상일에 대한 지나친 관심이나 염려도 방해가 된다. 자기 기분과 감정에 따라 사는 사람은 말과 행동에 일관성이 없고 사고가 무질서하므로 역시 기도에 집중하기 어렵다.

기도의 가장 큰 원수는 죄이며, 죄책감은 주님과의 친교인 기도를 거의 불가능하게 한다. 죄의 상태에서 바칠 수 있는 기도는 죄를 시인하고, 뉘우치고, 용서를 구하는 기도이다. 용서를 받아 주님과 화해했을 때에야 비로소 그분과 친밀한 친교를 나눌 수 있다.

참고로 가톨릭 교리에 따르면 그렇다고 해서 고해성사를 볼 때까지 기다릴 필요는 없다. 소위 소죄는 불완전한 통회로 언제든지 용서를 받을 수 있고, 대죄는 완전한 통회로서 그 자리에서 용서를 받되, 단지 나중에 고해성사를 본다는 조건이 붙어 있는 것뿐이다.

인격적 친교의 의식 부족

기도할 때, 주님의 현존과 그분과의 친교의 의식이 선명하지 못하면 분심이 들기 쉽다. 그러므로 주님의 현존을 생생하게 의식하고, 그분과 친밀하고 다정한 대화를 나누도록 노력해야 한다. 주님은 항상 나를 지켜보시고 나와 사랑을 나누고 싶어 하신다. 나도 이에 응답하여 그분과 마음을 나누려고 한다. 대화의 내용은 반드시 기도문의 내용과 묵상 주제가 아니라도, 그때 자기가 느끼고 마음에서 우러나오는 내용을 그대로 말씀드리면 된다. 주님께 대한 사랑·찬양·감사·예배·신뢰·의탁·믿음·순명·자기 봉헌·통회·간청 등의 심정을 다양하고 절실히 표명하는 것이 필요하다. 감정을 제대로 활용하여 마음을 움직이고, 진정 살아 계시는 분과의 살아 있는 친교를 나누어야 한다.

한편 기도문의 내용이나 예식의 외면적 형식에 신경 쓰고 어떤 문장·글씨·개념에 주의를 집중하려고 할 때, 기도는 심심하고 지루하고 답답해지며 잡념이 생기기 마련이다. 기도는 생명이 없는 개념을 지성으로 생각하는 행위라기보다 살아 계시는 분을 마음으로 사랑하는 행위이다. 감각이나 지성에 의지하면 의지할수록 잡념이 생기고, 내면과 사랑에 의지하면 의지할수록 잡념이 덜 생길 뿐만 아니라 기도의 참맛을 볼 수 있다.

신체적 지장

신체의 질병·고통·피로 등은 기도에 집중하는 것을 어렵게 한다. 특히 깊이 잠심하는 묵상·관상을 어렵게 한다.

신체의 질병과 고통으로 인하여 기도를 제대로 바치지 못한다 해도 걱정할 필요는 없다. 그 병과 고통을 하나님께 봉헌하는 것이 가장 아름다운 기도가 된다. 주님의 수난을 생각하며 자기의 고통을 주님의 고통과 합쳐 할 수 있는 대로 사랑과 찬양과 감사의 마음으로 봉헌하여 자기 죄의 보속과 다른 사람의 구원을 위한 제물로 바치도록 한다.

몸이 아프거나 피로할 경우 깊이 잠심하기 어려우므로, 보다 가볍고 간단한 방법으로 기도와 묵상을 하는 것이 적절하다. 독서를 주로 하는 묵상을 한다든가, 어떤 기도문이나 성경 구절을 외우거나, 감실이나 십자고상·상본 등을 가만히 쳐다보는 것도 도움이 된다.

기도는 신체와 정신이 가장 좋은 상태에서 바치는 것이 이상적이므로 하루의 일과를 수행하면서 피로하지 않은 시간에 바치는 것이 바람직하다. 한편 잠심하는 묵상과 관상은 육신이 약간 피로하고 배고픈 상태에서 하는 것이 효과적이다. 시간은 새벽, 점심이나 저녁식사 전이 좋으며 식사 후와 수면 직전은 좋지 않다. 몸을 움직이지 않는 일을 하고 나서 계속적으로 묵상하는 것은 바람직하지 않으므로, 시작하기 전에 몸을 가볍게 움직여 푸는 것이 필요하다.

기도에 대한 소심함

기도를 잘하려고 지나치게 긴장하거나 걱정하는 것이 오히려 잡념을 일으킬 수 있다. 이 어려움은 소심한 사람 또는 양심과 신경이 너무 예민한 사람에게 흔히 일어난다. 이런 사람들은 기도에 대한 지나친 의무감과 자책감을 떨어내야 하며 형식적으로 정확하고 완벽하게 바쳐야 한다는 완벽주의에서도 벗어나야 한다. 어떤 부분을 소홀히 바쳤거나 분심이 들었다고 해서 그 부분을 다시 반복해서 외우는 일이 없도록 해야 한다. 지나간 기도를 어떻게 바쳤느냐에 신경쓰지 말고, 항상 이제 시작하려는 기도를 잘 바치려고 노력하면 된다.

자신이 불완전하고 일이 뜻대로 되지 않는다 하더라도 마음을 평온하게 가져야 한다. 자신을 인내하고 자신의 부족함을 용서해 주는 것이 대단히 중요하다. 기도를 불안·두려움·자책감 등의 심정으로 바치기보다 차분하고 안정된 마음으로 기꺼이 즐기면서 바치도록 노력해야 할 것이다.

인간의 나약함과 한계

위에 나열한 여러 가지 원인을 찾을 수 없는데도 잡념이 생길 경우, 다음 두 가지 원인을 생각할 수 있다. 하나는 인간의 나약함과 한계이다. 불완전한 정신과 육신을 가진 인간이 기도에 집중하지 못하고 분심이 드는 것은 어떤 의미에서 당연한 것이다. 인간의 정신과 지성과 의지·육신과 감정과 감각에는 한계와 결함이 있으며, 이들은 기도에 도움이 되는 동시에 지장이 되기도 한다. 이 사실을 시인하고 받아들이는 것이 우선 필요하다. 기도 중에 악의로, 또는 고의적으로 다른 생각을 한다면 잘못이 될는지 모르나, 저절로 다른 생각이 떠오르거나 자연히 분심이 드는 것은 결코 죄가 되지 않는다.

하나님의 시련

특정한 원인이 없는데도 불구하고 기도에 무미건조함을 느끼고 잡념이 생기는 또 하나의 원인은 하나님께서 허락하시는 시련이다. 그냥 기도를 싫어해서가 아니라 기도를 하고 싶고 그렇게 노력하는데도 불구하고 기도가 어렵고 기도에서 내적 위안과 기쁨을 느끼지 못하는 것은 하나님의 시련이라고 할 수 있다.

하나님의 시련은 여러 종류와 단계가 있으며, 기도의 여로에서 여러 차례 겪게 되는 어려움이다. 단순하고 가벼운 시련, 자연적 요인으로 인한 시련이 있는가 하면 까다롭고 무거운 시련, 초자연적 요인으로 인한 시련도 있다. 자신의 노력과 인내로 극복할 수 있는 시련이 있고, 인간의 힘으로는 어찌할 수 없는 시련도 있다.

시련은 긍정적 의미와 목적을 지닌다. 인내와 사랑으로 받아들인다면 이는 죄를 보속하고, 마음을 정화하고, 겸손하게 하며, 세상일에서 이탈케 하고 더욱더 주님께 의지하게 하고 주님과 일치하게 해 준다.

무엇보다도 시련은 사람을 올바르고 내면적이고 영적인 기도로 인도한다. 일반적으로 기도의 초기 단계에서는 감각적이고 형식적인 방법으로 기도하며 감정적이고 표면적인 만족을 누리게 된다. 이 단계에서 겪어야 할 시련은 바로 감정적이고 표면적인 만족을 빼앗겨 아무 만족도 느끼지 못하는 것이다. 이 시련을 인내와 사랑으로 받아들이면서 보다 정신적이고 내적인 방법으로 기도하면 거기에서 만족을 느끼게 된다. 그러나 이 단계에서 또 다른 시련을 겪어야 한다. 즉 이번에는 정신적이고 내면적인 만족마저 빼앗겨 아무 만족도 기쁨도 느끼지 못하게 되는 것이다. 사실 기도가 아무리 내면화되었다 하더라도 사람은 알게 모르게 자기만족을 위해 기도하거나 자기중심적 자세로 기도하기 마련이다. 이 내면적 자기만족을 빼앗긴 시련을 역시 인내와 사랑으로 받아들임으로써 이제 주님을 만족하게 해드리는 일을 자기의 만족으로 하는 '하나님 중심적 자세'를 갖게 되고, 주님의 기쁨을 자기 기쁨으로 하는 순수한 영적 기쁨을 누리게 된다.

이것이 모든 기도의 목표이다. 그러나 이것은 시련 없이 있을 수 없으며, 이 시련을 인내와 사랑으로 받아들이지 않고서는 달성할 수 없다.

결론적으로 기도는 자기만족을 추구하기 위해 바치는 것이 아니라 하나님을 만족시켜 드리기 위해 바치는 것이다. 즉 자기 뜻을 이루기 위해 하나님을 움직이려고 기도를 바치는 것이 아니라, 하나님의 뜻을 이루기 위해 자신을 움직이는 것을 목적으로 한다.

2) 일반적 대책

마음의 평화와 안정을 유지한다.

기도 중에 잡념이 생겼다고 해서 불안해하거나 동요하지 말아야 한다. 아무리 많은 잡념이 생긴다 하더라도 마음을 침착하게 유지하고 아무리 심한 분심이 든다 하더라도 마음을 평온하게 유지시켜야 한다. 그렇다고 해서 잡념이 생겨도 그대로 놓아둔다든가 분심이 들어도 아무 노력도 하지 말라는 것이 아니다. 잡념을 몰아내는 노력을 하되 침착한 마음으로 하고, 분심을 없애는 노력을 하되 평온한 마음으로 한다는 뜻이다.

기도를 열심히 하려는 노력은 좋으나, 그 열심과 노력이 기도가 잘 되지 않을 경우, 마음을 불안하고 성내게 하거나 가책을 느끼게 하지는 말아야 한다. 그렇지 않으면 잡념을 몰아내기는커녕 오히려 잡념이 심해지고 다른 잡념마저 더 불러일으키게 된다. 잡념이 생기는 것은 인간에게 있어서 자연스럽고 당연한 것이며 그 자체로서는 문제가 되지 않으나, 잡념에 반응하는 우리의 심리 상태가 문제가 될 수 있다. 그러므로 흥분·초조·분노·불쾌감 등의 심정으로 잡념을 몰아내려고 하지 말고, 평화롭고 안정된 마음과 하나님께 의지하는 겸손한 마음으로 잡념을 없애도록 해야 한다.

기도에 집중하는 노력을 꾸준히 반복한다

잡념이 생겼음을 알아차릴 때마다 잡념을 몰아내고 기도에 집중하는 노력을 꾸준히 반복해 가야 한다. 아무리 자주 잡념이 생긴다 하더라도 몇십 번, 몇백 번이라도 기도에 돌아가는 노력을 그만두지 말아야 한다. 끈기와 인내가 필요하다. 사실 이러한 기도가 진정 가치 있는 기도다. 어떤 의미에서 아무 잡념도 어려움도 없이 순조롭게 바친 기도보다 수없이 생기는 잡념을 그때마다 몰아내며 인내로이 계속했던 기도가 더 귀중하고 가치 있을 것이다.

잡념을 무시하고 기도의 내용을 보다 흥미 있게 한다

잡념과 맞서서 직접 다투려고 하지 말아야 한다. 잡념에 신경을 쓰고 그 내용을 이리저리 따지고 직접 몰아내려고 애쓰는 것은 좋지 않다. 오히려 잡념이 전혀 없었던 것처럼 대하고 이를 무시하는 것이 좋다. 그 잡념보다 더 흥미 있게 주님을 생각하고 그 생각에 관심을 돌림으로써 잡념이 저절로 사라지게 하는 것이다.

사람은 정신이 있는 한 항상 어떤 것을 생각하거나 느끼고 있다. 그 내용은 보통 자기가 가장 관심을 가지고 흥미를 느끼는 것이라든가 신경을 쓰는 것들이다. 기도 중에 잡념이 생기는 까닭은 바로 주님보다 다른 일에 관심을 가지고 흥미를 느끼고 신경을 쓰기 때문이다. 그러므로 기도에 집중하려면 다른 어떤 일보다 주님을 생각하는 데 관심을 가지고 흥미를 느끼고 신경을 쓰도록 노력해야 한다. 이것은 저절로 되는 것이 아니라 노력을 필요로 한다. 자기 마음에 드는 주님의 모습을 생생하게 상상한다든가, 자기가 좋아하는 기도문이나 성경 구절을 정성스럽게 외운다든가, 그렇지 않으면 자기가 가장 절실히 느끼는 심정을 주님께 털어놓음으로써 기도를 보다 흥미 있게 할 수 있다. 기도의 내용과 주님을 생각하는 데 있어 아무 흥미도 느끼지 않고 억지로 형식적으로 기도를 계속해 가는 것은 여간 어려운 일이 아니다. 바로 그것이 잡념이 생기는 원인인 것이다.

보다 감각적이고 구체적인 대상에 생각을 집중한다

눈감고 묵상하는 것이 어렵고 계속적으로 잡념이 생길 경우, 아예 눈을 뜨고 어떤 성물을 가만히 바라보는 것이 오히려 도움이 된다. 십자고상·감실·성모상, 또는 어떤 상본을 응시하면서 그분께 생각과 마음을 집중한다. 복잡하고 어렵게 생각하지 않고 그냥 단순하고 평화롭게 바라보기만 하면 된다. 아무리 잡념이 생긴다 하더라도 무조건 그 성물에 마음을 돌리고 시선을 집중시킨다. 점차 마음이 가라앉고 집중되는 대로 주님과 간단한 대화와 단순한 친교를 나눈다.

눈을 감아 묵상할 때도 잡념이 자꾸 생길 경우, 어떤 추상적이고 일반적인 생각보다 주님의 구체적인 모습을 생각하고 그분과 직접 대화를 나눈다면 묵상을 집중하기가 쉬울 것이다. 누구나 자기에게 제일 자연스럽게 떠오르는 예수님의 특정한 모습이란 것이 있다. 십자가에 못 박히신 예수님, 부활하신 예수님, 착한 목자이신 예수님, 죄인을 용서하시고 병자를 고쳐 주시는 예수님, 소년 예수님, 아기 예수님 등. 자기가 제일 친밀감을 느끼는 예수님의 모습을 생각하고 그분과 어울리는 것이 잡념을 없애는 좋은 방법이다.

묵상 방법을 조절한다

묵상 때 비교적 심하게 계속적으로 잡념이 생길 경우, 그 방법을 바꾸는 것이 바람직하다.

관상 또는 관상에 가까운 방법으로 묵상하는 사람은 보통 묵상을 하는 것이 좋다. 즉 눈을 감아 순수히 정신적 명상을 하기보다 책을 읽는 시간을 늘리고 성찰과 감동적 대화의 시간을 줄인다. 혹은 책을 조금씩 읽으면서 그 사이사이에 간단히 묵상하는 방법을 택한다. 다시 말해서 영적 독서를 아주 천천히 하는 식으로, 또는 각 구절 사이에 약간의 간격을 두고 그 내용을 잠시 생각하는 식으로 할 수 있다. 혹은 십자가의 길 또는 다른 기도문을 천천히 외워도 된다. 단순한 염도로써 어떤 일점에 깊이 잠심하는 것보다 감동적 염도로 여러 가지 심정과 대화 내용을 다양하고 생생하게 드러내는 것도 또한 도움이 될 것이다.

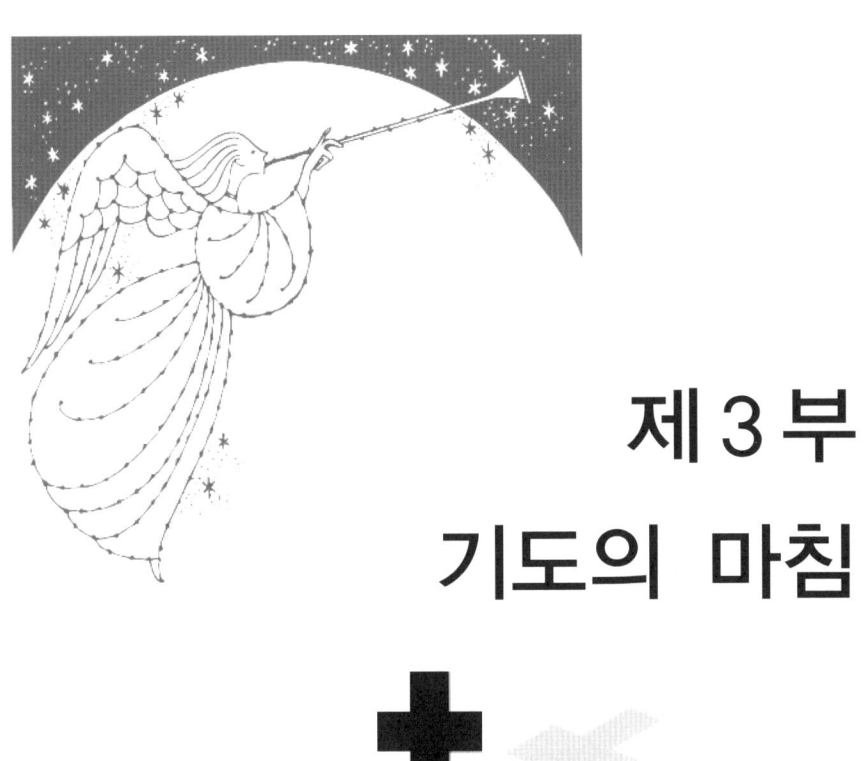

제 3 부
기도의 마침

제12장 기도의 마침

1) '마칠 시간이 되었다'는 생각이 들거든 시계를 보라.

시간이 다 되었다는 생각이 들어 시계를 볼 때 아직도 몇 분이 남아 있으면 다시 기도로 돌아가서 한 시간을 다 채우라. 알람시계로 기도 시간을 맞추면 더 좋다. 그리고 나서도 사랑의 기도를 더 드리고 싶고 시간도 있다면 그렇게 하라. 진보(수련)된 사람은 시계도 필요 없다. 하나님의 임재가 끝났으면 기도를 마쳐도 된다.

2) '기도가 끝날 때 눈을 감고 2~3분간 침묵 속에 머무르라.'

① 기도가 끝났다는 신호(알람)가 있거나, 이젠 마쳐야겠다는 느낌이 들면, 바로 눈을 뜨지 말고, 2~3분간 우리의 정신이 외적 감각 세계로 되돌아오는 데 적응하는 시간을 줄 수 있게 하며, 또 일상생활에 이 침묵의 분위기를 가져올 수 있게 한다.

② 기도 중에 있었던 경험이나 현재의 영혼의 상태 등을 되돌아보며 기억하고 되새겨볼 것이 없나 천천히 회상해 본다. 그리고 기도 전에 읽었던 성경구절을 다시 한 번 되새겨 보며 그 말씀을 다시 한 번 경청한다. (반추)

③ 그런 다음에 평소에 마음에 두고 있던 필요한 중보기도, 혹은 간구를 하거나(시간 여유가 있으면 이 시간에 평소 관심사항이나 문제 몇 가지 더 구하고 끝마치는 것이 좋다) '주님의 기도'를 천천히 드리며 기도를 끝낸다.

이 모든 것을 마치고 나서, 이 기도 시간에 나를 인도해주시고 함께 하신 것에 대해 주님께 감사를 표하고 조용히 눈을 뜬다. 그리고 가능하면 기도 끝날 때마다 그때그때의 상태나 느낌을 간단하게 영성일기(기도노트)에 기록해두면 기도 생활과 영혼의 성장에 유익이 된다. 나중에 좋은 근거 자료가 된다.

❋ 참 고

환우들이나, 혹은 문제를 가지고 기도하는 분들에게는 침묵기도와 아울러 '예수기도'를 권하면 아주 효과적이며 좋다.

하나님 안에서 사랑하는 형제자매여!
담대하게 이 관상기도로 뛰어드십시오.

관상기도를 그대 자신의 것으로 만들고, 더 깊이 이해하도록 연구하고 도움을 받도록 하라.

제13장 반추와 식별[295]

반추는 기도 응답이라고 할 수 있는 기도의 결과에 대한 관심보다는 그 결과에 이르는 과정에 관심을 둔다. 그 기도 과정에서 하나님이 어떻게 작용하시고 개입하시고 있는지를 식별하기 위함이다.

식별은 그 일의 결과에 대한 성공과 실패를 가늠하기 위한 조치가 아니고, 하나님의 영광을 위해서 최선이 무엇인지를 선택하기 위함이다.

1. 반추의 필요성과 방법

하나님은 우리와 더불어 창조의 역사를 이루어 가시기 위해서 우리를 초대하신다. 하나님은 우리를 도구로 사용하실 뿐만 아니라, 인격적인 관계를 통해서 당신의 뜻을 이루어 가기를 원하신다. 그렇다면 그분의 동역자로 부름 받은 우리는 단순히 그분이 우리 삶 속에 베풀어 주시는 그 결과에만 주목해서는 안 된다. 그런 결과가 어떤 과정을 통해서 성취되어 가고 있는지에 관심을 기울여야 한다. 하나님은 창조의 역사를 이루시는 과정에서 그분의 의향을 우리에게 알리고자 하시기에 우리를 기도의 사람으로 부르신다. 기도는 단순히 하나님을 움직여 이 땅에 무슨 일을 이루게 하는 도구 이상이다. 기도는 하나님과의 대화를 위한 초대의 장(場)이다. 그러므로 기도가 진행되어 가는 상황을 이해하고 식별하기 위해 반드시 반추(反芻, reflection)가 필요하다. 기도

---

[295] 유해룡, 『기도체험과 영적지도』 (장로회신학대학교출판부, 2014, 초판 5쇄) pp.183~218.

후에 기도를 다시 되씹어 보면서, 그 맛이 무엇이며, 그것이 무엇을 의미하는지를 평가해 본다는 의미에서 반추(反芻)라는 말을 사용한다.

일반적으로 사람들은 기도를 해 두면 자기도 감지하지 못하는 사이에 무슨 일이 일어나겠거니 하는 식으로 기도를 끝맺는 경향이 있다. 기도한다는 것은 우리 문제를 하나님의 권한과 처분에 맡긴다는 의미에서 그렇게 기도할 수도 있다. 또 하나님께 맡겼으니 그 진행 상황을 알 필요도 없다고 생각할 수도 있다. 그러나 그러한 기도는 자신이 목적한 결과에만 집착할 뿐, 그 일을 이루어 가시는 주님의 의향에는 관심이 없다는 의미가 될 수 있다. 기도가 내 뜻을 이루는 것이 아니고 하나님의 뜻을 이루어 가는 과정이라고 한다면, 반추가 없는 기도는 진정한 의미에서 완성된 기도라 할 수 없다. 어떤 일을 이루어 가는 과정을 감지하지 못하기 때문에 하나님의 일에 내가 동참하고 있다는 의식을 가질 수 없으며, 따라서 그 기도를 통해서 하나님과의 성숙된 관계를 이루어 가기도 쉽지 않다. 그리고 단일한 종류의 기도가 연속성 없이 반복되면서 차곡차곡 쌓여 마침내 어떤 일이 이루어지는 것이라고 기대한다면, 그것은 전적으로 기도를 주문(呪文)적인 역할에 제한시키는 결과를 초래한다. 각각의 기도는 동일한 내용의 축적이 아니고, 하나님과 교제의 진전을 바라보는 연속적인 과정이어야 한다. 그래서 진정한 기도는 단막극이 아니고 연속극이라 할 수 있다. 그러므로 다음 기도가 어떻게 진행되어 가며, 어떻게 진행되는 것이 좋은지를 감지하기 위해서 반추가 필요하다.

기도 후 경험을 반추할 때, 우리는 무엇보다도 하나님과 관계의 성숙 정도를 발견할 수 있다. 하나님을 향한 우리의 갈망에 대해서 그분의 반응은 무엇이었는가? 무응답이었다면 '하나님의 절대적인 침묵이었는가, 내 쪽에서 감지하지 못하는 것인가? 하나님의 절대적인 침묵이라면 나는 어떻게 해야 하는가?' 지속적이고 의도적으로 주님과 관계를 시도하면서 신뢰와 믿음을 가지고 견뎌 낼 수밖에 없다. 그러나 기도자 자신의 문제로부터 비롯된 것이라면 그 문제를 찾아내어 제거하는 작업이 필요하다. 사실 반추도 기도 후의 기도라고 할 수 있다. 반추를 하는 동안 기도 안에서 경험했던 느낌을 다시 경험하며, 그 경험 가운데서 간접적으로나마 주님과 교제가 지속된다. 그러한 과정을 거치는 동안 기도 가운데서 경험했던 것들이 보다 명료하게 드러나며, 마음 깊은 곳에 더 확실한 흔적으로 남는다. 이처럼 반추는 시작과 끝이 무엇인지 명료하지 않은 얽히고설킨 실타래와 같은 기도의 경험을 보다 분명하게 표현하고자 하는 노력이다. 말씀과 더불어 하는 기도에서 생명이라고 할 수 있는 '가슴은 뜨겁고, 머리는 냉철하게'라는 격언이 이러한 과정에서 실천된다. 기도 안에서는 논리적인 이성보다 전인적인 감성을 추구하므로 그 경험이 매우 모호하게 느껴진다. 그것은 마구 얽혀 있는 경험의 덩어리라고 할 수 있다. 그런데 그것이 반추라는 논리적인 전개 과정을 밟으면서 이성적으로 이해하고 받아들일 수 있는 정도로 풀리게 된다.

또한 반추를 통해서 기도의 진행 상황을 파악할 수 있다. 기도는 나와 주님이 만나는 사건이다. 그러므로 기도에서 우리가 이상적으로 바라는 것은 나와 주님이 완전한 합의를 이루는 일치의 경험이다. 그러나 많은 경우 기도가 미완성으로 끝난다. 약속된 시간의 제약이나 교제의 미숙함 때문에 주님과 교제가 충분히 완료되지 않은 채 끝나기도 한다. 기도하는 사람 편에서는 기도가 끝났지만, 반추를 통해서 돌이켜 볼 때 주님은 아직 나와 대화가 끝나지 않은 상태라는 것을 발견하게 된다. 때로는 주님과 교제가 일어나고는 있지만 주님의 의향이 분명히 드러나지 못했다고 판단되는 경우가 있다. 또는 주님의 의향은 분명하게 전달되었지만, 그러한 주님의 의향에 대해서 내 자신의 감정이나 의지를 드러내지 않았기에 기도가 불충분하게 느껴지는 때도 있다. 그러한 상황을 발견했을 때, 우리는 반추를 통해서 반복적으로 해야 할 기도를 찾아낸다. 계속되어야 할 기도라면 주님과 보다 완전한 교류를 위해서 그 시점을 중심으로 기도를 반복할 수 있다. 그래서 반추와 반복 기도는 매우 밀접한 관계를 맺고 있다.

반복 기도는 단순히 충분히 이해하지 못한 부분을 온전하게 이해하기 위해서 다시 되풀이한다는 의미는 아니다. 더욱이 이전에 했던 기도에서 아무런 느낌이나 경험이 없기 때문에 똑같은 기도 자료를 반복적으로 사용하여 어떤 경험을 일어나도록 하기 위한 재시도를 말하는 것도 아니다. 반복이란 잘되지 않는 부분을 완전히 새롭게 하는 것이라기보다는 이전에 얻은 통찰력이나 영성적 위안 혹은 영성적 고독296) 등을 근거로 하여 미완성된 주님과의 교제를 더 깊게 하기 위한 것이다. 미완성된 그 경험 자체로 돌아가는 것이 아니고, 그 경험을 유발시켜 준 성경 본문의 어떤 특정한 부분에 초점을 두고 기도를 하는 것이다. 반복은 이전 기도 속에서 우리를 다루기 시작하신 성령님을 존중하는 태도이며, 그분과 더 깊이 사귀고자 하는 의도이다. 이것은 우리가 사랑하는 주님과의 대화를 다시 회상하며 그분과의 사랑을 더 깊게 맛보면서 기도에서 경험했던 분노·고독·메마름 등을 치유받으며, 하나님의 분명한 계획에 대해서 새로운 이해를 갖고자 함이다.

반복 기도는 이전에 있었던 경험을 자세히 들여다보면서 이미 시작한 주님과의 교제를 보다 깊게 하고자 하는 것이 가장 중요한 목적이다. 반복 기도를 하는 동안 기도자는 주님이 더욱 자유롭게 우리 영혼 안에서 활동하시도록 내면의 공간을 활짝 열어 놓는 관상적 태도가 필요하다. 그러므로 반복이라 할지라도 이전에 있었던 특정한 경험이나 감정에만 집착할 필요는 없다. 전에 있었던 경험이 반복 기도의 출발점은 될 수 있을지라도 반드시 그 경험의 연속을 고집할 필요는 없다. 시작이 그렇게 되었다 할지라도 성령님은 그 기도를 얼마든지 다른 방향으로 이끌어 가실 수 있다는 가능성을 열어 두어야 한다. 반복 기도에서 예상할 수 있는 것은 다음과 같은 경험이다. 첫째는 하나님과의 관계에 있어서 보다 친밀감을 맛본다. 둘째는 주님과의 관계 속에서 자신의 모습을 보다 분명하게 들여다볼 수 있다. 나를 향하신 주님의 의향과 그 의향에 대한 나의 의향이 무엇인지가 분명하게 알려진다. 세 번째는 지속적인 투쟁을 통하여 적절한 결단에 이르게 된다.

기도를 반추하는 과정에서 가장 소중하게 여겨야 할 부분은 기도의

---

296) 『기도체험과 영적지도』, 유해룡 저, X.2. "식별의 일반적 원칙"과 X.4. "식별과 영성 지도"에서 더 자세한 이해를 얻을 수 있다.

내용이 아니고 기도 후에 남겨진 느낌이나 여운이다. 성령님은 우리의 지성적 통찰력뿐만 아니라 우리의 감성을 움직임으로써 전인적으로 반응하도록 하신다. 주로 감성이나 남겨진 여운을 중심으로 반추해 가면서 그 내용이 무엇인지 추적해 가며 해석해 나갈 수 있다. 다음과 같은 항목을 기준으로 반추를 펼쳐 갈 수 있다. 첫 번째는 주님과의 접촉점이 어느 부분이었는지를 확인하는 작업이 필요하다. 이 접촉점의 여부를 통해서 주님과 만남이 이루어지고 있는지, 혹은 기도가 진행되어 가고 있는지를 가늠할 수 있다. 두 번째는 주님과의 접촉점이 확인되었으면 그 친밀감의 정도는 어떠했는지를 추적해 본다. 친밀감의 정도가 기도 전반에서 일정하게 유지되는 것은 아니다. 어느 부분에서는 강하게, 어느 부분에서는 미미하게 느껴진다. 또 어느 부분에서는 전혀 느껴져 오지 않는다. 이 친밀감의 정도를 통해서 우리는 기도 속에서 하나님의 임재와 부재를 확인한다. 그것은 해석 이전에 직감적으로 느껴져 오는 경험의 산물이다. 그것을 기초로 기도자는 왜 그런 일이 벌어지고 있는지를 점검해 본다. 그 이유가 확인될 때 다음 기도에서 보다 발전적인 기도를 기약할 수 있다.

세 번째는 매번의 기도에서 어떤 이미지의 하나님을 경험하고 있는지를 묻는다. 기도자는 각각 다른 성경 본문과 각각 다른 환경과 부딪치면서 하나님의 다양한 성품과 이미지를 만난다. 그 다양한 이미지의 하나님을 경험함으로써 기도자는 하나님을 보다 풍성하게 경험할 수 있으며, 자신을 보다 분명하게 이해할 수 있다. 그래서 네 번째는 그 기도 속에서 어떤 모습의 자신을 경험하고 있는지를 묻는다. '하나님과의 관계 속에서 드러나고 있는 자신의 모습은 누구인가?' 그것에 대해서 자신은 어떻게 반응하고 있는지를 반추해 본다. 다섯 번째는 그러한 반응을 가늠하기 위해서 일어나고 있는 내적인 경험을 반추해 본다. 다음과 같은 심리적인 용어로 표현해 볼 수 있다. 환희·기쁨·슬픔·의혹·확신·혼돈·투명해짐·갈등·사랑·증오·만족·불만·평안·불안·조급함·초연함·따스함·외로움·위로·분노·두려움·열망·좌절감·용기·담대함·희망 등이다. 이러한 감정이 무엇을 말하는지를 확인함으로 기도를 보다 활발하게 지속시켜 나갈 수 있다. 여섯 번째로 남은 과제는 '이제 보다 영적 진보를 위해서 취해야 할 다음 조치는 무엇인가?', '기도가 어떻게 마무리되었는가?'를 살펴보면서 반복해야 할 기도가 무엇인지를 찾아낸다.

반추를 위해서 너무 많은 시간을 할애하지는 않도록 한다. 기도 후에 보다 분명하게 남겨진 흔적을 중심으로 잠시 생각한 후에 느껴지는 대로 흘러가는 생각대로 기록하는 것이 좋다. 이것은 될 수 있는 한 기도 속에서 일어난 내면의 경험을 있는 그대로 담아내기 위해서이다. 너무 많은 시간을 반추에 쏟아부으면 기도 안에서 일어날 일 외에 반추 자체를 위한 또 다른 글이 되기 쉬우며 기도의 내용을 왜곡시킬 수 있다. 그리고 기도할 때마다 매번 해야 하는 반추가 오히려 부담스럽게 여겨진다. 그래서 반추를 지속적으로 해내기가 쉽지 않게 된다. 반추에서 사용하는 용어는 할 수 있는 대로 '…라고 생각했다.'라는 표현보다는 '주님께서 …라고 말씀하셨다.', 혹은 '주님께서 이렇게 떠오르게 하셨다.'라는 표현이 좋다. '내가 이렇게 생각했다.'라는 표현보다는 '내가 이렇게 느꼈다.'라는 표현이 더 좋다. 기도에서 얻은 경험은 수동적인 상태로부터 비롯된 것이기 때문이다.

반추의 예를 들면 다음과 같다.

예 1) 기도 자료: 눅 5:1~11

나는 기도를 반추하는 동안 그 기도 안에서 경험한 내용에서 '빈 배와 같은 인생에게'라는 주제를 찾아냈다. 본문을 가지고 연속해서 두 번 기도를 시도했다. 처음 기도에서는 거의 성경 말씀을 꼼꼼히 기억 속에 각인시키는 정도로 끝을 맺은 듯하다. 특별히 주님과 부딪치는 부분이 어떤 것인지를 잘 감지할 수 없었으며, 기도가 끝난 것 같은 느낌도 들지 않았다. 그러나 내면에서 무엇인가 움직이고 있다는 느낌이 있었다. 그래서 같은 본문으로 기도를 반복하다 보니 그 말씀이 서서히 살아나는 듯했다.

외롭게 바닷가에 물결치는 대로 흔들리는 빈 배와 그 옆에 서성이는 베드로가 보였다. 그 배를 잠깐 사용하신 주님은 밤새도록 수고했지만 아무것도 채워지지 않은 배와 베드로를 보시고 매우 불쌍히 여기신다는 느낌을 받았다. 이어서 떠오르는 생각이 있었는데, 그것은 빈 배와 같은 내 인생에 주님이 일찍이 찾아오셨다는 깨달음이 있었다. 그분이 세월이 흘러갈수록 나의 삶을 더욱 풍성케 하신다는 느낌이 있어서 마음속 깊이 감사가 일어났다. 마치 베드로가 뜻하지 않게 엄청난 고기를 잡게 된 것과 같은 경험이 내 삶 전반에 걸쳐 가득 차 있다는 느낌이 왔다. 그리고 언제부터인가 주님이 내게 베푸신 은혜에 비해서 주님을 향한 나의 희생과 헌신이 충분하지 않다는 생각이 떠올랐다. 빈 배와 같은 나에게 찾아오신 그분을 더 깊이 느끼면 느낄수록 내 마음 깊은 곳에는 빚진 자의 심정이 더 강하게 일어나고 있는 것을 확인했다. 그리고 주님께서 나에게 무엇인가를 요구하시는 느낌이 있었다. 은혜에 합당한 어떤 삶으로의 방향 선회를 요구하시는 것 같았다.

베드로와 같이 "나를 떠나소서. 나는 죄인이로소이다."라는 말 대신에 "주여, 주님을 더욱 깊이 맛보고 싶습니다. 빈 배를 계속 채우시는 당신이 어떤 분이신가 더 깊이 맛보기를 소원합니다."라는 열망이 일어났다. 내 영혼 깊은 곳에는 그분을 더 깊게 만나고 싶은 열망이 있다. 오래 충분히 마음의 여유를 가지고 기도하고 싶은 열망이 계속 일어나는 것을 느낀다. 무엇인가 해야 할 일과 쫓기는 일에 마음을 빼앗기지 않고, 온전히 그분을 향해 초점을 맞추어 그분을 충분히 맛보고 경험하고 싶은 열망이 있다. 잡힐 듯하면서도 잡히지 않는 그분과의 만남이 더욱 답답하게 느껴진다. '주님과 보다 친밀한 삶을 위해서 또 다른 삶의 방식을 요구하시는가?'라는 물음이 일어났다.

그런데 다른 한편으로는 나 혼자 그렇게 주님을 충분히 맛보고 즐기는 것으로 주님이 내게 주신 인생을 잘 살았다고 말할 수 있는가 하는 의문도 있다. 나는 주님이 거저 주신 은혜를 갚아야 하는 빚진 자가 아닌가라는 의식도 일어났다. 오늘 일상의 삶을 살면서도 주님을 목말라하고, 그분을 더욱 깊이 만나고자 하는 열망을 가진 사람들을 도처에서 만난다. '그들을 어떻게 도와주어야 하는가?'의 사명도 내게 있지 않은가? 적당히 물러감과 나아감이라는 조화로운 삶을 간절히 갈망하고 있는 나 자신을 바라본다. 그런 모양으로 주님이 나를 따르라고 명하시는 소리를 듣는다. 그것이 더 깊은 곳이라는 느낌이 든다. 그러나 구체적으로 어떻게 순종해야 하는지 분명하지 않다. 그래서 나는 계속적으로 그 깊은 곳이 어디인지를 묻고 있다. 이전과 비슷한 주제로 기도가 계속되고 있다. 새로운 삶으로의 방향을 전환하라고 하시는지, 지금의 삶을 유지하되 태도를 바꾸라고 하시는지를 잘 모르겠다. 계속되어야 할 기도이다.

예 2) 기도 자료: 막 16:1~11

텅 빈 무덤처럼 기도 중에 텅 빈 느낌을 받았다. 그저 그 장면 이상 아무것도 전개되는 것이 없었다. 답답한 상태로 한 시간을 보냈다. 왜 그랬는가? 무엇을 어떻게 해야 하는가? 아마 예수님이 그 장면 속에 없었기 때문에 대화할 상대가 없어서 그랬는가? 충분히 역할이 정해지지 않아서 그랬는가? 이런 생각이 든다. 예수님을 찾아가는 여인들의 마음을 자세히 읽은 후에 그 심정을 가지고 무덤으로 달려가는 것이 좋겠다는 생각이 든다. 그리고 뒷부분을(9~11) 주목하지 못했다. 그곳까지 주목하였더라면 더 생각이 확장되어 주님과 교제를 할 수 있지 않았나 생각된다.

본문을 읽을 때 충분히 주목하지 못한 원인도 있다. 단순히 무덤 속에 나타난 천사 청년에만 주목하기를 힘썼는데, 거기서는 아무 감동도 일어나지 않았다. "예수께서 너희보다 먼저 갈릴리로 가시나니 전에 너희에게 말씀하신 대로 너희가 거기서 뵈오리라"는 말씀을 여러 번 되뇌면서 감동을 일으키려 하였지만 여전히 멈춘 상태였다. 그리고 자주 졸음에 빠지곤 했다. 홀로 남겨진 느낌이었다.

다음 반복 기도에서는 무덤으로 달려가는 여인들의 마음을 충분히 헤아리면서 한 여인의 심정으로 그 무덤에 들어가 보이야겠다. 그리고 부활의 소식을 전하라는 천사의 부탁을 듣고 내 속에서 어떤 반응이 일어나는지를 살펴보는 것이 좋겠다. 그 여인처럼 두려워 떨고 있는지, 아니면 희망이 솟아나는지를 살펴보아야겠다. 오늘 하루 동안 천사의 부탁에 대해 주목하면서 종종 묵상해야겠다. 그리고 오늘 놓친 부분을 (9~11) 다시 살피면서 반복 기도로 들어가야겠다.

예 3) 기도 자료: 요 20:11~18

마리아가 슬피 우는 장면이 떠올랐고, 동시에 예수님께서 "내 형제들에게 알려라" 하는 말씀이 마음에 부딪쳐 왔다. 마리아의 슬픔은 텅 빈 무덤과 같다는 느낌이 들었다. 아무것도 소망할 것 없는 그 상태에서 죽은 시체라도 붙들고 싶은 마리아의 심정을 읽을 수 있을 것 같다. 주님의 부활이 없었더라면 인생은 그렇게 슬픈 존재일 수밖에 없다는 느낌이 밀려왔다.

그때 나타난 부활하신 주님은 막달라 마리아의 처절한 심정을 일시에 유쾌하게 만들었다. 예수님은 그 소식을 네 마음속에만 담아 두지 말고 내 형제들에게 전하라고 부탁하셨다. 동일하게 슬픔과 낙심 가운데 빠져 있는 형제들의 아픔을 헤아리시고 전하라고 하셨다. 여기서 주님이 "내 형제들에게"라고 하시는 소리가 마음 깊숙이 전해져 왔다. '나도 주님의 형제구나.' 하는 확신이 밀려왔다. 오늘 나는 막달라 마리아의 소식을 듣고 있다. 제자들이 마리아로부터 들은 소리를 오늘 말씀으로 기록했으니 나도 막달라 마리아로부터 듣고 있는 것과 마찬가지이다. 예수님에게 보다 친밀한 느낌이 들었다. '예수님이 나에게 과연 내 형제라고 하시는구나.' 하는 자신감이 일어났다.

예수님은 나의 맏형이 되셨다. 그렇기에 예수님은 "내 아버지 곧 너희 아버지, 내 하나님 곧 너희 하나님"이라고 강조하셨다. 주님은 나에게 형님으로 다가오셨다. 그 형님과 더욱 가까이 지내고 싶은 열망이 일어났다. 나는 기도 가운데 여러 번 주고받는 대화가 있었는데, '과연 형님이 하시는 소리인가?' 하고 확인하곤 하였다. 내 안의 소리와 주님의 반응이 혼재되어 나타난다는 느낌이 들었다. 여전히 능동적인 기도에 머물고 있다. 그러나 어느 때는 내 의지가 완전히 주님께 붙들릴 것이고, 그때 기도는 온전히 수동적일 수 있다는 희망이 있다.

이번 기도에서 경험되는 것은 살아 계신 주님, 누구보다도 가까이 계시는 주님이라는 느낌이다. 그 외에 어떤 특별한 다른 내용을 추구하지는 않았다. 막달라 마리아를 통해서 주님이 나를 형제라고 불러주셨고, 나는 주님을 형님이라고 부르게 되었다. 이전에도 알고는 있었지만, 이렇게 생생하게 감성적으로 느껴져 오기는 처음인 것 같다. 막달라 마리아에게 전한 그 메시지는 분명히 나를 두고 하신 말씀이라는 확신이 있었다. 이미 하나님 아버지께로 올라가신 예수님은 시간을 초월하며 현계에 머물고 계시기에 이 말씀은 2천 년이라는 세월을 초월하여 오늘 나에게 전해져 오는 생생한 말씀이라는 확신이 일어났다.

이 말씀으로 반복 기도를 할 때는 '형님 예수님'이라는 새로운 발견에 초점을 두고 주님께 더 친밀하게 다가가는 경험을 하고 싶다. 한 걸음 더 나아가 보다 수동적으로 형님이신 주님의 음성을 듣고 싶다. 그리고 최근에 내 마음속에서 일어나고 있는 새로운 공동체를 향한 열망에 대해 주님의 의견을 듣고 싶다. 오늘 기도에서도 어렴풋이나마 "내가 형으로 너와 함께 있으니 두려워 말고, 원하는 대로 행해 보라."는 느낌이 왔다. 영광스럽게도 주님의 부활을 증언하는 첫 사람으로 선택된 막달라 마리아가 내 안에 새겨지면서 주님과 친밀한 삶, 그 순수한 사랑 외에 나머지는 모두 군더더기라는 생각이 들었다. 학문·이름·명예 등 모두 헌신짝과 같은 것이다. 사랑받고 사랑할 수만 있다면 무엇이든지 가능하겠다는 느낌이 온다. 이 부분에 대해서 더 확인받고 싶다.

2. 식별의 일반적 원칙

여기서 다루고 있는 영성 식별은 기도 안에서 일어나고 있는 여러 가지 경험의 기원과 출처를 밝혀내고 걸러 내는 작업을 의미한다. 기도자는 주님의 부르심에 응답할 준비를 하면서 기도 속으로 들어가야 한다. 기도 속에서 경험하는 모든 것들은 기도자로 하여금 어떤 방향으로 움직이도록 하는 나침반의 역할을 한다. 기도의 경험이 반복되면 될수록 기도자는 그 경험이 이끄는 방향으로 행동하도록 초청을 받는다. 즉 기도 안에서의 경험은 알게 모르게 어떤 행동을 유발한다. 그러므로 그 경험의 출처를 식별하는 일은 매우 중요하다.

영성 식별은 선한 것이냐 악한 것이냐를 구분하는 도덕적인 기준이나 성공할 것인지 실패할 것인지에 대한 가시적인 결과를 가늠하고자 하는 것이 아니다. 예를 들면 우리를 그렇게 행동하도록 충동하시는 그 기원이 성령님이라면 그 일은 반드시 성공한다든지, 아니면 그것을 잘못 판단한 채 행동하면 실패를 하고 고생을 하게 된다는 식의 식별을 의미하지는 않는다. 그럴 경우도 있지만, 여기서 우리가 다루는 영성 식별은 가시적인 성공과 실패를 뛰어넘어서 하나님을 향한 최선의 선택과 관련되어 있다. 즉 최선과 차선의 문제인 것이지, 도덕적으로 옳은가 그른가의 문제를 영성 식별의 주제로 끌어들이지는 않는다.

예를 들면 어떤 사람이 사업을 시작하려고 하는데, 그 사업이 하나님이 원하시는 일인지 원하시지 않는 일인지의 문제를 가지고 기도하고 있었다. 기도자는 그 문제를 가지고 긴 시간 기도했지만 쉽게 분별이 되지 않았다. 그런데 제삼자가 볼 때 그것은 도덕적으로 문제가 있는 사업이었다. 그러므로 명백히 하나님이 원하시는 사업이 아니라는 것이 판단되었다. 그런데 본인은 왜 그것에 대한 식별이 어려웠는가? 그에게 있어서 영성 식별이란 '하나님이 그 사업을 좋아하시는지, 그래서 그 사업을 도와주실 것인지, 아니면 하나님의 주목을 받지 못하고 실패할 사업인지'를 가늠하는 것으로 이해하고 있기 때문이다. 그래서 열린 마음으로 주님과 소통할 수 없었기에 식별이 어려웠다.

만일 '그 일이 하나님의 영광을 위하여 최선인가?'라는 물음을 가지고 접근했더라면 식별은 매우 단순하게 된다. 즉 사업에 대한 성공과 실패의 문제를 떠나 하나님을 향한 최선인가, 하나님께 영광을 돌리는 일인가의 문제가 식별의 주제가 된다. 그럴 때 하고자 하는 사업이 도덕적으로 문제가 있는 것이라면 즉시 판단이 서게 된다. 그러나 엄밀히 말하면, 도덕적 판단과 영성 식별과는 차이를 두어야 한다. 하나님께 최선의 참을 추구하면서 기도를 하는 동안, 보다 높은 도덕적 가치관을 세울 수 있는 능력을 얻을 수는 있지만 직접적으로 도덕적인 문제가 있는 것을 굳이 영성 식별의 주제로 다룰 필요는 없다. 식별의 주제가 되는 것은 적어도 도덕적 판단으로는 문제의 소지가 없는 것이어야 한다. 즉 어느 것을 선택할지라도 문제가 있는 것은 아니지만 하나님을 향하여 최선의 삶인가에 대해서라면 선택의 여지가 있다. 왜냐하면 최선의 선택은 하나밖에 없기 때문이다. 그것을 찾아내기 위한 작업이 영성 식별의 본래 목적이다. 예를 들면 가난과 부가 선택의 문제로 주어졌다면 그것을 도덕적 기준으로 판단할 수는 없다. 그것은 오직 하나님의 부르심과 관련하며 무엇이 최선인가를 가늠하고자 할 때 영성 식별이 필요하다.

기도 속에서 일어난 경험도 영성 식별의 주제가 된다. 그 경험이 자주 독백적인 깨달음이나 통찰력인지, 혹은 성령님의 개입의 결과인지에 대한 기원을 밝히기 위해서 식별이 필요하다. 우리의 기도가 성령님의 개입과 상관없는 자기와의 독백적인 대화인가, 혹은 성령님의 개입을 전제하는 주님과의 대화인가에 대해 우리는 자주 혼란을 겪는다. 기도 중에 주님의 개입이 수동적으로 강하게 느껴지지 않을 때 더욱 그러한 의혹이 강하다. 그런 경우에는 다음과 같은 기준으로 독백적 기도와 대화적 기도의 성격을 구분지어 식별할 수 있다.

첫째, 독백적인 깨달음은 밝고 선명한 느낌은 주지만, 여기에서는 역동성이나 내면의 갈등이나 투쟁을 잘 감지하지는 못한다. 그러나 대화적 기도는 역동성이나 갈등 및 투쟁의 경향을 지닌다. 둘째, 독백적 결과는 지성적인 만족은 주지만, 심리적이고 감정적인 충만감은 느껴지지 않는다. 대화적 기도에서는 지성적 작용보다는 감성적 움직임이 더 강하다. 셋째, 독백적 깨달음은 일회적 사건처럼 느끼지만, 대화적 기도는 연속적인 과정으로 느낀다. 전자의 기도에서는 어떤 깨달음을 전해 받으면시도 홀로라는 느낌이 강하다. 후자의 경우에시는 지성적 통찰력을 얻는 가운데서도 홀로가 아니라는 느낌을 받는다. 자세히 살펴보면 주님과의 만남의 흔적을 찾아낼 수 있기 때문이다. 물론 깨달음과 통찰력이 대화적 기도와 완전히 별개의 차원은 아니다. 많은 경우, 기도 속에서 일어날 지성적 통찰력은 주님과 풍요로운 대화로 나아가는 창구 역할을 하기도 한다. 그러나 지성적 통찰을 기도로 더 발전시키지 못하고 단지 그것에 만족해 버린다면, 그 기도는 매우 메마르게 되고, 기도가 마치 자신의 생각 속에 갇혀 있는 독백처럼 느껴진다.

그러므로 기도자가 침묵 가운데서도 기도하고 있다는 확신을 가지기 위해서는 무엇보다도 주님과의 관계에서 어떤 투쟁이나 갈등과 같은 흔적을 찾아보는 것이 필요하다. 기도가 무르익으면서 투쟁은 순종으로 바뀌어 가지만, 그 순종에 이르는 과정 가운데서 자주 주님과 정면으로 부딪칠 수밖에 없다. 이는 자신의 의향과 주님의 의향이 서로 일치하지 않기 때문이다. 그 투쟁을 그대로 받아들일 때 기도는 자기 생각 속에 갇히지 않으며, 주님을 향해서 내면의 에너지가 활발하게 뻗어 가는 것을 경험한다. 전체적으로 뚜렷한 움직임은 없지만 그런대로 여러 종류의 흐름이 있는 듯한 기도에서 주님과 분명한 만남의 시점을 찾고자 한다면, 상대적으로 더 뚜렷하게 드러나는 움직임을 찾아, 그곳으로부터 실마리를 풀어 가는 것이 좋다. 그 부분이 강하게 느껴져 오지 못하는 근본적인 이유를 발견하고 반복 기도에서 의도적으로 주님과 대화를 시도해 본다. 대부분의 결과는 성령님의 개입이 있었지만 자신이 그것에 대해서 주목하고 적극적으로 대응하지 못했기 때문에 주님과의 관계가 불투명하게 느껴진다.

기독교 영성사에 의한 전통적인 이해로는, 기도 중에 떠오르는 생각이나 들리는 소리의 출처는 세 곳으로부터 비롯된다고 믿고 있다. 첫째, 순전히 자기 자신으로부터 비롯된 것이 있다. 둘째, 선한 영(성령)으로부터 비롯된 것이 있다. 셋째, 악한 영(악령)으로부터 비롯된 것이 있다. 이러한 것을 어떻게 분류해 내는가는 영성 식별에서 다루어 할 중요한 과제이다. 사실 위의 분류 중 순전히 자신의 생각으로부터 비롯된 것이 있는지에 대해서는 논란의 여지가 있다. 특별히 기도 중에서라면 어떠한 영적인 실체의 영향을 받지 않고 순전히 자신의 생각으로부터 비롯된 것이 있다고 말할 수 있겠는가? 만일 그렇다면 그 사람은 기도의 형식은 갖추었지만, 실제로 기도의 실존(reality) 속으로 들어갔다고 말할 수는 없다. 기도 안으로 들어갔다면 이미 성령님이나 악령에 의해서 자신의 생각이 영향을 받거나 통제를 받을 수밖에 없다. 그런데 기도 후에 자기 생각에 불과하다고 느낀다면 그것은 다음과 같이 식별을 해낼 수 있다. 곧 기도 속에서 떠오른 생각이나 통찰력이 순전히 자기 자신으로부터 비롯된 것인지, 혹은 영의 실체에 의해서 영향을 받고 있는 것인지에 대한 물음보다는, 내가 과연 기도의 실존 가운데 있었는지 하는 물음이 더 우선되어야 한다.

자신이 의식적으로 기도 가운데 들어가 있었는가? 들어가 있는 동안에 주님과 의도적인 만남을 시도했는가? 즉 대화적 자세를 가지고 있었는가? 그리고 내면에서 어떤 움직임을 감지하였는가? 이러한 물음에 대해 생각해 보면 자신의 기도의 진면모를 확인해 볼 수 있다. 그리고 고려해야 할 또 다른 사항이 있다. 성령님의 감동을 인정하고 받아들이기를 주저하는 자신의 습관적 태도나 성령님의 감동을 소멸하도록 책동하는 악한 영의 작용에 대해서 식별해 보아야 한다. 특별히 외부로부터 영향을 미치는 영적인 실체를 인정하지 않고 모든 내면의 움직임을 자신으로부터 비롯된 심리 환원주의적 성향을 성찰해 보아야 한다. 그러한 성향이 악한 영의 책동을 허용할 수 있는 가능성을 지니고 있기에 그 부분에 대해서 깊은 인식이 있어야 한다.

우리는 기도 중에 일어나는 생각이나 통찰력에 대해서 일반적으로 이렇게 이해할 수 있다. 우리 내면의 생각이나 성향은 성령님에 의해서 개선되기도 하고, 악한 영에 의해서 악화되기도 한다. 때로는 마음의 기본적 태도가 성령님이나 악한 영을 불러들여 그 영의 실체에 봉사해 주기도 하지만, 성령님이나 악한 영의 실체가 주도해서 우리 생각을 바꾸기도 하고 악화시키기도 한다. 그러나 우리의 선한 생각을 악한 영이 작용하여 개악(改惡)시키는 경우는 흔하지 않다. 혹 악한 영이 천사로 가장하여 우리 영혼을 속여서 우리 영혼을 자기 의도대로 끌어갈 수는 있다. 그런 경우 매우 복잡한 식별이 필요하다. 자기 생각의 흐름이 어디로부터 시작되어서 어떻게 흐르고 있었는가, 그리고 그 결과가 어떻게 진행되어가고 있는지를 살펴보아야 한다. 처음과 중간과 끝이 일관성이 없이 움직인다면 천사로 가장된 악한 영의 작용인지를 의심해 보아야 한다. 그리고 결과적으로 우리 영혼을 매우 혼란케 하고 낙담케 한다면 바로 악한 영에게 속은 것이다. 천사로 가장한 악한 영은 매우 부드럽게 접근하지만 점점 우리 영혼을 혼란케 하면서, 정체가 발각될 때는 소리를 지르며 나간다. 그 결과로 우리 영혼은 심각한 상처를 입게 된다.[297)]

이것은 천사로 가장한 악한 영이 선하고 거룩한 우리 생각과 의도를 왜곡시키는 예이다. 그러나 악한 영이 우리의 왜곡된 의도와 생각을 바르게 바꾸어 주거나, 선한 의도와 생각을 더 좋은 것으로 발전시켜 줄 수는 없다. 그것은 악한 영의 역할이 아니기 때문이다. 그러므로 기도의 시작과 중간과 끝이 모두 우리 마음을 거룩하고 선하게 감동시켜 간다면 그것은 성령님의 역사로 받아들이는 것이 합당하다. 성령님은 악한 생각이나 의도를 보다 거룩하고 선한 생각과 의도로 바꾸기를 시도하신다. 그 과정 속에서 성령님의 의도와 상반되는 자신의 의도와 부딪치면, 고통스러운 갈등과 투쟁이 내면에서 일어난다. 그럼에도 불구하고 그 심령 속에서는 주님을 향한 열정과 헌신과 사랑이 끓어오르는 경험을 하게 된다. 이렇게 상반된 두 감정은 내면에서 갈등을 빚지만, 자세히 들여다보면 고통 중에 환희를 맛보게 된다.

반면에 의도가 거룩하고 선한 영혼의 기도에 성령님이 개입하신다면, 그분은 그를 더욱 거룩하고 선하게 이끌어 가신다. 같은 의도끼리 만났기 때문에 두 실체가 부딪치는 소리는 매우 조용하고 부드럽다. 그래서 기도 가운데 더욱 환희와 평화를 맛보는 경험을 한다. 좋은 것으로부터 더 좋은 것으로 나아가기 때문이다. 그러나 이렇게 좋은 감정의 경험에서도 주의할 부분이 있다. 일반적으로는 기도 가운데서 평화와 기쁨을 맛보면 의심하지 않고 성령의 개입으로 확신하는 경향이 있다. 그러나 이런 경우에도 반드시 성령님의 개입만 있는 것은 아니다. 악한 의도를 가진 사람이 악한 영과 만나도 동일한 경험을 할 수 있기 때문이다. 악한 영을 만나서 악한 의도가 더욱 악하게 빠져들어

---

297) 영신수련의 선신과 악신을 분별하는 규범들 332,334.

감에도 불구하고 그 영혼은 평안하고 심지어는 환희도 느낄 수 있다. 왜냐하면 서로 같은 의도끼리 만났기 때문에, 그런 경우의 경험 역시 스펀지에 물이 스며들어가듯이 조용하고 달콤하다.298)

그러므로 식별에서는 그것이 내 생각인가, 아니면 영의 실체로부터 비롯된 것인가에 대한 물음보다는 내 생각이나 의도가 선한지 악한지에 대한 물음이 더 중요하다. 성령님이나 악한 영은 얼마든지 순간순간 자유롭게 우리 영혼을 이끌어 갈 수 있지만, 자신의 기본적 태도나 의도는 쉽게 변화를 겪지 않기 때문에, 그 상황을 파악하기는 어렵지 않다. 그러므로 기도 후에 중요한 식별의 태도는 내면의 악한 의도가 개선되고 있는지, 개악되고 있는지, 또 내 선한 의지에 대한 열망이 더 향상되고 있는지, 그 열망이 시들고 있는지를 살펴보는 일이다.

기도 후에 반추를 강조하는 것도 바로 이러한 여러 움직임을 돌이켜 보지 않으면 감지하기가 쉽지 않기 때문이다. 또 반추를 하는 동안 내 안에 갇혀 있던 주관적인 생각과 느낌이 보다 객관화됨으로써 그 실체와 윤곽을 선명하게 파악할 수 있게 한다. 때때로 자기 안에서 경험하고 있는 것을 곧 행동으로 옮겨야 하고, 그래서 그 경험이 결과에 막대한 영향을 미칠 것을 우려한다면 그 경험을 입 밖으로 공개하는 것도 좋은 방법이다. 내면의 일이 밖으로 드러나면 객관화되기 때문에 그 경험으로부터 적당한 거리에서 볼 수 있는 영적 시력을 얻게 된다. 뿐만 아니라 전통적인 식별 규범에 의하면 악한 영은 자기 자신의 실체가 드러나는 것을 꺼려 하고 두려워한다.299) 그러므로 일단 자기 자신의 실체가 드러나면 매우 악한 본성을 드러냄으로써 그 실체가 만인에게 알려진다. 이것을 심리적으로 해석하면, 자기 밑바닥 근저에 숨겨져 있는 동기와 의도가 명확하게 드러나는 것과 같다. 그러므로 아주 모호한 경험일수록 제삼자를 영적 지도자로 받아들여 자신의 경험을 드러낼 때 매우 안전한 식별을 할 수 있다.

---

298) 영신수련의 선신과 악신을 분별하는 규범들 335.
 ※ 추신 : 선신과 악신이란 표현을 성령과 악령이라 표현하면 좋겠다.
299) 영신수련의 선신과 악신을 분별하는 규범들 326.

하나님과의 깊은 교제를 맛보고 난 후에, 삶의 현장으로 내려가는 것을 두려워하는 사람들을 자주 본다. 통념적으로 사람들은 큰 은혜를 받은 후에는 반드시 악한 영의 시험이 따라온다고 믿고 있기 때문이다. 물론 욥의 경우처럼, 하나님이 각 사람의 믿음을 든든하게 하시기 위해서 특별한 시험을 허락하실 수 있다. 그러나 은혜 후에 반드시 시험이라는 공식은 적합하지 않다. 그럼에도 불구하고 그러한 믿음이 사람들 가운데 팽배해 있는 것은 그러한 경험을 실제로 하고 있기 때문이다. 그렇다면 그런 상황은 어떻게 설명할 수 있는가? 하나님과의 깊은 교제를 맛본 사람은 영적 민감성이 살아난다. 영적 민감성이 살아나기 전에는 시험이 와도 시험을 규정할 능력이 없었다. 시험 한가운데서 시험과 더불어 살아가는 것이 인간이라고 볼 때, 죄악 된 삶을 살아가는 상태는 달리 악한 영의 책동이라고 말할 필요도 없다. 영적 민감성이 살아났기에 시험을 시험으로 볼 수 있는 능력이 생겨났고, 그 시험에 대항해야 할 필요성을 느꼈기 때문에 하나님과의 깊은 만남을 경험하기 전보다 더 힘들게 느껴질 뿐이다.

3. 하나님의 음성에 관하여

기도가 하나님과의 대화라고 할 때, 무엇보다도 선결되어야 할 문제는 하나님의 음성에 대한 확신이다. 과연 우리는 성경에 나타난 아브라함이나 야곱이나 혹은 바울처럼 어깨 너머로 들려오듯이 그렇게 하나님의 음성을 들을 수 있는가? 그리스도인 중에 누구도 그렇게 하나님의 음성은 들을 수 없다고 단언하는 사람은 아무도 없을 것이다. 그러나 또 한편으로는 당신은 하나님의 음성을 듣고 있는가 물으면 확신 있게 그렇다고 대답하는 사람도 흔치 않다. 오히려 그런 문제를 공개 석상에서 다루는 것조차 꺼린다. 매일 기도를 하는 사람들 가운데서도 하나님의 음성을 듣는다는 것에 대해서는 경계하는 눈초리를 보인다.

기도를 통해서 하나님과 대화를 하면서도 하나님의 음성 듣는 것에 대해서는 부정적인 생각을 갖고 있는 것은 모순 중의 모순이다. 그러한 생각이 하나님의 음성을 듣는 것을 방해하고 기도를 발전시키는 데 큰 걸림돌이 되고 있다. 방법과 상황이 다를 뿐 오늘 기도하는 모든 사람들이 성경에 나타난 하나님의 사람들처럼 하나님과 대화하며 교제할 수 있다. 그러므로 "하나님의 음성을 들을 수 있는가?"라는 물음 대신에 "하나님의 음성을 듣는다는 것이 무엇인가?"라는 물음으로부터 문제를 풀어 가야 한다.

우선 기도를 하고 있지만 독백적 형태의 기도일 뿐, 하나님의 음성은 들을 수 없다고 하는 사람들은 다음과 같은 몇 가지 질문을 통하여 자기 자신을 성찰해 보아야 한다. 첫째, 자신은 하나님의 음성을 무엇이라고 생각하는가? 일상생활 속에서 하나님이 어떻게 개입하신다고 믿는가? 하나님의 음성을 들을 수 없다고 생각하는 사람들 중 많은 경우는 하나님의 음성을 상식 밖의 일에서부터, 또는 초월적이고 비상한 현상 가운데서 찾고자 한다. 이는 성경에서 보여 주고 있는 비상한 하나님 체험으로부터 영향을 받은 바가 크기 때문이다. 그러나 비상한 현상 자체에 초점을 두지 말고, 그 사건이 일어난 배경과 그 사건의 주인공이 처한 상황을 잘 고려하면서 하나님의 간섭을 이해해야 한다.

오늘도 하나님은 똑같은 사건이지만 그 처지와 상황에 따라서 다양한 방법을 구사하신다. 동일한 사건임에도 불구하고 그것을 이끌어 가시는 하나님의 방법은 매우 신축자재하시고 유연성으로 가득 차 있다. 이런 의미에서 성경에서 보여 주는 하나님의 개입의 역사는 오늘날에도 누구에게나 영향을 미칠 수 있는 보편적인 거울로 받아들여야 한다. 그렇기에 성서(the Scripture)가 성경(the Bible)이 된다. 오늘 우리는 매우 다양한 환경과 상황에 처해 있다. 오늘 내가 처한 독특한 상황을 인정하면시, 하나님은 오늘도 계속해서 우리 싱황에 밎깆은 모습으로 우리에게 다가오시고 말씀하신다는 믿음을 가져야 한다. 즉 내가 처한 삶의 정황 속에서, 그리고 상식선에서 주님은 자주 말씀하신다.

둘째는 하나님을 나의 진정한 대화의 파트너로 받아들이고 있는지를 물어보아야 한다. 하나님은 높고 높은 보좌에 앉아 계신 전지전능하시고 무소부재하신 분, 거룩하신 분, 우리를 그저 멀리서 불쌍히 여기시면서 물끄러미 바라보시는 분이라는, 그런 하나님의 이미지를 가지고 있다면 결코 그분을 대화의 파트너로 인정할 수는 없다. 그저 높은 분에게 낮고 천한 자가 빌고 또 비는 일을 반복해서 할 수밖에 없는 종과 주인의 역할 이상 아무것도 아니다. 그런 사람들이 가지고 있는 신관(神觀)은 삼위일체 하나님 중에서 주로 성부 하나님에게 집중되어 있다. 그런 사람들은 삼위일체 하나님의 이미지를 계발하고 발전시킬 필요가 있다. 더 나아가서 성자 예수님, 특히 공생애를 사셨고, 고난당하시고, 죽으시고, 그리고 부활하신 인간 예수님과의 깊은 사귐이 필요하다. 오늘도 예수님은 영으로 우리 가운데에 임재하셔서 우리를 대화의 파트너로 받아들이시고 있다는 믿음을 발전시켜야 한다. 예수님이 선택하신 사람들을 향하여 "너희를 친구라 하였노니 내가 내 아버지께 들은 것을 다 너희에게 알게 하였음이라"(요 15:15) 하신 말씀을 우리 자신에게 현재화하는 믿음이 필요하다.

셋째는 듣고자 하는가, 혹은 듣고 순종하고자 하는 열망을 가지고 있는가를 물어보아야 한다. 이것은 하나님의 음성에 대해서 개방적이고 관대한 태도를 가지고 있는지에 대한 물음이다. 더욱이 순종하려는 자세를 가질 때, 하나님을 향한 우리의 영혼은 더욱 활짝 개방되어 있기에 내면의 움직임에 대해서 매우 민감하게 된다. 영적 민감성이 예민해질 때 각 채널, 즉 마음의 소리, 주변 환경을 통한 소리, 기억된 성경 말씀의 소리를 통하여 곳곳에서 하나님의 음성은 들려온다.

4. 식별과 영적 지도

영적 지도의 핵심적인 역할은 식별의 문제이다. 그 식별의 중심에는 기도자의 경험이 자리를 잡고 있다. 영적 지도자는 기도자의 내면의 움직임에 초점을 두고, 그것이 무엇을 의미하는지를 읽도록 도와준다. 기도자는 자주 말씀과 함께 기도를 하고 있음에도 불구하고 말씀에 깊게 뿌리를 내리지 못하고 평소에 가지고 있는 자기 문제에 자주 몰두하곤 한다. 그래서 그 말씀을 통하며 주님과 관계 형성을 추구하기보다는 그 말씀으로부터 자기 문제의 해결점을 찾아보려는 일에 몰두함으로써 자기 몰입형 기도에 빠지곤 한다. 그런 경우 영적 지도자는 기도자의 경험을 주의 깊게 살펴보면서 그 경험의 진정성(authenticity)을 식별하도록 도와주어야 한다.

한 기도자가 선택해야 할 어떤 사역(청소년 사역자, 선교사 혹은 도시 목회 등)을 앞에 두고 주님과 사귐의 기도를 하였다. 기도가 매우 활기가 넘치는 듯했다. 그는 기도 내내 주님께서 자신의 사역을 적극적으로 지지하신다는 느낌을 받았다. 그는 자신이 그 일에 부름을 받았다는 확인을 받기 위해서 예수님 사역의 절정이라고 할 수 있는 주님의 수난과 죽음의 사건을 가지고 기도하였다. 그런데 그는 주님의 십자가 사역을 깊이 접근하면 할수록 주님을 따르는 것에 대해서 상당한 부담감과 거부반응이 일어나는 것을 느낄 수 있었다. 이러한 상반된 결과를 자세히 반추해 본 사람들이라면 상당히 당혹스러울 수밖에 없다. 전자의 기도에서는 주님이 자기의 길을 인정하는 듯했지만, 후자의 기도에서는 십자가의 길에 직면하면서 그 길이 자기의 길이 아닌 것처럼 느끼고 있기 때문이다. 무엇이 진실인가? 이 부분에서 식별이 필요하다. 자기가 품어 온 야망이나 꿈을 주님이 부여하신 사역이라고 믿고 있는 것인가? 전자의 기도에서 그 활기와 기쁨은 어디로부터 비롯된 것인가? 이것을 식별하는 작업이 필요하다. 혹은 후자의 기도에서 자신에게 부담감과 거부반응을 일으키게 하는 그 기원이 무엇인지를 분별할 필요가 있다. 우선 기도 가운데서 활기와 기쁨이 일어났다면 자기의 지향(志向)과 영의 실체(성령님 혹은 악한 영)의 지향이 서로 일치하고 있다는 말이다. 후자의 경우에서 부담감과 거부반응을 일으키고 있다는 말은 자기의 지향과 영의 실체의 지향이 서로 일치하지 못하고 내면에서 갈등을 빚고 있다는 말이다. 만일 전자에서 영의 실체가 성령이라고 한다면 기도자 자신의 지향이 선하다는 말이다. 그렇다면 그의 내면의 움직임이 하나님의 뜻과 일치하고 있다는 것을 보여 주는 경험이다. 여기서 순간적으로 변할 수 없는 요소는 마음의 지향이다. 그것은 그의 삶의 바탕을 이루고 있는 성향이기 때문이다. 그러므로 그리스도의 십자가의 길을 가지고 기도할 때도 그는 여전히 선한 지향을 가지고 있다고 보아야 한다. 그러면 그가 십자가 앞에서 두려워하고 부담감을 느끼게 하는 것은 악한 영의 실체라고 말할 수 있다.

또 다른 식별이 있을 수 있다. 첫 기도에서 보여 주고 있는 그의 마음의 성향이 악한 지향이라고 가정할 수 있다. 여기서 악한 지향이라고 말하는 것은 반드시 악마적이거나 죄악적인 것을 의미하지는 않는다. 하나님의 뜻을 이루려는 열망보다는 자기의 야망이나 꿈을 실현하고자 하는 열망에 사로잡혀 있는 마음의 상태를 말한다. 때때로 그것이 하나님의 의향과 일치하는 것이기는 하지만 그 동기 자체가 거룩한 열망이라고 할 수 없기에 악한 지향이라고 할 수 있다. 그러면 악한 지향을 지니고 있는 그 사람이 기도 중에 활기와 기쁨을 맛보고 있다면 악한 영의 개입이 있다고 말해야 한다. 같은 지향끼리는 서로 일치하기에 기쁨과 활기를 맛보고 있는 것이다.

악한 지향을 지니고 있는 그 사람이 후자의 기도를 할 때 부담감과 거부반응을 일으키고 있다면 외부에서 그에게 영향을 미친 영의 실체는 성령님이라고 할 수 있다. 이때 영적 지도자는 그의 사역이 하나님의 부르심인가, 그렇지 않은가를 식별해 주기보다는 무엇보다 먼저 그가 지니고 있는 기본적 지향이나 성향을 바꾸어 보도록 도와주어야 한다. 한동안 주님을 따르는 길이 무엇인지를 경험하면서 회개를 이끌어 갈 수도 있고, 주님이 걸어가신 삶의 성향에 자신의 삶을 조율할 수도 있다. 그리고 후에 변화된 성향을 가지고 자신의 사역을 위해서 다시 기도하면서 식별할 때, 보다 온전한 주님의 부르심을 인식할 수 있다.

기도가 언제나 거룩한 열정이 동기가 되어 시작되지는 않는다. 아니 더 많은 경우 기도는 보다 나은 일상적인 삶을 추구하는 방향으로 기울어지곤 한다. 즉 물질의 문제, 인간관계 문제, 가정의 문제, 질병의 문제, 성격의 문제, 정체성의 문제, 사역의 문제, 학업의 문제 등이 기도의 중심 과제가 되곤 한다. 영적 지도의 일차적인 관심은 그러한 개개의 문제를 어떻게 풀어 주어야 하는지에 있지 않다. 영적 지도자는 '한 개인이 왜 그러한 문제에 얽혀서 고통을 겪고 있는가? 그러한 고통이 그를 어느 방향으로 이끌어 가고 있는가? 하나님과의 관계를 형성하는 데 어떠한 영향을 미치고 있는가? 지금 그로 하여금 그러한 문제에 얽매이게 하고, 심리적으로 고통을 겪도록 하는 실체는 무엇인가?'를 식별하는 데 관심을 기울인다. 그러한 고통 가운데서 기도자의 내면의 성향이 하나님을 향하여 움직이고 있는가, 혹은 세속적인 열망에로 기울어져 있는가를 살펴보면서 그를 지배하고 있는 영의 실체를 식별하도록 도와준다. 그러한 과정을 거치는 동안 기도자는 자기가 직면하고 있는 문제가 해결되었든지, 그대로 있든지에 상관없이 영적인 성장에로 발돋움을 할 수 있는 기회를 얻게 된다.

기도 경험의 패턴은 사람들의 성격에 따라서 다르게 나타날 수 있다. 어떤 사람은 주로 지성적인 통찰을 통하여 주님과의 접촉점을 갖는다. 그럼에도 불구하고 그들은 감성적인 통찰에 의존하고 있는 사람들에 비해서 영적 체험에 대한 확신이 상대적으로 결여되어 있다. 그 이유는 그들이 기도에서 지성적 통찰을 주로 사용하고 있지만, 다른 한편으로 그러한 유형에서 벗어나는, 보다 감성적인 경험을 기대하고 있기 때문이다. 동시에 지성적 통찰을 통해서 얻은 경험에 대해서 스스로 충분한 신뢰를 보내지 않기 때문이다.

반대로 감성을 통한 주님과의 접촉을 선호하는 사람들은 일반적으로 지성을 사용하는 사람보다 자신의 영적 체험에 대해서 더 신뢰를 보내는 경향이 있다. 왜냐하면 그들은 감성이 자신의 지성을 통제하는 경험을 하고 있기 때문이다. 반면에 지성은 감성을 통제하기보다는 감성의 경험을 수면하는 경향이 있다. 그러므로 기도에 있어서는 지성적 통찰보다는 감성적 통찰을 계발할 때 보다 활발한 기도로 발전시켜 갈 수 있다. 반면 기도 중에 일어났던 감성적 경험을 반추할 때는 지성적 통찰을 사용해야 한다. 기도 속에서 감성적 통찰이 결여될 때 식별의 자료를 얻기가 쉽지 않다. 그래서 지성적 통찰에만 의존하는 기도는 각 개인의 영적 성장을 돕는 데도 한계가 있다. 그래서 영적 지도를 할 때 '그 내용이 무엇이었느냐'라는 질문보다는 '그 느낌이 무엇이었느냐'라는 질문을 더 선호한다.

우리는 침묵 기도에 익숙한 사람들과 통성 기도에 익숙한 사람들로부터 종종 상반된 경험을 듣곤 한다. 침묵 기도는 기도가 성숙하면 할수록 모든 집착이나 애착으로부터 초연해진다고 한다. 그러나 사역이나 사람들을 향한 사랑의 열정은 식는 듯한 느낌을 받는다고 한다. 반면에 통성 기도에 익숙한 사람들로부터 듣는 반응은 기도가 무르익으면 익을수록 사람이나 사역을 향하며 더욱 열정적이 되어 간다고 한다. 그러나 초연함이라는 말을 들을 때는 열정이 없는 게으른 사람이라는 인상을 갖게 된다고 한다. 과연 기도의 유형이 사람들을 이렇게 다르게 만든다고 하면 그것은 성령님의 역사라기보다는 심리적인 효과라고 말해야 한다. 곧 그것은 성령님과의 관계 속에서 누리는 초연함이나 열정이라기보다는, 그러한 생활습관 속에서 길들여진 심리적인 효과라고 할 수 있다. 그런 심리적인 효과를 성령의 열매라고 할 수 있겠는가?

갈라디아서 5장의 "오직 성령의 열매는 사랑과 희락과 화평과 오래 참음과 자비와 양선과 충성과 온유와 절제니 이 같은 것을 금지할 법이 없느니라"(갈 5:22~23)는 말씀을 눈여겨보자. 오래 참음(혹은 초연함)이라는 성령의 열매는 맺었는데, 사랑의 열정은 시들고 있다고 말할 수 있는가? 그럴 경우, 이 둘은 성령의 열매라고 말할 수 없다. 성령의 열매라면 각 개인의 기질에 따라 어느 정도 성숙도의 차이가 있기는 하지만, 보통 연속적으로 다양한 열매를 맺어 가야 한다. 성령의 열매는 절름발이식으로 어느 한쪽은 성숙해져 가는데 다른 한쪽은 정반대로 약화되어 갈 수 없다. 그러므로 위의 기도자들의 경험은 그 기도를 통해서 자신의 기질이 개발된 것일 뿐, 성령의 열매의 결과라고 말하기는 어렵다. 어떤 유형의 기도든지 그 기도가 성숙하게 무르익어 간다면 조화로운 성령의 열매가 나타나리라고 기대해야 한다. [300]

5. 식별과 선택

기도의 경험을 식별하고자 하는 가장 중요한 이유는 말씀을 통해서 끊임없이 사귀고 있는 주님을 보다 더 잘 섬기고, 그 부름에 보다 충성스럽게 응답하고자 함이다. 이를 위해서 우리는 순간순간 주어진 환경이나 삶의 방식을 신중하게 선택해야 한다. 그 선택의 방향은 악한 것을 피하고 선한 것을 선택하려는 것이 아니라 '보다 더 나은(magis)' 선택을 하기 위함이다. 즉 주님을 위해서 최선의 것을 선택하기 위함이다. 어떤 선택을 앞두고 기도할 때 먼저 취해야 할 조치는 내면에서 일어나고 있는 움직임이 어디를 향하고 있는지를 식별하는 일이다. 로욜라의 이그나티오스(Ignatios of Loyola)라는 영성가는 '영성적 위안은 따르고, 영성적 고독에 대해서는 대항하라.'[301]는 원칙을 제시하고 있다. 영성적 위안(consolation)과 영성적 고독(desolation)에 대해서는 앞장의 '식별과 영적 지도'에서 구체적인 실례를 들어서 설명한 바가 있다. 다시 간단히 설명해 보면, 일차적으로 위안과 고독이라는 말 그대로 그것은 기도 가운데서 느끼는 심리적 상태를 설명하는 용어이기도 하다. 영성적 위안이란 기도의 경험이 평안하고 유쾌하고 감사와 사랑이 일어나며, 그래서 심리적으로 위안을 느낀다. 그러나 이것으로 영성적 위안에 대한 이해가 충분하다고 할 수 없다. 앞에서 언급한 대로 영성적 고독도 표면적으로는 평안과 유쾌함을 맛볼 수 있기 때문이다.

그러므로 영성적 위안의 상태를 진단하기 위해서 심리적인 안정감과 평안함뿐만 아니라 복음서에서 보여 주고 있는 삶의 방식대로 주님을 따르고자 하고, 성령의 감동에 기꺼이 응답하고자 하는 열망이 일어나고 있는지를 확인해 보아야 한다.[302] 영성적 고독의 경우에는 그 정반대의 현상을 경험한다. 복음적 순종에 대해서는 부담스럽게 느낄 뿐만

---

300) 베리 · 코놀리, 『영적 지도의 실제』, p.134.
301) 영신수련의 선신과 악신을 분별하는 규범들 316, 319.
302) 영신수련의 선신과 악신을 분별하는 규범들 316.

아니라, 심지어 그러한 가치관에 대해서 저항감을 불러일으키기도 한다. 그렇기에 심리적으로 매우 불편한 감정이 일어나며, 주님과 멀리 떨어져 있는 느낌을 갖게 된다.[303] 이러한 영성적 위안과 고독의 성질을 잘 이해하면 예수님의 방식에 맞는 선택을 하는 데 있어서 매우 유익을 얻을 수 있다. 그러므로 여러 선택의 가능성에 직면할 때, 기도 중 선택하고자 하는 그 대상에 대해서 나의 내면이 어떻게 움직이는가를 면밀히 점검할 필요가 있다. 내면의 상태를 거듭 점검하는 과정에서 분명히 영성적 위안의 상태를 확인하였다면, 그때가 선택을 위해서 가장 좋은 상태라고 할 수 있다. 그때는 선택하고자 하는 대상을 그대로 받아들여도 좋다는 징조이다. 반면에 영성적 고독이든지, 혹은 내면의 움직임을 느끼지 못하거나 움직임이 있더라도 식별이 분명하지 않은 경우에는 선택을 일단 보류하는 편이 좋다.

  기도를 하는 중 도무지 내면의 움직임을 감지할 수 없거나 그 차이를 느낄 수 없는 상태가 지속될 때는 선택을 위하여 또 다른 조치가 필요하다. 이런 때는 선택하고자 하는 대상이나 일에 관련하여 할 수 있는 만큼 정확한 자료를 수집한다. 수집된 자료를 나란히 나열하면서 이성적이고 합리적인 판단을 가지고 그 자료를 분석하고 종합 평가하는 작업을 한다. 이러한 판단 작업을 하는 중에도 기도는 계속적으로 요청된다. 또한 짧은 시간에 이 작업을 끝내 버리지 않도록 해야 한다. 충분히 시간을 들이지 않으면 보다 객관적인 자료를 얻기가 쉽지 않고, 그 자료를 분석하고 평가하는 데 있어서 객관성을 유지하기가 쉽지 않기 때문이다. 순간순간 달라지는 자신의 기분이나 선호도가 선택에 결정적인 영향을 미칠 수 있다. 그러므로 이 작업의 도구로 다음과 같은 도표를 사용할 수 있다. 이 작업을 하기 전, 기도자는 이미 첫 단계에서 마음의 기울어짐과 영성적 위안을 구하면서 기도했지만 결론을 얻을 수 없었기에 여기까지 이르게 된 것이다. 그러므로 다음의 조치는 선택을 위한 두 번째 단계이다. 이 선택의 예는 현재의 사역에서 또 다른 사역으로 부름을 받고 있다는 느낌을 받으면서 과연 어느 것

---

303) 영신수련의 선신과 악신을 분별하는 규범들 317.

이 주님의 부르심을 향하여 최선의 선택인지를 묻는 작업을 예로 보여 준 것이다.

또 다른 부름에로 응답을 해야 하는가?			
그렇다		아니다	
강점(얻는 유익)	약점(잃는 것)	강점(얻는 유익)	약점(잃는 것)
1) 시간에서 자유롭다. 2) 중심 사역에 집중할 수 있다. 3) 주님과 깊은 교제의 시간을 누릴 수 있다. 4) 주변의 견제와 경쟁이 없기에 내적 평화를 누릴 수 있다. 5) 가족과의 충분한 시간을 누릴 수 있다. 6) 자신의 사역이 보다 다양한 사람들에게 영향을 미칠 수 있다. 7) 주님이 원하시는 공동체의 꿈을 실현시킬 기회를 얻을 수 있다.	1) 경제적인 측면에서 부자유스럽다. 2) 생활터전이다. 활동무대가 불투명하다. 3) 일정한 사역의 대상을 만나기가 쉽지 않다. 3) 사람과의 교제가 제한될 수 있다. 4) 견제세력이 없기에 게을러질 수 있다. 5) 가족의 경제적 필요를 충족시켜 줄 수 없다. 6) 지금까지 누려왔던 안정적 사역을 잃게 된다. 7) 새로운 공동체를 세우고 이끌어 가는 동안에 끊임없이 가족의 동의가 필요한데 그때마다 마찰을 빚을 수 있다. 8) 이제까지 누려왔던 지명도나 기득권을 잃어버리게 된다.	1) 경제적인 안정을 누릴 수 있다. 2) 이미 누려온 사역에 대한 기득권을 유지할 수 있다. 3) 사람과의 다양한 교제가 가능하다. 4) 긴장감을 통하여 자기를 통제하는 기회를 얻는다. 5) 지금까지 해 왔던 사역을 새롭게 변화시킬 수 있는 기회가 있다. 6) 개인적인 삶(가족 중심적인 삶)을 그대로 유지할 수 있다. 7) 지금까지 누려왔던 지명도나 기득권을 유지하면서 새로운 사역을 넓혀 갈 수 있다.	1) 중심사역에 집중할 수 없다. 2) 시간적 부담 때문에 심화적 지식을 발전시키는 데 어려움이 있다. 3) 자유로운 시간을 누릴 수 없다. 4) 주님과의 깊은 교제의 시간을 누리는 데 제한을 받을 수 있다. 5) 끊임없는 견제와 경쟁의 틈바구니에서 내적 평화를 얻을 수 있다. 6) 타의에 의해 지속적으로 일이 확대됨으로써 본질적인 일이 약화될 수 있다. 7) 가족과 더불어 있는 시간이 제한될 수 있다. 8) 자신의 사역을 통해서 다양한 사람에게 유익을 끼치는 데에 한계가 있다. 9) 예수 그리스도가 제시한 이상적인 삶을 자유롭게 실현해 볼 기회를 얻을 수 없다.

종합정리	종합정리	종합정리	종합정리
1. 자유로움. 2. 내적 평화. 3. 중심 사역 심화 가능성.	1. 불투명한 미래. 2. 경제적 불안. 3. 가족과의 마찰 부담. 4. 기득권 상실.	1. 경제적 안정. 2. 기득권 유지. 3. 다양한 인간 관계 기회. 4. 안정적 사역. 5. 가족 중심적 삶 유지.	1. 내적 평화와 확보를 위한 투쟁. 2. 가족과의 관계 투쟁. 3. 중심사역 심화 약화. 4. 주님과의 교제의 시간 확보의 어려움 5. 이상적인 삶에 대한 실현 상실

이와 같은 작업을 통해서 생각할 수 있는 모든 가능성을 나열한 후에 그것을 종합적으로 정리하면서 핵심적인 요점이 무엇인지를 인지한다. 그 핵심적인 요점의 경중(輕重)을 따져 가면서 서로 우열을 비교한다. 우선 양쪽에서 얻게 되는 강점을 서로 비교하면서 분명한 현실과, 분명한 현실은 아니지만 그럴 것이라고 예상되는 것을 다시 꼼꼼히 따져 본다. 그리고 그중에서 본질적인 것과 비본질적인 것이 무엇인지 가려낸다. 그다음 단계로는 양쪽에서 잃게 되는 약점을 위와 같은 절차를 통해서 서로 비교분석해 본다. 이러한 작업을 할 때는 이 선택과 관련되어 있는 사람들을 토론자로 참여시키는 것이 바람직하다. 제삼자를 통해서 보다 객관적인 의견을 들을 수 있으며, 수정 보완할 기회를 얻는다. 이때 제삼자의 목소리가 너무 강해서 자신의 본래의 생각이 압도당하지 않도록 주의를 기울여야 한다. 왜냐하면 제삼자가 자신과 같이 똑같은 기도의 과정을 거치지 않았기 때문이다. 충분히 귀를 기울이면서 무엇을 수정 보완할 것인지는 자신이 평가하여 결정할 일이다.

이러한 작업을 진행시키는 동안 기도자는 어느 한쪽으로 기울어지는 체험을 하게 된다. 그때 기울어지는 쪽을 선택하면서 이미 제시된 약점을 보완할 수 있는 길이 무엇인지를 고려해 본다. 우선 강점이 우세한 쪽을 선택하기보다는 약점을 극복하기 쉬운 쪽을 선택하여 하나님께 가지고 나아가는 것이 더 편리하다. 왜냐하면 하나님이 또 다른 선택을 요구하시는 것처럼 느끼지만, 현계의 삶을 개혁하고 변화시키라는 주님의 또 다른 요청도 생각할 수 있기 때문이다.

또 다른 방법은 드러난 갖가지 강점과 약점 중에서 자기의 마음을 움직이게 하는 부분을 가지고 집중적으로 생각하고, 그 생각을 가지고 주님과 교제하도록 한다. 위의 작업이 끝나고 어느 정도 결정된 문제를 가지고 다시 주님께 나아간다. 그리고 그때 그 기도가 어떻게 흘러가고 있는지를 살펴본다. 이미 앞에서 언급한 대로 영성적 위안을 맛보고 있는지, 혹은 영성적 고독을 맛보고 있는지를 점검해 본다. 일관되게 영성적 위안을 맛보고 있다면 그렇게 선택해도 좋다는 신호로 받아들인다. 그러나 여전히 혼돈되거나 영성적 고독으로 시달리고 있다면 선택의 문제는 일단 내려놓고, 하나님 앞에서 자기의 내면 상태를 점검받기 위해서 영적 지도자의 도움을 받도록 한다. 그래서 무엇이 그로 하여금 영성적 고독으로 몰고 가는지를 찾아 그 원인을 제거하거나 개선하여 영성적 위안의 상태를 기대한다. 그리고 난 후에 선택의 문제를 다시 다룬다.

제14장 중보, 간구, 일상의 기도

반추와 식별을 통하여 생긴 기도 제목으로 기도한다.

시간 여유가 있으면 지금까지 해 오던 대로 자세하고 상세하게 한다. 그러나 시간이 없으면 간략하게 제목만이라도 아뢰고 기도를 마친다. 이때 드리는 기도는 구송기도이든 묵상이든 형식에 구애 없이 본인의 취향에 따라 자유롭게 선택하면 된다.

정리하면, 온전한 기도는 먼저 하나님의 나라와 하나님의 뜻을 구하고(마 6:33), 그 뜻을 실천하기 위해 필요한 기도를 지속한다. 금식하며 기도할 수도 있다. 그다음 중보기도·간구기도·일상의 기도를 한다. 이때는 형식 구애 없이 본인의 취향에 따라 자유롭게 한다.

오늘 우리는 기도에 열중이다. 그럼에도 불구하고 기도가 온전하게 드려지는지, 혹은 부족한 점이 없는지 잘 살펴보고 성찰하여 온전한 기도를 하나님께 올리길 비는 마음 간절하다.

제 4 부
성화의 삶

제 15 장   관상적 삶(성화)으로

일상의 생활
◎ 손으로는 일을 하지만, 마음과 정신은 하나님과 함께함

이 세상을 믿음으로 살아가는 동안 "당신에게 맡겨진 일을 할 때에는 그것이 하나님의 명령인 듯이 기꺼이 행하십시오." 이 말을 마음속 깊이 새기고 그 정신대로 행하십시오. 무슨 명령이든지 하나님의 명령으로 받아들이며, 하나님께서 주신 일로 여겨 주의를 집중하여 열심히 시행하십시오. 사람에게 복종하지 말고 모든 것을 보시는 하나님께 복종하십시오. 그리고 하나님의 일을 등한히 한 사람들을 기다리고 있는 심판을 두려워하십시오(렘 48:10).

이것을 명심하십시오.

"여호와의 일을 게을리 하는 자는 저주를 받을 것이요 자기 칼을 금하여 피를 흘리지 아니하는 자도 저주를 받을 것이로다"(렘 48:10).

당신이 하나님의 뜻을 거슬러 행동하는 것을 막기 위해서 당신에 관한 하나님의 뜻의 변화에 대해 생각해 보십시오. 과거에 당신은 어떤 위치에 있었습니까? 당신은 교회에서 홀로 떨어져 서서 편안하게 기도만 하며 기도의 열기로 당신 자신을 위로했습니까? 교회에서도 주로 하는 일은 기도였습니까? 이제 당신에게는 교회에서 해야 할 일이 있습니다. 그렇게 해야 할 이유가 없다고 생각하십니까? 절대로 그렇지 않습니다. 지금 주님은 당신에게 두 번째 단계로 나아갈 기회를 주고

계십니다. 과거에 당신은 수도원 규칙에 의해 정해진 일을 하지 않고 열심히 기도하면서 시간을 보냈습니다. 이제는 전과 마찬가지로 **기도하면서 일도 해야** 합니다. 그것이 주님이 당신에게 요구하시는 것입니다. 그렇게 행할 계획을 세우십시오. 과거에 당신에게는 해야 할 일이 적었지만 지금은 훨씬 더 많습니다. 당신은 맡겨진 일을 해야 하며 동시에 정신이 하나님에게서 멀어지는 것을 허락해서는 안 됩니다. 즉 서서 기도하는 것 같은 자세를 유지해야 합니다. 당신의 손으로 일하면서 하나님과 함께 머무십시오. 글을 쓰되 정신은 하나님께 집중하며, 기도의 열심이 식거나 평정이 쇠퇴하는 것을 허락하지 마십시오. 교회의 일을 도울 때에도 이렇게 행해야 합니다. 이 일에 성공하는 법은 앞으로 경험하면서 배우게 될 것입니다. 그렇게 하면 당신은 내면에 머물면서 새로운 경험과 새 힘을 얻을 것입니다.

이 글은 **은둔자 테오판**의 글입니다.

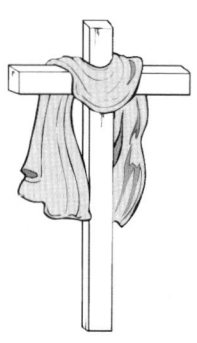

제16장 기도와 활동의 일치[304]

1. 기도와 활동의 일치의 근거

지금까지 설명한 기도의 결론적 주제로 기도와 활동의 일치에 관하여 서술하고자 한다. 기도와 활동 사이에 대립과 갈등과 분열이 있음은 그리스도인이라면 누구나 체험하는 사실이다. 이 대립과 갈등을 극복하고 분열을 없애고 기도와 활동 간에 화목과 일치를 실현하는 것은 각 그리스도인에게 주어진 과제라고 하겠다. 이는 누구나 전 생애를 걸고 수행해야 할 과제일 것이다. 실로 기도와 활동을 조화·통합하려는 것이 그대로 우리의 신앙생활이 되고 영적 노력이 된다. 올바른 신앙생활과 현대적 영성에 있어서는 기도에 열중한 나머지 활동을 소홀히 해서도 안 되며, 또한 활동에 몰두한 나머지 기도를 경시해서도 안 된다. 기도와 활동 사이에 균형을 유지하고 조화를 이루면서, 생활 속에서 각자의 인격 안에 이 두 가지를 통합·통일시키는 것이다. 결국 기도와 활동은 단 하나의 현실, 단 하나의 체험이 되어야 하며, 이것이 바로 현대 신앙생활의 목표이고 오늘날 영성의 이상이라고 하겠다. 각 그리스도인은 꾸준한 노력으로 한평생을 통해 자기 안에 기도와 활동을 조화·통합해야 한다.

기도와 활동의 일치는 폭넓게 생각할 때 신앙생활과 사회생활의 일치, 즉 하나님 체험과 세상 체험의 일치라고 할 수 있다. 혹은 영성과 인격의 일치, 하나님 사랑(첫째가는 계명)과 이웃 사랑(둘째가는 계명)의 일치와도 통한다고 할 수 있다. 이 일치는 결국 하늘과 땅의 일치, 하나님과 세상의 일치에 귀착된다.

---

[304] 김보록, 『기도하는 삶』 (생활성서사, 2010) pp.237~256.

세상은 원래 하나님께로부터 나왔고 하나님의 섭리로 존재하며 하나님께 돌아갈 것으로서 하나님과 일치하고 있다. 하나님이 당신의 존재와 생명과 사랑과 힘의 표시로 세상을 창조하셨기에 범신론적 개념을 배척하면서, 세상은 어떤 의미에서 하나님의 존재와 생명과 사랑과 힘의 한 부분이라고 할 수 있다. 그뿐만 아니라 하나님이 인간이 되시어 세상의 일부분이 되신 강생의 신비는 바로 하나님 자신이 당신과 세상 간에 보다 긴밀한 일치를 원하셨고 실현하셨고 또 체험하셨다는 사실을 뜻한다. 이 사실은 또한 하나님의 모습으로 창조된 인간도 자기 안에 하나님과 세상을 일치시키고 신앙과 삶을 통합하며 기도와 활동을 조화시킬 수 있고 또 그렇게 해야 함을 뜻하는 것이다. 참으로 하나님 체험과 세상 체험, 신앙생활과 사회생활, 그리고 기도와 활동의 일치의 근거는 하나님 자신으로부터 나오며, 특히 하나님의 창조와 강생의 신비에 있는 것이다.

2. 최고의 이상

예수님께서는 하나님과 참인간으로서 당신 안에 하나님과 인간이 완전히 일치되어 있는 분이시다. 예수님의 인격과 생활 안에 하나님 체험과 세상 체험, 신앙과 인간성, 그리고 기도와 활동이 절대적으로 조화·통합되어 있다. 예수님만큼 철저하게 신성과 인간성을 동시에 산 사람은 없으며, 그분만큼 기도와 활동을 단 하나의 체험으로 종합시킨 사람은 없다. 이러한 의미에서 예수님은 하나님의 창조 사업의 최고의 걸작이요, 강생 신비의 절대적 실현이다.

모든 인간은 이 예수님의 모습을 향하여 창조되었으므로, 그분의 모습을 닮으면 닮을수록 인간으로서 완성되어 하나님의 모습을 닮게 된다. 예수님의 모습을 여러 면에서 본받을 수 있으나, 결국 모든 것은 그분 안에 실현된 하나님 체험과 세상 체험의 일치, 신앙과 삶의 통합, 그리고 기도와 활동의 조화를 본받는 일에 포함될 것이다.

3. 기도와 활동의 대립에서 조화로

　모든 그리스도 신자들에게 있어 기도와 활동 사이에 대립 또는 갈등이 있는 것은 사실이다. 이 대립을 해소하고 갈등을 극복하여 기도와 활동 간의 조화를 이루면 이룰수록 사람은 내면적으로 통일되고 심리적으로 안정된다. 한편 이 조화를 이루지 못하면 못할수록 내면이 갈라져 이중적 행동을 취하게 되고 심리적으로도 불안해진다. 그래서 갈등이 심할수록 신앙생활은 어려워지고, 갈등이 해소되어 조화를 이룰수록 신앙생활은 원만하고 복된 생활이 된다.

　기도와 활동 사이에 대립 또는 갈등이 생기는 원인은 활동에 있을 수도 있고 기도에 있을 수도 있다. 먼저 활동에 너무 바쁜 나머지 기도할 만한 심리적 여유와 관심이 없을 경우가 있다. 어떤 활동에 지나치게 신경쓰고 걱정하거나 정신을 잃을 정도로 흥미를 느낄 때 바로 마음이 사로잡히는 것이다. 예로서 학생이 시험 준비를 한다고 해서 기도를 전혀 하지 않거나 젊은이가 친구들과 놀러 간다고 해서 주일 예배를 빠뜨리는 것 등이다. 외면적으로는 기도를 제대로 하는 것과 같이 보이지만 마음속으로는 기도에 대한 싫증과 혐오를 지닐 경우도 있다.

　이 모든 것은 바로 '육을 따라 사는'(롬 8:5~8; 갈 5:16~21) 상태인데, 이 상태에서는 영적 일과 기도에 대한 관심과 흥미를 잃고 싫증과 혐오를 느끼게 된다. 육을 따라 사는 사람은 감각적이고 물질적이고 현세적인 일에 관심을 가지고 재물·명예·권력 등에 흥미를 느껴 그것들에 마음이 사로잡힌다. 그런 사람이 '영을 따라 살기'(롬 8:9~17, 26~27; 갈 5:22~25) 위해서는 쾌락과 이기심과 교만을 극복하고, 사물을 하나님과 이웃을 섬기기 위해 올바르게 이용하면서 점차 영적인 일에 관심을 가지고 기도에 흥미를 느끼도록 노력해야 할 것이다.

　"오직 성령의 열매는 사랑과 희락과 화평과 오래 참음과 자비와 양선과 충성과, 온유와 절제니"(갈 5:22), 이 열매는 우리의 협력과 노력 없이는 주어지지 않는다.

특히 활동을 기도에 조화시키려면 활동에 마음이 빠지지 않도록 하고, 활동과 자기 지성 사이에 일종의 심리적 간격을 유지해야 한다. 모든 활동을 지성으로는 엄정하게 평가하고, 의지로는 침착하게 행하고, 마음으로는 사랑으로 행하는 것이 바람직하다.

기도와 활동 간에 생기는 갈등의 둘째 원인은 기도에 있을 경우도 있다. 시간적으로, 또는 심리적으로 지나치게 기도에 몰두한 나머지 가정생활을 소홀히 하거나 사회생활을 경시하는 일 따위이다. 기도를 현실 도피와 문제 기피를 위한 수단으로 삼거나, 기도로써 어떤 위안과 만족만을 얻으려고 한다든가 신기한 체험을 가지려고 하는 자세도 잘못된 것이다. 만약 우리의 기도와 신앙이 조금이라도 우리를 염세주의나 비관주의, 또는 인간혐오 등의 상태로 이끈다면 그 기도와 신앙은 어딘가 잘못되고 있다.

4. 기도와 활동의 분리에서 일치로

기도와 활동이 서로 부딪치고 대립하지 않더라도, 이 두 가지가 완전히 다른 것으로 분리된 상태에서 신앙생활을 할 경우도 있다. 기도할 때는 기도하지만 기도가 끝나 실생활에서 활동할 때는 완전히 다른 세계인 것이다. 기도와 활동 간에 아무 관련도 없다. 이것을 범위를 넓혀 말한다면 자기 인격과 생활 안에 신앙의 세계와 인간적 세계를 따로 분리시켜 놓고 사는 자세라고 할 수 있다. 다시 말해서 신앙인으로서 생각하고 판단하고 말하고 행동할 때와 장소와 경우가 있는가 하면, 그와 달리 인간적으로 생각하고 판단하고 말하고 행동할 때와 장소와 경우가 있는 생활 자세이다. 이는 좋지 않게 말하면 이중적 행동, 이중적 인격 또는 위선적 생활이다. 우리는 언제 어디서나 어떤 경우에라도 신앙인임과 동시에 인간으로서 일관성 있게 생각하고 말하고 행동해야 한다. 그러기 위해서는 우리의 인격과 생활 안에 신앙의 차원과 인간적 차원을 점차 접근시켜 일치시키고 단 하나의 차원이 되도록 해야 할 것이다.

'생활은 기도이다, 기도는 생활이다, 활동은 기도이다, 기도는 활동이다.'라는 말들이 있다. 이 말은 어떤 의미에서는 옳고 어떤 의미에서는 그르다. 기도의 개념과 분류를 똑바로 잡아야 이 말들의 옳고 그름을 정확히 파악할 수 있다.

그러므로 그냥 막연하게 덮어놓고 '생활은 기도이다, 활동은 기도이다.' 하고 말하는 것은 옳지 않다. 그냥 사는 것은 기도가 아니요, 착하게 사는 것도 그것만으로는 기도가 되지 못한다. 그냥 활동하는 것은 기도가 아니요, 선하고 거룩한 활동을 하는 것도 그것만으로는 기도가 되지 못한다. 엄밀한 의미에서 기도는 하나님을 자녀다운 마음으로 "아빠"라고 부르는 의식적 행위이다. 그러므로 생활과 활동이 진정한 의미에서 기도가 되기 위해서는 그 생활과 활동 자체가 하나님을 아빠로 모시는 의식적 표현, 적어도 잠재적 표현이 되어야 한다. 다시 말해서 생활과 활동이 하나님을 아빠로 모시는 사랑·찬양·감사·예배·통회·의탁·신뢰·자기 봉헌·순명·간구 등의 의식적 표현 또는 잠재적 표현이 되어야 할 것이다. 이것은 저절로 이루어지지 않는다. 생활과 활동을 기도화하는 노력을 오랫동안 꾸준히 반복, 수련함으로써 점차 이루어지는 것이다. 그리하여 그리스도교의 전통적 영성의 이상, 즉 활동 속의 관상 또는 관상 속의 활동이 실현되는 것이다.

5. 기도와 활동의 일치의 원리

1) 기도는 활동으로 열매를 맺는다

기도의 목적은 하나님과의 일치이며, 특히 하나님의 뜻과 일치하는 데에 있다. 보통 기도는 자기 소망이 이루어지게 해 주십사 하고 하나님께 간청하는 것이라고 생각하기 쉽다. 그러나 그리스도교적 기도의 최종 목적은 자기 소망이나 뜻이 아니라 하나님의 뜻이 이루어지도록 간청하고 노력하는 데에 있다. 자기 뜻을 실현케 하는 것보다 하나님의 뜻을 실현하는 것이 기도의 목적인 것이다.

올바른 기도는 반드시 활동에 열매를 가져온다. 정성껏 바친 기도는 틀림없이 생활의 개선에 직결된다. 사실 기도를 올바른 자세로 진지하게 바쳤으면 그 뒤에 자기 행동을 고치고 일을 사랑으로 행하게 된다. 적어도 그렇게 하려고 노력하게 된다. 이리하여 진지하고 바른 기도는 사람의 행실을 변하게 하여 점차 하나님의 뜻을 받아들이고, 하나님의 뜻만을 원하고 실행하게 될 것이다.

그 반대로 실생활에 전혀 영향을 주지 않는 기도는 무언가 잘못되고 있다. 다시 말해서 하나님의 뜻을 조금이라도 더 실행하는 데에 연결되지 않는 기도는 올바른 기도가 되지 못한다. 이러한 기도는 아무리 기도 중에 큰 위안과 기쁨을 느꼈다 하더라도, 마치 열매를 맺지 않는 과일 나무와 같이 소용이 없는 것이다. 그러므로 기도의 좋고 나쁨은 기도 중에 가졌던 체험으로써가 아니라 기도가 끝난 후 맺었던 열매를 보고 평가해야 하는 것이다. 실생활에 열매를 맺지 못하는 기도는 주로 너무 추상적이거나 감정적이거나 형식적인 기도이다. 좋은 열매를 맺으려면 모든 기도는 자기반성과 생활 적용을 포함하고, 어떤 결심을 세우고 실천케 하는 그러한 기도여야 할 것이다. 주님과의 대화 내용도 자신의 구체적 상황을 의식하여 거기에서 우러나오는 것이어야 한다. 그러한 기도와 대화야말로 자신의 생활을 고치고 개선하는 열매를 맺을 것이다.

2) 기도는 활동을 내면에서 활성화한다

기도와 활동의 일치는 마치 영혼과 육신의 일치와도 같다. 영혼이 육신의 생명 원리로서 육신을 내면에서 살리고 활성화하듯이 기도는 활동의 생명 원리로서 활동을 내면에서 활성화하고 성화한다. 영혼이 육신의 어떤 한 부분이 아닌 모든 부분에 침투하여 전체적으로 자리 잡아 내면에서 육신을 움직이듯이, 기도는 활동의 전체에 스며들어가 내면에서 활동을 움직인다. 이리하여 영혼과 육신이 하나가 되어 온전한 인간이 되듯이 기도와 활동도 하나가 되어 온전한 그리스도교적 신앙생활을 이루는 것이다. 이와 같이 기도는 활동의 영혼으로서 활동 전체의 원동력과 활력소가 되어야 하며, 생활 전체의 모터나 누룩의 역할을 수행해야 한다.

그러기 위해 근본적으로 필요한 것은 기도가 마음의 깊숙한 데에서 우러나오게 해야 하고, 내심의 간절하고 절실한 드러남이 되도록 해야 한다. 활동 중에 바치는 기도는 특별히 활동을 내면에서 활성화하고 성화하는 모양으로 바치고, 또한 활동 자체가 하나님께 대한 사랑·찬양·감사·예배·통회·의탁·신뢰·봉헌·순명·간구 등의 표현이 되도록, 그 모양으로 바치는 것이다. 활동 하나하나를 시작할 때 봉헌하고, 끝마칠 때 감사하며, 활동 중에도 자주 여러 가지 심정을 하나님께 표명하도록 해야 한다.

기도를 단지 생활의 어떤 부속적 일부분이라고 생각하지 말아야 한다. 하루의 일과에 얼마나 많은 시간을 기도에 할애하고 얼마나 많은 기도를 바치느냐 하는 것보다는(그것도 사실 중요하지만), 하루 생활 전체를 기도로써 얼마나 활성화하고 성화하고 봉헌하느냐가 문제인 것이다. 이리하여 사람은 자기 생활과 활동을 점차 내면에서 기도화해 나간다.

3) 기도를 내면화하고 활동을 순수화한다

우리 생활에는 기도할 때와 장소가 있고 활동할 때와 장소가 있다. 기도할 때는 활동하지 않고, 활동할 때는 기도하지 않는다. 다만 그것은 형식적이고 외적인 기도, 또는 외우는 기도나 묵상에 관한 것이지, 기도 전반에 관해서 할 수 있는 말은 아니다.

활동을 중단하고 조용한 곳에서 앉거나 무릎을 꿇고 바쳐야 할 기도가 있고, 활동하면서 계속적으로 바칠 수 있는 기도가 있다. 사실 활동하면서 여러 기도문·화살기도 등을 바칠 수 있고, 그렇지 않으면 자유기도를 바치거나 주님과의 대화를 자유로운 모양으로 나눌 수 있다. 활동 중에 주님의 현존을 의식하는 것, 그분의 사랑을 느끼는 것, 수난 장면을 상상하는 것 역시 기도이다. 주님께 대한 사랑·찬양·감사·예배·통회·의탁·신뢰·봉헌·순명·간구 등의 심정을 말없이 순간적으로 드러내는 것도 기도이다. 사물 안에서 하나님의 돌보심을 보고 찬미하고, 사건 안에서 그분의 섭리를 보고 순명하고 또한 사람 안에서 하나님의 지극한 사랑을 보고 대하는 것도 기도인 것이다.

 기도가 소위 기도하는 시간과 장소를 넘어서 언제 어디서나 바쳐지게 되는 과정은 바로 기도가 내면화되는 과정이다. 낭독하는 기도에서 외우는 기도로, 외우는 기도에서 자유로운 대화의 기도로, 그리고 대화의 기도에서 말없이 친교하는 기도로 옮아간다. 다시 말해서 입과 눈과 귀를 사용하는 감각적이고 외적인 행위에서 점차 정신적이고 내적인 행위로 변해 가는 것이다. 또한 기도문을 따라 낭독하는 형식적 기도에서 머리로 생각하는 기도로, 생각하는 기도에서 의식하고 느끼는 기도로, 그리고 의식하는 기도에서 사랑하는 기도로 옮아간다. 이것도 역시 기도가 지성적 행위에서 점차 의지적 행위, 영적 행위로 변화되어가는 것이다.

 이것이 바로 기도의 내면화·단순화·순수화의 과정이다. 이 과정에서 기도는 사람의 활동에 더욱더 깊이 스며들어가, 점차 기도와 활동의 항구적 일치가 이루어지고, 그 일치의 농도가 점점 더 짙어진다. 또한 기도는 내면화되면서 사람의 인격과 생활에 더욱더 깊이 침투하여 그의 인격과 생활까지 기도화한다.

 한편 활동도 순수화되면 될수록 기도를 흡수하고 기도와 일치하게 된다. 활동의 순수화란, 외적으로는 육신적이고 현세적 활동을 하면서도 활동의 마음가짐과 동기와 목적을 순결하고 사랑스러운 것으로 한다는 뜻이다. 죄와 악행을 범하면서 기도하는 것은 불가능하며, 행동하는 마음이 악의와 욕심과 교만심으로 가득 찼을 때 기도하는 것은 어렵다. 너무나 물질적인 동기와 현세적인 목적과 인간적인 자세로 활동할 때는 기도하려는 생각조차 나오지 않는다. 하는 일에 지나치게 신경을 쓰고 걱정하거나, 불안과 흥분 상태에서 무질서하게 활동하는 것도 기도를 방해한다.

그 반대로 활동하는 마음에서 악의와 욕심을 없애면 없앨수록, 그리고 물질적이고 현세적이고 인간적인 마음을 정화하면 할수록 활동 속에서 기도하기가 쉬워진다. 차분하고 침착하고 질서 있게 일하면 그만큼 기도를 쉽게 할 수 있다. 한 걸음 더 나아가, 활동하는 마음에 사랑·성의·충실·자기 봉헌의 뜻을 채우면 채울수록 그 활동은 기도를 흡수하게 된다.

다시 말해서 악의와 욕심과 교만의 활동에서 선의와 헌신과 겸손의 활동으로, 마음이 없는 활동에서 정성을 다하는 활동으로, 형식적 활동에서 사랑의 활동으로, 외면적 활동에서 자기봉헌의 활동으로, 옮아갈 때 활동은 그만큼 기도를 흡수하여 기도와 일치하게 된다. 이것이 활동의 순수화이며, 순수화된 활동과 내면화된 기도가 단 하나의 현실이 되었을 때 그 사람은 '기도의 사람'이 되고 '기도의 삶'을 살게 되는 것이다.

6. 기도와 활동의 일치를 위한 구체적 방법

1) 유의 사항

구체적 방법을 기계적이고 형식적으로 정확히 실행하는 것보다 정성을 다하여 실행하는 것이 바람직하다. 방법과 기술보다 마음과 사랑이 중요한 것이다.

단기간 내에 결과를 보려고 하지 말아야 한다. 오랜 세월 매일 같은 방법을 충실히 실행하고 인내로이 반복해야 비로소 습관이 되고 덕이 되는 것이다.

너무 긴장하거나 무리한 수련을 하지 말아야 한다. 각자의 체질과 성격과 심리 상태와 영적 단계에 따라 적절한 방법을 적절한 모양으로 실행하는 것이 필요하다. 어떤 방법은 사람에 따라 해로울 수도 있고 무익할 수도 있다.

2) 구체적 방법

끝으로 기도와 활동의 일치를 이루기 위한 구체적 방법을 들어보겠다. 그중에서 각자에게 알맞은 방법을 몇 가지 골라 실행할 수 있다.

아침에 눈을 떴을 때의 맨 처음 생각과 밤에 잠들기 직전의 마지막 생각을 거룩한 생각으로 한다. 하루의 처음과 마지막에 하는 생각은 순서로서 중요할 뿐만 아니라 심층심리학적으로도 대단히 중요한 것이다. 아침에 했을 때의 최초의 생각은 하루의 모든 생각과 행동에 영향을 주고, 잠들기 직전의 마지막 생각은 하루의 모든 생각과 활동을 총괄하며, 수면 중에 잠재의식 속으로 깊이 내려가 인격과 생활에 큰 영향을 줄 뿐만 아니라 생각했던 내용을 실현케 한다.

기도를 가장 귀한 시간에 가장 귀한 것으로 바친다.

일을 시작할 때 그 일을 봉헌하며 그 동기와 지향을 성화하고, 끝마칠 때 감사한다. 일을 하는 동안에도 자주 순간적으로 멈추거나 마음을 올리거나 하면서 봉헌과 성화의 행위를 반복한다.

가톨릭 신자라면 묵주를 항상 손에 들거나 묵주 반지를 늘 돌리면서 기도하는 습관을 기른다. 하루에 5단뿐 아니라 15단, 30단도 외울 수 있다. 자기가 좋아하는 기도문·화살기도·성경 구절·시편 등을 몇 가지 마음의 창고에 저장했다가 여러 경우, 여러 심정에 따라 적당한 기도와 구절을 되풀이하여 외우도록 한다. 매 순간 느끼는 바와 생각하는 바를 주님과의 대화의 모양으로 느끼고 생각하도록 한다. 자신의 느낌과 생각 앞에 또는 뒤에 '예수님!', 혹은 '수님!'이라는 말을 붙이는 습관을 기른다.

예를 들어 날씨가 좋고 기분이 상쾌하다고 느낄 때, "늘 날씨가 좋아서 기분이 좋아요, 예수님!" 혹은 방 청소를 해야 한다는 생각이 떠올랐을 때, "주님, 제 방을 청소해야겠어요!" 등. 기도가 주님과의 마음의 대화라면 이러한 대화야말로 주님과 자연스럽고도 진정한 친교를 나누는 기도라고 할 수 있을 것이다.

간단한 경배를 자주 하고, 십자고상·성상·상본을 볼 때마다 마음을 주님께 돌린다. 예수님은 우리의 마음속에도 계시므로 우리의 마음은 예수님을 모시는 일종의 방이다. 자주 순간적으로라도 자기 마음속으로 들어가 '마음의 경배'를 실천하도록 한다.

일에 마음이 사로잡힐 만큼 열중하지 말아야 한다. 일과 자기 정신 사이에 일정한 심리적 거리를 유지하면서 침착하고 신중하게 일을 한다. 그러면서도 정성과 사랑을 다하여 행하며, 흥미 있게 의욕적으로 하고 보람을 느끼도록 한다. 일에 열중하는 것은 감정으로 인한 것이므로 자기가 일을 조절하지 못하고 오히려 일에 끌려가고 만다. 그 반면에 정성과 사랑을 다하여 일하는 것은 의지와 마음으로 인한 것이므로 일을 조절하고 다스리는 것이다. 그러므로 냉정하고 침착한 자세와 정성과 사랑을 다하는 자세는 양립될 수 있으며 또한 양립시키도록 노력해야 할 것이다.

모든 '피조물 안에서' 하나님의 사랑을 보고 맛보고 체험하도록 한다. 모든 피조물과 함께 하나님을 찬양하고 그분께 감사하고 자신을 봉헌하도록 한다.

 * 자기 자신 안에서 하나님의 사랑을 보고 맛보고 체험한다.
 * 타인 안에서 하나님의 사랑을 보고 맛보고 체험한다. 타인과 함께 하나님을 찬양하고 그분께 감사하고 자신을 봉헌한다.
 * 사물 안에서 하나님의 사랑을 보고 맛보고 체험한다(마 6:26~30). 사물과 함께 하나님을 찬양하고 그분께 감사하고 자신을 봉헌한다(단 13:57~90).
 * 사건 안에서 하나님의 사랑을 보고 맛보고 체험한다. 사건과 함께 하나님을 찬양하고 그분께 감사하고 자신을 봉헌한다.
 * 자기 행동 안에서 하나님의 사랑을 보고 맛보고 체험한다. 자기 행동과 함께 하나님을 찬양하고 그분께 감사하고 자신을 봉헌한다.

하나님의 현존을 의식하는 수련을 계속한다. 자주 순간적으로 하나님의 사랑·자비·위대함 등을 의식하고, 자신의 사랑·찬양·감사·예배·통회·의탁·신뢰·봉헌·순명·간구 등의 심정을 표현한다.

자기는 하나님 안에 숨 쉬고 움직이며 살아간다(행 17:28 참조)는 의식을 늘 생생하게 유지하도록 한다. 자기는 하나님의 편재와 섭리의 큰 바다 속에 완전히 잠겨 있으며, 그분의 생명과 사랑과 힘으로 가득 찬 공기를 숨 쉬며 산다는 의식을 항상 가지도록 한다. 우리는 하나님을 숨 쉬며 사는 것이다.

예수님처럼 생각하고, 말하고, 행동하고, 사랑한다. 예수님의 지혜(고전 1:30)로 판단하고 평가하고, 예수님의 사랑(고후 5:14)으로 사랑하고, 예수님의 감정으로 느끼고 받아들이고, 그리고 예수님의 눈으로 보고, 예수님의 입으로 말하고, 예수님의 손으로 만지고 일하도록 한다. 또 하나의 예수님으로서, 예수님의 마음으로 산다는 의식을 자주 새로이 한다.

'만약 내가 예수님이라면 어떻게 말하고 행동할 것인가?' 하고 자문하는 것도 좋으나, 오히려 '나는 그리스도의 지체요, 그리스도의 몸이며 또 하나의 그리스도이므로 어떻게 말하고 행동해야 할 것인가?'(참조: 고전 6:15, 12:27) 하고 의식하는 것이 보다 바람직하다.

> "내가 그리스도와 함께 십자가에 못 박혔나니 그런즉 이제는 내가 사는 것이 아니요 오직 내 안에 그리스도께서 사시는 것이라 이제 내가 육체 가운데 사는 것은 나를 사랑하사 나를 위하여 자기 자신을 버리신 하나님의 아들을 믿는 믿음 안에서 사는 것이라"(갈 2:20).

> "이는 내게 사는 것이 그리스도니 죽는 것도 유익함이라"(빌 1:21).

> "우리가 살아도 주를 위하여 살고 죽어도 주를 위하여 죽나니 그러므로 사나 죽으나 우리가 주의 것이로다"(롬 14:8).

> "그는 흥하여야 하겠고 나는 쇠하여야 하리라 하니라"(요 3:30).

제17장 하나님과 일치(一致)의 삶[305]

1. 실재(實在)를 발견하게 하는 신앙

무엇보다 먼저 십자가의 성 요한을 특징짓는 것은, 그의 구체적인 현실감각이다. 신비가(神秘家)를 마치 사람들의 구체적인 문제들로부터 멀리 떨어져 사는 사람처럼 생각하는 어떤 사람들의 사상은, 분명히 잘못된 사상이다.

모든 진정한 신비가들과 마찬가지로, 십자가의 성 요한은 공상 안에서가 아니라 현실 안에서 살았다. 건전한 판단력을 가진 사람으로서 그는 실재를 인식(認識)하기 위해서, 겉모양도 철학자들이 말할 수 있는 것들도 믿지 않았고, 하나님의 말씀 안에서의 신앙이라는 절대적이고 확실한 빛에 의존하였다. 그렇게 해서 성인은 신앙의 빛 안에서, 서로 마주보고 있는 두 실재들을 보았다.

- 절대적이고 영원한, 다른 모든 실재들의 근원이신 실재, 즉 하나님.
- 우연적이고 일시적인, 그 존재 자체가 하나님께 의존되어 있는 실재들, 즉 인간을 포함한 피조물들.

---

305) 박노열, 『나아간 이들을 위한 관상기도』 (나됨, 2013) pp.26~32.

2. 하나님과의 일치의 삶

1) 그리스도교적인 삶

하나님과 인간, 이 두 실재는 한없이 멀리 떨어져 있지만, 인간은 본질적으로 하나님과의 일치를 지향(指向)하고 있기 때문에, 하나님의 계획에 따라 이 두 실재는 분리되어 있어서는 안 된다는 것을 우리에게 계시해주는 것은 역시 신앙이다.

이 일치가 처음으로 실현된 것은, 인성을 취하시고 예수라는 이름을 받으셨던 하나님의 아들의 인격 안에서이다.

그래서 예수는 우리 모두의 원형이시다. 성부께서는 영원으로부터 성자를 많은 형제들 중 맏아들이 되게 하셨고, 우리는 당신 성자의 모습을 닮게 하셨다(롬 8:29).

인간에 대한 모든 신학의 핵심은 바로 이 '예정(豫定)' 안에 있는데, 하나님의 계획에 따라 인간은 오로지 예수의 '살아 있는 형상(形像)'으로 간주되고 있다.

2) 자녀적인 삶

예수 안에서 우리의 변형을 이루어 주시는 분은 성령이시다. 성부와 성자께로부터 파견되신 성령께서는, 우리를 예수 안에 변형시키시고 우리가 성자 안에서 하나님의 자녀들이 되게 하시면서, 예수의 생명(롬 8:9)으로 우리 영혼을 비추러 오신다.

> "이제 여러분은 하나님의 자녀가 되었으므로 하나님께서는 여러분의 마음속에 당신 아들의 성령을 보내주셨습니다. 그래서 여러분은 하나님을 '아빠, 아버지'라고 부를 수 있게 되었습니다"(갈 4:5~6).[306]

---

306) 『영가』, 노래 39,4. p.343.

"자녀이면 또한 상속자 곧 하나님의 상속자요 그리스도와 함께 한 상속자니 우리가 그와 함께 영광을 받기 위하여 고난도 함께 받아야 할 것이니라"(롬 8:17).

3) 삼위일체적(三位一體的)인 삶

성령의 위격적(位格的)인 현존(임재)은, 성령의 신적 본성이 지닌 본질적인 단일성으로 말미암아, 우리 안에 하나님의 다른 두 위격, 즉 성부와 성자를 모셔 들여, 예수의 다음 말씀 그대로 성삼위 전체를 우리 영혼 안에 현존하시게 한다. "우리가 그에게 가서 거처를 그와 함께 하리라"(요 14:23).

따라서 성부와 성자와 성령께서는 우리 안에서 삼위일체의 양식으로 생활하시고, 우리는 예수 안에서 변형되어, 하나님 안에서 하나님의 삼위일체적 생명을 체험하게 된다.

십자가의 요한 성인은 우리의 '삼위일체 안에서의 변화' 307)에 대해 대단한 열정을 가졌고, 바로 그것을 자신의 모든 영성적 교의(敎義)의 바탕으로써 표제로 내어놓았다. 영혼은 영혼 자신 밖에서가 아니라 영혼 자신 안에서 하나님과 자신과의 독특한 일치를 실현시킬 것이고, 이 일치는 영혼 안에 단순히 하나님께서 현존하심을 통해서가 아니라, 영혼이 하나님의 생명에 완전히 참여함을 통해서 이루어질 것이다.

십자가의 요한은 우리에게 말한다.

"성부와 성자 안에서 영혼을 빨아들이시고, 변화시키시고 자신과 일치를 이루신다. 계시해 주셨고 드러나신 것처럼 삼위일체의 세 위격 안에서 영혼이 변화되지 않았다면 진정으로 온전한 변화가 이루어졌다고 할 수 없을 것이다."308)

십자가의 요한은 이어서 또 이렇게 말한다.

"하나님께서 참여하는 방식으로 영혼 안에서 들이마시듯이 영혼이

---

307) 『영가』, 노래 39, 3. p.342. 불꽃 4, 17 참조
308) 『영가』, 노래 39, 3. p.342.

하나님 안에서 들이마실 수 있는 높은 상태에 도달한다는 것이 불가능하다고 생각해서는 안 된다. 하나님께서는 영혼에게 삼위일체 하나님 안에서 일치를 이루시는 은혜를 베푸신다. 이 일치 안에서 영혼은 참여의 방식으로 하나님을 닮고 하나님이 된다(신화, 神化). 삼위일체 하나님처럼 영혼 안에서, 그리고 삼위일체 안에서 이미 영혼에게 드러내셨고 영혼을 참여시킨 방식대로 하나님께서 영혼 안에서 영혼의 일을 하게 된다는 것이 뭐 그리 믿기 어려운 것일까?"[309]

"비록 이런 것이 다른 세상의 삶에서 완결되는 것이라 할지라도 이 세상에서도 여기까지 온 영혼처럼 완덕의 상태에 도달할 때 참여의 엄청난 맛과 흔적을 체험한다."[310]

십자가의 요한은 다음과 같이 탄식하면서 결론을 내린다. "이 위대함을 즐기기 위해 불렀고 예정된 영혼이여! 무엇을 하는가? 어디에서 즐거움을 찾는가? 너희가 추구하는 것은 초라한 것이며, 너희가 가지고 있는 것은 비참한 것들이다. 너희 영혼의 눈은 불행한 장님이며, 그 엄청난 빛에게는 장님이며, 거대한 소리에 귀머거리 같고, 아무것도 보지도 못하면서 대단함과 영광을 찾으나 매우 탁월한 선익에 대해서라면 무지하고 자격도 없으니 불쌍하고 비참하다!"[311]

우리로서는, 이 값비싼 진주를 얻기 위해서 우리가 가진 것을 진정 모두 팔도록 결심하게 하기 위해서, 신앙이 우리에게 보여 주는 고귀한 진리들을 믿는 것만으로도 충분하리라. 이 값비싼 진주는 예수께서 우리에게 주신 것이고(마 13:46), 다름이 아니라 바로 하나님의 삼위일체적 생명에 참여함을 말하는 것이다.

---

309) 『영가』, 노래 39, 3~4. p.343.
310) 『영가』, 노래 39, 6. p.346
311) 『영가』, 노래 39, 7. p.346

3. 우리 안에서의 하나님 생명의 성장

하나님의 내적인 생명에 대한 인간의 참여는 천상 영광 안에서 완전히 성취될 것이지만, 그 참여는 (많게 혹은 적게 진보한 성장의 상태에 있기는 하나) 이 지상에서 이미 실재하고 있다.

1) 생명과 생명력(生命力)

어린아이는 태어나는 때부터 인간 생명의 가장 기본적인 행위들만을 한다. 배가 고프면 울고 만족하면 웃는다. 어린 아이가 지성(知性)과 의지(意志)의 훈련을 통해서 더 적절하게 인간적 활동을 펴나갈 수 있게 되는 것은, 성장해 가면서 조금씩 조금씩 이루어지는 것이다. 그리스도인도 이와 마찬가지다. 세례를 받는 때부터 그는 하나님의 생명에 참여하긴 하지만, 하나님의 자녀로서 적합한 활동을 완전히 하는 데에, 또 믿음·소망·사랑을 실천하는 은총에 도달하는 것은 오직 조금씩, 또 조금씩만 이루어진다.

실제로, 거룩해진 인간 안에서는 두 가지 변화가 일어난다.

① 우리가 이미 말한 대로, 세례 때에 활동하기 시작하신 성령께서 영혼 안에 현존(임재)하심으로써 이루어지는, 하나님의 생명의 친밀함 안에 인간이 들어간다는 것과,

② 인간의 모든 행위들에 이 생명이 교통한다는 것인데, 이는 대신덕(對神德, 向主德)에 의해 이루어지고, 인간의 협력을 통해서 계속 증진된다.

2) 믿음 · 소망 · 사랑(대신덕, 對神德)

믿음·소망·사랑은, 인간의 행위들을 하나님의 생명에 밀접히 결합시키고, 그리스도 그분의 행위들의 완전함으로 인간의 행위들을 들어 높임으로써, 인간의 행위들을 거룩하게 한다. 이에 믿음·소망·사랑을

'대신덕(對神德)' 혹은 '향주덕(向主德)'이라고 부른다.

믿음은 우리로 하여금, 예수께서 실재를 인식하고 판단하시는 것처럼 실재를 인식하고 판단할 수 있게 한다. **소망**은 우리의 모든 욕구를, 예수께서 성부의 영광 안에서 우리를 기다리시는 그곳으로 방향을 지워준다. **사랑**은 우리로 하여금, 예수께서 사랑하시는 것을, 예수께서 당신 자신을 사랑하시듯이 사랑하게 한다. 달리 말하자면, 믿음은 하나님께서 우리 안에서 생각하시는 것과 전혀 다르지 않고, 소망은 하나님께서 우리 안에서 바라시는 것과 전혀 다르지 않고, 사랑은 하나님께서 우리 안에서 사랑하시는 것과 전혀 다르지 않다.

십자가의 성 요한은 믿음·소망·사랑의 대신덕의 수업을 대단히 중요시한다. 왜냐하면 이 덕들의 성장이 우리 안에서, 삼위일체와의 친밀한 관계에 있어서나, 보다 외적이고 보다 가시적인 표시들에 있어서나, 신적 생명을 성장시키기 때문이다.

3) 성령(聖靈)의 선물들

믿음·소망·사랑의 훈련은 성령의 선물들에 의해 도움을 받는다. 성령의 선물들은, 덕들에 대한 훈련을 이처럼 쉽게 하는 하나님의 도움에 대해서, 우리가 민감하게 또 순종할 수 있게 해 준다.

그럼에도 불구하고 성인은, 영혼이 특히 대신덕인 믿음·소망·사랑의 수업에 열중하기를 바란다. 왜냐하면 "성령께서 잠심에 빠진 지성을 비춰주신다. 지성이 빠진 잠심(거둠)의 방식에 따라 비춰주시지만 지성은 신앙보다 더 중요한 잠심(거둠)을 찾아낼 수 없다. 영혼이 신앙 안에서 더욱 순수하고 깨끗하게 닦아질수록 하나님께서 부어주시는 사랑을 가질 수 있기 때문이며, 사랑을 많이 가지고 있으면 있을수록 영혼이 더욱 밝게 비춰지고 성령의 선물을 받게 되기 때문이다. 사랑이란 하나님께서 은총을 주시는 방법이며 인이다."[312]

---

312) 『산길』, II,29,6. p.328

제18장 관상기도의 열매[313]

　관상기도의 열매에 대해 논의할 때 명심할 것은 관상기도를 무슨 특별한 내적·외적 효과를 기대하고 기도하지 않는다는 점이다. 이 기도는 어떤 원인(기도를 얼마나 해서)을 제공하여 예상된 결과(또는 드러난 현상) 때문에 하는 것이 아니라는 점이다. 그러나 관상기도를 꾸준히 실천하게 되면 그 유익이 많음을 깨닫게 된다. 이 모든 것들은 부산물이지 그 자체가 목적이 아니다. 물론 연약한 인간이 체험적인 면에 마음이 기울어지는 것은 어쩔 수 없다고 해도, 기도 중의 체험과 그 효과로부터 자유로울 수 있도록 항상 유의해야 한다.
　관상기도가 신학적으로 건전하다고 하는 것은 관상기도를 추천하는 사람들에 의해 확인되고 있다. 그 주된 이유 중의 하나가 매일의 관상기도의 열매와 은혜는 기도하는 시간에 일어나기보다는 기도시간 밖에서, 즉 일상생활에서 확인되며, 그렇기에 이 기도는 신자의 세상 속에서의 삶에 의미 있는 영향을 주어서 영성적인 삶을 가능하게 한다.
　신자 자신의 기도가 빈약하다고 느끼더라도, 기도시간 밖에서도, 때때로 저절로 하나님의 현존을 기억하는 자신을 발견하게 된다. 삶을 살면서 하나님의 사랑과 은혜에 감사해서 "주님, 제가 주님을 사랑합니다!"라는 말을 하게 될 때가 그런 순간이다. 그리고 일상생활을 하는 중에 자신 속에 깊은 고요와 평화가 있음을 의식하게 된다. 이 기도를 지속적 실천을 통해 자신의 삶의 과제를 더 잘 수행할 수 있고, 사람들과도 더 원만하게 관계해 가게 되며, 주님께 더 충실히 봉사하려고 애쓰고, 그분이 내게 원하시는 것만 하려고 애쓰게 됨을 발견하게 된다.

---

[313] 박노열, 『누구나 할 수 있는 관상기도』 (나됨, 2009, 개정3판) pp.187~191.

가장 중요한 것은 내가 나 자신에게 만족스러워하는 것이 아니라 '그분이 내게 원하시는 것'을 하고 있다는 인식에서 오는 영혼의 기쁨이다. 그래서 토머스 키딩은 관상기도의 평가 기준은 일상의 삶에서 '큰 평화, 겸손과 사랑을 갖게 된 것과 같이 장기적으로 맺어지는 열매들'이라고 주장한다. 314) 관상기도로 익은 열매는 기도시간뿐만 아니라, 바쁘게 움직이는 일상생활에로 돌아와 하나님에 대한 생각을 하면서 사는 것이라기보다는, 모든 사건이나 현상의 저 너머에 존재하시는 **하나님의 현존을 인식하며** 사는 데에 있다.

관상기도의 지속적 실천

매일의 일상생활에서 영성적 삶을 살기 위해서는 하루를 관상기도로 시작하고, 삶 속에 함께하는 주님의 현존을 인식하는 삶이 요청된다. 또한 하루의 일과를 마치면서 우리가 인식하지 못했던 평범한 일 속에서 어떻게 하나님께서 현존하시고 활동하셨는가를 감사하고 성찰하기 위해서 다시 한 번 관상기도를 행하는 것이다. 그래서 우리의 내적 눈을 항상 깨어 있게 하여, 현장에 있는 것을 '보고' 이 실재에 관하여 깨달아가면서 우리는 성장을 지속해가야 한다. 마이스터 에크하르트는 인간의 외부적인 일에 마음이 집중하는 삶에 대해서 "하나님은 언제나 집에 계신다. 밖에 나가서 돌아다니는 것은 우리들이다."라고 말했다. 관상기도는 믿음의 선물을 발전시키면서 이러한 깨달음을 발전시키는 데 기여할 것이며, 이런 인식은 신자에게 현실을 보는 하나님의 비전에 참여할 수 있게 한다.

영적 성장이 적은 이러한 하나님이 현존하는 현실보다는 자기중심적 경향인 자기중심성에 있다. 영성 성장을 위해서 자기중심적인 이기적 지향에 도전하려고 먼 곳에서 그 대상을 찾을 필요가 없다. 왜냐하면

---

314) 키딩, 『마음을 열고 가슴을 열고』 167쪽.

이러한 대상들은 우리의 가정이나 단체 생활 안에 넘쳐나고 있기 때문이다. 그래서 무엇보다도 우리를 영적으로 성장케 하는 우리의 스승은 우리가 처한 바로 현실적 '상황임'을 주지하는 것이 중요하다. 신자가 추구해야 할 관상은 우리 영혼이 궁극적으로 어둠에서 빛으로 가는 움직임이다. 다음의 이야기가 이러한 사실을 전형적으로 보여주고 있다.

옛날에 한 랍비가 한번은 제자들에게 밤이 지나고 새 날이 오는 것을 어떻게 알 수 있는지 말해보라고 했다. 한 제자가 "멀리 있는 동물을 보고 양인지 개인지 분간할 수 있을 때 새 날이 아닙니까?" 하고 물었다. 랍비는 대답했다. "아니." 또 한 제자가 "멀리 있는 나무를 보고 무화과나무인지 복숭아나무인지 분간할 수 있으면 새 날입니까?" 랍비는 대답했다. "아니.", "음, 그렇다면 무엇인지요?" 제자들이 물었다. 랍비의 대답은 "너희가 보는 사람들의 얼굴이 다 너희의 형제자매로 다가올 때, 그때가 새 날이다. 만약 너희가 이것을 할 수 없다면, 시간이 언제든지 상관없이, 여전히 밤이다."[315]

여기서 말하는 우리의 '모든 남녀'를 '형제'요 '자매'로 보는 것은 신비가의 믿음의 비전에 함께하는 것이다. 신비가의 핵심적 직관은 하나님 안에서 이 세상의 모든 존재가 서로 일치(unity)하고 하나(oneness) 되는 것이다. 이것은 관상 상태에로의 진전을 통해 나타나는 관상(contemplation)의 은혜로운 효과로서 가능하다. 이것은 인간의 노력으로 야기되기보다는 '하나님의 선물'로서 주어지는 것이다.[316] 관상기도는 실재(reality)를 보는 우리의 눈을 점차적으로 하나님의 시각으로 변형시켜 가게 하는 것이다.

이상과 같은 신자가 추구하는 비전은 비현실적이거나 허황하다고 생각할 수 있다. 그러나 요즘 점점 드러나고 있는 산업화·정보화 사회의 진전으로 야기되는 환경적 위기 속에서 지구의 생존은 하나님 안에

---

315) 텔마 홀, 『깊이 깊이 말씀 속으로』 차덕희 옮김, (서울: 성서와 함께, 2001), 87.
316) 엘리자베스 스미스·요셉 칼메르스, 『내 안에 살아 계신 하나님』 차덕희 옮김, (서울: 가톨릭출판사, 2005), 49.

서 모든 사람들과 우주의 모든 존재가 서로 상호 연대하는 일을 실현하는 데 달려 있다는 것이 점점 명백해지고 있다. 이러한 현실 인식은 물질 중심의 세계관에서 종교적인 세계관, 곧 하나님께서 우리 세계에 임재(presence)하여 활동하고 계신다는 기독교적 세계관으로 바뀌는 것을 의미한다. 이런 경험은 글자 그대로 신비적(mystical) 영역에 속한다. 그래서 칼 라너는 "미래의 그리스도인들은 신비가가 될 것이다. 그렇지 않으면 그는 전혀 그리스도인으로 있지 못할 것이다."라고 말했던 것이, 오늘을 사는 우리들에게 이러한 의미에서 더욱 무게 있게 다가오고 있다고 할 수 있다.

제19장 예수님은 누구신가?

1. 우리의 안내자 예수님

아기 예수의 성녀 테레사는 어느 날 마침내 영혼과 하나님의 일치가 완성되는 사랑의 산의 절정에 이르렀다. 그러나 성녀는 영성적 향상에서 피할 수 없는 메마름과 시련과 어둠의 시기 중 하나를 겪으면서 자기 영혼의 상태를 다음과 같이 묘사했다.

"예수님은 제 손을 잡고 덥지도 춥지도 않은 지하도, 해도 비치지 않고 바람도 비도 들어오지 않는 지하도로 데려가 주셨습니다. 이 지하도에서는 아무것도 보이지 않고 다만 반쯤 가려진 희미한 빛, 즉 제 약혼자의 얼굴의 내리뜬 두 눈에서 비쳐 오는 그 빛이 있었을 뿐입니다… 우리의 여행은 지하도를 따라가기 때문에 목적지인 산을 향하고 있는지 볼 수가 없었습니다. 하지만 어쩐지 그곳으로 다가가고 있는 느낌이었습니다."(예수의 아녜스 수녀에게 쓴 편지, 『예수 아기의 성녀 테레사의 편지』 1998, 분도)

이러한 어둠 속에서도, 테레사는 목적지에 이르리라는 확신으로 마음이 고요하고 평화로웠다. 그것은 거의 보이지는 않았으나 거기에 자기 손을 잡고 인도해 주시는 안내자가 있었기 때문이다. 그 안내자는 바로 예수님이었다.

이제 십자가의 요한이 '영의 수동적 밤'이라고 부르는 그 시련을 지나 하나님과의 일치로 영혼을 인도하는 가장 괴롭고 어두운 부분을 연구하기 전에, 영혼이 그러한 괴로움을 혼자서 당하지 않는다는 것을 깨닫게 해 주고 싶다. 그때 사랑스럽게 손을 잡고 안전하게 걸음을 내딛도록 해 주실 안내자·동반자·정배가 계심을 신비 박사인 십자가의 요한은 영혼에게 보여 준다. 그분은 바로 예수 그리스도, 사람이 되신 말씀이시며, 참인간이시며 참하나님이시고, 우리의 길이자 목적, 우리의 전부이신 예수님이다. 이 기회를 이용하여, 이제부터 하나님과의 일치를 바라는 관상적 영혼이 자신의 영성 생활을 통틀어 예수 그리스도, 즉 우리의 구원과 성화를 위해 사람이 되신 하나님의 아들이시며 지극히 거룩하신 삼위의 둘째 위격이신 주님께 대해 어떠한 태도를 지녀야 하는지, 십자가의 요한의 가르침을 따라 여러 측면에서 충분하고 완전하게 설명해 주고자 한다.

  십자가의 요한에 따르면, 예수님은 그 가르침을 귀 기울여 들어야 할 영혼의 스승이며 모범이실 뿐만 아니라 영혼의 정배이시다. 예수님은 정배로서 영혼을 당신의 생명에 참여케 하시고, 당신이 가르치신 것을 은총을 통해 영혼 안에서 이루어지게 하신다. 예수님은 또한 영혼의 관상의 대상이며, 영혼은 우리를 구속(救贖)하기 위해 사람이 되신 그 신비에서 사랑을 다해 자양분을 받는다.

2. 스승이요 모범이신 예수님

  사실, 십자가의 요한이 그리스도를 스승이요 모범으로 보여 준다고 말하는 것은 충분하지 않다. 예수님을 우리가 '사랑하는' 스승이며 '사랑하는' 모범으로 보여 준다고 말해야 할 것이다. 우리는 그분을 사랑하므로 그분과 하나가 되기를 바라고, 우리의 마음을 사로잡으셨기에 그분의 가르침을 받아들이며 실천하고 싶어 하기 때문이다.

  먼저 십자가의 요한의 가장 중요한 관심사는 우리가 마음속에 예수님을 모시는 것임을 상기시키고 싶다. 사실 성인은 우리를 차츰 하나님과의 일치로 이끌어야 할 금욕과 포기의 길로 용감히 나아갈 원동력을 예수님의 사랑에서 찾도록 호소하고 있다.

  성인의 가르침을 받아온 우리는 이제, 그 목표에 도달하기 위해 반드시 거쳐야 할 모든 여정을 한눈에 파악할 수 있는 데까지 더욱 가까이 왔다. 우리가 배운 첫째 가르침은, 주로 우리를 현세적 만족으로 너무 쏠리게 만드는 그 감각을 지배하게 되는 것이었다. 영혼은 감각의 사용을 자제하고 열정을 억제하겠다고 굳게 결심하며 마음을 준비한다. 십자가의 요한이 제안하는 이 수련은 단호한 노력을 요구하는데, 영혼은 이 수련을 받아들임으로써 자신이 참으로 주님을 '찾고 있다'는 것을 증거하게 된다. 또한 주님께서도 영혼을 '찾으러' 오시는데, 바로 메마름이라는 위기를 통해 찾아오신다. 그 위기를 통해, 영혼은 자신의 내적 생활을 감각적인 것에 덜 의존하게 함으로써 더욱 영성적으로 강해진다.

이제 그는 '영의 길'을 걷게 되어 향주덕을 열심히 닦음으로써 주님께 가까이 다가가려고 노력하며, 이를 통해 영혼은 참으로 하나님과 끊임없는, 특히 친밀한 관계를 갖게 된다. 이렇게 해서 주님을 더더욱 '적극적'으로 찾게 되고 하나님께서도 다시 그 영혼을 찾아오신다.

이제 우리는, 영혼을 즉시 하나님과 일치시키기 위해 필요한 마지막 준비인 영의 정화를 마무리하는 그 위기를 검토하게 된다.

일치의 길에는 두 가지 준비 기간이 있다. 그것은 감각의 정화와 정신의 정화인데, 각각 능동적 시기와 수동적 시기가 있다. 영혼이 용기 있게 그 첫 번째 길에 투신할 수 있도록, 십자가의 요한은 예수님에 대한 사랑에서 힘을 얻도록 호소한다. 다음으로 둘째 시기인 영의 정화에서 만나는 여러 가지 고통 앞에서 영혼이 두려워하며 주저앉지 않도록, 십자가의 요한은 사랑하는 예수님께서 얼마나 당신 자신을 완전히 없애셨는지를 상기시킨다.

일치의 길로 향하는 첫걸음을 내디디면서, 십자가의 요한이 영혼에게 제안하는 저 과감한 포기의 계획을 기억하도록 하자. 그래야만 쓸데없이 방황하며 시간을 잃어버리지 않고 이내 목적지에 다다를 수 있을 것이다. 이 계획은 우리의 자연적 경향에 대항하는 끊임없는 싸움이어서, 우리는 처음부터 긴장되고 거의 고통스러운 느낌을 주는 십자가의 요한의 다음 말을 다시 떠올리게 된다. **"가장 쉬운 것보다 가장**

어려운 것을, 가장 즐거운 것보다 가장 덜 즐거운 것을." 영혼이 이런 일을 시작할 수 있는 용기를 얻으러 어디로 가야 하겠는가? 오로지 영혼의 정배이신 **예수님에 대한 사랑** 안에서만 그 용기를 얻을 수 있다. 십자가의 요한의 말을 들어 보자. "영혼은 '초조함과 불타오르는 사랑'에서 신랑과 일치를 이루기 위해 감각의 이 어두운 밤을 지나서 나왔다고 말한다. 기쁨에 대한 사랑과 애착이 기쁨을 가져다주는 것들을 즐길 수 있도록 **의지에 불을 붙이는 것**은 흔한 일이다. 그러므로 모든 욕구를 이겨내고 모든 사물들에 대한 기쁨을 부정하기 위해서 더 큰 다른 사랑의 대단한 불타오름이 필요하다. 더 큰 사랑이란 바로 **자기 신랑의 사랑이다.** 영혼은 신랑에게서 힘과 기쁨을 얻으면서 다른 모든 것들을 쉽게 부정할 수 있는 항구함과 용기를 얻게 된다. 자기 신랑의 사랑을 얻는 것이 단지 감각적인 욕구들의 힘을 이겨낼 수 있기 위해서만 필요한 것이 아니라 초조함과 사랑으로 불타오르기 위해서도 필요한 것이다. 욕구의 대단한 초조함으로 말미암아 감성은 감각적인 대상들로 쏠리고 끌려가게 마련이다. 그래서 만일 영적인 부분이 영적인 것보다 더 큰 초조함으로 타오르지 않는다면 본성적인 멍에를 극복할 수 없으며, 감각의 이 밤에 들어갈 수도 없고, 감각적인 대상들에 대한 욕구를 끊어버리면서 모든 사물로부터 어두워진 곳에 머무를 수 있는 용기를 얻어내지도 못할 것이다."(『가르멜의 산길』 1.14.2) 다른 번역에서 보면 "의지가 불타는 일이 없게 될 그런 사랑으로… 모든 욕망을 끊고 모든 즐거움을 포기하기 위해서는 임의 사랑인 보다 큰 사랑의 뜨거운 불꽃이 있어야 한다. 이 사랑에서 즐거움과 힘을 얻으면 영혼에게서 모든 다른 사랑을 거뜬히 부정할 만한 끈덕진 용기가 솟아나게 된다.", "그리고 감각욕의 위세를 누르기 위해서는 임에 대한 사랑을 지니는 것이 필요할 뿐 아니라 강렬한 욕망과 사랑이 넘치는 마음의 충동이 있어야 한다."(『가르멜의 산길』 1.14.2) 비교해서 읽어 보면 좋을 것이다.

    십자가의 요한에 따르면, 그리스도께 대한 사랑 없이는 아무것도 할 수 없다. 그렇기 때문에 영혼에게 가장 중요한 첫째 임무는 기도, 묵상, 경건한 독서, 희생으로 그 사랑을 얻도록 힘써야 한다. 그렇게 할 때, 하나님께서 부족함 없이 은혜를 베푸시며 도와주실 것이다. 그러나 명백하게 영혼이 예수님을 사랑할 때, 그는 예수님을 기쁘게 스승으로 모시게 된다. 바로 그 때문에, 어떻게 예수님께서 말씀과 모범을 통해 포기의 길에 들어서도록 가르치셨는지를 십자가의 요한은 설명해 준다.

십자가의 요한의 가르침은 복음적이다. 그렇지 않았다면 정말로 신뢰할 가치가 없었을 것이다. 영성적 생활에서는 단 한 분의 스승, 곧 예수 그리스도가 계실 뿐이기 때문이다. 예수님의 그 가르침을 다른 모든 영성가들은 시대와 사회적 신분과 소명 등의 특수한 조건에 적응했을 뿐이고, 그 본질은 언제나 예수님의 가르침에 근거를 두었다. 그러므로 전부 말끔히 벗어 버림에 대한 십자가의 요한의 가르침도 복음서에 없는 것이라면 따를 가치가 없다. 그러나 여기에 대해 복음서에 더욱 정식으로 표현되어 있기 때문에, 조금도 걱정할 필요가 없다.

"누구든지 나를 따라오려거든 자기를 부인하고 자기 십자가를 지고 나를 따를 것이니라"(마 16:24). 어디로 따라오라는 말씀인가? 완전히 없어지고 온전히 무로 돌아가게 되는 길을 따라오라는 것이다.

"누구든지 제 목숨을 구원하고자 하면 잃을 것이요 누구든지 나를 위하여 제 목숨을 잃으면 찾으리라"(마 16:25).

또 주님은 다음과 같이 말씀하신다.
"생명으로 인도하는 길은 비좁다."
정말 그렇다. "생명으로 인도하는 문은 좁고 길이 협착하여 찾는 자가 적음이라"(마 7:14). 바로 그 때문에 예수님은 이 말씀대로 모범을 보여 주셨으며, 훌륭한 스승들은 모두 예수님을 본받았다. 그래서 십자가의 요한도 영과 감각의 정화, 즉 영성의 길에서 거치는 두 시기에서 영혼이 본받아야 할 것을 예수님 안에서 찾았다.

감각의 억제를 위해, 그리스도께서 감성적인 삶에 대해 죽으신 것만은 확실하다. 살아 계시는 동안은 영적으로 죽으셨고, 돌아가실 때는 물질적으로 죽으셨다. 당신의 말씀대로 "첫째, 그리스도께서는 살아 계시는 동안에 확실히 감각적인 것에서 영적으로 죽으셨고, 그분의 죽음은 본성적으로 죽으셨음이 확실하다. 그리스도께서 말씀하셨듯이(마 8:20) 살아 계실 때에 머리 둘 곳조차 없으셨고, 돌아가실 때에는 더욱더 그러하셨다"(『가르멜의 산길』 2.7.10). "둘째, 돌아가시는 순간에 그분의 영혼 안에 아무런 위로나 편안함이 없이, 성부께 자신의 영혼의 아랫부분에 따르는 철저한 메마름을 남기는 가운데 완전하게 파멸을 맞으셨다는 것은 확실하다. 그래서 나의 하나님, 나의 하나님, 어찌하여 나를 버리셨나이까(마 27:46)라고 외치셔야 했다"(『가르멜의 산길』 2.7.11). 십자가 위에서 당하신 예수님의 참혹한 고뇌를 사랑하는 마음으로 기억하도록 하자! 사랑하는 스승께서 우리를 위해 견디신 그 고통을 생각할 때, 예수님에 대한 사랑 때문에 희생을 감수할 수 있는 힘이 솟는 것을 느끼지 않을 사람이 과연 있을까?

십자가의 요한은 영적 여정의 첫째 부분인 감각의 밤보다 틀림없이 더욱 고통스러운 둘째 부분인 영의 밤에 대해서 계속 말하고 있다. 죽음을 앞두신 그리스도께서 당신을 온전히 없애 버리신 저 가슴에 사무치는 모습을 그는 다음과 같이 보여 준다.

"당신이 돌아가시던 그 순간, 영혼엔 조금도 편한 구석이나 위로가 없이 오로지 당신 자신을 완전히 없애 버리는 상태에 계셨으니… 십자가 위에서 '나의 하나님, 나의 하나님, 어찌하여 나를 버리셨나이까.'(마 27:46) 하는 부르짖음은 필연적이었던 것이다… 사람들이 죽어가는 당신을 보고 조롱했으니… 자연성으로 볼 때 죽음으로 그 자연성은 없어진 것이요, 아버지의 도우심이나 영적 위로 역시 없어져 버렸으니, 그때 아버지께서는 아드님이 빚을 다 갚고 인간을 하나님과 결합시키도록, 그리스도를 버리시고 없애시고 무로 돌아가게 하셨다"(『가르멜의 산길』 2.7.11).

우리는 예수님께서 이 모든 고통을 우리 때문에 참아 견디셨다는 것을 잊어서는 안 된다!

"성자께서는 저희 인간을 위하여, 저희 구원을 위하여 하늘에서 내려오셨음을 믿나이다… 십자가에 못 박혀 죽으시고 장사되셨으며…."

그렇다. 예수님께서는 당신을 완전히 없애 버리는 모범을 우리에게 보여 주셨고, 또한 이처럼 당신을 없애 버림으로써 풍성한 열매를 맺게 된다는 것도 알아듣게 해 주셨다. "이 버려짐으로 말미암아 그리스도께서 살아 있을 때 이루셨던 기적들보다 훨씬 더 커다란 일, 지상에서는 물론이요 하늘에서도 볼 수 없는 커다란 업적을 이루셨는데 **은총을 통하여 하나님과 인간을 일치시키고 화해시킨 것이다**"(『가르멜의 산길』 2.7.11).

또한 예수님께서 당신을 완전히 없애 버리신 것은 다음과 같은 교훈을 우리에게 준다. "이 말은 그리스도의 길과 문에 대한 신비는 하나님과 일치를 위한 것이며, 하나님 때문에 영혼의 감각적이고 영적인 부분에서 파멸을 혹독하게 겪을수록 하나님과 더욱 일치하게 되고 더욱 커다란 일을 하게 된다는 것을 영적으로 잘 이해할 수 있도록 가르치는 것이다. 아무것도 남게 되지 않을 때, 이때가 바로 최고의 겸손이라 할 수 있는데, 하나님과 영혼 사이에 영적인 일치가 이루어지게 될 것이다. 이 일치는 세상에서 도달할 수 있는 가장 크고 높은 상태이다. 이 영적인 일치는 휴식이나 기쁨, 그리고 영적인 감정으로가 아니라 예외적이라고 할 수 있는 영적이며 감각적인 십자가의 생생한 죽음을 통해 이루어지는 것이다"(『가르멜의 산길』 2.7.11).

영의 밤의 도가니 속에 들어가서야 비로소 우리는, 예수님께서 우리를 사랑하기 때문에 견디신 그 고통의 모범에서 위로를 받게 되며, 또한 그 고통이 가져오는 풍성한 결실을 생각하면서 위로를 받게 된다. 십자가의 요한이 명확히 단언한 것처럼, 우리의 고통 속에서도 분명 그처럼 풍성한 결실을 맺게 되리라는 것을 깨닫기 때문이다.

십자가의 요한은 이와 같이 우리가 예수님의 가르침과 모범을 주시하도록 이끌면서, 영성의 길에서 피할 수 없는 시련에 대비하여 더욱 큰 용기로 맞설 수 있도록 우리의 마음을 준비시켜 왔다. 우리가 받게 될 예수님의 도움은 여기서 끝나지 않는다. 예수님께서는 우리에게 초자연적 생활을 하게 하시며, 또한 당신을 본받음으로써 마침내 하나님과의 합일에 이르게 하는 은총도 주신다. 십자가의 요한은 예수님을 영혼의 정배로 우리에게 제시하면서 이 진리를 되풀이해서 깨우쳐 주고 있다.

3. 영혼의 정배317)이신 예수님

　십자가의 요한은 다른 여러 신비가들과 같이 영혼과 하나님의 합일을 혼인에 의한 결합이라는 상징으로 즐겨 표현한다. 그래서 십자가의 요한은 영적 약혼과 혼인에 대해 말하고, 또한 영혼의 정배라는 단어까지 쓰고 있다. 십자가의 요한이 말하는 '정배'라는 개념은 사람이 되신 말씀이신 예수 그리스도이며, 동시에 하나님이시며 인간이신 분을 뜻하는 것임을 잘 알아 두어야 한다. 영혼은 그리스도 전체와의 일치, 즉 그분의 신성은 물론 인성과도 온전히 하나가 되기를 바라고 있다. 거룩한 인성으로 살아가는 그 풍성한 은총을 통해, 영혼의 삶은 예수님의 삶의 연장처럼 된다. 또한 그분의 신성으로 살아가면서 그 거룩한 의지 안에서 자기를 완전히 잃어버려야 하기 때문에, 사도 바울과 함께 "이제는 내가 사는 것이 아니요 오직 내 안에 그리스도께서 사시는 것이라."(갈 2:20)라고 말할 수 있어야 한다.

　십자가의 요한이 사람이 되신 말씀을 정배라고 표현한 것은 다만 시적인 상징의 개념으로 그렇게 말한 것이 아니다. 십자가의 요한은 신학자이므로 신학적 전통, 특히 토마스 아퀴나스의 신학적 개념의 가치와 내용을 잘 알고 있었다. 영혼이 그리스도와 결합한다는 것을 정배라는 말로 표현한 토마스 아퀴나스의 가르침은 '그리스도의 신비체가 그 머리와 하나가 되는 가르침'에 내포되어 있는 것과 동일한 실재를 뜻한다. 후자는 성경에서 뽑아 낸 것으로, 현대 신학자들에게는 물론이

---

317) 정배 (淨配)【명사】(가) '깨끗한 배필'이란 뜻으로, 그리스도와 교회의 관계를 이르는 말.

고 영성의 길을 따르는 사람들에게도 가장 친숙한 상징이 되어 왔다. 다만 신비체라고 할 때 그리스도와 결합된 모든 영혼을 말하는데, 정배라고 할 때는 언제나 그렇다고 할 수는 없지만 오직 한 영혼에 대해 말하는 것이다. 그러나 지금 말한 두 경우 모두, 영혼에게 넘치도록 주어지는 그리스도의 생명에 대한 것을 언급한다. 그리스도는 인류를 (논리적으로도 실제적으로도) 당신의 몸, 즉 그리스도의 신비체로 만드셨다고 할 수 있다. 그러나 한편 인류는 하나하나의 영혼으로 구성되어 있기 때문에, 그리스도는 당신의 몸과 결합된 모든 영혼의 정배라고 당연히 말할 수 있다.

남편은 머리라는 이름으로 아내에게 힘을 갖고 있다고 성 토마스는 말했다. 참으로 내적 생활을 하는 영혼이라면 누구나 잊을 수 없는, 영성적 가르침의 금자탑이라 할 만한 회칙이 1943년 교황 비오 12세에 의해 반포되었다. 이 훌륭한 회칙에서 우리는 신비체의 개념, 즉 그리스도와 영혼의 친밀한 관계가 얼마나 풍요로운 것인가를 잘 알 수 있게 된다.

십자가의 요한이 신비체의 가르침을 몰랐던 것은 아니다. 그 분명한 증거로 우리는 성인의 주요한 저서에서 신비체에 대한 뚜렷하고 더없이 아름다운 표현을 몇 군데 찾아볼 수 있을 뿐만 아니라, 톨레도의 쓰라린 옥중 생활에서 쓴 몇 가지 시구에서도 그런 표현을 엿볼 수 있다. 거기서 십자가의 요한은 영혼이 그리스도의 몸과 결합됨으로써 하나님의 생명과 지복에 참여할 수 있다는 생각을 똑똑히 말하고 있다. 이 주제를 집중적으로 연구하는 현대 신학자들이 정의한 온갖 교의적인 명확성을 신비 박사인 십자가의 요한에게 기대해서는 안 된다. 그러나 천재적 신학자인 십자가의 요한은 분명히 우리의 영성 생활이 가장 엄밀한 뜻에서 우리 영혼의 참된 근원이신 그리스도께 온전히 종속되어 있음을 적어도 직관적으로 파악하고 있었다.

사실 우리 영혼에게 주어지는 하나님의 생명, 즉 은총의 근원은 그리스도이시다. 그것은 아담이 지은 죄와 그것에 이어서 범한 우리의 개인적인 모든 죄로 잃었던 은총을 당신의 거룩한 수난으로 되찾아주셨을 뿐 아니라, 20세기 이전 십자가에서 그것을 되찾으신 이후 실제로 지금도 그 은총을 나누어 주고 계신다는 뜻이다.

그리스도께서 우리의 구원과 성화를 얻어 주신 속죄의 업적에는 사실 두 가지 측면이 있다. 첫째는 그리스도께서 이 지상에서 체험하셨고 십자가에서 처참하게 희생되시며 끝났던 그 고통을 통해, 죄로 더럽혀진 인류에게 하나님의 은총을 얻어 주신 사실이다. 하지만 이 첫째 사실에는 영원히 계속될 또 다른 하나의 사실이 이어지고 있다. 즉, 부활하시어 하늘에 오르시고 아버지의 오른편에 앉으신 그리스도께서는 우리를 위한 끊임없는 전구(傳求)로 얻으신 그 은총의 무한한 보화에서 한 사람 한 사람이 필요로 하는 특별한 은총을 나누어 주고 계시다는 사실이다. 앞서 말한 교황의 회칙을 보면, 그리스도께서는 천국에서 우리를 위해 이러한 은총들을 선택하시고, 하늘에 계신 아버지에게서 이 은총들을 받아 우리 영혼에게 나누어주신다고 되어 있다. 이렇게 우리는 초자연적인 생활에서 끊임없이 그리스도의 영향을 받고 있으며, 그분께서 주시는 은총을 통해 그리스도와 동화되어 간다는 것을 깨닫게 된다. 그리스도인은 세례성사의 물로 새로 태어나 그리스도의 지체가 된다. 그 물은 예수님께서 십자가에서 얻어 주시고 당신 성사의 효력으로 친히 우리에게 전하시는 초자연적 생명의 근원인 그 거룩한 샘에서 퍼 올린 것이다.

이 생명이 참으로 우리를 그리스도 안에서 녹아 버리게 한다. 이 사실을 초대 그리스도 신자들의 비밀 지하 묘지(카타콤, catacomb)에 나타난 감동적인 과거 기록이나 사도 시대의 교부들이 남긴 글들이 증명하고 있다. 그래서 그들은 그리스도인을 나타내는 데도, 사랑하는 구세주를 나타내는 데도 동일한 상징을 즐겨 사용했다. 이 동일한 표시는 그리스도인의 상징인 물고기 모양이었는데, 이것은 그 영혼이 세례의 샘에서 생명의 물을 얻기 때문이다. 따라서 물고기처럼 그 물 안에서 생명의 원천을 발견함을 뜻하고 있다. 그리고 그것은 그리스어로 '예수 그리스도 하나님의 아들 구세주'라는 말의 머리글자를 이어 맞추면 물고기라는 말이 되기 때문에, 물고기가 주님의 상징이 되었다.

그리스도와 그리스도인의 닮은 점은 어떤 생명력이 있는 것으로, 영혼 안에서 은총의 생명이 자람에 따라 더더욱 뚜렷해지게 된다. 이 생명은 그리스도의 영향으로 살아가면서 우리 안에 그리스도의 거룩한 모습을 박아준다. 하나님의 생각과 원의 안에서, 우리는 신적 전형(典型)을 닮아 가는 것이다. 아버지께서는 창조주의 눈길로 이 무한히 신비스런 신적 전형인 성자의 모습을 바라보시면서 성자의 모습을 닮은 사람을 만드시고, 예수 그리스도와 특별히 닮아 가도록 우리를 부르셨다. 그분을 닮음으로써 우리는 이 지상에서나 또한 천국에서 하나님을 찬미하게 될 것이다. 사도 바울은 다음과 같이 말하고 있다. "하나님이 미리 아신 자들을 또한 그 아들의 형상을 본받게 하기 위하여 미리 정하셨으니 이는 그로 많은 형제 중에서 맏아들이 되게 하려 하심이니라"(롬 8:29).

하나님께서는 어느 누구에게도 같은 인생길을 걷도록 정하지 않으셨다. 십자가의 요한의 말대로 각자는 저마다 "하나님께서는 각각의 영혼을 다른 길로 이끌어 가시기 때문에 영적 여정을 거니는 방식의 반만이라도 다른 이의 방식과 일치하는 영혼을 찾기란 거의 힘들 것이다"(『사랑의 산 불꽃』 3,59). 구원의 성년 축제에서 그리스도의 대리자인 비오 11세는 우리에게 다음과 같은 장엄한 말을 남겼다. "물리적인 하늘의 별이 서로 다른 것처럼 영적 완성의 천상, 즉 성인들의 천국에서, 각 영혼은 혼자 따로 하나님께 알려지고, 혼자 따로 사랑받고, 은총을 받으며 인도되고 있다." 자연과학자들의 말처럼, 꽃을 보더라도 다른 꽃과 완전히 같은 꽃이 하나도 없는 것과 같이 초자연적 차원에 있어서는 더더욱 그렇다. 사람은 제각기 그리스도의 특별한 모상이 되어야 한다. 그리스도와 닮은 모습 안에서, 그 모습이 이루어지도록 이끄시는 하나님의 계획 안에서 그 사람의 인격의 숭고함과 위대함이 드러나게 된다. 왜냐하면 각 영혼은 "주님을 위해 내가 있어야 할 곳에 아무도 나를 대신할 수 없다."고 말할 수 있기 때문이다.

그러므로 그리스도께로부터 오는 하나님의 은총은 영혼을 예수님과 동화시키려고 한다. 그 은총은 그리스도의 영혼 안에 있는 것과 같은 본성을 우리 안에 보존하게 해 준다. 하나님의 이러한 은총을 통해서 사람이시요 하나님이신, 즉 위격적 결합으로 하나님의 위격을 지닌 사람이신 그리스도께서는 우리를 위해서도 하나님의 은총을 얻어 주실 수 있다. 그러므로 그리스도의 영혼의 이 은총은 '머리로서의 은총'이라고 불린다. 즉, 머리의 은총은 지체에 그 은총을 전한다는 뜻이다. 그러나 지체인 각 영혼이 지닌 은총은 많은 차이는 있을지라도 머리가 지닌 은총과 다른 성질의 것은 아니다. 그리스도인의 영혼 안에 지닌 하나님의 은총은 그리스도의 영혼 안의 것과 온전히 같은 본질과 성향이다. 그 은총은 우리가 지극히 거룩하신 삼위의 영광과 인간의 구원을 위해 살고 활동하게 하면서 우리의 영혼을 하나님과 결합시켜 주고자 한다.

　이것을 통해 알 수 있는 것은 교회, 즉 그리스도인의 영혼의 세계에서는 그리스도의 생명이 반영되고 계속되고 있다는 것이다. 그래서 이에 대해 교황 비오 12세는 예로부터 전해 오는 전통을 따라서, "교회는 거의 그리스도의 둘째 위격처럼 존재한다."고 되풀이하는 것이 적절하다고 생각했던 것이다. 그는, 교회는 또 다른 그리스도, 즉 완전히 닮은 그리스도의 모습이며, 그분의 일을 계속해 나가고 있음을 상기시켰다. 그리스도처럼 교회는 가르치고 다스리며 여러 가지 성사를 베풀 뿐만 아니라, 또한 그리스도의 온갖 덕, 그분의 거룩하고 영웅적인 온갖 행적으로 빛나고 있으며, 하늘에 계신 아버지의 영광을 드러내고 사람들의 구원을 위해 일하려는 열의로 불붙고 있다.

　그러나 명심할 것은, 교회는 분리된 특정한 개인의 영혼의 총체라는 점이다. 그래서 개개인의 영혼 안에서 그리스도의 덕과 초자연적 은총을 찾아볼 수 없다면, 교회는 그런 것을 반영할 수 없을 것이다. 그러므로 교회가 그리스도를 완전히 닮은 모습으로 그 안에서 그리스도의 생명을 연장시켜 간다는 것은, 또한 많은 개개인의 영혼 안에 그리스도의 생명이 반영되고 연장되고 있음을 뜻한다. 선택받은 영혼인 삼위일체의 복녀 엘리사벳이 지은 참으로 아름다운 기도문 안에는 많은 영혼이 열망하는 이러한 생각이 잘 표현되어 있다. 이 기도문은 오늘날 영적인 생활을 하는 사람들에게 많은 사랑을 받고 있다. "제가 그리스도를 위해서 그분 인성의 연장(延長)이 되어, 제 안에서 그리스도께서 아버지의 영광의 신비와 영혼의 구원의 신비를 새롭게 하실 수 있게 하소서."

그리스도를 정배로 삼은 영혼에게 과연 이보다 더 아름다운 이상이 있을까! 이처럼 사랑하는 정배의 생명에 참여함으로써, 우리는 영혼 안에서 그리스도와의 동화가 최고로 완성되는 것을 볼 수 있다. 이것은 그리스도께서 하나님의 은총을 주시면서 그 영혼 안에서 일하신 결과이다.

영혼 안에서 이러한 생명의 광채가 하나님의 은총을 통해 넘쳐 나오고, 그것이 그리스도로부터 비롯된다는 십자가의 요한의 깊은 통찰은 『영가』로 알 수 있다. 거기서 십자가의 요한은 영혼이 깨닫게 되는 덕들과 그 덕들이 완전히 성장하여 튼튼히 자리 잡게 되는 최고의 생활, 즉 하나님과 일치하는 생활을 할 수 있게 되는 것은 오직 그리스도를 통해서 가능하다고 명백하게 말한다. 또한 천국의 성인·순교자·동정녀·박사들을 장식하는 후광은 모두 모여서 으뜸이신 그리스도의 머리 둘레를 감싸는 왕관을 이루고 있는데, 이것은 마치 성인들의 위대함이 모두 그리스도로부터 오는 것이므로 그들의 위대함은 그리스도의 영광을 찬미하는 것임을 입증하는 것 같다고 밝힌다.

그러므로 십자가의 요한이 영혼의 정배이신 그리스도께서 정배인 영혼에게 미치는 영향을 깊이 이해하고 있었음을 부정할 수 없다. 십자가의 요한은, 그리스도께서 영혼으로 하여금 서서히 그 신성과 결합하도록 이끄시고, 지극히 거룩하신 인성 안에서 친히 사시던 생활로 점점 동화되게 하시어 마침내는 이 인성을 온전히 닮은 모습이 되게 하셔서, 영혼이 이 인성을 반영할 뿐만 아니라 재현하고 연장하게 하신다는 것을 잘 파악하고 있었다.

따라서 영혼이 사랑에 넘치는 눈으로 그리스도를 바라보는 것은 그리스도 안에서 그가 본받을 모범을 보기 위해서만이 아니다. 그리스도의 성화의 힘이 자신 안에서 온전히 발휘되기를 청하며, 정배이신 그리스도께서 바라시는 대로 모든 일에서 순종하며 그분께서 이끌어 주시도록 유순히 자신을 맡기고 싶다는 것을 드러내기 위해서이다.

따라서 그리스도와의 친밀한 생활이 모두 영혼 앞에 펼쳐지고 있는 지금이야말로, 관상적 영혼이 된 사람에게는 과연 이처럼 그리스도와 친밀한 생활이 가능한 것인지를 잠시 생각해 볼 수 있는 좋은 시기라고 생각된다.

4. 관상의 대상이신 예수님

영혼이 관상적이 되어 마음이 하나님과 일치될 때 더 이상 그리스도의 인성에 마음을 빼앗기지 않아도 된다고 흔히 말하며, 더구나 이러한 생각이 신비 박사인 십자가의 요한에게서 시작되었다고 말하는 이들도 있다. 그러나 우리는 예수의 성녀 테레사가 그러한 설을 적극 반대했던 것을 잘 알고 있다. 이것으로 미루어 보더라도 테레사 영성의 신학자인 십자가의 요한이 그토록 중요한 문제에 대해 성녀 테레사와 의견을 달리했다고는 도무지 생각할 수 없다. 십자가의 요한 역시 개혁자인 성녀 테레사와 같이, 관상적 영혼은 모든 영성의 여정에서 그리스도를 떠나지 않으면서 그리스도에 대한 뜨거운 신심을 끊임없이 발전시켜 나가기를 원했다고 믿어야 한다. 그렇다 하더라도 십자가의 요한이 우리에게 남겨 준 자료에 따라 연구하면서, 그가 사실 그러한 방향으로 영혼을 지도하고 있었다는 증거를 찾아낼 수 있는 것도 그다지 흥미 없는 일은 아닐 것이다.

관상적이 된 영혼이 특히 신성으로 끌리는 느낌은 부정할 수 없는 일이어서 조금도 이상할 것은 없다. 왜냐하면 신비적 인식의 첫 대상은 바로 신성, 곧 하나님이기 때문이다. 관상이란 사랑을 통해 하나님의 사정을 깨닫게 되는 방식이므로, 애덕의 사랑 안에서 영혼은 자기를 강하게 끌어당기시는 분을 체험하게 된다. 그러나 영혼을 끌어당기고 결합시키는 이 애덕의 사랑의 대상이 바로 하나님의 상냥함, 즉 하나님 자신이시며, 그 하나님께서는 이 관상적 인식 안에서 당신을 어렴풋이나마 드러내 보여 주신다. 이러면서 관상적 인식은 이미 말했듯이 우리에게 소위 '하나님에 대한 감각'을 지니게 해 준다. 따라서 관상에 들어간 영혼은 자연히 사랑의 눈길로 하나님만 바라보면서 움직이지 않는다. 또한 거기서 나와 다른 특별한 생각을 할 마음도 없을 뿐더러, 지난날 자신의 내적 생활에서 크나큰 양식이었던 그리스도의 신비에 대해서도 묵상하고 싶은 마음이 없어진다. 이것을 나무랄 수 있을까?

아니, 결코 비판할 일이 아니다! 우리가 그리스도와 일치해야 할 필요성을 강조한 성녀 테레사는, 영혼이 기도하면서 하나님과 함께 머물며 하나님께 끌리고 있음을 느끼는 가운데 오롯이 사랑으로 하나님을 바라보는 데 마음을 빼앗기고 있을 때, 다시 마음을 돌이켜 그리스도의 인성에 대해 묵상해야 한다고 주장한 적이 없다. 성녀가 인정하지 않았던 점은, 영혼이 그러한 관상에 이르고 싶은 욕망 때문에 모든 구체적인 생각을 스스로 물리치고 싶어서, 이런 체험이 관상에 방해가 될까봐 두려워 그리스도를 바라보지 않으려는 태도를 말하는 것이다. 그러므로 성녀가 배척하고 있는 것은 일부러 머리를 써서 그리스도를 마음에서 멀리하려는 의도이지, 하나님께 온전히 집중하여 영혼이 저절로 그리스도를 생각하지 않게 되는 경우를 두고 한 말은 아니다.

이 둘째 태도가 좋지 않은 태도라고는 할 수 없다. 왜냐하면 영성 생활에서 당연히 그리스도께서 차지하셔야 할 자리를 그리스도께 드리기 위해, 반드시 끊임없이 그리스도를 생각해야 하는 것은 아니기 때문이다. 자주 그리스도에 관한 생각으로 되돌아가서, 우리의 영성 생활이 그리스도의 영향 아래 성장한다는 것을 습관적으로 자각하게 되는 것으로 충분하다.

십자가의 요한의 가르침에 따르면, 지금 여기서 보게 되듯, 그는 우리가 영성 생활에서 그리스도를 생각함으로써 영혼을 계속 발전시켜 나가기를 무엇보다도 간절히 바라고 있다는 것이 분명해진다. 즉, 십자가의 요한에게는 그리스도께 가는 것이 결코 관상에 방해되는 것이 아니며, 오히려 관상 그 자체가 예수님의 강생과 구원의 신비에 관해 더욱 깊이 깨닫도록 영혼을 비추어 주는 데 도움이 된다.

십자가의 요한의 가르침에 따르면, 그리스도께서는 우리가 사랑하는 스승이요 모범이시며, 영혼이 하나님과의 합일에 이르는 여정 전반에 걸쳐서, 즉 서서히 관상에 들어가는 여러 단계에서 꾸준히 스승이요 모범이 되어 주신다. 따라서 십자가의 요한은 분명 이 길의 어느 지점에서도 우리가 그리스도에 대한 생각을 멀리하지 않기를 바랐을 것이다. 만일 우리가 마음에 스며드는 그리스도에 대한 감미로운 생각으로 우리 자신을 지탱하고자 하지 않는다면, 십자가의 요한이 그리스도께 기대한 것과 같은 빛과 위로를 결코 그리스도의 모범 중에서 찾아낼 수 없을 것이다. 따라서 십자가의 요한이 '그리스도에 관한' 생각을 고의로 멀리하는 것을 인정했을 수도 있었다고 생각할 수는 없다. 거기에 관해서는 조금도 의심의 여지가 없다.

그럼 이제 우리는 기도할 때 어떻게 해야 하겠는가? 기도할 때, 우리는 그리스도의 신성 안에 더욱 쉽게 온전히 잠기기 위해서 그리스도의 인성에 대한 생각을 멀리해야 하는가?

이런 질문에 충분하게 대답하기 위해, 먼저 이렇게 말하고 싶다. 성 요한의 생애와 전형적인 그의 시구(詩句)를 통해서 말할 수 있는 것은, 우리가 기도를 시작하기 위해 인간이신 그리스도께 향하는 것이 영혼 안에서 관상의 진보를 방해한다고는 그가 믿고 있지 않았음이 명백하다는 점이다. 십자가의 요한은 교회 안에서 기도하면서 차분히 마음을 모으는 것을 각별히 좋아했다. 개혁 가르멜회에서는 인간이시며 하나님으로서 우리에게 당신의 신성과 인성을 온전히 주시는 예수님 앞에서 항상 묵상 기도를 하는 관습이 있는데, 이것은 성녀 테레사의 영향만이 아니고 십자가의 요한의 영향도 있다. 더구나 위에서 언급했던 십자가의 요한의 시, 즉 그가 '신앙으로 하나님을 앎을 노래하는 영가'라는 제목을 단 아름다운 시는, 바로 교회 안에서 그가 신성에 대한 모호하고 어두운 관상을 하면서 영혼의 양식을 얻었음을 보여 준다.

영원한 저 샘이 우리게 생명을 주고자
사신 이 빵 안에 감추어 계시느니
그래도 밤이어라

여기 피조물을 부르고 있어
이 물에서 저들은 배부르노라 어두워도
밤이기에

내 목말라 하는 저 산 샘을
생명의 이 빵 안에 나는 보노라
그래도 밤이어라   ─최민순 옮김

  십자가의 요한의 영혼이 예수 그리스도를 바라보면서도 신성 안에 깊이 잠겨 있었음을 이것으로도 명백히 알 수 있다.
  예수 그리스도를 바라보면서 어두운 관상의 영역까지 어떻게 드높여지게 되는가를 잘 설명하기 전에, 우선 일러둘 것이 있다. 그것은 우리가 예수 그리스도에 대해 말할 때, 너무나 흔히 예수님의 인성을 추상적으로, 그것이 마치 그분의 신성에서 분리되어 있는 것처럼 말한다는 점이다. 실제로 영혼은 인성을 그렇게까지 분리된 것으로는 생각하지 않는다. 우리가 그리스도의 인성에 대해 말할 때는 '인간 그리스도'를 부각시키려다가 자연히 그렇게 되어 버린다. 즉, 인간 그리스도 안에서 하나님의 위격과 그 인간성이 결합되어 있음을 전제하여 생각하지 않는다면, 실상 인간 그리스도를 올바르게 이해할 수 없기 때문이다. 한마디로 인간 그리스도께서는 바로 사람이 되신 말씀이시다. 예수라고 불리는 이 구체적 실존 안에 온전한 인간성을 지니고 계시며, 또한 그 위격이 하나님이기 때문에 그분의 신성도 거기에 있다. 바로 그 때문에 예수님의 주된 아름다움은 그분의 신성에 있으며, 이것이 언제나 그리스도를 위대하게 하고 또한 아름답게 만들고 있다.
  예수님의 사랑에 마음을 빼앗긴 영혼은 될 수 있는 한 깊이 예수님을 알려고 노력하며, 자연히 그분의 가장 위대한 아름다움을 보려고 그분 앞에 머물게 된다. 그러므로 그리스도를 사랑하는 영혼의 시선은 그리스도의 '모든 것이' 온전히 현존하는 그분께 다가가면서 으레 그 신성을 바라보게 된다. 그리스도께 다가가면서 영혼은 또한 직접적인 방식으로 그분 안에서 관상의 주요 대상을 발견한다. 사랑에 넘치는 눈으로 바라보면서 기뻐하는 데 아무런 방해도 되지 않는 그분의 신성을 발견하는 것이다. 그러나 영혼을 이처럼 사랑에 머물게 한 것은 그분을 바라보는 눈, 거룩한 그분을 바라보는 시선이었다. 그리스도에 관해 생각하는 것은 관상을 방해하지 않으며, 영혼은 그 생각을 그리스도의 신성을 향해 나아가는 출발점으로 사용한다.

그러나 그것이 다는 아니다. 사람이 되신 '말씀'에 대한 생각은 우리를 관상으로 옮겨 가게 해 줄 뿐만 아니라, 이를 통해 얻어지는 관상적 인식은 강생의 신비를 깊이 알아듣게 하고 그 신비의 높이와 더 큰 가치를 깨닫게 하여, 마침내는 하나님의 자비에 대한 더욱 깊은 '감각'을 지니게 해 준다. 만일 신성에 관한 관상이 지성으로 얻어지는 그 어떤 개념적 인식보다도 훨씬 풍요로운 하나님께 대한 감각을 지니게 해 주는 것이라면, 우리의 시선이 신성에서 강생의 신비로 내려갈 때라도 하나님께 대한 감각을 잃어버리는 일은 없을 것이다. 그때 우리는 전에 맛보았던 하나님의 더없는 위대하심과 지극히 높으심을 한층 깊이 이해하게 되고, 사람이 되신 하나님의 겸손은 우리의 마음을 더욱 감동케 하며, 우리에게 오시기까지 몸소 완전히 낮추신 하나님의 그 깊이를, 헤아릴 수 없는 자비를 더할 나위 없이 분명히 깨닫게 될 것이다.

십자가의 요한은 『영가』에서, 영혼이 하나님과 하나가 되어 일치의 관상을 즐길 때, 관상적 빛 안에서 신성과 강생의 신비에 대한 깨달음이 서로를 깨우쳐 주며 영향을 미치는 것에 대해 분명하게 말하고 있다. 사실 십자가의 요한은 그때 영혼과 사랑으로 맺어진 그리스도는 "하나님의 속성과 덕들에 대한 앎과 하나님과 인간에 대한 비밀들을 깨달으면서 얻게 되는 기쁨과 맛을 즐길 것이다. 앞서 말한 비밀들을 통하여 하나님 안에서 정의·자비·지혜·권능·애덕 등 많은 개념들도 깨달을 것이다"(『영가』37,2). 다른 번역자는 "다만 하나님이요 사람이시라는 신비뿐만 아니라, 그러한 신비를 통해 하나님 안에서 볼 수 있는 정의·자애·예지·능력·사랑, 이 밖에 하나님의 여러 덕과 속성에 대한 깨달음에서 생기는 기쁨도 함께 맛볼 것이다."라고 썼다. 이와 같이 하나님의 속성에 관한 더욱 깊은 인식은 그리스도의 신비를 더욱 심오하게 통찰하는 데서 이루어지는 것이므로, 곧 이어 그 깨달음은 강생의 위대함에 대해서도 더 깊이 알아듣게 해 준다.

그다지 높지 못한 관상의 영역에서는 물론 앞서 말한 경우만큼 현저하지는 않지만 같은 사실을 볼 수 있게 된다. 왜냐하면 관상에서 언제나 하나님께 대한 감각이 생기고, 바로 그 감각에 의해 우리는 어디에서나 하나님의 위대하심을 더욱 깊이 깨닫기 때문이다. 강생의 신비에서는, 하나님의 이 위대하심이 '말씀'이 신분의 위격 안에서 그분의 인성과 하나가 되어 있음을 깨닫게 된다.

십자가의 요한은 우리가 예수님 안에서, 우리를 인도해 주시는 스승을, 또한 우리의 영혼을 당신의 정배가 되게 하시는 우리의 정배를 알아보게 해 주었다. 즉, 예수님께서는 우리로 하여금 당신의 정배가 되게 하시어 당신 생명에 참여케 하시고, 하나님의 은혜로 우리의 영혼을 기르시면서 당신께 동화되게 하셔서 마침내 하나님과 결합되기에 더욱 어울리는 사람이 되게 하신다. 영혼은 신뢰와 사랑으로 거룩하신 정배를 끊임없이 바라보면서 자신의 갈망과 필요와 희망을 그분께 말씀드린다.

하나님과의 일치를 향해 나아가는 영혼의 여정 전체와 마침내 하나님과 하나가 된 생활을 묘사하고 있는 『영가』의 모든 구절에서, 우리는 영혼과 정배이신 예수 그리스도의 사랑에 넘치는 사귐과 대화를 발견하게 된다. 따라서 중요한 것은, 영혼이 그리스도를 결코 저버리지 않는 것이 아니라, 오히려 더욱 깊이 그분을 알게 되고 그 무엇보다도 최고의 아름다움인 그리스도의 신성을 이해하게 되는 것이다. 관상 중에 그 아름다움을 체험할 때, 영혼은 자기에게 생명을 주시려고 당신의 위대하심을 인성이라는 베일 아래 숨기고 계신 사랑의 정배를 더더욱 사랑하게 된다. 예수님은 언제나 찬미 받으시고 사랑받으실 영혼의 인도자이자 빛이며 힘이다. 비록 영혼은 매우 연약하지만, 예수님의 힘에 의지하고 있으므로 더욱 굳세어질 것이다.

이렇게 '사랑에 넘쳐 다 맡기고 임에게 의지하면서'(아 8:5 참조) 가다가, 도중에 적의(敵意)와 장해를 만나더라도 두려움 없이 맞서게 될 것이다. 영혼은 혼자가 아니기 때문이다. 아기 예수의 성녀 테레사처럼 어두운 지하도에 있을지라도 영혼은 차분하고 평화로울 것이다. 자기를 어디로 데리고 가시는지 볼 수도, 알 수도 없지만, 예수님께서는 알고 계시기 때문이다. 그분을 온전히 신뢰하면서, 예수님께서 자기를 인도하시며 마침내 복된 목적지까지 데려다주실 것을 믿으면서 안심하기 때문이다.

제20장 관상과 활동

1. 수덕과 신비의 통합

1) 영과 육 사이의 내적 분열

이제 우리는 관상과 활동 사이의 관계를 종합적으로 분석할 수 있게 되었다. 특히 그리스도인인 우리 삶에서 활동과 기도를 어떻게 통합시킬지에 대해 살펴볼 것이다.

먼저 통합 개념부터 살펴보기로 하자. 통합이란 융합하는 것, 하나로 만드는 것, 완성하는 것, 불충분한 것·불완전한 것·부분적인 것을 완벽하게 만드는 것, 불완전한 것을 완전하게 하는 것을 의미한다.318)

인간은 죄를 짓게 되면 통합되지 못한다. 마음이 갈라지게 된다. 그러므로 온 마음을 다해 하나님께로 향하기가 어렵다. 결과적으로 인간이 활동을 하더라도 한편으로는 하나님과의 관계에서 거리감을 느끼게 되는 내적 분열을 경험하게 된다.

테레사 성녀는 활동과 관상을 통합하는 데 많은 시간이 걸렸다고 고백한다. 이 두 가지 의미를 잘 이해하기 위해서 먼저 수덕과 신비의 관계를 살펴봐야 할 것이다.

수덕은 활동을 이해하는 데 도움이 되고, 신비는 관상적 삶을 설명해 주기 때문이다. 분열은 우리의 영과 몸의 죄 때문에 생긴 것이므로 분열된 것을 다시 하나로 만들기 위해 수덕실천의 노력이 요구된다.

---

318) Salvatore Battaglia, *Grande dizionario delta tingua itatiana*, Vol. VIII, Torinese, 1961

무엇보다 인간은 죄를 지음으로써 자신 안에 내적 분열이 일어나며, 하나님으로부터 멀어지고, 형제와 멀어지며 나아가 모든 창조물과의 조화로움도 깨어진다.

죄의 놀랄 만한 결과는 인간의 모습을 변형시켜 불명예스럽게 만드는 것이다. 또한 영원한 죽음으로 치닫게 하는 내면적이고 극적인 투쟁과 깊은 고뇌 속에 자신을 내던짐으로써 의식을 분열시킨다. 바울 사도는 이 때문에 다음과 같이 깊이 탄식한다. "내 지체 속에서 한 다른 법이 내 마음의 법과 싸워 내 지체 속에 있는 죄의 법으로 나를 사로잡는 것을 보는도다"(롬 7:23).

비록 인간이 세례를 통해 구원되었다고는 하지만 영혼은 몸과 결합해 있기 때문에 내적으로 온전히 통일되어 있지 않으며, 본능의 무질서함 때문에 자신 안에서 대립과 분열을 경험하게 된다. 따라서 무질서한 자신의 이러한 정신 상태는 통합을 향하여 끊임없이 질서 지워지고 일치되어야 하는 것이다. 이러한 영의 자유와 일치는 외부에서 오는 유혹과 내부에서 오는 탐욕 때문에 계속 위험한 처지에 놓이게 된다.[319]

우리 안에는 육의 원리와 영의 원리라는 두 가지가 있는데 이 둘은 서로를 반대한다. 세례를 받은 이들에게 '육'은 노예의 표시라기보다 창조된 새로운 생명을 간직한 거룩한 성전이다. 그러나 아직도 죄악의 찌꺼기가 남아 있어 항구하게 투쟁을 해야 하는 장소라고 할 수 있을 것이다. 그러므로 바울 사도는 그리스도인들에게 성령의 이끄심에 따라감으로써 '육의 욕망'에 저항하도록 권고한다.[320]

다시 말해 육이 그리스도인의 원수라면 자신의 원수는 그 자신이라고 할 수 있을 것이다. 그러므로 바울 사도는 그리스도인에게 성령의 이끄심에 따라감으로써 '육의 욕망'에 저항하도록 권고한다.[321] 그리스도인은 자신의 존재에 누룩처럼 침투해 영향을 미칠 수 있는 온갖 형

---

319) Ermanno Ancili, "Impegno umano e grazia divina", *Ascesi cristiana*, Roma, Teresianum, 1977, p.15.
320) 참조: 갈 5:17.
321) 참조: 갈 5:16.

태의 악을 경계해야 한다.[322]

그리하여 우리를 충동하는 것이 더는 본성이 아니라 성령께서 우리를 이끌어 가시도록 함으로써 나의 영이 하나님께 온전한 찬미와 경배를 드리도록 해야 한다. 그리고 기도는 자연적인 것이라기보다 인격적이며 숙고와 노력이 뒤따르는 하나님의 은총이 함께하는 초자연적인 것이어야 한다.

이런 사실을 이해할 때 고행과 수덕의 의미를 좀 더 쉽게 이해할 수 있을 것이다. 고행은 원죄로 말미암아 깨진 균형과 조화를 재구성하고자 하는 우리 존재의 수정·교육·정화의 차원을 표시한다. 고행을 통해 우리의 영혼과 육신을 은총의 활동에 순종하게 하는 것이다.[323]

죄는 영적인 생활의 근저에 자리 잡고 있으면서 모든 이가 끊임없이 부딪혀야 하는 거부할 수 없는 실재이다. 테레사는 죄에 대항하는 모습을 기술할 때 정화의 측면보다 역동적이고 투쟁적인 측면을 더 강조한다. 정화가 불필요하다는 뜻이 아니라 투쟁을 통한 정화를 말하고자 함이다. 죄는 영속적이며 역동적 실재다.

죄는 우리 삶의 부정적 요소로 삶의 한 자리를 차지하고 있다. 따라서 죄에서 벗어나기 위해서 절대적 회개와 적극적 투쟁이 필요하다. 그리고 영적 전통에서 말하는 두 가지 전형적인 밤, 곧 감각의 밤과 영의 밤을 지나야 한다. 이 두 밤을 지나기 위해서는 계속되는 위험과 투쟁을 감수해야 한다.

사실 영적 성장과 통합은 개성을 무질서하게 발전시켜 나가거나 자신을 아무렇게나 되어 가도록 내맡기는 것이 아니다. 그것은 영적 통합을 향한 적극적인 움직임이며 선택을 통해 발전해 가는 것이다. 이를 위해서는 포기가 뒤따라야 할 뿐 아니라 통합을 방해하는 것을 끊임없이 제거해야 하는 노력이 필요하다.

---

322) 참조: 갈 5:19~21
323) E. Ancili, 앞의 책, P.21.

2) 고행을 전제한 기도

앞에서 살펴본 바와 같이 우리 인간은 죄를 지을 때 마음이 갈라지게 된다. 따라서 갈라진 마음을 통합하기 위해 많은 노력을 해야 한다. 이런 노력이 바로 고행이며 수덕적 행위다. 통합적 인간이 되기 위해서는 육의 욕심에 맞서 싸워야 한다. 성녀 테레사 역시 한때 자신의 마음이 갈라짐을 발견하였고 그 갈라진 마음을 하나로 모은 통합적인 인간이 되기 위해서는 기도를 동반한 고행적(수덕적)인 노력을 해야 한다는 것을 깨달았다.

테레사 성녀는 관상기도를 통해 얻게 되는 합일은 하나님의 의지에 순응하고 덕을 닦으며 자기 본연의 의무를 성실히 수행하는 수덕적 노력과 합일을 향해 적극적으로 추구한 데서 오는 결실이라고 말한다.

그러므로 우리는 (테레사의 생각 안에서 더욱 구체적으로 드러나지만) 관상의 생수에 도달하게 도와주는 신비적 기도를 하기 위해서는 먼저 수덕생활의 실천이 요구되는 것을 분명히 알아야 한다.[324]

그리고 수덕을 실천하기 위해서는 고행 또한 적절하고도 질서 있게 수행하여야 하는 것이다. 고행이 없는 신비는 없다. 덕이 없는 기도도 없다. 그러므로 고행(덕)은 기도의 서막이며 하나님과의 사귐을 위한 전제 조건이 되는 것이다. 그것들은 인간을 '흠 없게' 하는 능력을 갖추고 있으며 인간의 조건을 하나님의 은총에 부합하게 만드는 것이다. 나아가서 고행은 인간을 하나님과 관계를 맺게 하는 덕을 향상시키는 역할을 한다.

"가령 향상이 없다 하더라도 주님이 당신의 참 친구에게 내리고자 하시는 기쁨이나 즐거움을 충분히 얻어 입을 만큼 완전한 이가 되기 위해 노력한다면 아무튼 조금씩 천국의 길을 알게 됩니다. 굳건히 참아 나가기만 하면 하나님의 자비는 틀림없다고 나는 믿습니다."(『자서전』 8.5)라고 테레사는 말한다. 그러므로 진리와 사랑과 영의 사유를

---

324) 참조: Tommaso Alvarez, "Ascesi e preghiera", *Ascesi detla preghiera*, Roma, Isrituto di spiritualita Carmelitani Scalzi, 1961, p.15.

가져오는 덕을 고행의 첫 번째 자리에 두어야 하고, 이와 별도의 수덕적 체제 안에서 영적 생활을 하고자 하는 것은 그다음 자리에 두어야 할 것이다. 고행을 위해 기교적 방법을 주장하거나 그 자체에 가치를 두는 열광주의는 그렇게 중요하지 않다.[325]

토마스 알바레즈 신부가 지적한 대로 테레사는 고행의 가치를 무시하지 않고 분별심을 갖도록 요구한다. "또 어떤 수녀들은 제 몸을 제가 괴롭히고 있는데 이것은 보기에도 우스꽝스러운 일입니다. 그들은 흔히 하는 말투로 단 하루도 가지 못할 고행을 무턱대고 하고 싶어 합니다. 그러다가는 악마가 넌지시 그런 것은 몸에 해롭다느니 하고 씌우는 바람에 그만 무서워 달아나 버립니다. 그뿐 아니라 그들은 회칙이 명하는 보속마저 할 용기를 잃어버리는 것입니다"(『완덕의 길』 10,6).

고행은 자기 학대나 어떤 목적도 없이 의지를 굳게 만드는 엄격주의자들의 수련 도구와 같은 것이 아니다. 고행은 영혼을 하나님께 향하도록 도와주는 인격적 협조다. 이런 고행은 영혼의 시선을 자기에게보다 하나님께 향하게 하므로 고행 자체에 신비적 씨앗이 숨어 있는 것이다. 영혼을 하나님께 향하게 하는 이는 자기 자신을 넘어선다. 자기 자신을 완전하게 넘어서기 전에 먼저 집착하는 것에서 조금씩 벗어나야 한다.

주님은 영혼들이 갈라지지 않고 유보하지 않는 온전한 마음을 당신께 바치기를 원하신다. 이것이 주님께 드리는 온전한 선물이다. 주님을 위해 절대적 사랑을 감소시킬 수 있는 모든 것을 끊어버리는 것이다. 그렇게 하는 이들은 이미 자신을 넘어서기 시작한 것이다. 성녀는 『완덕의 길』에서 하나님을 향하여 가는 과정에서 자신을 끊어버리는 것이 힘들다고 고백한다. "나 자신을 떠나야 한다는 것, 나를 끊어버린다는 것, 이것은 정말 힘든 일입니다. 우리는 너무나 자신한테 집착하고 자

---

[325] "이제 됐다. 그만해. 거기에 참된 고행이 있는 것이 아니야." "베드로, 인내 안에서 고행을 실천하여라!" 성녀가 동생 로렌조에게 쓴 편지를 살피면 그는 '관례적 고행'과 '실질적 고행' 사이에 분명한 구별을 하고 있음을 알 수 있다.(참조: T. Alvarez, "Ascesi per l'unione con Dio", *S. Teresa di Gesu*, p. 58)

기를 너무나 사랑하는 경향이 있습니다"(『완덕의 길』 10,2).

그리스도인의 삶은 투쟁이며 전투다. 고행은 그리스도인 삶 자체와 하나가 될 정도로 그리스도인의 표현이고 형상이다. 이런 사실에서 덕에 미치는 고행의 적극적 영향을 생각할 수 있을 것이다.

모든 그리스도인의 덕은 고행과 연결되어 있으며 거기에 의존한다. 또한 그리스도인의 덕은 태생적으로 주어진 것이 아니라 은총을 통해 신비적으로 주입된 것이라 할지라도 우리의 노력 없이는 잠재적이고 가능한 상태에만 머무르고 말 것이기 때문에 늘 역동적으로 발전되고 현실화되어야 한다. 326)

기도생활을 시작하기 위해서는 고행의 삶이 동반되어야 한다. 그러나 그러한 삶을 살기 위해 성녀 테레사는 일정한 시간표라든가 실천 방법으로 이루어진 정형화된 계획을 제시하지는 않는다. 그 대신 성녀의 독특한 통찰력을 발휘하여 세 가지 덕을 닦을 계획을 세운다. 그것은 앞에서 살펴본 바와 같이 형제적 사랑과 이탈과 겸손이다.

하나님과 합일하기 위해 고행이 필요불가결한 것이라 하더라도 고행 그 자체는 아무런 의미가 없다. 그 시대에는 그리스도인의 이 같은 훈련을 강화시키는 은수 교부들의 삶을 해석하고자 하는 움직임이 있었다.

테레사는 그러한 움직임, 곧 교부들의 삶을 새롭게 고찰하고자 하는 사람들의 열망을 잘 알고 있었다. 그것은 마치 운동을 하는 것처럼 우리의 힘을 강제로 끌어들여 육신을 제어하고 그렇게 해서 스스로를 조절하며 그 힘을 좋은 일에 쓸 수 있도록 하는 것이다.

그러나 인간이 활동할 때, 자기 힘만을 절대적으로 믿게 되면 인간의 개성은 타락하고 은총 역시 적절히 머물 수 있는 공간을 얻지 못하게 되어 내적 성장이 불가능하게 된다. 고행의 고유한 임무는 의지와 협력하여 은총이 머물 공간을 만들어 내는 것이다. 테레사에게 있어서 그리스도인의 고행은 소극적인 동시에 적극적인 의미를 갖고 있다. 소극적 측면의 고행은 은총이 진행되는 과정을 방해하는 것을 제거하는

---

326) 참조: T. Alvarez, "Ascesi e preghiera", p.7.

것이며, 적극적 측면의 고행은 은총의 길을 손쉽게 만드는 방법을 증진하는 것이다.[327]

그러므로 그리스도인의 고행은 모든 면에서 자유롭게 되는 것이며 특별히 자기 자신에게서 자유로운 사람이 되는 것이다. 또한 하나님의 손에 자신의 삶만이 아니라 열정까지 내맡기는 것이며 교회 안에서 더욱 참되고 풍성한 봉사를 위해 성령의 손길에 자신을 봉헌하는 것이다. 이 때문에 성인들은 개인적 포기와 정화를 거쳐 하나님께 복종하고 그들의 자연적 특성을 극복함으로써 순수한 활동이 가능하게 된 사람들이다. 이처럼 고행은 내적·외적인 모든 것에서 자유로워지고 교회 안에서 새롭게 봉사할 수 있는 능력을 갖추게 하는 것이다.

영적 생활을 하고자 하는 이들은 고행을 통해 자신의 내적 태도를 올바르게 수정하고 그리스도를 닮아 가야 한다. 이것이 고행의 시작이며 기본 의무다. 그리스도인의 유일한 목표인 하나님과 우리의 인격적 만남을 실현하기 위해서는 고행을 통해 그것을 올바르게 준비해야 한다.

이제 최초의 고행과 기도 사이의 상호관계를 요약한다. 곧 영적 생활을 위해 기도해야 할 때는 다소 봉인되었지만 보다 완전한 그리스도인이 되기를 원한다면 반드시 균형 잡힌 고행을 중심으로 움직여야 한다는 것이다. 실제로 기도생활은 기도를 위하여 질서 있게 방향 잡은 고행적 삶 위에 근거를 두는 것이다.

3) 주님의 파스카 신비를 사는 그리스도인의 고행

가끔 우리는 고행적 삶과 신비적 삶을 지나치게 구분하거나 분리한다. 신앙인들의 삶은 하나님과의 합일이라는 동일한 목표를 가지고 있지만 그 실현방법은 각각 다를 수 있고, 그 과정에서 어떤 이들은 고행의 가치를 지나치게 강조하고 또 어떤 이들은 신비적 삶만이 하나님

---

[327] T. Alvarez, "Ascesi per l'unione…", p.49.

과의 합일에 유일한 길인 것처럼 주장하기도 한다. 그런데 중요한 것은 이 두 가지 삶이 모두 하나님과의 합일이라는 공통된 목적 달성을 지향하고 있다는 것이다.

하나님을 향하여 나아가는 길에서 어떤 삶이 한동안 두드러지게 나타날 수는 있지만 고행적 삶과 신비적 삶을 지나치게 분리하거나 한쪽에만 마음을 기울이는 것은 옳지 않다. 이 두 가지 삶은 모두가 그리스도의 은총이라는 같은 샘에서 나오는 것이며 하나님과의 합일을 향하는 길에서 서로 도움을 준다는 사실을 잊지 말아야 한다.

고행과 신비의 공통된 뿌리는 세례이다. 말하자면 세례가 고행과 신비, 수덕과 신비생활의 공통된 원천인 것이다. 그러기에 고행은 신비적 삶과 결코 분리될 수 없다. 고행은 수덕으로 방향 지어진 것이기에 덕을 향상시키고, 덕이 향상되면 신비생활을 잘 준비할 수 있으므로 참된 고행은 신비적인 합일이라는 목적에서 벗어날 수 없다.

이 때문에 영성생활을 연구한 박사들은 초심자에서 완성에 이르기까지 그들이 겪는 모든 고행은 하나님의 특별한 은총으로 지탱된다고 가르친다. 이것은 포기와 이탈·정화를 용이하게 하는 감각적인 것들과 관련된 것도 마찬가지이다.

그리스도인의 모든 고행은 파스카 사건에 속해 있고 하나님의 은혜로운 활동의 표지 아래 놓여 있으며 그분의 풍요로운 은총과 선물의 도움을 받기 때문에 신비적이다. 328)

그러므로 그리스도인의 고행은 세례의 실존을 살아가는 은총의 활동적인 과정이다. 그리고 이를 수단으로 세례를 통해 시작된 일련의 과정을 우리 안 깊은 곳에 이르도록 완성하는 성령의 움직임에 응할 능력을 얻게 되는 것이다. 교회의 교부들은 그리스도인의 고행을 첫 번째 은총의 완성과 역동성을 가진 세례와 연결하여 바라보았다.

고행의 뿌리는 지극히 성서적이다. 수행자는 자신 안에서 새로운 생활력이 옛 인간을 압도할 때마다 파스카사건을 살게 되는 것이다. 이

---

328) 참조: J. Castellano Cervera, "L'ascesi cristiana come evento pasquale", Ascesi cristiana, Roma, Teresianum, 1977, p.287.

러한 삶은 자신 안에 거처하시는 역동적인 성령께 적극적이고 유순하게 협조하여 자신들의 실재를 변화시키고 변모시키는 일을 그분께 맡김으로써 가능해진다.

세례를 받는다는 것은 새로운 인간학을 받아들이는 것과 같다. 세례로써 그의 실존을 뒤집는 것이다. 다시 말해 그리스도의 파스카인 복음적 케리그마(kerygma), 곧 예수 그리스도의 죽음과 부활을 믿는 것이다. 파스카는 새로운 인간의 원리로서 죽음에서 삶으로 끊임없이 이행하는 것이며, 낡은 인간에서 새로운 인간으로 넘어가기를 원하는 인간이 수행하는 고행의 토대다. 그러므로 그리스도인의 고행은 그 원천과 목표인 주님의 파스카를 다시 살아가는 것이다.[329]

세례는 그리스도께 동화하는 궁극적 결과에 이르게 하는 신비를 나타내는데 고행은 이 세례 안에 뿌리를 두고 있다. 다시 말하면 고행한다는 것은 죽음에서 생명으로 건너가게 한 그리스도의 십자가의 능력이 우리 안에, 또 우리 곁에 있는 악과 죄를 이겨내고 있음을 드러내는 것이다.

테레사의 고행은 그 자체가 목적이 아니라 기도와 사랑을 향한 것이다. 완덕의 여정에 있는 테레사의 고행은 그리스도 중심적인 특성을 담고 있는 초기 규칙을 새롭게 표현함으로써 그리스도와의 일치를 향해 있다. 그것은 '그리스도 안에서 죽는 것'이며 파스카의 신비를 완성하는 것이다. 단순히 삶의 중요한 순간뿐 아니라 일상적인 일들에서도 고행이라는 것은 그리스도를 본받는 수단이라는 의식으로 살아가는 것이다.

그리스도인의 고행은 그분을 따라 살고 그분을 닮아가는 끊임없는 여정이다. 하나님의 선물과 인간의 노력이 완전하게 협력함으로써 그리스도라고 불리는 분과 닮아가는 여정으로 들어가는 것인데, 이것은 고통에서 사랑으로, 절망에서 희망으로, 죽음에서 삶으로 넘어가는 과정이다. 일상적인 삶의 결실도 인간의 업적만으로 이루어진 것은 아니다. 신적인 지혜라는 자비로운 중재가 필요하다.

---

[329] 참조: 같은 책, p.289.

이 진리를 강조할 만한 근거는 의지의 합일이 영혼의 노력으로만 이루어지는 것이 아니라는 데 있다. 통상적인 삶도 절대적으로 자신의 힘에만 기초를 둔 고행적인 길이라고 할 수 없기 때문이다. 테레사의 생각을 살펴보면, 영혼이 하는 일은 단지 '하나님의 의지에 자신의 의지를 온전히 합치시키는 데 필요한 경향'330)을 준비하는 정도다. 고행적 삶이 전적으로 자신의 노력만으로 이루어지는 것이 아니듯 덕도 순수하게 인간의 노력만으로 이루어지는 산물이 아니다.

모든 덕의 활동은 기도의 한 형태처럼 하나님께 들어 높여져야 한다. 그 까닭은 단순히 덕스러운 노력을 수행하는 것과는 아주 다른 효과를 우리가 얻기 위함이다. 앞서 살펴본 고행에 대한 이런 신비적 시각은 테레사가 선택하고 수행한 덕을 이해하는 데 꼭 필요한 것이다.

테레사는 『영혼의 성』에서 우리의 노력과 하나님과의 관계에 대해 잘 설명하고 있다. "가령 우리가 은총의 일에서 할 수 있는 것을 미처 다 하기도 전에, 아무것도 아닌 이 하찮은 노력에다 하나님께서 당신의 위대하신 힘을 합쳐주시고 엄청난 가치를 부여해 주시면, 당신이 바로 우리가 하는 일의 갚음이 됩니다"(『영혼의 성』 5,2.5).

이 모든 고행은 우리가 단독으로 하는 것이 아니라 하나님께서 우리 안에서 우리를 도와주시고 우리에 대한 사랑으로 함께하시는 것이다. 가끔 주님은 우리 내면을 특별한 빛으로 비추시고 우리를 겸손하게 만드시며 우리를 어떤 사람이나 사물에서 철저하게 떼어놓으신다. 그 때문에 어떤 순간에 영혼은 하나님의 은총에 수동적으로 오로지 협조할 뿐인 것이다. 이것이 관상생활의 시작인데 이로써 주님은 당신의 중재적인 은혜로써 우리의 신앙과 애덕을 살아 있게 해 주시는 것이다.

요약하면, 성녀 테레사에게 고행은 신비, 곧 하나님과의 합일에서만 그 의미가 있다. 고행은 하나님과의 합일을 위하여 성화의 신비적 행위라는 큰일을 준비하는 데 이바지한다는 점에서 실천적인 의미가 있으며, 실질적인 일이 된다. 고행적 삶과 신비적 삶은 영적인 단계와 영적 관계에 따라서 그 비중이 다르게 나타나지만 늘 함께 나아가야

---

330) 참조:『영혼의 성』 5, 3. 6~7.

한다는 것도 주지해야 할 사실이다.

4) 신비에서 고행으로

테레사 성녀의 영적 여정에서는 먼저 고행적 삶 (또는 수덕적 삶)에서 시작하여 서서히 신비적 삶으로 나아간다. 그러나 테레사는 신비적 삶에서 멈추지 않는다. 신비의 정상에 도달한 후에도 고행적 삶을 계속해 나간다. 그때 영혼은 다른 영혼들을 구하고자 하는 열망에서 또 다른 차원의 고행적 삶을 시작하는 것이다. 그것은 인간 구원을 위한 그리스도의 고행에 참여하는 것이다.[331]

영적 고행의 최정상을 나타내는 제7궁방에서는 도중에 경험하게 되는 희열 앞에 멈추지 않고 그리스도의 고통을 나눔으로써 구원 활동에 협조할 필요성이 새롭게 요청되는 것이다. "정말로 영적 인간이 되는 길을 알고 싶습니까? 그것은 다름 아닌 하나님의 종이 되는 것, 십자가의 낙인이 찍힌 종이 되는 것입니다. 스스로의 자유를 고스란히 바쳐서 '주님께서 하신 그대로 전 인류의 노예로 자기를 파소서.' 하는 것입니다"(『영혼의 성』 7,4,8).

수도생활의 일차적 목표인 하나님을 추구함은 자신을 개인 영역 안으로만 가두어 버리는 이기적인 삶이 결코 아니다. 진정한 신비적 여행을 한 테레사는 영적 정상에서 결코 이기적인 만족에 안주하지 않았음을 이야기한다. 곧 사랑으로 하나님께 점점 가까이 다가가고 신적 교통으로 충만해지면 충만해질수록 '멸망해 가는 수많은 이들 가운데 한 영혼이라도 구할 수 있다면 수천 번 생명을 내어놓을'[332] 준비가 되는 것이다. 그리하여 구원의 보편적 계획과 굳게 결속되고자 한다.

우리의 시선을 소극적 차원의 고행(기도와 금욕 또는 보속의 삶의 관계)에 집중하면, 고행과 신비, 그리고 기도의 관계에 대해 명백하고

---

[331] 참조: Antonio Piga, "La pedagogia ascetico-mistico di Teresa d'Avila", Domenicani 15, *Bottettmo bimestrate delta provinda di S. Marco e Sardegna* 16, 1982, n. 3~4. p.18.
[332] 참조:『완덕의 길』 I, 2.

도 분명한 해답을 찾을 수 있게 된다. 우리가 단 한 권의 성인전에서도 위대하고 거룩한 관상가들 한 사람 한 사람이 어떻게 그렇듯 억제할 수 없을 만큼 기도에 전념할 수 있었으며 격렬한 보속으로 이끌렸는지 쉽게 발견할 수 있는 것과 같다.

이에 대해 테레사는 다음과 같이 결연히 주장한다. "기도와 안락한 삶은 양립할 수 없습니다."(『완덕의 길』, 바야도리드 파, 4,2) 이어서 회칙을 예로 들면서 말한다. "우리의 초대 회칙에는 끊임없이 기도하라는 말씀이 있습니다. 가장 중요한 본분을 있는 정성을 다하여 지킨다면 수도회가 명하는 단식재와 금육재, 고행과 침묵을 지키지 않을 수 없을 것입니다."333)

테레사의 고행적 신비체험은 교회에 대한 봉사로서 기도의 삶과 동일시된다. 이는 가르멜의 이상적 삶으로서 수도원 개혁의 초기부터 그녀가 확고하게 주장한 것이다. "나는 (성 요셉 수도원에서) 나의 보잘것없는 기도로써 주님께 봉사합니다. 그리고 자매들에게도 사람들의 영혼을 돕고 성교회의 발전에 이바지하기 위해 기도드리는 데 치중하도록 이끌었습니다"(『창립사』, 1,6).

고행과 신비생활의 관계에 관하여 이 두 가지가 서로 대립하지 않는다는 것을 이미 언급했다. 오히려 은총이라는 같은 원천을 갖고 있기에 하나님의 은총과 별개로 독자적인 의지만으로 고행을 하거나 수덕을 실천하고자 하는 것은 그리스도인 생활과는 거리가 멀다. 그뿐만 아니라 고행과 신비는 하나님과의 합일이라는 공통된 목표를 갖는다. 비록 모든 사람이 다른 방식으로 살아간다 하더라도 고행과 신비의 길은 모두에게 적용되며 그 길에서 서로를 돕고 협력하게 되는 것이다.

누군가 영적 여정의 정상에 도달했다고 하더라도 그가 고행의 의무에서 면제되는 것은 아니다. 오히려 다른 이들이 주님을 잘 섬기게 하고 영혼 구원에 더욱 노력해야 한다. 이 때문에 고행과 신비의 길은 주님을 위하여 영혼들을 구원하고자 하는 갈망에서 하나가 된다.

---

333) 같은 책, 4,2; 참조: 『자서전』 35,12; 36,6; 로렌조에게 쓴 편지(12월 23일).

2. 하나님 사랑과 이웃 사랑의 통합

1) 하나님 사랑과 이웃 사랑의 관계

20년 동안 테레사가 겪은 위기는 그녀가 발한 동정 서원에 관한 것이었다. "테레사의 삶은 근본적으로 사랑의 투쟁이었다. 하나님을 사랑하려고 하면 이웃을 사랑하는 데 어려움을 겪게 되고, 이웃을 사랑하고자 하면 하나님을 사랑하는 데 어려움을 겪게 되기도 했다. 테레사는 그녀의 삶의 초기부터 어떻게 하면 '하나님과의 관계'와 '사람들과의 관계'를 조화시킬 수 있는지 고민했다. 그리고 이에 대해 실존적 응답을 얻는 데 전념했다."[334]

실제로 테레사는 하나님에 대한, 하나님을 위한 사랑과 사람들에 대한, 그리고 사람들을 위한 사랑 사이의 조화를 찾기 위해 여러 해 동안 투쟁한 후 해결점을 찾게 된다. '주님과 수년간 관계를 맺은 후'가 아니고는 활동에 열중할 수 없다고 고백하게 된다. "그러므로 여러 해 동안 주님과 이야기를 나누고 나서 주님의 선물과 기쁨을 받은 후에, 어려운 일을 하면서 주님께 봉사하기 위해서 이런 위로와 기쁨을 기꺼이 희생하려는 영혼은 이웃에게 많은 도움을 줍니다"(『생각』, 7,7).

수도서원에서 결정적인 회개에 이르기까지 테레사의 생애 전 기간이 두 가지 사랑에 대한 이야기로 구성된 두 축을 중심으로 전개된다. 그 축은 하나님에 대한 사랑과 이웃 사랑이다. 어느 사랑도 나쁜 것이 아니지만 어느 한쪽만의 사랑으로는 만족할 수 없으므로 한쪽의 사랑에 머물다가 또 다른 쪽의 사랑으로 눈길을 돌리기도 했다.

이러한 움직임은 영적 정상에 도달하기까지 계속 반복되었고, 테레사에게는 이것이 하나의 갈등이었으며 투쟁의 이유가 되기도 했다. 어느 때는 하나님에 대한 이야기가, 또 어느 때는 사람들과 관계되는 수천 개의 작은 이야기들이 테레사의 삶을 수놓았고 이들은 그녀의 삶에

---

334) 참조: Maximiliano Herraiz, "Amor virginal, Radicaj posibilidad de rezlizacion personal", *Confer* 76, 1981, 731.

서 서로 경쟁하는 듯했다. 그녀는 '그 두 적에서 화해하고자' 끊임없이 노력했다.

테레사 성녀는 두 가지를 조화시키는 데 본인이 어려움을 느꼈기 때문에 동료 수녀들에게 활동을 하기 전에 반드시 기도하도록 권고했다. 기도로 하나님과 오랫동안 관계를 맺어 '아주 견고한 덕'[335]을 얻은 다음에야 비로소 사도직을 시작할 수 있다는 것이다. 그렇지 않으면 애덕이 식게 되고 자기에 대한 사랑으로 바뀌며 미지근한 사랑을 목격할 위험이 따를지 모른다는 것이다.[336] 이런 나무에 달린 열매는 오래 견디지 못할 것이다.

테레사는 하나님을 향한 사랑이 이웃 사랑의 원천이라고 여긴다. 그러므로 하나님에 대한 사랑은 이웃에 대한 사랑보다 언제나 우선권을 갖는다. "만일 하나님 사랑의 뿌리에서 탄생하지 않으면 이웃에 대한 완전한 사랑에 결코 도달할 수 없을 것입니다"(『영혼의 성』, 5,3,9).

하나님의 사랑이 그토록 중요하고, 하나님의 사랑이 없으면 이웃 사랑을 할 수 없을지라도 하나님의 사랑이 언제나 이웃 사랑 안에서 열매를 맺어야 한다는 것 또한 사실이다. 사실 이웃 사랑은 하나님 사랑의 질적인 지표이다. 이웃 사랑이 하나님 사랑에서 나와야 한다는 것이 테레사의 신념이지만 그렇다고 이웃 사랑을 단순히 하나님 사랑의 부산물쯤으로 여겨서는 안 된다.

이웃 사랑은 하나님 사랑을 평가하는 절대적인 기준이다. '형제의 사랑 안에서 하나님의 사랑을 눈에 보이게 측정할 수 있다.'[337] 종종 형제애와 이웃 사랑의 증대는 여러 단계의 기도와 관상이 참되다는 증거로 제시된다. 또한 특별히 사도적 열정의 표명으로써, 교회를 위한 임무로써 사랑의 진위를 알아볼 수 있게 된다.[338]

사실 이웃 사랑은 자신의 선물을 통해 이웃에 봉사함으로써 하나님

---

335) 참조: 『자서전』, 13,8; 19,13.
336) 참조: 『생각』, 7.4.
337) 참조: Giovanna della Croce, "L'ascesi nella prospettiva spirituals di S. Teresa", Ascesi cnstiana, Roma, Teresianum, 1977, p. 205.
338) 참조: 『영혼의 성』, 7,3,2~3.

사랑이 꽃을 피운다. 더 정확하게 말하면 하나님 사랑이 넘쳐나게 된다. 하나님께로 나아가고 하나님에게서 영혼들을 향하여 나아가게 되는 이러한 영적 궤도는 관상생활을 추구하는 이들에게만 해당하는 것이 아니라 모든 그리스도인이 걸어가야 할 성소이다. 하나님의 참된 사랑은 이웃 사랑 안에서 그 모습을 드러낸다.

테레사는 단순히 상상 속에 머무는 갈망을 신뢰하지 않으며,[339] 행동과 들어맞지 않는 덕도 믿지 않는다.[340] 애덕은 구체적으로 실천함으로써 살아 있고 성장하는 실재이기 때문이다. "우리가 이웃 사랑을 어떻게 하고 있는지 이것을 깊이 반성하는 것이 매우 중요합니다. 사랑만 완전히 하고 있다면, 이것으로써 할 일은 다 했다고 봅니다. 여기에는 그만한 이유가 있습니다. 인간 본성이란 좋지 못한 것이어서 사랑도 하나님 사랑에 뿌리를 박지 않는 한, 우리는 절대로 이웃을 완전히 사랑할 수 없는 것입니다"(『영혼의 성』, 5,3,8).

하나님 사랑과 이웃 사랑의 관계를 설명하기 위해 단순하게 두 가지 계명을 강조하는 것만으로는 충분하지 않다. 이 둘은 서로 의존하기 때문에 어느 한 가지만으로는 참된 사랑을 완성할 수 없다. 무엇보다 이웃을 사랑하는 것이 하나님을 사랑하는 것이며, 하나의 성장은 필연적으로 다른 하나를 성장하게 한다. 이웃의 아픔을 외면하고 이웃을 돕는 데 게으른 마음은 하나님과 완전한 합일을 이룰 수 없다. 이 상태에 있는 영혼은 위험한 길에 들어섰다고 볼 수 있다.

만일 누군가 깊은 관상적 생활을 한다면 이웃이 도움을 요청할 때 쉽게 관상에서 활동으로 옮아 갈 수 있을 것이다. 관상생활에서 완전히 빠져나가기 힘들다 하더라도 그를 안식으로 붙들어둔, 하나님에게서 왔고 하나님을 향한 바로 그 사랑이 이웃 사랑이라는 이름으로 형제를 돕도록 그를 밖으로 떠밀 것이다.

우리의 사랑이 진실하다면 사랑하는 것은 우리가 아니라 우리 안에 계시는 하나님이시다. 하나님은 우리의 손을 통해, 우리의 노동을 통

---

[339] 참조: 같은 책, 7,4,14; 『자서전』, 13,10.
[340] 참조: 『완덕의 길』, 38,7; 『영혼의 성』, 5,3,9.

해, 우리의 우정을 통해 당신 친히 이웃을 우리 안에서 사랑하신다. 따라서 하나님의 사랑 때문에 이웃 사랑이 방해받는다고 하는 것은 사랑의 불충분함을 나타내는 표시일 수 있다. 이처럼 이웃에 대한 참된 사랑의 온갖 불꽃은 하나님 현현으로서 하나의 계시이다.

테레사의 영적 여정은 하나님과 이웃에 대한 사랑의 지속적인 성장이다. 마침내 성녀는 영혼들의 구원을 위하여 진실하고 고유한 열정에 사로잡히게 된다. 결론적으로 말해서 마리아와 마르다는 주님을 환대하기 위해 함께 나아가야만 한다. 마르다는 이웃 사랑을, 마리아는 하나님 사랑을 나타낸다. 실제로 기도생활의 정점에 도달하게 되면 하나님 사랑과 이웃 사랑은 하나의 횃불이 된다. 이 불길에서 영혼은 자기 형제들을 진정으로 사랑하게 된다. 그것은 그들이 자신의 선이기 때문이며, 하나님의 모든 선이 그들의 것이기 때문이다. 영혼은 이제 영적으로 자유로워진다. 더는 활동이 영혼의 관상적 합일을 방해하지 않는다. 하나님 사랑과 이웃 사랑의 분열로 인해 고민한 테레사는 오랜 영적 여정 끝에 하나님과 이웃 사랑이라는 두 개의 불꽃이 하나의 촛불이 됨을 보면서 그 해답을 찾은 것이다. 하나님과 이웃 사랑이라는 두 개의 사랑이 진정 하나로 통합된 것이다.

2) 하나님 사랑과 이웃 사랑의 통합 원리이신 그리스도

하나님 사랑과 이웃 사랑이라는 두 계명은 결코 분리되지 않는 것이며, 두 가지는 동시에 성장해야 한다는 것을 살펴보았다. 두 가지 사랑의 계명이 궁극적으로는 사랑의 큰 횃불 안에서 하나가 되지만 테레사 성녀가 이 두 계명을 어떻게 구체적으로 통합시킬 수 있었는지 이제부터 살펴보고자 한다.

테레사는 사실 신학적인 중대한 문제에 직면한다. 이 문제를 풀기 위해 다음 질문에 실존적으로 대답해야 한다. 두 가지 큰 계명을 진실로 '유사한 것들'이 되게 종합하는 공간이 있는가 하는 것이다. '두 가지 큰 계명을 조화시킬 수 있는 어떤 구심점이나 원리가 있는가?' 하고 질문할 수 있겠다. 그리고 이 두 가지 사랑을 통합할 수 있는 큰 사랑을 어떻게 획득할 수 있는지 묻게 된다. 이제 이 질문에 대한 답을 찾아보자.[341]

우리에게 하나님의 일 한 가지가 제시될 때 그 일을 위해 노동하고 수고하기로 결심하고 실행에 옮기게 된다. 그 일을 하는 동기가 의무에 의한 것이든, 이웃의 유익을 위한 것이든, 또 다른 이유에서든 그 일을 하는 여러 가지 목적을 하나의 목적으로 모을 구심점이 필요해진다. 갈라진 여러 목표나 사랑을 하나로 묶어주는 통합 원리가 있을 것이다.

그리스도인에게 있어서 이 통합 원리는 예수 그리스도이시다. 우리는 하나님이시고 사람이신 그분 안에서 통합의 끈을 발견한다. 그러므로 어떤 일을 할 때 가장 중요한 것은 여타의 다른 이유에 머물기보다 우선적으로 주님을 만족하게 해 드리고 그분을 위하여 일하는 것이다. "… 너희가 여기 내 형제 중에 지극히 작은 자 하나에게 한 것이 곧 내게 한 것이니라"(마 25:40)라고 하신 주님의 말씀을 실행하는 것이다.

하나님 나라의 자비로운 활동 규범이 최후의 심판에서 선포되었다. 하나님 나라는 세상에 속한 것이 아니지만 심판은 이 세상에서 어떻게 살았는지에 따라 달라진다. "… 내가 주릴 때에 너희가 먹을 것을 주었고 목마를 때에 마시게 하였고 나그네 되었을 때에 영접하였고, … 내가 주릴 때에 너희가 먹을 것을 주지 아니하였고 목마를 때에 마시게 하지 아니하였고, 나그네 되었을 때에 영접하지 아니하였고 … 이 지극히 작은 자 하나에게 하지 아니한 것이 곧 내게 하지 아니한 것이니라 하시리니…"(마 25:31~46).

테레사가 직면한 가장 중대한 문제는 하나님과 인간 사이의 분열이었다. 그러므로 그녀의 지상 과제는 기도를 통하여 이러한 분열 상태를 다시 통합해야 하는 것인데 그 과정에서 많은 어려움이 따랐다. 이

---

341) Antonio Sicari, L'itinerario di santa Teresa d'Avita, La contemplazione netta Chiesa, Milano, Jaca Book, 1994, p.112.

때문에 테레사는 그리스도의 신성과 인성이 필요했다.

성 어거스틴이 잘 이해했듯이 하나님과 인간 사이의 거리가 무한하므로 인간은 혼자서 그 간격을 메울 수 없다. 인간은 혼자서 하나님과 합일에 이를 수 없어 중재자를 필요로 하는데 그 중재자가 바로 그리스도시라는 것이다.

그분은 아버지께 도달하는 유일한 '길'이시다. 그러므로 인생의 많은 시간을 방황하며 보냈던 성 어거스틴은 마침내 그리스도를 발견함으로써 그의 내면에서 분열된 인간이 통합될 수 있었다. 그는 이렇게 고백한다. "나는 충만한 힘을 얻는 길을 찾고자 했다. 그러나 나는 세세대대에 걸쳐 모든 것 위에 찬미를 받으신 하나님과 사람 사이의 중재자시며 사람이신 예수 그리스도를 붙들기까지는 성공하지 못했다"(『고백록』, 7,18,24).

하나님에 대한 사랑과 인간에 대한 사랑 사이의 갈등은 하나님이시며 사람이신 그리스도 안에서 해결점을 찾았다. 테레사는 그리스도의 거룩한 인성으로써 하나의 사랑이지만 두 개의 사랑으로 갈라지는 내적인 어려움을 해결할 수 있었다.

"나는 내 생애에 걸쳐 그리스도께 크나큰 신심을 간직했습니다. 이 사정은(그리스도의 인성을 버려둠을 뜻함) 마지막 일, 곧 주님에게서 나에게 황홀이나 현시의 은총을 아직 받잡기 이전 시기의 끝 무렵이었기 때문입니다. 실상 이처럼 심한 착각은 아주 짧은 동안이었고, 그 뒤에 나는 여느 때처럼 주님과 함께 있는 가운데서 나의 기쁨을 찾고자 하는 방향으로 되돌아왔습니다. 특별히 영성체할 때 그러했습니다. … 오, 임이시여, 좀 더 큰 선을 위해 당신이 방해가 된다는 생각을 어떻게 단 한 시간인들 할 수 있었단 말입니까! 온갖 선이 당신에게서가 아니라면 도대체 어디서 내게로 왔단 말입니까!"(『자서전』, 22,4)

그리스도교는 이웃 사랑과 하나님 사랑을 말하는네, 이 사랑에 그리스도가 없으면 그 사랑은 무의미하다. 우리의 사랑은 그리스도를 제외하고는 하나님에게도 이웃에게도 도달할 수 없다. 오직 그리스도 안에서만 가능하다. 그리스도는 육화의 첫 순간에 이미 자신 안에 모든 이를 취하셨다. 그러므로 모든 인간은 그리스도 안에 있고 하나님은 오로지 그리스도 안에서 당신을 드러내셨기 때문에 하나님이신 그리스도 안에서만 우리의 사랑이 가능해진다.

합일시키는 사랑이 어떻게 갈라질 수 있는가? 사랑은 하나로 모으는 힘을 지니고 있어 서로를 갈라지지 않게 만든다. 사랑은 하나님과 인간, 인간과 인간 사이를 분열시키지 않는다. 만일 사랑이 분리시키는 일을 한다면 그 사랑은 그리스도라는 유일한 사랑의 근원을 토대로 삼지 않았기 때문이다.

사랑이 우리의 일치를 완성한다는 것은 그리스도 안에서 사랑하므로 가능한 것이다. 그러므로 그리스도만이 유일하게 사랑받으실 분이며, 그리스도를 통해서만 사랑이 가능해지고, 그리스도 안에서 이 두 가지 사랑이 하나의 사랑이 된다.

이제 더욱 분명하게 창조주를 사랑하는 것과 피조물을 사랑하는 것 사이의 차이점을 파악할 수 있게 되었다. 창조주를 사랑하는 것과 피조물을 사랑하는 것의 갈등과 분열은 언제나 예수 그리스도의 유일한 사랑 안에서 극복된다. 문제는 피조물을 넘어서려는 시도가 아니라 피조물에 도달하기 위한 적합한 방법을 찾는 데 있는 것이다. 우리에게 필요한 사랑은 그리스도께서 전해 주신 사랑에 더욱 닮아가는 사랑이며(『완덕의 길』, 11,1참조), 그리스도가 우리에게 보여주신 것과 닮은 사심 없는 사랑이다(『완덕의 길』, 11,4 참조). 그러기 위해서는 신약의 점진적이고 정화하는 광휘가 우리의 땅을 온전히 덮어야 할 것이다. 그 광휘는 하나님이신 동시에 사람이신 예수 그리스도의 빛이다.

그분은 진리이시며 영광이시고 매력적이시며 매혹적이시고 전능한 능력자이시며 살아 있는 책이시다. 테레사에게 육화와 종말은 부활하신 분의 현존에 힘입어 긴장하는 두 개의 극이 아니라 서로 만나는 극이 된다. 둘째 계명은 진정 첫째 계명과 비슷하다. 하나님을 사랑한다는 것은 인간을 사랑한다는 것이며, 인간을 사랑한다는 것은 하나님을 사랑한다는 것이다. 그리스도는 진정 하나와 다른 하나가 분리되지 않으시는, 진실로 하나님이시며 인간이시기 때문이다.

비록 혼자만의 기도 시간을 갖더라도 두 극은 함께 자라야 한다. 테레사의 결론은 모든 것은 그리스도의 중재성에서 도움받아야 한다는 것이다. 그분 안에서만 사랑이 무엇인지 알 수 있다. 테레사는 하나님께서 그리스도를 중재자로 받아들이는 이들을 보고 흐뭇해하신다고 말한다. "하나님은 영혼이 겸손되이 성자를 중재자로 받들고, 그분에 대해 크나큰 사랑을 품으며, 또한 높은 관상으로 이끄시려 해도 앞에서 말한 대로 스스로 자기를 합당치 못한 자로 인정하며, 베드로 성인과 함께 '저는 죄인이오니 주님, 저를 떠나주소서.' 하고 말씀드리는 것을 보시고 무척 흐뭇해하십니다"(『자서전』, 22,11).

3. 관상과 활동의 목표인 성화

1) 기도의 열매인 성화

우리는 고행과 신비의 관계를 살펴본 후 하나님 사랑과 이웃 사랑에 대해 살펴보았다. 이제 관상과 성화 관계를 규명할 것이다. 관상은 궁극적으로 성화를 지향하는 것이다. 가장 완전한 관상가는 거룩한 사람이기 때문에 관상과 성화라는 말을 서로 대체하여 사용할 수 있다. 관상과 성화는 하나님과의 합일을 공동 목표로 삼고 있다. 또한 관상기도는 성화에 도달할 수 있는 가장 빠른 지름길이기도 하다.

테레사는 관상의 이러한 가치를 잊어버리지 않았지만, 동료 수녀들 모두에게 공공연히 관상을 요구하지 않았다.[342] 다만 거룩한 사람이 되어야 함을 이야기했다. 사실 모든 사람은 거룩함으로 부르심을 받았다. 그러므로 성화는 활동과 관상을 중재하고 설명하는 개념이다.

하나님과의 우정인 그리스도인의 길에 대한 테레사 성녀의 교의는

---

342) 테레사 성녀는 관상기도가 성화에 필수적이지는 않다고 하더라도, 관상기도를 통하여 성화에 더욱 빠르게 도달하는 효과적인 은총을 받을 수 있다고 생각한다.

성화를 향한 보편적 부르심이다. 이것은 말하자면 모든 이가 보편적으로 성화에로 부르심을 받았다는 것이다. 그리고 이것을 성취하기 위하여 대중들에게 기도의 중요성과 그 여정을 가르치는 것이다.[343] 이 일은 당시로서는 대단히 중요한 영적 가르침이었다고 할 수 있겠다.

테레사는 사람들을 거룩함으로 초대할 때 보편성을 많이 강조했다. 곧 모든 그리스도인은 기도에 초대를 받았으며, 하나님에게서 거룩함으로 초대받은 것이다. 또한 모든 이가 거룩함에 이르는 관상의 생수로 향하는 길을 가도록 촉구받는다.

그런데 세례는 성화에 이르는 데 필요한 가장 근원적이며 본질적인 서원이므로, 완덕으로 부르심 받는 모든 그리스도인에게, 그리고 모든 이에게 해당하는 것이다. 각자는 애덕의 완성으로 매진할 의무를 지닌다. 바티칸 공의회는 수도자들의 복음적 권고도 세례를 완성하기 위함이며, 복음적 권고에 대한 서원의 목표도 성화의 완성을 위한 것임을 다음과 같이 단언한다.

"세례 은총의 더욱 풍성한 열매를 얻을 수 있도록 교회 안에서 복음적 권고를 서원하여 사랑의 열정과 완전한 하나님 예배를 가로막을 수 있는 장애에서 해방되고자 하며, 하나님 섬김에 더욱 깊이 봉헌되는 것이다"(「인류의 빛」 44항). 곧 수도자도 모든 그리스도인의 성화라는 같은 소명을 자신 안에 충만히 실현해야 하는 특별한 책무를 강조하는 것이다.

세례로 시작해 성장하는 신비생활은 성화를 향해 가며, 그 안에서 활동하는 신적 은총과 역동성, 성령의 활동과 삼위의 신비에 대한 광대함 안에서 발전하고 통찰하는 능력을 만들어 내는 선물을 의식하는 것이다.

『영혼의 성』에서 제시한 합일과 융합이라는 기초 개념은 테레사에게

---

[343] J. Castellano, "Teresa di Gesu maestra e modello della santita cristiana", in AA.VV, *Teresa di Gesu maestra di santita*, Roma, Teresianum, 1982, p.24. 참조: 제2차 바티칸 공의회 교회에 관한 교의 헌장 42항에서 이렇게 밝히고 있다. "그리스도의 참된 제자는 하나님과 이웃에 대한 사랑으로 표시가 난다."

다음과 같은 논리적 결론을 내리게 한다. 거룩함과 완덕은 하나님과 영혼의 합일 안에 존재한다는 것이다. 테레사는 성화가 하나님께서 영혼을 온전히 소유하실 때 이룰 수 있는 것임을 끊임없이 강조하는데 그것은 그때라야 영혼이 살아 있기 때문이다. 이는 바울 사도의 생각과 일치하는 것이다. "이는 내게 사는 것이 그리스도니 죽는 것도 유익함이라"(빌 1:21). 진정 합일을 구하는 모든 고행은 낡은 인간이 죽고 새로운 인간이 되어가는 일에 이바지하게 되는 것이다.

성화에 도달하기 위해서 우리의 노력이 필요함에 대하여 테레사는 다음과 같이 주장한다. "하나님은 만일 사람이 그분께 자신을 전적으로 내어 드리지 않는다면 당신도 전적으로 주시지 않으십니다." 하나님께 드리는 자신의 전적인 선물은 테레사가 그토록 차근차근 가르친 덕의 힘으로 실현되는 것이다. 이러한 덕은 형제적 사랑, 이탈, 무엇보다도 이러한 두 덕과 긴밀히 연결된 겸손함이다. 우리는 테레사의 펜 끝을 통하여 먼저 고행의 길을 살펴보고, 신비적인 길로 들어서는 성화 여정의 자취를 살펴보고 있다. 영혼은 그의 모든 경험을 거쳐 삼위의 하나님을 만남으로써 그의 여정을 끝맺게 된다.

고행은 가르멜에서 사는 사람처럼 축성된 사람이든, 다른 형태의 삶을 사는 사람이든 그리스도인이라면 누구든 받아들여야 한다. 성령 안에서 선을 베풀고 끊임없이 사랑을 실천하며 완성을 향해 나아가려면 자기 십자가를 지고 예수 그리스도를 따라가야 한다. 고통을 받아들이지 않는 사람은 결코 산 정상에 도달할 수 없다. 이것은 오늘을 살아가는 이들에게도 똑같이 요구되는데, 특히 영성의 길을 걸어가는 이들에게는 반드시 받아들여야 하는 과정이다.

이처럼 성화로 나아가기 위한 고행이 아무리 중요해도 사랑으로 하지 않으면 안 된다. 이는 오로지 고행만 한다거나 오로지 신비주의로만 빠지는 양극단의 위험을 피하기 위해 반드시 사랑이 요구되기 때문이다. 곧 순수한 고행과 순수한 신비의 양극단을 피하기 위해서이다.

성화에 이르는 보편적 소명과 마찬가지로 모든 사람에게 요구되는 것이 사랑이다. 그러므로 성화로 나아가는 여정에는 반드시 사랑이 뒤

따라야 한다. "하지만 여기서 주님이 우리에게 요구하시는 일은 단 두 가지, 하나님께 대한 사랑과 이웃에 대한 사랑입니다. 그러기에 이 두 가지만 철저하게 지키면 우리는 당신 뜻을 이루는 것이 되고, 따라서 당신과 하나 될 수 있습니다"(『영혼의 성』, 5,3,7).

곧 성화란 그분의 사랑 안에 잠기기 위해 그분께 도달하는 것이며, 그분이 사랑하시는 것처럼 그분을 사랑하는 것이다. 신적인 경험 안에서 조금씩 하나님의 절대성에 사로잡히게 되며 합일 안에서 삼위의 신비를 관통하게 된다. 성부께서 창조하시고 성자께서 지음을 받으시며 성령께서는 아버지와 아들의 상호 합일 안에서, 그리고 그들의 만남에서 발하시는 사랑의 영이다.

교통하시는 이러한 삼위 하나님의 사랑 안에 하나님과 이웃에게 자신을 봉헌한 봉쇄 수도자가 참여하는 것이다. 성화는 영혼의 충만한 완전함이며 그 완전함은 측량할 길 없는 하나님의 사랑 안에 있다. 하나님의 사랑은 우리를 완성에 이르도록 촉구한다. 하나님은 모든 이가 성화되기를 바라신다. 따라서 관상의 궁극 목적은 성화이다. 가장 훌륭한 관상가의 일차적인 특징도 거룩함이고, 헌신적이고 봉사적인 활동을 하는 이들이 지향해야 할 목표도 궁극적으로는 성화이다.

그렇기 때문에 성화는 활동적 삶을 살아가는 이들이나 관상의 삶을 살아가는 이들 모두에게 공동 목표가 되어야 한다. 이제 타락으로 말미암아 갈라진 인간의 영혼은 성화를 통하여 다시금 하나로 통합된다. 성화는 활동과 관상을 하나로 통합하는 끈이다.

2) 교회 안에서 활동의 원천이 되는 성화

모든 사람은 성화로 불림 받았다. 이러한 성화는 자기만족이라는 틀 속에 폐쇄되지 않는다. 오히려 이웃을 향하여 열려 있다. 그러므로 참된 성화는 활동의 원천이다. 성화를 위한 노력 없이는 활동주의로 떨어질 가능성이 있다. 활동은 성화에서 나와야 하며 거룩함 안에서 발견되어야 한다.

성녀는 성화란 하나님과의 합일에 있는 것이라고 주장한다. 생수라는 상징(사마리아 여인의 이야기 참조)을 염두에 두고『완덕의 길』제19장을 살펴보면 관상과 성화의 관계를 알게 될 것이다. 관상은 영혼을 성화시키고 그 효과로써 덕을 향상시킨다. 그러므로 테레사는 이렇게 말한다. "주저 없이 그것을 관상가들의 덕이라고 부르겠습니다."(『완덕의 길』, 16,4)344)

테레사는 동료 수녀들이 그리스도라는 나무에 접목됨으로써 성화되기를 바랐는데, 이러한 성화는 하나님 왕국을 위한 신적 선물인 성령의 활동을 통해 이루어진다. 이처럼 관상, 곧 하나님과의 합일에서 나오는 성화는 교회 안에서 이루어지는 활동의 원천이 된다.

완덕(성화)과 사도직은 사랑의 충만이라는 같은 실재를 드러내 주는 한 긴밀히 서로 연결될 수 있다. 사실 테레사는 완덕과 사도직을 동등한 것으로 말하지는 않는다. 오히려 완덕이 사도직을 수행하는 하나의 방법이라는 의미에서 완덕을 사도직에 종속시킨 듯하다.

"내가 왜 이런 말을 하는지 아십니까? 주님께 비는 것을 잘 알라는 것입니다. 이 작은 성 안에는 이미 착한 그리스도인들이 있습니다. 우리 중에 그 누구도 원수에게 넘어가지 않기를, 이 도성의 장상과 설교자와 신학자들이 주님의 은혜를 충만히 받으시기를 빌어야 합니다. 그분들 대부분이 수도회에 딸려 있는 만큼, 성소와 완덕에 있어 남달리 뛰어나야 하기 때문에 그러는 것입니다."(『완덕의 길』, 3,2)

성화의 정점은 형제들에 대한 봉사다. 일반적으로 신자들이나 특별히 수도자들의 첫 번째 사도직 사명이나 봉사는 개인적인 성화의 직접적인 열매가 되어야 한다.

제2차 바티칸 공의회 수도생활 쇄신에 관한 교령에서도 관상 수도회의 역할을 중요시하며 그 생활양식이 거룩하게 보존되어야 함을 천명하고 있다. "모든 삶을 포용하고 자기 자신을 증여함으로써 그리스도와 더욱 긴밀히 합일할수록 그만큼 교회의 활력은 증대되며 사도직도 활력을 얻고 풍성해진다."345) "그들은 성덕의 풍부한 열매를 맺고, 하나

---

344) Roberto Moretti, *Teresa d'Avita*, Milano, San Paolo, 1996, p. 174

님 백성에게 모범과 자랑이 되며, 하나님께는 풍요로운 사도직을 돌려 드린다. 이렇게 해서 그들은 교회의 영광이 되고 천상 은총이 솟아나는 샘이 된다."346)

교회적인 이러한 봉사는 보편적이며 구체적이고 효과적이며 특별히 그리스도적이다. 테레사는 사도직이 전 세계적으로 확장되어 각각의 상황에서 구체적으로 실현되기를 원했다. 예컨대 많은 신자의 지지를 얻고 그들을 매료시킨 프란체스코나 도미니코 같은 그리스도인들은 그들의 인격과 말과 모범이 특별한 봉사의 원천이 된다.

"보십시오. 단 하나의 영혼을 쓰심으로써 하나님은 얼마나 많은 영혼을 당신께 이끌어 들이시는지를. 여기에 생각이 미칠 때, 우리는 저 순교자들과 성녀 우르술라 같은 처녀 하나로 해서 몇천 명이 회심했다는 사실을 두고 얼마나 주님을 찬미해야 하겠습니까? 악마는 도미니코 성인과 프란체스코 성인, 그리고 다른 대수도회의 창립자 때문에 무수한 영혼을 잃었을 테고 예수회를 창립한 이그나티오스 신부님으로 인해서 아직도 잃고 있는 중입니다."(『영혼의 성』, 5,4,6)

테레사 성녀는 '하나님을 향한 사랑이 완전하고 열정적인 단 한 사람이 미지근한 많은 사람보다 더욱 유익하다.'는 것을 이렇게 확신한다. "어떤 사람들은 이 상태에까지 도달해 까마득히 솟아올랐다가 악마의 빈틈없는 꾐에 말려들어 그만 악마의 손으로 넘어간 것을 나는 압니다. 여러 번 되풀이하는 말입니다마는 그런 영혼 하나를 거꾸러뜨리는 것이 헤아릴 수 없는 많은 영혼을 망치는 셈이니 저 지옥이 온통 힘을 합칠 것은 뻔한 일이 아니겠습니까? … 보십시오. 단하나의 영혼을 쓰심으로써 하나님은 얼마나 많은 영혼을 당신께 이끄시는지를…." (『영혼의 성』, 5,4,6)

『완덕의 길』 첫 장에서 테레사는 자신의 딸 같은 열두 명의 수녀들을 두고 직접 언급한다. 그들이 비록 관상적 삶을 살고 있다 하더라도

---

345) 제2차 바티칸 공의회 문헌, 수도생활 쇄신에 관한 교령 「완전한 사랑(*Perfectae Caritatis*)」. I.
346) Arnaldo Pigna, *La vita retigiosa, teotogia e spirituatitct*, Roma, OCD, 1991, p.321

그들 역시 귀중한 사도직을 수행할 가능성을 지니고 있다고 말한다. 테레사의 생각은 선발된 군인들이 일반적인 군인들보다 더욱 용기 있게 싸우고 더욱 많은 결실을 보게 되는 것처럼, 하나님의 일터에서도 관상으로 영웅적인 덕을 실천한 영혼들이 단순한 신자들보다 더 가치 있는 일을 한다는 것이다.

교황 바오로 6세는 "현대인들이 영적 대가들의 증언을 기꺼이 듣는 이유는 그들이 바로 증거자들이기 때문입니다."라고 가르친다. 베드로 사도는 "아내들아 이와 같이 자기 남편에게 순종하라 이는 혹 말씀을 순종하지 않는 자라도 말로 말미암지 않고 그 아내의 행실로 말미암아 구원을 받게 하려 함이니"(벧전 3:1)라고 설교함으로써 증거의 중요성을 전한다. 그러므로 교회는 무엇보다도 행동과 생활로 세상을 복음화하게 되는데, 말하자면 교회는 이 세상 권력자들 앞에서 가난하고 초연하고 자유로우신 주님께 충실한 삶의 증언을 수단으로 세상을 말씀과 거룩함으로 복음화하는 것이다.

또한 증거자는 사랑의 산 증인이 되어야 한다. 테레사는 성 프란체스코 사베리오의 '사랑은 모든 성소를 포함한다.'라는 말을 잘 이해한다. 사실 교회의 선익과 영혼들을 위해 할 수 있는 가장 좋은 일은 바로 사랑하는 것이다. 한 영혼이 더욱 거룩할수록 교회는 비옥해지고 어려움에 처한 형제들을 잘 도울 수 있다. 또한 누군가 사랑을 많이 실천하면 더욱 훌륭히 사도직을 수행할 수 있게 된다.

진정 순수한 관상 중에 있는 영혼이 사랑의 가장 완전한 행동을 수행한다는 신비가들의 가르침이 진실한 것이라고 한다면,[347] 우리는 테레사 성녀의 경험에서 관상이라는 단어를 성화라는 말로 대체할 수 있을 것이다.

관상이 깊어지면 깊어질수록 그만큼 성화는 더욱 증진된다. 그리고 관상을 통해 도달한 성화는 좋은 열매를 낳이 맺게 된다. 그렇게 되면 거룩함(성화) 안에서 관상과 활동 사이의 갈등은 사라진다. 관상생활과 활동의 궁극적인 공동 목표는 인간 구원으로서 이 둘은 거룩함 안에서

---

347) 참조: S. Giovanni della Croce, Cantico, 29, 2~3.

다시 만나게 된다. 성인들은 이웃 안에서 하나님을 바라보고 하나님 안에서 이웃을 바라본다. 그들은 사랑의 이 두 가지 형태 안에서 관상과 활동을 하나로 모은다. 그러기에 성화는 관상과 활동을 하나로 묶어주는 통합 원리이다. 이렇게도 말할 수 있겠다. 성화는 모든 관상가와 활동가들이 나아가야 할 공동목표이다. 그들을 하나로 만드는 구심적인 개념이며 이상이라고 할 수 있을 것이다. 모두가 성화되어야 한다. 모두가 성화의 길로 걸어가야 한다. 따라서 성화를 지향하는 사람은 관상과 활동의 선택이라는 갈등에서 자유로워질 것이다.

4. 관상과 활동의 통합

1) 통합적 인간 활동과 관상의 조화

관상과 활동 간의 통합을 이해하기 위해 우리는 통합이라는 말 안에 개인 차원의 통합과 머리이신 그리스도와 몸인 그리스도인들의 신비체 안에서 종말론적 의미의 통합을 함께 생각해 보아야 할 것이다. 테레사도 통합이란 말 안에 두 가지 의미를 포함시켜 생각했다. 첫째는 개인 완성의 관점에서 바라본 통합이며, 둘째는 그리스도 신비체라는 전체적 관점에서 바라본 통합이다.

성녀는 단순히 개인 완성만을 지향한 통합이 아니라 몸과 머리 사이의 통합, 곧 머리이신 그리스도와 몸인 모든 그리스도인의 통합을 원했다. 그러므로 우리는 먼저 개별적 차원의 통합 의미를 살펴보고 이어서 몸과 머리의 전체적 통합을 살펴볼 것이다. 사실 테레사는 두 번째의 통합, 곧 그리스도 안에서 모든 인간이 통합됨을 목표로 삼았기에 이것이 달성되기 전까지 잠을 이룰 수 없었다.

테레사가 기도생활의 가장 높은 단계인 관상과 사도직 삶의 통합에 도달했다고는 하지만, 이 통합의 정점에 도달하기 위해서는 많은 시간과 노력이 필요했다. 궁방의 정상에 도달하기 위해 테레사는 관상과 활동, 그리고 이웃 사랑과 하나님을 향한 사랑 사이의 간격 때문에 많은 고통을 겪었다.

성녀는 초심자들에게 오로지 자기 자신만을 염려하라고 권고한다. 그 이유는 그들이 가진 약간의 영적인 에너지를 분산시키지 않게 하기 위함이며, 자만과 허영의 유혹에 넘어가지 않게 하기 위함이다.[348] 이러한 관상과 활동, 이웃 사랑과 하나님을 향한 사랑 사이의 간격은 마음의 분열에서 나온다. 분열된 영혼은 끊임없이 기도함으로써 죄 탓에 흐트러진 기능들을 조금씩 모아들여야 한다.

이제 관상의 단계에 따라서 영혼의 모든 기능이 어떻게 통합되어 가는지 그 과정을 살펴보고자 한다. 하나님은 통상적으로 하나님과 영혼의 관계가 시작되는 기도의 첫 번째 순간에 개입하신다. 그리고 마침내 그러한 기도를 관상기도로 바꾸어 놓으신다.[349] 이 관상기도의 길은 언제나 하나님과의 합일로 나아간다. 하나님과 합일을 이루지 못하는 관상은 그 의미를 상실한다.

영적 여정을 시작한 영혼들이 이루는 하나님과의 합일 단계가 모두 같은 것은 아니다. 관상이 깊으면 깊을수록 그만큼 하나님과 이루는 합일도 깊어진다. 테레사는 한 인간의 통합과정에서 의지의 합일을 강조하는데, 이것은 완덕이란 무엇보다도 하나님의 의지와 하나가 되는 데 있다고 보기 때문이다.

순수한 관상이 시작되는 고요의 기도를 테레사는 다음과 같이 부른다. "그것은 기도의 시작입니다."(『완덕의 길』, 31,7) 고요의 기도에서 의지는 하나님과 합일하더라도 영혼의 다른 두 가지 기능은 일한다. "내 짐작에는 그것이 바로 의지로서, 의지만이 하나님과 결합되고 나머지 다른 기관은 자유로이 하나님 섬기는 일에 열중하는 것 같습니다.

---

[348] 참조:『자서전』, 13,8~10.
[349] 교회 역사에서 볼 때 성녀는 관상을 통해 도달할 수 있는 하나님과 영혼의 친밀한 합일에 대한 신비적 길을 탁월하게 가르친 신학자로 여겨진다: (G. di s. M. Maddalena, *Netta tuce di San Giovanni delta Croce*, Roma, Carmelo S. Giuseppe, 1991, p.27)

이 경우, 기관들은 하나님 섬기는 일에는 훌륭하게 기능을 발휘하지만, 세속 일에는 무디어지고 때로는 아주 바보같이 되어버리는 것입니다."(『완덕의 길』, 31,4)

영혼이 하나님과 더욱 깊이 합일될 때 단순한 합일의 기도를 할 수 있다. 여기서 하나님은 영혼의 모든 기능을 당신께로 합일시키신다. 테레사는 제5궁방에서 일어나는 단순한 합일에 대해 말할 때 두 가지 특징을 꼽는다. 곧 고요의 기도에서는 신적 교통이 단지 의지에만 주어지는 데 비해 여기서는 영혼의 전 능력에 걸쳐 주어지는 것이다.

관상의 이러한 형태는 온전히 수동적인데 이는 모든 것이 하나님에게서 오기 때문이다. 그러기에 영혼이 하나님께 가까이 가는 그러한 크나큰 선을 방해할 어떤 상념이나 기억·지성도 활동하지 못한다. 여기서는 하나님과 진정한 합일이 이루어지기 때문에 악마도 해를 끼칠 수가 없게 된다. 하나님이 영혼의 본질과 하나가 되셨고 그 영혼과 가까이 계시기 때문에 악마는 이곳에 접근할 수 없고 이런 신비적인 비밀을 알 수도 없다.[350]

이러한 기도에서 영혼은 성장하지만 여전히 충분하지는 않은데 이는 하나님과의 합일에 아직도 온전히 헌신하지 않기 때문이다. "상당히 덕에 나아갔다고는 할지언정 (다음에 또 말하겠지만) 아직은 하나님 뜻에 온전히 바쳐지지 못한 까닭입니다. 비록 하나님의 뜻을 맞추려고 힘은 쓸지라도 그 이상의 은혜를 받지 못한 탓으로, 그 이상 힘이 모자라는 것이 너무 슬퍼서 그저 눈물만 흘리게 되는 것입니다."(『영혼의 성』, 5,2,10)

하나님과의 합일은 언제나 하나님의 의지와 완전한 합일에 도달하기 위해 의지의 합일로 시작한다. "우리의 의지가 하나님의 뜻과 정말 합일되었으면, 의심할 여지없이 이 승리는 가능한 것입니다. 이것이 바로 내가 평생을 두고 바라는 합일이요, 이것이 바로 내가 항상 우리 주님께 비는 합일입니다. 가장 분명하고 안전한 길입니다."(『영혼의 성』, 5,3,3과 5)

---

[350] 참조: 『영혼의 성』, 5,1,5와 11.

하나님의 의지와 합일하기 위해 무엇보다도 영혼은 사랑을 실천해야 한다. 이에 대해 테레사는 다음과 같이 말한다. "우리에게 하나님의 의지는 두 가지 안에 계십니다. 하나는 하나님을 향한 사랑이며 다른 하나는 이웃을 향한 사랑입니다. 여기에 우리의 모든 노력이 집중되어야 합니다."(『영혼의 성』, 5,3,7)

그리고 계속해서 사랑하도록 권고한다. "이웃을 완전히 사랑할 수 있는 은혜를 주님께 빌면서 일체를 그분께 맡기십시오. 여러분이 힘닿는 데까지 힘을 쓰고 또 쓰면, 바라는 그 이상으로 주님께서 힘을 주실 것입니다."(『영혼의 성』, 5,3,12)

그리하여 신비적 약혼 단계인 제6궁방에 들어서면 영혼의 의지는 대부분 하나님과 합일한다. "이렇게 깨끗하게 된 영혼을 하나님께서 결합시켜 주십니다. 이것은 그 둘밖에 아무도 모르게 진행됩니다만 그 사람 자신조차 그 경위를 모릅니다. 그렇기에 비록 완전히 의식을 잃은 것은 아니지만 그 뒤에 어떻다는 설명을 할 수 없습니다. 이것은 누가 기절한다든지 심한 발작을 일으켜 인사불성이 되는 경우와 다르기 때문입니다."(『영혼의 성』, 6,4,3)

비록 영적 약혼에서 하나님과의 합일이 친밀한 것이기는 하지만 아직 안정적이지 않다. 말하자면 아직도 분리될 수 있다는 말이다. "영적 약혼은 이와 달리 흔히 서로 갈라지는 수가 있습니다. 합일의 경우도 마찬가지인데 둘이 하나로 합치는 것이 합일이지만, 대부분 우리가 보듯이 둘이 떨어져서 따로따로 저 혼자 있을 수 있는 것입니다."(『영혼의 성』, 7,2,4)

마침내 영혼은 완전한 합일, 곧 영적 생활의 정상에 도달한다. 여기서는 주님과 비슷하게 되는 변모를 통하여 하나님과 영혼의 완전한 합일이 본질적으로 견고해지는 것이다. 여기서는 '변모된 합일', 또는 '사랑의 유사함을 통한 합일'이라고 일컬어진다.

"합일을 가지고 말한다면 그것은 마치 두 자루의 촛불을 한끝에다 대는 것이라고 하겠습니다. 이 순간 불빛은 온통 하나뿐입니다. 다시 말해 심지와 불빛, 초가 온통 하나로 어우러집니다. 그러나 다음에 따로 떼어 놓기란 어려운 일이 아니고, 그렇게 되면 다시 두 자루로 남는 것뿐 아니라 심지와 초를 갈라놓을 수도 있는 것입니다. 하지만 여기서는(영적 혼인) 하늘에서 강이나 우물로 떨어지는 물과 같이 똑같은 물이 되어버려 강물과 그 안에 떨어진 물을 나눌 수도, 따로 갈라놓을 수도 없는 것입니다."(『영혼의 성』, 7,2,4)

『영적 보고서』에서 테레사는 다음과 같이 부언한다. "물을 머금은 스펀지를 생각해 보세요. 그것은 물로 가득 차 있습니다. 이처럼 나의 영혼은 신성으로 가득 차 있습니다."351) 이것이 바로 진정한 변모이며 신비체험의 열매다. 이제 인격은 그리스도로 변화되고 영혼 안에 그리스도의 상이 명백히 각인된다.352)

영혼이 합일의 그러한 높이에 도달할 때 그 조건과 상태는 앞 단계의 조건과 상태와는 매우 다르다. 합일의 강도와 친밀성 때문에 덕은 안정되고 자신의 본질에 깊이 뿌리박히게 된다. 그 덕이 진실한 것이기 때문에 영혼이 하나님에게서 받은 선물의 부유함과 무상성을 깊이 생각하게 되어, 그러한 부유를 자신에게만 남겨두지 않고 교회의 형제들과 공유해야 한다는 것을 알게 되고 애덕과 겸손함으로 이웃들에게 선을 베풀기 시작하는 것이다.353)

테레사는 단순한 합일의 은총과 영적 결혼의 은총에 대해 이야기하면서 이런 합일에 따르는 영혼과 하나님 사이의 합일의 해소성과 불가해소성에 대해 설명한다. "그러므로 합일의 은혜가 쉽사리 지나간 다음에는 영혼이 의식하는 그 임과 사귐이 없이 저 혼자 남는 것입니다. 하지만 영적 혼인의 은혜에 있어서는 그렇지 않습니다. 영혼은 항상 그 핵심에 하나님과 같이 있기 때문입니다."(『영혼의 성』, 7,2,4)

테레사가 출판한 마지막 책들에서 기도와 관상생활의 높은 단계에서는 실질적으로 활동과 관상이 조화롭게, 그리고 내적으로 상호 침투하듯이 서로 융화될 수 있음을 보여 준다.

---

351) 『영적 보고서』, 18(1571년 6월 30일).
352) 참조: 『영혼의 성』, 5,2,12.
353) 참조: 『자서전』, 19,3. 영혼은 걱정에서 거의 해방되었다; (『영혼의 성』 7,2)

기도생활의 정점에서는 하나님과 이웃 사랑이 효과적으로 하나의 불꽃을 형성한다. 이 불꽃 안에서 영혼은 하나님과 형제들을 사랑한다. 이때 영혼은 관상적 합일에서 가장 자유로워진다.

최고의 관상가들 안에서는 활동과 관상 사이의 갈등이 완전히 극복된다. 그들에게 활동과 관상은 서로 방해하지 않고 서로를 양육한다. 사실 영적 생활의 정상에서 관상과 활동은 가장 완전한 조화를 향해 나아가게 된다. 그 조화는 영혼의 심부에서 실현된 하나님과의 상존 합일의 결실로 외적 활동 가운데에서도 내면이 움직이는 것이다. 그것은 신적 사랑의 샘이 외적 활동을 하는 바로 그 순간에도 솟아나고 양육하는 것을 그치지 않기 때문이다. 354)

그러므로 하나님과의 합일은 커다란 활동의 꽃들을 피워내는 토양(humus)이다. 사도들은 이런 활동들을 계속하기 위하여 그들에게 영을 부어주시는 분께 늘 되돌아가야 한다. 이런 고양된 단계에서 시작한 활동은 언제나 하나님 능력의 인장이 새겨지게 된다. 그때 영혼은 자신의 고유한 향기를 발산하게 된다.

내향성과 외향성의 이러한 통합은, 영적 수련에 매진하는 한 영혼이 영적 약혼에 이르고, 그 후 영적 혼인에 도달할 때 특별히 잘 드러난다. 고양된 단계에서는 위대한 일을 하시며 숨어 계신 분의 현존이 신비적으로 나타나는데 이는 실재적이다. 여기서부터 사도직의 풍요로운 결실은 영혼 자신에게서 비롯되는 것이 아니라 영혼 안에서 영혼을 통하여 주님께서 이끌어내시는 것이다.

테레사 성녀는 말한다. "내 말을 믿어주십시오. 마르다와 마리아는 나란히 같이 가야 합니다. 그래야만 주님을 잘 모시고 항상 당신 곁에 있을 수 있습니다. 당신께 푸대접을 하지 않고 잡수실 것을 바칠 수 있습니다. 그 언니의 도움이 없었던들 마리아가 어떻게 주님 곁에 줄곧 있었겠습니까? 주님이 잡수신다는 것은 바로 우리가 모든 방법을 다 써서 사람들을 당신께 이끌어 올리는 것입니다. 그들이 구원받아

---

354) Jean-Herve Nicolas, *Contemptazione e vitt contemptativa net cristiano*, Citta del Vaticano, 1990, p. 293.

영원토록 주님을 찬미하게 말입니다."(『영혼의 성』, 7,4,12)

영적 혼인은 수난을 겪고 안식을 취하는 것 사이의 종말론적 긴장을 해결하는 것이다. 영혼은 평화와 조화와 하나님의 의지와 완전한 일치를 성취한다. "이런 영혼들은 하나님의 뜻이 자신 안에 이루어지기를 간절히 소망하는 만큼, 하나님이 하시는 일이면 무엇이나 다 좋게 받아들이기 때문입니다. 참아 받으라는 것이 당신 뜻이라면 이것이야말로 좋은 일, 그러지 말라 하셔도 그전처럼 슬퍼할 것도 없는 것입니다."(『영혼의 성』, 7,3,4)

테레사는 '하나님의 손 안에'(P 2)라는 시를 통해 자신을 하나님의 손 안에 온전히 맡기는 것에 대해 잘 표현하고 있다. 테레사의 시를 통해 활동과 관상의 통합에 대한 또 하나의 실마리를 찾을 수 있을 것이다. 바로 하나님께 완전히 순명하는 것이다.

> 만일 당신께서 저의 안식을 원하신다면
> 저는 사랑으로 안식을 취하겠어요.
> 당신께서 저에게 일하기를 원하신다면
> 저는 죽기로
> 온 힘을 써서 그렇게 하겠어요.
> 저에게
> 어떻게, 어디에서, 언제 할지를 말해 주세요.
> 다정한 사랑이시여,
> 말씀해 주세요, 말씀 좀 해주세요.
> 저에게 하시고자 하시는 일이 무엇인지.

위에서 살펴본 바와 같이 영혼의 합일은 언제나 하나님의 의지와 결합되어 있다. 분열된 영혼은 회개와 정화를 거쳐 하나님과의 합일을 향해 움직여야 한다. 통합의 중대는 언제나 하나님과의 관계에 달려 있으므로 인간은 하나님과 무관하게, 하나님과의 합일 없이 통합될 수 없다. 만일 영혼이 하나님과 완전히 합일한다면 분열된 자신의 상태를 극복할 수 있을 것이다. 하나님의 의지와 하나 된 영혼은 온 마음으로 하나님의 영광을 위해 봉사하게 된다. 이로써 활동과 관상은 통합된 인간 안에서 조화를 이루게 된다.

이렇게 영적 정상에 도달한 이들에게는 사도직과 관상의 두 가지 목적 사이에 반목이 있을 수 없다. 테레사는 일, 곧 활동을 하되 이 일은 드높은 생각(하나님과의 합일)을 통해 잘할 수 있는 힘을 얻을 수 있다고 말한다. 그렇다고 해서 하나님과 합일을 이루기 위해 특별한 것을 요구하지는 않는다. 다만 회칙을 잘 준수하자고 말한다. "어떠한 사람이 되어야 합니까? 그것은 뻔합니다. 곧 일을 많이 하는 사람들이 되는 것입니다. 그리고 우리의 큰 도움은 드높은 생각을 하는 것으로써, 이는 그에 상응한 행동을 하도록 힘을 줍니다. 우리의 회칙과 회헌을 조심성 있게 완전히 지키기로 노력한다면, 주님께서는 우리의 기도를 들어주실 줄로 믿습니다."(『완덕의 길』, 4,1)

2) 관상과 활동의 통합을 이루는 기본 관점

(1) 관상과 활동의 통합 원리인 사랑

지금까지 살펴보았듯이 테레사 성녀는 영적 정상에 도달했을 때 활동과 관상의 조화에 도달하게 되었다. 이것은 하나님과의 합일의 열매이다. 영혼의 의지가 하나님 의지에 가까이 가면 갈수록 그만큼 활동과 관상이 조화를 이루게 된다. 영적 정상에서 관상과 활동의 통합이 이루어지는 것이다. 그런데 영적 정상에 이르기 전에도 두 가지 일을 동시에 해나가는 것이 가능할까? 곧 영적 정상에 이르기 전에도 기도와 활동을 동시에 해낼 수 있는가?

일반적으로 사람들은 자신의 규칙에 따라 기도와 활동의 시간을 분배한다. 그러나 관상과 활동의 진정한 조화를 원한다면 단순히 자신의 시간을 적절하게 분배하는 것에 그쳐서는 안 된다. 그리스도인의 생활을 조화롭게 영위해 나가기 위해서는 기본적인 몇 가지 요소를 고려해야 한다.

테레사가 가르멜을 개혁하고자 했을 때, 수녀들에게 기도와 활동을 동시에 하도록 요청했다. 아직도 영적 정상에 도달하지 않은 수녀들에게 관상과 활동을 끊임없이 함께하도록 요청한 것이다. 테레사는 영적 정상에 도달한 반면, 다른 사람들은 아직 도달하지 못했다. 어떤 이유로 아직도 미성숙한 수녀들에게 두 가지 일을 함께하도록 했을까? 그 힘은 어디에 있는 것일까? 그 동기와 힘은 교회를 향한 사랑과 그리스도를 향한 사랑이었다. 교회와 그리스도는 동일한 실재이므로 두 가지는 분리될 수 없다.

테레사 성녀는 수녀들에게 적어도 약간의 분별심만 있다면, 그 어떤 영적인 상태에 있다 하더라도 하나님 나라를 위해 두 가지 일을 함께할 수 있다고 권고했다.

이를 위해서는 관상과 활동을 통합하는 참된 요소를 알아야 한다. 관상의 절정에서 얻어지는 통합의 결실이 있기 전에도 관상과 활동이라는 두 가지 다른 형태의 삶을 하나로 모아주는 요소가 있다는 것을 인식하고 존중해야 한다. 그 원리에 대한 인식 없이 활동과 관상을 함께한다면 부작용이 따를 것이다.

그렇다면 무엇이 이 둘을 통합시키는가? 무엇이 활동과 관상 사이의 통합을 유지하는 데 필요한가? 어느 영적 단계에서든 반드시 필요한 요소가 무엇인지 알아야 한다. 그것은 바로 앞서 살펴본 바와 같이 하나님과 이웃에 대한 사랑이다. 테레사에게 기도는 사랑 안에서 이루어지는 참된 활동이다. 이것은 기도가 주님과 정답게 이야기 나누며 우정을 맺는 것이라는 단순한 사실에서 얻은 결론이었다. 성녀가 마음 깊이 간직하고 있던 확신 가운데 하나가 바로 기도에서 첫자리를 차지하는 것이 사랑이라는 것이었다.

테레사의 기도에서 지성도 필요불가결한 역할을 맡고 있기는 하지만 그것은 부차적이다. 테레사의 기도에서 빼놓을 수 없는 것이 지성임에도 그것마저도 사랑과 비교할 때는 부차적인 것이 된다. 지성은 주인공인 의지와 사랑에 종속되는 것이다. 기도하기 위해 지성을 많이 써야 하거나 말을 잘해야 할 필요도 없고 또 논리적이어야 하는 것도 아니며 건강을 꼭 필요로 하는 것도 아니다. 그보다 더 많이 사랑할 필요가 있다. 참된 사랑은 모든 일에 열정적이게 하고 더 많이 기도하게 한다.

애덕이 하나님과 교통할 수 있는 직접적이고 유일한 길이라는 점에서 애덕 안에 기도의 본질이 있다고 할 수 있다. 그 때문에 하나님과의 합일을 원하고 그 합일을 통하여 더욱 효과적인 기도를 하고자 하는 이들은 기도의 밑바탕에 애덕을 제외해서는 안 된다.

애덕은 하나님과 영혼을 묶어주는 통합 원리로서 없어서는 안 될 중요한 요소다. 애덕은 하나님과 인간을 이어주는 중개 역할을 함과 동시에 다른 덕을 자라게 하는 생명이기도 하다. 곧 신학적 애덕의 열정과 실행은 다른 주부덕을 증대시키는 열쇠다. 성인이 되기를 원하고 자기 안에 모든 초자연적 덕의 능력을 간직하는 그리스도인에게 그러한 덕을 성장시키는 것은 바로 애덕이다. 애덕은 모든 덕의 영혼이며 생명이다.[355]

관상의 가장 높은 단계는 초자연적·주입적 관상이다. 테레사 성녀와 십자가의 성 요한과 같은 신비가들은 관상이라는 이름을 이 같은 최고 단계의 관상에 특별히 유보해 불렀다. 테레사는 살라망카 신학자들이 내린 '사랑의 영향 아래 진리에 대한 단순한 응시'라는 정의를 훌륭하게 실현한 것이다.

17세기 영성생활의 대가 랄만트(Lallemant) 신부가 관상에 대해 내린 정의도 상기할 필요가 있다. "관상이란 하나님이나 신적인 것들을 바라보는 것이다. 곧 사랑에서 발하고 사랑으로 향하는 단순하고 자유롭고 통찰하는 응시다. 여기에 가장 순수하고 가장 완전한 애덕이 활동한다. 사랑은 애덕의 원리이고 과업이며 목적이다."[356]

랄만트 신부가 말한 대로 관상은 사랑에서 발하는 것이며 사랑으로 향하는 것이기 때문에 참된 관상가는 활동할 때 반드시 애덕의 도움을

---

355) T. Alvarez, "Ascesi e preghiera", p.29.
356) J e R. Maritain, *Litureia e contemplazione*, Borla, 1960, p.26.

받게 된다. 애덕은 두 가지 형태로 드러나는데, 형제적 사랑과 하나님에 대한 사랑이 그것이다. 두 가지 옷을 입은 이 사랑이 형제를 위하여 헌신·봉사하는 데 방해되는 모든 장애나 산만을 제거한다. 성령의 충동 아래 있는 이는 관상에 전념하게 되고, 하나님과의 합일이라는 자신의 계획을 실현시키는 데 활동이 더는 장애가 되지 못한다.

테레사는 수녀들에게 활동을 요청하면서 영혼들을 구원하기 위해 그리스도를 사랑하라는 조건을 덧붙였다. 그녀의 이러한 사도적 태도는 자기만족만 추구하는 이들이 행동하는 모습과는 거리가 멀 뿐 아니라 개인주의적 삶을 살아가면서 자기완성을 추구하는 거짓 인격주의자들의 삶과도 거리가 멀다. 테레사의 마음을 빼앗는 그녀의 유일한 근심거리가 된 것은 '영혼을 구원하는 것'이며 '자신의 죄를 회개하는 것'이었다. 이처럼 테레사는 자신의 모든 기도와 활동이 이웃과 교회로 방향 지워지기를 바랐다. [357]

참된 신비가는 사랑으로 충만해야 한다. 그렇다면 신비가는 누구이며 어떤 사명으로 살아가는가? 신비가는 하나님 백성 가운데서 성령의 특별한 카리스마를 가지고 살아가는 이들이다. 그들은 성령을 통해 하나님의 신비를 최고로 인식(eplgnosis)하는 이들이다. [358] (참조: 빌 1:9)

그들은 전체 교회를 위해 봉사하며 살아 계시는 하나님의 모든 것을 증언한다. 그들은 사랑의 체험을 통해 신앙과 애덕 안에서 교통하고, 초자연적 인식으로 하나님을 느끼며 깨닫는다. 하나님께서 그들의 정신과 마음에 함께하시기 때문이다.

앞에서 살펴보았듯이 덕은 활동에 속한다. 덕은 애덕으로 습득되고, 애덕 안에서 꽃 피우고 향유하며, 애덕에 기초를 두고 또한 그 안에서 보존된다. 애덕은 여러 가지 덕을 서로 연결해 주는 중심이다. 애덕은 다른 덕을 자라게 하고 분발시켜 주는 영양분이다. 사랑은 영혼 안에 덕을 결합하고 유지시킨다.

---

357) A. Sicari, *La contemftazione netta Chiesa*, p.286.
358) 참조: 빌 1:9

사도 바울도 이에 대해 말한 바 있다. "이 모든 것 위에 사랑을 더하라 이는 온전하게 매는 띠니라"(골 3:14) 그것은 모든 능력을 합일시키고 자신을 내어주게 하고 하나님을 만유 위에 사랑하게 하며 그분께 속한 것을 그분께 되돌려 드리는 덕이다. '보다 더 큰 일들'359)을 준비하도록 초대하는, 오해받으시는 '사랑'께서 한탄하시며 테레사에게 이렇게 말씀하신다. "아, 내 딸아! 진정으로 나를 사랑하는 자는 어찌 그렇게도 드문지! 나를 사랑한다면 나는 내 비밀을 감추지 않으리라. 너는 나를 진정으로 사랑한다는 것이 무엇인지 알고 있느냐? 그것은 내 마음에 들지 않는 것은 모두 거짓이라는 걸 깨닫는 것이다. 네가 곧바로 깨칠 수 없는 이 진리는 네 영혼이 거기서 이끌어 내는 이익으로써 뚜렷이 알게 되리라."(『자서전』, 40.1)

이처럼 사랑만이 우리에게 고통의 순간까지도 무엇이든 할 수 있는 힘을 준다. 예수의 테레사 성녀도 고통과 사랑 사이의 내적 관계를 확인해 준다. "그런데 나는 긴 금화살을 손에 든 천사를 보았습니다. 그 화살 끝에는 불이 조금 붙어 있었던 것같이 생각됩니다. 그는 때때로 그것을 내 심장을 통해 오장육부까지 꿰뚫었습니다. 그리고 화살을 뺄 때는 내 내장마저 다 빼 간 것 같았으며, 나를 하나님의 위대하신 사랑으로 온통 타오르게 했습니다."360)

테레사는 관상이나 활동 중 그 어느 하나만으로는 자신의 삶을 특징지을 수 없을 정도의 경지까지 도달한다. 이제 사도직의 풍요로움을 누리는 그만큼 하나님을 환영하고 마리아뿐만 아니라 마르다도 함께 활동하는, 사랑이라는 유일한 법의 힘을 얻어 관상과 활동을 넘어서게 되는 것이다. 진정 사랑은 모든 활동과 관상의 합일 원리가 된다.

(2) 하나님과 의지(뜻)의 합일

내적 일과 외적 일은 물론이고 어떠한 영석 상태에서도 사랑과 함께

---

359) 참조: 요 1:50
360) 『자서전』, 29,13,30; 참조: 33,4. 고통은 언제나 그리스도에 대한 사랑과 연결되어야 한다. 그 밖에는 고통의 의미가 없는 것이다. 테레사는 고통 자체를 위해 그것을 추구하지는 않았다.(참조:『자서전』, 29,12)

빼놓을 수 없는 것이 바로 의지다. 의지는 영적 성장으로 나아가는 데 활동과 관상에 균형을 잡아 주는 중요한 요소다. 테레사에게는 하나님이 모든 것이며 그분만으로 충분했다. 우리 모두는 자신의 허무의 깊이를 알고 하나님의 무한하신 엄위를 인식하고 깨달아야 한다. 영혼이 자기 의지를 하나님께 드리면 서로가 명령을 내릴 만큼 놀라운 일이 생긴다.

"여기서부터 주님은 영혼과 지극한 사이가 되시어 당신께 바쳤던 의지를 돌려주실 뿐 아니라 당신의 의지를 주시며 바꿈질을 하십니다. 서로 번갈아서 명령을 내릴 만큼 지극한 사이가 되었기 때문에 주님은 영혼이 청하는 것을 기꺼이 받아들이시고, 영혼도 그분이 명하시는 것을 채워드립니다. 주님이 영혼을 좀 더 완벽하게 만드시는 것입니다. 당신은 전능하시어 무엇이든 원하시는 대로 하시고 그 원하심은 끝이 없으십니다."(『완덕의 길』, 32,12)

비록 인간이 알 수 없는 하나님의 초월성과 비접근성에도 인간은 하나님을 만날 수 있다. 그리스도를 통하여 하나님과 접촉할 수 있으며, 거룩하신 그분의 의지와 만날 수 있고, 그분 안에 인간의 안식이 있다. 테레사는 의지의 합일에 대한 중요성을 이렇게 말한다. "우리의 의지가 하나님의 뜻과 진정 합일했으면 의심할 여지없이 이 승리는 가능한 것입니다. 이것이 바로 내가 평생을 두고 바라는 합일이요, 이것이 바로 내가 항상 우리 주님께 비는 합일입니다. 가장 분명하고 안전한 길입니다."(『영혼의 성』, 5,3,5)

하나님께서 가장 원하시는 것은 모든 사람이 구원받아 영원히 복된 삶을 사는 것이다. 그러나 많은 이가 올바른 길을 가지 않으므로 테레사는 그들의 구원에 대해 책임감을 느끼고 자기 수녀들에게 길을 잃어 위험에 빠진 영혼들을 위하여 기도하라고 한다. "이것이 바로 여러분의 성소이며 여러분이 할 일입니다."(『완덕의 길』, 1,5)

우리는 성화 안에서 관상과 활동이 통합될 수 있음을 살펴보았다. 이런 성화에 도달하기 위해서는, 곧 완덕에 도달하기 위해서는 반드시 하나님의 뜻을 따라야 한다. "가장 높은 완덕이란 내적 기쁨 또는 신기한 탈혼이나 현시·예언 같은 데 달린 것이 아니라 하나님께서 무엇을 원하시는지 알아차리는 것, 곧 전력을 다하여 그것을 원하고 우리의 의지를 주님의 뜻에 합치시키는 것입니다."(『창립사』, 5,10)

하나님께 의지를 봉헌하면 그분의 노예가 되는 것이 아니라 자신에 대해 큰 주인이 된다. 우리가 의지를 지배할 수 있기 때문이다. "그러면 주님 편에서도 얼마나 너그럽게 알뜰히 돌보아 주시는지… 자기 의지와 이성을 주님께 복종시켰다는 그 사실만으로 이 능력의 주인이 되게 마련하십니다. 이리하여 일단 자신의 주인이 되면 이제 하나님을 섬기는 상태는 완전해집니다."(『창립사』, 5,12)

테레사는 수녀들에게 순명하도록 권고한다. 그 까닭은 순명을 통해 하나님의 의지와 부합할 수 있기 때문이다. "웃어른의 뜻 외에 다른 것은 갖지 않고 사람에게 복종할수록 우리는 자기 주인이 되어 하나님 뜻에 우리 뜻을 맞추게 됩니다."(『창립사』, 5,13)

하나님의 일에 대한 사도들의 협력은 무엇보다 신적 의지에 내적으로 얼마나 순응하느냐에 따라 효과가 달라질 것이다. 영혼이 하나님께 자기 의지를 드렸다고 해서 그것을 잃은 것이 아니다. 영적인 정상에 가까이 가면 오히려 하나님과 의지의 교환이 시작된다. "당신의 의지를 주시며 바꿈질을 하십니다."(『완덕의 길』, 32,12)

무슨 일을 하든 먼저 하나님의 뜻을 찾고자 노력한다면 어떤 순간에도 기도와 외적 활동 사이에 갈등이 생기지 않게 될 것이다. 하나님의 의지가 기도뿐 아니라 온갖 종류의 활동에 그 가치를 주기 때문이다. "그런 영혼들은 행동으로 남을 도울 수 없을 때엔 기도로 일합니다. 그리고 숱한 영혼이 멸망하는 것을 괴로워하며 그저 지나칠 수가 없어 주님께 간곡히 기도드리고, 자신의 즐거움 같은 것은 아예 문제 삼지도 않습니다. 기쁨을 버린 것을 다행스럽게 여기고 개인의 만족 따위는 잊어버린 채 오로지 주님 뜻만을 채우려는 생각뿐이지요."(『창립사』, 5,5)

테레사는 생애 마지막 무렵에 종말론적 움직임과 육화의 움직임 사이에 충만함과 균형을 갖게 된다. 말하자면 하나님의 의지와 충만한 합치를 이루는 이그나티오스(Ignatios) 성인의 '무관심'이라고 부르는 상태에 도달하게 되는 것이다. "나의 모든 의지는 그분의 의지 외에 다른 것은 원하지 않으며 그분을 거슬러서 어떤 작은 행위도 하지 않고자 합니다. 여기서 나는 이제 죽든지 살든지 더 바랄 것이 없을 정도로 복종하게 됩니다."(『영적 보고서』, 6,7)

자신의 의지를 하나님의 의지와 합일하려는 노력은 모든 상태의 영혼들에게 요구되는 것이다. 이런 노력은 활동과 관상 사이의 갈등이라는 난제를 해결하게 될 것이다.361)

(3) 하나님의 영광

영적 여정에서 요구되는 또 하나의 요소는 하나님의 영광을 추구하는 것이다. 이를 위하여 반드시 실천해야 할 일은 하나님의 뜻을 위해 자신의 뜻을 포기하는 것이다. 그러한 삶을 살기 위해서는 무엇보다 순종하는 정신이 필요하다고 할 수 있다. 자신을 추구하지 않고 하나님의 영광을 찾는 영혼은 순종에 민첩할 것이다.

테레사는 『창립사』에서 순종에 대해 이렇게 말한다. "당신을 사랑하려고 결심하고 당신께 온전히 내맡긴 영혼에게 당신은 꼭 한 가지밖에 다른 것은 더 바라지 않으십니다. 그것은 순종하는 것과 무엇이 당신께 가장 큰 영광이 되는지 생각하고 그것을 원하는 것입니다. … 영혼이 순명 안에서 하나님의 의지를 생각하고 그분의 영광을 위해 일한다면, 그리고 그 일이 외적인 일이라 하더라도 영적 진보를 염려할 필요는 없는 것입니다."(『창립사』, 5,6)

이처럼 순종하는 이들은 하나님의 뜻에 자신의 의지를 맡기기 쉬울 것이며 그렇게 함으로써 다른 이들보다 먼저 하나님의 의지와 하나 될 것이고 하나님의 영광을 가장 드높일 수 있게 될 것이다. 순명 안에서 하나님의 영광을 추구하는 이들은 기도와 활동 사이의 갈등을 쉽게 극복할 수 있을 것이다. 하나님의 영광을 찾는 이들은 온갖 이기심에서

---

361) 하나님과의 의지의 합일은 언제나 사랑과 연결되어 있다. "하나님께서 우리에게 요구하시는 일은 한 가지, 하나님께 대한 사랑과 이웃 사랑입니다. 이 두 가지만 철저하게 지키면 우리는 당신 뜻을 이루는 것이 되고 따라서 당신과 하나 될 수 있습니다." (참조: 『영혼의 성』, 5,3,7)

자유로워질 것이며 나아가 분열된 내적 인간을 하나로 모으게 될 것이다. 그렇기 때문에 하나님의 영광을 추구하는 것은 분열된 인간성을 하나로 모으는 또 하나의 통합 요소이다.

맺음말

테레사 성녀의 기도는 본질적으로 하나의 삶이며 하나님을 향해 나아가는 점진적인 여정이다. 하나님을 향해 나아가는 여정에서 기도생활은 필수적이다. 성녀의 견해에 따르면, 기도는 창조주와 피조물의 사랑 관계이며 본질적으로 신적인 의지 안에 자신의 마음을 변화시키는 하나님과의 우정이다. 기도생활은 완덕을 향하여 나아가는 생활로서 그것은 두 단계로 나뉜다. 첫 단계에서는 인간적인 노력이 요구되고, 그다음 단계에서는 하나님의 힘이 조금씩 그의 삶을 지배하게 된다.

하나님의 힘이 강해질수록 인간의 노력은 감소되어 마침내 관상을 시작하게 된다. 사실 순수한 활동은 관상생활에서 나오는데 이것은 신비적인 경험을 한 후에 영혼이 더욱 활동적이 되고 사심 없게 되기 때문이다. 신적 의지로 영혼의 마음을 변모시키는 하나님과 그 영혼의 우정은 영혼에게 애덕을 완성하게 하고, 사랑이며 존재 자체이신 분과 하나가 되게 한다. 그리하여 영혼은 하나가 된 상대를 위하여 진심으로 봉사하고자 한다.

참된 우정은 둘만의 이기주의가 아니다. 진실한 친구 관계는 서로의 선을 바란다. 하나님과 영혼의 우정 관계인 참된 기도는 이기적 정신을 배양하는 것이 아니라 봉사 정신의 원천이 된다.

기도생활은 영적인 혼인에서 얻게 되는 완덕을 향해 점진적으로 나아가는 것이므로 신비적인 경험이 기도생활의 중심이 되는 것이 아니라 반드시 덕의 실천이 동반되어야 한다. 더 나아가 교회를 위한 활동을 할 때까지 기도생활은 계속 성장해 가야 한다.

테레사는 활동과 관상의 통합에 도달하기 위해 오랜 기간의 노력 끝에 결국 그 통합을 그리스도 안에서 찾게 된다. 하나님 사랑과 이웃 사랑이 그리스도를 향한 사랑 안에서 통합되는데, 그리스도는 진실로 하나님이시며 진실로 인간이시기 때문에 그리스도 안에서 하나님과 인간이 분리되지 않는다. 사람이시며 하나님이신 예수 그리스도 안에서 하나님이 육화되셨으므로 인간에 대한 사랑과 하나님에 대한 사랑이 주님이신 예수 그리스도 안에서 통합된다.

실제로 하나님 사랑과 이웃 사랑은 하나의 불꽃을 형성한다. 바로 이 불꽃에서 영혼은 하나님의 모든 선(善)이 자신의 선임을 분명히 깨닫게 되고 하나님을 사랑하고 형제들을 사랑하는 것이 완전히 하나가 된다. 이것이 영혼이 도달할 수 있는 최고의 단계다. 영혼은 이 최고의 영적 단계에 도달해 온전히 자유로워지며 이곳에서는 사도직 활동과 관상적 합일이 서로 방해하지 않고 오히려 서로 성장하도록 도와준다.

하나님 사랑과 이웃 사랑은 분리될 수 없으며 동시에 훈련되어야 한다. 마르다와 마리아가 함께 주님을 환대해야 한다는 것이 테레사의 생각이며 영적 통합을 이룬 이들의 삶이다. 마르다와 마리아는 주님을 환대하기 위해 함께 나아가야 한다. 부활하신 그리스도의 체험에서 테레사는 육화와 종말이 서로 긴장상태에 있는 두 축이 아니라 수렴되는 하나의 축이라는 것을 알게 되었다. 하나님을 사랑하는 것은 인간을 사랑하는 것이며, 인간을 사랑하는 것은 하나님을 사랑한다는 뜻이다.

테레사에 의하면 참되고 완전한 합일은 자신과 그리스도 사이의 개인적 관계를 의미하는 것이 아니라 교회의 모든 구성원과 그리스도 사이의 합일을 의미하는 것이다. 테레사는 그리스도 안에서 모든 것이 하나(통합)가 될 때까지 결코 편히 쉬지 못할 것이다. 테레사의 긴 여정은 통합의 과정이며, 완전한 통합의 영성은 그의 삶의 정점에서 발견될 것이다.

> "아버지여, 아버지께서 내 안에, 내가 아버지 안에 있는 것같이 그들도 다 하나가 되어 우리 안에 있게 하사 세상으로 아버지께서 나를 보내신 것을 믿게 하옵소서"(요 17:21).

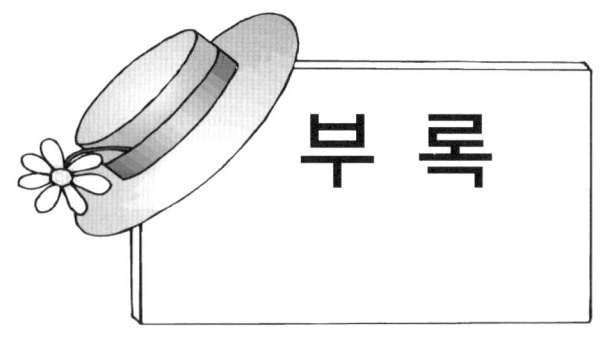

서양의 정신분석학 : 무의식의 분석[362)]
(심리장애 극복의 길)

1. 서양철학에서의 의식과 무의식

1) 명석 판명한 의식성: 데카르트의 인간 규정

명상은 '나는 내가 알고 있는 것 그 이상'이라는 예감에서 출발하여 그 감춰진 나를 발견하고 깨닫고 실현하기 위한 노력이다. 우리가 이미 알고 있는 것이 자아에 대한 진정한 앎이 아닐 수 있다는 자각에서 '너 자신을 알라!'고 외친 소크라테스의 구호는 명상을 향한 첫걸음일 수도 있었을 것이다. 그러나 그가 내린 결론은 '무지의 지'이다. 이는 인간 인식의 한계에 부딪힌 좌절을 보여줄 뿐, 일상적 인식의 한계를 넘어서서 참된 자아의 깨달음을 추구하는 명상의 태도는 아니다.

그 후 서양철학이 언제나 명상과 일정 거리를 유지해온 것은 인간을 늘 '이성적 존재'로 정의하면서 개념적이고 논리적인 언어적 사려분별 능력을 인간의 본질로 간주해왔기 때문이다.[363)] 인간 및 우주 존재를

---

362) 한자경, 『명상의 철학적 기초』(이화여자대학교, 2011), pp.203~242.

가장 표피적인 제6의식인 분별 의식의 차원에서 이해한 것이다. 의식의 관점에서 보면 인간과 세계는 명료한 의식 표층에서 처음 접촉하는 별개의 개별 실체들일 뿐이다. 따라서 의식보다 더 깊은 심층에서 일체 존재를 아우르며 우주 및 타인과 소통하는 일심(一心), 또는 '심위태극(心爲太極)'의 마음은 감지되지도 사유되지도 않는다.364) 이렇게 마음 심층을 배제한 채 제6의식의 관점으로 인간을 규정한 자가 바로 근세의 합리주의자 데카르트이다.

데카르트는 절대적 진리, 즉 거짓 가능성이 완전히 배제된 확실한 앎을 발견하기 위해 의심의 방법을 사용한다.365) 내가 감각하는 외부 세계는 감각적 착각일 수도 있고 꿈일 수도 있기에 거짓 가능성이 남아 있어 의심 가능하므로 절대적으로 확실한 앎이 아니다. 수학적 관념적 진리조차도 모든 인간의 정신이 악령에 의해 기만당하여 그렇게 생각하는 것일 수 있으므로 거짓일 수 있다. 그렇지만 설혹 모든 것이 착각이거나 꿈속의 환영이거나 기만이라고 할지라도 그렇게 착각하거나 꿈꾸거나 기만당할 수 있는 나는 존재해야 한다. 그런 내가 존재한다는 것에 대해서는 어떤 의심 가능 근거도 찾을 수가 없다. 의심을

---

363) 이에 반해 동양적 사고는 도가에서의 "道可道 非常道. 名可名 非常名"이나 불교에서의 "언어도단 불립문자"가 말해주듯 대개 한 사태의 언어적이고 논리적인 개념화와 명료화를 넘어서고자 하는 경향이 있다고 볼 수 있다. 합리적이고 논리적인 이성이나 명료한 의식을 인간의 본질적 핵심으로 보기보다는 인간의 그다지 중요하지 않은 일부분으로 해석하며, 인간 자체의 본질을 오히려 그러한 합리와 논리, 인간의 의식 영역을 초월한 것으로 간주하는 것이다. 물론 서양이나 동양이나 인간의 언어적이고 논리적인 앎의 한계를 의식하기는 마찬가지일 것이다. 다만 동양에서는 인간이 비언어적이고 초논리적인 방식으로 그 한계 너머에 대한 통찰을 가질 수 있다는 초이성적 직관에 대한 신념을 가진 데 반해, 서양에서는 인간은 그 한계 내에 머무를 수밖에 없다는 유한성의 의식과, 따라서 그 한계를 끊임없이 확장시켜 나가야 한다는 합리주의적 성향을 갖게 된 것이라고 본다.
364) 이렇게 인간을 철저하게 유한한 개체로만 간주한 것은 일체를 아우르는 전체의 하나를 인간이 아닌 신의 경지로만 여기면서 인간과 신을 구분했기 때문일 것이다.
365) 거짓 가능성이 전혀 없는 확실한 앎을 발견하기 위해 데카르트가 고안한 방법이 의심의 방법이다. 어떤 인식이든 그것이 거짓일 수 있는 가능성을 조금이라도 포함하고 있다면 설사 그것이 거짓임이 아직 증명되지 않았다고 할지라도 절대적 참이 아니라는 의미에서 마치 거짓인 듯이 취급하겠다는 것이다. 방법적 회의를 통해 데카르트가 발견한 것, 절대 의심할 수 없이 확실한 것이 바로 회의하고 생각하고 있는 자아의 존재이다. 이하 본문에서 간략히 논의한 의심의 과정과 자아 존재의 통찰에 대해서는 데카르트의 『성찰』 권1과 권2 참조.

하면 할수록 의심 활동을 하는 나는 존재해야 하기 때문이다. 데카르트는 착각·꿈·기만·의심 등 일체의 의식 활동을 '사유'라고 칭한다. 그러므로 의심의 방법을 통해 그가 얻어낸 최종 결론은 다음과 같다.

> 나는 있다. 나는 존재한다. 이것은 확실하다. 그러나 얼마 동안 존재하는가? 사유하고 있는 동안 존재한다. 366)

그렇다면 이렇게 존재하는 나는 어떤 존재인가? 나의 본질은 무엇인가? 자아가 사유하는 한 존재한다는 것은 그 자아의 본질이 사유 이외의 다른 것이 아님을 말해 준다. 이러한 사유자로서의 인간 본질에 대해 데카르트는 다음과 같이 말한다.

> 나는 사유하는 것 이외의 다른 것이 아니기 때문에 만일 어떤 힘이 [나의 본질로서] 내 안에 있다면 나는 분명히 그것을 의식해야만 할 것이다. 367)

자아는 그게 바로 나이므로 자아가 무엇인지는 나의 의식에 분명하게 알려져 있어야 한다는 것이다. 나인데도 내가 알지 못하는 것이라면 그것은 내가 아니다. 이렇게 해서 데카르트는 자아의 본질은 사유이며, 그 사유는 곧 '명석 판명한 의식'이라고 규정한다. 명석(clear)은 자극이 그 자체로 강렬하여 의식에 부각되는 것이고, 판명(distinct)은 자극이 다른 자극과 판이하게 분별되어 의식에 부각되는 것을 뜻한다. 명석하고 판명한 의식이란 결국 다른 자극들로부터 구분되는 자극을 의식 내용으로 갖는 의식, 제6의식을 뜻한다고 볼 수 있다. 이와 같이 데카르트는 자아의 본질을 명석 판명한 제6의식으로 규정한다. 368)

---

366) 데카르트. 『성찰』, 권2, 6절. 이현복 역, 『성찰』, p.46.
367) 데카르트. 『성찰』, 권3, 32절. 이현복 역, 『성찰』(문예출판사, 1997), p.75
368) 6 『성찰』의 데카르트 논의에서는 사유 내지 의식이 이중의 의미로 쓰이고 있다. 그는 의식의 대상은 착각이거나 꿈이거나 속임일 수 있어도, 그런 의식의 활동만은 분명 존재해야 한다고 주장한다. 그리고 그 존재가 부정되거나 추상될 수 없는 이 의식 활동을 자아라고 부른다. 이때 자아의 사유는 물리적 현상 세계 및 관념적 이념 세계를 자신의 대상으로 포괄하는 광의의 사유, 한마디로 존재와 사유가 일치하는 사유라고 할 수 있다. 그런데 그는 이러한 자아(의식)의 본질을 다시 '명석 판명한 의식'으로 규정한다. 그렇게 함으로써 판명한 의식의 바탕이 되는 전체적인 배경 의식인 불명료한

2) 무의식의 발견: 라이프니츠의 미세지각론

라이프니츠는 자아의 본질이 데카르트가 생각하듯이 정말로 명석 판명한 의식의 활동일 뿐이라면, 그와 같은 사유가 멈추는 경우, 자기동일성이 어떻게 유지될 수 있겠는가라는 물음을 제기한다. 명석 판명한 의식이 멎는 경우로서 우리는 꿈 없는 깊은 잠의 상태나 기절한 경우를 생각할 수 있다. 만일 그 경우, 명료한 의식이 단절되었다는 의미에서 내가 존재하지 않는 것이라고 말한다면, 그런 상태 이전과 이후의 나를 어떻게 하나의 인간, 하나의 영혼, 또는 하나의 자아라고 말할 수 있겠는가?

표층적 의식의 단절을 넘어서서 나의 연속성을 유지시켜줄 수 있는 것으로 라이프니츠가 발견한 것은 명석 판명한 의식성과는 구분되는 영혼 심층의 활동성이다.[369] 우리가 표층 의식에서 명료하게 의식하든 못하든 우리의 영혼은 심층에서 끊임없이 세계를 지각하고 있다는 것이 라이프니츠의 통찰이다. 그는 심층의 무의식적 지각을 '미세지각'이라고 부른다. 미세지각은 세계를 지각하는 영혼의 활동이되 그 지각의 정도가 너무 미세하고 변화가 적어 의식의 문턱을 넘지 못하기에

의식을 배제하고 극히 제한된 분별적 제6의식만으로 자아 또는 의식을 규정하게 된 것이다.

      사유 / 의식 ┌ 협의 : 명석 판명한 의식
                   └ 광의 : 존재 = 사유

이처럼 데카르트는 의심의 방법을 통해 광의의 사유(의식)로서의 자아로 발견하고도 그 자아의 본질을 협의의 사유인 명석 판명한 의식으로 규정하였다고 볼 수 있다. 그가 발견하여 본 것(광의의 사유)과 스스로 자신이 본 것을 해석한 것(협의의 사유)이 서로 불일치하는 것이다. 존재와 사유가 일치하는 영혼 활동은 불교식으로 말하자면 제8 아뢰야식의 활동이라고 볼 수 있다. 데카르트가 의심의 방법을 통해 자아의 존재를 의식의 활동성으로 깨달았을 때는 분명 이 지점을 통찰한 것이다. 그런데도 그것을 명석 판명한 의식으로 간주한 것은 무명과 아집으로 인해 아뢰야식의 활동을 현상적 자아(유근신)의 의식 활동으로 여기는 일반 범부의 상식적 자기 이해를 벗어나지 못했기 때문이다.

[369] 바로 이 영혼 심층의 활동성이 데카르트가 의심의 방법을 통해 발견한 자아의 사유 활동이다. 세계가 착각이거나 꿈이거나 속임일지라도 그렇게 착각하거나 꿈꾸거나 속아지는 의식 활동의 자아존재는 부정할 수 없다. 이처럼 사유와 존재, 인식과 존재가 일치하는 궁극지점으로서의 자아의 사유는 데카르트가 오해했듯 의식 표층의 명석 판명한 사유가 아니라 라이프니츠에서 해명되듯이 영혼 심층의 불명료한 사유인 것이다.

우리가 그것을 의식하지 못할 뿐이다. 그 지각이 어느 순간 강력해지거나 변화가 커지면 우리의 의식은 그것을 명석, 또는 판명하게 포착하게 된다. 예를 들어 우리는 큰 소음이 계속 이어지는 곳에 있다 보면, 그 소리가 멎기까지 그것을 소리로서 의식하지 못한다. 그 소리가 멎었을 때에야 비로소 그곳이 얼마나 시끄러운 곳이었던가를 의식하게 된다. 그러나 그렇다고 하여 소리가 있었을 때 그것을 듣지 않았다고 말할 수는 없다. 그것을 들었기에 그것의 멈춤을 알아챌 수 있기 때문이다. 다만 그것이 지속되어 두드러져 나타나지 않았기에 단지 의식되지 않았을 뿐이다.[370]

이처럼 의식 표층에서는 명료하게 포착되지 않는 심층의 미세지각이 존재하며, 바로 이로 인해 우리 영혼의 활동성이 표층 의식에서는 단절을 보여도 심층에서 연속성을 이루게 된다. 꿈의 의식조차 정지된 깊은 수면 상태, 또는 기절하여 아무 의식 활동이 없는 상태에서도 우리 영혼은 심층 무의식의 지각 활동을 계속하는 것이다.

영혼의 활동 ┌ 표층 : 의식적 지각　 = 명료한 지각　/ 단절이 있음
　　　　　　　└ 심층 : 무의식적 지각 = 불명료한 지각 / 무 단절
　　　　　　　　　　　　　　　　　　　(미세지각)

영혼 심층의 무의식적 활동으로서의 미세지각이 갖는 의미는 무엇인가? 미세지각은 우리의 자아와 세계와의 연관, 심리적 영혼과 물리적 세계와의 연관이 의식 표층의 차원에서 비로소 시작되는 것이 아니라,

---

[370] 영혼 심층의 미세지각에 대한 또 다른 예는 수면 시의 지각이다. 우리는 잠을 자면서 작은 소리는 듣지 못해서 계속 잘 수 있지만 소리가 어느 정도를 넘어서서 커지면 그 소리에 그만 잠이 깨 버린다. 이에 대해 라이프니츠는 우리가 잠의 상태에서 작은 소리도 사실 듣고 있다는 것이다. 다만 그것이 너무 미세한 자극에 그치므로 불명료하여 의식되지 않을 뿐이다. 만일 잠을 자기에 지각 능력이 정지해서 소리를 듣지 못하는 것이라면 작은 소리뿐 아니라 큰 소리도 듣지 못해야 한다. 큰 소리가 들린다는 것은 작은 소리도 이미 연속적으로 듣고 있었다는 것을 말해 준다. 다만 그것이 너무 작아서 단지 의식되지 않았을 뿐이다. 이상과 같은 수면 시의 미세지각에 관해 라이프니츠는 『인간 오성 신론』에서 논하고 있다. Leibniz, *Neue Abhandlungen über den menschlichen Verstand*, Felix Meiner, 1971, 89~92쪽 참조.

이미 영혼 심층에서 일어나고 있다는 것을 말해준다. 모든 영혼은 의식이 명석 판명하게 세계를 대상적으로 주목하고 분별 판단하기 이전에 이미 심층에서 세계를 지각하고 있다. 영혼은 미세지각의 활동으로 존재하며, 세계는 영혼의 그러한 능동적 활동에 의해 지각된 결과로서 존재한다. 이처럼 영혼은 세계를 지각 대상으로 포함하고 있으며, 따라서 모든 영혼은 전체 우주를 담고 있는 소우주이다. 의식 표층에서는 자아와 세계가 별개의 것으로 분리되어 있다가 간헐적으로만 연결되는 것 같지만, 실제 심층에서 영혼은 미세지각으로 세계를 그려내고 있는 것이다.371)

명료한 의식 표층에 떠오르기 이전의 미세지각을 자아와 세계를 연결하는 영혼의 근본 활동으로 간주함으로써 라이프니츠는 미세지각을 중심으로 자연의 연속성을 주장한다. 자연에는 존재론적 단절내지 질적인 차이가 없으며, 모든 존재는 세계를 지각하는 영혼의 활동으로서 다만 지각의 명료성에 있어서의 양적 차이만을 보일 뿐이다.372)

---

371) 이 점에서 라이프니츠는 서양철학자 중에서 보기 드물게 동양철학과 사상적 유사성을 보여주는 철학자로 간주된다. 실제로 그는 중국의 성리학 체계를 숙지하고 그것이 자신의 모나드론과 유사하다는 점을 잘 알고 있었다. 물론 물리적 현상 세계의 존재를 능동적 영혼의 활동 산물로 간주하는 것은 스피노자의 신관 내지 자연관에서도 발견된다. 연장적 자연은 소산적 자연으로서 그 굴에서 활동하는 능산적 자연의 활동 결과일 뿐이다. 다만 스피노자는 그 능산적 주체를 유일신으로 본 데 반해, 라이프니츠는 능동적 주체를 무수한 각각의 영혼인 모나드로 여긴 점에서 차이를 보인다.

372) 인간에게 있어서도 극히 미세한 지각뿐이어서 의식이 전혀 없는 상태가 지속될 때 그 인간을 '식물인간'이라고 부르듯이 무생물이나 식물은 바로 그와 같은 상태이다. 즉 그들도 영혼이 없는 것이 아니라 다만 잠들어 있을 뿐이다. 나아가 지각이 다소 명료화되어 감각이나 기억 정도의 생명 활동을 보일 때의 인간 영혼은 동물의 영혼과 질적으로 다르지 않다. 지각이 극도로 명료하여 의식이 갖춰지고자 의식 내지 반성적 의식으로까지 발전하게 되면 그때의 영혼이 인간의 영혼이 된다. 이와 같이 물질이나 식물 동물 나아가 인간은 모두 영혼으로 존재하며, 그들 간에는 절대적인 질적 차이가 있는 것이 아니라 단지 지각의 명료함의 양적 차이만이 있을 뿐이다. 이와 같이 인간의 신체·감각, 그리고 이성의 능력도 각각 별개의 실체로 분리되어 있는 것이 아니라, 하나의 영혼, 하나의 실체, 하나의 모나드의 단계적 양상에 지나지 않는 것으로 간주된다. 소위 물질이나 식물을 라이프니츠는 감각이나 의식은 없지만 활동성을 지닌 '힘(Entelechie)의 모나드'라고 부르고, 동물을 감각이나 기억을 갖춘 '영혼의 모나드'라고 부른다. 그것보다 더 명석 판명한 지각 능력이 있는 인간을 '정' 내지 '통각의 모나드'라고 부른다. 이러한 모나드는 피조물인 데 반해, 가장 완전한 존재는 그들의 창조자인 신으로 이를 최고의 '근원 모나드'라고 부른다. 이렇게 보면 라이프니츠의 모나드론은 신에서부터 물질에 이르기까지 정도에 따라 구분하는 계층적 존재 이해라고 할

```
인간의 모나드(이성. 정신)         명료한 지각
동물의 모나드(협의의 영혼)             ↑
식물의 모나드(힘)                  ↑ (명료함의 증가)
무기물의 모나드(힘)               미세지각
```

< **일체 모나드**(광야의 영혼)**의 연속성** >

그런데 라이프니츠는 인간의 본질을 인간이 다른 존재들과 공유하는 미세지각으로 보지 않고 오히려 인간을 다른 존재인 무기물이나 동식물과 구분 짓는 명료한 의식으로 규정한다. 이 명료한 인간 영혼을 라이프니츠는 이성, 정신 또는 통각이라고 부르면서, 전통 형이상학과 마찬가지로 이성이나 정신을 인간의 본질로 간주한다. 정신은 감각이나 지각과 같은 직접적 세계 인식을 넘어서서 그런 인식 내용들을 돌이켜 생각하며 반성하는 사유 능력을 가진다.[373] 세계와 자신에 대한 진리 인식이 가능하기 위해서는 미세지각이 명석 판명하게 의식화되어야 하는데, 무의식적 미세지각을 명료한 의식 상태로 이끌어가기 위해서는 지각의 강도나 변화뿐 아니라 그러한 지각을 체계적으로 읽고 해명할 수 있는 추상적 기호 체계인 언어가 요구된다. 라이프니츠는 바로 인간 정신만이 그러한 고차원의 반성 능력과 언어능력을 갖춘 영혼이라고 간주한다.

3) 무의식의 규정 : 니체의 의지론

니체는 서양 전통 철학이 언제나 인간의 본질을 이성으로 규정해온 것을 비판한다. 이성 내지 의식을 '인간의 핵심, 영원한 것, 근원적인 것, 확고히 주어진 것' 등으로 간주하는 것이 오류라는 것이다. 이성은

수 있다. 모나드의 단계적 이해에 대해서는 라이프니츠의 '모나드론' 19∼26절 참조.
[373] 직접적 감각 내지 지각이 현량(現量)이라면 의식의 반성적 사유 및 판단과 추리는 비량(非量)이라고 할 수 있다. 이 반성적 사유 능력을 통해서 세계에 대한 진리 인식과 자아에 대한 자기 인식이 가능할 것이다.

인간에게 있어 근원적이거나 주도적인 것이 아니라 오히려 다양한 충동과 본능의 대립과 갈등의 결과물에 지나지 않으며, 인간 영혼 활동의 전체가 아니라 가장 무기력하고 표피적인 일부분에 지나지 않는다는 것이다.374) 니체는 이성 내지 의식이 인간 영혼의 일부분일 뿐이라는 것을 발견한 사람은 바로 라이프니츠이며, 바로 이 점에서 라이프니츠는 이전 철학자들을 월등히 뛰어넘는다는 것을 강조한다.

> 의식은 표상의 한 우연적 부분일 뿐이며 결코 필연적이거나 본질적 속성이 아니라는 것, 따라서 우리가 의식이라고 부르는 것이 우리의 정신적·영혼적 세계의 오직 한 부분적 상황만을 형성할 뿐이지 결코 그 세계 자체가 아니라는 것, 이것이 바로 라이프니츠의 비길 바 없는 중요한 통찰이다.375)

그러나 니체는 라이프니츠 역시 이전 형이상학자들과 마찬가지로 그와 같은 영혼의 한부분인 의식 내지 정신을 지나치게 과대평가하여 그것을 인간의 본질로 삼은 것을 비판한다. 즉 의식은 라이프니츠가 생각하듯 그렇게 명료하고 능동적이며 진리에 가까운 것이 아니라, 오히려 근원적인 충동으로부터 더 멀리 있고 그만큼 변색되고 왜곡된 허약한 병적 부분이라는 것이다.

니체가 이성을 인간 영혼의 활동 중 가장 무기력하고 표피적이며 병든 부분이라고 말할 수 있는 것은 그가 이성 이면의 무의식적 영혼의 활동 속에서 오히려 이성보다 더 강하고 원초적인 것을 발견하였기 때문이다. 니체에 따르면 인간의 깊은 내면에서 우선적이고 근원적으로 발생하는 것은 이성이나 의식이 아니라 오히려 웃음·원망·실망과 같은 욕구와 충동이다. 니체는 이를 '힘에의 의지'라고 부르며, 인간의 본질은 표면적 이성이 아니라 심층 내면의 욕구와 충동인 힘에의 의지라고 주장한다. 의지는 개체 생명을 유지하기 위한 신체의 본능적 욕구

---

374) 이성이나 의식의 무기력함과 비우선성, 그리고 그 대신 충동과 본능의 근원성과 강함에 대해 니체는 『즐거운 학문』에서 언급하고 있다. Nietzsche, Frohliche Wissenschaft, Munchen, 1980, 382~383쪽 참조.

375) Nietzsche Frohliche Wissenschaft, 598쪽.

이며 충동이다. 그러한 본능은 이성보다도 오히려 현실을 더 잘 알고 더 잘 대처해 나간다. 그런데도 의지가 아닌 이성을 인간의 핵심이며 본질이라고 여기는 것은 근원과 근거를 그것에 근거한 말단의 표피적인 것과 뒤바꾸는 것이며, 강하고 힘 있는 것을 약하고 무기력한 것과 뒤바꾸는 것이 된다. 이것이 '최후의 것과 최초의 것의 도치'[376]이다. 니체는 전통 형이상학을 바로 이 최초의 근원적인 욕구와 충동을 간과하고 오히려 최후의 의식을 인간의 본질로 간주하는 전도된 사상 체계라고 비판한다.

니체에 따르면, 의식은 일반적인 기호 체계인 언어를 매개로 해서만 가능한 표상방식이다. 극히 개별적이며 사적인 욕구나 욕망이 공적이고 추상적인 언어의 논리에 따라 개념화됨으로써 비로소 의식이 성립하게 되는 것이다. 이성이란 바로 이처럼 특수한 것을 개념화하고 일반화하는 능력 이외의 다른 것이 아니다. 지극히 개별적이고 강력하고 따라서 반사회적인 것, 아직 일반적으로 알려지지 않은 미지의 것, 따라서 위험하게 보이는 것, 이런 것들을 이미 잘 알려진 것, 일반적이고 추상적인 개념으로 설명 가능한 것, 따라서 누구도 두려워할 필요가 없는 그런 것들로 환원하여 설명하는 능력이 바로 이성이라는 것이다. 이처럼 니체는 이성이나 개념적 사유 또는 의식을 더 이상 근원적인 것이 아닌 표층적 산물로 간주하며, 표층 의식보다 심층에 존재하는 무의식적 욕구와 의지를 인간의 근원적 본질로 간주한다.

	데카르트	라이프니츠	니체
의식	명석 판명한 이성	명료한 지각 : 본질	이성: 비본질
무의식	X	미세지각 : 비본질	의지충동 : 본질

〈데카르트, 라이프니츠, 니체에서의 의식과 무의식〉

라이프니츠에서 니체로 이어지는 통찰은 명료한 의식보다 더 심층적인 영혼의 활동이 존재한다는 것이다. 그런데 라이프니츠는 그것을 영

---

[376] 니체 『신들의 명상』, 76쪽.

혼이 우주 세간 전체를 그려내는 미세지각 활동이라고 본 데 반해, 니체는 그것을 각 개체가 가지는 욕망과 충동, 힘에의 의지로 간주하였다. 라이프니츠에 따르면 각각의 영혼은 미세지각으로 우주전체를 그려내고 있는 하나의 소우주라고 할 수 있으며, 이 점에서 보편성을 갖고 있다.[377] 반면 니체에게 있어 무의식은 각자의 생명력과 욕구를 분출시켜 서로를 갈등과 투쟁의 관계로 얽어매는 개별자의 의지일 뿐이다. 심층 무의식은 보편적 이성이나 의식을 무기력하게 만드는 개체적 욕망과 의지일 뿐이다.

라이프니츠	⟷	니체
미세지각		힘에의 의지
(우주를 포함하는 소우주)		(개체의 욕망과 의지)
(조화와 일치의 근거)		(갈등과 투쟁의 근거)

< 심층 무의식의 이해 >

2. 정신분석학에서의 무의식의 해명

1) 프로이트 성 본능과 죽음의 본능

(1) 정신분석학의 확립

서양철학에서 인간의 영혼이 단지 표층적 의식 활동에 제한되는 것이 아니고, 그보다 더 심층의 활동이 있다는 것을 발견한 사람은 라이프니츠이다. 라이프니츠는 그 무의식적 영혼의 활동을 일체 존재를 그

---

[377] 물론 라이프니츠는 이 보편성을 각각의 모나드(영혼) 자체로부터 설명하지 못하고 영혼을 만든 근원 모나드로서의 신의 '예정조화'를 통해 설명하고 있다. 이는 라이프니츠가 표층 의식과는 구분되는 심층의 무의식적 미세지각의 활동성을 통찰하였음에도 불구하고, 다시금 영혼을 분리된 개체성으로밖에 사유하지 못하는 서양적 사유의 한계를 극복하지 못했음을 보여 주는 것이라고 본다.

려내는 우주적 마음으로 이해한 데 반해, 니체는 그것을 개체적 의지의 욕망과 충동으로 간주하였다.

그러나 그들은 철학적 사변과 논증을 통해 무의식이 존재한다는 것을 논하였을 뿐이지 구체적이고 경험적인 방법들을 통해 무의식에 접근해간 것은 아니었다.378) 무의식의 영역을 비언어적이고 비자각적인 것으로 간주하였기에 무의식에 대한 학적 체계가 가능하지 않다고 여긴 것이다. 서양에서 무의식을 직접 발견하여 그 내용과 구조를 밝히고자 시도한 것은 철학이 아니라 정신의학이다. 의학의 한 분야인 정신분석학은 신경질환적 증세가 신체나 표층 의식의 문제가 아니라 무의식의 문제라는 것을 깨닫고는 무의식에 입각하여 신경증을 치유할 수 있는 방법론을 확립하고자 하였다.379) 단 무의식에의 접근을 통해 신경질환 증세가 치유될 수 있다는 것을 보여준 것은 정신분석에 앞서 최면요법이었다.

프로이트의 친구 브로이어는 프로이트에게 그가 히스테리 증상의 여자를 최면술로써 치료한 과정을 설명하였는데, 암시의 방법으로 최면 상태에서 그 부인으로 하여금 문제가 되는 증상을 일으키게 하고 그때 수반되는 감정을 회상하게 하자 깨어나서도 그 증상이 소멸되었다는 것이다. 이것은 일종의 '정화요법'이라고 할 수 있다. 프로이트는 이로부터 무의식적 영혼의 활동이 존재한다는 것, 그리고 무의식을 활용한 정신치료가 가능하다는 것 등 중요한 교훈을 얻어낸다.

---

378) 이는 곧 무의식의 존재를 比量으로 안 것이지 現量으로 안 것이 아니라고 말할 수 있다. 따라서 서양철학에는 무의식에 직접 도달하고자 하는 명상수행론이 없고, 단지 표층 의식에서의 윤리설만 있을 뿐이다.

379) 여기에서는 정신분석이 문제 삼는 것을 통칭하여 신경질환이라고 말하지만, 엄밀히 신경증과 정신병은 서로 구분되어야 한다. 심리장애적 증상을 보이기는 해도 주관적 표상과 객관적 현실의 구분이 아직 유지되고 있으면 신경증이고, 그 구분이 사라지면 정신병이 된다.

신경증(neurosis)	신경 강박증(obsession)
	전이신경증(hysteria)
정신병 (Psychosis)	편집증(Paranoia)
	정신분열증(schizophrenia)
	조울증(manic-depression)

> 인간의 의식 속에는 (우리가 의식적으로 알고 있는 것보다 더) 강한 심적 과정이 있다. 380)

> 환자가 최면 상태에서 그러한 상황을 환각에 의해서 재차 회상하고 그때 눌려 있던 심적 행위를 발산시키는 것으로 처리해버리면, 증상은 지워져버리고 두 번 다시 나타나지 않는다. 381)

무의식에 머물러 있던 특정한 어떤 것을 회상하고 나면, 그것과 연관된 증상이 사라진다는 것은 그 증상의 원인이 그것을 회상하지 못하고 의식화하지 못하게 하는 것에 놓여 있다는 것을 말해준다. 억압된 무의식의 내용을 의식화하지 못하도록 하는 의식의 저항이 증상을 낳은 것이다. 최면요법은 최면사가 최면을 걸어 환자의 의식의 저항을 잠재워줌으로써 특정 무의식의 내용이 의식화되는 것을 돕는 것이다.

여기서 프로이트는 환자의 의식이 기억하기를 저항하는 바로 그곳에 문제의 핵심, 증상의 원인이 놓여 있으므로, 저항은 최면을 통해 잠재워지기보다는 오히려 환자 스스로에 의해 의식적으로 극복되어야 한다고 여겼다. 따라서 최면에서처럼 저항을 잠재우는 것이 아니라 저항과 정면충돌하여 그 저항을 극복해 나갈 것을 요구한다. 382)

> 정신분석의 본질적 기능은 저항을 극복하는 것이다 … [반면] 최면상태는 저항의 존재를 의사가 인식할 수 없게끔 …

---

380) 프로이트『자서전』설영환 역,『프로이트 심리학 해설』, 선영사, 1985. 24쪽.
381) 프로이트『자서전』설영환 역,『프로이트 심리학 해설』, 28쪽. 최면에 대한 고찰을 통해 그가 얻은 또 다른 교훈은 무의식의 의식화가 언어적으로 발생한다는 것이다. 환자는 최면 상태에서 과거를 회상할 때 그 내용을 말로 서술한다. 신경질환적 증상을 사라지게 하는 무의식의 회상은 언어적 서술의 의식화 과정이라는 것이다.
382) 이는 최면을 통한 저항의 극복과 그로 인한 의식과 무의식의 소통은 환자 스스로의 의식에 의해 이루어진 것이 아니라 외적 최면사에 의해 이루어진 것이라는 것에서 마치 약물 복용에 의한 효과와 같은 한계를 갖기 때문이다. 실제 최면술에 있어 프로이트가 발견한 한계는 모든 환자에게 다 최면을 걸 수는 없다는 것과 또 원하는 깊이만큼 걸 수 없다는 것, 그리고 치료 효과가 대개 일시적이라는 것 등이었다. 이러한 한계를 느낄 즈음, 프로이트는 또 다른 최면사 베른하임을 통해 최면에 의하지 않고도 환자의 신경증적 견망을 제거할 수 있다는 것을 알게 되며, 이를 바탕으로 최면이 아닌 정신분석의 방법을 개발하게 되었다.

저항을 몰아내는 것이다.383)

저항은 의식화에의 저항이다. 따라서 분석이 증상과 연관되는 무의식에 접근해 갈수록 환자는 더 집요하게 저항하게 되는데, 이는 일차적으로 분석자 내지 분석 자체에 대한 저항으로 드러난다. 예를 들어 정신분석의 기본 원칙은 취사선택 없는 자유로운 연상과 충실한 보고 및 무비판인데 피분석자는 어느 지점에선가 아무것도 연상되는 것 내지 보고할 것이 없다고 한다거나 연상된 내용에 대해 비판을 하게 된다. 또는 정신분석 자체가 말이 안 된다는 저항을 하거나 아니면 연상 대신에 감정전이를 일으켜서 분석자에게 성적 애정 또는 반감을 표현하고 만다. 그런데 이러한 분석에 대한 저항은 결국 무의식적 내용의 의식화에 대한 저항이며 억압의 표현이다. 현재의 의식화에의 저항은 곧 과거의 억압, 즉 의식에 의한 무의식의 억압의 재현인 것이다. 따라서 저항의 기제를 파헤침으로써 억압의 기제를 발견할 수 있게 된다.

저항을 통해서 무의식에서 작용했던 억압을 확인할 수 있다.384)

최면술에서는 증상과 연관된 환자의 기억이 최면 상태에서 무의식적으로 발생하기 때문에, 즉 의식화에 대한 저항이 일어나지 않은 채 발생하기 때문에, 억압이 일어나는 기제도 드러나지 않는다. 반면 정신분석에서는 환자가 의식을 가지고 이전의 상황을 기억해야 하기 때문에 환자는 의식의 저항에 부딪치게 되며 그럼으로써 증상을 낳는 억압의 상황을 재현하게 된다. 이와 같이 의식에서 저항을 극복하고 억압을 해체하는 것이 분석의 기능이다.

---

383) 프로이트 『정신분석입문』, 19강. 이규환 역, 『정신분석입문』, 육문사. 1991. 347~348쪽.
384) 프로이트, 『정신분석입문』, 19강. "저항에 의해 우리에게 나타나는 병인적인 심적 과정을 '억압'이라고 부르자." 이규환 역, 350쪽.

(2) 억압의 기제 1 : 성 본능과 자아 본능의 갈등

정신분석은 환자로 하여금 과연 무엇을 기억하게 하려는 것인가? 우리는 누구나 지난 모든 것을 다 기억하지는 않는다. 많은 것은 시간의 흐름에 따라 자연적으로 망각된다. 문제는 자연적 망각이 아닌 억압적 망각이다. 그런데 도대체 무엇을 기억하지 않으려고 저항하고 억압하는 것일까?

저항과 억압은 '억압하는 것'과 '억압받는 것'의 갈등을 말해준다. 심리 안에 억압이 있다는 것은 갈등이 있다는 말이고 이 억압과 갈등으로부터 신경증이 발생한다. 프로이트는 문제가 되는 주된 갈등을 성 본능과 자아 본능 간의 갈등으로 설명한다. 성 본능은 고통을 피하고 즐거움을 좇으려는 인간의 가장 원초적 본능으로서 '쾌락 원칙'을 따르는 본능이다. 욕망 자체의 발산 또는 심상만으로도 즐거움을 얻을 수 있으면 자기도취적 성향 또는 나르시시즘의 단계에 머물러 있을 수 있다. 자신의 신체 안에서 일어나는 욕망이 자체 안에서 해소되면서 쾌감이 얻어질 수 있기 때문이다. 촉각적 자극이 주는 쾌감(구순기), 배설이 주는 쾌감(항문기), 성기 자극이 주는 쾌감(성기기) 등 4, 5세까지 전 생식기의 유아가 스스로 산출해내는 쾌감은 자체 내에서 얻어질 수 있는 쾌감이다.

그러나 이 시기에도 교육 등을 통해 쾌감의 자체 추구는 좌절되기도 하고 억압이 발생하기도 한다.[385] 그 외에도 인간의 욕구는 본래 자체적으로 해소될 수 있는 것이 아니다. 배고픔의 고통을 없애주는 포만의 쾌감은 자체적으로가 아니라 엄마 젖이나 우유 등 외적 대상을 통해서만 성취될 수 있다. 욕구가 자신에 의해서가 아니라 외부대상에 의해서만 해소될 수 있을 때, 욕구는 욕구를 충족시켜줄 대상을 지향하게 된다. 그런데 대상은 대상적 현실 세계 자체가 가지는 논리를 따라 움직이므로 욕구자가 욕구 충족을 바란다면 현실의 논리를 알고 따라야 한다. 성 본능에 따라 직접적으로 쾌락을 얻는 것이 아니라 보다 효과적

---

385) 손가락을 빠는 행위나 성기를 만지는 행위를 금하는 것, 배변을 가리도록 교육시키는 것 등이 그것이다.

방식으로 쾌락을 얻기 위해 현실의 논리를 알고 그에 따라야 하는 것이다. 이렇게 해서 현실의 일원으로서 현실을 파악하고 대상과 관계하는 '자아'가 형성된다. 이 자아가 좇는 원리가 '현실 원칙'이다. 자아는 현실 원칙에 따라 성 본능의 무조건적 쾌락 추구에 제동을 걸며 현실적으로 용납될 수 없는 욕구와 충동을 다시 의식 표면에 떠오르지 못하도록 무의식으로 밀어낸다. 이와 같이 하여 자아와 세계가 분리되며, 쾌락 원칙을 좇는 성 본능과 현실 원칙을 좇는 자아 본능 간의 갈등이 시작된다.

정신분석은 성 본능과 자아 본능의 분명한 구별의 토대 위에 선다. 신경증은 성욕에서 발생하는 것이 아니라, 자아와 성욕 사이에 일어나는 갈등에 그 근원이 있다.[386]

자아 본능 : 현실 원칙
↕
성 본능 : 쾌락 원칙

두 본능은 서로 갈등 관계에 있으며, 현실 원칙을 따르는 자아의 의식은 성 본능의 의식화에 제동을 걸게 된다. 현실 원칙을 무시한 채 자신을 분출하려 하는 성적 욕망 또는 성 본능과 연관되어 외부로부터 내게 닥쳤던 무척 불쾌하거나 수치스런 체험(외상/트라우마) 등은 현실 원칙을 따르는 자아에 의해 다시는 의식 표면에 떠오르지 못하도록 억압받아 의식 아래 무의식으로 가라앉게 된다. 내적 충동의 의식이든 외적 체험이든 현실과의 관계에서 내게 일단 과도하게 불쾌한 인상을 남기게 되면, 그것은 더 이상 기억하고 싶지 않은 것으로 낙인찍혀 무의식 깊은 곳으로 밀려나게 된다. 인간은 불쾌를 경험하고 싶어 하지 않기 때문이다.

이와 같이 무의식은 의식에 의해 억압된 것들의 총체이며, 따라서 유아 성욕이나 공격 본능 자체가 무의식을 형성하는 것이 아니라 성욕이나 본능의 좌절과 억압이 비로소 무의식을 형성하는 것이다. 의식에 의해 불쾌한 것으로 경험되어 무의식으로 집어넣어지는 원 경험이 있

---

[386] 프로이트, 『정신분석입문』, 22강, 이규환 역. 415쪽.

고, 다시 그와 유사한 상황의 추후 경험에서 그 무의식의 내용이 의식화되지 못하게끔 강제적으로 억압받게 되면, 그 강제적 억압으로 인해 신경증적 증상이 일어나게 된다. 결국 병이나 증상을 만드는 것은 성욕이나 본능 자체가 아니라 그에 대한 갈등과 억압인 것이다.

의식 : ↓ (무의식으로 집어넣음) ↓ (재의식화 못 되도록 억압)
무의식:　　(외상의 형성)　　　　(외상의 억압)
　　　　　　원 경험　　　　　　　추후 경험

< 신경증의 성립 >

그런데 억압의 에너지가 강할수록 그 억압을 뚫고 나오려는 힘 또한 강해진다. 강압이 저항력을 키우는 것이다. 자아의 억압의 틈을 비집고 무의식은 어떻게든 자신을 드러내고 자신을 알리려 한다. 자아의 의식이 그 자기 표출의 길을 막고 의식화되지 못하도록 하기 때문에, 그 의식의 검열이 약한 틈을 타서 자신을 표출한다. 흔히 꿈이나 말에서의 실수가 그런 경우이다. 그러나 그 경우에도 의식의 검열은 여전하기 때문에 무의식은 의식의 검열을 피하기 위해 그 내용을 위장하여 표출한다. 신경질환적 증상도 억압된 무의식이 자신을 표출하는 하나의 방식이다. 증상도 무의식을 의식화하기 위한 대리 표현이며, 꿈과 마찬가지로 욕망 충족인 것이다. 다시 말해 신경증은 일종의 무지, 즉 알고 있어야 할 자신의 심적 과정을 알지 못하기에 발생하는 결과이다. 이는 마치 신체에 문제가 생겼을 경우, 예를 들어 상처가 났을 경우, 그것을 알리고 치유받기 위해서 고통이 생기는 것과 마찬가지이다. 고통이 없다면 상처를 의식화하지 못해 치유하려 하지 않겠기에, 상처는 자신을 알리기 위해 고통을 만든다. 증상도 이와 마찬가지이다. 자신을 의식화시키기 위한 대리 표현인 것이다.

　이처럼 억압으로 인해 의식으로의 길이 차단되어 의식으로 표출되지 못하고 무의식에 갇혀 있던 것들은 어떤 식으로든 자신을 표출하게 되는데, 그 최후의 수단이 병이나 증상이다. 정신분석이 하는 일은 증상의 의미를 발견하고 그것을 치료하는 것이다. 증상과 연관된 체험과의 관련성, 그 증상의 동기와 목적 등을 깨닫게 하는 것이다. 증상을 낳기까지의 무의식적 과정을 알아채고 의식화하도록 하는 것이다. 증상을 낳는 무의식적 억압 과정이 의식화되면 증상은 곧 소멸한다는 것이 정신분석의 기본 전제이다. 억압된 무의식에 의식화로의 통로를 열어주는 것, 무의식과 의식의 소통, 무의식의 의식화 자체가 치유의 힘을 가진다고 보는 것이다. 이처럼 쾌락 원칙의 성 본능과 현실 원칙의 자아 본능 간의 갈등으로 신경증을 설명하는 프로이트 전기의 영혼의 이해는 다음과 같이 정리될 수 있다.

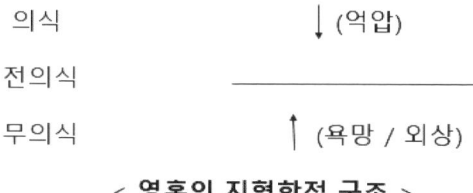

< 영혼의 지형학적 구조 >

(3) 억압의 기제 2 : 삶의 본능과 죽음의 본능의 갈등

프로이트는 신경병적 증상을 일으키는 원인을 자아 본능과 성 본능의 갈등 및 의식의 억압에서 찾았지만, 말년에는 인간 심성의 갈등 및 억압이 그보다 더 복잡하다는 것, 그 두 본능으로 다 해명될 수 없는 보다 더 심층의 무엇이 있다는 것을 알게 되었다. 자아 본능은 실제 성 본능이 추구하는 쾌락을 좀 더 효과적으로 획득하기 위해 욕구 충족을 지연시키는 전략일 뿐, 그 둘은 근본적으로 서로 대립되는 것이 아니다. 둘 다 생을 지향하고 생을 확산시키려는 본능일 뿐이다. 둘 다 살아나가기 위해 현실을 받아들이고 증대시키는 '삶의 본능', 내지 '에로스의 본능'이라고 할 수 있다. 그런데 모든 생명체는 살아남기 위해 경계에서의 자극을 유지하려 하지만, 또 다른 한편으로는 일체의 자극과 긴장을 벗어나려는 본능이 있다. 자극과 긴장 자체가 고통이기 때문이다. 그런데 생은 자극과 긴장을 통해 유지되므로, 고통스런 자극과 긴장을 벗어나려는 본능은 곧 삶을 종식시키려는 본능, 다시 말해 '죽음의 본능'이다. 이렇게 보면 인간 안에 있는 근본적으로 대립되는 갈등은 삶의 본능과 죽음의 본능의 갈등이다.

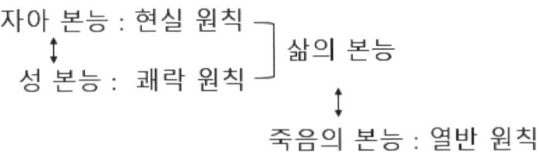

마찬가지로 인간의 영혼은 의식·전의식·무의식이라는 지형학적 구조의 이해로부터 좀 더 역동적 구조로 파악된다. 인간 영혼의 심층에는 성 본능에서 기원하되 의식으로부터 거부되어 무의식 안에 내던져진 의식의 침전물뿐 아니라, 의식을 거치지 않은 채 영혼의 심연 안에 본래부터 내재하여 그 힘을 발휘하는 죽음의 본능이 함께 작용한다. 이 전체적인 무의식의 힘을 프로이트는 자아의 의식으로 정리될 수 없는 어떤 것, '그것(이드)'이라고 부른다. 이드는 삶의 본능과 죽음의 본능, 둘 사이의 갈등을 포함하고 있으며, 나아가 현실과도 대립과 부조화를 이룬다. 이로부터 현실에 적응하며 살아남기 위해 자아의식이 발달하게 된다. 이드에 대해 자아의식이 보다 더 건실하게 형성되도록 작동하는 것이 문화적 산물로서의 초자아이다. 사회적 가치 판단 체계가 부모나 사회의 상벌 체계 및 교육을 통해 의식 안에 내면화되면 그것이 초자아로서 작용하게 된다. 이로써 자아는 이드와 초자아 양면으로부터 견제당하고 억압당하면서 힘든 삶을 살아가게 된다.

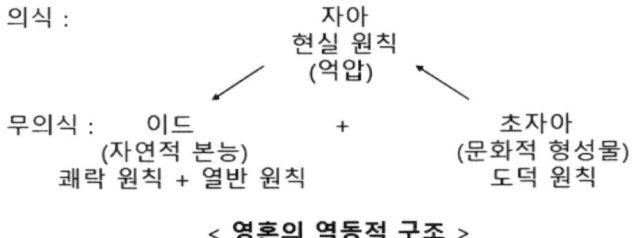

< 영혼의 역동적 구조 >

(4) 프로이트 정신분석이 갖는 명상적 의미

무의식적 욕망 자체 또는 욕망이 충족되지 않은 욕구 불만이 그대로 증상을 낳는 것은 아니다. 욕망이 어떤 방식으로든 의식으로 표출되고 의식 안에서 성 본능과 자아 본능이 갈등하면서 절충해 나간다면 문제는 없다. 의식화된 욕망은 의식화되었다는 것 자체만으로도 이미 자기 표현을 한 것이므로 병적 증상을 낳지 않는다.

문제는 무의식적 욕망에 대한 의식의 억압이 철저해서 아예 욕망 자체를 의식화하지 못하게 하는 것이다. 자기 내면의 욕망이나 지난날의 불쾌했던 일, 심각한 고통이나 공포나 수치심 등이 다시 의식으로 떠오르지 못하도록 철저히 억압될 경우, 억눌려 있는 무의식적 욕망이나 충동이 증상을 일으킨다. 무의식 안의 모든 것은 스스로를 표출하고자 하기 때문이다. 무의식은 어떤 식으로든 표현되며 자기를 암시한다. 그 암시를 읽어내지 못하고 계속 억압과 왜곡이 이어지면, 그 암시의 정도가 점점 더 강해지며, 그렇게 해서 심각한 극단적 방식으로 자기를 표출하는 무의식의 표현이 바로 신경증이다.

특정한 무의식적 충동을 억압하는 것은 내가 외식 차원에서 어떤 것은 받아들일 수 있고 어떤 것은 받아들일 수 없다는 분별을 하기 때문이다. 그런 의식의 분별, 선입견, 잘못된 생각이 억압을 낳고 병을 일으킨다.[387] 어떤 것은 의식화하고 어떤 것은 의식화하지 않겠다는 그런 의식의 선별이 문제인 것이다. 자신의 무의식 안의 모든 것을 의식적 취사선택이나 망 분별 없이 다 드러내는 것, 스스로 의식화하는 것, 그것이 증상을 치료하는 최선의 길이다. 정신분석이 우리에게 말해주는 것은 선별적인 의식의 활동을 멈추고 모든 무의식의 내용을 그냥 다 받아들여 의식화하라는 것이다. 의식화 자체가 증상을 없앤다. 모든 것은 그냥 자신을 알리고 싶어 할 뿐, 그 이상의 요구가 없다. 괴롭고 슬퍼도 그것을 더 이상 덮어놓지 말고 의식으로 끌어올려라. 그것이 원하는 것은 아무것도 없다. 그냥 자신을 알아주기를, 자신의 존재를

---

[387] 이 점에서 프로이트의 정신분석학이 인지치료로 나아갈 수 있는 단초를 갖고 있다고 볼 수 있다.

인정해주기를 바랄 뿐이다. 아니, 의식으로 표출되면 그것은 자기 의도를 다하고 자기 작용력을 다하기에 그 자리에서 스스로 소멸한다. 의식화되는 순간 그것으로 문제는 사라진다. 의식화를 막는 것이 문제인 것이다.

이처럼 의식 차원에서 선별하지 말고 모두 다 있는 그대로 받아들이고자 하는 그 무의식 안에는 과연 무엇이 들어 있는가? 프로이트는 처음에는 그것을 고통을 받는 성 본능, 개체적 리비도라고 여겼다. 성 본능과 그것과 얽힌 어린 시절의 경험들, 고통과 분노와 수치로 뒤덮여 있는 개인의 치욕적 역사, 그것이 그 안에 있다고 여겼다. 그래서 의식이 자꾸 그것을 덮어놓으며 무의식의 어둠 속에 밀폐시켜 놓는 것이라고 여겼다. 그러다가 나중에는 성적인 삶의 본능뿐 아니라 그와 대립되는 죽음의 본능도 그 안에 함께 있음을 알아냈다. 무의식은 단지 의식으로부터 내던져진 불쾌한 경험들이 쌓여 있는 어두운 창고에 지나지 않는 것이 아니다. 그 무의식 안에는 개체적 삶의 본능과 대립되는 무엇인가가 태고를 지향하는 원시 본능으로 잠재해 있다. 프로이트는 그 정체를 해명할 수 없기에 그것을 그냥 어둠에 남겨둔 채 '죽음의 본능'이라고 칭하였다. 프로이트 이후 심리학은 개체적 성 본능 너머 어둠에 남겨진 그 무의식의 깊이로 나아가고자 한다.

2) 프롬 : 보편적 인간성(우주적 영혼)

프롬도 프로이트와 마찬가지로 정신에 관한 한 인간은 자기 자신만이 스스로를 구제할 수 있다고 본다. 또 신경증은 무의식에 대한 억압으로부터 발생하며 그 무의식을 의식화함으로써 증상이 소멸될 수 있다고 보는 것도 마찬가지다. 다만 그렇게 의식에 의해 억압되는 무의식의 내용이 과연 무엇인가 하는 것에 대해서는 의견을 달리한다.

프로이트에게서 무의식을 채우는 것은 신체와 결부된 성적 욕망과 충동이며 그것을 자아 및 초자아의 개인의식이 억압하여 의식화를 막는 것이 신경증의 원인이 된다. 정신분석은 억압된 성적 욕망이나 기억을 자유 연상의 방식으로 의식까지 끌어올려 넘어서고자 하는 것이다. 이에 반해 프롬은 의식에 의해 억압되는 무의식의 본성을 프로이트와는 전혀 다르게 우주와 합일하는 전인적 인격성으로 간주한다.

> 의식은 사회적 인간, 즉 개인이 내던져져 있는 역사적 상황에 의해 주어지는 우연적인 제한들을 의미한다. 반면 무의식은 우주에 근원을 둔 보편적 인간, 즉 전인을 의미한다. 무의식은 자기 속에 있는 식물과 동물, 자기 정신을 나타낸다. 그것은 인간 존재의 여명으로까지 거슬러 올라간 과거를 표현하고 있으며 또 인간이 온전한 인간으로 되는 미래를 나타내고 있다.[388]

인간은 본래 심원하고도 풍요로운 우주적 영혼이며 우주적 인격이다. 본래 인간본성은 우주와의 합일인데, 탯줄을 끊고 이 세상에 태어나면서 그러한 결합으로부터 절단되었지만, 그래도 그 합일의 기억이 영혼 심층에 무의식적 본성 내지 경향으로 남아 있다. 타인과의 소외나 자연과의 분리를 벗어나 일체 존재와 합일 상태에 이르고 전인적 인격을 회복하려는 의지는 바로 이러한 무의식적 본성으로부터 생겨나며 이로부터 인본주의적 양심이 출현한다. 이처럼 무의식은 의식으로부터 내던져진 기억들이 쌓여 있는 어두운 쓰레기통이 아니라, 인간을 살려내는 참된 가치와 의미의 보고인생이다. 다만 구체적인 현실의 삶에서 이 무의식적 본성이 제대로 실현되지 못하고 망각되며 억압받게 되는 것이 문제이다. 경쟁과 투쟁의 각박한 사회 현실 속에서 살아남기 위해 개인은 자신을 남으로부터 구분하고 자연으로부터 분리함으로써 각자가 고립된 개체로서 살아간다. 따라서 우주적 합일이나 보편적 인격은 실현되지 않고, 각자의 영혼은 자신의 본래적 인간성의 상실을 괴로워하면서 갈등을 느끼고 병들게 되는 것이다.[389]

---

[388] 프롬. 김용정 역, 『선과 정신분석』, 원음사, 1999, 53쪽.
[389] 따라서 프롬은 '우리가 왜 정신이상이 되는가?'가 아니라 '어떻게 정신이상이 되지 않을 수 있단 말인가?'라고 반문한다. "정신병학은 '무엇 때문에 어떤 사람들은 정신이상이 되는가?'라고 묻지만, 진정한 물음은 '무엇 때문에 대부분의 사람들은 정신이상이

프롬에 따르면 신경증은 프로이트의 주장처럼 성욕의 억압 때문이 아니라, 전인적 인간성의 억압과 소외 때문에 생기는 것이다. 따라서 둘 다 증상의 극복을 위해 무의식의 의식화가 필요하다고 주장하지만, 의식화를 통해 이루고자 하는 바는 서로 다르다. 즉 프로이트에 있어서는 무의식을 의식함으로써 그 무의식의 힘으로부터 벗어나는 것이 목적이다. 억압된 충동이나 성적 본능, 오이디푸스 콤플렉스나 거세공포 등 자신 안의 무의식적 충동을 의식함으로써 더 이상 그 힘에 이끌리지 않도록 하는 것이다. 반면 프롬에 있어서는 무의식을 의식함으로써 무의식을 실현시키는 것이 목적이다. 무의식을 실현시킨다는 것은 무의식에 내재된 인간의 본성인 우주적 영혼을 실현시킨다는 말이다. 본성에 따라 동일성과 합일을 지향하는 것이다.

	프로이트	프롬
무의식의 내용	성적 본능, 욕망과 충동(부정적)	우주적 영혼, 전인적 인격(긍정적)
의식화의 목적	무의식의 힘을 벗어나기	무의식의 힘을 실현시키기

프롬은 무의식에 내재된 우주적 인격의 완성을 동일성과 합일의 지향으로 간주한다. 그러면서 동일성과 합일을 지향하는 길을 퇴행적인 동일성 추구와 진정한 자각적 동일성 추구, 둘로 구분하여 우주적 인격의 완성은 전자가 아닌 후자라는 것을 강조한다.

우리는 어떻게 타인과의 합일 또는 자연과의 합일에 이를 수 있는가? … 여러 가지 대답이 가능하겠지만 기본적으로는

되지 않는가?'라는 것이다. 이 세계에서 인간의 위치, 즉 인간의 분리·고독·무력함 등을 생각하면 그런 무거운 짐은 견딜 수 없는 것이어서 그 압박 때문에 사람은 산산이 분해될 정도라고 여기게 된다. 대부분의 사람들은 인생의 규범을 무시하거나 군중에 추종하거나 권력이나 명예나 돈을 추구하거나 혹은 우상에 의존하거나 하여 자기희생에 의한 메커니즘적 삶이나 자기애적 삶 같은 보상적 기제에 의해, 간단히 말해 불구가 됨으로써 이런 결과를 회피하는 데에 불과하다." 프롬. 『선과 정신분석』, 78~79쪽.

두 가지 대답이 있을 뿐이다. 하나는 자각이 시작되기 이전, 즉 인간이 태어나기 이전에 존재했던 통일의 상태로 퇴행함으로써 분리를 극복하고 통일을 발견하는 것이다. 또 다른 하나는 충분히 태어나는 것으로서 인간의 자각과 이성과 사랑의 능력을 발전시켜 자신 안의 자기중심적 집착을 초월하여 세계와의 새로운 조화 및 새로운 합일에 이르는 것이다.[390]

퇴행적 동일성 추구는 자기 자각성을 배제한 채 유아기적인 공생적 삶으로의 퇴행을 뜻한다. 엄마와의 공생에 고착하여 유아로 남거나 아버지의 명령에 고착하여 권위주의자로 남는 것, 돈이나 명예 등에 고착하는 것이 일반적 퇴행이라면, 아예 개체화 이전 또는 의식발생 이전으로의 퇴행, 즉 자궁이나 대지나 죽음으로 회귀하려는 퇴행은 자살이나 정신병 등을 유발하는 병적인 퇴행이라고 할 수 있다. 반면 프롬이 이상적으로 생각하는 자각적 동일성 추구는 퇴행적 고착과 달리, 완전한 개체적 자기 자각성을 가지고서 자신의 이기성을 비워 자신 안에 전체를 포용하여 합일에 이르는 것이다. 프롬은 대개 종교에 있어서의 합일은 이러한 자각적 합일이라고 주장한다. 자신의 이기적 집착을 버리고 마음을 비워 진정한 우주적 합일에 이르고자 함인 것이다.

선(禪)의 술어로 말하면 '자신을 공(空)으로 되게 한다'는 것이다. 이것은 소극적인 무엇을 의미하는 것이 아니라 수용에 대한 개방성을 의미한다. 기독교적 용어로 말하면 '자신을 죽이고 신의 의지를 받아들인다'는 것이 그것이다.[391]

여기서 프롬이 비판하고자 하는 것은 프로이트의 무의식 분석이다. 현실 원칙의 자아 본능과 쾌락 원칙의 성 본능이 모두 자기중심적인

---

390) 프롬, 『선과 정신분석』, 24쪽.
391) 프롬, 『선과 정신분석』, 36쪽. 그러한 근본 정신의 유사성에도 불구하고 남아 있는 불교와 기독교의 차이에 대해 프롬은 다음과 같이 덧붙인다. "禪의 空 개념은 도움을 주는 神이라고 하는 우상 숭배적 개념으로 퇴행하는 위험성이 없이 자신의 의지(아집)를 버릴 수 있게 하는 참된 의미를 포함하고 있다." 36쪽.

개체적 욕망과 충동으로서 삶의 본능에 포함될 수 있다면, 프로이트는 말년에 인간의 무의식 안에서 그러한 개체적 삶의 본능 안에 포섭될 수 없는 어떤 것을 발견하였다. 자기중심적인 개체적 경계를 넘어서서 전체와의 합일을 지향하는 성향을 인간 무의식 안에서 발견한 것이다. 그런데 프로이트는 그러한 합일에의 지향을 퇴행적 동일성 추구로만 해석하여 그것을 '죽음의 본능'이라고 칭한 것이다. 반면 프롬은 합일의 추구가 단지 무기물로의 복귀를 지향하는 죽음의 본능에 그치는 것이 아니라, 자기 자각성을 갖고 자기중심적 집착을 버림으로써 '일즉일체 일체즉일'을 실현하여 일체와 하나 되고자 하는 진정한 인간성의 표출로 간주하였다.

```
                프로이트    ⟷    프롬
합일의 추구 : 퇴행적 동일성 추구      자각적 동일성 추구

            = 죽음의 본능          = 우주적 심성의 회복

            (극복 대상)            (실현 목표)
```

3) 융 : 개인 무의식과 집단 무의식

융도 프로이트와 마찬가지로 신경증은 기능적인 정신장애이며 약물 투여가 아닌 심리적 방법으로 치유 가능하다고 본다. 신경증의 원인은 의식적 태도와 무의식적 경향 사이의 불일치에 있으므로, 신경증을 치유하기 위해서는 무의식의 내용을 의식으로 끌어올려 그 불일치를 극복해야 한다고 보는 것도 마찬가지이다. 다만 의식 이면의 무의식의 이해나 무의식의 좌절로 인한 신경증의 구조나 치료 원리에 대해 융은 프로이트와 의견을 달리한다.

(1) 영혼의 구조

융은 인간의 영혼을 다층적으로 이해한다. 영혼의 가장 표층이 자아, 에고로 간주되는 의식이며, 그다음 무의식 층보다 표면적인 것이 의식의 그림자인 콤플렉스로서의 개인 무의식이며, 그다음 개인적 의식 경험을 거치지 않고 본래부터 주어져 있는 무의식이 집단 무의식이다. 집단 무의식은 다시 아니마, 아니무스의 집단 그림자와 그보다 더 심층의 자기와 자기 원형으로 이루어져 있다.

```
의식                          의식 / 자아(Ego. Ich)
무의식 ┬ 개인 무의식      개인 의식의 그림자(콤플렉스)
       └ 집단 무의식 ┬ 집단적 그림자(아니마, 아니무스)
                     └ 자기(selbest)
```

① 의식과 인격

가장 표층의 의식은 그와 연관된 무의식과 더불어 영혼(심혼, Seele)을 형성하는데, 이 내적 인격으로서의 영혼은 집단 사회나 외적 세계와의 관계에서 형성된 가면으로서의 외적 인격(Persona)과는 구분되어야 한다. 자아를 페르소나와 너무 동일시하다 보면 내면이 잊혀져 무의식이 되며, 돌봐지지 않은 무의식은 과보상으로 자아의식을 방해하며 오히려 우울증을 일으킨다.[392]

② 개인 무의식 : 콤플렉스

의식 가까이 표면에 있는 무의식은 개인적 무의식이다. 자신 안에서 의식적 페르소나 형성에 포섭되지 않고 부정적으로 판단되어 자기 아닌 것으로 밀려난 것이 의식의 그림자로서 무의식 안에 콤플렉스로 자

---

[392] 가정이나 사회에서 주어진 자기 역할에 지나치게 충실하던 사람이 어느 날 갑자기 우울증에 빠지게 되는 경우를 흔히 볼 수 있다. 이 경우 우울증은 외적 인격에만 신경 쓰면서 자신의 내면적 욕구를 돌보지 않는 자로 하여금 그 내면을 돌아보게끔 신호를 보내는 것이라고 할 수 있다.

리 잡게 된다. 이처럼 개인적 의식에 의해 자아가 아닌 것으로 간주되어 무의식에 그려진 자신의 그림자가 콤플렉스이다. 이 콤플렉스를 자신의 그림자로 알지 못하고 외부로 투사한 경우, 자신의 인격은 분열되고 외부 세계는 왜곡된다. 융의 심리분석은 분열된 자아로 하여금 외부에 투사된 자신의 그림자를 다시 자기 자신의 일부로 자각하고 그것을 의식에 동화시켜 자기 자신으로 살려내도록 돕는다.

③ 집단 무의식 1 : 집단 그림자

개인 무의식이 개인적 의식이 무의식에 그려놓은 자신의 어두운 그림자인 콤플렉스라면, 집단 무의식은 의식과 상반되는 것으로서 본래부터 무의식 안에 있는 원초적인 것이다. 개인 무의식보다 더 깊은 심층에 집단 무의식이 존재한다.

> 개인적 무의식은 개인의 경험이나 습득에 의하지 않고 태어날 때부터 있는 더 깊은 층의 토대 위에 있다. 이 더 깊은 층이 소위 '집단 무의식'이다. 집단적이라고 하는 이유는 이 무의식이 개인적이 아닌 보편적 성질을 갖고 있기 때문이다. … 그것은 모든 인간에게 동일하며 모든 인간에게 존재하는 초개인적 성질을 지닌 보편적 정신의 토대를 이루고 있다. 집단 무의식의 내용이 소위 원형들이다.[393]

본래부터 무의식 안에 있는 원초적인 것으로서의 집단 무의식을 융은 여성성과 남성성으로 설명한다. 남성의 무의식 안에 본래부터 있는 여성성(아니마)과 여성의 무의식 안에 본래부터 있는 남성성(아니무스)이 그것이다. 그렇지만 융에 있어서 이러한 집단 무의식은 그것을 자아의 일부로 받아들여 자신이 실현시켜야 할 어떤 것이 아니다. 융은 여성 안의 남성성이나 남성 안의 여성성은 이성(異性)의 대상에 투사해야 할 것이지, 그것을 자신의 정체성으로 계발해야 할 것으로 보지 않

---

393) 융, 『집단적 무의식의 원형에 관하여』, 한국융연구원 편역, 『원형과 무의식』, 솔, 2002, 105~106쪽.

는다. 외적 투사를 제대로 못한 병적 인간이 자신을 내적 인격과 동일시하여 동성애자가 된다고 주장한다.

```
남성 ┌ 의식    페르소나 : 남성성      ── 외적인 자기 실현
     └ 무의식 : 내적 인격 : 아니마    ── 대상에 투사하여 여성을 사랑
여성 ┌ 의식 : 페르소나 : 여성 성     ── 외적인 자기 실현
     └ 무의식 : 내적 인격 : 아니무스  ── 대상에 투사하여 남성을 사랑
```

④ 집단 무의식 2 : 자기와 자기 원형

융에 따르면 아니마, 아니무스라는 내적 인격으로서의 집단 무의식 이면에 그보다 더 심층적인 집단 무의식인 자기와 자기 원형이 존재한다. 자기는 사람 전체를 의미하며 상징으로 그 모습을 드러낸다. 원과 사방위로 그려지는 만다라는 자기 원형의 대표적 상징이라고 볼 수 있다. 자기 원형의 상이 인격화된 모습이 신(神)이며, 금강석이나 연꽃·태극도 등도 자기 원형의 상징이다.

분석심리학이 요구하는 것은 무의식 안에 있는 자기 원형의 존재를 스스로 자각하면서 의식과 무의식의 단절을 극복하는 것이다. 자각이 없는 상태에서 자신의 무의식적 원형을 무의식적으로 대상에 투사하는 것도 문제이고, 그렇다고 자기 자신에게 투사하는 것도 문제이다.

> 자아의식이 사회적 역할과 의무에 얽매여 무의식의 세계와 단절이 일어나면, 개인적 무의식의 내용들은 점차 집단적 무의식의 신화층의 영향을 받아 고태적 신화적 색채를 띠게 된다. 이것이 투사되면 대인 관계의 갈등은 평상시보다 엄청난 강도를 지니게 된다. 신화적인 그림자의 투사를 받게 되기 때문이다. 이런 무의식의 내용이 투사됨이 없이 안에 머물러서 자아의식으로 점차 동화해가면, 즉 자신으로 투사하면, 의식의 변화가 생겨 자아가 신화적 인물과 동일시되어 이른바 마성인격이 된다. 자아는 초인적 힘을 가지고 있는 것처

럼 느끼고 스스로 구세주라고 생각한다. 이것이 자아의 팽창이다. 정감장애, 분열증환자의 과대망상, 잘못된 종교인, 교주나 도사 등이 그러하다.394)

무의식의 내용을 스스로 자각하여 스스로 무의식의 주체가 되지 못하면 투사가 일어나게 되며, 외적 대상 투사를 통해 광신에 빠지거나 내적 자기 투사에 의해 정신병적인 자아 팽창이 된다. 이런 투사의 위험에 빠지지 않기 위해 자신 안의 무의식적 원형의 존재를 자각하고 그렇게 해서 자신 안의 의식과 무의식의 단절을 극복하는 것이 요구되는 것이다.

(2) 분석의 지향점 : 개성화

의식과 무의식의 단절을 극복하여 무의식적 투사를 철회하고 자신의 의식을 확대하는 것을 융은 '개성화 과정'이라고 부르며, 이 개성화 과정을 통해 주체의 진정한 회복이 가능하다고 주장한다.

> 자연스런 개성화 과정은 인간 공동체의 의식성을 가져다준다. 왜냐하면 그것은 모든 인간을 결합하는, 모든 인간에 공통되는 무의식을 의식성으로 인도하기 때문이다. 개성화는 자기 자신과 하나가 되는 동시에 인류와 하나가 되는 것이다.395)

융은 집단 무의식인 원형에 대해 스스로 그 내용을 자각하여 그 무의식적 힘에 이끌리지 않아야 한다는 것, 따라서 그것을 외부로도 자신에게도 투사하지 않아야 한다는 것을 강조한다. 집단 무의식의 원형은 개인이 의식화하여 자기 본질로 삼고 실현시켜야 할 어떤 것이 아니라, 오히려 의식화를 통해 그 힘을 무력화하여 자아가 그 무의식적 힘으로부터 벗어나야 하는 것이다. 이는 융에 있어 무의식은 끝까지 해명되지 않고 그 정체가 다 드러날 수 없는 마력적인 것, 신화적인 것, 어두운

---

394) 이부영, 『분석심리학: 융의 인간심성론』, 일조각, 2003, 120~121쪽.
395) 융, 『정신치료의 현재』, 한국융연구원 편역, 『정신요법의 기본문제』, 솔, 2003, 86쪽.

것이기 때문이다. 그것은 완전한 의식화가 불가능한 것이며, 따라서 그것을 자기 자신으로 삼고 실현시킨다는 것은 위험한 것이다.

무의식의 의식화가 진행되면 결국 무의식성이란 없어지고 완전히 깨달은 상태가 되어 전인(全人)이 된다고 믿는다면, 그것은 잘못이다. 무의식은 끝없는 세계이다. 아무리 의식화해도 미지의 세계는 남아 있게 마련이다. 자기는 언제나 자아를 넘어선다. 나는 오직 그 커다란 원 속에 포함되어 있으므로 자아가 자기를 알 수는 없다.[396]

이와 같이 융에게 있어 무의식을 자각한다는 것은 프롬에게서처럼 그러한 자각을 통해 무의식적인 우주적 영혼을 실현시키기 위한 것이 아니다. 오히려 융의 심층 무의식은 프로이트에게서 죽음의 본능의 무의식처럼 그 끝이 가려져 있는 원시적이고 파괴적이며 마력적인 것이다. 따라서 그것을 자각하는 것은 그것을 실현하기 위해서가 아니라 오히려 그 힘으로부터 벗어나기 위해서이다. 이 점에서 융은 프로이트와 통한다. 무의식을 의식화하는 바람직한 방향에 대한 융의 설명은 다음과 같이 정리될 수 있다.

```
무의식 ┬ 개인 무의식    개인 의식의 그림자 ── 자기로 살려내기
       │              (콤플렉스)
       └ 집단 무의식 ┬ 집단적 그림자      ── 외부로 투사하기
                    │ (아니마, 아니무스)
                    └ 자기 원형(Selbest) ── 투사하지 않기
```

3. 동양의 명상과 서양의 정신분석학의 비교

프롬은 인간 내면에 우주와 하나인 심원하고도 풍요로운 본성이 내재해 있어 그 본성을 스스로 자각하고 실현함으로써 우주적인 전인적

---

[396] 융, 『집단적 무의식의 원형에 관하여』, 한국융연구원 편역, 『원형과 무의식』, 솔, 2002, 111쪽.

인격을 실현할 수 있다고 보았다. 이에 반해 프로이트나 융은 인간 내면에 그러한 신성이나 불성이 있어 그것을 온전히 자각하고 완전히 실현하여 우주 만물과 하나가 되는 그런 경지를 불가능한 것으로 간주한다. 인간 심성의 깊이에는 인간으로서는 결코 다 알아낼 수 없는 심연, 다 밝혀낼 수 없는 어둠이 존재한다고 본 것이다. 이것이 바로 서양적 사유를 특징짓는 무로부터 창조된 만물의 소종래인 무(無)이고 원죄(原罪)이며 비형상적 순수 질료이다. 이것은 만물의 궁극 근원을 공(空)이나 도(道)나 태극으로 간주하면서 그에 대한 온전한 자각, 명(明)과 공적영지(空寂靈知)가 가능하다고 여기고 명상수행을 통해 부처나 신선이나 성인이 되고자 한 동양 사상과는 현격히 다른 것이다.

동양 고전에 능통했던 융이 동·서 사유의 차이를 논하는 것도 바로 이런 관점에서이다. 융에 따르면 동양적 일심(一心)은 불명료한 무의식에 지나지 않으며, 선정에서의 합일도 무의식에 동화된 병리현상, 몽롱한 꿈과 같은 상태일 뿐이다. 융에게 있어 자아와 세계, 주와 객, 에고의 의식과 의식 대상의 이원성은 끝까지 남겨지는 절대적인 것이다. 이 이원성을 넘어서서 무분별의 경지를 논하는 것은 의식 또는 에고가 상실된 원시적인 신비적 분유의 표현일 뿐이다.

> 인식을 얻기 위해서는 항상 누구 또는 무엇인가가 있어야 한다. 다시 말해 나는 '합일의 경지를 안다. 나는 구별 없음을 안다.'고 말할 수 있는 누군가가 남아 있어야 한다는 뜻이다. 인식했다는 사실 그 자체가 이미 인식의 불완전성을 입증한다. 사람은 자신과 분리되어 있는 것만을 알 수 있다. '나는 자신을 안다.'고 말할 때조차 '나'를 아는 극미한 에고가 '자신'으로부터 아직 분리된 상태에 있다. 합일의 체험은 동양적 직관(주객 무분별의 직관)의 한 예이다. 그러나 나는 그런 가능성을 상상할 수 없으며, 이 점에서 나는 동양의 직관이 도가 지나쳤다고 생각한다. 397)

---

397) 융, "『티벳 해탈의 서』해제", 에반스 편츠 편, 유기천 역, 『티벳 해탈의 서』, 정

이런 이원성에 입각해 보면, 무의식이란 그 자체 의식이 다가갈 수 없는 것이기에 상징을 통해 우회적으로만 그 존재 및 내용을 읽어낼 수 있을 뿐 그 자체는 어둠에 싸여 있다. 그렇기에 마음 심층으로 내려가 우주적 마음과 하나가 되는 무분별 경지는 융에 따르면 명료한 의식이 희미해지면서 불명료한 '무의식의 총체적 혼합'에 빠져드는 상태, '의식의 정상적 통제 기능이 무너지고 무의식의 우성인자들이 날뛰는' 상태, 무의식에 압도당하고 무의식에 동화된 정신 이상 상태에 다름 아닌 것이다.

> 관심을 의식세계인 외부세계로부터 거둬들여 의식의 배경이 되는 주관적 요소에다 두는 내향적 자세는 반드시 무의식 고유의 표현을 야기한다. 즉 조상 전래의 느낌이나 역사적 느낌, 그리고 그것들을 넘어선 무한정·무시간·통일성의 감각으로 물든 고색창연한 사념 형태를 야기한다. 통일성의 느낌은 모든 형태의 신비주의에서 흔히 있는 체험이며, 아마 의식이 희미해지면서 무의식의 내용들이 전체적으로 혼합될 때 얻어질 것이다. 꿈속에서라든가 특히 정신병의 상태에서 심상들이 거의 무한히 혼합될 수 있다는 사실은 그 심상들이 무의식에 기원을 두고 있음을 입증하는 것이다. 의식에서는 형태를 명료히 분별할 수 있음에 반해 무의식의 내용물들은 지극히 모호하기에 얼마든지 혼합이 가능하다. 만일 어떤 것도 명료한 것이 없는 상황에 처한다면 우리는 분명 전체를 하나로 느끼게 될 것이다. 그리하여 의식의 역치 아래에서 무의식 속의 총체적 혼합에 대한 인식으로부터 통일성의 체험을 얻을 수 있을 것이다.[398]

서양의 정신분석은 의식의 관점에서 의식의 끈을 놓지 않고 무의식을 읽어내어 그 힘에 압도당하지 않기 위한 것이라고 볼 수 있다. 무의식의 힘이 얼마나 강하고 마력적이며 사람을 혼미하고 무분별하게

신세계사, 2000, 66쪽.
398) 융, "『티벳 해탈의 서』 해제", 『티벳 해탈의 서』, 46~47쪽.

만들어놓는가를 경계하려는 것이다. 이는 인간 심성 가장 깊은 내면에서조차 인간이 접근할 수 없고 알 수 없는 어떤 것, 물 자체와 같은 것을 설정해놓는 것이다. 인간을 신이나 우주 존재로부터 절대적으로 분리된 것으로, 또는 분리되지 않았다고 해도 그 통합의 지점은 인간 의식이 다가갈 수 없는 그런 것으로 간주하는 것이다.

> 서양인의 절대적 확신에는 '지각되지 않은 것은 그 어떤 것도 인식되지 않는다'와 같은 것이 있으며, 이것이 서양적 외향성의 좌우명이다. 이 외향성은 무의식의 작용을 인간이 마음대로 통어할 수 없다는 중요한 사실에 의해 심리학적으로 정당화된다. 요가는 자신이 무의식의 작용에 대해서까지도 통어할 수 있음을, 따라서 정신세계에서 일어나는 모든 일이 지고의 의식에 의해 다스려짐을 자랑한다. 이런 상태가 어느 정도 가능하다는 것을 나는 의심하지 않는다. 그러나 이것은 무의식에 동화되는 대가를 치름으로써만 가능하다. 이러한 동화는 서양의 '완전한 객관성' 숭배와 대응하는 일이다. 동양인의 관점에서 보면, 서양식의 완전한 객관성은 윤회와의 동화를 의미하기에 소름끼치는 것이지만, 서양인에게는 사마디 역시 무의미한 꿈의 상태에 지나지 않는다. 동양인에게 있어서는 내적 인간이 외적 인간을 지배하기 때문에 외부세계가 그의 내적 근원으로부터 그를 분리시키지 못한다. 그러나 서양에서는 외적 인간이 지배권을 갖기 때문에 그 주인공은 자신의 가장 깊은 부분으로부터 거리가 멀어지고, 그래서 한마음과 무한성, 영원성과 통일성은 유일신만의 특권으로 존재한다. 서양에서 인간은 하찮고 왜소한 존재이며 근본적으로 악 속에 머문다. 동양은 표면의식의 세계를 과소평가하고, 서양은 일심의 세계를 과소평가한다.[399]

융과 달리 동양적 사고는 일심을 추구하며 궁극적인 무분별적 하나

---

399) 융, "『티벳 해탈의 서』 해제", 『티벳 해탈의 서』, 49쪽.

를 인간이 수행을 통해 도달할 수 있는 마음의 경지로 간주한다. 인간이 근본적으로 신이나 우주 등 일체 존재로부터 분리되어 있지 않다는 것, 우주 만물이 그 근원에 있어 하나이고 일체라는 것, 그리고 그 합일의 지점이 단지 신이나 물질에 있는 것이 아니라 비어 있는 영혼의 공성으로서 마음에서 자각될 수 있다는 것, 이것이 동양적 명상의 기본 신념인 것이다. 그 합일의 자각에 이르기 위해서는 에고의 의식적 분별을 넘어서서 무분별 상태에서도 깨어 있어야 한다. 즉 마음을 비우면서도 마음이 몽롱해지지 않고 생생하게 깨어 있어, 스스로 우주적 일심으로 깨어나야 하는 것이다. 이것이 동양적 명상 수행의 길이다. 감각과 지각을 멈추고 의식의 사려 분별을 넘어섬으로써 존재하는 일체와 하나로 통하는 우주적 마음이 되는 것이다.

결론 : 동·서 사유400)의 비교

한자경, 『명상의 철학적 기초』, pp.277~282.

외부 세계나 내면의 자신을 바라보면 이런저런 특징들이 의식에 포착된다. 그 특징들을 비교 분류하여 개념화하고 그 개념들을 따라 사유하고 판단하는 것이 우리의 인식 과정이다. 그렇게 해서 우리는 자신이나 세계에 대해 앎을 가지게 된다.

그런데 특징들의 의식적 포착과 개념화는 특징들 간의 차이를 통해 가능해진다. 흰색 책상 위에 똑같은 흰색 종이가 놓여 있다면, 우리는 그 둘을 구분하지 못하고 종이가 있다는 것을 알아채지 못할 것이다. 그것이 놓여 있는 바탕과는 다른 색, 다른 소리, 다른 맛이어야 감각될 수 있고, 주어와는 다른 술어, 다른 개념이어야 사유될 수가 있다. 그렇게 해서 우리의 감각과 사유는 차이에 굶주리고 차이의 발견, 차이를 통한 선긋기에 행복해한다. 같은 것은 의식에 포함되지 않고 사

---

400) 사유(思惟) ① 대상을 두루 생각하는 일. • 논리적인 ~.
② (철) 개념·구성·판단·추리 따위를 행하는 인간의 이성적인 작용. 사고(思考)

유되지 않는다. 그것은 잊혀지고, 그래서 없는 것과 마찬가지가 된다.

그렇다면 일체의 서로 다른 것들의 바탕이 되는 동일한 것, 차이를 통한 분별 의식에는 포함되지 않고 그래서 아무것도 아닌 것처럼, 없는 것처럼 잊혀지게 되는 무분별적인 하나, 그것은 과연 무엇인가?

분별적 감각과 사유가 첨가되기 이전의 원래 바탕. 그것을 일체규정 이전의 무규정적 혼돈으로 간주하는 것이 서양적 사고이다. 의식의 분별을 따라 규정받지 못한 것을 결핍된 것, 부정적인 것, 무(無)나 악(惡)으로 여기는 것이다. 규정하는 것은 형상이며, 따라서 규정받기 이전의 것은 형상이 없는 순수 질료로 간주된다. 그것은 순수 형상으로서의 신(神)과 반대되는 순수 질료로, 순수 정신과 대립되는 순수 물질로 여겨진다. 서양의 이원론은 근본적으로 이러한 순수 정신과 순수 물질, 형상과 질료, 유와 무, 선과 악의 이원론이다. 차이를 배제한 공통의 하나는 신성이 없는 순수 물질이며 무이고 악이다.

반면 동양적 사유에서는 규정받기 이전의 그 바탕 자체가 신(神)이다. 그것은 모든 규정에 앞서 있기에 비어 있는 공(空)이지만, 그 공은 추상적 공간이나 순수물질이 아니라, 스스로를 자각하는 영(靈)이다. 이 공의 신령한 자각성을 불교는 '공적영지(空寂靈知)'라고 하고, 유교는 '허령불매(虛靈不昧)'의 '미발지각(未發知覺)'이라고 한다. 이것이 심(心)이다. 이것은 너와 나의 심이며 천지자연의 심이다. 일체 생명 안에 깃든 우주의 영성, 우주의 생명이다. 불교는 이를 자성청정심(自性淸淨心), 진여심(眞如心)이라고 하고, 유교는 이를 천(天) 또는 태극(太極)이라고 한다. 이 근원에 이른 자가 곧 부처이고 신선이며 성인이다.

서로 구분되는 것들의 바탕에 놓여 있는 동일한 하나, 무분별적 하나에 대한 이해가 동·서에 있어 이렇게 서로 다르므로, 인간이 이 지상의 삶에서 지향해야 할 것에 대한 이해 또한 다르다. 무규정적 하나를 순수 질료나 무, 혼동이나 악으로 간주하는 서양인들은 그것에 더해지는 의식적이고 의지적인 규정과 분별에다 적극적이고 긍정적인 의미를 부여한다. 분별을 더하고 더해서 모든 것이 의식 표면에서 완전히 규정되고 해명되면, 그것이 인간 정신이 승리하는 역사의 완성이 될 것이라고 여긴다. 배경에 대한 부정, 진화론적 사고, 미래 지향적 사고가 여기에서 나온다고 본다.

반면 차이의 근저에 놓여 있는 동일한 무분별적 하나를 만물의 공통적인 하나의 근원, 마음 본래의 청정한 바탕이라고 여기는 동양인들은 거기에 덧붙여지는 의식적이고 의지적인 규정과 분별은 근원에 이르러 만물과 소통하기 위해 오히려 덜어내야 할 불순물로 여긴다. 그래서 감각을 멈추고 사려분별을 멈추고 마음을 비울 것을 주장한다. 의식의 규정들을 덜어내어 마음 본래의 빛, 그 영성에 눈뜨게 되기를, 그 빛 안에서 만물과 하나로 소통하기를 촉구하는 것이다. 궁극적 진리와 완전한 신성은 본래적 가치로서 각 개체의 내면에 이미 보석처럼 내재되어 있다고 보기 때문이다. 전통에 대한 긍정, 복고적 사고, 반조(返照)적 성향은 여기에서 나온다고 본다.

이렇게 보면 서양은 규정과 분별을 나날이 더해가는 학(學)을 추구하고, 동양은 규정과 분별을 나날이 덜어가는 도(道)를 추구하는 것인지도 모른다. 식물은 광물과 다르고, 동물은 식물과 다르며, 인간은 기타 동물과 다르다는 것을 기정사실화하고, 그 차이를 통해 일체를 계층화하고 서열화하는 것, 이것이 서양적 발상 아닌가? 반면 유교는 광물과 식물과 동물, 그리고 인간이 근본적으로는 하나라는 것, 하나의 태극을 가진 평등한 존재라는 것, 그러므로 일체화 하나로 소통하는 마음만이 진정한 인(仁)의 마음이라는 것을 강조한다. 그리고 불교는 살아 꿈틀거리는 모든 생명체는 고통을 느끼는 유정(有情)이라는 것, 인간과 같은 생명이라는 것, 우주 전체를 그 마음 안에 담고 있는 불성(佛性)의 존재라는 것을 강조한다.

서양인이 개체 안의 동일적 근원을 순수 질료나 무나 악으로 간주하는 것은 각 개체에게 존재성과 선성(善性)을 부여하는 또 다른 극을 순수 형상의 외재적 초월신으로 설정하고 있기 때문이다. 바로 이 때문에 서양에서는 인식과 신앙, 철학과 종교가 서로 다른 것으로 이원화되어 있다. 나는 이것 또한 동·서 사유의 근본적 차이 중의 하나라고 생각한다.

서양철학 강의를 할 때와 달리 불교 강의를 하다 보면 학생들이 곧잘 질문한다. "선생님, 불교를 믿으세요?" 나는 불교를 믿는가? 지난날 삶의 의미와 생사 문제로 고민할 때, "예수를 믿어라.", "신을 믿어라."라는 권고를 많이 들었다. 그때도 내게 물었다. 도대체 믿는다는 것이 무슨 의미일까?

철학과 종교를 구분하는 것, 아는 것과 믿는 것을 구분하는 것은 서구적 또는 기독교적 발상이다. 알지 못하기에 믿는다는 것이 그것이다. 나는 동양철학의 매력은 철학과 종교, 사유와 신앙을 구분하지 않는 데에 있다고 본다. 둘은 결합되어 있다. 불학과 불교, 유학과 유교, 도가와 도교는 서로 별개의 것이 아니다. 물론 동양철학에서도 믿음, 신(信)은 중요한 덕목이다. 그러나 믿음은 모르기에 믿는 것이 아니라, 알게 되리라는 것을 믿는 것이다.

서양에서 앎과 믿음을 구분하는 것은 인간의 앎에 근본적 한계를 설정해놓기 때문이다. 궁극적인 것, 생사의 한계를 넘어선 것은 인간이 알 수 있는 바가 아니다. 그것은 신(神)의 영역에 속하는 것이며, 인간은 바이블에 씌어져 있는 대로 믿어야 할 뿐 그 이상을 알려고 해서는 안 된다. 인간은 무로부터 만들어진 존재, 무성(無性)을 가진 존재, 불완전한 존재이기 때문이다. 그런데도 신처럼 눈이 밝아지기를 원하는 것은 원죄에 속한다.

반면 동양철학에서는 인간의 앎에 절대적 한계를 설정하지 않는다. 궁극의 진리와 신성을 개체의 내면 깊이에서 찾아내야 할 보석으로 여기기 때문이다. 일상적 차원에서는 인간의 인식 한계 바깥에 놓여 있다고 생각되는 것, 궁극적인 것, 인생의 비밀과 우주의 신비, 그것을 깨달을 수 있고 또 깨달아야 한다고 본다. 그래서 일상적 인식의 한계 바깥으로 나가 예전에는 도저히 알 수 없을 것 같았던 그런 지혜를 몸소 얻고자 노력한다. 그것이 깨달음인 각(覺)이고 득도(得道)이고 체인

(體認)이다. 불교의 부처(깨달은 자)나 도교의 신선이나 유교의 성인은 그런 경지에 이르러 신적 지혜를 얻은 자이고 그 지혜를 통해 만물과 소통하며 만물을 변화시킬 수 있는 자이다. 사적인 자아의 울타리를 벗어나 타인·자연·우주 만물과 하나가 된 자이다. 오늘날 우리가 생각할 때 신적 경지에 이른 자이다.

동양철학이 강조하는 것은 그런 신적 경지의 특정 존재를 믿으라는 것이 아니라, 스스로 그런 존재가 되라는 것이다. 나 자신이 이를 수 있는 경지가 아니라면, 누가 그 경지에 있다는 것, 그게 신이든 부처든 예수든, 그걸 믿는다는 것이 무슨 의미가 있겠는가? 동양철학은 인간은 누구나 부처가 될 수 있고 신선이 될 수 있고 성인이 될 수 있다는 것을 강조한다. 따라서 동양철학은 인간이 어떤 존재인지, 어떻게 하면 부처가 되고 신선이 되고 성인이 될 수 있는지를 논한다.

그래서 동양의 존재론은 곧 수행론이며 이론은 실천수행과 분리되어 있지 않다. 교(敎)와 선(禪)이 함께하고, 우주생성론이 단학의 논의로 완성되며, 리(理)·기(氣)의 형이상학이 공부론과 맞물려 있다. 명상과 철학을 연관지어, '명상의 철학적 기초'를 논한 것은 바로 이 때문이다.

주부적 관상기도 이렇게 한다

지은이 : 박노열
초판일 : 2020년 5월 12일

펴낸이 : 김혜경
펴낸곳 : 도서출판 나됨
http://www.nadoem.co.kr
주소 : 서울시 은평구 역촌동 68-33호 2층
전화 : 02) 373-5650, 010-2771-5650

등록번호 : 제8-237호
등록일자 : 1998. 2. 25

값 : 25,000원

저자와의 협약하에 인지를 생략합니다.
ISBN 978-89-94472-42-8 03230